한국불교연구 100년 논문선

한국불교사연구

한국불교연구 100년 논문선

한국불교사연구

고영섭 엮음

민족사

2022

간행사

1.

불교는 약 2500년 전 바라문교의 폐해를 비판하며 등장한 붓다에 의해 성립된 종교다. 불교는 인도에서 '신흥종교'로 발생하여 세계적인 종교로 발전하였고, 그 불교가 한국에 전해진 지도 1600여 년이 지났다. 불국사와 석굴암, 해인사 『고려대장경』 등 국가지정 문화재 가운데 불교 문화재가 압도적인 것은 매우 자랑할 만한 일이다.

그럼에도 불구하고 통계청에서 10년마다 실시하는 조사에 의하면, 2005~2015년 사이에 불교신도 수가 760만 명으로 무려 300만 명, 15%나 줄었다. 원인은 여러 면에서 분석해야 하겠지만, 그 책임은 일차적으로 승가에 있다고 해도 과언이 아니다.

종교인은 사실상 전문 교육자와 같은 역할을 할 때, 종교와 신도 또한 사회에 모두 이익이 된다. 그런 면에서 승가가 공적公的 스승으로서의 역할을 충실히 해왔는지에 대해서는 아쉬움이 든다. 이에 나 역시 승가의 일원으로 책임을 통감하며 한국불교의 취약한 부분을 조금이라도 보완할 수 있는 효율적 방법을 모색하였다. 마침 박찬호 거사가 나의 뜻에 공감하며 화주化主를 자처해 극적으로 이루어질 수 있었다.

이런 연유緣由로 '세존학술총서'라는 이름으로 학술서 간행 불사가 시작되었다.

2.

고려시대(1237~1252년간) 때 국가의 명운을 걸고 판각된 팔만대장경의 결집 이후 거의 800년이 지난 지금까지도 대장경에 대한 외형적 분석 이외의 내용에 대한 심층적인 연구는 터무니없을 정도로 빈약하다. 또한 대장경에 수록된 경장經藏과 율장律藏·논장論藏의 내용 중에는 서로 상치하는 부분이 많아 설사 대장경을 완독한다 해도 불법에 대한 모든 의문이 해결되는 것도 아니다. 우선 붓다의 가르침은 무려 2500여 년 전에 설해졌고, 이를 기록한 경전 또한 거의 2000년 전 중생들의 제도濟度를 염두에 둔 기술이라는 사실을 잊어서는 안 된다.

인간의 본질과 절대적 진리는 시공에 따라 변할 수 없지만, 그것은 가치의 상대성을 뛰어넘은 경지에서 논할 수 있는 말이지 감각기관마다 욕망을 추구하는 보통의 인간들에게는 시시각각의 현실에 맞는 진리의 해석이 필요하다. 붓다께서도 이를 방편과 대기설법對機說法이란 이름으로 활용하지 않으셨던가?

'세존학술총서'는 이러한 긴박한 상황의 인식에서 기획되었기에 출간할 학술서 선정에 정말 심혈을 기울일 수밖에 없었다. 즉, 현대판 논장을 결집한다는 각오와 원력으로 많은 외부적 어려움은 고려하지 않았다. 그 결과 제6권인 『한국불교사연구』의 출간에까지 이르게 되었다.

3.

본 학술총서의 성격을 분명하게 밝히기 위해 이미 출간된 학술서를 살펴보겠다.

제1권 송대 선종사연구, 제2권 북종과 초기 선불교의 형성, 제3권 불교의 기원, 제4권 대승불교, 제5권 화엄사상의 연구이다. 제목만 보아도 한국불교를 위한 맞춤 선정이었음을 짐작할 수 있을 것이다. 당대 최고 학자들의 대표적 논문으로 세계 불교학자들에게 검증 받고 피인용 횟수도 타논문에 비해 압도적인 평가를 받는 명저들이다. 다만 모두 번역서라는 안타까움과 아쉬움이 있었기에 이 문제를 해소하는 방법을 찾아야 했다.

이런 과정에서 30여 년 전부터 한국불교 교학과 불교문화사에 걸출한 연구를 남기신 학자들의 논문을 선정하였다. 각 21편의 논문이 수록된 세존학술총서 제6권과 제7권이 후학들에게는 물론 한국불교를 연구하는 모든 이들에게 필독의 연구서가 되길 바란다.

개인적으로는 오래전 작고하셨지만 깊이 있는 강의를 해 주셨던 교수님들을 상기할 수 있는 의미의 헌정집이기도 하다.

이 소중한 논문들을 선정하고, 게다가 당혹스런 조건일 수도 있는 선정 이유와 그 의미, 가치를 기술해 일반 불자들도 이해할 수 있는 길을 열어 주신 고영섭 선생님께 존경의 마음을 표한다. 본 '세존학술총서'가 몇 권까지 출간되는가는 전적으로 불자들의 원력과 동참에 달렸다.

4.

2015년에 학술서 불사를 기획한 이후, 사실상 유일한 조언자인 윤창화 사장님과 수많은 논의와 고민을 했던 시간이 어느덧 7년이 되었다. 그 7년간 세간世間은 과거 어느 때보다도 빠르게 변했고, 그 변화는 달갑지 않은 쪽으로 가속화할 것 같다.

2019년 발병이 시작돼 무려 3년 이상 전 세계를 휩으며 빠르게 변종 개체를 증식해 가고 있는 '코로나19'라 불리는 바이러스성 호흡기질환으로 사람들의 일상은 물론 정신적으로도 상당한 변화를 강요당하고 있다.

다른 한편에서는 4차 산업혁명(2016년 세계경제포럼에서 명명됨)이라는 용어로 환상적인 미래의 이미지 확산에 마치 사활을 건 듯한 분위기를 형성해 가고 있다. 그 주장들의 핵심 용어인 인공지능과 메타버스(Metaverse) 두 가지에 대해 불교적인 시각으로 비판하고자 한다. 지능知能은 단순한 지적 능력을 넘어 인간만이 갖춘 최고의 지혜, 불교적으로는 붓다를 이룰 수 있는 심성인 불성佛性도 전제로 한다. 여기에 인간이 조작해서 만든 인공人工이라는 개념이 합성된다는 것은 언어의 장난을 넘어서는 매우 위험한 발상이 아닐 수 없다. 또한 메타버스는 가상, 혹은 증강현실이라는 말인데, 단순한 뇌의 착각을 유도한 가짜 세계로 인간의 생각을 엮겠다는 대단히 불순한 의도가 숨어 있는 발상이다. 이것은 종교적 윤리로 판단할 거리도 아니고, 인간의 정체성을 혼란시키려는 마약을 뇌에 접속시키겠다는 인성人性 파괴를 목적으로 하는 대단히 악의적인 의도를 의심하지 않을 수 없는 발상이다.

다행히 순수 과학자들에게 확인한 결과 일부에서 흥분하듯 인간이 매트리스나 아바타 같은 기술을 만들어 내는 일은 원천적으로 불가능하다고 한다.

5.

난데없이 불교 논문집 간행사에 4차 산업혁명을 거론한 것에 어색한 마음을 숨길 수 없다. 하지만 붓다의 가르침인, 눈앞의 인과를 무한 확장시켜 사사무애事事無碍의 연기적 세계를 관찰하는 것을 근본적으로 믿는 나로서는, 이제 과학이 물질의 가장 큰 세계인 우주와 가장 작은 세계인 원자와 전자를 넘어 쿼크(quark)까지 연구 결과를 내고 있다는 사실에 주목하며, 존재 자체를 신의 의지에 맡기는 것이 아니라 모든 존재의 인과성을 투과하는 지혜를 삶의 목표로 해야 진정한 불자佛子라는 사실을 새삼 인식해야 하는 현실에 직면해 있다는 것을 강조하고자 한다.

본 '세존학술총서'를 간행하며 어려움이 많았지만 초심을 잃지 않게 해준 것은 세존사이트 불자 회원들의 무주상無住相 보시였다. 수년 이상 매월 보시를 하는 일은 액수를 불문하고 결코 쉬운 일이 아니다. 그 거룩한 신심의 불자들 이름을 나는 평생 기억할 수밖에 없을 것이다. 바람이 있다면 내 능력의 한계를 넘어서는 누군가가 더 훌륭한 논장 시리즈를 남겨 미래 한국불교가 명품 불교로 거듭날 인因을 심어 주길 바란다.

2022년 정월

세존학술연구원장 성법 합장

서문

19세기 말엽부터 20세기 초엽의 한국불교사는 파란만장하였다. 조선 말엽에 이르러 한반도를 둘러싸고 열강과 외세의 침탈이 끊임이 없자 고종은 청나라의 간섭에서 벗어나기 위해 대한제국으로 국호를 바꾸고(1897) 대한민들의 주권을 수호하고자 했다. 하지만 일본은 제물포조약(1876) 이래 거침없는 공세 끝에 미국과 프랑스 및 영국과 청나라와 러시아를 제치고 최종적으로 조선을 병탄(1910)하였다.

이러한 시기에 불교계는 원종을 창종(1908)하였으나 이내 종정 이회광이 일본 조동종과 연합 체맹을 맺었고, 이에 반발하여 민족주의 계열의 박한영, 진진응, 한용운 등은 임제종을 창종(1911)하여 조선의 선풍을 지키고자 하였다. 하지만 경술병탄으로 대한제국을 삼킨 총독부는 사찰령의 반포(1911)와 시행규칙에 입각해 주지 인사권과 사찰 재정권을 박탈하였다.

이즈음 불교교단은 불교청년회와 불교유신회의 활동을 배경으로 조직된 자주적 민족적 성향의 조선불교중앙총무원이 갖은 노력을 기울였으나 조선총독부가 지지하는 친일적 성향의 조선불교중앙교무원과의 대립 끝에 결국 재단법인 조선불교중앙교무원으로 흡수 통합되었다. 이러한 시기에 만해는 『조선불교유신론』(1910; 1913)을 간행하여 조선불교의 유신을 역설하였고, 이어 한 일련의 노력 속에서 권상로는 『조선불교약사』(1917)를, 이능화는 『조선불교통사』(1918)를 기술하여 한국불교를 열람할 수 있는 시야를 열었다. 비록 국한문혼용체로 된 『약사』였고, 한문으로 된 『통사』였으나 이 두 저술은 이후 한국불교 연구의 시금석이 되었다.

이에 편자는 도서출판 민족사의 의뢰를 받아 위의 두 저술 간행 이후 지난 100년간 연구된 한국불교 관련 논문들 중 '한국불교사 연구'와 '한국불교학 연구'로 방향성을 정하고 한국불교 전체를 열람할 수 있는 논문을 조사하고 분류하여 '논문의 의미'와 '학문적 가치'를 기준으로 '한국불교 역사연구'와 '한국불교 철학연구'의 두 편으로 선정하여 엮었다.

『한국불교사연구』는 고대의 불교 전래 이래 중세와 근세 및 근대의 불교 역사 지형을 중심으로 관련 논문을 선정하여 한국불교 역사를 일목요연하게 조망할 수 있도록 엮었다. 먼저 동아시아 불교사상사의 관점에서 김두진, 「고구려 초전불교의 공인과 그 의미」, 안계현, 「백제불교에 관한 제문제」, 신종원, 「안홍과 신라불국토설」, 김영태, 「신라에서 이룩된 금강삼매경, 그 성립사적 검토」, 김진무, 「정중종의 법계와 그 선사상」, 여성구, 「상산 혜각이 중국불교에 끼친 영향」, 김상현, 「신라 화엄학승의 계보와 그 활동」, 정병삼, 「8세기 화엄교학과 화엄사찰」, 김복순, 「신라하대 화엄의 1례-오대산 사적을 중심으로」를 중심으로 고대 4국의 불교 역사를 엿볼 수 있게 하였다.

이어 동아시아 불교사상사의 관점에서 최병헌, 「대각국사 의천의 불교사적 위치」, 채상식, 「의천의 불교교단 통합과 그 추이」, 김상영, 「고려시대 가지산문의 전개 양상과 조계종의 위상」, 서윤길, 「고려 밀교신앙의 전개와 그 특성」, 조명제, 「고려 후기 수선사의 결사운동과 사상적 위상에 대한 재검토」, 고영섭, 「『삼국유사』의 고승과 성사 이해-일연의 역사인식과 관련하여」, 황인규, 「고려 말 나옹문도와 오대산 중흥불사」,

이봉춘, 「조선시대의 승직제도」, 고익진, 「벽송 지엄의 신자료와 법통문제」, 김용태, 「청허 휴정과 조선 후기 선과 화엄」, 이종수, 「조선 후기 불교 사기私記 집성의 현황과 과제」, 김광식, 「일제하 한국불교계의 독립운동 전개와 성격」을 중심으로 고려시대와 조선시대 및 대한시대의 불교 역사를 엿볼 수 있게 하였다.

한국불교 연구에 대한 민족사의 애정 어린 시선과 논문 수록을 허락해 주신 선학 동학 후학의 필자들에게 감사의 마음을 전하고 싶다.

2022년 3월 20일

고영섭 합장

일러두기

1. 이 책『한국불교사연구』는 지난 1세기 동안 발표된 한국불교사 관련 논문 가운데 학문적 역할을 검토하여 21편의 논문을 모은 것이다.
2. 시기는 1918년 1월 1일~2018년 12월 31일까지로 약 100년의 기간이지만 주로 1970년대 이후의 논문들이 많이 수록되었다.
3. 편집 체제, 특히 각주 인용방식을 통일하고자 했으나 워낙 다양하고 복잡해서 논문에 따라 당시 발표지에 수록된 방식을 유지하기로 하였다.
4. 발표한 지 오래된 논문의 경우는 국문 초록 등이 없다.

목차

1

고구려 초전불교의 공인과 그 의미

/ 김두진

〈선정 이유〉

1. 머리말
2. 고구려의 초전 격의불교
3. 불교의 공인과 그 신앙
4. 공인불교의 전개와 역사적 의미
   1) 공인불교의 전개
   2) 불교 공인의 역사적 의미
5. 맺는말

• 김두진, 「고구려 초전불교의 공인과 그 의미」, 『한국학논총』 제36집, 국민대 한국학연구소, 2011.8, pp.1~28.

선정 이유

이 논문은 고구려 초전불교의 공인과 그 의미를 관련 사료에 입각하여 촘촘히 밝히고 있는 점에 주목하여 선정하였다. 저자는 아도나 담시 또는 순도나 아도의 전래전승 속에서 고구려 초전불교와 공인불교의 모습을 구별해 찾기 위해 『해동고승전』과 『삼국유사』 외에 고구려 불상 조상명문造像銘文의 내용을 참조하여 왕즉불신앙은 물론 격의불교에서 벗어나 미륵이나 전륜성왕 또는 석가불 신앙과의 관계를 통해 고구려 공인불교가 신라의 그것과 비교하여 달리 나타난 모습을 국가 체계의 정비 과정과 연결시켜 이해해 가고 있다.

저자는 고구려는 신라에 견주어 불교가 일찍 전래되었지만 그러한 사정이 자세히 전하지 않는다며 신라의 초전불교가 공인되는 과정에 대한 이해를 통해 고구려에 처음 전래된 초전불교와 그 후의 공인불교의 성격을 각기 끌어내고 있다. 소수림왕 때에 순도가 고구려에 처음으로 불교를 전하였다고 하지만, 승려 망명亡名은 중국 동진 때의 학승이자 격의불교의 우두머리인 지둔 법사 도림(?~366)과 서신을 주고받았던 사실을 통해 고구려에 초전된 불교는 도교의 '무위'로써 불교의 공관을 이해하려던 중국의 격의불교를 충분히 이해하였다고 보았다.

저자는 전진왕 부견이 순도를 시켜 불상과 경전을 전한 것은 고구려에 초전된 불교가 국가불교로 공인되는 것을 의미한다고 보았다. 초문사(성문사)나 이불란사는 초전불교가 공인을 거쳐 국가불교로 이어지는 과정에서 창건되었으며, 초문사인 흥국사와 이불란사인 흥복사의 이름 자체가 불교와 국가와의 연결을 생각하게 한다고 보았다. 또 공인 이후 고구려불교가 공관空觀에 대한 이해를 깊게 하였고, 공인불교는 전륜성왕 관념이나 토착 종교의 신이神異 신앙을 포용하였을 뿐만 아니라 선악의 업보에 의한 인과응보 신앙을 가졌다고 보았다.

이어 저자는 공인 이후 고구려불교에 나타난 전륜성왕이나 석가불 및 미륵 신앙은 왕실과 귀족이 모두 불교신앙을 받아들였다는 것을 의미한다고 보았다. 전륜성왕 신앙이 왕실 중심으로 수용되었다면, 미륵신앙은 귀족에게 보다 가깝게 다가갔으며, 국가불교를 성립시키면서 왕실과 귀족이 불교 신앙면에서 서로 타협함으로써 고구려는 귀족연합 정권을 창출시키고는 정복국가 체제를 갖추면서 밖으로 뻗어 갔다고 보았다.

그리하여 고구려 공인불교 속에는 미륵과 석가불이 나타나 있으며, 후기의 사실이지만 돌아가신 어머니의 명복을 빌고자 미륵존상을 함께 조성하였다는 기록, 아미타불을 조성하면서도 현실적으로는 미륵을 만나기를 원하였다는 기록, 석가문상釋迦文像을 만들었다는 기록 등을 통해 공인 이후 고구려 국가불교는 전륜성왕 신앙을 통해 전제왕권이 정복전쟁을 수행해 나가는 면을 강조하려는 의도를 지녔다고 파악하는 지점에서 이 논문의 의미와 학문적 가치를 찾을 수 있다.

1. 머리말

삼국 중 고구려는 일찍부터 북방의 새외塞外 민족은 물론 남방의 중국 민족과도 부단하게 접촉하면서 그 문화를 수용하였다. 불교가 고구려에 처음으로 전래된 시기는 소수림왕 때라고는 하지만, 이미 그 이전에 왕실 중심으로 수용되어 있었다. 전연前燕과의 전쟁이나 후조後趙와의 교섭 과정을 통해 불교는 고구려에 충분히 알려졌다. 당시 중국에 유행한 청담적 격의格義불교가 고구려에 전해진 것이다. 고구려 왕실 중심으로 수용된 초전불교는 공인 과정을 거쳐 귀족에게까지 홍포되면서 국가불교로 성립하였다. 고구려불교의 전래 과정에 대해서는 순도나 담시의 활동뿐만 아니라 신라불교의 초전 설화와 연관된 묵호자나 아도의 행적을 통해서도 이해할 수 있다.

신라와는 달리 고구려의 경우 초전불교와 공인불교의 모습이 확연하게 구별되어 기록되어 있지 않다. 따라서 이 글은 아도나 담시 또는 순도나 아도의 전래전승 속에서 고구려의 초전불교와 공인불교의 모습을 구별하여 찾아내려고 한다. 이를 위해 『삼국유사』나 『해동고승전』 외에 고구려 불상 조상명문造像銘文의 내용을 참조할 것이다. 그리하여 왕실이 호감을 느낀 왕즉불王卽佛 신앙은 물론, 격의불교에서 벗어나 미륵이나 전륜성왕 또는 석가불 신앙과의 관계를 끌어내고자 한다. 다만 고구려 공인불교가 신라의 그것과 비교하여 달리 나타난 모습을 국가 체제의 정비 과정과 연결해 이해하고자 한다.

2. 고구려의 초전 격의불교

고구려에 처음으로 불교가 전해진 때는 소수림왕 2년(372년)이라 한다. 전진前秦의 왕 부견符堅이 사신 및 중 순도順道를 고구려에 보내온 것이 우리나라 불교의 시원始原으로 알려져 있다. 『삼국유사』에는 소수림왕 때에 처음으로 불교가 전래된 것이 마치 신라 눌지왕 때 아도阿道 또는 묵호자墨胡子나, 백제 침류왕 때 마라난타摩羅難陀가 불교를 전한 사실과 같이 기록되었다. 신라의 경우 눌지왕이나 소지왕 때의 초전불교는 법흥왕 때에 이차돈異次頓의 순교로 말미암아 공인되는 것으로 이해된다. 즉 중앙집권적 귀족국가 체제가 정비되는 법흥왕 때에 불교가 공인되었다.

신라 법흥왕 때의 불교 공인은 고구려나 백제 경우에도, 각각 소수림왕이나 침류왕 때에 불교가 공인되었을 것으로 생각하게 한다. 이런 사실은 공인 이전에 이미 불교가 전해져 있었을 것임을 시사해 준다. 고구려 승려 망명亡名은 중국 진晋나라 승려인 지둔支遁 법사 도림道林(314~366년)과 서신을 주고받았다. 다음 기록을 참고해 보기로 하자.

> 진晋나라 지둔支遁 법사가 편지를 보내어 이르기를 "상좌上座 축법심竺法深은 중주中州 유공劉公(劉元眞)의 제자로서 성품이 곧고 고상하여 도속道俗을 모두 통솔하였으며, 지난날 서울에 있을 때는 내외가 모두 우러러보았으니, 도를 알리는 큰 스승입니다."라고 하였다.[1]

---

1 覺訓, 『海東高僧傳』 권1, 流通 1의 1, 釋亡名전에 "晋支遁法師 貽書于云 上座竺法沈 中州劉公之弟子 體性貞峙 道俗綸綜 往在京邑 維持法網 內外具瞻 弘道之匠

도림은 동진東晋 때의 학승으로 격의格義불교의 우두머리로 알려져 있다. 그는 하남성河南省 진류현陳留縣 혹은 임려현林慮縣 출신이어서, 중국 남방불교의 전통에도 밝았을 뿐만 아니라 당시 남쪽에 유행하였던 도교에도 정통하였다.

일찍이 지둔은 백마사白馬寺에 머물면서 유계지劉系之 등과 『장자莊子』 소요편逍遙篇에 대해 담론하였으며, 이를 계기로 그것에 대한 주해註解를 저술하였다. 이후 그는 오吳로 돌아와 지산사支山寺를 세웠고, 만년에 섬산剡山 지역으로 들어갈 때 회계會稽에 머물고 있던 왕희지王羲之와 교류하였다. 동진 애제哀帝 때에 조정에 나아간 도림은 동안사東安寺에 머물면서 『도행반야道行般若』를 강론하였다. 이렇듯 저명한 도림과 서신으로 교류하였던 고구려의 망명 역시 불교에 조예가 깊은 승려였을 것이다. 지둔과 망명의 서신 왕래에 대해서는 "지둔 공은 중국에서 덕망이 높은 분으로 그와 더불어 말이 통하고 사귀는 자들은 반드시 훌륭한 인재로 특출한 인물이었을진대, 하물며 외국의 인사일지라도 뛰어난 사람이 아니고서야 어떻게 그와 같은 편지를 보내었겠는가?"[2]라고 하였다.

지둔이 강론한 『도행반야』는 『반야경』의 공空사상에 관한 것이지만, 이를 도교적으로 해석한 이른바 격의불교의 내용을 담았을 것이다. 『장자』 소요편을 주석한 지둔은 도교 사상에 밝았고, 도교의 '무위無爲'로써 불교의 공관空觀을 이해하였다. 지둔은 366년에 입적하였기 때문에 고구려 망명은 그 이전에 국내뿐만 아니라 중국에까지 알려진 승려였음이 분명하다. 이렇게 되면 고구려에는 소수림왕 이전에 이미 불교가

也."라고 하였다.

2 각훈, 위의 책, 釋亡名전에 "遁公中朝重望 其所與寄聞交好 必宏材巨擘 況外國之士 非其勝人 寧有若斯之報耶."라고 하였다.

전래하여 있었으며, 그것은 중국 불교계와 교류할 정도로 신앙면에서 성숙하였음이 분명하다. 고구려에 초전初傳된 불교는 당시 중국에 유행하던 격의불교를 충분히 이해하고 있었을 것으로 생각된다.

지둔이 망명에게 보낸 편지의 내용은 유원진劉元眞의 제자인 축법심竺法深이 도속道俗을 모두 통솔할 수 있고 도를 알릴 큰스님이라는 것이다. 지둔이나 축법심은 모두 격의불교의 대표적 고승인 동시에 청담淸談의 태두로 알려져 있다.[3] 중국 삼국시대에서부터 위진魏晋시대에 노장의 청담적 사상 경향이 귀족사회에 풍미하였고, 불교계도 이러한 영향을 강하게 받았다.[4] 도교적 청담 불교의 경향을 격의불교라고 한다. 격의格義는 본래 격물치의格物致義를 뜻하는 말이었는데, 불교 경전을 해석하면서 중국 고전, 특히 노장의 경전에 의해 그 뜻을 이해하려는 방법으로 사용되었다.[5] 격의불교는 노장사상과 비슷하게 보이는 불교의 반야般若사상을 그 연구의 중심 대상으로 삼았다.

지둔이 망명에게 축법심의 도풍道風을 권면하는 서신으로 보아 소수림왕 이전 초전불교가 격의불교를 강조하는 것임은 분명하지만, 얼마나 광범위하게 믿어지고 있었는지는 정확하게 제시하기가 어렵다. 우선 초전불교가 왕실과 연결된 흔적을 남기지도 않았다. 이 때문에 그것은 고구려에서 광범하게 믿어졌다기보다는 중국과 가까운 지역에 퍼져 있었던 데에 그쳤다고 추측되기도 한다.[6] 그러나 격의불교 종파의 우두머리

---

3 孫綽의 『道賢論』에는 竺法護·帛法祖·于法蘭·支遁林·竺法深·于道邃·竺法乘 등 7인을 청담의 竹林七賢과 같은 뜻에서 七賢이라 불렀는데, 모두 노장사상에 밝은 고승이었다.

4 支遁과 竺法深이 『노자』나 『장자』를 강의하였지만, 이러한 풍조는 당시 불교계 일반의 모습으로 나타나 있었다. 羅什은 『注老子』를 저술하였는가 하면, 僧肇는 『老子注』를, 慧觀은 『老子義疏』를 저술하였다. 또한 慧嚴과 慧琳은 『老子道德經注』를 저술하였다.

5 金煐泰, 「고구려 佛教傳來의 諸問題」, 『불교학보』 23, 1986, p. 33.

6 김영태, 위의 논문, 위의 책, 1986, p. 9.

와 교류하였던 망명은 중국의 청담적 불교 경향에 조예를 가진 고승이었다. 이런 사정은 고구려의 초전불교가 일부 국경 지역에만 들어와 있었을 것으로 생각되지 않게 한다.

본래 원시불교는 왕실이나 정복국가에 유용한 성격을 가졌기 때문에 고구려에 초전된 불교도 왕실과의 연관을 생각하지 않을 수 없다. 이런 면은 비록 망명에게서는 찾아볼 수 없을지라도 순도順道의 전법傳法 과정에서 유추될 수 있다. 다음 기록을 참고해 보기로 하자.

> 혹은 순도가 동진東晋에서 와서 처음으로 불법佛法을 전했다고 하는데, 진秦과 진晋은 구별되지 않으니 어느 것이 옳고 어느 것이 그른가? 스님은 일찍이 이국異國에서 와서 서역西域의 자비慈悲 등불을 전하고 동이東曦의 혜일慧日을 매달아, 인과因果로 보여 주고 화복禍福으로써 유인하니, 난초 향기가 풍기고 안개가 스며들듯이 불교는 점차로 퍼져 친숙하게 되어 갔다. 그러나 세상이 질박하고 사람들이 순박하여 그 교화하는 방식을 알지 못하였으므로, 스님이 비록 아는 것이 많고 학문이 넓다고 하더라도 아직은 많은 것을 펴지 못하였다.[7]

『해동고승전』은 물론 『삼국유사』에도 고구려에 불교가 처음으로 전래한 시기는 모두 소수림왕 2년에 순도에 의한 것으로 기록되었다. 그러나 이때에는 고구려에 초전된 불교가 국가불교로 공인되는 것으로 이

---

7 각훈, 앞의 책, 권1, 유통 1의 1, 釋順道전에 "或說順道 從東晋來 始傳佛法 則秦晋莫辨 何是何非 師旣來異國 傳西域之慈燈 懸東曦之慧日 亦以因果 誘以禍福 蘭薰霧潤 漸漬成習 然世質民淳 不知所以栽之 師雖蘊湥解廣 未多宣暢."이라 하였다.

해되지만, 그 내용은 초전불교의 성격을 이해하는 데 다소 도움을 준다.

순도 외에 담시曇始가 고구려에 처음으로 불교를 전하였다는 주장이 있다. 담시의 불교 전래전승도 순도에서처럼 초전불교와 공인불교의 모습이 다소 섞인 모습으로 기록되었다. 다음 내용을 참고해 보기로 하자.

> 담시曇始는 관중關中 사람으로서 출가한 뒤에 많은 이적을 행했다. 발이 얼굴보다 희고 비록 흙탕물을 밟고 건너가도 젖은 적이 없으므로, 천하가 모두 백족화상白足和尙이라고 불렀다. 진晋 태원泰元(376~396년) 말년에 경률經律 수십 부를 가지고 요동遼東으로 와서 교화敎化하였는데, 근기根機에 맞게 불법을 펴고 삼승三乘으로 가르쳐서 귀계歸戒의 법을 세우게 하였다. 『양고승전梁高僧傳』은 이로써 고구려가 불법을 듣게 된 처음으로 삼고 있다.[8]

담시曇始가 고구려에 불법을 초전하였다는 주장은 위의 기록 외에도 최치원에 의해 이미 언급되었다. 지증대사비智證大師碑의 서두에는 우리나라의 간략한 불교사가 기록되었는데, 그 속에 "삼국이 나뉘어 있을 때 백제에서 소도蘇塗 의례를 행한 것은 마치 한漢나라 때 감천궁甘泉宮에서 금인金人을 제사한 것과 같고, 그 후 서진西晋의 담시가 고구려(貊)에 불법을 처음으로 전한 것은 서역의 가섭마등迦葉摩騰이 동쪽으로 들어온 것과 같으며, 고구려의 아도阿度가 신라로 들어온 것은 강회康會가 남쪽에 이른 것과 같다."라고 하였다.[9]

---

8 각훈, 위의 책, 권1, 유통 1의 1, 曇始전에 "曇始關中人也 自出家多有異跡 足白於面 以晋大元末年 賫持經律數十部 往化遼東 乘機宣化 顯授三乘 立以歸戒 梁僧傳以此 以爲高句麗聞法之始."라고 하였다.

9 崔致遠, 「聞慶鳳巖寺 智證大師寂照塔碑」(『朝鮮金石總覽』 권상, 1919, p. 89)에 "昔當

고구려에 불교를 전한 담시의 전래전승傳來傳乘은 마치 백제의 소도 의례나 신라 아도의 초전 전설과 같은 것으로 파악되었다. 이 때문에 담시의 전래전승에서 고구려 초전불교의 모습을 찾으려는 것은 타당하다고 생각한다.[10] 다만 순도와 담시의 전교傳敎 사실 사이에는 다소 차이가 보이기도 한다. 순도가 전진, 즉 중국 북방불교를 전하였다면, 담시는 남방불교와 연관된 인물이다. 전자가 전진 왕 부견을 통해 고구려 왕실로 불상과 경전을 전하였다면, 후자의 경우 왕실과의 연관이 잘 나타나 있지 않다. 공인불교의 모습은 순도의 전래전승에서 유추할 수 있는 반면, 담시의 전교전승은 초전불교의 모습을 보다 강하게 풍긴다. 따라서 순도와 담시의 초전 전승을 통해 초전불교와 공인불교 신앙의 모습을 정밀하게 나누어 고찰하는 것이 중요하다.

고구려 초전불교와 분명하게 연결된 망명이 격의불교 신앙을 가졌던 사실을 이미 언급하였다. 순도나 담시의 불교 신앙에서 이런 면을 유추하여 끌어낼 수 있다. 일반적으로 초전불교 신앙에 대해서는 왕실이 관심을 표방하였다. 남쪽의 귀족화된 도교보다는 황제 만만세萬萬歲를 주창하는 도교와 융섭된 북방의 격의불교가 왕실의 관심에 합당한 모습을 가졌다. 격의불교가 고구려 왕실 중심으로도 수용되었을 가능성을 가졌다. 전진 왕 부견이 순도를 시켜 불상과 경전을 전하자, 고구려 왕실과 신하들이 예의를 갖추어 성문省門까지 나아가 그를 맞았다. 이에 정성을 다해 믿고 공경하니 국내에 감격과 경사가 넘쳤다고 한다. 그뿐만 아니라 고구려 왕은 감사의 뜻으로 전진에 사신을 파견하였다.[11] 이

東表鼎峙之秋 有百濟蘇塗之儀 若甘泉金人之祀 厥後西晋曇始 始之貊 如攝騰東入 句麗阿度 度于我 如康會南行."이라 하였다.

10 김영태, 앞의 논문, 앞의 책, 1986, pp. 20~22.

11 각훈, 앞의 책, 권1, 유통 1의 1, 順道傳에 "於是君臣 以會遇之禮 奉迎于省門 投誠敬信 感慶流行 尋遣使廻 謝以貢方物."이라 하였다.

는 처음 불교가 왕실 중심으로 수용되었을 것으로 생각하게 한다.[12]

담시가 전한 불교는 격의불교의 성격을 풍기는 것으로 이해된다. 그는 근기에 따라 삼승법三乘法으로 교화하였으며, 특히 귀계법歸戒法을 세워 삼귀오계三歸五戒를 지니게 하였다. 이는 소승에 관심을 가지면서 계율을 강조한 모습을 떠올리게 한다. 그가 가지고 온 경률 수십 부는 율부律部에 관한 경전이 주류를 이뤘다. 엄격한 소승 계율을 내세우는 면에서 담시의 불교 신앙은 당시 중국 도안道安이 대승불교와 아울러 소승 경론을 연구하면서, 계율과 실천을 내세우는 사실과 연관된다. 즉 도안은 지율持律과 함께 일상육시육례日常六時六禮의 제정과 보시법布施法의 시행 등 불교계의 규율을 확립하였다.[13] 도안은 노장사상의 영향으로 이루어진 청담적 중국불교 경향에서 교학 본연의 사상을 찾고자 노력하였을지라도 격의불교 신앙을 이끌었던 인물이었다.

담시의 초전불교 역시 소승적 계율을 강조하면서 격의불교 신앙을 지닌 것이었다. 왕실 중심으로 수용되다 보니, 고구려에 초전된 불교가 넓게 퍼져 있었던 것은 아니었다. 순도는 아무리 학식이 깊고 박식할지라도 불교를 넓게 펴지 못하였다고 한다. 그 이유는 아직도 세상이 질박하고 사람들이 소박하여 불교 신앙의 이치나 그 교화하는 뜻을 알 수 없기 때문이라고 하였다. 초전불교는 인과법칙이나 화복禍福을 내세웠으며, 신이한 성격을 포함하고 있었다. 격의불교 신앙 속에 포용된 이러

12 각훈, 앞의 책, 권1, 유통 1의 1, 순도전에는 "애석하다! 그 사람과 그 德은 마땅히 竹帛에 써서 아름다운 공적을 찬양했어야 했는데, 그 글조차 대강이라도 보이지 않게 되었다."고 하여, 순도의 전교가 넓게 퍼지지 않았음을 시사해 준다. 그러나 "사람들이 四方에 사신으로 가서 왕의 명령을 욕되지 않게 하는 것은 반드시 현자(순도)를 기다려 능히 이루어졌다."라고 하였다. 이는 순도의 전교가 왕실 중심으로 수용되었던 사실을 알려 주는 것이다.

13 김영태, 「고구려 불교사상-初傳性格을 중심으로」, 『崇山朴吉眞博士華甲記念 韓國佛敎思想史』, 원광대, 1975, pp. 30~33.

한 성격은 불교 신앙을 보다 넓게 펴려는 의도를 지닌 것이다. 초전불교가 왕실 이외에 귀족들에 의해 환영을 받았는지는 불분명하다.

고구려 초전불교가 넓게 수용되지 않았던 것은 한편으로 불교 수용에 반대하는 사람들이 있었던 사실을 추측하게 한다. 왕실과는 달리 초전불교의 수용에 대해 귀족들은 대체로 반대하였다. 인도에서 일어난 원시불교가 왕자王者 즉, 찰리刹利 계급에 유용하고 정복국가의 이념에 합치하는 성격을 지닌 반면 족장族長인 귀족들은 토착신앙의 제사장으로서 왕과 동등한 기반을 가졌기 때문에 불교 수용에 반대하는 입장을 취하였다.[14] 오히려 귀족들은 불교보다는 토착신앙을 고수하고 있었다. 초전불교 신앙 속에 포함된 인과원리나 화복禍福 신앙 또는 신이신앙 등은 이후 공인불교 신앙과 연결시켜 해석해야 한다.

3. 불교의 공인과 그 신앙

왕실 중심으로 수용되어 있던 초전불교를 귀족에게까지 포교弘布하면서 국가불교로 성립시킨 것이 불교 공인이다. 담시의 전래전승에서는 비록 왕실과의 관련이 잘 드러나지 않을지라도 순도가 왕실과 연결되었던 것은 바로 초전불교의 모습으로 보아야 한다. 순도와 담시의 전래전승 속에는 공인불교의 모습도 나타나 있다. 담시가 중국 남방불교 신앙과 연결되었던 점은 아무래도 공인불교 신앙의 모습을 생각하게 한다. 왕실과는 달리 불교 수용에 반대한 귀족들은 신이한 성격의 토착신앙

14 김두진, 「新羅上古代末 初傳佛教의 受容」, 『千寬宇先生還曆記念 韓國史學論叢』, 正音文化社, 1986, p. 277.

에 익숙하였다. 초전불교를 수용하려던 왕실은 토착신앙을 애써 고수하지 않았다. 그러고 보면 초전불교는 토착신앙을 대체하려는 성격을 지닌다.[15]

불교 공인은 귀족들에게까지도 만족할 만한 신앙을 홍포하기 위해 귀족의 구미에 어울리는 성격을 지니기 마련이다. 담시의 전래전승 속에 포함된 신이 신앙은 토착신앙이 불교 공인 과정을 거치면서 바뀌는 모습을 유추하게 한다. 이런 면을 유념하면서 순도와 담시의 전래전승 속에서 공인불교 신앙으로 연결될 수 있는 것을 끌어내고자 한다. 다음 기록을 참고해 보기로 하자.

> ① 그 후 4년(374년)에 신승神僧 아도阿度가 위魏로부터 들어왔으며(古文에 있음), 처음으로 성문사省門寺를 창건하여 순도順道를 머물게 하였다. 고기古記에는 "성문省門을 절로 만들었다."라고 하였으니, 지금의 흥국사興國寺가 이것인데, 뒤에는 와전訛傳되어 성문이라 하였다. 또한 이불란사伊弗蘭寺를 창건하여 아도를 머물게 하였으니, 고기에 말하는 흥복사興福寺가 이것이다. 이가 해동불교의 시작이다.[16]
>
> ② 고구려 요동성遼東城 방탑傍塔에 대해서는 고로高老들이 말하는 전승傳承이 있다. 옛날 고구려 성왕聖王이 국경을 순행하다가 이 성城에 이르러 오색구름이 땅을 덮는 것을 보고, 가서 그 구름 속을 찾아보았더니 어떤 스님이 지팡이를 짚고 서 있었다. 그런데 가까

15 김두진, 위의 논문, 위의 책, 1986, p. 278.

16 각훈, 앞의 책, 권1, 유통 1의 1, 순도전에 "後四年 神僧阿度 至自魏(存古文) 始創省門寺 以置順道 古記云 以省門爲寺 今興國寺是也 後訛寫爲省門 又刱伊弗蘭寺 以置阿度 古記云 興福寺是也 此海東佛敎之始."라고 하였다.

이 가면 문득 없어지고 멀리서 보면 다시 나타나는 것이었다. 그 곁에는 3층 토탑土塔이 있었고 위에는 솥을 둘러썼는데, 그것이 무엇인지를 알 수 없었다. 다시 가서 스님을 찾아보았으나 오직 거친 풀만 있을 뿐이었다. 한 장丈 정도 땅을 파서 지팡이와 신발을 얻었고, 또 파서 위에 범서梵書로 적힌 명문銘文을 얻었다. 시신侍臣이 이를 알아보고는 "이것은 불탑佛塔입니다."라고 하였다. 왕이 연유를 자세히 물으니, 대답하기를 "이것은 한漢나라 때부터 있었는데, 그 이름은 포도蒲圖(본래는 休屠라고 하는데 祭天金人이다)라고 합니다."라고 하였다. 왕은 이로 인하여 신심信心이 생겨 7층 목탑木塔을 세웠는데, 후에 불법이 전해오자 비로소 그 시말을 자세히 알게 되었다. 지금은 다시 높이가 줄고, 목탑이 무너졌다. 아육왕阿育王이 통일한 염부제주閻浮提洲에 곳곳에 탑을 세웠으니, 기이할 것이 없다.(『삼국유사』 권4, 遼東城育王塔조)

고구려 불교 전래설화 중에 국가적 사원의 건립이나 전륜성왕 관념의 수용 등은 불교 공인과 연관하여 파악된다. 사원의 건립이 불교 신앙의 홍포 과정과 직결되었을 뿐만 아니라 전륜성왕 치세도 미륵을 매개로 한 불교 신앙의 홍포와 연결되어 있다.

초전불교가 왕실 중심으로 수용되었을 경우 반드시 사원이 창건되어 있어야 하는 것은 아니다. 불교 공인 이전 초전불교가 믿어지던 소지왕 때에 분수승焚修僧은 주지하였던 사원을 가진 것 같지 않다. 그는 궁중에서 분향을 담당하였던 승려였다.[17] 초전불교는 궁중에서 분수焚修하는 모습으로 받아들여지거나 왕실과 연결된 인물에 의해 수용되었다.

17 辛種遠, 「신라의 佛敎傳來와 그 受容過程에 대한 再檢討」, 『白山學報』 22, 1977, p. 163.

공인을 거치면서 불교를 귀족들에게까지 홍포하는 과정에서 사원이 창건되었다. 신라 초전불교 전승 중에서 아도阿道가 천경림天鏡林에 절을 지어 흥륜사興輪寺라고 불렀다고 한다. 그러나 흥륜사는 불교 공인 과정에서 창건되었으며, 그 이전 초전불교 당시에 아도의 사원 건립은 실패로 끝났다.

아도의 전교 활동은 국인國人, 곧 귀족들의 반대로 실패함으로써 불교 또한 폐지된 것으로 기록되었다.[18] 신라의 흥륜사는 불교가 공인된 후에 짓기 시작하여 진흥왕 때에 완성되었다. 고구려 소수림왕 대에 창건된 초문사肖門寺(省門寺)나 이불란사伊弗蘭寺는 초전불교가 공인을 거쳐 국가불교로 이루어지면서 창건되었다. 따라서 그것은 신라의 흥륜사를 연상시키게 한다. 초문사는 흥국사興國寺이며 이불란사는 흥복사興福寺라고 하였다. 『해동고승전』의 이런 기록을 부정적으로 보려는 주장도 있지만,[19] 국가불교의 모습을 생각하게 한다. '흥국'이나 '흥복'이라는 사명寺名 자체가 불교와 국가의 연결을 강하게 느끼게 한다.

신라의 흥륜사를 연상하게 하는 초문사나 이불란사의 창건은 불교 공인 과정에서 전륜성왕의 존재를 생각하게 한다. 그러나 엄밀히 말해 흥국사나 흥복사는 불법에 의해 크게 나라를 일으키고 왕실의 복록을 구하려는 의도를 지녔지만, 법륜을 일으킨다는 의미를 직접적으로 나타내는 것은 아니다. 그런 면에서 소수림왕이나 불교를 공인한 고구려 왕이 전륜성왕을 표방한 것으로 비치지는 않는다. 다만 요동성遼東城 육왕탑育王塔의 존재는 공인불교를 주도한 고구려 왕이 신라의 법흥왕이나 진흥왕과 같은 전류성왕을 표방하였으며, 따라서 초문사나 이불란사는 흥륜사와 같은 목적으로 창건되었을 것임을 짐작하게 한다. 『삼

18 一然, 『三國遺事』 권3, 阿道基羅조.
19 一然, 『三國遺事』 권3, 順道肇麗조.

국유사』에서는 초문사나 이불란사가 흥국사나 흥복사로 불린 것이 잘못이라고 지적하였지만, 오히려 『해동고승전』에서는 본래 흥국사로 창건되었는데 뒤에 와전되어 초문사(성문사)로 불렸다고 하였다.

요동성 육왕탑을 건립한 성왕聖王이 어느 왕을 가리킨 것인지는 분명하지 않다. 동명성제東明聖帝 즉 주몽왕朱蒙王이라고 추증되기도 하지만,[20] 이는 믿을 수 있는 것이 아니다. 다만 성왕은 이름으로 미루어 전륜성왕轉輪聖王으로 유추된다.[21] 불교 공인을 주도하고는 국가불교를 표방하면서 정복국가 체제를 확립시킨 전륜성왕이 광개토왕廣開土王이라는 주장은 시사성을 준다.[22] 성왕이 7층 목탑을 세우고는 이를 육왕탑育王塔이라 불렀던 사실 자체도, 고구려에 불교가 공인되는 과정에서 전륜성왕의 존재를 분명하게 알려 준다. 강력한 정복국가 체제를 갖추고는 인도의 모든 지역을 통일하여 불법으로 통치하였던 아육왕은 전륜성왕으로 자처하였다. 아육왕은 귀신의 무리에게 명하여 인구 9억 명이 사는 곳마다 탑 하나씩을 세웠다. 그리하여 염부제주閻浮提洲 내에 8만 4천 개의 탑을 세워 곳곳에 감추어 두었다고 한다.[23]

상서로운 조짐을 갖는 육왕탑은 진신사리眞身舍利 신앙과 얽혀, 전륜성왕 관념을 표방한다. 흥미롭게도 고구려 성왕이 세운 요동성 육왕탑은 감추어 둔 아육왕의 3층 토탑土塔이 나타난 것으로 기록되었다. 성왕이 국경을 순행하는 중에 스님과 그 옆에 마치 솥을 덮어쓰고 있는 듯한 3층 토탑의 환상을 보고, 그 자리를 파서 스님의 지팡이와 신발 및 범서梵書로 적힌 명문을 얻었다. 아육왕의 불탑이 나타난 것이라 하

---

20 一然, 『三國遺事』 권3, 遼東城育王塔조.

21 金善淑, 「三國遺事 遼東城育王塔條의 '聖王'에 대한 一考」, 『新羅史學報』 창간호, 2004, pp. 259~260.

22 鄭善如, 『고구려 불교사연구』, 서경문화사, 2007, p. 23.

23 一然, 『三國遺事』 권3, 遼東城育王塔조.

여, 그곳에 7층 목탑을 건립하였다. 땅속에서 솥을 머리에 쓴 모습으로 나타난 육왕탑의 연기설화는 신이한 토착신앙을 떠올리게 한다. 솥은 고구려 부정씨負鼎氏 부족의 제기祭器였는데, 만물을 양육시키는 지모신 신앙을 상징적으로 보여 준다.[24] 대무신왕이 부여를 공격할 때에 종군한 부정씨의 솥은 불을 지피지도 않았는데 스스로 데워져서, 밥을 지어 온 군사를 배부르게 먹였다는 신앙 전승을 가졌다.[25]

공인불교 속에는 신이한 토착신앙이 다소 흡수되었다. 이런 면은 순도에서보다 담시의 불교 전래전승에서 뚜렷하게 나타나 있다. 다음 기록을 참고해 보기로 하자.

> ① 이에 척발도拓跋燾(北魏 太武帝, 재위 424~452년)는 불교의 위력과 신통력이 황제黃帝나 노자老子보다 못하지 않음을 깨달았으며, 곧 스님(담시)을 상전上殿에 받들어 모시고 그 발에 예배하면서 허물과 죄과를 뉘우치고 자책하였다. 스님은 그를 위해 인과응보因果應報가 어긋남이 없음을 설명하고, 손바닥을 펴서 약간의 신이神異를 나타내 보였다. 척발도는 매우 부끄럽고 두려워하면서 과거의 잘못을 뉘우치고 앞으로는 착하게 행동하고자 하였다.[26]
>
> ② 그러나 [척발도는] 이미 저지른 화악禍惡이 쌓여 마침내 몹쓸 병에 걸렸으며, 최호崔皓와 구겸지寇謙之도 또한 모진 병에 걸려 드디어 죽었다. 척발도는 재앙이 그들의 죄 때문이므로 용서할 수 없다

---

24 김두진, 「고구려 초기 東明祭儀의 蘇塗信仰的 요소」, 『韓國學論叢』 18, 1966; 『韓國古代의 建國神話와 祭儀』, 1999, 일조각, p. 112.

25 金富軾, 『三國史記』 권14, 大武神王 4년, 冬 12月조.

26 각훈, 『해동고승전』 권1, 유통 1의 1, 曇始전에 "於是燾乃知佛敎威神 非黃老所及 卽奉師上殿 頂禮其足 悔責愆咎 師爲說因果應報不差 指掌開示 畧現神異 燾生大慙懼 改往修來."라고 하였다.

> 고 하여 두 집을 멸족滅族시키고, 국내에 영을 내리어 불교를 회복시키게 하니 종소리와 범패梵唄가 사방에서 들렸다.[27]

중국에서 신선술을 가미한 도교는 태평도太平道와 천사도天師道로 나뉘어 발전하였다. 오두미교五斗米敎인 천사도가 동진東晋을 따라 남조에서 유행하자, 화북 지역에는 구겸지가 신천사도를 만들고 척발규拓拔珪의 북위 정권 수립에 협조하였다. 북위의 태무제 척발도는 처음에 최호崔皓와 당시의 천사天師인 구겸지 가문의 권유로 도교를 숭상하고 불교를 박해하였다. 이에 척발도는 군사를 보내어 사찰을 불사르고 승려를 핍박하였다.

담시는 이러한 사회 분위기 속에서 호법護法을 행하면서 신이한 행적을 보였다. 척발도는 담시가 궁중에 이르렀다는 말을 듣자, 날쌘 군사를 시켜 베게 하였으나 그를 상하게 하지 못하였다. 척발도는 크게 노하여 자기가 차고 있던 날카로운 칼로 베었으나, 오직 칼날이 닿은 곳에 붉은 줄과 같은 흔적이 남았을 뿐으며 그의 몸에는 아무런 이상이 없었다. 그때 북원北園에 호랑이 새끼를 기르는 우리가 있었다. 척발도가 담시를 끌고 가서 그 속에 들여보냈으나, 호랑이들은 모두 잠자코 엎드린 채 끝내 감히 접근하지 않았다. 척발도는 시험 삼아 천사를 우리 가까이 보내었더니, 호랑이가 갑자기 으르렁거리며 달려들어 물어뜯으려고 하였다.[28] 이를 본 척발도는 노자나 도교보다도 불교 신앙의 위력이 더

---

27 각훈, 위의 책, 권1, 유통 1의 1, 曇始전에 "然禍惡已稔 遂感感疾 而崔寇亦發惡病 將入死門 燾以爲禍 由彼作罪 不可赦 因族滅二家 宣令國內 光復竺敎 鐘梵相聞."이라 하였다.

28 각훈, 『해동고승전』 권1, 1의 1, 담시전에 "燾聞已 卽令猛卒斬之不傷 燾大怒 自以所佩利劍斫焉 惟劍所著處 有痕如紅線 體無餘異 時有北園 養虎子檻 燾軀貽之虎皆潛伏 終不敢近 燾試遣天師近檻 猛虎輒鳴吼 直欲搏噬."라고 하였다.

강한 것을 깨달았다.

척발도에게 나아간 담시는 불교의 인과응보 신앙과 함께 신이한 영험을 보여 주었다. 이에 척발도는 최호와 구겸지의 죄를 물어, 그들 집안을 멸족시키고는 다시 불교를 크게 일으켰다. 담시가 전한 불교는 인과응보를 강조한 신이 신앙을 흡수하였으며, 아울러 도교에 대항하기 위해 초전의 격의불교에서 벗어나려는 성격을 지녔다. 이는 공인 이후 고구려불교가 공관空觀에 대해 깊이 이해하게 했다. 그러면서 공인불교는 전륜성왕 관념이나 토착의 신이 신앙을 포용하였을 뿐만 아니라 선악의 업보에 의한 인과응보 신앙을 가졌다.

4. 공인불교의 전개와 역사적 의미

1) 공인불교의 전개

고구려 초전불교는 국가불교로 공인되면서 왕실에서부터 귀족들에게까지 홍포되는 계기를 마련하였다. 그러는 동안 중국불교는 도교의 신봉으로 인한 법난法難을 겪었다. 실제로 최호를 신임한 척발도는 446년에 불법을 금지하고는, 군사를 보내어 사찰을 불사르고 약탈하였으며 승려들을 쫓아냈다. 담시가 전한 초전불교에는 도교를 타파하기 위한 신이 신앙의 모습이 많이 나타나 있었다. 일반적으로 이러한 신이 신앙은 왕실에서보다 귀족들과 잘 어울리는 토착적 전통과의 연결이 가능한 것이었다. 왕실 중심으로 수용된 초전불교는 오히려 격의불교에 머물지라도 신이 신앙을 애써 내세우지는 않았다.

공인불교에서 신이 신앙이 나타나는 모습은 귀족불교의 양상을 예견하게 하지만, 한편으로 업보業報 신앙과 깊이 연관되었다는 점을 유의해야 한다. 다음 내용에서 이런 면을 읽을 수 있다.

> 장안長安 사람 왕호王胡의 숙부인 아무개가 죽은 지 이미 몇 년이 되었다. 어느 날 꿈에 [숙부가] 홀연히 생전의 모습으로 찾아와서, 왕호를 데리고 지옥을 두루 돌아다니면서 여러 과보果報를 보여 주었다. 왕호가 하직하고 돌아오려 하자, 숙부가 왕호에게 "이미 인과를 알았으니 마땅히 백족아련白足阿練을 받들어 섬겨 백업百業을 닦아야만 한다."라고 하였다. 왕호는 삼가 승낙하였다. 잠을 깬 후 [그에 대해] 두루 여러 스님에게 물었는데, 유독 담시가 발이 얼굴보다 흰 것을 보고 인하여 그를 섬겼다.[29]

진晋나라 의희義熙(408~418년) 초에 담시는 요동으로부터 다시 관중關中으로 돌아와 장안 근처에서 불교를 크게 일으키고 있었다. 마침 그는 장안 사람인 왕호王胡의 귀의를 받았다. 당시 담시가 결사한 불교는 인과응보에 의한 영험을 곁들인 신이 신앙을 내세웠다. 즉 왕호는 꿈에 죽은 숙부를 따라다니면서 지옥의 갖가지 인과응보를 경험하였다. 숙부의 당부 때문이라고는 하지만, 왕호는 인과응보를 알게 됨으로써 애써 담시를 찾아 모셨다. 이는 담시가 인과응보의 업보 신앙을 가졌던 것을 알려 준다.

지옥을 두루 다니면서 체험한 인과응보 신앙은 선악에 기인한 윤회전생 신앙으로 이어지게 된다. 고구려의 불교 공인 이후 구복求福신앙

29 각훈, 『해동고승전』 권1, 유통 1의 1, 담시전에 "長安人王胡之叔父某 死已數年矣 一日夢中 忽來現形 接引王胡 遊避地獄 示諸果報 胡辭還 叔謂胡曰 旣知其因果 要當奉事白足阿練 用修白(원문에는 曰)業 胡敬諾寤己 遍詢衆僧 惟見始足白於面 因卽事之."라고 하였다.

의 구현도 이런 면에서 이해된다. 고국양왕 8년(391년)에는 교서를 내려 불교를 믿고 복을 구하게 하면서, 아울러 담당 관청에 명하여 국사國社를 세우고 종묘宗廟를 수리하게 하였다. 다음 해인 광개토왕 2년에는 백제가 남쪽 변경을 침략해 왔으므로, 장수에게 명하여 막게 하면서 9절을 평양에 창건하였다. 복을 구하는 불교 신앙의 홍포가 사직社稷이나 종묘 등 토착신앙의 제장 정비와 관련되었는지, 또는 평양에 9절을 창건하는 사실이 백제의 침략과 연관되는 것인지는 잘 알 수 없다. 다만 불교 공인 이후에 강조된 구복신앙은 선악에 바탕을 둔 인과응보 신앙과 짝하여 퍼져 나갔다.

고구려에서 불교 공인 이후에 윤회전생 신앙이 나타나는 것은 분명하다. 다만 신라에서와 같이 전생의 선한 업보로 말미암아 귀족 신분으로 태어났다는 윤회전생 신앙이 강하게 주장되었는지는 분명하지 않다. 그러나 고구려 공인불교 속에는 미륵과 석가불이 정토淨土신앙과 연관하여 나타나고 있는 것은 유념된다. 이 점은 불교 공인 과정에서 나타난 전륜성왕 신앙과 연결해 시사성을 주기 때문이다. 다음 명문銘文을 참고해 보기로 하자.

> ① 永康 7년(551년, 陽原王 7년) 辛△에
> 돌아가신 어머니의 冥福을 빌고자 彌勒尊像을 조성하였다.
> 원하옵건대 亡者의 神靈이 兜率天으로 올라가
> 彌勒三會의 설법을 만나,
> 처음에는 無生 究竟을 깨닫고 念함으로써
> 반드시 菩提를 이루게 하소서.[30]

30 永康七年銘佛像光背에
"永康七年歲次辛△

만약에 罪業이 있으면 일시에 소멸하기를 원합니다.

같이 하는 모든 이들도 같은 발원을 이루소서.

② △景 4년(571년, 平原王 13년) 辛卯年에 比丘 道(須)와

함께 여러 善知識인 那婁·賤奴·阿王·阿琚 등 5인이

같이 无量壽像 1軀를 만듭니다.

바라건대,

돌아가신 스승이나 부모가 다시 태어날 때마다 마음속에 항상

여러 부처를 만나고, 善知識 등이

彌勒을 만나게 하소서. 원하는 바가 이와 같으니,

바라건대 함께 같은 곳에 태어나 부처를 보고 法을 듣게 하소서.[31]

③ 建興 5년(596년, 영양왕 7년) 丙辰에

佛弟子 淸信女 上部

兒奄이 釋迦文像을 만드니

바라건대 나고 다시 나는 세상마다 부처를 만나 듣고 佛法을 들어,

爲亡母造彌勒尊像(祈)
福 願令亡者 神昇兜(率)
慈氏三會
之初 悟无生(念)究竟
必昇(菩)提
若有罪右 願一時消滅
隨喜者等 同此願"이라 하였다.

31 辛卯銘金銅三尊佛光背에
"△景四年在辛卯比丘道(須)
共諸善知識那婁
賤奴阿王阿琚五人
共造无量壽像一軀
願亡師父母生生心中常
值諸佛善知識等值
遇彌勒所願如是
願共生一處見佛聞法"이라 하였다.

일체중생이 이 서원을 함께 이루게 하소서.[32]

상기한 불상의 명문은 고구려에 불교가 공인되던 때보다 많이 내려간 시기에 작성된 것이기 때문에, 이로써 공인불교의 성격을 끌어내는 데에는 어려움이 따른다. 다만 종교 신앙은 본래의 모습을 간직하면서 비교적 오랫동안 전승하는 속성을 가졌다. 특별히 다른 자료를 찾기 어려운 상황에서 정토신앙에 비록 더 무게를 둔 것이기는 하지만, 여기에 나타난 미륵과 석가불 신앙은 공인불교의 모습을 유추하는 데 도움을 준다.

양원왕 7년(551년)에는 돌아가신 어머니의 명복을 빌고자 미륵존상을 조성하였다. 평원왕 13년(571년)에는 나루那婁·천노賤奴·아육阿王·아거阿琚 등 5인이 비구 도[수]道(須)와 함께 돌아가신 스승과 부모를 위해 아미타불상을 조상造像하였다. 또한 영양왕 7년(596년)에는 청신녀 아엄兒奄 등이 석가문상釋迦文像을 만들었다. 미륵뿐만 아니라 아미타불이나 석가불상이 모두 죽은 사람을 위한 정토신앙과 연관하여 조상되었다. 그렇지만 서방 정토나 미래의 현실 정토로의 신앙이 뚜렷하게 나타나 있지 않기 때문에, 고구려의 정토신앙에는 미륵과 아미타의 두 정토가 명확하게 분화되지 않은 것으로 주장되었다.[33] 이렇듯 고구려 사람들은 정토에 대해 모호하게 인식하고 있어서, 이를 굳이 정토신앙

---

32 建興五年銘金銅佛光背에
"建興五年歲丙辰
佛弟子淸信女上部
(兒)奄造釋迦文像△
願生生世世(値)佛聞
法一切衆生同此願"라고 하였다.

33 安啓賢, 「한국불교사상-고대편」, 『한국문화사대계』 권4, 고려대 민족문화연구소, 1970, p. 190.

으로 파악하기보다는 미륵이나 석가불 신앙과 연결시켜 이해할 필요가 있다.

고구려 사람들은 망자를 위해 미륵불상이나 아미타불상 또는 석가불상을 조상하였지만, 그것으로 정토로의 왕생에 초점을 맞추지는 않았다. 오히려 윤회전생 신앙을 깔고 있는 데에 더 흥미를 느끼게 한다. 즉 불상의 조상으로 다음 세계에 다시 태어나기 위한 선연善緣을 쌓기 위한 목적이 더 강하게 나타났다. 죽은 스승과 부모가 다시 태어날 때마다 여러 부처를 만나서, 불법을 듣고 서원을 이루고자 원하였다. 따라서 나루나 천노 등 5인은 아미타불을 조상하면서도 현실적으로는 미륵을 만나기 원하였다. 이는 미륵정토와는 구별되는 모습을 보여 준다. 청신녀나 아엄 등이 조상한 석가불상의 조상도 정토신앙이라기보다는 윤회전생 신앙에서의 선연을 쌓기 위한 것이다.

어머니의 명복을 빌기 위해 미륵상을 조상하였지만, 그 진정한 뜻은 도솔천에 왕생하는 데에만 두어져 있지 않았다. 어머니가 도솔천에서 미륵의 삼회三會 설법에 참가함으로써, 무생無生을 깨달아 구경의 보리를 반드시 이루려는 것이다. 죽은 후 어머니가 도솔천에 올라간 것은 미륵정토에 왕생하기보다는 선연을 쌓기 위해 미륵의 설법에 참여하려는 의미를 지녔다. 망자를 위해 아미타불을 조상하면서 미륵을 만나고자 한 것도 바로 이런 뜻에서였다. 선악의 업보를 바탕에 깐 윤회전생 신앙의 모습을 찾을 수 있다. 이 때문에 만약 죄업이 있으면 일시에 소멸하기를 바랐다. 이는 공인 이후에 전개된 국가불교의 신앙 모습을 떠올리게 한다.

공인 이후 고구려불교에 나타난 전륜성왕이나 석가불 및 미륵 신앙은 왕실과 귀족이 모두 불교 신앙을 받아들였다는 결론을 이끌게 한다. 석가불과 전륜성왕 신앙이 왕실 중심으로 수용되었다면, 미륵신앙은 귀족에게 더 가깝게 다가갔다. 공인불교를 성립시키면서 왕실과 귀족이 불교 신앙면에서 서로 타협함으로써, 고구려는 귀족연합 정권을 창출시키고는 정복국가 체제를 갖추면서 밖으로 뻗어 나갔다. 소수림왕대에 불교를 공인하고는 중앙집권적 귀족국가 체제를 정비하였고, 이것이 바탕이 되어 광개토왕 대의 정복사업이 순조롭게 이루어졌다. 고구려 공인불교는 초전불교에서 배척된 토착적 신이 신앙을 흡수하였을 뿐만 아니라 청담적 격의불교의 모습에서 점차로 벗어나고 있었다.

2) 불교 공인의 역사적 의미

고구려에는 일찍이 북방불교가 왕실 중심으로 전래되어 있었다. 전연前燕의 모용씨慕容氏가 침입하였을 때에 이미 불교는 알려졌다. 당시 전연에서는 왕실이 자유롭게 원찰願刹을 조성할 정도로 불교가 성행하였다.[34] 전연의 위협에서 벗어나려는 고구려는 남으로 동진과 교섭을 시도하면서 새로 일어나는 후조後趙와 적극적으로 교류하였다. 도망쳐 온 진晋의 평주자사 최비崔毖를 받아들였을 뿐만 아니라 미천왕 31년(330년)에는 후조 석륵石勒에게 사신을 보냈다. 마침 이때에는 석륵이 불도징佛圖澄을 중용하여 불교를 크게 일으키고 있었으므로, 북조 불교가 자연스럽게 고구려로 유입되었다. 한편으로 청담적 격의불교의 수용이나 동진과의 교류는 남방불교와의 연관을 생각하게 한다.

공인 이전 고구려의 초전불교는 남방불교와도 다소 연관을 가졌지만, 북방불교가 주류를 이룬 것이다. 중국 북방불교가 왕즉불王卽佛 신앙을 내세웠다면 남방불교는 왕즉보살王卽菩薩 즉 구세보살救世菩薩 신

34 박윤선, 「고구려의 불교 수용」, 『한국고대사연구』 35, 2004, p. 204.

앙을 포용하였다. 왜냐하면 새외민족이 세운 북조의 국가들은 왕권이 강한 사회를 이루었다면, 남조의 국가들은 농경을 기반으로 토착 귀족의 권한이 강한 사회를 이루었기 때문이다. 초전불교는 연맹왕국이 중앙집권적 귀족국가 체제를 갖추면서 정복국가로 발돋움할 때에 수용되었다. 왕실은 왕즉불 신앙에 더 호감이 갔다. 그것은 왕자王者를 여래로 인식함으로써 절대군주에 의한 중앙집권적 일통一統정치를 내세우기에 합당하였다.[35] 자연히 왕실 중심으로 수용된 초전불교에서는 왕즉불 신앙이 강하게 나타났다.

반면 구세보살 신앙은 왕도 수행 중인 보살이기 때문에 동진에서는 사문의 예경禮敬 문제가 등장하였으며, 귀족들은 승려가 왕을 공경하여야 한다는 데 대해 대체로 반대하였다. 불교 수용 이전에 귀족은 연맹왕국의 관계 조직 속에 편입되어 있었다고는 하지만, 토착신앙에서 받드는 제사장으로서 왕과 대등한 지위를 누렸다. 그러나 초전불교는 정복국가 체제를 갖추면서 서서히 성립되어 가는 국왕과 귀족의 현실적인 상하 관계를 인정하였으므로, 귀족은 불교 수용에 대해 반대하였다.[36] 불교가 공인되기 위해서는 귀족의 반대를 무마하는 것이 중요했다. 따라서 귀족들에게까지 홍포하려는 공인불교에서는 귀족 입장에서도 호의적인 불교 신앙이 모색될 수밖에 없었다.

귀족들이 호감을 느꼈던 불교 신앙으로 윤회전생이나 미륵신앙을 들 수 있다. 인과응보에 의한 공덕功德 신앙은 귀족들의 신분적 특권을 인정하는 것이다.[37] 즉 전생에서의 선한 업보로 말미암아 현세에서 귀족

---

35 山崎宏,『支那中世佛教の展開』, 淸水書店, 東京, 1942, pp. 130~131.
36 김두진,「新羅上古代末 初傳佛教의 受容」, 앞의 책, 1986, pp. 277~278.
37 이기백,「新羅 初期 불교와 귀족세력」,『진단학보』 40, 1975;『新羅思想史研究』, 일조각, 1986, p. 93.

으로 태어났다고 하였다. 미륵은 본래 브라만 출신 설화를 가졌을 뿐만 아니라 전륜성왕의 치세를 돕는 등 귀족으로서도 유용한 신앙의 대상이 되었다. 반면 전륜성왕은 정복군주의 상징으로 비쳤고, 석가 역시 찰리종刹利種 출신이다. 왕즉불 신앙을 강조한 초전불교에서 왕실은 전륜성왕과 석가불 신앙을 포용하면서, 점차 귀족들에게까지 불교 신앙을 홍포하였다. 직접적으로는 국왕의 주동적 추진에 의해 불교가 공인되었다고 하지만, 일반적으로는 귀족세력과의 일정한 타협의 기반 위에서 그것이 가능하였다.[38]

전륜성왕과 미륵 또는 석가불과 미륵불은 불교 신앙면에서 국왕과 귀족세력이 조화와 타협을 이루게 하였다. 이러한 모습은 신라불교의 공인 과정에서 비교적 뚜렷하게 나타나 있다. 신라의 경우 귀족의 협조를 끌어내는 과정에서 국왕의 측근인 이차돈異次頓이 순교하지 않으면 안 될 정도로 귀족들의 불교 공인에 대한 반발은 거세게 나타났다. 그리하여 왕즉불이 아닌 왕즉보살의 구세보살 신앙을 수용함으로써, 신라 초전불교는 공인되기에 이르렀다.[39] 고구려 초전불교의 공인 과정에서는 신라에서와 같은 귀족들의 반발이 뚜렷하게 나타나지 않았다. 고구려 국왕이 석가불 신앙을 상징적으로 받든 것인지도 명확하지 않다. 광개토왕 18년(408년)에 축조된 덕흥리 고분의 묘주 진鎭은 석가문불釋迦文佛의 제자로 자처하였다.[40]

---

38 이기백, 위의 논문, 『新羅思想史硏究』, 일조각, 1986, p. 80.

39 김두진, 「신라 公認佛敎의 사상과 그 정치사적 의미」, 『斗溪李丙燾博士九旬記念韓國史學論叢』, 지식산업사, 1987, pp. 85~87.

40 77세에 죽었기 때문에 鎭은 장년에 초전불교를 접했을 가능성이 많다. 당시에 중앙집권적 귀족국가로의 체제 정비가 완비되지 않아, 그는 대동강 유역에서 독자 세력을 형성하고 있었다. 때문에 진의 석가불 신앙을 귀족세력과 연관시켜 이해할 수는 없다. 오히려 그의 석가불 신앙은 초전불교의 성격과 연관하여 이해하는 것이 바람직하다.

후기의 석가불 신앙에서도 국왕과의 연관은 미약하게 나타나 있다. 영양왕 때에 상부上部 출신의 여신도 아엄兒奄이 내세에서도 불법을 듣기를 바라면서, 아울러 일체중생이 모두 이러한 소원을 이룰 수 있도록 석가불상을 조상하였다. 이는 오히려 귀족과의 연결을 더 시사해 준다. 그러나 석가불은 본존불이었는데, 석가불을 '석가문불釋迦文佛'로 기록한 것은 미륵과의 연관을 생각하게 한다. 『미륵하생경彌勒下生經』에는 석가불이나 석가모니 또는 석가여래가 '석가문불'로 기록되었다. 이 때문에 아엄이 조성한 건흥명금동석가불상建興銘金銅釋迦佛像의 협시불이 미륵보살로 추정되며,[41] 석가문불 제자인 진도 미륵을 받들었던 것으로 추측된다. 이는 석가불이 미륵신앙과 연관된 흔적을 보여 준다.[42]

고구려 공인불교에서 전륜성왕과 미륵신앙과의 연관이 밀접하게 나타난 것은 아니다. 고구려 국왕은 전륜성왕 신앙을 강하게 견지하였고, 귀족세력도 윤회전생과 연결시켜 미륵신앙을 포용하였다. 이 점은 공인불교의 사상적 특성으로 이해할 수 있다. 다만 고구려는 신라에서와 같은 구세보살 신앙을 분명하게 내세우지는 않았다. 고구려 공인불교에서는 왕즉보살 신앙을 추구하면서도 여전히 왕즉불 신앙이 고수되었다. 공인불교에서 내세운 전륜성왕은 구세보살 신앙에 초점을 둔 것이라기보다는 전제왕권이 정복전쟁을 수행해 나가는 면을 강조하려는 의도를 지녔다.

고구려 공인불교는 신라에 전해져 오히려 초전불교 신앙을 성립시키는 데 영향을 주었다. 묵호자墨胡子나 아도阿道(혹은 我道)가 전한 불교 신앙은 신라 왕실 중심으로 수용되었다. 다음 기록을 고찰해 보기로 하자.

① 고구려 승려 아도는 그의 어머니 苦道寧으로부터 장차 신라에

41 鄭善如, 앞의 책, 2007, pp. 44~45.
42 田村圓澄, 『古代朝鮮佛教と日本佛教』, 吉川弘文館, 1980, pp. 96~97.

聖王이 출현하여 佛法을 크게 일으킬 것이며, 그 나라 서울에는 前佛 시대의 7伽藍 터가 있다는 말을 들었다.

② 신라에 온 아도는 대궐에 나아가 불법을 펴기 원했고, 巫醫가 못 고친 成國 공주의 병을 치료하는 것을 계기로 天鏡林에 興輪寺를 지어 나라의 복을 구하고자 하였다.

③ 沙門 墨胡子가 고구려로부터 一善郡 毛禮의 집에 와서 머물렀다. 그는 梁나라 사신이 전한 香의 용도를 알려 주고 왕실에 나아가 王女의 병을 낫게 하였다.(『삼국유사』 권3, 阿道基羅조에서 요약)

위의 내용은 신라 초전불교의 모습을 알려 주는데, 소지왕이나 눌지왕 또는 미추왕 때의 사실로 기록되어 있다. 그 각 전승의 강조점은 일관된 모습을 보여 준다. 묵호자나 아도는 왕실에 불법을 전하였고, 국왕의 비호 아래 천경림에 절을 창건하고자 하였다. 그러나 국왕의 승하로 말미암아 귀족세력의 배척을 받게 되어 절을 짓는 불사가 중단되었다는 것이다.

묵호자나 아도가 전한 고구려의 공인불교는 신라 왕실 중심으로 수용되었고, 그러한 초전불교가 다시 공인되는 과정에서 귀족세력의 반대에 부딪히고 있다. 말하자면 신라의 초전불교는 고구려의 공인불교를 수용한 셈이다. 고구려 공인불교는 구세보살 신앙을 가졌을지라도 왕즉불 신앙을 보다 강하게 내포한 것이었다. 아도가 신라에 초전한 불교에 성왕의 흥법이나 흥륜사의 창건 등, 전륜성왕 신앙이 흡수된 것은 사실이다. 이는 왕즉보살 신앙을 내세우려 하기보다는 정복군주의 전제주의에 더 비중을 둔 것이다. 고도령은 성왕의 통치와 함께 전불 시대의 7가람 터를 언급하였다. 신라불국토설은 이를 기반으로 하여 선덕여왕대에 체계화되었다. 이런 모습은 공인 이후 고구려 국가불교에서도 왕즉불의 북방불교 신앙이 유지되었던 것을 알려 주기에 충분하다.

양원왕陽原王 때에 혜량惠亮 법사는 한강 유역을 회복하려고 출정한 거칠부居柒夫를 따라 신라로 가서 국통國統이 되어, 승관僧官을 관장하였을 뿐만 아니라 백좌강회百座講會와 팔관회八關會를 처음으로 실시하였다. 이러한 고구려불교의 전통 역시 공인 이후 국가불교의 전개와 연결해 이해해야 한다. 신라의 승관제는 혜량이 승통에 임명되면서 본격적으로 실시되었다. 그는 이미 북위불교의 영향을 받아 성립된 고구려 승관제에 대해 정통하였다.[43] 혜량이 실시한 백좌강회는 『인왕경仁王經』을 강해講解하는 인왕도량이라고도 하는데, 그 내용은 대외적인 전쟁을 승리로 이끌거나 반란의 진압 및 국왕의 축수祝壽 등 호국적 성격을 갖는 것이다.[44] 팔관회 역시 전몰장병의 넋을 위로하기 위한 제의이다.

혜량으로 상징되는 고구려불교는 6세기경까지 외적의 침입을 물리치면서 국왕을 축수하는 등 호국적 성격을 지녔다. 이는 공인 이후 고구려 국가불교가 북방불교 전통인, 왕즉불 신앙과 연결될 수 있는 것이다. 신라와 비교하여 고구려 공인불교가 북방불교의 전통을 더 강하게 지녔던 것은 귀족세력의 성격이 달랐던 데에서 찾을 수 있다. 신라에서는 유이流移해 들어온 왕실 부족과 비교해 토착 귀족이 상대적으로 강한 세력을 유지하였다. 반면 고구려는 토착 귀족이나 왕실이 문화 경험을 같이하면서 비슷한 세력을 이루었다. 따라서 중앙집권적 귀족국가 체제를 성립시키는 과정에서, 왕실이 귀족을 비교적 순조롭게 편제함으로써 단조로운 신분제 사회가 이루어졌다.

고구려 연맹왕국은 험한 산간에 의지한 읍락이나 성읍국가로 편성됨으로써, 소규모의 전쟁에서는 패한 경험을 가지고 있지 않았다. 그리하

---

43 정선여, 앞의 책, 2007, pp. 51~54.
44 이기백, 「皇龍寺와 그 창건」, 『신라사상사연구』, 일조각, 1986, p. 54.

여 연맹왕국으로까지는 순조로운 발전을 거듭해 왔다. 그러나 진陣을 치고 장기적으로 대처하는 대규모의 전쟁에서 고구려는 실패할 수밖에 없었다. 험한 지리는 방어에 유리할지라도 중앙의 행정력을 원활하게 만들지는 못하였다. 초전불교가 전래되었던 고국원왕 때에 고구려는 전연의 모용황이 침입하여 수도를 함락당하였을 뿐만 아니라 왕비와 왕의 어머니가 사로잡혀 가는 수모를 겪었다. 그 이전 동천왕 때에도 유주자사幽州刺史 관구검貫丘儉의 침입으로 수도가 함락되고 국왕은 옥저 지역으로 피난을 갔다.

이렇듯 실패를 경험한 고구려는 그 원인을 분석하면서 국가 체제를 정비하여 갔다. 즉 연맹왕국이 중앙집권 체제를 강화하면서 산간에 흩어져 있던 부족 세력을 중앙귀족으로 흡수하고, 그들이 거느린 군사력을 중앙의 직접적인 통제 아래에 두는 것이다.[45] 이에 수반하여 초전불교가 공인되었다. 고국원왕 때에 처참하게 무너진 고구려는 소수림왕 때의 불교 공인과 중앙집권적 귀족국가 체제의 정비를 거치면서, 광개토왕 대의 막강한 정복국가로 부활하였다. 공인 이후 고구려 국가불교는 비록 구세보살 신앙을 다소 포용하였을지라도 여전히 정복국가의 성격과 잘 어울릴 수 있는 요소를 지녔다.

5. 맺는말

신라와 비교해 고구려에는 불교가 일찍 전래하여 있었다. 신라에는

45 김두진, 「고구려 초기의 沛者와 국가체제」, 『한국학논총』 31, 2009, p. 58.

초전불교의 전래전승을 비롯해서 불교가 공인되기까지 비교적 많은 내용이 기록으로 남았다. 그런데 고구려의 경우 그러한 사정이 자세하게 전하지 않는다. 신라의 초전불교가 공인되는 과정에 대한 이해를 통해 고구려에 처음 전래한 초전불교와 그 후의 공인불교의 성격을 각각 끌어내고자 하였다. 소수림왕 때에 순도順道가 고구려에 처음으로 불교를 전하였다고 하지만, 승려 망명亡名은 중국 진晋나라 승려인 지둔支遁 법사 도림道林과 서신을 주고받았다.

도림은 동진東晋 때의 학승으로 격의格義불교의 우두머리였다. 그는 백마사白馬寺에 머물면서 유계지劉系之 등과 『장자莊子』 소요편逍遙篇에 대해 담론하였으며, 이를 계기로 그것에 대한 주해註解를 저술하였다. 동진 애제哀帝 때에 조정에 나아간 도림은 동안사東安寺에 머물면서 『도행반야道行般若』를 강론하였다. 지둔은 366년에 입적하였기 때문에 고구려에는 소수림왕 이전에 이미 불교가 전래하여 있었다. 그것은 중국 불교계와 교류할 정도로 신앙면에서 성숙하였다. 고구려에 초전된 불교는 도교의 '무위無爲'로써 불교의 공관空觀을 이해하려던 당시 중국의 격의불교를 충분히 이해하였다.

『해동고승전』은 물론 『삼국유사』에도 고구려에 불교가 처음으로 전래된 시기는 모두 소수림왕 2년에 순도에 의한 것으로 기록되었다. 그러나 이때에는 고구려에 초전된 불교가 국가불교로 공인되는 것으로 이해된다. 황제 만만세萬萬歲를 주창하는 도교와 융섭融攝된 북방의 격의불교가 왕실의 관심에 합당한 모습을 가졌다. 전진 왕 부견符堅이 순도를 시켜 불상과 경전을 전하자, 고구려 왕실과 신하들이 예의를 갖추어 성문省門까지 나아가 그를 맞았다. 감사의 뜻으로 고구려 왕은 전진에 사신을 파견하였다. 또한 담시曇始는 근기에 따라 삼승법三乘法으로 교화하였으며, 특히 귀계법歸戒法을 세워 삼귀오계三歸五戒를 지니게 하였다. 이는 소승 계율을 강조한 것이다. 이러한 성격의 초전불교는 고구려 왕실 중심으로 수용되었다.

고구려에 초전불교가 넓게 퍼져 있었던 것은 아니다. 아직도 세상이 질박하고 사람들이 소박하여 불교 신앙의 이치나 그 교화하는 뜻을 알 수 없어서, 순도는 비록 학식이 깊고 박식하였으나 불교를 넓게 펴지 못하였다. 한편 고구려 초전불교가 넓게 퍼지지 않았던 것은 불교 수용에 반대하는 사람들이 있었기 때문이다. 인도에서 일어난 원시불교가 왕자王者 즉, 찰리刹利 계급에 유용하였고 정복국가의 이념에 합치하는 성격을 지녔다. 왕실과는 달리 귀족들은 토착신앙의 제사장으로서 왕과 동등한 기반을 가져, 초전불교의 수용에 대해 대체로 반대하고 있었다.

왕실 중심으로 수용된 초전불교를 귀족에게까지 홍포하면서 국가불교로 성립시킨 것이 불교 공인이다. 초전불교는 궁중에서 분수焚修하는 모습으로 받아들여지거나 왕실과 연결된 인물에 의해 수용되었다. 공인 과정을 통해 불교는 왕실뿐만 아니라 귀족들에게까지 믿도록 강요되었다. 고구려 소수림왕 때에 초문사肖門寺(省門寺)나 이불란사伊弗蘭寺는 초전불교가 공인을 거쳐 국가불교로 이루어지는 과정에서 창건되었다. 초문사는 흥국사興國寺이며 이불란사는 흥복사興福寺라고 하였다. 흥국이나 흥복이라는 사명寺名 자체가 불교와 국가와의 연결을 생각하게 한다.

공인불교를 주도한 고구려 왕은 신라의 법흥왕이나 진흥왕과 같은 전륜성왕을 표방하였으며, 따라서 초문사나 이불란사는 신라의 흥륜사와 같은 목적으로 창건되었다. 요동성 육왕탑育王塔을 건립한 성왕은 이름으로 미루어 전륜성왕으로 유추되며, 불교 공인을 주도하고는 국가불교를 표방하면서 정복국가 체제를 확립시킨 광개토왕이라고 주장되었다. 성왕이 7층 목탑을 세우고는 이를 육왕탑이라 불렀던 사실 자체도, 고구려에 불교가 공인되는 과정에서 전륜성왕의 존재를 분명하게 알려 준다.

전륜성왕으로 자처한 아육왕은 염부제주 내에 8만 4천 개의 탑을 세워 곳곳에 감추어 두었다. 고구려 성왕이 국경을 순행하는 중에 스님과 그 옆에 마치 솥을 덮어쓰고 있는 3층 토탑土塔의 환상을 보고, 그 자리를 파서 스님의 지팡이와 신발 및 범서로 적힌 명문銘文을 얻었다. 아육왕의 불탑이 나타난 것이라 하여 7층 목탑을 건립하였다. 땅속에서 솥을 머리에 쓴 모습으로 나타난 육왕탑의 연기설화는 신이한 토착신앙과 혼합된 것이다. 솥은 고구려 부정씨負鼎氏 부족의 제기였으며, 만물을 양육시키는 지모신 신앙을 포용하고 있었다. 공인불교 속에는 신이한 토착신앙이 다소 흡수되었다.

북위의 태무제 척발도拓跋燾는 도교를 숭상하고 불교를 박해하였다. 척발도에게 나아간 담시는 불교의 인과응보 신앙과 함께 신이한 영험을 보여 주었다. 이에 척발도는 구겸지寇謙之의 죄를 물어 그 집안을 멸족시키고는 다시 불교를 크게 일으켰다. 이렇듯 공인불교는 인과응보를 강조한 신이 신앙을 흡수하였으며, 아울러 도교에 대항하기 위해 초전의 격의불교에서 벗어나려는 성격을 지녔다. 이는 공인 이후 고구려불교가 공관空觀에 대한 이해를 깊게 하였다. 공인불교는 전륜성왕 관념이나 토착의 신이 신앙을 포용하였을 뿐만 아니라 선악의 업보에 의한 인과응보 신앙을 가졌다.

왕실 중심으로 수용된 초전불교는 격의불교에 머물지라도 신이 신앙을 애써 내세우지는 않았다. 반면 공인불교에서 신이 신앙이 나타나는 모습은 귀족불교의 양상을 예견하게 하지만, 한편으로 업보業報 신앙과 깊이 연관되었다. 인과응보에 의한 업보 신앙은 선악에 기인한 윤회전생 신앙으로 이어진다. 고구려의 불교 공인 이후 구복신앙의 구현도 이런 면에서 이해된다. 고국양왕故國壤王 8년(391년)에는 교서를 내려 불교를 믿고 복을 구하게 하면서, 다음 해인 광개토왕 2년에는 9절을 평양에 창건하였다. 불교가 공인된 이후에 강조된 구복신앙은 선악에 바탕을 둔 인과응보 신앙과 짝하여 퍼져 나갔다.

고구려 공인불교 속에는 미륵과 석가불이 나타나 있다. 후기의 사실이지만 돌아가신 어머니의 명복을 빌고자 미륵존상을 조성하였다. 나루那婁·천노賤奴·아왕阿王·아거阿琚 등 5인이 비구 도[수]道(須)와 함께 돌아가신 스승과 부모를 위해 아미타불상을 조상하면서도 현실적으로는 미륵을 만나기를 원하였다. 또한 청신녀 아엄兒奄 등이 석가문상을 만들었다. 미륵뿐만 아니라 아미타상은 서방 정토나 미래의 현실 정토로의 왕생신앙을 뚜렷하게 표방하지 않으면서, 오히려 석가불 신앙과도 연결되어 있었다.

망자를 위해 미륵이나 아미타불 또는 석가불상을 조상하였지만, 그것은 정토로의 왕생에 초점을 맞추지 않고 윤회전생 신앙을 나타내었다. 어머니의 명복을 빌기 위해 미륵상을 조상하였지만, 그 진정한 뜻은 미륵정토에 왕생하는 데에만 두지 않았다. 어머니가 도솔천에서 미륵의 삼회三會 설법에 참가함으로써, 무생無生을 깨달아 구경의 보리, 즉 선연善緣을 반드시 이루려는 것이다. 망자를 위해 아미타불상을 조상하면서 미륵을 만나고자 한 것도 바로 이런 뜻에서였다. 선악의 업보를 바탕에 깐 윤회전생 신앙의 모습을 찾을 수 있다. 이 때문에 만약 죄업이 있으면 일시에 소멸하기를 바랐다.

공인 이후 고구려불교에 나타난 전륜성왕이나 석가불 및 미륵 신앙은 왕실과 귀족이 모두 불교 신앙을 받아들였다는 결론을 이끌게 한다. 석가불과 전륜성왕 신앙이 왕실 중심으로 수용되었다면, 미륵신앙은 귀족에게 더 가깝게 다가갔다. 국가불교를 성립시키면서 왕실과 귀족이 불교 신앙면에서 서로 타협함으로써, 고구려는 귀족연합정권을 창출시키고 정복국가 체제를 갖추면서 밖으로 뻗어 갔다. 소수림왕 때에 불교를 공인하고는 중앙집권적 귀족국가 체제를 정비하였고, 이것이 바탕이 되어 광개토왕 대의 정복사업이 순조롭게 이루어졌다.

공인 이전 고구려의 초전불교는 남방불교와도 다소 연관을 가졌지만, 북방불교가 주류를 이룬 것이다. 중국 북방불교가 왕즉불王卽佛 신앙을 내세웠다면 남방불교는 왕즉보살王卽菩薩 신앙을 포용하였다. 불교가 공인되기 위해서는 귀족의 반대를 무마하는 것이 중요하기 때문에 귀족 입장에서도 호의적인 불교 신앙이 모색될 수밖에 없다. 그런 것으로 왕즉보살을 표방하는 구세救世불교 및 윤회전생이나 미륵신앙 등을 들 수 있다.

고구려 초전불교의 공인 과정에서 석가불 신앙이 국왕을 상징하여 받들어진 것인지도 명확하지 않다. 광개토왕 18년(408년)에 축조된 덕흥리 고분의 묘주 진鎭은 석가문불 제자로 자처하였고, 영양왕 때에 상부上部 출신의 여신도 아엄兒奄도 석가문상을 조상하였다. 이는 석가불이 미륵신앙과 연관된 흔적을 보여 주며, 아엄이 조상한 건흥명금동석가불상建興銘金銅釋迦佛像의 협시불이 미륵보살로 추정하게 한다. 고구려 국왕은 전륜성왕 신앙을 강하게 견지하였고, 귀족세력도 윤회전생과 연결해 미륵신앙을 포용하였다.

신라와 비교하여 고구려 공인불교가 북방불교의 전통을 더 강하게 지닌 이유는 귀족세력의 성격이나 국가 체제 정비의 모습이 달랐던 데에서 찾을 수 있다. 신라에서는 유이流移해 들어온 왕실 부족과 비교해 토착 귀족이 상대적으로 강한 세력을 유지하였다면, 고구려는 귀족이나 왕실이 문화 경험을 같이하면서 비슷한 세력을 이루었다. 따라서 중앙집권적 귀족국가 체제를 성립시키는 과정에서, 왕실이 귀족을 비교적 순조롭게 편제함으로써 단조로운 신분제 사회가 이루어졌다.

고구려 연맹왕국은 험한 산간에 의지한 읍락이나 부족으로 구성되어 있었는데, 험한 지리는 방어에는 유리할지라도 중앙의 행정조직을 원활하게 만들지는 못하였다. 소규모의 전쟁에서는 패한 경험이 있지 않았던 고구려는 진을 치고 장기적으로 대처하는 대규모 전쟁에서 실패할 수밖에 없었다. 초전불교가 전래하였던 고국원왕 때에 고구려는 전연의 침입으로 수도가 함락당했을 뿐만 아니라 왕비와 왕의 어머니가 잡혀 가는 수모를 겪었다. 소수림왕 때의 불교 공인과 중앙집권적 귀족국가 체제의 정비를 거치면서, 광개토왕 대의 막강한 정복국가가 부활하였다.

공인 이후 고구려 국가불교는 비록 구세보살 신앙을 다소 포용하였을지라도 여전히 정복국가의 성격과 잘 어울릴 수 있는 요소를 지녔다. 공인불교에서 내세워진 전륜성왕 신앙은 구세보살에 초점을 둔 것이라기보다는 전제왕권이 정복전쟁을 수행해 나가는 면을 강조하려는 의도를 지녔다. 현재 남겨진 사료상으로는 고구려 초전불교와 공인불교의 성격을 분명하게 제시하기는 쉽지 않다. 공인 이후 고구려 국가불교가 청담적 성격을 벗어나면서 공관空觀을 이해하는 등 논리적으로 발전해 가는 모습을 추구하는 것이 중요하다.

2

백제불교에 관한 제문제

/ 안계현

〈선정 이유〉

1. 서언
2. 법화불교의 전래와 그 전개
   1) 현광玄光의 전기
   2) 혜현惠現의 『법화경』 독송
   3) 발정發正의 관세음 영험
   4) 실천불교로서의 법화法華
3. 『열반경涅槃經』의 연구와 계율불교의 전개
   1) 『열반경』에 대한 관심과 연구
   2) 겸익謙益의 율장장래律藏將來
   3) 백제불교의 계율주의적 성격

• 안계현, 「백제불교에 관한 제문제」, 『백제연구』 제8권(『백제문화총서』 제4집) 충남대 백제연구원, 1994/1997, pp.183~199.

선정 이유

이 논문은 백제불교에 관련된 여러 주제들을 망라하여 백제불교의 지형도를 그려 가고 있는 점에 주목하여 선정하였다. 저자는 침류왕 1년(384)에 백제에 불교가 전래되었지만 불교가 백제 사회에서 크게 행하게 되기까지는 성왕 대(523~553)에서부터 위덕왕 대(554~597)와 법왕 대(599)를 거쳐 무왕 대(600~640)에 이르는 약 100년간의 일로 보고 있다. 특히 이 기간에 두드러지게 나타난 법화불교와 계율불교가 백제 사회에서 어떻게 수용되고 전개되었는가와 『열반경』에 대한 백제인들의 관심에 초점을 맞추어 살피고 있다.

저자는 법화불교의 전래와 그 전개를 현광의 전기와 혜현의 법화경 독송, 발정의 관세음 영험, 실천불교로서의 법화로 살피고 있다. 이어 저자는 중국에서 실천불교로서 법화가 혜사와 그 후계자 지의에 의해 크게 일어나고 있을 때, 백제의 현광과 지의가 서로 전후하여 혜사의 문하에서 「안락행문」을 닦아 법화삼매를 증득하고 위덕왕 대 후반기에 백제로 귀국하여 교화에 힘쓴 과정을 밝히고 있다.

저자는 특히 현광은 법화불교를 선관적禪觀的이며 계율적이고 참회적이며 독송적인 면모를 전개시켜 갔으며, 무왕 대 혜현의 『법화경』 독송을 그 두드러진 예로 보았다. 이러한 실천적 경향은 자연 신앙생활을 더욱 진지하게 심화시켜 이미 행해져 오는 관음신앙을 한층 성행하게 하였을 것으로 보았다.

또 저자는 백제인들의 『열반경』 연구와 계율불교의 전개를 『열반경』에 대한 관심과 연구, 겸익의 율장 장래將來를 통해 백제불교의 계율주의적 성격에 대해 구명하고 있다. 그 결과 계율주의의 성격을 강하게 지니었던 백제불교가 법왕 대에 이르러서는 범국민적인 계율생활화 운동의 전개로 결실을 맺었다고 파악하는 지점에서 이 논문의 의미와 학문적 가치를 찾을 수 있다.

1. 서언

백제에는 침류왕 1년(384)에 처음으로 불교가 전래되었다. 그러나 그 불교가 백제 사회에서 크게 행하게 되기는 훨씬 후로 내려와 성왕 대(523~553)에서부터 시작하여 다음 위덕왕威德王(554~597)과 법왕法王(599)을 거쳐 무왕武王 대(600~640)에 이르는 약 100년간의 일이다.

본 논고는 바로 이 1세기 동안에 백제불교가 어떻게 전개되었으며, 또 그 불교는 백제사상百濟史上 어떤 의의를 가지는 것인가를 살펴보려고 한다. 그리하여 구체적으로는 백제불교의 전개 과정에 있어서 강하게 나타난 실천적 경향을 더 명확히 이해하고자 이 작업으로서 법화불교와 계율불교가 백제 사회에서 어떻게 수용되고 전개되었는가와 아울러 『열반경』에 대한 백제인의 관심에 초점을 맞추어 갈 것이다.

2. 법화불교의 전래와 그 전개

1) 현광玄光의 전기

고려 충숙왕忠肅王 대(1314~1330)에 편간編刊되었을 것으로 알려져 있는 『법화영험전法華靈驗傳』에는 해동海東 웅천인熊川人인 석현광釋玄光

에 관한 전기가 실려 있다.[1] 한편 1918년에 간행되었던 이능화의 『조선불교통사朝鮮佛教通史』에도 『법화영험전』에 수록된 것과 똑같은 내용으로 된 현광玄光의 전기가 실려 있으나,[2] 『조선불교통사』의 것은 『송고승전宋高僧傳』의 것을 그대로 전재轉載한 것임을 문맥과 장구章句의 대교對較로써 이내 알 수 있을 것이다.

이제 『송고승전』에 실린 현광의 전기를 그 내용에 따라 위로부터 다섯으로 분단分段하면서 초록抄錄하면 다음과 같다.[3]

ⓐ 釋玄光者, 海東熊州人也.

ⓑ 迨夫成長, 願越滄溟, 求中土禪法, 觀光陳國. 汝往衡山, 見思大和尚, 開物成化, 神解相參. 思師察其所由, 密授法華安樂行門…(中略)…. 俄證法華三昧, 請求印可, 思爲證之. 汝之所證, 真實不虛, 善護念之, 念法增長. 汝還本土, 施設善權.

ⓒ 屬本國舟艦, 附載離岸, 時則綵雲亂目, 雅樂沸空…(中略)…. 天帝降龍王宮, 請師說親證法門.

ⓓ 光歸熊州翁山, 卓錫結茅, 乃成梵刹.

ⓔ 南嶽祖構影堂, 內圖二十八人, 光居一焉. 天台國清寺祖堂亦然.

이에 의하면 현광은 ⓐ 해동海東 웅주熊州 출신의 승僧이었으며, ⓑ 성장함에 이르러 선법禪法을 구하려고 바다 건너 진陳으로 들어가서 당시 남악형산南岳衡山에 머무르고 있었던 혜사慧思(515~577)를 찾아 그의 훈도 아래 『묘법연화경妙法蓮華經』「안락행품」의 법문法門을 중심으

1 「法華經驗傳」 제8단, 「安樂行品, 用天請講」.

2 李能和, 『朝鮮佛教通史』 하편(1918), p.18.

3 『대정장』, 「史傳部」 2 No.2061, 『宋高僧傳』 권18, 「陳新羅國玄光傳」.

로 수학하고, 마침내 주선적主禪的인 입장에서 법화삼매를 증득하여 사승師僧으로부터 인가를 받은 후에는 그 사승의 부촉에 따라 귀국하였는데, ⓒ 귀국 도중 해상에서 천제天帝의 청으로 용궁으로 들어가 친히 증득한 법화삼매를 설해 주었고, ⓓ 드디어 웅주熊州로 돌아온 후에는 옹산翁山에 자리잡고 교화에 힘썼다. 끝으로 ⓔ 남악조南岳祖가 영당影堂을 구축構築하여 28명의 영상影像을 봉안했을 때 현광도 그 중의 하나로 모셨다는 것이다. 이와 같이 현광은 다만 해동 웅주인이라고만 하였는데, 그의 국적은 과연 어디였으며, 또 영당을 세웠다는 그 남악조는 과연 누구였을까?

해동海東의 웅주熊州 또는 웅천熊川이라고 하면 백제의 구도舊都인 오늘의 충청남도 공주를 가리킨다. 현광玄光은 그 웅주에서 태어났을 뿐만 아니라 후에 그가 중국에서 돌아와 자리잡은 곳도 웅주였다. 더욱이 그가 사사師事했던 천태종 제2조 혜사慧思가 광주光州 대소산大蘇山으로부터 남악형산南岳衡山으로 자리를 옮긴 것은 진陳 광대光大 2년(568)의 일이었고, 그 후 태건太建 9년(577)에 임종할 때까지 전후 10년간을 내내 그 형산에 머무르고 있었던 것이므로[4] 현광이 형산의 혜사에게 배우고 귀국한 것은 바로 이 무렵의 일이 되는 셈이다. 이 무렵의 해동 웅주인이 백제인이었음은 너무나 명백한 일이다. 혜사가 시적示寂한 577년(百濟 威德王 24년)에 현광의 나이를 최저로 잡아 가령 25세였다 하더라도 660년에 백제가 신라에 의해 망할 때 그의 나이는 108세가 되어야 한다. 따라서 백제가 망할 당시까지 현광이 생존했으리라고는 도저히 생각되지 않는다. 결국 현광은 위덕왕 대(554~597) 후반기이거나 또는 좀 더 내려가서 혜왕惠王(598)과 법왕法王(599)을 지나 무왕武

4 『대정장』 No.2060, 『續高僧傳』 권17, 「陳南岳衡山釋慧思傳」, 高麗大藏經 영인본 제32권 No.1075, 『續高僧傳』, 「陳南岳衡山釋慧思傳」, 東國大學校 刊.

王 대(600~640) 전반기에 걸쳐 활약한 백제승이었던 것이다. 그런데 일찍이 1930년에 홀활곡쾌천忽滑谷快天이 신라승이라고 발설한 이래 아무런 검토와 비판 없이 오늘에 이르기까지 현광을 신라승으로 다루어 온 경향이 짙었다.[5]

과문한 탓인지 모르나 현광을 백제승이라고 명기한 것은 타카하시 토오루(高橋亨)가 1956년 『조선학보朝鮮學報』에서 언급한 것이 아마 처음의 일이었던 것 같다.[6] 1970년에 필자도 『한국불교고대사韓國佛敎古代史』를 개술했을 때 백제불교 가운데서 현광의 법화불교에 대해 언급한 일이 있었지만[7] 작금에 이르러서는 채인환 박사의 현광백제승설玄光百濟僧說에 따르고 있으며,[8] 앞서 우정상禹貞相 교수와의 공저에서 신라승으로 다루어 놓은 바가 있었던 김영태 교수도 이를 수정하여 현광백제승설을 취하게 되어[9] 이제 백제승설이 통설화되어 가고 있음은 다행한 일이라 하겠다. 그러나 영당影堂을 지었다는 남악조南岳祖에 대하여서는 아직 문제가 남아 있는 것 같다.

『송고승전』에 수록된 현광전玄光傳의 주인공인 현광은 그 전기의 내용으로 보아 분명히 백제승인데도 일찍부터 신라승으로 다루어져 온 그 까닭은 무엇보다 그 현광전의 첫머리 표제가 「진신라국현광전陳新羅國玄光傳」으로 되어 있는 데서 오는 선입감에서 시대감각이 마비되어 버

---

5 嚴耕望, 「新羅留唐學生與僧徒」(中央研究員 歷史言語研究所 集刊) 外篇 제4종, 「慶祝董作賓先生六十五歲論文集」 하편(1961), p.659.
金哲埈, 「고려초의 천태학연구」, 「동서문화」 제12집(1968).
禹貞相·金煐泰, 「한국불교사」, 1973, p.17.

6 高橋亨, 「大覺國師義天の高麗佛敎に對すろ經論に就いて」, 『朝鮮學報』 제10집(1956).

7 安哲賢, 「韓國佛敎史 古代篇」, 『韓國文化史大系』 Ⅵ.宗敎 哲學史(1970), p.195.

8 蔡印幻, 『新羅佛敎戒律思想硏究』, 1977, p.111.

9 金煐泰, 「法華信仰의 傳來와 그 展開」, 『韓國佛敎學』 제3집, 1977.

렸기 때문이 아닐 수 없다.

『송고승전』의 찬자 찬녕贊寧이 「진백제국현광전」이라고 표제를 붙여야 할 것을 「진신라국현광전」이라고 한 것은 물론 잘못된 것이었으나 찬녕 때에는 그러할 만한 상황이 틀림없이 있었을 것이다. 여기서 우리의 관심을 끌게 하는 것이 바로 위에서 인용한 바와 같이 남악조가 영당을 세웠다는 다음 기사다.

南嶽祖構影堂 內圖二十八人 光居一焉.

대개 남악南岳이라 하면 천태종 제2조인 진陳의 혜사慧思(515~577)와 남종선 6조 혜능慧能(638~713)의 고족高足인 당唐의 회양懷讓(677~744) 선사를 가리킨다. 두 선사가 다같이 형주衡州의 형산 즉 남악에 오래 머무르면서 선풍禪風을 진작하였기 때문에 남악이라고 부른다. 남악 혜사南嶽慧思가 시적示寂한 해는 577년이었으므로 그가 영당을 세웠다면 577년 이전의 일이 되어야 할 뿐만 아니라 백제로 귀국한 현광이 그 후 혜사가 영당을 세울 때에는 이미 타계해 있어야 할 것이다. 더욱이 한 조사가 영당을 세우는데 거기에다가 자기 제자의 영상影像을 봉안한다는 일은 있을 법하지 않다.

따라서 '南嶽祖構影堂'은 '南嶽祖[懷讓]構[南嶽慧思]影堂'으로 이해하여야 한다. 즉 후일 남종선 6조 혜능의 고족(弟子)으로서 30년간 남악에 머무르고 있었던 남악 회양이 그 남악에서 일찍이 선풍을 떨쳤던 혜사를 위해 남악에 영당을 모시고 그곳에 현광을 포함한 혜사의 제자 28명도 함께 모신 것이라고 보아야 한다. 선종과 천태종이 서로 그 성립의 당초로부터 전혀 무연無緣한 존재이거나 또는 서로 대립된 관계가 아니었으며, 서로 긴밀한 교섭 가운데 이상적으로도 영향이 있었던 것을 상기한다면[10] 선종의 남악 회양이 천태종의 남악 혜사를 위해 조당祖堂을 세웠다는 일은 충분히 가능한 일이다.

특히 남악 형산을 중심으로 하는 천태종과 선종의 관계는 매우 깊은 것이 있었다. 달마선의 선종과 법화의 천태종이 서로 불조佛祖의 정통 계승을 둘러싸고 격렬한 길항논쟁拮抗論爭을 거듭하게 됨으로써 중국에서 선종과 천태종과의 관계에 뚜렷한 일전기一轉機를 가져오게 된 것은 형계 담연荊溪湛然(711~782)이나 규봉 종밀圭峰宗密(780~841) 때에 와서였다.

선종 제4조 도신道信이 천태문인 지개智鎧를 통해 천태 지자天台智者 대사의 선관사상禪觀思想에 깊은 영향을 받았으며, 남악 회양도 천태 지자 대사가 일찍이 그 향리인 형주荊州에다가 세웠던 옥천사玉泉寺에서 천태종승天台宗僧 홍경弘景(634~713)을 사승師僧으로 하여 출가하였던 것이니, 선종과 천태종의 관계는 매우 깊었던 것이다.

남악 회양이 남악 혜사의 조당祖堂을 세우고 그곳에 현광을 포함한 제자 28명의 영상影像도 아울러 모셨던 때는 이미 백제는 망하고 통일신라로 접어든 때였다. 회양이 출생할 때 이미 백제는 망한 지 17년이 경과되고 있었다. 따라서 『송고승전』에 백제승 현광이 신라승 또는 해동승海東僧 등으로 다루어져 있음은 회양懷讓이 현광의 영상影像을 모셨던 당시 중국 사회에서 통일신라라고 불리운 것을 반영한 것이라 하겠다.

---

10 關口眞大, 「禪宗と天台宗との交渉」, 『大正大學硏究記要』 제44집, 1959.

2) 혜현惠現의 『법화경』 독송

『속고승전續高僧傳』에 의하면 백제승 혜현惠現은 '정관지초년貞觀之初年'에 58세로 시적示寂하였다고 한다.[11] '정관지초년'이 정관貞觀 1년(627)의 뜻이라면 그는 위덕왕威德王 17년(570) 출생이다. 따라서 그는 생애를 통해서 백제 사회에 영향을 끼쳤을 그 후반기는 30세였던 법왕法王 1년(599)부터 적년寂年인 무왕武王 28년(627)에 이르는 전후 29년간이 되어 주로 무왕 시대에 활동한 것을 알 수 있다.

혜현은 어려서 출가한 후 내내 『법화경』을 독송하기를 업으로 삼는 한편, 삼륜三論도 아울러 강講하였다. 처음에 수덕사修德寺에 머무르고 있었을 때에도 대중을 위해 『법화경』의 독송을 계속하다가 일생을 마쳤으므로, 동학들이 그 시체屍体를 석굴 안에 안치하였는데, 후에 범이 와서 그의 신골身骨을 다 먹었으나 혀만은 3년이 지났어도 여전히 생생하게 붉었다고 한다.[12] 이는 법화를 독송한 그 공덕으로 사후에도 여전히 혀만은 생생히 살아 남고 있었다는 영험설화라 하겠지만, 이 같은 유형의 설화는 널리 일찍부터 전승되어 『법화영험전法華靈驗傳』에도 그 예가 수 편 실려 있다.[13]

---

11 『대정장』 No.2060, 『續高僧傳』 권28, 「百濟國達摩山寺釋慧顯傳」, 『高麗大藏經景印本』 권32, No.1075(東國大學校 刊).

12 『續高僧傳』, 「百濟國達摩山寺釋慧顯傳」, 『삼국유사』 권5, 「避隱 제8 惠現求靜」.

13 중국 泰州의 權氏女는 항상 법화경을 독송하였는데 죽은 지 10여 년만에 그 유족들이 墓를 이장하려할 때 骨肉은 다 없어졌으나 혀만은 생생하게 살아 있었다고 하며(제17단 誦舌長好), 또 雍州 萬年縣에 사는 揚雖及도 항상 법화를 독송한 공덕으로 사후에 혀만은 생생히 남았으므로 石函에 넣어 法華堂에 안치하였는데, 때때로 그 석함 안에서 법화를 독송하는 음성이 낭랑하게 흘러나왔다고 한다.(제10段 舌常誦典) 이들은 그 한 예다.

3) 발정發正의 관세음 영험

양무제의 천감天監 연간(502~519)에 중국으로 건너가 30여 년 오로지 수학하고 귀국한 백제승 중에 발정發正이 있었다. 따라서 그가 백제로 귀국한 때는 일단 재량在梁 35년간으로 잡아 보는 경우, 성왕聖王 15년(537)으로부터 위덕왕 1년(554)에 이르는 사이가 되어 대체로 성왕 시대의 후반기가 된다. 발정發正이 귀국도상에서 체험했던 관음의 영험 설화가 수년 전에 마키타 타이료(牧田諦亮) 박사에 의해서 소개된 바 있었다.[14] 관음신앙은 『묘법연화경』 제25품 「관세음보살보문품」에 설해진 것에 의한 것이다. 이 같은 관음신앙의 구체적인 실천으로서의 영험담은 철학적인 해석과는 달리 종교로서의 실천적인 입장을 진지하게 관철한 수행인의 불교 신앙 수용 형태를 보여 주는 것이라 하겠다.

그런데 이 발정發正의 영험설화의 내용이 또한 『화엄경』과 『법화경』과의 우열을 다룬 끝에 법화가 우월하였다는 것을 말하여 주는 것이라는 점은[15] 적어도 문헌상 화엄에 관한 것을 백제 사료에서는 전혀 찾아볼 수 없다는 것과 관련하여 우리의 관심을 끌게 하는 것이 있다. 이것은 화엄이 성행하였던 신라의 경우와는 매우 대조적이라 하겠다.

4) 실천불교로서의 법화法華

백제승 현광玄光이 진陳의 형산에서 혜사慧思로부터 배운 것은 '법화안락행문法華安樂行門'이었다. 법화안락행문은 구마라집이 번역한 『묘법연화경』의 제14품인 「안락행품」에 설해진 것이다. 여기에서 악세에 『법

14 牧田諦亮, 『六朝古逸觀世音應驗記の硏究』, 1970, pp.58~60.
15 牧田諦亮, 『六朝古逸觀世音應驗記の硏究』, 1970, p.107.

화경』을 널리 펴려는 보살이 지켜야 할 신심상身心上의 행법行法으로서 신身·구口·의意·서원誓願 등 4종의 안락행을 설하여 놓았다. 이 가운데 의안락행意安樂行은 일체중생에 대하여 다 같이 차별을 두지 않고 평등하게 대할 것이며, 또 그러한 마음으로 설법하여야 한다는 것을 가르친 것이고, 교활하게 또는 경망스럽게 지껄이거나 타인의 단점과 과오를 들추어내어 퍼뜨려 떠드는 일이 있어서는 아니 된다는 것이 구안락행口安樂行의 내용이다. 한편 신안락행身安樂行은 일상생활에 있어서 나라那羅와 전다라栴陀羅를 비롯하여[16] 범지梵志[17] 로가야타路伽耶陀[18] 등 이단사설적인 반불교 사상을 멀리하여야 함은 물론, 욕정을 가지거나 입속의 치아를 드러내면서 여인에게 설법을 하여서도 아니 된다고 가르친 것이다. 그리하여 항상 좌선을 즐기어 마음을 가라앉히면서 삼라만상이나 인생이 시작도 없고 끝도 없고, 생기生起도 없고 소멸도 없이 허공처럼 그 본래가 공空이라는 제법여실상諸法如實相의 진리를 관찰하여야 한다는 것이다. 그는 여기서 『법화경』을 공부하려면 무상행無相行과 관행觀行을 구족하여야 한다고 하였다. 유상행有相行은 산심散心의 행이어서 『묘법연화경』 제28품인 「보현보살권발품」에 설해진 바에 따라 『법화경』을 독송하는 것이고, 무상행無相行은 곧 안락행安樂行을 가리키는 것이니 매양 심묘한 선정에 머무르면서 일거일동一擧一動을 삼가야 한다는 것이다.[19]

엄숙한 규율 아래 청정한 생활을 하였던 혜사慧思는 세진을 피하여

16 那羅는 Nartaka의 音字로 俳優를 말하며, 栴陀羅는 Candala의 音字 屠殺者를 말한다.

17 梵志는 Brahmana(正統婆羅門)의 譯語다.

18 路伽耶陀는 Lokayata의 音字로 順世外道라고 譯한다. 地水火風의 4原素만의 존재를 인정하는 감각적 유물론을 주장하였다.

19 『대정장』 제46권, No. 1926, 「法華經安樂行義」.

살기를 즐기었고 1일1식一日一食 주의를 고수하면서 오로지 고수련행苦修練行에 힘썼다.[20] 혜사는 『반야경』과 『지도론』을 연구한 외에 특히 『묘법연화경』을 독송했을 뿐만 아니라, 그 『묘법연화경』에 설해진 안락행문安樂行門을 중요시하여 선관禪觀을 닦고, 후에 북제北齊의 혜문惠文으로부터 지관止觀의 심요心要를 전수받고서는 더욱 계행에 힘써 드디어 법화삼매를 발득發得하였던 경건한 실천적인 행자行者였다. 그는 매양 법화삼매에 주력主力을 기울였고 문인들에게 항상 근勤한 것도 그가 창설한 이 법화삼매였다.[21]

천태 지개天台智鎧(531~597)는 용수의 교학을 근저로 하여 『법화경』을 연구하고 다시 『열반경』의 사상을 가미하여 일심삼관一心三觀과 삼체원융三體圓融의 교학 대계敎學大系를 수립함으로써 의해불교義解佛教를 전환시키기도 하였던 제1인자로 알려져 있는데, 그가 지관止觀의 실천을 강조하기에 이르렀던 까닭은 그가 사승師僧인 혜사로부터 점차지관漸次止觀·부정지관不定止觀·원돈지관圓頓止觀 등 3종의 지관을 전수하였기 때문이다. 지관의 실천은 4종삼매四種三昧의 행법行法에 의하는 것이다. 상좌삼매常坐三昧·상행삼매常行三昧·반행반좌삼매半行半坐三昧·비행비좌삼매非行非坐三昧 등 4종삼매는 불교의 실천법을 4종으로 분류한 것이어서 다같이 정신을 통일하여 일심삼관을 실천하는 방법이다. 법화삼매는 바로 반행반좌삼매를 가리키는 것이어서 『묘법연화경』의 가르침에 따라 21일간을 기한으로 삼아 법화의 실상중도의 현現을 관하고 좌선하는 한편 불상의 주위를 돌며 예불하고, 아울러 참회와 독송하는 수행을 말한다. 현존하는 혜사의 「법화경안락행의法華經

20 고려대장경 영인본(동국대학교 간) 제32권, No.1075. 『대정장』, No.2060, 「續高僧傳」 권17, 「陳南嶽衡山釋慧思傳」.

21 安藤俊雄, 『天台思想史』, 1959, p.353.

安樂行義』에 참법懺法의 내용이 되는 것은 있으나 참법의 형식은 이루고 있지 않음은 혜사의 참회가 선관禪觀을 주안主眼으로 했던 삼매였음을 말하여 주는 것인데, 지개智鎧의 경우에 있어서도 참회는 선관에 다름이 없었다.[22]

이와 같이 중국에 있어서 실천불교로서 법화가 혜사와 그 후계자 지개에 의하여 크게 일어나 펼쳐지고 있었을 때, 현광玄光이 지개와 서로 전후하여 혜사의 문하에서 안락행문을 닦아 법화삼매를 증득하고, 위덕왕 대 후반기에 백제로 귀국하여 교화에 힘쓴 일은 그 후의 백제의 법화불교를 선관적이며, 계율적이며, 참회적이며, 독송적인 면모로 전개시켜 갔을 것이었으니, 무왕武王 대 혜현惠現의 『법화경』 독송은 그 두드러진 한 예라 하겠다. 한편 이 같은 실천적 경향은 자연 신앙생활을 더욱 진지하게 심화시켜 이미 행해져 오는 관음신앙을 한층 성행케 하였으리라 생각된다.

3. 『열반경涅槃經』의 연구와 계율불교의 전개

1) 『열반경』에 대한 관심과 연구

『삼국사기』에 의하면 백제는 6세기 중엽 즉 성왕聖王 19년(541)에 양梁에 사신을 보내어 『열반경』을 비롯한 여러 경의 의소義疏를 구해온 일이 있었다.[23] 이때 구해 온 의소가 구체적으로 어떤 것이었는지는 알 수 없었으나 필경 법요法瑤(398~473)의 『법화의소法華義疏』와 광택사光宅寺

22 塩入良道, 「懺法の成立と智顗の立場」, 『印度學佛教學研究』 통권 제14호, 1959.
23 『三國史記』 권26, 「百濟本紀」 4.

법운法雲(467~529)의 『법화경의기法華經義記』 등 『법화경』의 주석도 전해졌을 것이다. 그러나 많은 경들 가운데서 『삼국사기』가 특히 『열반경』의 주석을 대표로 들고 있는 것을 보면, 성왕 당시 많은 경소 가운데에도 『열반경』에 대한 관심이 컸으며, 또 이에 따라 『열반경』에 관한 연구도 깊었던 것 같다. 남조南朝와의 정치적·문화적 교섭이 빈번했던 백제가 『열반경』에 관한 장소章疏를 양梁으로부터 구한 일은 당시 중국에 열반학파가 지리적으로 보아 강남에서 성하여 양대梁代 불교의 경우는 열반경 중심의 느낌마저 있어서 강북의 화엄학파와는 서로 대립을 이루고 있었던 학풍에 영향을 입었을 것임이 분명하다. 화엄은 신라에서 삼국통일 전부터 내내 국가 체제를 대변해 주는 사상으로서 국가와 서로 밀착되면서 성히 행해졌으나 백제에서는 별로 행해지지 않았다. 이는 신라와 백제와의 양국이 각기 불교를 수용하고 또 이를 전개시켜가는 데 있어서 그 역사적 과정과 성격을 달리했었기 때문이라 생각된다.

진晋의 의희義熙 14년(418) 법현法顯에 의하여 『대반니원경』 6권이 처음으로 전역傳譯되자 도생道生(369~434)이 주창한 돈오성불頓悟成佛, 불성당유론佛性當有論 등의 탁설卓說을 둘러싸고 불신상주佛身常住와 불성佛性의 문제에 관한 논쟁이 진지하게 『열반경』 역출譯出 당초부터 전개되었던 것은 이미 잘 알려져 있는 일이다.[24] 그 후 곧이어 담무참과 혜관慧觀이 각각 40권본(北本)과 36권본(南本)의 『대반열반경大般涅槃經』을 전역하게 됨을 계기로 『열반경』에 대한 관심과 연구가 집중되어 다른 경에서는 볼 수 없는 성황을 이루었다.

이리하여 송대宋代에 혜정惠靜(375~440)과 법요法瑤가 나와 각각 『열

---

24 Kenneth K.S. Chen : Buddhism in China(1964) p.115.
Walter Liebenthal : A Biogrphy of Chu Tao-sheng, Monumenta Nipponica Vol XI.no3(1955).

반략기涅槃略記』와 『열반의소涅槃義疏』를 찬하였고, 다시 양대梁代에는 또 법운法雲과 보량寶亮(444~509)이 나와 각각 『열반경의기涅槃經義記』와 『열반경의소涅槃經義疏』를 찬하였던 것이다. 법요와 법운은 다같이 『법화경』에도 주석을 붙였는데 본디 『열반경』을 연구했었다.[25] 이같은 중국불교계의 동향으로 미루어 보아 성왕 19년에 양梁으로부터 구했던 『열반경』의 의소義疏 가운데에는 법운의 『열반경의기』와 보량의 『열반경의소』는 물론 당시 양梁의 불교계에서 읽혀지고 있었을 것인 전대前代 혜정惠靜의 『열반략기』와 법요의 『열반의소』 및 도생의 『열반경의소』도 포함되어 있었을 것으로 생각된다. 그런데 보량이 천감天監 8년(509) 양무제의 칙령에 의해서 『열반경의소』를 찬한 일은 『고승전高僧傳』 권8에 실려진 「석보량전釋寶亮傳」에 의해서 알 수 있는데, 대정신수대장경에는 보량의 현존 찬술로서 같은 천감 8년의 칙찬勅撰인 『열반경집해涅槃經集解』 71권이 수록되어 있다.[26] 이 『열반경집해』가 『고승전』에 적혀진 『열반경의소』와 그 내용이 같은 것인지 또는 별개의 것인지는 알 수 없다. 김동화金東華 박사가 『열반경집해』를 양대梁代 명준明駿의 찬술로 보았는가 하면,[27] 채인환蔡印幻 박사는 『열반경의소』만 언급하고 있는 등[28] 보량의 찬술에 관해서는 좀더 연구되어야 할 것이 있으나 보량에게 『열반경』의 주석이 있었던 것만은 틀림이 없다.

중국에 있어서 불성佛性 논쟁은 『열반경』의 전역傳譯과 함께 일어났던 것인데, 그것은 모든 사람에게 불성이 있어서 성불의 가능성이 평등하게 주어지고 있다고 '일체중생 실유불성'을 설하는 『열반경』이, 한편으

25 Kenneth K.S. Chen : Buddhism in China, 1964 p.129.
26 『대정장』, No.1763.
27 金東華, 「百濟時代의 佛敎思想」, 『韓國思想』 제9집, 1968.
28 蔡印幻, 『新羅佛敎戒律思想硏究』, 1977, p.109.

로는 또 선근을 끊고 인과도 불신하는 일천제一闡提에 관하여 전혀 서로 다른 해석을 이루게 하는 사상을 설하고 있기 때문이다. 즉 「여래성품如來性品」(남본 제12품, 북본 제4품)을 중심으로 하는 일천제 성불론과 「가섭보살품」(남본 제24품, 북본 제12품)을 중심으로 하는 일천제 영구불성불론永久不成佛論이 바로 그것이다. 장엄사莊嚴寺 승민僧旻(467~527)과 개선사開善寺 지장智藏(458~522) 등 양梁의 3대사三大師를 비롯하여, 정림사定林寺 승유僧柔(431~497)들이 활발히 전개시킨 논설도 이 『열반경』에 의한 불성의 문제였다.[29] 일천제 문제는 결국, 일천제에게는 이불성理佛性은 있어도 행불성行佛性은 없다는 해석에까지 전개되었지만,[30] 우리가 백제불교를 이해하는 데 있어서 『열반경』에 대하여 관심을 가지려고 하는 것은 이 같은 불성론이나 일천제 문제 때문이기보다는 교판과 계율 문제에서다.

『열반경소』 「성행품聖行品」(남본 제19품, 북본 제7품)에는 소에서 짜낸 우유로부터 만든 우락牛酪을 점차로 생소生酥 숙소熟酥로 만든 후에 다시 최후로 최상품인 제호로 만들어 내는 과정처럼 석존의 교화설법 과정에 있어서도 처음 입문적인 단계로부터 시작하여 점차로 깊이를 더하여 석존이 입적 직전에 이르러 제5단계로 구극적인 교의를 밝힌 것이 바로 『열반경』이라는 것이 설해지고 있다. 이 『열반경』의 자극으로 남조나 북조나 다 같이 각종 한역 경전을 어떻게 이해하고 신앙하여 실천할 것인가의 논거를 찾기 위하여 모두 정리하며 체계화해서 어느 경이 불타의 구극적인 교설인가를 밝히려는 일종의 불교 조직학, 즉 교판이 발달하게 되었으나, 형주荊州 유규劉虯(437~495)가 주창한 5시교판은 남조 불교학계에서 주목을 끈 것이었다. 이것은 제4시와 제5시를 각

---

29 坂本幸男, 「六朝に於ける佛性觀」, 『문화』 제21권 6호, 1657.
30 常盤大定, 『支那佛教の研究』 제3(1943), pp.260~281.

각 『법화경』과 『열반경』으로 봄으로써 『열반경』이야말로 최고의 구극적인 참된 불교라 한 것이다. 이리하여 서기 500년 전후해서는 남조에서나 북조에서나 이같은 5시교판이 상식적인 불교관이 되고 있었다. 수대隋代에 이르러서는 법화法華를 가장 내세운 천태 지의天台智顗조차 교판상으로는 『열반경』을 『법화경』과 동렬同列로 제5시에 배정하였던 것이다.[31] 오시교판설이 성행되고 있었던 당시 남조 불교계의 이 같은 추세는 백제에도 영향을 끼치어 『열반경』에 대한 관심을 자연 높게 하여 이에 대한 연구와 더불어 성왕 19년에는 『열반경』에 대한 의소장래義疏將來를 결실시킨 것이라 하겠다. 남조 양梁에서 30여 년의 유학을 마치고 성왕 대 후반기에 발정發正이 귀국하게 되는데, 그 발정이 『화엄경』보다 『법화경』을 중요시하고 있었다는 일도 장차 중국에서 지의가 『법화경』과 『열반경』을 동렬同列로 제5시로 배정하게 되는 일을 고려한다면 백제에서 『열반경』에의 관심을 높인 데 있어서 한 계기가 되었음직하다.

『삼국유사』에 보면 고구려 말기 보장왕寶藏王 대(642~668)에 당시의 도교 진흥책이 가져온 불교계의 자연적인 위축에 실망한 반룡사승盤龍寺僧 보덕普德이 희망을 찾아 『열반경』을 가지고 기대를 걸며 백제로 남하한 일이 있었는데, 그 후 얼마 아니하여 고구려는 멸망하였다고 한다.

> 及寶藏王即位, 亦欲興三教. 時寵相蓋蘇文說王, 以儒釋並熾 而黃冠未盛. 特使於唐求道教. 時普德和尚, 住盤龍寺, 憫左道匹正, 國祚危矣. 屢諫不聽, 乃以神力飛方丈, 南移于完山州孤大山, 而居焉. 即永徽元年庚戌六月也.(又本傳云 乾封二年丁卯三月三日也) 未幾

31 塩入良道, 「教判に於ける法華 涅槃の一考察」, 『印度學佛教學研究』 통권 제4호(1954).

國滅.(『三國遺事』 卷3 「興法」 3 普德移庵)

위 『삼국유사』의 기사에 의하면 보덕이 고구려에서 남하한 곳은 완산주完山州였다. 완산주는 백제 때 완산完山이라 불리던 현 전라북도 전주에 있던 전국 9주의 하나로 통일신라 초기 신문왕 5년(686)에 설치된 지방 행정구역이다. 따라서 보덕이 전주 지방으로 남하한 것은 신문왕 5년 이후가 되는 셈인데, 그 유사遺事는 영휘永徽 1년(650)과 건봉乾封 2년(667)의 두 설이 있다. 건봉 2년은 고구려 멸망의 전년인 보장왕 26년에 해당하여 이미 이때는 백제가 망한 지 7년 후의 일이므로 보덕은 구 백제 영토였던 전주 지방으로 내려간 것이 되기는 하지만 아직 완산주 설치까지는 약 20년을 기다려야 한다. 한편 '영휘 1년설'도 완산주라는 행정구역에 일단 부딪칠 수밖에 없으나 보장왕 2년(643)에 있은 도교 진흥책을 고려한다면,[32] 보장왕 9년에 해당하는 영휘 원년에 남하한 것으로 보는 것이 좋을 것 같다. 이는 백제 멸망 10년 전인 의자왕 10년 때의 일이며, 고구려는 백제가 멸망한 지 8년 후에 망하였다. 이런 경우 '완산주'는 '완산完山'의 와전으로 볼 수도 있다. 이런 점에서 '영휘 1년설'이 통설로 되고 있는 듯하나 보덕이 통설대로 영휘 1년에 남하했거나 또는 건봉 2년에 자리를 옮겼거나 어떻든 간에 백제의 말기 또는 멸망 직후에 있어서도 현 전주 지방을 중심으로 여전히 『열반경』에 대한 관심과 연구가 이루어지고 있었기 때문에 보덕이 이곳을 찾아 백제 지방으로 내려온 것이 아니었을까.

백제불교계가 『열반경』에 대한 관심을 가지게 된 데에는 물론 당시 남조 불교계의 학풍에 영향을 입은 것이었지만 백제에서 『열반경』에 대한

32 『三國史記』 권21, 「高句麗本紀」 9.

관심을 보다 높이게 한 것은 바로 이 『열반경』에 설해진 계율사상이 아닐 수 없다. '일체중생 실유불성'을 설하는 『열반경』에서는 불성의 자각에 의한 대중의 계학이 전개되어 있다. 아래와 같이 『열반경』에 설해진 것처럼, 불성은 단순한 신념에 그치는 것이 아니라 그것을 신해信解하는 데 있어서 응분의 계생활戒生活이 있어야 한다.

> 一切諸衆生, 雖有佛性, 要因持戒, 然後乃見, 因見佛性得成阿耨多羅三藐三菩提.(『南本』 제9품 「邪正品」, 『北本』 제4품 「如來性品」)

『열반경』에는 「성행품聖行品」(『남본』 제19품, 『북본』 제7품)에 계戒를 득정법계得正法戒와 수세교계受世敎戒로 나누어 설하고 있다. 득정법계는 추상적인 이법에 순응하는 이계理戒를 말하는 것이어서 정법正法 즉 불성편재佛性遍在와 불신상주佛身常住를 체득하는 것에 강한 신앙생활이 나타나는 것이라 한다. 한편 수세교계는 사계事戒를 말하는 것이어서 수계 형식에 대한 계생활戒生活을 가리킨다. 여러 경우에 따라 구체화된 이계理戒의 조목이 수세교계이다. 이와 더불어 「성행품」에는 또 성중계性重戒와 식세기렴계息世譏嫌戒의 2종이 설해지고 있다. 이 가운데 4금四禁 즉 살殺·도盜·음婬·망妄 등의 성죄性罪를 짓지 않는 것이 성중계이며, 한편 식세기렴계는 사회생활에서 악한 행위로 인정되는 행위, 즉 기만이나 탈취 같은 짓을 아니함은 물론 육류나 훈주葷酒 등도 입에 대지 않을 것을 설한 것이다. 이 같은 계율은 소승률 가운데에도 있으나 단순히 조율條律을 고수하는 생활이 아니라 불신상주의 자각으로부터 도출된 강력성 있는 생활규범이라는 데 『열반경』이 제시한 계율의 정신이 있다. 『열반경』이 대승의 계경으로서 중요한 위치를 차지하고 있는 것은 이 때문이다.

이리하여 성왕 19년에 『열반경』에 대한 의소義疏의 장래將來가 있었던 일은 특히 계율사상의 측면에서 볼 때, 당시 이미 흥륭興隆되고 있었던 계율적인 백제불교에 가일층 대승 계사상을 강조하는 것이 되었으리라 믿어진다.

2) 겸익謙益의 율장장래律藏將來

『미륵불광사사적彌勒佛光寺事蹟』에 의하면 성왕聖王 대에 백제승 겸익謙益이 인도로부터 귀국하였을 때 범본梵本의 오부율五部律을 함께 가지고 왔는데, 곧이어 72권으로 율부律部가 역경譯經되었다고 한다.[33]

> 聖王四年丙午, 沙門謙益, 矢心求律 航海以轉, 至中印度常伽那大律寺, 學梵文五載, 洞曉竺語, 深攻律部, 莊嚴戒體. 與梵僧倍達多三藏, 賫梵本阿毘曇藏, 五部律文 歸國. 百濟王以羽葆皷吹, 郊迎安于興輪寺. 召國內名釋二十八人, 與謙益法師, 譯律部七十二卷, 是謂百濟律宗之鼻祖也.

위의 『미륵불광사사적』 가운데 겸익이 가지고 왔다는 오부율은 담무덕부曇無德部의 사분율四分律을 비롯하여 살바다부薩婆多部의 십송률十誦律, 미사색부彌沙塞部의 오분율五分律, 가섭유부迦葉遺部의 해설률解說律, 마하승기부摩訶僧祇部의 마하승기율摩訶僧祇律 등 5부五部의 각 율律을 총칭한 것이 틀림없을 것인데, 이때 역경된 율부 72권은 중국에서 역경되어 온 오분율의 총 권수와는 격차가 심하다. 중국에서 전역傳

33 『彌勒佛光寺事蹟』은 李能和에 의해서 처음부터 소개되었다. 李能和, 『朝鮮佛教通史』 권상(1918), pp.33~34.

譯된 불타야사佛陀耶舍 역의 『사분율』은 60권이며, 구마라집 역인 『십송률』이 61권이고, 불타발타라 역인 『마하승기율』은 40권이니 이것만으로도 총 161권이 되어 백제에서 역경된 율부 72권의 배가 넘는다. 따라서 백제에서 전역된 율본은 중국에서 전역된 것과는 다른 이본異本이었는지 또는 같은 범본이었다 할지라도 그것을 적당히 초역抄譯하였거나 합집合輯 재편再編한 것이었는지 알 길이 없다.

그는 그렇다고 치고, 겸익이 백제로 귀국한 해는 이 『사적事蹟』에 의하여 성왕 4년(526)설이 통설화되고 있다. 필자도 수년 전에 이 성왕 4년설에 추종한 바가 있었다.[34] 그러나 그 『미륵불광사사적』의 기사는 그 문맥으로 보아 성왕 4년에 인도로 건너가서 그 후 '학범문오재學梵文五載'한 성왕 9년(531)에 백제로 귀국한 것이라 읽어야 할 것이다. 『묘법연화경』과 『대반열반경』 등 한역 경전은 말할 것도 없고, 한역된 사분율과 십송률 등의 소승제부小乘諸部의 광률廣律도 백제에 전래되었을 것이지만, 계율면에 있어서는 오직 한역에만 의거하는 것이 만족할 수가 없어서 율의 원본을 백제가 직접 인도에 구하게 된 것 같다. 이리하여 겸익의 인도 유학으로 율장의 전래와 역경이 이루어져 백제불교의 율장이 정비되어졌을 뿐만 아니라 친히 견문한 계율의 실제적 수법修法에 의하여 백제의 수계수법에도 여법하게 확신 있는 바탕을 마련할 수가 있었다. 17세 때 고구려 승 혜변惠便을 사승師僧으로 삼고 출가하여 십계十戒를 받아 사미니가 된 일본 최초의 니승尼僧 선신니善信尼가 그 후 21세가 되던 무신년戊申年 위덕왕 55년(588) 때 백제로 건너가서 육법계六法戒를 받고, 이어서 그 익년에는 비구니 구족계를 받은 후 23세가 되던 경술년庚戌年 위덕왕 37년(590)에 일본으로 귀국한 일이 있었던 일

---

34 禹貞相·金煐泰, 『韓國佛教史』(1970), p.30은 그 일례이다. 安哲賢, 「韓國佛教史 古代篇」, 『韓國文化史大系』 Ⅵ. 宗教 哲學史(1970), p.194.

도[35] 백제의 계율불교가 여법대로 이루어지고 있었기 때문이 아닐 수 없다.

3) 백제불교의 계율주의적 성격

백제에서는 법왕法王 1년(599) 12월에 살생을 금하는 영을 내리고 민가에서 기르는 매를 모두 거두어 방생시키게 하고, 어렵漁獵의 도구도 모두 불사르게 하였다.[36] 그런데 살생금지령이 무엇보다 자비와 지계持戒를 근본으로 하는 불교정신에 의한 것임은 물론이겠으나 법왕法王 대의 살생금지령은 따로 특별한 어떤 의도가 있지는 않았을까.

통일신라시대에도 성덕왕 대에 두 번 살생금지령을 내린 일이 있었다.[37] 성덕왕 4년(705) 9월과 10년(711) 5월의 일이다.[38] 이 살생금지령이 각각 9월과 5월에 있었다 함은 매우 주목할 만한 일이다. 그것은 삼장월三長月 행사를 연상케 하기 때문이다. 정正·5·9월을 수선월修善月로 정하고 각기 이 월중月中에 오계五戒를 닦고 살생을 금하며 선행을 닦는 불사가 삼장월三長月 행사다. 속인에게 삼귀오계를 권하며 특히 정正·5·9월의 삼장재일三長齋日과 매월 8·14·15·23·29·30일의 육재일六齋日에는 재계齋戒할 것을 역설한 「제위파리경提謂波利經」에 설해진 이 삼장월 불사가 국책에 반영되어 성덕왕 대에 살생금령이 내려진 것이 분명하다. 법왕 1년 12월에 있었던 살생금지령도 그해 12월에 한한 육재일 불사의 예고는 아니었을까. 법왕의 살생금지령을 육재일 또는 삼

---

35 蔡印幻, 『新羅佛教戒律思想硏究』(1977), p.142.
36 『三國史記』 권27, 「百濟本紀五 法王一年」.
37 『三國史記』 권8, 「新羅本紀」 8 聖德王 4년 9월, 10년 5월.
38 塚本善隆, 「支那の在家佛教特に遮民佛教の一經典」, 『支那佛教史硏究』 「北魏篇」(1944), p.317·326·330.

장월 불사와 연관시켜 이해하려는 것에 대해서는 법왕의 금령과 똑같은 북제北齊 문선제文宣帝의 불사가 참고되리라 믿는다. 즉 『속고승전續高僧傳』에는 문선제가 승조僧稠의 교화에 의해서 천보天保 2년(551) 삼장월과 육재일의 단도斷屠 소식素食의 조서를 내린 것을 아래와 같이 전하고 있다.

> 帝聞之, 因從受菩薩戒法, 斷酒禁肉, 放捨鷹鷂, 去官畋漁, 鬱成仁國, 又斷天下屠殺. 六年三月, 勅民齋戒.(『續高僧傳』 권16 「齋鄴西龍山雲門寺釋僧稠傳」)

위덕왕 대에 진陳으로부터 귀국한 현광玄光이 재진在陳 당시에 혜사慧思에 의해서 전수傳授한 것은 『법화경』 「안락행품」에 설해진 4안락행四安樂行과 법화삼매였다. 그 『법화경』 「안락행품」에는 말세에 이 『법화경』을 어떻게 홍통해야 할 것인가에 대하여 그 방법을 말한다는 구체적인 계율이 대승적인 입장에서 적극적으로 설해지고 있다. 따라서 현광의 법화불교가 그 후의 백제 법화불교를 계율주의적 실천불교로 전개시켰을 것임은 자연스러운 추세였으리라 생각된다. 이리하여 계율주의의 성격을 강하게 지니어 간 백제불교가 법왕 대에 이르러서는 범국민적인 계율생활화 운동의 전개로 결실되어지는 것이라 하겠다.

3

안홍과 신라불국토설

/ 신종원

〈선정 이유〉

1. 서언
2. 안홍安弘의 생존 연대와 유학 시기
3. 안홍의 저작著作
4. 신라불국토설의 전개
5. 결언

• 신종원, 「안홍과 신라불국토설」, 『중국철학』 제3권, 중국철학회, 1992, pp.167~189.

선정 이유

이 논문은 안홍과 안함이 이명동인이며, 그가 신라불국토설을 기획한 주역임을 밝힌 점에 주목하여 선정하였다. 저자는 안홍의 호국사상은 원광 시대까지의 그것과는 분명히 구별되는 중고기 말엽의 국가 사상으로 보고, 안홍 연구를 통하여 신라 사회의 변화와 그에 따른 시대정신을 구명하고, 그것이 중국불교사와 맞물려 전개되는 과정을 추적하고 있다.

저자는 『해동고승전』을 통해 안홍의 출자出自와 생존 연대와 수隋나라 유학 시기, 안홍이 지었다는 참서인 『동도성립기東都成立記』의 내용과 『삼국유사』에 실린 '전불시가람지허前佛時伽藍之墟'를 중심으로 전개되는 신라불국토설을 구명하고 있다. 안홍은 황룡사에 구층탑을 세워 구한九韓의 침공을 막으라고 했는데, 이것은 그가 수나라에 있을 때 보았던 제국의 수도 국찰인 대흥선사 탑 건립을 본받고자 한 것이라고 보았다.

저자는 당시 수隋 문제는 새 왕조의 무궁한 발전을 빌어 아홉 오랑캐(九服)가 다스려지는 내용의 조칙을 내렸고, 수나라에는 천하통일의 당위성을 논하는 참서가 유행하였다고 하였다. 이어 저자는 안홍이 수 문제가 사천왕의 보호임지保護任持를 받고 도리천의 덕분으로 천자가 되었다는 불국토설을 그대로 원용해 신라에 적용하였다고 보았다. 즉 '선덕왕을 낭산에 장사 지낸 것(第一女主葬忉利天)'과 '백제가 대야성(합천)을 빼앗고 품석과 부처 등이 전사한 대야지역(千里戰軍之敗)' 그리고 '삼국통일 어간에 김인문이 당에서 돌아온 사실(王子還鄕之歲)'과 '문무대왕 통일 후의 태평성대(大君盛明之年)'의 해석은 이러한 주장을 뒷받침하는 구절들로 이해할 수 있다.

저자는 신라불국토설은 자장慈藏으로부터 나온 것으로 알려져 있지만 사실은 안홍의 그것을 자장이 이어받아 발전시킨 것에 불과하다고 보았다. 그것은 자장이 당에서 귀국하여 건의한 공사로 황룡사 구층탑이 세워졌고, 그 뒤 통일이 되자 이 모든 것을 예언했던 안홍 및 그의 참서가 새삼 높이 평가되었을 것으로 보았다. 그리하여 안홍의 참서는 신라인에게 희망을 주고 미래를 약속한 예언서라고 주장하는 지점에서 이 논문의 의미와 학문적 가치를 찾을 수 있다.

1. 서언

신라불교사에서 안홍安弘에 대한 본격적 연구가 이루어지지 않은 이유는 대체로 두 가지를 들 수 있다.

첫째는 사료 해석의 문제로서 안홍安弘과 안함安含이 같은 인물인가의 판단이 서야 하며, 만약 동일인이라면 그가 중국 유학을 한 것이 진흥왕眞興王 대인지 아니면 진평왕眞平王 대인지를 해결해야 한다.

둘째로는 그의 귀국 후 활동을 간과한 까닭에 그에 대한 평가가 제대로 이루어지지 않았다. 이 문제는 유학 시절의 구법求法 내용이나 견문과 밀접한 관계가 있다. 신라를 불국토로 보는 적극적 호국이론의 창시자가 안홍임에도 불구하고, 전기傳記가 풍부히 남아 있고 또 안홍의 호국 행적과 비슷한 자장慈藏에게 그 공功이 돌려졌던 것은 안홍 연구가 부진한 데 그 이유가 있다.

안홍의 호국사상은 원광圓光 대까지의 그것과는 분명히 구별되는, 이른바 중고中古 말의 국가불교 사상이다. 그러므로 안홍 연구를 통하여 신라 사회의 변화와 그에 따른 시대정신을 규명할 수 있고, 이것이 중국불교사와 맞물려 전개되는 과정을 추적할 수 있다.

2. 안홍安弘의 생존 연대와 유학 시기

> 安弘法師가 隋나라에 가서 法을 求하였다. 胡僧 毘摩羅 등 두 스님과 함께 돌아와 楞伽經·勝鬘經 및 佛舍利를 바쳤다.(『三國史記』 권4, 新羅本紀 4, 眞興王 37년)

위 기사는 애매한 점이 한두 가지가 아니다. 먼저 당시는(576) 수隋 건국 이전이므로 유학한 국명國名에 잘못이 있다. 그리고 여타 구법승의 경우 출국出國과 입국入國이 각각 편년식編年式으로 기술된 것을 보면 안홍은 유학 간 그 해에 돌아온 것이 된다. 그가 외국승과 함께 불사리佛舍利를 가져올 정도면 안홍의 유학 기간은 적어도 몇 년 이상은 소요될 것이니, 이 기사는 안홍의 입국과 귀국을 동년조同年條에 취급한 것으로 볼 수 있다. 필자는 원광의 유학 기간을 논하면서 진흥왕 37년의 안홍 기사를 원광이 진陳나라에 유학간 것으로 보고, 진평왕 11년(589)조의 '원광 법사圓光法師 입진구법入陳求法'을 이 해 원광이 수隋나라로 들어간 것으로 보았다.[1] 그것은 원광의 전기를 검토하면서 추론해낸 것이지만, 다음에 보듯 안홍의 활동 연대와 사상을 염두에 두면 진흥왕 37년 기사는 착오임이 분명하다.

안홍에 대한 전기는 다행히 『해동고승전海東高僧傳』 권2(이하 「安弘傳」으로 略함)에 잘 남아 있다.

> 釋安含은 俗姓 金氏이며 詩賦伊飡의 손자다. … 眞平王 22년(600)

---

1 신종원, 『신라초기불교사연구』(1992, 민족사) 제3장 Ⅰ절, 「원광과 진평왕대의 占察法會」 참조.

고승 惠宿과 함께 [중국에 가려고] 泥浦津에 배를 띄우고 涉島 밑을 지나다가 갑자기 풍랑을 만나 되돌아왔다. 이듬해 왕은 法器를 이룰 만한 자를 뽑아 중국에 유학토록 하였는데, 法師가 가게 되었다. 이에 사신과 동행하여 바다를 건너 멀리 중국 조정에 갔더니, 천황이 맞아 크게 반기고는 大興聖寺에 머물도록 했다.

… 十乘의 秘法과 玄義·眞文을 5년 만에 두루 보았다. 27년에 于闐沙門 毘摩眞諦, 沙門 農加陀 등과 함께 돌아왔다. …

崔致遠이 지은 義相傳에는 다음과 같이 씌어 있다. "義相은 眞平王 建福 42년(재위 47년, 625)에 태어났다. 이 해에 安弘法師는 西國三藏 3인, 漢僧 2인과 함께 唐나라에서 돌아왔다." 그 注는 다음과 같다. "北天竺烏長國의 毘摩羅眞諦는 당시 나이 44세, 農加陀는 46세, 摩豆羅國 佛陀僧伽는 46세였다. [이들은] 52國을 거쳐 비로소 중국에 이르렀고 드디어 신라에 왔다. 皇龍寺에서 旃檀香火星光妙女經을 鄕僧[2] 曇和가 筆授가 되어 譯出하였다. 얼마 뒤에 漢僧이 중국에 돌아갈 것을 아뢰자, 왕은 허락하여 보내었다."

『해동고승전』의 찬자 각훈覺訓이 「의상전義相傳」을 인용한 까닭은 동전同傳 안홍安弘의 사적이 안함安含과 동일하므로 양자가 동일인임을 밝히고자 한 것이다. 이어 『삼국사기』 진흥왕眞興王 대의 안홍 기사를 인용하면서, 그렇다면 안함과 50년의 차이가 나니 혹 두 사람인 듯도 한데, 서역 삼장 이름이나 안홍의 이름이 진평왕眞平王 대의 그것과 같

2 乙酉文庫 No.161의 『해동고승전』 영인에는 '卿僧'으로 되어 있으나 『大正藏』本(제50권 所收)에 따랐다. 鎌田戊雄은 『旃檀香火星光妙女經』이 중국에 없는 점을 들어 佛敎儀式의 방법을 적은 經이 西域으로부터 직수입되었을 것이라 하였다. 『新羅佛敎史序說』, 1988, p.70.

아 결론을 내리지 못하고 있다.

안홍과 안함이 혼동되어 쓰이게 된 원인은 안홍비安弘碑 때문이 아니었던가 추측된다. 뒤에 나오겠지만 안홍비문安弘碑文은 각훈覺訓 당시 10중 4, 5가 보이지 않을 정도로 마멸되어 있었다. 이 때문에 고려 후기까지도 유포되던 『동도성립기東都成立記』의 안홍과 별개의 인물로 인식된 듯하다.

안홍의 귀국 연대로서 진평왕 27년설과 47년설 중 어느 것이 타당한지 검토해 보자. 안홍이 신라의 서울을 수도隋都에 비견한 것은 후술하는 바 『동도성립기』를 보면 자명하다. 수 문제隋文帝는 자국의 흥기興起가 불교의 힘에 의한 것으로 믿고 여기에 참위설讖緯說까지 곁들였다. 즉 개황開皇 2년(582)에 "황국皇國의 무궁한 업業이 도업都業의 지덕地德으로 말미암는다." 하고 성城·전殿·문門·원園의 이름을 모두 '대흥大興'으로 하고, 대흥선사大興善寺를 지었던 것이다.[3] 대흥선사는 수초隋初 국가 종교 정책의 근본 사원으로서 당대의 역경譯經 사업이 모두 이 절에서 이루어지고, 문제文帝는 동사同寺의 승僧 영장靈藏에게 "제자弟子는 속인천자俗人天子이고 율사律師는 도인천자道人天子"라 하여[4] 승속僧俗이 각각 천자天子에 의해 통치되는 중앙집권적 국가의식을 보여 주고 있다.[5]

---

3 『역대삼보기』 권12, 『대정장』 49, p.102.

4 『佛祖通紀』 권53 및 『속고승전』 권21.

5 開皇 17년(597) 費長房이 文帝에게 바친 『歷代三寶紀』에는 "集業으로 말미암아 人中에 태어나 왕으로서 국토를 다스리니 人王이라 칭합니다. 胎中에 있을 때 諸天이 수호하고, 혹은 먼저 守護를 받은 뒤 入胎하여 三十三天이 각각 자기의 德分을 이 왕에게 주었습니다."라거나 "四天王으로부터 命을 받았다."라고 하여 佛法이 국왕에 부촉되었음을 설명하고 있다. 그리하여 황제는 천하를 淨土로 만들어 十善을 닦음으로써 阿育王에 못지않은 전륜성왕이라고 주장하기에 이른다(『대정장』 49, pp.101~102).

대흥선사는 양제煬帝 이후 일반 사찰과 다를 바 없이 되었지만[6] 안홍이 거주했던 601년에서 605년까지의 대흥선사는[7] 최고의 영화를 누리던 시절이었다. 그가 서역 삼장과 함께 황룡사皇龍寺에서 역경을 한 것도 대흥선사의 역경을 본받은 것으로 보인다. 당시 대흥선사에는 북천축 오장국삼장烏長國三藏 비니다류지毘尼多流支·나련제야사那連提耶舍 등이 역경에 참여하였는데,[8] 안홍과 함께 온 비마라진제毘摩羅眞諦·농가타農加陀도 이들과 같은 부류였을 것이다. 그러므로 안홍은 수 문제의 불교정책과 당시의 불국토 사상을 견문하여 이를 신라에 원용한 것이다. 만일 그가 그보다 20년 뒤, 즉 당대唐代에 귀국했다면 그의 구법 내용은 또 다른 성질의 것이었다고 생각된다.

안홍은 선덕왕善德王 9년(640) 9월 23일, 62세로 일생을 마쳤다고 한다. 그렇다면 그는 진평왕 원년(579)에 태어났다.[9] 이상과 같이 안홍의

---

6 鎌田戊雄,『中國佛教史』, 1978, p.173.

7 安弘傳에는 '大興聖寺'로 나오나 大興善寺의 와전일 것이다.

8『歷代法寶記』권12(『대정장』 49, p.102).

9 安弘을 "一然 이전의 博識僧 혹은 高麗國初의 僧"이라고 본 논자는 高橋亨,「濟州道名考」,『朝鮮學報』 9, 1956, p.396이 있다. 安弘은『해동고승전』의 安含이며, 眞平王代에 隋나라에서 유학한 인물이라고 前間恭作은「新羅王の世次と其の名につきて」,『동양학보』 15-2, 1925, pp.70~71에서 언급하였다. 金相鉉은「海東高僧傳의 史學史的 性格」,『정재각고희기념 동양학논총』, 1984, pp.192~193에서 安含과 安弘이 동일인이라는 설에 회의를 표명하면서도 결론은 유보하였다. 權悳永은『海東高僧傳』의 安含傳을 그대로 받아들이고,『三國史記』 眞興王 37년조의 安弘 기사는 연대상의 착오가 있을 뿐이며, 安弘과 함께 온 胡僧이 崔致遠 撰 義相傳에 보이는 安弘 기사의 그것과 같음을 이유로 들어 胡僧과의 관계는 眞平王 47년에 귀국한 安弘의 행적으로 보았다. 따라서 安含은 安弘보다 20~30년을 앞서 살았던 인물이라고 한다. 權悳永,「삼국시대 신라 구법승의 활동과 역할」,『청계사학』 4, 1987, pp.6~8, 한국정신문화연구원. 이들이 별개의 인물이라는 이유로서 첫째,『三國遺事』에서 이들이 구별되어 기술된 점, 둘째, 安弘의『東都成立記』에는 황룡사 구층탑이 언급되어 있으며, 그중에는 '日本'이라는 國名이 있음을 들어 安弘이 670년대까지는 생존한 것으로 보았다. 이와 같은 주장에 대해서 필자의 소견을 피력해 보면 다음과 같다.『삼국유사』에서 安含과 安弘이 각각 나옴은 一然 당시에도 이들이 양립되어 인식되고 있음을 말하는 것에 지나지 않는다. 安含

생몰년 및 유학 기간을 정리하면 다음과 같다.

구분 | 연대	중국 연호	신라왕 연대	서기	나이
生年		眞平王 元年	579	1세
入隋	(文帝) 仁壽 元年	진평왕 23년	601	22세
歸國	(文帝) 大業 元年	진평왕 27년	605	26세
沒年	(唐) 貞觀 14년	善德王 9년	640	62세

안홍의 생존 연대를 방증할 자료로는 「단속사신행선사비斷俗寺神行禪師碑」[10]가 있다.

> [神行]禪師는 俗姓 金氏, 東京 御里人이다. 級于 常勤의 아들이며 先師 安弘의 兄의 曾孫이다.

신행神行은 대력大歷 14년(779) 76세로 남악南嶽 단속사斷俗寺에서 입적하였으니, 그의 생년生年은 성덕왕聖德王 3년(704)이 된다. 이상을 도시圖示하면 다음과 같다.

사후의 사실에 속하는 구층탑의 건립과 '日本' 國號의 사용 등이 『東都成立記』에 언급되어 있으므로 이 책을 저술한 安弘은 安含과 다른 사람이라고 한다. 그러나 현재의 『東都成立記』가 저작 당시의 형태를 유지하고 있는가? 구층탑을 세우자는 주장이 반드시 시간적으로 安含 사후에 속하는가 하는 점을 살펴보지 않으면 안 된다. 이러한 의문에 대해서는 뒤에서 논의하겠지만 權悳永의 논리에는 다음과 같은 문제점이 있다. 불과 20년 격차를 두고 安含과 安弘의 胡僧관계 사적이 동일함을 볼 때, 이들 양자의 同異問題가 먼저 제기되어야 할 것이다. 이 동일인 여부에 대한 검토를 거치지 않고 眞平王代의 安含과 安弘을 분립시켜 놓았으므로 자연히 安含傳에 나오는 전기를 두 사람의 사적으로 나누어 볼 수밖에 없다. 그 결과 安含의 사적으로 명시된 讖書의 저술, 十乘의 비법을 배운 것 등은 安弘의 사적에다 귀속시켰다.

10 『朝鮮金石總覽』 상, pp.113~116.

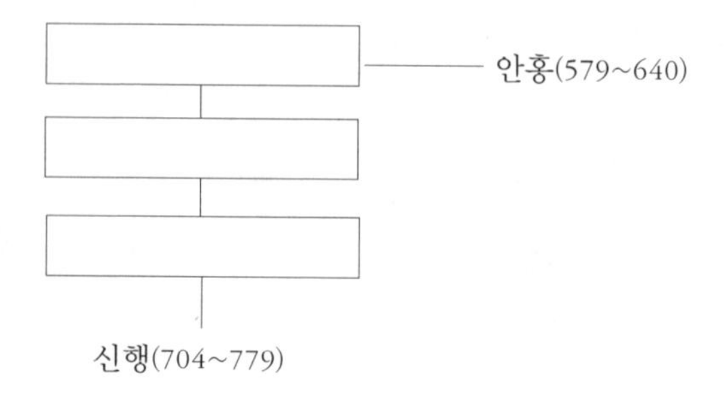

안홍의 할아버지는 제2관등인 이찬伊飡이고 신행의 아버지는 관등이 급간級干(제9등급)이다. 그러므로 안홍은 진골眞骨 신분이다.

안홍이 수隋나라에 가서 문제의 환영을 받고 배속된 대흥선사는 중국과 외국의 명승名僧들이 거주한 대찰로서 문제文帝는 이러한 점을 배려한 것으로 생각된다. 이 당시 삼국시대 승려들의 구법 기사는 중국측 문헌에서 산견散見되는 몇 기록을 참고해 볼 때 대체로 믿어도 좋을 것이다.

> 高麗·百濟·新羅 三國의 使者가 귀국하려고 할 때, 각기 舍利 하나씩을 청하여 본국에서 탑을 세우고 공양하고자 했다. [文帝는] 이를 勅許하고, 아울러 서울의 大興善寺에 탑을 세우라고 詔를 내렸다. … 仁壽 2년(602) 정월 23일 다시 [舍利를] 51州에 나누어 靈塔을 세웠다.(『廣弘明集』 권17, 「慶舍利感應表」)[11]

수대隋代 외국 유학승의 교육기관으로는 양제煬帝가 설치한 홍려사鴻臚寺의 사방관四方館이 있다. 이때는 안홍이 거의 귀국할 무렵이므로 안홍은 사방관에서 수업했다고는 볼 수 없다. 그러나 몇 년 뒤 안홍을 이

11 『대정장』 52, p.217.

은 삼국의 승려가 이곳에서 불교를 배운 기록이 보인다.

> 大業 10년(614) 禪定에 불리어 들어갔고, 또 鴻臚寺에 請入하라는 詔에 응하여 『大智度論』을 敷衍하고 三韓의 諸方士를 訓開하였다.(『續高僧傳』 권13, 神迥)[12]

> 大業 10년 鴻臚寺에 불려가 三韓을 敎授하였다.(『續高僧傳』 권15, 靈潤)[13]

영윤靈潤은 또 대흥선사에 상당 기간 머문 적이 있으므로, 안홍은 이와 같은 고승에게 수학受學한 것으로 볼 수 있다. 위 기록과 관련하여 부언해 둘 것은 당시 우리의 삼국 승려가 소위 사번四蕃 유학생의 대다수를 차지했다는 점이다. 그것은 종래 '교수번승敎授蕃僧' '교수동번敎授東蕃'이라 하던 것이 대업大業 10년 이후 '교수삼한敎授三韓'으로 고쳐 불리어짐에서 짐작이 갈 것이다.[14]

3. 안홍의 저작著作

안홍의 활동에 대해서는 다음 기록이 있다.

> 和尙이 나라에 돌아온 이후 讖書 1권을 지었다. 글자가 벌어졌거나

12 『대정장』 50, p.526.
13 위와 같음, p.546.
14 山崎宏, 『支那中世佛教の展開』, 1942, p.871.

붙어 버려서 글을 아는 사람도 이해하는 이가 드물고, 大旨가 은밀하여 이치를 찾으려 해도 궁구하기 어렵다. 즉 "부엉이가 흩어진다." 하고(a), 또 第一女主를 忉利天에 장사지냈다거나(b), 千里戰軍이 패했다거나(c), 四天王寺가 세워진 것(d), 왕자가 돌아온 해(e), 大君이 盛하여 밝아진 세상(f) 등이 어렴풋한 예언이었지만 눈으로 본 듯 조금도 틀림이 없다.(『海東高僧傳』 권2, 安含)[15]

안홍의 참서讖書는 수조隋朝의 발흥發興과 천하통일을 예언하고, 그 길상의 부험符驗을 설한 참위서讖緯書[16]와 무관할 수 없다. 그는 불교가 국가 중심의 기조 위에서는 북조北朝 전통의 수나라 불교를 이상으로 생각한 것이다. 따라서 이를 본받아 선덕왕善德王의 불교적 신이神異를 창출한 것이다.

앞의 인용문은 참서의 본문 부분과 후대의 해석 부분이 섞여 있어 조심해서 보지 않으면 안 된다. 필자의 판단으로는 a가 전자前者이고 나머지는 모두 후자에 속한다고 본다. 왜냐하면 a는 그 뜻을 헤아리기 어려운 참문讖文 형태이지만, b·c·d·e는 구체적 사건을 기술한 것이기 때문이다.

'제일여주장도리천第一女主葬忉利天'은 선덕왕을 낭산狼山에 장사지낸 것을 말한다.[17] 신라인들은 낭산을 수미산과 같이 생각하고 그 상부上部

---

15 和尙返國 以後作讖書一字(卷) 字印離合 爲文(之)者罕測 宗途(不明字)幽隱 索理者難究 如云 鵂鷗鳥(經文隱晦未詳一原註, 藏本에는 '碑'임)散 又云 第一女(主삽입) 葬忉利天 及千里戰軍之敗 四天王寺之成 王子還鄕之歲 大君盛明之年 皆懸言遙記 的如目覩 了無差脫. ( )안은『大正藏』本임. 필자는 •표시를 취함.

16 集古今佛道論衡 乙의 「隋文帝詔爲降州天火焚老君像事」 및 「隋兩帝重佛宗法俱受歸戒事」(『대정장』 52, pp.378~379).

17 왕은 평소 군신에게 "朕은 某年某月日에 죽을 터이니 忉利天中에 나를 묻으라." 라고 하였다. 군신은 그곳이 어디인지를 몰라 물으니, 왕은 "狼山 남쪽이다."라 하

를 도리천으로 인식하였다. 이러한 신라불국토관佛國土觀은 문무왕文武王 19년(679) 선덕왕릉 아래 사천왕사四天王寺가 세워짐으로써[18] 더욱 보강되었다. 이것이 소위 안홍의 참문이 아님은 선덕왕 사후의 일들을 가리키는 것이기 때문이다.

'천리전군지패千里戰軍之敗'는 선덕왕 11년(642) 백제가 신라의 대야성大耶城(陜川)을 빼앗고, 이때 품석品釋 부처夫妻 등이 전사한 '대야지역大耶之役'을 가리킬 것이다. 이것이 신라인의 통분을 자아냈음은, 그 설욕을 하고자 김춘추金春秋가 고구려에 원병을 요청하러 가고, 김유신金庾信은 백제를 토벌하고자 한 사실에서 알 수 있다. 김유신의 전의戰意에 대해 선덕왕이 "작은 나라가 강국强國과 싸우면 그 위태로움을 어찌할 것인가."라고[19] 일단 만류한 사실은 당시 신라의 국력을 가늠하는 하나의 척도가 된다.

'왕자환향지세王子還鄕之歲'는 삼국통일 어간에 김인문金仁問이 당唐에서 돌아온 사실을, '대군성명지년大君盛明之年'은 통일 후의 태평성대를 의미할 것이다.

이와 같이 보면 b·c·d·e는 모두 안홍 사후의 일로서 참서의 문장이라고 보기는 어렵다. 그러면 이러한 해석이 가능했던 참문은 어떤 것이었을까. 선덕왕을 도리천주忉利天主라고 함으로써 여왕의 존엄을 주장하고, 신라를 중심으로 욕계欲界의 인간세人間世를 설계하였다고 본다. 그러므로 후대에 이룩된 삼국통일은 이 불국토관의 전개 내지는 그 예

였다. 예언한 그날에 과연 왕이 돌아가시자, 군신은 狼山 남쪽에 장사지냈다. 10여 년 뒤 文武王이 사천왕사를 왕릉 아래에 창건하였다. 佛經에 이르되, 사천왕천 위에 忉利天이 있다고 하였으니 大王의 靈聖함을 알게 되었다(『삼국유사』 권1, 紀異 2, 善德王知機三事).

18 『삼국유사』 권7, 新羅本紀 7, 同年.

19 『삼국유사』 권41. 列傳 1, 金庾信 上.

언이 적중한 것으로 해석되었다.

제왕帝王의 욕계육천호지설欲界六天護持說에 대해서 수 문제의 그것을 참고해 보자. "우리 황제는 사천왕四天王이 호지護持하는 삼보三寶의 명命을 받아 … 삼십삼천三十三天(忉利天)이 각각 자기의 덕분德分을 우리 황제에게 주었다. 그래서 천왕天王이 호지護持했기 때문에 천자天子라고 칭한다."[20]는 설은 그대로 선덕왕 대 신라불국토설의 기반이 된다. 다만 수隋의 참서는 이미 건국한 뒤의 결과론적 칭송이었음에 반하여, 안홍의 그것은 여왕이라는 결점을 보완해야 하고 암울한 신라의 현실에 희망을 고취하는 예언서라는 점이 전혀 다르다. 선덕왕 12년(643) 당에 원병을 요청했을 때 태종이 "그대 나라는 부인婦人이 왕이 되어 이웃 나라의 멸시를 받는다."거나 동 16년에 모반을 일으킨 비담毘曇 등이 "여왕은 정치를 잘할 수 없다."라는 비판은 이미 선덕왕이 즉위할 때부터의 논란이 표면화된 것에 불과할 것이다. 안홍은 이러한 비판을 의식한 것이다.

당시 신라는 무원고립의 상태에서 고구려·백제로부터 자주 침공을 받았다. 자국自國이 이웃 나라에 비해 결코 대국大國이 아님을 아는 안홍으로서는 신라의 일시一時 패전敗戰을 충분히 예상했을 것이다. 이러한 내용의 참언讖言이 후대의 '천리전운지패千里戰運之敗'를 적중시켰다고 해석되었을 것이다. 수나라에 유학한 경험이 있는 안홍으로서는 신라의 현실타개책이 중국의 힘을 빌리지 않고서는 어렵다는 것을 느끼고 사대事大의 방안을 제시했다고 본다. 이러한 참문에 대한 해석이 '왕자환향지세王子還鄕之歲'이다.

안홍의 참서는 어디까지나 신라인에게 희망을 주고 미래를 약속한 예

---

20 『歷代三寶記』 권12(『대정장』 49, p.101).

언서이다. 그러므로 이러한 내용의 참문은 동서同書의 결론이자 또한 저술 목적이다. '대군성명지년大君盛明之年'은 이것이 부합되었음을 말한 것이다.

각훈覺訓은 '한림설모翰林薛某'가 조詔를 받들어 찬撰한 안홍비安弘碑[21]를 직접 보고 그 명銘을 싣고 있다.

> (b′)後葬忉利天 (d′)建天天(王의 誤)寺 (a′)怪鳥夜鳴 (c′)兵衆且(旦 一藏本)殪 (e′)王子渡關入朝 聖顏五年 限外三十而還 浮沈(轉字 삽입 一藏本)輪 彼我奚免 年六十二終于萬善 使還海路 師亦交遇 端坐水上 指西而去

명문銘文의 내용을 안홍전의 본문과 대비하면 괄호와 같다. 그러므로 각훈覺訓의 참서 해석도 실은 안홍비명安弘碑銘에 의거한 것이다. 통일 후에 세워진 안홍비는 앞서 안홍전의 b~e가 원래의 참문이 아닌 후대의 해석이라고 한 필자의 주장을 뒷받침해 준다. 필자가 안홍전의 '휴류조산鵂鶹鳥散'을 참문으로 본 이유는, 문장도 그러하지만, 안홍비명에는 이를 부연하여 '괴조야명怪鳥夜鳴'이라 하고, 대구對句를 써서 아침(旦)의 패전과 연결시키고 있기 때문이다. 그러므로 휴류조鵂鶹鳥의 주註 '경문은회經文隱晦'를 장본藏本에는 '비문碑文'이라 하였으나 이것은 비문의 문장이 아니라 경문經文 즉 참서의 문장인 것이다.

안홍의 참서에 대해서 다른 내용은 알 수 없을까. 다행히 『삼국유사』

21 신라의 翰林臺는 景德王代에 세워져 백여 년 뒤인 880년경에 瑞書院으로 개명되었다(李基東, 「羅末麗初 近侍機構와 文翰機構의 擴張」, 『新羅骨品制社會와 花郎徒』, 1980, p.254). 그러므로 이 어간의 翰林薛氏에 의해 찬술된 것인데, 사료상으로는 誓幢和尙碑에 보이는 "大師(元曉)之孫, 翰林字仲業"(『조선금석총람』 상, p.42)이 있어 비문을 지은 이로는 翰林薛仲業이 유력하다.

에는 두 군데 안홍 기사가 보인다.

> 海東安弘記云 九韓者一日本 二中華 三吳越 四乇羅 五鷹遊 六靺鞨 七丹國 八女眞 九濊貊(『三國遺事』 권1, 紀異 2, 馬韓)

동서同書 권3 탑상塔像 4, 「황룡사구층탑皇龍寺九層塔」조에는 보다 자세히 나온다.

> 또 海東名賢 安弘이 撰한 東都成立記에는 다음과 같이 씌어 있다. 신라 제27代는 여자가 왕이라 비록 道는 있으나 위엄이 없어 九韓이 침범한다. 만약 龍宮의 남쪽 皇龍寺에 九層塔을 지으면 이웃 나라로부터 말미암는 재난을 누를 수 있다. 제1층은 일본, 제2층은….

이라 하여 제1층으로부터 제9층까지의 국명國名을 들고 있는데 마한조馬韓條와 대동소이하다.[22] 따라서 『안홍기安弘記』가 곧 『동도성립기東都成立記』임을 알 수 있다. 「안홍전」에는 그가 귀국 후 참서 한 권을 지었다 하였는데, 그의 저서로는 『동도성립기』 하나만이 보이므로 안홍의 참서는 일단 『동도성립기』로 볼 수밖에 없다.

참서란 기본적으로 암울한 현실에 대해 희망을 불러일으키는 예언서이다. 그러므로 그것은 미래의 설계에 대한 구체적 방안을 제시하기보다는 시운時運의 도래到來나 자국自國 영토가 성역聖域임을 주장하곤 한다. 안홍이 선덕왕의 도리천 승천을 말한 것은 이러한 우주관으로 말미암아 신라가 사천왕의 호지를 받게 된다는 것이다. 그러므로 사천왕

22 표기상 乇羅와 女狄의 차이가 있다.

사四天王寺의 건립은 안홍의 예언에 이미 교리적으로 포함되어 있고, 주변국에 대한 언급도 기본적으로 참문의 성격을 벗어날 수 없다.

안홍의 구법 내용과 귀국 후 자신의 참서가 서로 밀접한 관련이 있다는 판단은 수 문제의 조칙을 보아도 확인된다.

> … 푸성귀 무성하니 都邑을 세워, 定鼎의 터전 영원히 다지고 무궁한 業 여기에 있도다. … 四海가 이로써 고요해지고, 아홉 오랑캐 비로소 잠잠하다.(『歷代三寶記』 권12)[23]

위 '구복九服'이 중국 주변국의 총칭이듯이, 안홍의 구한九韓도 막연히 이웃 나라들을 지칭한 것이다. 그러므로 아홉 개의 국명은 후대의 가필加筆이거나 주기註記로 보인다. 이들 국명에 대한 고찰이 하나하나 이루어져야 하겠지만,[24] 적어도 '일본日本'의 명칭이 쓰이게 된 것은 대화개신大化改新(645) 이후의 일이므로[25] 안홍 당시의 문장으로 볼 수는 없다. 그리고 9개국의 이름이 정확히 나온다는 것도 오히려 참문에 어울리지 않는 것이다. 그러므로 구한九韓과 구층탑九層塔을 운운한 구절의 뜻은 안홍전安弘傳에서의 해석 '대군성명지년大君盛明之年'을 예언한 것에 지나지 않는다.[26]

---

23 "卉物滋阜宜建都邑 定鼎之基永固 無窮之業在茲…四海以之靜浪 九服所以息塵"(『대정장』 49, p.102).

24 제5층 '鷹遊'가 백제의 別稱이라고 주장하는 논문으로 趙法種, 「百濟別稱鷹準考」, 『韓國史硏究』 66, 1989가 있다.

25 중국이나 한국 측에 공식적으로 '日本' 國名을 알려온 것은 咸亨 元年(670)이다. 『新唐書』 권 220, 日本傳 및 『三國史記』 권6, 新羅本紀 6, 文武王 10년조 참조.

26 필자의 견해와 달리, 安弘의 『東都成立記』를 부정적으로 보는 시각은 다음과 같다. ① 前間恭作은 列記된 九韓의 國名이 唐末로부터 五代에 걸쳐 사용된 것이라 하여, 『東都成立記』는 고려 초기의 僞作을 安弘에 假託한 것이라 하였다(앞 논문, 같은 곳). 이 주장에 대해서 회의를 표명한 것으로는 末松保和, 「三國遺事

4. 신라불국토설의 전개

신라가 부처와 유연有緣의 나라, 더 나아가 신라 자체가 부처님의 나라라는 이른바 신라불국토설이 언제 누구에 의해 제창되었는가를 검토해 보고자 한다. 신라의 불교 전래 설화에 의하면, 신라에 과거세의 절터가 있었다는 '전불시가람지허前佛時伽藍之墟'를 아도我道의 어머니 고도령高道寧이 말하였다.[27] 이 설화는 자장慈藏에 의해 제창되었던 신라 과거 불국토 사상佛國土思想에서 유래한 것이라는 지적이 있듯이,[28] 불국토 사상은 자국 내의 불교적 역량이 어느 정도 쌓여야 가능하고, 또

の經籍關係記事」『靑丘史草』 2, 1966, p.57이 있고, 다시 武田幸男은 「創寺緣起からみた新羅人の國際觀」, 『中村治兵衛古稀記念 東洋史論叢』, 1986에서 前間恭作의 설을 지지하였다. 武田幸男은 慈藏 당시의 국제환경이 표출된 '海東諸國' '三韓'이란 용어가 『東都成立記』에 이르러 '九韓'으로 발전하였음을 지적하고, 그 이유는 九韓의 國名에 三韓(고구려, 백제)이 포함되어 있지 않기 때문이라 하였다. 그러나 고구려·백제의 경우는 삼국통일 후 시대상황이 변함에 따라 별칭으로 쓰였을 뿐, 倭·百濟·高句麗는 각기 탑의 1층, 5층, 9층에 대비되고 있어 九韓의 國名은 자장 당시의 실제상황과 부합된다(趙法鍾, 앞 논문, pp.13~15 참조). 무엇보다 '九韓'이란 구체적으로 주변 국가를 헤아려서 나온 말이 아니기 때문에, 九韓의 國名을 검토하여 『東都成立記』의 진위를 논하는 것은 本末이 바뀌었다고 하겠다. ② '東都'는 고려의 서울 '開京'과 대비되어 慶州를 일컬은 것이라고 한다(高橋亨 및 武田幸男의 앞 논문). 그러나 이미 前間恭作이 앞 논문에서 지적하였듯이 신라시대에도 경주를 '東京'이라 칭했음은 憲德王 5년(813)의 「신행비」에 "禪師俗姓金氏 東京御里人也", 眞聖王 7년(893)의 「秀澈碑」에 "至東原京福泉寺受具于潤法大德", 處容郎의 鄕歌에 '東京'이라고 쓴 예가 있다. 그러므로 '東都'란 국내의 여타 도읍과 대칭되는 용어라고 볼 것이 아니라 隋나라 서울에 대비한 명칭으로 보는 것이 옳다.

皇龍寺九層塔條의 『東都成立記』 기사가 安弘 著書의 원래 형태가 아니듯이 安弘의 저서는 후대에 윤색되거나 또는 安弘의 著作이라고 假托하여 더러 유통되었던 모양이다. 그것은 洪萬宗의 『海東異蹟』에 "三韓古記 新羅所作 或云 安弘所作."(金貞培, 「檀君記事와 관련된 古記의 性格」, 『韓國上古史의 諸問題』, 1987, p.166, 韓國精神文化院, 재인용)이라는 기사를 통해서 알 수 있다.

27 『삼국유사』 권3, 興法 3, 阿道基羅.

28 安哲賢 遺著. 「慈藏의 佛敎思想」, 『한국불교사상연구』, 1983, p.100.

그러한 사상이 절실히 요구되었던 시대상의 반영인 것이다.

진흥왕 대의 불국토 설화 두 가지를 들어보겠다. 황룡사 장륙상은 인도의 아육왕阿育王이 주조에 실패하고 남염부제·중국 등 수천 국을 거쳤으나 조상造像의 인연이 닿지 않았고, 진흥왕 대 신라에서 비로소 만들어졌다고 한다.[29] 한편 동조同條에는 "상像이 진평왕 대代에 이루어졌다."라는 이설이 있는데, 아래에서 보듯 유연국토有緣國土 조성연기造成緣記 설화는 자장에게서 나왔다.

> 맨 나중에 신라에 도착하여 眞興王은 그것을 文仍林에게 주조하였다. 像이 완성되어 相好가 모두 갖추어지니, 阿育王은 이제야 근심이 없어졌다. 나중에 大德 慈藏이 西學하여 五臺山에 이르렀을 때 문수보살의 靈感이 나타나 授訣을 주면서 말하였다. "너희 나라 皇龍寺는 釋迦佛과 迦葉佛이 강연하던 땅으로 그때 앉으셨던 돌이 아직 있다. 그러므로 天竺의 無憂王(阿育王의 譯名)이 황금 약간 斤을 모아 바다에 띄우고, 1300여 년을 지난 뒤에 너희 나라에 도달하여 [像을] 鑄成하여 그 절에 안치하였다. 대개 훌륭한 인연이 있어서 그렇게 된 것이니라."(『三國遺事』 권3, 塔像 4, 皇龍寺丈六)

『삼국유사』 권3, 탑상 4, 가섭불연좌석迦葉佛宴坐石조를 보면, 황룡사가 '전불시가람지허前佛時伽藍之墟'임을 말하고 연좌석宴坐石은 인수人壽 2만 세 시時의 가섭불 시절 것으로서 진흥왕 대 황룡사 창사創寺 때부터 불전佛殿 뒤에 있었다고 한다. 그런데 이러한 설은 '옥룡집玉龍集 및 자장전慈藏傳과 제가諸家의 전기傳記'에서 말하였다 하였으니 역시 자장

---

29 『삼국유사』 권3, 塔像 4, 皇龍寺丈六.

으로부터 나온 이야기이다.

이미 진평왕 대에 신라 왕족의 이름이 석가모니 가계의 이름과 동일한 데서 신라는 석가 재세 시의 불국토에 비견된다고 하지만,[30] 그것은 어디까지나 이지적理智的인 정법치국正法治國을 목표로 한 것이었다. 자장의 신라불국토 사상은 지역적으로 인도가 아닌 무연無緣의 신라가 실은 유연有緣의 불국임을 전불前佛의 교의敎義로써 합리화한 것이다. 그의 신라 오대산五臺山 설정도 이런 맥락에서 이해할 수 있다. 부처와 무연의 나라라는 격절감隔絶感과 절망감이 북조北朝에서는 왕즉불王卽佛이라는 기형적 형태로 보상된 것임에 반해[31] 신라의 전불지허前佛之墟 설화는 또 다른 형태의 불교 수용 양상을 보여 준다.

자장이 신라불국토설의 완성자라고 함은 타당하겠지만, 그는 안홍의 그것을 계승, 발전시킨 것이다. 「황룡사구층탑」조에 의하면, 자장이 중국 태화지太和池 곁을 지나다가 한 신인神人을 만나, 신라는 외적에 둘러싸여 자주 침입을 받는다고 말하였다. 신인은 신라가 여왕 치세治世인 점을 들어 황룡사에 구층탑을 세우도록 일러 준다.[32] 동조同條의 주註(寺中記) 및 「황룡사찰주본기皇龍寺刹柱本記」에는 이 말을 종남산終南山의 원향 선사圓香禪師에게서 들었다고 하였다. 그러므로 자장이 탑을 세우자고 한 건의는 누구의 가르침인지 애매하게 되어 있으나, 실은 대흥선사 사리탑舍利塔을 보고 온 안홍의 주장이었을 것이다. 일연一然도 이 점이 미심쩍어서인지 동조同條의 끝에 『동도성립기』를 실어 주고 있다. 일연은 『삼국유사』에서 두 번이나 『안홍기安弘記』를 인용하였고, 동

---

30 金哲埈, 「新羅 上代社會의 Dual Organization, 下」, 『역사학보』 2, 1952, p.92.

31 이 책, 제2장 Ⅲ절, p.205.

32 구층탑을 세우면 '九韓來貢' 할 것이라 하였는데, 이 표현은 『東都成立記』보다 적극적이다.

서同書 권3 「동경흥륜사금당십성東京興輪寺金堂十聖」조에는 동벽東壁 네 번째에 안함安含을 써놓고 있지만 안함과 안홍의 동이同異에 대한 언급이나 별도의 입전立傳을 하지 않고 있다. 이것은 『삼국유사』에서 안함을 제외한 흥륜사 십성의 각각에 대한 전기가 있다는 사실과 비교하면 기이한 느낌이 든다. 안홍의 전기는 『해동고승전』에 유일하게 남아 있고 또 믿을 만하다. 일연이 이를 보았을 것임에도 불구하고 대수롭지 않게 처리한 것을 보면, 그의 『해동고승전』에 대한 평가를 짐작하게 된다. 이 점에 대해서는 다음과 같은 지적이 있다.

> 一然師는 『海東高僧傳』을 그리 중시하지 아니한 양하여 事與文에도 그것을 專依한 것은 거의 없고 가끔 對照나 혹 辨析에 引出하였을 뿐이니…[33]

이것은 비단 일연에게만 해당되는 것이 아니라, 현대 사가들의 안홍에 대한 인식도 일연의 범주를 벗어나지 못하고 있다. 그러나 일연은 안홍의 신상에 대한 고증이 어려웠을 뿐 그 인물에 대한 평가는 높이 한 듯한데, 그가 안홍을 '해동명현海東名賢'이라고 칭한 것은 그 좋은 예이다.

그러면 황룡사 구층탑이 세워지게 된 저간의 사정을 살펴보자. 자장은 선덕왕 12년(643) 당唐에서 돌아오자 구층탑을 세울 것을 건의하였다. 그리하여 『삼국사기』나 『삼국유사』에 의하면 선덕왕 14년에 동탑同塔이 완성되었고, 「황룡사찰주본기」에는 그 이듬해에 공사를 마쳤다고 한다. 그러므로 실제 공사가 이루어진 것은 안홍의 사후였다. 자장이 귀

---

33 崔南善, 『삼국유사』 解題, 1954, p.31, 民衆書館.

국한 즉시 탑을 세울 것을 건의했다는 데 대해 달리 의문을 제기할 수는 없다. 다만 귀국한 바로 그 해에 건탑공사까지 이루어진 것을 보면 건탑建塔 논의가 전적으로 자장으로부터 비롯되었다고 하기에는 어딘지 석연치 않은 데가 있다. 안홍을 염두에 두지 않는다면 '건탑지사建塔之事'는 자장이 중국에서 듣고 온 것이라 할 만하다. 그러나 안홍 또한 구층탑 건립을 주장한 사람임을 인정할 때, 자장이 유학 간 선덕왕 5년(636, 『三國史記』 및 『三國遺事』에 의거함) 혹은 그보다 2년 뒤(『續高僧傳』 및 皇龍寺刹柱本記)는 안홍의 만년에 해당되므로 자장은 안홍의 '건탑' 주장을 익히 알고 중국으로 간 것이 된다.

안홍은 진골 신분이면서도 생전에는 그리 각광을 받지 못했던 것 같다. 그는 귀국하여 20여 년을 진평왕 대에, 10여 년을 선덕왕 대에 살았지만 그의 행적은 별로 알려진 것이 없다. 그러므로 그의 건탑 주장은 주목을 받지 못하였고, 설사 안홍이 이를 주청奏請했다 하더라도 진평왕 대의 원광이나 선덕왕 대의 자장처럼 사승師僧·승관僧官의 지위에 있지 않은 까닭에 안홍의 주장에는 한계가 있었을 것이다. 그러나 안홍 사후, '대야지역大耶之役'으로 말미암은 위기의식과 이러한 예언이 적중했다는 점에서 안홍의 주장을 돌이켜보게 되었고, 이때 같은 내용을 자장이 다시 건의함으로써 '건탑지사建塔之事'는 지체 없이 시작되었다고 생각된다. 황룡사 구층탑이 세워지고 이어 삼국통일이 되자 『동도성립기』와 그 저자 안홍의 혜안慧眼은 재평가받게 되었으리라 추정된다. '안홍비安弘碑'나 '흥륜사금당십성興輪寺金堂十聖'은 모두 통일 후의 것임을 볼 때 이러한 해석은 타당하다. 이러한 분위기는 각훈覺訓이 『동도성립기』를 '경經'이라고 칭한 데서도 엿볼 수 있다.

자장은 안홍의 불국토설을 이어받았지만 자신 또한 안홍 못지않은 불국토 신념가信念家였다. '황룡사장륙'이나 '가섭불연좌석迦葉佛宴坐石'

에 대해서는 이미 언급하였고, 다음은 그가 중국 오대산에 있을 때 문수보살의 가르침을 감득感得한 내용이다.

> 너희 나라 왕은 天竺의 刹利種王으로서 일찍이 佛記를 받았다. 그러므로 특별한 인연이 있어 여타 동이족과 다르다.(『三國遺事』 권3, 塔像 4, 皇龍寺九層塔)

찰리종刹利種은 찰제리刹帝利 즉 Ksatriya[34]의 음역音譯으로 인도 사성四姓 중 두 번째 신분으로 설명된다. 그런데 도리천녀忉利天女인 선덕왕이 제1계급인 브라만(婆羅門)보다 아래인 찰리종이라는 이야기는 어딘지 맞지 않는 느낌이 드는데, 그것은 종래 우리가 사성四姓에 대해 정확히 알지 못했기 때문이다.

바라문 계급이 사성 중 첫 번째로 나오는 이유는 ① 제의祭儀와 학문을 독점한 그들이 베다Veda 문헌을 편찬하면서 고古아리아족의 인드라신(크샤트리아의 상징) 중심의 제사 대신에 우주의 최고 원리라는 브라흐만을 존숭하고 아울러 자기들은 브라흐만이 인간화한 것(즉 브라만)으로 인식하였고, ② 바라문이 신新아리아 사회통합의 상징이 되어 부족의 수장首長 위에 서는, 즉 사성의 제1위를 차지하게 됨을 자타가 인정하였기 때문이다. 그러나 이 두 계급의 서열이 고정된 것이 아님은 전통적 희생제犧牲祭에 크샤트리야가 제주祭主의 권한을 가지는 등 미묘한 관계를 유지한다.[35]

---

34 ksatra(권력)의 보유자란 뜻이다. 이동을 계속하는 부족에게는 그 首長이 또 군대의 지도자가 되어야 하므로 軍將이라고도 한다.

35 高崎直道, 「古代イソドにおける身分と階級」, 『古代史講座』 7, 1963, pp.128~130, 學生社.

불교가 내건 기치는 바라문의 종교적 권위를 부정하는 것이며, 나아가서는 바라문을 정점으로 하는 사성제도의 부정이었다. 내용상으로는 바라문의 '출자出自(신분)주의'에 대한 '행위行爲주의'를 표방하는 것으로서 '업業' 사상과 일맥상통한다.

『우파니샤드』에 의하면, 업 사상은 크샤트리야가 바라문에게 준 비의秘義로서 『베다』의 전통에서는 알지 못했던 인생관이라고 한다.[36] 개조開祖가 크샤트리아 출신인 불교는 개인의 힘을 자각하는 종교인데, 그것은 특히 크샤트리야를 두고 한 말이다. 따라서 불교경전에서 크샤트리야를 사성의 첫 번째로 두게 됨[37]은 이러한 이념의 표명인 동시에 당시 사회에 있어서 크샤트리야의 힘을 반영하는 것이다. 이 크샤트리야와 '전륜성왕轉輪聖王' 즉 통일국가 이념과의 관계에 대한 다음 설명은 선덕왕의 찰리종설刹利種說을 이해하는 데 많은 도움이 된다.

> 『우파니샤드』가 암시한 法의 보편성을 最高度로 강조한 것이 불교이고, 또 國法으로서의 보편성을 실현한 것은 마우리아 왕조(B.C. 321~B.C. 184)였다. 불교경전에서 말하는 '轉輪聖王'은 통일국가 지향의 표명이고, 아소카(阿育)왕의 法의 이념은 불교의 베일을 쓰고 표명된 통일국가 이념에 불과하다.[38]

선덕왕이 동천축東天竺(신라)에서 실제 전륜성왕이 될 수 있을까 하는 물음에 대해 당시 고구려·백제의 공격을 받던 신라로서는 불가능했다는 시각은 타당하다. 그러므로 선덕왕 대의 통일 의지는 결과론적인 것

---

36 高崎直道, 위 논문, pp.132~133.
37 "摩納白佛言 世有四姓 刹利·婆羅門·居士·首陀羅"(『대정장』 1, 『長阿含經』, p.82).
38 高崎直道, 위 논문, p.133.

이었다는 평가에[39] 이의를 제기할 생각은 없다. 다만 당시 신라 상황에서 외적을 물리칠 수 있고, 또 그것은 물리쳐질 수밖에 없다는 논리와 신념의 존재까지를 부정해서는 안 된다. 그것은 신성한 불국토의 보전과 나아가 불법佛法의 전파라고 하는 종교 세계의 과제이기는 하지만, 황룡사 구층탑 건의에 대한 과소평가는 재고되어야 한다.

신라불국토 및 전륜성왕의 비전은 안홍에 의해 제시되었다. 자장은 이 안홍의 참언 내용을 더욱 여실히 보여 주었고, 그 실천에 부심하였다. 즉 황룡사 장륙존상, 가섭불 연좌석 등에 대한 설명이 그 한 예이며, 황룡사 구층탑을 세우고 찰리종설刹利種說을 주장함으로써, 선덕왕 대 및 그 이후 신라가 수행한 전쟁에 단순한 외적 방어 이상의 의미를 부여한 것이다. 이것이 현실적으로 삼국통일과 연결됨은 부정할 수 없을 것이다. 그리고 자장이 구체적으로 당에서의 사대방안事大方案을 제시한 것도[40] 안홍 참서의 그것을 계승한 것이다.

5. 결언

『삼국사기』에 의하면 진흥왕眞興王 37년에 안홍安弘은 수隋나라에 유학 가서 돌아왔다고 한다. 당시는 수隋 건국 이전이므로 이 기사는 착

39 金相鉉, 「新羅三寶의 成立과 그 意義」, 『동국사학』 14, 1980, pp.62~63.

40 金春秋는 신라의 章服을 中華의 그것으로 바꾸고자 하여 唐太宗으로부터 眞德王 2년에 '珍服'을 얻어 왔다. 신라는 眞德王 3년(649)에 처음으로 중국의 衣冠을 입고, 그 이듬해에는 唐의 永徵 연호를 썼다(『三國史記』, 권5, 新羅本紀 5). 『三國遺事』 권1, 紀異 2, 太宗春秋公條에는 그 시행 연대에 차이를 보이고 있으나 이것이 자장으로 말미암은 것임을 밝히고 있다. "是王(武烈王)代 始服中國衣冠牙笏 乃法師慈藏 請唐帝而來傳也."

오임이 분명하다. 『해동고승전』「안홍전安弘傳」에 의하면 그는 이찬伊湌 시부詩賦의 손자로서, 진평왕眞平王 23년에 수나라로 유학 가서 5년 만에 호승胡僧 비마라진제毘摩羅眞諦·농가타農加陀 등과 함께 돌아왔다. 동전同傳에서는 또한 「의상전義相傳」을 인용하여 안홍이 진평왕 47년에 당唐에서 귀국했다고 하였으나, 안홍의 귀국 후 행적은 수 문제의 불교 정책을 답습한 흔적이 농후하므로 「안홍전」의 연대를 따르는 것이 순리이다. 그러므로 「안홍전」에 기록된 생몰년(579~640)이 가장 믿을 만하다.

사실, 『해동고승전』에서의 제명題名은 '안홍安弘'이 아니라 '안함安含'으로 되어 있다. 각훈覺訓은 안함과 안홍의 행적이 꼭 같으므로 동일인일 것이라 하면서도 진흥왕 대의 안홍 기사를 염두에 두어 각각 다른 사람일지도 모른다고 하였다. 이러한 인명의 혼용은 안홍비문安弘碑文의 태반이 마멸되었던 데 그 원인이 있을 것이다.

안홍은 귀국 후 참서讖書 1권을 지었는데, 안홍의 저서로는 『동도성립기東都成立記』 하나만이 알려지고 있으니 참서는 곧 이것을 말한다. 「안홍전」에 소개된 참서의 내용은 일부 원문原文이 있지만 대개는 후대에 일어난 사건을 대입代入한 해석문이다. 아마도 원문은 머지않아 겪을 이웃 나라로부터의 침공과 그 해결책으로 중국에 대한 적극적 외교의 필요성 등의 내용이었고, 이 시련을 겪고 희망찬 미래를 약속할 수 있는 논리로서 선덕왕이 도리천녀忉利天女이므로 신라가 곧 불국토임을 말한 참문讖文이었을 것이다.

「안홍전」에 소개된 참서 내용은 9세기 무렵 한림설모翰林薛某가 지은 안홍비문安弘碑文을 조금 고쳐서 실은 것이다. 안홍은 황룡사에 구층탑을 세워 구한九韓의 침공을 막으라고 했는데, 이것은 그가 수나라에 있을 때 보았던 제도帝都의 국찰國刹 대흥선사大興善寺 탑 건립을 본받고자 한 것이다. 수 문제는 새 왕조의 무궁한 발전을 빌어 아홉 오랑캐(九

服)가 다스려지는 내용의 조칙을 내렸다. 당시 수나라에는 천하통일의 당위성을 논하는 참서가 유행하였다. 즉 문제가 사천왕의 호지를 받고 도리천의 덕분으로 천자가 되었다고 하는 불국토설이 그것인데, 안홍은 이러한 견문見聞을 그대로 신라에 원용했다.

신라불국토설은 자장으로부터 나온 것이라 하지만 자장의 불국토 사상은 안홍의 그것을 이어받아 발전시킨 것에 불과하다. 구층탑 건립은 자장이 당에서 귀국하자 자장의 건의로 공사가 이루어졌다. 결국 탑이 세워진 것은 자장의 공功이라 하겠지만, 그 뒤 통일이 되자 이 모든 것을 예언했던 안홍 및 그의 참서가 새삼 높이 평가되었을 것이다.

찰[제]리종설刹[帝]利種說 주장의 이면에는 보편적 법法의 이념을 불교의 이름으로 천하에 펴고자 하는 전륜성왕 사상이 들어 있다. 자장이 선덕왕을 찰리종刹利種이라고 한 것은, 천하를 통일한 아육왕阿育王의 치적을 동천축東天竺인 신라에서 이룩한다는 포부가 깔린 것이며, 이것이 여왕이라는 약점을 보완해 준은 말할 필요도 없다.

안홍 및 자장 대의 신라가 삼국을 통일할 정도의 강대국은 아니었다. 따라서 황룡사 구층탑을 세워 구한九韓을 내공來貢케 한다는 발상은 현실성이 없다 하더라도 이러한 예언이 통일과업과 무관할 수 없다. 적어도 신라인은 자국이 불국토인 이상, 외적 방어의 차원을 넘어 성역聖城의 보전, 더 나아가 신라를 중심으로 욕계欲界의 인간세人間世를 이룩하고자 한 것이다. 구한九韓의 국명國名이 후대의 것이라 해서 '구한래공九韓來貢'의 이상理想까지 부정할 수는 없다. 수 문제 시의 참문은 이미 성취된 것에 대한 당위적 설명이지만, 신라불국토설은 미래상의 제시로서 이것은 전적으로 안홍의 공적이라 하겠다.

4

신라에서 이룩된 금강삼매경
- 그 성립사적 검토 / 김영태

〈선정 이유〉

• 김영태, 「신라에서 이룩된 금강삼매경-그 성립사적 검토」, 『불교학보』 제25집, 동국대학교 불교문화연구원, 1988. 12, pp.11~37.

선정 이유

이 논문은 『송고승전』 「원효전」과 「의상전」 및 『삼국유사』 「의해」편의 '원효불기' 조목에 실린 출경 설화나 여러 경록의 소전 및 경설 자체를 심층적으로 분석하여 『금강삼매경』이 신라에서 이룩된 경전임을 성립사적으로 밝힌 점에 주목하여 선정하였다.

저자는 원효 관련 여러 전기와 여러 경록에 대해 촘촘히 분석하면서 선행 연구자들의 논지에 대해서도 비판적으로 검토하고 있다. 저자는 『금강삼매경』은 매우 중요한 불교교리를 많이 담고 있어서 어떤 면에서는 종합적 불교학의 논서라고 할 만큼 철학적인 경전이라고 보았다. 이것은 신라 교학의 특징인 통불교 사상에 기반을 두었기 때문이라고 할 수 있다.

저자는 먼저 이 경이 출현하게 된 연기설화를 통해서 신라 성립 경전임을 밝히고 있고, 두 번째는 중국의 현존하는 여러 경록에 보이고 있는 『금강삼매경』의 경록사적 측면에서 검토하고 있으며, 세 번째는 경설을 통해서 경의 성립 시기를 추정해 중국 전역경이 아닌 점을 밝혀서 신라 성립 경전임을 입증하고 있다. 그리하여 이 경전의 집성자로서 혜공, 대안, 원효, 사복 등의 복수설을 제시하고 있다.

저자는 천년의 세월을 묻혀 있는 해동의 불교학을 파내는 작업부터 하기 위해서는 참으로 귀중한 원효 교학을 일으켜 세워야 하며, 또한 해동불교의 결정체요 통불교의 보전이라고 할 『금강삼매경』의 본적을 찾아내야 할 것이라고 역설하고 있다. 그리하여 『금강삼매경』은 신라에서 이룩된 경전이며, 우리의 독특한 교학을 찾는 일에 매진해야 함을 역설하고 있는 지점에서 이 논문의 의미와 학문적 가치를 찾아볼 수 있다.

머리글

인도의 불교를 받아들인 중국에서는 일찍이 그들 특유의 교학 체계를 확립하였다. 그것이 이른바 삼론학·천태교관·삼계보법종三階普法宗·유식법상학·정토교학·율학·화엄교학·밀교학·선종 등이다.

그러한 중국불교의 전수적專修的 학종學宗은 우리나라에도 건너와 많은 영향을 주었다. 처음 여麗·제濟·나羅 삼국이 차례로 받아들여 각기 나름대로 국리민복적國利民福的 차원에서 우리의 불교로 정착시켜 나갔다. 그중에서도 통일국가를 완성한 신라에서는 독특한 통불교적 교학 세계教學世界를 확립하기에 이르렀다.

그러나 신라 말의 침체기에 불립문자不立文字 교격외敎格外의 선지禪旨가 들어와 산중수선山中修禪의 가풍이 자리잡기 시작하였고, 고려로 바뀌면서 기양적祈攘的 국가불교의 경향이 지나치게 짙어져 갔다. 따라서 당唐·송宋의 학종學宗을 정통시하고 추존推尊하려는 사대적 풍조가 불교계를 휩쓸었다. 그러한 역사적 인과관계로 인해서 이 땅의 전통적 교학은 버림을 받게 되어, 고려 말과 조선 왕조를 거치면서 저절로 자취를 감추고 말았다. 특히 법난의 암흑시대가 계속되었던 조선시대에는 그 잔영殘影조차 찾기가 어렵게 되었다고 할 수가 있을 것이다.

다행히 우리는 해외에 흩어져 있는 자료와 산사山寺에 깊이 묻힌 판본 몇 권을 통해서 그 옛날 찬란했던 우리나라의 불교 서지문화와 전통적 교학의 모습을 짐작할 수가 있게 되었다. 오늘날까지 중국불교학 일변도로 공부해 오고 있는 우리 학계에서는 시급히 우리의 교학을 찾아서 한국의 불교학을 바르게 일으켜 세우고, 더욱 밝은 앞길을 향해 발걸음을 내디딜 수 있도록 노력해야 할 것이다.

우선 우리는 천년의 세월을 묻혀 있는 우리나라의 불교학을 파내는 작업부터 하지 않으면 안 된다. 참으로 귀중한 원효교학元曉教學을 일으켜 세워야 하고, 의상義湘·경흥憬興·도륜道倫·태현太賢 등등의 보석寶石보다 빛나는 그 교학들을 역사의 흙구덩이 속에서 파 올려내야 하며, 또한 해동불교海東佛教의 결정체요, 통불교의 보전寶典이라고 할 『금강삼매경金剛三昧經』의 본적本籍을 찾아내야 할 것이다.

그래서 여기에서는 우선 『금강삼매경』의 고향을 찾아주는 일부터 먼저 하기로 하였다. 신라의 원효가 처음으로 소석疏釋을 가하여 경지經旨를 밝힘으로써 비로소 세상에 알려지게 된 경전이 바로 이 『금강삼매경』이다. 그러나 이 경은 지금 북량北涼 실역失譯의 경으로서 『대장경大藏經』에 들어 있다. 최근에 어떤 이는 이 경을 당초唐初 쯤에 중국에서 찬집된 위경으로 보려고도 하지만, 아직도 이 경이 신라에서 이루어진 경임을 뒷받침해 밝혀 줄 수 있는 근거 자료가 남아 전하고 있다.

이 소고小稿에서는 먼저 그 경이 출현하게 된 연기설화를 통해서 신라에서 성립된 경임을 밝혀 보고, 두 번째에는 중국의 현존 제경록諸經錄에 보이고 있는 『금강삼매경』을 경록사적經錄史的 측면에서 검토해 보기로 하였으며, 세 번째는 경설經說을 통해서 경의 성립 시기를 추정해 보고 아울러 중국 전역경傳譯經이 아닌 점 등을 밝혀서 신라에서 성립된 경임을 입증해 보고자 하는 것이다.

Ⅰ. 출경出經 연기설화緣起說話를 통한 구명

고구려를 비롯하여 이 땅에 전해져 있었던 모든 불전佛典들은 모두가 중국에서 이미 한역漢譯된 것이었다. 인도에서 성립된 경전이 중국에 들어와서 한문漢文에 의해 번역되어진 다음에 우리나라로 전래되는 것은 너무나 당연한 일이기 때문이다.

그러한 한역경漢譯經이면서도 중국에서가 아닌 신라에서 먼저 출현하여 그 강석찬소講釋撰疏가 행해진 다음에 중국으로 들어가게 된 경전이 바로 『금강삼매경金剛三昧經』이다. 이 경은 분명히 신라에서 출현되고 또 유포된 뒤에 중국으로 전해져서 『대장경』에 입장入藏된 흔적을 보이고 있다. 따라서 이 경전이 세상에 출현하게 된 연기설화 한 토막이 전해지고 있는데, 그 설화는 『금강삼매경』이 신라에서 처음으로 세상에 알려지고 또 유포된 경전임을 입증해 주고 있다.

여기에서 먼저 설화의 내용과 그 문제점을 대강 살펴보고 다음에 그 내용이 보여 주고 있는 경전 출현經典出現의 사적史的 의의를 구명해 보고자 한다.

1. 설화의 내용과 문제점

『금강삼매경』이 세상에 처음으로 나타나게 된 연기설화가 『송고승전宋高僧傳』에 전해지고 있다. 간략하게 옮겨 보면 대략 다음과 같다.

新羅의 王后가 몹쓸 종양을 앓게 되었는데 어떠한 醫藥도 효험이 없었다. 왕과 왕자와 신하들이 山川靈祠에 빌기까지 하였으나 조금도 차도가 없었다. 그때 어느 巫覡이 "사람을 他國으로 보내어 약을 구해 와야 병을 고칠 수가 있다."고 하였으므로 왕은 곧 使者를 바다 건너 唐으로 보내어 의약을 구해오게 하였다.

使人의 배가 바다 한가운데에 이르렀을 때 갑자기 노인 하나가 바닷속에서 물결을 박차고 나와 배 위에 올라탔다. 그 노인의 안내로 使人은 바닷속에 위치한 장엄하고도 화려한 龍宮으로 들어가 용왕을 만나게 되었다. 鈐海라고 이름하는 그 용왕은 新羅使人을 향해,

"그대 나라 왕후는 靑帝의 셋째 딸이다. 우리 궁중에는 전부터 金剛三昧經이 있는데, 이는 二(本·始)覺이 圓通한 菩薩行을 보인 경전이다(我宮中先有金剛三昧經 乃二覺圓通示菩薩行也). 지금 그대 나라 왕후의 병에 의탁해서 增上의 인연을 짓고자 함이니, 이 경전을 내어놓아 그대 나라에 유포하려고 하는 것이다(…此經出彼國流布耳)."라고 하였다. 그리하여 용왕은 한 30紙쯤 되는 뒤섞인 散經을 使人에게 주면서 그 경이 바다를 건너다가 魔事에 걸릴 염려가 있다 하여 使人의 장딴지를 칼로 찢어 그 속에 經紙를 넣고 봉하여 약을 발라 감쪽같이 간직하게 하였다. 그리고 용왕은 말하기를,

"大安聖者로 하여금 이 散經의 차례를 바로 잡아 책을 매게(銓次綴縫)하고, 元曉法師를 청해서 經疏를 지어 講釋하게 하면 왕후의 병은 틀림없이 나을 것이니, 설령 雪山의 靈藥도 이보다는 못할 것이다."라고 하였다.

使人은 용왕의 전송을 받고 다시 배에 올라 귀국하여 왕에게 그동안의 일을 보고하였다. 자세한 이야기를 들은 국왕은 기뻐하여 먼저 大安聖者를 불러들여 經卷의 차례를 정하고 成冊하도록 하게 하였다. 그러나 이상한 차림새로 항상 市廛에서 銅鉢을 치며 "大安

> 大安" 하고 외쳤으므로 사람들이 그를 大安聖者라고 불렀을 뿐 그 근본을 알 수가 없는 사람이었는데, 그는 왕의 부름을 받고도 대궐에 가지 않고 그 散經을 가져오게 하였다. 大安은 그 경전을 차례대로 정리하여 8品으로 되게 하였는데, 모두가 佛意에 계합되었다. 그 경전을 使人에게 넘기면서 大安은 "빨리 가져가서 元曉로 하여금 講釋하게 하고 다른 사람에게는 맡기지 말라."라고 하였다.
>
> 元曉는 당시 자신의 고향에 있으면서 그 경전을 받았는데 그때 使人에게 이르기를 "이 經은 本覺과 始覺의 두 覺을 宗으로 삼으므로 나를 위해 角乘을 마련해 달라."고 하였다. 그리하여 案几를 兩角의 사이에 놓고 거기에 筆硯을 두었으며 처음부터 끝까지 牛車에서 經疏를 지었다.[1](이 이하는 원효의 造疏와 그 講釋 및 기타 행적에 관한 것이므로 생략함.)

이상이 『송고승전』에서 보이고 있는 『금강삼매경』의 세간출현世間出現에 관한 연기설화의 대강이다. 이 밖에 『삼국유사三國遺事』에서는 다음과 같이 극히 간략하게 그 연기緣起의 소식을 전하고 있다.

> 또한 海龍의 勸誘로 말미암아 王命으로 路上에서 金剛三昧經疏를 지었는데, 붓과 벼루를 소의 두 뿔 사이에 두고 썼다. 그래서 角乘이라 하며 역시 本覺과 始覺의 미묘한 뜻을 드러낸 것이다.
>
> 大安法師가 앞뒤를 바로잡아 經紙를 붙였으니, 또한 소리를 알고 맞추어 부른 것이 된다.[2]

1 『宋高僧傳』 권4, 義解篇, 新羅國皇龍寺元曉傳 『대정장』 50, p.730 상중.
2 『三國遺事』 권4, 義解 5, 元曉不羈條. "亦因海龍之誘 承詔於路上撰三昧經疏 置筆硯於牛之兩角上 因謂之角乘 亦表本始二覺之微旨也 大安法師排來而粘紙 亦

매우 간략한 글인데다가 원효의 찬소撰疏(金剛三昧經論)를 주된 내용으로 하고 있기 때문에 『금강삼매경』 자체에 관한 언급은 별로 눈에 띄지 않는 편이다. 다만 앞의 『송고승전』에서 보인 설화를 미루어서 그 내용의 일면을 짐작할 수가 있을 따름이다.

여기에서 '인해룡지유因海龍之誘' 즉 '바다 용의 권유로 말미암아'라고 한 것은 말할 것도 없이 왕의 사자使者가 의약을 구하고자 바다를 건너가는 도중에 용궁으로 안내되어 용왕龍王으로부터 그 궁전에 간직되어 있던 『금강삼매경』을 얻어서 그 유포의 당부를 받고 돌아와 국왕에게 보고한 사실을 가리킨 것이라고 할 수가 있다. 그래서 신라 왕이 사자로부터 전해들은 용왕의 당부 그대로 대안 성자大安聖者를 찾아서 산경散經의 차례를 바로잡아 경권經卷을 이루게(排來而粘紙, 宋僧傳에서는 銓次綴縫) 하고, 원효 법사에게 소疏를 지어 강설(造疏講釋)하게 한 사정을 "承詔於…亦知音唱和也"라는 짧은 글 속에 극히 간략하게 요약하고 있음을 알 수가 있다. 그러므로 『삼국유사』에 들어 있는 이 부분의 약문略文만으로는 [元曉의 角乘撰述에 관한 내용 외의] 『금강삼매경』의 출현 사정을 알기가 어렵다. 다만 『송고승전』의 관계 설화를 봄으로써 이해가 되는 내용이라고 할 수가 있을 것이다.

이상에서 볼 수 있는 이야기는 두 경우가 다 원효의 『금강삼매경소』 찬술의 연기를 주제로 하는 설화임에 틀림이 없다. 그러나 조금 자세한 이야기를 전하고 있는 『송고승전』의 내용으로 보아서는 찬소연기撰疏緣起보다도 오히려 『금강삼매경』 자체의 세간 유포 공덕설화라고 해도 무방할 듯하다. 그때 왕후가 몹쓸 종기를 앓았던 것을 인연으로 하여 용궁에 산경散經으로 간직되어 있던 그 경전이 용왕 검해鈐海의 배려에

知音唱和也."

의해 세상에 널리 알려질 수 있게 된 이야기가 중심이 되어 있기 때문이다.[3]

물론 한문 불교문화권의 종주국인 중국에서도 일찍이 없었던 세간초유世間初有의 『금강삼매경』 강석講釋이 되는 각승찬술角乘撰述이라는 중대한 불사佛事에 있어서, 그 모체가 되는 경전의 출현 연기가 선행되어야 한다는 것은 당연하다. 그래서 원효의 각승찬술(撰疏)의 인연을 밝힌 이야기에 그 경전의 세간 출현의 전말이 큰 비중을 차지하고 있는 것이라고 하겠다. 그러기 때문에 여기서는 본 소고小稿의 주제에 맞추어 『금강삼매경』의 세간 출현 연기 자체를 설화의 주된 내용으로 삼고자 하는 것이다.

그런데 이 출경 연기설화出經緣起說話에는 간과할 수 없는 중요한 문제가 들어 있음을 보게 된다. 즉 첫째는 그 산경이 용궁에 있었다는 것이고, 둘째는 그 산경을 신라의 대안 성자가 비로소 전차철봉銓次綴縫(排來而粘紙)하였다는 것이며, 셋째는 그 경이 원효에 의하여 처음으로 찬소강석撰疏講釋되었다는 사실이다. 이러한 문제점들이 암시하고 또 내포한 의미와 사상성을 다음에서 항을 바꾸어 잠시 차례로 밝혀 보고자 한다.

2. 용궁비장龍宮秘藏의 출경이 뜻하는 것

앞에서 대강 옮겨 본 설화 그대로라면 『금강삼매경』이 인간 세상에 처음으로 나타나게 된 것이 바로 그때부터였다고 하지 않을 수가 없다. 용궁에 산경으로 비장秘藏되어 있다가 신라사인新羅使人에 의해 비로소

---

3 拙稿, 「傳記와 說話를 통한 元曉硏究」, 『佛敎學報』 17집, 1980, p.61.

세상에 알려지게 되었다는 것이기 때문이다.

대승경전大乘經典(方等深奧經典)이 용궁에 보장寶藏되어 있다는 것은 일찍이 「용수전龍樹傳」[4]에 보이고 있는 바다. 즉 거기에 의하면 용수가 불법에 귀의하고 처음에는 삼장三藏(小乘經典)을 독송하였으나 다음에 설산의 어느 탑 속에서 한 노비구老比丘로부터 마하연(大乘) 경전을 받았으며, 또 대룡보살大龍菩薩의 안내로 바닷속 용궁으로 들어가 칠보장七寶藏의 보함寶函 안에 간직되어 있는 여러 방등심오方等深奧 경전經典의 무량묘법無量妙法을 읽게 되었다는 것이다. 용수가 거기에서 심오한 경전의 무량묘법을 얻고(旣得諸經一相深入無生二忍具足) 용궁을 나온 뒤에 대승을 널리 밝혀서 『대지도론大智度論』(100권)·『십주비바사론十住毘婆沙論』(17권)·『중론中論』(4권) 등의 많은 저서를 지었다고 한다.

다시 말해서 삼장三藏과 마하연 경전을 이미 구해 본 용수가 여러 나라를 다니면서(周遊諸國) 그 밖의 경전을 다시 구하려 하였으나(更求餘經) 아무 데에서도 구할 수가 없었는데(於閻浮提中 遍求不得), 해룡궁海龍宮으로 안내되어 가서 그곳 궁전 안에 보장寶藏되어 있는 많은 방등심오경전方等深奧經典을 얻어 볼 수가 있었다는 것이다. 즉 당시 인도의 지상地上(閻浮提中)에 없는 더 많은 대승경전이 용궁에 간직되어 있었다는 내용이 된다. 그러므로 용궁에는 모든 경전이 보장寶藏되어 있었다는 것을 보인 것이라고 할 수가 있다.

그와 같이 세간에 없는 경전을 더 많이 간직하고 있었던 용궁이라면

---

4 구마라집 釋, 「龍樹菩薩傳」 『대정장』 50, p.184, 중·하. "旣出入山詣一佛塔出家受戒 九十日中誦三藏盡…遂入雪山山中有塔 塔中有一老比丘 以摩訶衍經典與之 誦受愛樂雖知實義未得通利 周遊諸國更求餘經 於閻浮提中遍求不得…大龍菩薩見其如是惜而愍之 即接之入海 於宮殿中開七寶藏 發七寶華函 以諸方等深奧經典無量妙法授之 龍樹受讀九十日中通解甚多 其心深入體得寶利…龍言 如我宮中所有經典 諸處此比復不可數 龍樹旣得諸經 一相深入無生二忍具足 龍還送出於南天竺 大弘佛法摧伏外道…."

세간에 있는 경전도 물론 간직하고 있었을 것이 당연하다고 하겠다. 그렇다면 검해鈐海 용왕의 궁전에서 나왔다는 『금강삼매경』도 이미 세간에 있을 수 있다는 가능성을 배제할 수가 없다. 바꾸어 말해서 세간에 있는 경전도 간직하고 있는 용궁이므로 용궁에서 처음 가져온 경전이라고 해서 반드시 세간에 아직 없었던 경전이라고 할 수만은 없으리라는 것이다. 따라서 『금강삼매경』이 용궁에서 나왔다는 단순한 이야기만을 가지고는 세간 최초의 출현설화出經說話로 해석하는 데에 절대성을 부여하기가 매우 어렵다고 하겠다.

그러나 이 설화에서는 『금강삼매경』이 검해鈐海 용왕에 의해 처음으로 신라에 나오게 되었다는 그 전말을 상당히 설득력 있는 내용으로 보여 주고 있다. 용왕은 자신의 궁중에 일찍이 간직하고 있던 『금강삼매경』을 신라 사인使人에게 주면서,

> "이 경전을 내어줄 터이니 그대 나라에서 유포토록 하라."(欲附此經出彼國流布耳)

라고 하였으며, 사인使人에게 준 그 경은 한 서른 장쯤 되는 뒤섞여 헝클어진 경(三十來紙重沓散經)이었다는 것이다.

여기에서 우리는 이 『금강삼매경』이 아직 세상에 유포되지 않은 용궁비장龍宮秘藏의 경으로서 그 때 처음으로 신라에 나타나게 되었다는 사실을 두 군데에서 분명히 암시하고 있음을 볼 수가 있다. 즉 하나는 "이 경을 내어 저 나라에 유포토록 하겠다."(此經出 彼國流布)라는 용왕의 말을 통해서이며, 또 하나는 뒤섞여 헝클어진 경전(重沓散經)이라는 표현을 통해서라고 할 것이다. 이를 미루어 우리는 다음의 세 가지 면에서 『금강삼매경』의 신라 최초 출현설이 그 설화에 시사되어 있음을 찾아볼

수가 있다고 하겠다.

첫째, 용궁에 비장秘藏되었던 경전이라는 점이다.

앞의 「용수전龍樹傳」을 통해서 본 바이지만 용궁에는 세간에서 보다 더 많은 경전을 간직하고 있다고 하였다. 그러므로 세간에 없는 경전이 해룡궁海龍宮에는 비장되어 있으며, 용수도 그러한 심오한 경전을 받아 읽었다는 것이 된다. 그러기 때문에 신라 사인使人이 검해鈐海 용왕궁에서 받아 가지고 나온 그 『금강삼매경』도 그 때까지 세간에는 없었던 경전이라고 보아야 할 것이다. 따라서 『금강삼매경』이 용궁에서 나왔다는 그 상징적인 의미는 곧 『금강삼매경』이 중국 전래中國傳來가 아닌 신라 초출경初出經임을 나타낸 것이라고 할 수가 있겠다는 것이다.

둘째, 용왕이 신라에 유포하고자 출경出經하였다는 점을 들 수가 있다.

앞에서도 잠시 언급하였지만, 신라 왕후의 병에 의탁하여 증상연增上緣을 짓고자 용왕이 그 경전을 내놓아 그 나라(彼國 즉 新羅)에 유포하려고 하였다는 것은, 곧 그 『금강삼매경』이 처음으로 신라에서 유포된 사실을 설화화하여 용왕의 말을 빌려서 나타낸 것이라고 할 수가 있다. 이미 세간에 유포되어 있던 경전이라면 구태여 그러한 설화적 표현을 쓰지 않았을 것이며, 실제 용궁에서 가져왔다고 하더라도 이미 세간에 유포되어 있는 경전이라면 그와 같이 "此經出 彼國流布耳"라고 하지는 않았을 것이기 때문이다. 어쨌든 용왕이 그 경전을 내놓아 신라에 유포시키고자 하였다(欲附此經出彼國流布耳)는 그 표현은 『금강삼매경』이 비로소 신라에서 출현하였다는 주장을 강하게 나타낸 것으로 볼 수가 있을 것이다.

셋째, 그 경이 중답산경重沓散經이었다는 점을 들 수 있다.

다시 말해서 용왕이 신라 사인에게 건네어 준 그 『금강삼매경』이 한 서른 장쯤 되는 뒤섞여 헝클어진 경(將三十來紙重沓散經)이었다는 것이다. 뒤섞여 헝클어진 경이라는 그 경전 모양새의 표현에서 우리는 이미 세상에 알려지지 않고 아무도 손대지 않은 원시림적 초본草本 같은 느낌을 받을 수가 있겠기 때문이다.

말하자면 아직도 정리가 되어 있지 않아서 흐트러진 채 뒤섞인 그대로의 산경散經이 용궁에서 나왔다는 것이 된다. 용궁에 비장秘藏되어 있었던 산경이 그대로 신라 나라에 나타나게 되었다는 것이므로, 여기에서 더욱 『금강삼매경』의 신라 최초 출현이 강조되어 있다고 할 수가 있다.

이상에서 본 바와 같이 그 설화에서 보여 주고 있는 용궁비장龍宮秘藏의 출현연기出經緣起를 통해서는 분명히 『금강삼매경』이 신라에 처음으로 나타난 것이라고 하지 않을 수가 없다고 하겠다. 뿐만 아니라 그와 같은 설화적 표현은 바로 신라에서 『금강삼매경』이 이루어졌다는 사실을 나타낸 것으로 풀이할 수도 있다. 그러므로 한마디로 말해서 용궁으로부터 경전이 나왔다는 그 이야기는 『금강삼매경』의 최초 출현은 말할 것도 없고 『금강삼매경』 그 자체가 신라에서 비로소 성립되었음을 드러낸 것이라고 할 수가 있을 것이다.

3. 전차철봉銓次綴縫과 찬소강석撰疏講釋이 보여 주는 것

뒤섞여 헝클어진 경전이 처음으로 신라에 유포되었다는 용궁출경龍宮出經 설화를 통해서 『금강삼매경』의 신라성립설을 엿볼 수가 있다는 것을 앞에서 대강 보았다. 그 설화에는 좀더 신라성립경의 주장을 구체적으로 나타내 보인 부분이 있는데, 그것이 대안大安의 전차철봉銓次綴縫과 원효元曉의 찬소강석撰疏講釋이라고 할 수 있다.

앞에서 이미 본 바와 같이 검해鈐海 용왕이 신라 사인에게 중답산경

重沓散經인 『금강삼매경』을 건네어 주면서,

"대안 성자大安聖者로 하여금 차례를 바로 잡아 책을 매게 하고, 원효 법사元曉法師를 청해서 소疏를 지어 강석講釋하게 해야 한다."(可令大安聖者銓次綴縫 請元曉法師造疏講釋)라고 하였으며, 그래서 신라 왕이 대안大安으로 하여금 『금강삼매경』을 점차黏次(遺事에서는 排來而粘紙)하게 하고, 원효로 하여금 찬소강석撰疏講釋하게 하였다는 것이다.

그런데 그때 왕명을 받은 대안은 왕궁으로 들어가기 싫다 하여 그 경을 자신의 처소로 가져오게 하였으며, 왕궁으로부터 보내 온 그 산경散經을 정리하여 8품品으로 완성하였는데, 모두가 불의佛意에 부합되었다 한다(安得經 排來成八品 皆合佛意). 물론 현행본 『금강삼매경』[5]이 8품으로 되어 있다. 그러므로 현행 『금강삼매경』의 서품 제1에서 총지품摠持品 제8에 이르기까지의 품제品題와 차례는 대안 성자가 창정創定한 것이라고 할 수가 있다.

그와 같이 부처님의 뜻에 맞게(皆合佛意) 차례를 정하여 8품으로 만든(排來成八品) 대안은 [왕궁의 使人에게 그 經을 넘겨주면서]

"빨리 원효에게 강석講釋을 부탁하라. 다른 사람에게 맡겨서는 안 된다."(速將付元曉講 餘人則否)라고 하였다. 이에 원효가 이 경전을 받아서 각승角乘이라고도 이름하는 소석疏釋을 지어 강설講說하였으며, 그 약소略疏(현행 3권본)가 중국에 들어가 전해지자 그곳의 번경삼장翻經三藏이 소疏를 논論(지금까지도 金剛三昧經論이라 함)으로 고쳐 부르게 되었다는 것이다. 이 이야기를 통해서도 『금강삼매경』의 초출初出은 말할 것도 없고 그 성립처가 신라임을 엿보게 하고 있다고 할 수 있다.

『금강삼매경』이 다른 한역 경전과 같은 중국전역中國傳譯의 경이었다

---

5 『대정장』 9, pp.365下~374中.

면 중국이 아닌 용궁을 원출처原出處로 설화화해서 등장시키지도 않았겠지만, 가상처假想處인 용궁에서나마 갖추어진 완본 경이 아니었던 것을 신라의 대안大安이 비로소 차서次序를 바로잡아 8품으로 정하였다는 것이므로, 그 『금강삼매경』이 신라에서 성립되었음을 설화의 형식을 빌어서 나타낸 것이라고 할 수가 있다. 더구나 세상에 처음으로 나타난 경의 소석자疏釋者를 가상출경자假想出經者라 할 용왕과 사실적 배래排來(銓次綴縫) 품정品定(成八品)자인 대안 성자大安聖者가 다 같이 원효元曉로 지목했다는 것에서도 그것을 엿볼 수가 있다. 『금강삼매경』의 최초 찬소자는 물론 원효이다. 원효가 『금강삼매경』을 최초로 강석하게 된 그 필연성을 강조한 것이 용왕과 대안의 지목이라고 할 수가 있겠기 때문이다.

가령 중국의 어느 궁벽한 도서지島嶼地에서 버려져 있던 옛 산경散經을 신라인이 어떤 기회에 얻어가지고 온 것이 용궁출경龍宮出經의 설화로 꾸며지게 된 것이라고 볼 수도 없지 않다. 만약에 중국에서 번역되었다면 한역할 당시에 이미 경문의 순서와 품제品題가 정해졌어야 했을 것이며, 또한 중국의 역자나 그 주변의 석학碩學에 의해 찬소강석撰疏講釋이 의당 가능하였을 것이다. 그런데도 중답산경重沓散經을 신라의 대안 성자가 '排來而粘紙(銓次綴縫)'하여 불의佛意에 부합되도록 8품으로 제목을 창정創定하였으며, 원효가 그 최초의 조소강석자造疏講釋者로 등장하고 있다.

대안이 산경을 정리하여 품제를 확정한 사실을 『송고승전』에서는 "銓次綴縫"·"黏次"·"排來成人品 皆合佛意" 등으로 표현하고 있으며, 『삼국유사』에는 "排來而粘紙"로만 간단히 표현되어 있다. 물론 이러한 글귀들은 이미 지금까지 몇 차례 옮겨서 보아 왔지만 그 간단한 겉보기보다는 훨씬 중요한 뜻을 함축하고 있다고 할 수 있다. 글자의 뜻으로 본다면 '銓次綴縫'이나 '黏(粘과 같은 字임)次'나 '排來而粘紙'는 모두가 중복되고 번잡한 산경인 『금강삼매경』의 순서를 바로잡아 하나의 경권經卷으로 완성시킴을 요약해서 나타낸 것 같은 말이다. 그러한 뜻을 그래도 좀 더 구체적으로 표현하고 있는 글귀가 "排來成八品 皆合佛意"라고 할 수 있다.

배래排來는 위의 다른 글귀들을 요약한 것이지만, '성팔품成八品'은 '排來而粘紙' 곧 '銓次綴縫'의 내용이라고 할 수 있다. 그가 『금강삼매경』의 차례를 바로잡아 8품으로 완성시켰다는 것인데, 그것을 제멋대로 아무렇게나 정리한 것이 아니고 불의佛意라는 기준에 맞게 하였다는 것이다. 오늘날 우리가 볼 수 있는 현행 『금강삼매경』의 차례와 품수品數 제명題名은 이때 대안 성자에 의해 이루어진 것이 된다. 그러기 때문에 우리는 다음과 같은 추정推定이 가능하리라고 본다.

즉, 신라에서 [여러 善知識들에 의해] 송출결집誦出結集된 『금강삼매경』(이때는 아직 品數 品題가 정해지지 않는 등 완전히 정리가 안 된 상태였으므로 重沓散經이라 표현하였을 것이다.)을 대안 성자라는 별명을 가진 어느 선지식이 대표가 되어 그 경의 차례와 품제를 확정하고 부처님의 뜻에 부합되는 경권으로 완성시켰다고 볼 수가 있다.

그러므로 『금강삼매경』은 중국의 전역경傳譯經이 아닌 신라에서 성립된 경전이며, 그 완성의 대표자로 알려진 선지식이 대안大安이라고 할 수 있다. 따라서 송출결집자誦出結集者들(鈐海龍王으로 표현됨)과 대표 완성자(大安聖者)의 절대적 지지로 지명指名을 받아 찬소강석자撰疏講釋者가 된 원효元曉가 국내에는 물론 중국에까지 각승角乘의 경교經敎를 비로소 널리 펼치게 되었다는 사실에서도, 『금강삼매경』의 성립처가 신라임을 보여 준 것이라고 할 수 있을 것이다.

Ⅱ. 경록사적經錄史的 검토

앞 장에서 본 설화의 내용대로라면 『금강삼매경』이 신라에서 성립되었다는 것을 의심하기가 어렵게 되어 있다. 그러나 중국의 제경록諸經錄에는 신라에 『금강삼매경』이 출현되었다는 그 시기보다 훨씬 앞서서 『금강삼매경』이 전역傳譯되었다는 사실을 보이고 있다.

그러면서도 그 『금강삼매경』은 오랫동안 궐경闕經으로 내려오다가 원효의 찬소撰疏가 있은 한참 뒤에 습유경拾遺經으로서 경록經錄에 편입되고 또 입장入藏되기에 이른다. 그러므로 신라에 처음으로 출현하였다는 현행 『금강삼매경』이 과연 일찍이 중국에서 없어졌다는 그 궐경闕經의 습유경인지, 아니면 그와는 전혀 별개의 신라성립경인지의 여부를 밝혀 보지 않을 수가 없다.

만약에 중국에서 일찍이 없어진 궐경이 신라에서 다시 나타난 것이라면 그 경은 신라 초출경도 성립경도 아닌 것이 된다. 사실이 그렇다면 『금강삼매경』의 용궁출경 설화는 터무니없는 것이 되며, 따라서 그 해석도 수정되어져야 할 것이다.

이 장에서는 제경록에서 전하는 바를 차례로 검토하고, 또 현행 경의 시대적 가능성과 대조하면서 살펴보고자 한다.

1. 제경록상의 『금강삼매경』

중국에는 불교가 수용된 이래 역대에 걸쳐 적지 않은 역경목록이 찬성撰成되었는데, 그 면모를 알게 하는 최초의 집록자集錄者는 동진東晋대의 고승 도안道安(312~385)이다. 도안록道安錄이라 약칭되기도 하는 도안의 『종리중경목록綜理重經目錄』은 흥녕興寧 2년(364)에 찬집撰集된 것인데,[6] 그 후 그 경록은 산일散逸되었으나 『출삼장기집出三藏記集』 권2~권5에 수록되어 그 내용의 일면을 오늘에까지 전하고 있다.

도안의 경록을 옮겨 전하고 있는 양梁의 승우僧祐(445~518) 찬撰인 『출삼장기집』 권3 『신집안공량토이경록新集安公涼土異經錄』 제3에 도안이 모은 양토이경涼土異經 59부 79권이 수록되어 있는데, 거기에 '금강삼매경金剛三昧經' 1권이 들어 있다.[7] 이 승우록僧祐錄(出三藏記集)의 양토이경涼土異經 59부 중에 현존본 밑에는 "今有此經"이라 주기註記하여 있는데 금강삼매경 밑에는 그것이 없는 것으로 보아 승우 당시에 이미 그 경이 실전失傳된 것으로 짐작할 수가 있다.

그 뒤 수대隋代의 법경法經 등等 찬撰의 『중경목록衆經目錄』[8]을 비롯하여, 언종彦琮 찬 『중경목록衆經目錄』,[9] 비장방費長房 찬 『역대삼보기歷代三寶記』,[10] 당대唐代의 정태靜泰 찬 『중경목록衆經目錄』,[11] 도선道宣 찬 『대당내전록大唐內典錄』,[12] 명전明佺 등 찬 『대주간정중경목록大周刊定衆經目錄』[13] 등에 『금강삼매경』의 이름이 보이고 있는데, 이 중에는 법경록法經錄과 비장방록費長房錄을 제외하고는 모두가 궐본경목闕本經目 속에 들어 있다. 물론 법경록과 비장방록도 궐본목闕本目을 따로 두지 않

6 常盤大定, 「道安目錄の整理及びとの復原」, 『後漢より宋齊に至る譯經總錄』 前編 2장, 東方文化學院 東京研究所, 昭和 13년. 林屋友次郎, 「道安綜理重輕目錄」, 『經錄研究』 前編 3部, 岩波書店, 昭和 16년 등.

7 『大正藏』 55, p.18下.

8 隋 沙門法經等撰, 『衆經目錄』 권1, 衆經失釋 3, 『대정장』 55, p.121上.

9 隋 翻經沙門及學士等撰, 『衆經目錄』 권5, 闕本, 『대정장』, p.176中.

10 隋 費長房撰, 『歷代三寶記』 권9, 『대정장』 49, p.85上.

11 唐 靜泰撰, 『衆經目錄』 권5, 闕本, 『대정장』 55, p.214上.

12 唐 道宣撰, 『大唐內典錄』 권3, 『대정장』 55, p.256下.

13 唐 明佺等撰, 『大周刊定衆經目錄』 권11, 『大小乘失譯經目』, 『대정장』 55, p.439下 및 同 권12, 『大小乘闕本經目』, 『대정장』 55, p.448上.

았을 뿐이지 현존경現存經이라고 명시한 것은 없다. 따라서 그 이전의 승우록僧祐錄과 그 당시 및 후대에 해당되는 언종록彦琮錄과 대주록大周錄 등에서 궐본闕本으로 보이고 있으므로 역시 현존경으로는 보지 않았을 것임을 알 수가 있다.

그 중에서 가장 하대에 속하는 명전明佺 등 찬의 『대주간정록大周刊定錄』(大周錄 또는 武周錄으로도 약칭됨)은 측천무후의 천책만세天冊萬歲 원년(695)에 집록集錄된 것이다. 이때까지는 분명히 도안록道安錄에 보인 『금강삼매경』이 중국에서 일실逸失되었음을 알 수가 있다. 그런데 『대주록大周錄』 바로 다음의 경록이 되는 당唐의 개원開元 19년(730)에 사문 지승智昇에 의해 찬집된 『개원석교록開元釋教錄』에는 그동안 궐본으로 내려왔던 『금강삼매경』이 현존경으로 수록되어 있음을 보게 된다.

즉 개원록開元錄에 의하면 권4에 장방록長房錄 등에서 인용하여 양세凉世 실역失譯 5부 18권을 들고 있는데, 그 가운데에 『금강삼매경』 2권(혹 1권)이 들어 있으며, 또한 그 5부 중 "前二部六卷見在 後三部一十二卷闕本"의 현재본 속에 『금강삼매경』이 들어 있다.[14] 그리고 동 『개원록』 권12에는 『금강삼매경』(2권 혹 1권)을 "北凉失譯 拾遺編入"이라 하여 현존경으로 수록하고 있다.[15] 뿐만 아니고 동록同錄 19권의 입장록入藏錄에도 들어 있다.[16]

그와 같이 『개원록』에 의하여 비로소 『금강삼매경』이 27지 분량이 2권 혹은 1권의 습유편입拾遺編入된 현존경으로 입장入藏되어진 사실을 알 수가 있게 된다. 695년에 찬집된 『대주록』에는 분명히 궐본으로 되어 있으므로 그 후 언제인가 다시 발견되어 730년에 찬집된 『개원록』에

---

14 『대정장』 55, p.522中.

15 『대정장』 55, p.605中.

16 『대정장』, p.688下. "金剛三昧經 二卷或一卷 二十七紙."

현존본으로 수록되기에 이른 것으로 볼 수가 있다. 그러기 때문에 일본의 미즈노 고겐(水野弘元) 교수는 이에 관해서 다음과 같이 언급하고 있다.

> 本經이 闕元錄에 의해 새로이 발견되어져서 拾遺經으로서 현존록 중에 편입된 것을 보여 주고 있다. 그러므로 智昇은 확실히 本經을 손에 넣어, 이것을 道安의 北凉異經錄所載의 金剛三昧經으로 보고, 北凉代의 失譯經이라 한 것이다.
> 더욱이 本經의 北凉失譯說은 隋代의 費長房의 歷代三寶紀 이래 당의 道宣의 大唐內典錄이나 大週刊定錄에서도 기록하고 있는 바이므로, 智昇은 前代의 經錄에서 잃고 있는 金剛三昧經이 새로 발견되어진 것으로 알고 있었던 것 같다. …
> 이상 諸經錄의 記載面에서 보는 한 金剛三昧經에 관해서는 하등 거기에 이상하게 여길 점도 矛盾撞着도 존재하지 않는다. 古來의 경록 모두에 궐본으로 되어 있는 것이 開元錄 또는 그 후의 經錄에 새로 拾遺經으로 편입되어, 그것이 바로 古來의 諸經錄에 기재되어 있는 것일 경우가 적지 않기 때문이다.[17]

그리고 그는 『개원록』 이후의 제경록이 『금강삼매경』을 현존경으로서 기재하고 있을 뿐만 아니라 그(開元錄) 후 백 년쯤 뒤에 씌어진 규봉 종밀圭峯宗密(780~841)의 『선원제전집도서禪源諸詮集都序』와 영명 연수永明延壽(904~975)의 『종경록宗鏡錄』·『만선동귀집萬善同歸集』과 송대宋代 혜홍 각범慧洪覺範(1071~1128)의 『임간록林間錄』·『지증전智證傳』 및 돈황출

17 水野弘元, 「菩提達摩の二入四行說と金剛三昧經」, 『駒澤大學硏究紀要』 통권 13호, pp.33下~38上.

土燉煌出土의 제경요초諸經要抄 등에 『금강삼매경』이 적지 않게 인용되어 있음을 들어서, 중국에 유포되어 선자禪者들에 의해 중시되었던 경이었음을 지적하고 있다. 그에 앞서,

> 金剛三昧經은 翻譯經이 아니고 達摩以後에 중국에서 지어진 僞經이 아니었을까 하는 생각이 든다.[18]

라고 전제前提하였으며, 나중에 결론 부분에서

> 金剛三昧經은 唐初의 頃에 당시의 여러 가지 佛教學說에 通한 자가, 그들의 佛教諸學說을 묶어서 만든 僞經이 아니었겠는가 여겨진다.[19]

라고 하였던 미즈노(水野) 교수는 동同 논문에서,

> 經錄을 연구하여 많은 僞經을 발견하였던 望月信亨博士가 金剛三昧經을 僞經 또는 疑經으로서 지적하지 않았었고, 또 오늘까지의 학계에서 본경이 그다지 의문이 안 되었던 것도 그(開元錄以後의 諸經錄에서 現存經으로 기재하고, 古來의 諸經錄에 闕本으로 된 經이 그 뒤의 經錄에 새로 拾遺經으로서 편입되어 바로 그 經인 경우가 적지 않으므로)와 같은 이유에 의한 것이라고 여겨진다.[20]

---

18 앞의 논문, p.34하.
19 위의 논문, pp.56하~57상.
20 위의 논문, p.38상.

라고 하였다.

그와 같이 오랫동안 제경록諸經錄에서 궐본으로 전해진 『금강삼매경』이 『개원록』에 이르러 그 존재가 다시 드러나게 되자, 중국의 불교계에서는 추호도 의심하지 않고 그 궐본의 습유경으로 보았음을 알 수가 있다. 또한 근래 불교사상 연구에 획기적인 공헌을 한 일본의 석학들 중에서도 현존본 『금강삼매경』을 도안록道安錄에 보인 양토이경록凉土異經錄 중의 그 경과 동일본으로 본 학자가 적지 않았는데, 우이 하쿠주(宇井伯壽)가 지은 『선종사연구禪宗史硏究』에서도 그 한 예를 볼 수가 있다. 즉 거기에는,

> 金剛三昧經은 出三藏記의 新集安公凉土異經錄第三의 中에 처음으로 기록되어 있으므로, 道安은 이것은 凉土에서 번역된 경으로 보았던 것으로서 결코 北凉이나 西凉 때에 번역되었다고 하는 것은 아니다. 그러므로 譯年은 전혀 不明으로서 오직 道安의 經錄이 이루어진 寧康 2年(374) 이전의 譯이라고 할 수가 있을 뿐이다.[21]

라고 하여 추호도 습유경拾遺經을 종전의 궐본으로 보아 의심하지 않고 있다.

물론 경록에 있는 그대로 본다면 일찍이 궐본으로 내려왔던 경전이 나중에 발견되어 습유경으로서 편입되고 입장入藏되는 경우가 없지 않기 때문에 『금강삼매경』도 그러한 습유경의 한 예로 의심 없이 볼 수 있다. 그러나 이 『금강삼매경』은 그러한 여느 습유편입경과 같이 볼 수 없는 문제가 거기에 가로놓여 있음을 보게 된다.

---

21 宇井伯壽, 『禪宗史硏究』, 岩波書店, p.24.

우선 문제로 삼을 것은 『개원록』에 습유편입된 그 경이 중국 안에서 발견된 것이 아닌 신라에서 건너간 경전이라는 점이다. 중국에서 전역傳譯된 경전이 일단 국내에서는 없어졌으나 이미 해외로 유전流傳되어 잔재하다가 나중에 다시 중국으로 건너가 재유포될 수도 있다. 그러나 이 『금강삼매경』의 경우는 앞 장에서도 본 바와 같이 전혀 신라 초출경으로 되어 있고, 또 차서次序와 품제品題 등 경전으로서의 면모를 비로소 신라에서 갖춘 것으로 보이고 있다. 그리고 그 경이 세상에 알려져서 중국에 유입되게 된 것도 실은 원효의 찬소강석撰疏講釋이 있고부터이므로 항項을 달리하여 그 문제를 좀더 자세히 검토해 보고자 한다.

2. 습유拾遺 입장경入藏經으로서의 문제점

원효元曉(617~686)가 『금강삼매경』의 소석疏釋을 지은 때를 그의 후기로 볼 가능성도 없지 않으나 여기에서는 편의상 그의 50세 때(666)를 전후한 시기로 보고자 한다.[22] 앞 장에서 본 바와 같이 『금강삼매경』이 출현하여 대안大安 성자가 '排來而粘紙'하고 '成八品'한 다음에 곧 원효가 '撰疏講釋'한 것으로 되어 있다.

대안의 '銓次綴縫(排來成八品)'을 일단 경전의 완성으로 본다면, 『금강삼매경』의 성립과 원효의 '撰疏講釋'은 거의 같은 시기가 된다. 그러므로 원효의 소석을 그의 50세 때(666)의 일로 가정한다면 『금강삼매경』의 출현(성립)도 바로 그 때쯤으로 보아야 할 것 같다. 666년은 신라로서는 문무왕 6년이며, 당唐으로는 고종高宗의 건봉乾封 원년에 해당된다.

22 水野弘元 논문에서는 金剛三昧經의 출현과 元曉의 撰疏를 665년 전후(원효의 50세 전후) 때의 일로 보려고 하였다.

『대주록大周錄』의 찬집은 695년이므로 『금강삼매경』의 성립 가정(666)년보다 29년 뒤의 일이 되지만 그 찬집자들은 그때까지 원효의 찬소와 『금강삼매경』의 실물을 보지 못하였기 때문에 궐본으로 처리하였던 것으로 볼 수가 있다. 당唐 현수 법장賢首法藏(643~712)의 『탐현기探玄記』에는,

海東新羅國元曉法師 造此經疏 亦立四教 …

라고 하여 원효의 설을 소개하고 있다.[23] 이 『탐현기』의 찬술이 687년에서 695년 사이 쯤에서 이루어진 것으로 본다면,[24] 원효가 입적(686)한 직후의 일이 된다. 그러한 『탐현기』에 원효의 저술이 인용 소개된 것으로 미루어 원효의 적년寂年 무렵에는 그의 찬저撰著가 중국에 들어갔을 가능성이 짙다고 할 수가 있다. 그러므로 『금강삼매경』과 그 소疏도 그 때쯤이면 당唐에 유입되었을 것으로 볼 수가 있다. 그럼에도 695년에 찬집된 『대주록』에는 궐본으로 되어 있으므로, 그 찬집자들이 미처 못 보았거나 아니면 아직 그 때까지 『금강삼매경』 및 그 소가 건너가지 않았던 것으로 보아야 할 것이다.

『금강삼매경』의 출현과 원효의 찬소강석 사실을 자세히 전하는 현존 유일의 사료집이라고 할 수 있는 송宋의 『고승전』은 그 「원효전」 끝부분에서

金剛三昧經疏에는 廣本과 略本의 두 가지가 있었는데 그 두 가지가 다 신라에서 행하여졌으며, 略本이 中華에 흘러들어 와서 뒤에

23 法藏撰, 『華嚴經深玄記』 권1, 『대정장』 35, p.111상.
24 小野玄妙編, 『佛書解說大辭集』 제3권, p.26, 대동출판사, 소화 8년.

어느 翻經三藏이 疏를 고쳐 論이라 하다.[25]

라고 하였다. 여기서 광략이본廣略二本이 본토本土(新羅)에서 구행俱行하였다고 있으나 실은 『송고승전』 자체에서 원효의 찬소撰疏 사실을 전하는 이야기 가운데에 "5권의 소를 이루어(造疏成五卷) 왕의 청에 따라 황룡사皇龍寺에서 부연敷演코자 하였으나 어느 박도薄徒에 의해 그 신소新疏를 도둑맞았으므로 다시 사흘 동안 말미를 얻어 3권을 중록重祿하여 약소略疏라 하였다."라고 하여 광본廣本(5권본)은 이미 잃어버린 것으로 전하였었다. 그러면서도 끝에 가서는 이본二本이 구행俱行하였다고 있으니, 아마 승전僧傳 찬자撰者(宋의 贊寧)는 이미 도둑맞았던 광본廣本이 나중에 나타나서 신라에 현행되었던 것으로 이해하였던 듯하다. 그러나 실제 그 이후 국내외에 걸쳐 광본의 흔적은 보이지 않고 현행본(略疏)만이 전해져 있다. 만약에 광본이 나중에 나타나서 현행되었다면 구태여 약본만이 현행본으로 전해질 리도 없고, 또 중국 쪽에서도 광본이 신라에 현행되고 있었다면 그것을 구해 갔을 것이다. 광본이 본토에 있는 줄을 번연히 알면서도 그 약소略疏를 논論으로 고쳐서까지 중시하지는 않았을 것이기 때문이다. 그러므로 광소廣疏는 이미 도둑맞은 그때에 없어지고 약소略疏만이 현행되다가 당唐에 유입됨으로써 그곳 어느 역경 삼장법사가 논論(金剛三昧經論)으로 고친 것이 오늘에 이르고 있는 것이라 하겠다.

어쨌든 『금강삼매경론金剛三昧經論』(現行 3卷本)에는 경의 본문도 들어 있다. 구태여 그 경이 중국에 전해졌다는 명기明記가 없더라도 원효의 그 찬술撰述(略疏)이 당에 유입되었다면 본경도 함께 건너간 것이 된다.

---

25 『송고승전』 4 元曉傳, "疏有廣略二本 俱行本土 略本流入中華 後有翻經三藏改之為論焉."

그러므로 원효의 입적을 전후해서 그의 저서가 중국으로 건너갈 때에 『금강삼매경』과 그 소疏도 그 중에 들어 있었을 것이며, 그것이 『대주록』 찬집(695) 직후쯤에 알려져서 중국에 널리 유포되자 『개원록』을 찬집할 때(730) 습유경으로 편입되고 또 입장되어진 것이라고 할 수가 있을 것이다.

그렇다면 『개원록』에 수록되어 입장된 『금강삼매경』은 신라에서 건너간 것이 분명하며, 그 경은 바로 대안大安 성자가 전차철봉銓次綴縫하여 8품으로 정리한 그 『금강삼매경』이 틀림없다. 만약에 그 설화에서 용궁으로 되어 있는 『금강삼매경』의 출현처가 실은 '해중海中의 용궁일 수는 없으므로 산동지방이나 요동지방의 어느 지방이었을 것'[26]으로 본다면, 그것은 중국에서 나타난 것이지 신라에서의 초출경初出經은 아닌 것이 된다. 그러나 오랫동안(闕本으로 보인 僧祐錄이 510년에서 518년 사이에 撰集되었고, 신라에 나타난 것이 666년경이라면 상당한 기간이 됨) 일실逸失되었다가 중국의 어느 지방에서 나타났다면 중국인이 먼저 알게 되었을 터인데도 신라에 나타나 소석疏釋까지 이루어진(666년 전후) 훨씬 뒤(730년)에야 겨우 경록經錄에 입장入藏되었고, 그것도 그 땅에서가 아닌 해동 신라에서 건너간 것이라면 결코 가볍게 습유경拾遺經으로 보아 넘길 수는 없을 것이다.

설사 『도안록』의 그 양토이경涼土異經이 용궁이 아닌 중국 어느 도서島嶼 지방에서 아무도 모르게 중답산경重沓散經으로 버려져 있었던 것을 신라 사인이 가져온 것이라고 하더라도 뒤섞여 헝클어져 아무도 모르게 버려져 있었다면 그것은 이미 경전으로서의 가치를 잃어버린 것이라고 할 수가 있다. 경전으로서 생명을 잃은 뒤섞이고 헝클어진 고경지

26 앞의 水夜 論文, p.40.

古經紙를 다시금 손질하여 차례를 바로 잡고 어로語路를 터서 불의佛意에 부합되도록 되살려 놓고, 거기에 소석疏釋을 가하여 경설經說의 참된 생명을 무한히 피어나게 하였다면 그것은 바로 새로운 경전의 탄생(出現)이라고 할 수가 있을 것이다.

그러므로 『개원록』에 습유경으로 편입된 현행 『금강삼매경』을 『도안록』 소재所載 양토이경凉土異經 중의 그 고일본古逸本과 동일 경으로 본다는 것은 문제가 있다고 하겠다. 이 현행본은 물론 신라에서 이루어져 당으로 전해진 경이며, 그 경설 자체의 내용과 역어역풍譯語譯風이 도안道安 당시의 고경古經이나 전통적인 중국 한역경과는 다른 점을 보이고 있다는 사실에서도 입증이 된다고 할 것이다.

Ⅲ. 경설經說 내용을 통한 입증

지금까지 살펴본 것을 통해서도 현행 『금강삼매경』이 신라에서 성립된 경전임을 어느 정도는 이해할 수 있을 것으로 본다. 그러나 현행 경 자체의 경설 내용에서 그 사실을 입증하지 않으면 안 될 것이다.

경설 내용을 통해서 현행 경이 도안道安의 경록에 보이는 『금강삼매경』의 시기보다 훨씬 후대에 성립된 경이라는 근거를 찾아볼 수가 있고, 또 이 경설의 몇 군데에서 종래 중국의 전통적 한역경과는 다른 특이한 점들을 보게 된다.

그러므로 여기에서는 그러한 문제점들을 고찰하여 현행 『금강삼매경』이 고궐본古闕本의 습유경이 아니며, 또한 전통적인 한역경으로 볼 수 없는 사실들을 밝혀 보고자 한다. 그리고 거기에 수반되는 위경僞

經 및 집성자에 관한 문제까지도 아울러 다루려고 한다.

1. 경설상에서의 성립 시기 추정

도안道安(314~385)의 『종리중경목록綜理重經目錄』이 동진東晋의 영강寧康 2년(374)에 이루어진 것이라면 거기에 양토이경凉土異經이라 하여 59부 79권이 묶여진 속에 들어 있는 『금강삼매경』도 그 이전의 전역경傳譯經임에 틀림이 없다. 현재 『대정장』에 수록되어 있는 소위 양토이경으로는 습유경이라는 이 『금강삼매경』을 제외하고도 5부를 들 수가 있다.

『승우록僧祐錄』의 「신집안공양토이경록新集安公凉土異經錄」 제3[27]에 수록된 순서대로 본다면 『대정장』 소수所收 현재 양토이경은 『대애도비구니경大愛道比丘尼經』 2권(僧祐錄에는 大愛道受誡經 二卷 舊錄云 大愛道 或云 大愛道比丘 今有此經)[28]·『불퇴전경不退轉經』 4권(或云 不退轉法輪經)[29]·『불설장자법지처경佛說長者法志妻經』 1권[30]·『불설칠지경佛說七知經』 1권(七智經一卷 或作七知 今有此經)[31]·『삼혜경三慧經』 1권[32] 등이다.

이 5경 중에서 『칠지경七知經』은 현재 오吳의 지겸支謙 역으로 되어 있으나 동 『승우록』의 지겸역支謙譯조에는 이 『칠지경』이 들어 있지 않을 뿐만 아니라 이제 적기摘記해 본 것처럼 현존 최고最古의 경록인 『승우록』의 양토이경(물론 失譯임) 속에는 "七知經一卷 或作 七知 今有此經"이라 하여 오히려 이 이경異經으로서의 『칠지경』만이 들어 있다. 경

27 『出三藏記集』 권3, 『대정장』 55, pp.18하~19중.
28 『대정장』 24, pp.945중~955에 수록.
29 『대정장』 9, pp.226상~254중.
30 『대정장』 14, pp.944중~945.
31 『대정장』 1, p.810상중. 여기에는 吳支謙譯으로 되어 있으나 凉土異經이 틀림없을 것 같음.
32 앞의 『出三藏記集』 권2, 『대정장』 55, pp.6하~7상.

설 내용으로 보아서도 현행『칠지경』은 지겸 역으로는 볼 수가 없고, 양토이경으로 보는 것이 옳을 것 같다. 그리고『불퇴전법륜경不退轉法論經』은 그 경제經題 밑에 분명히 "僧祐錄云安公凉土異經 在北凉錄"이라 밝히고는 있으나 그 역어 역풍 등 경설의 전체에 걸쳐 도저히 당시의 이경異經으로는 보기가 어렵다. 우선 그 품서品序의 정연함이나 경설의 첫머리에 "如是我聞"이라 시작된 것만으로도 양토이경으로는 볼 수가 없다.

중국불교에 있어서 대체로 구마라집鳩摩羅什(344~413)을 중심으로 하여 그 이전과 이후의 역풍이 크게 다르다. 우선 쉽게 눈에 띄는 것으로 경설의 첫머리 시작과 세존世尊의 문법자問法者에 대한 답설答說 중의 호칭을 들 수가 있다. 즉 나집羅什 이전은 "聞如是" "族姓子"이며, 나집 이후에는 "如是我聞" "善男子"이다. 이것은 거의 예외가 없는 역어의 특징이다.

위의 5역譯 중에 유독『불퇴전경』만이 "如是我聞"이요, "善男子"이다. 간혹 "族姓男 族姓女"가 섞여 있는 것으로 보아 분명히 후대에 와서 손질을 많이 한 것 같다. 아마 그 경제經題하에 "在北凉錄" 즉 '북량록北凉錄에 들어 있다'라고 있으므로 도안道安 시적 후 북량北凉(397~439)에서 고쳐진 것이 아닌가 싶다. 북량 때의 대표적 역경가인 담무참曇無讖(385~433) 역의『열반경涅槃經』등과 그 역풍이 비슷하기 때문이다. 미즈노(水野) 교수는 일찍이

> 出三藏記集의 新集安公凉土異經錄 記載의 경전으로서, 僧祐 당시에 존재했고 현재까지도 존재하고 있는 경전을 보면, 그것은 道安이 異經이라 부르고 있는 그대로 特異한 譯語譯風을 가진 경전만으로서, 현재의 金剛三昧經을 그들 異經과 비교하여 보면 그 양식에 있

어서 전혀 닮아 있지가 않는 것이다.[33]

라고 한 바가 있다. 그는 『금강삼매경』만을 그 이경異經들과 다르다고 하여 그 경을 제외한 이경들이 모두 특이한 역어 역풍의 경전들뿐이라고 하였다. 그러나 『불퇴전경』도 그 이경들 속에서(비록 凉土異經으로 되어 있으나) 제외되어야 할 만큼 그 궤를 달리하고 있다.

그러므로 『불퇴전경』을 후대에 수정이 가해진(譯風 양식만이라도) 경전으로 본다면, 양토이경은 4경이 남는 셈이 된다. 이들 4경 중 『삼혜경三慧經』은 그 첫머리에 "佛常欲得三人…"이라 시작되어 앞도 뒤도 없이 불경佛經의 양식을 전혀 갖추고 있지 않은, 그야말로 산설이경散說異經이다. 나머지 3경 중에서 『대애도경大愛道經』은 그 수미首尾가 "爾時佛遊於迦維羅衛釋氏精盧" "…受思歡喜 叉手而聽"으로 되어 있어서 일견一見 이경異經이라 할 만하며, 『법지처경法志妻經』과 『칠지경』은 둘 다 "聞如是"로 시작되어 "佛說如是 莫不歡喜"(前者) "佛說是已 皆歡喜受"(後經)로 끝나고 있어서 외형상으로는 크게 다른 면이 눈에 띄지 않는다. 그러나 청법請法과 불설佛說의 격식이나 위의가 전혀 생략되어 있다는 점 등은 종래 한역불전의 전통과 그 시대적 틀에서 볼 때 도안 법사의 눈에는 양토凉土(甘肅省 지방)적인 면이 짙은 경전(異經)으로 보였던 것이라 하겠다.

그리고 여기에 덧붙여 밝혀 두어야 할 것은 『대애도경』(宋·元本에 한함)과 본 소고小稿의 주제가 되는 『금강삼매경』의 현행경 제題하에 "北凉失譯人名"(北凉失譯)이라고 하여 그 경들이 북량北凉(397~439) 때에 번역된 역자 불명의 경으로 명기한 점이다. 그러나 이것은 분명히 다른

33 앞의 水野 論文, p.43상.

양토이경의 경우처럼 "凉土異經 在[附]北凉錄"에서 착오된 것으로 보아야 할 것이다. 이제 본 것처럼 도안 집록道安集錄(374) 이전의 양토凉土와 도안 사후道安死後(385)의 북량은 전혀 다른 것이기 때문이다. 그러므로 『승우록』에 인용되어 있는 도안 집록의 양토이경을 북량北凉 역으로 보아서는 결코 안 된다는 것이다.

지금까지 대략 보아온 현존(大正藏 所收) 양토이경의 역풍과 경설 양식으로 보아 현행 『금강삼매경』은 도저히 그 경들과 류를 같이하는 경전으로는 볼 수가 없다. 뿐만 아니라 그(凉土異經 즉 道安) 당시에 이미 번역된 경으로도 보기가 어렵다. 오늘날 우리가 볼 수 있는 『금강삼매경』은 구마라집 이후의 역풍 그대로 "如是我聞"에서 시작되어 "善男子"라 부르고, "佛說是經已…皆大歡喜 心得決定 頂禮佛足 歡喜奉行"이라 끝맺고 있다. 앞에서 본 『불퇴전경』의 "如是我聞…. 佛說經已…皆大歡喜頂受奉行 作禮而去"의 경우와 비슷하기 때문에 이 『금강삼매경』도 『불퇴전경』처럼 북량 때나 나집 역후譯後의 어느 때인가에 역어譯語가 수정된 것으로 볼 수도 있을 것이다.

그러나 『금강삼매경』에는 『불퇴전경』의 경우처럼 "善男子"와 "族姓男女"가 섞여 있는 등의 고역古譯(羅什譯 以前)의 흔적은 전혀 보이지 않는다. 뿐만 아니라 그보다 훨씬 후대의 것으로 밖에는 볼 수가 없는 신역어新譯語를 보게 됨으로써 그 경 성립의 시대 하한下限을 짐작하게 하고 있다. 예를 들면,

> 即是摩訶般若波羅蜜 是大神呪 是大明呪 是無上明呪 是無等等呪[34]

---

34 『金剛三昧經』 眞性空品 제6, 『대정장』 9, p.371중. 『대정장』의 본문에는 是無上明呪에 明字가 없는 是無明呪로 되어 있으나 金剛三昧經論(元曉撰) 판본에는

와 제칠식을 '말나末那'[35]라고 한 것이다.

"是大神呪 是大明呪 是無上明呪 是無等等呪"는 말할 것도 없이 현장玄奘(602~664) 역의 『반야심경』[36]에 들어 있는 글귀이다. 위에서 든 『금강삼매경』에서의 것에는 '무상명주無上明呪'가 있지만 현재 『대정장』에는 명明 자가 빠져 있다. 그래서 『대정장』에서의 그 부분만을 보고 현장 역 심경心經의 것을 글자 하나 틀리지 않게 그대로 옮긴 것으로 보는 학자도 없지가 않다. 그러나 원효 찬의 『금강삼매경론金剛三昧經論』[37]의 경문과 그 논석에는 분명히 '무상명주無上明呪'로 되어 있다. 그뿐만 아니고 그 완전한 구절로 볼 때 "即是摩訶般若波羅蜜"이 시대신주是大神呪 앞에 붙어야 되기 때문에 현장 역의 "故知般若波羅蜜多 是大神呪 是大明呪 是無上明呪 是無等等呪"에 해당되는데, 그렇다면 현장 역 그대로가 아님을 알 수 있다. 현재 현장 역 『반야심경』에는 "摩訶般若波羅蜜"로 쓸 근거가 없다. 그 경제經題마저도 '般若波羅蜜多心經'으로서 경 전체에 '마하摩訶'는 들어 있지 않다. 그러나 『반야심경』의 최초 역이라 할 구마라집 역은 "摩訶般若波羅蜜大明呪經"[38]으로서 그 제목에 '마하摩訶'가 들어 있다. 그리고 나집 역의 해당 부분은 "故知般若波羅蜜 是大明呪 無上明呪 無等等呪"로 되어 있어서 시대신주是大神呪가 없고 무상無上과 무등無等의 앞에 시是 자가 생략되어 있다.

그와 같이 두 역을 비교해 볼 때 『금강삼매경』에서는 그 두 역의 그 부분을 취사取捨해서 합성시킨 것같이 보인다. "摩訶般若波羅蜜"과 "無上明呪"는 나집 역에서, "是大神呪" 이하는 현장 역에서 각각 원용

是無上明呪로 되어 있다.

35 『金剛三昧經』 無生行品 3, 『대정장』 9, p.368상.

36 『대정장』 8, p.848하.

37 『金剛三昧經』 하, 眞性空品(동국대학교 1958년 영인본, pp.224~225 등).

38 『대정장』 8, p.847.

하여 합성한 듯하다. 비록 현장 역 그대로 옮긴 것은 아니라 하더라도 현장 역 이전에는 그러한 경어를 볼 수가 없으므로 현장 역의 영향을 부인할 수는 없다고 할 것이다.

그리고 또 『금강삼매경』에서 제7식을 말나末那로 하고 있는데, 이 말나식이란 말 또한 현장 역 이전에는 찾아볼 수가 없다. 이 7식을 종래 중국에서는 흔히 '의意'로 번역하였으며, 남북조 후기의 진제眞諦(499~569)에 의하여 아타나식阿陀那識으로 불리었다.[39] 그러다가 당대의 현장에 이르러 비로소 말나식으로 번역된 것을 보게 된다.[40] 그러므로 현행 『금강삼매경』은 양토凉土의 이경異經일 수가 없고, 설령 후대의 새로운 역어로 대체되는 등 전폭적인 수정과 보완이 가해진 경전이라고 하더라도 그 마지막 손질을 한 시대하한時代下限을 당초(玄奘譯經) 이전으로 끌어올릴 수는 없다고 할 것이다.

현장이 『반야심경』, 『유식삼십송唯識三十頌』(末那識이 들어 있는)을 번역한 것은 정관貞觀 22년(648)에서 23년(649) 사이의 일이다. 그렇다고 『금강삼매경』의 역어가 신역新譯이라는 현장 역 일색으로 되어 있는 것은 물론 아니다. 오히려 구역舊譯이라는 나집 역 쪽의 것을 주로 쓰고 있음을 볼 수가 있다. 즉 이 경에는 "如是我聞"(玄奘譯 同) 다음의 "一時佛"(玄奘譯은 一時薄伽梵)을 비롯하여 "舍利弗(舍利子)·五陰(五蘊)·波羅蜜(波羅蜜多)" 등 거의 대부분이 신역어보다는 구역어를 택하고 있기 때문이다. 그러면서도 내용상에는 나집 역 이후의 교의敎義나 용어들을 많이 담고 있다. 『열반경』의 '一闡提'나 '常樂我淨' 및 '佛性說', 『능가경楞伽經』이나 『기신론起信論』의 '如來藏' 및 '本覺 始覺' 또는 '五法說', 섭론종攝論宗의 설을 닮은 '九識說', 보리달마의 이입사행설二入四行說에

39 眞諦譯, 『轉識論』, 『대정장』 31, p.61하 및 『攝大乘論』 등.
40 玄奘譯. 『唯識三十論頌』, 『대정장』 p.60중 등.

서 볼 수 있는 '二入說' 및 그 후의 초기 선종에서 주장된 '守一入如來禪', 남북조 후기에 크게 유행되었던 참회사상懺悔思想과 정상말正像末사상 등 이루 다 들 수가 없을 정도이다.

특히 진제眞諦 역의 『기신론』(553년譯)이나 『섭대승론攝大乘論』(563~564)의 영향이 컸던 것으로 보이고 있는 점에서, 이 현행 『금강삼매경』의 성립은 그(眞諦 兩譯) 이전으로 거슬러 올라갈 수는 도저히 없다고 하겠다. 더구나 거기에 위에서 본 바와 같이 현장에 의한 역어도 찾아볼 수가 있으므로 『금강삼매경』 성립의 하한 시기를 그 현장 역(般若心經·唯識三十頌譯出 648~649) 이후로 추정하는 것이 타당하리라고 본다. 그렇게 본다면 앞장에서 이미 본 것처럼 원효의 찬소강석撰疏講釋에 의해 비로소 알려지게 된(666년 전후쯤) 『금강삼매경』의 성립 시기가 그리 무리 없이 들어맞는다고 할 수 있을 것이다.[41]

2. 신라 성립경成立經으로서의 특징

『금강삼매경』에 관한 심도 있는 연구로 본고에서 몇 차례 인용한 바가 있는 미즈노(水野) 교수의 논문(菩提達摩の二入四行說と金剛三昧經)[42]은 이 방면에 있어서는 단연 독보적이라 할 만하다. 그는 여기에서

> 本經은 그 내용이 극히 整備되어 있어서, 그 敎說에는 大乘佛敎說로서 거기에 하등의 결함도 모순도 보이지 않는다. 예부터 本經이

41 水野, 앞의 논문, p.57상에는 "その成立時代は 前に論こた如く, 大體 650~665年の十數年間に限 られるようである."라고 하였다.

42 『印度學佛教學研究』(일본인도학불교학연구회, 소화 30년 통권 제6호)에는 동일인의 同一論題 논문이 게재되어 있는데 이는 본 논문의 요약문이라고 할 수 있다.

> 내용적으로도 僞經으로서 의심받은 일이 없이 매우 중요한 경전이라고 여겨져서, 그 경문의 引用이 자주 있었던 것은 그 때문일 것이다. 또 그 譯語에도 부자연한 것은 거의 볼 수가 없다. 그러나 자세히 점검해 보면 譯語로서 다소 묘한 점이 없는 것은 아니다.

라고 전제한 다음에, 본경이 번역경으로 보기 어려운 몇 가지 점을 들고 있다. 그 요점을 간추려 보면 대략 다음과 같다.

첫째, 이 경의 등장인물로서 '阿伽陀比丘·解脫菩薩·心王菩薩·無住菩薩·大力菩薩·梵行長者' 등의 이름이 흔히 볼 수 없는 이름이라는 점.

둘째, 이 경의 첫머리에 1만 인의 대비구중이 모두 아라한도를 얻었다(皆得阿羅漢道)고 있는데, 이는 수행의 결과 얻게 되는 것이 아라한과이므로 아라한에 도달하기 위한 수행의 길인 아라한도를 얻었다고 하는 것은 인도印度의 원문에는 결코 없다는 점.

셋째, 이 경에는 제9식의 이름을 '암마라식庵(唵)摩羅識'이라고 하였는데 진제眞諦에 의해 이 식이 아마라식阿摩羅識이라 음역되었으므로 번역경이라면 암마라식庵摩羅識이 될 수 없다는 점.

넷째, 이 경에는 회삼귀일會三歸一의 비유로서 회淮·하河·강江·해海의 예를 들고 있는데, 이 또한 중국의 회수淮水·황하黃河·양자강揚子江을 지칭하고 있으므로 인도 서역西域의 원전에는 그러한 것이 씌어질 수 없지 않겠는가 하는 점이다. 그리하여 그는

> 以上과 같이 教理內容의 위에서나 또 種種의 用語上에서 보아, 다시 本經이 세상에 소개된 傳說 이야기에서 생각하여, 本經이 印度 西域의 原典에서 번역된 것이라고 하기에는 많은 의문점이 있

는 것 같다.

라고 하였다.[43] 그러나 그는 위의 네 가지보다도 실은 그 논문의 주제에서 보여 주듯이 달마의 설로 알려진 이입사행설二入四行說이 『금강삼매경』에 영향을 주었다는 문제에 역점을 두고 있는데, 그는 종래 학자들이 달마의 이입사행설을 『금강삼매경』에서 취해 간 것이라는 견해[44]를 뒤엎고, 도리어 『금강삼매경』이 달마의 이입설二入說을 채용한 것임을 주장하고 있다. 그러므로 이입설이 그의 논증대로 달마의 설에서 따온 것이 사실이라면, 『금강삼매경』을 번역경으로 보기가 어렵다는 그의 열거는 앞의 네 가지에서 하나를 더 보탠 다섯 가지가 된다고 하겠다. 그래서 그는 다음과 같이 자신의 견해를 정리하고 있다.

> 즉, 金剛三昧經과 菩提達磨의 二入四行說과의 관계를 보면, 二入四行說은 金剛三昧經에서 채용된 것은 아니고 오히려 달마설이 金剛三昧經에 依用되어진 것 같다. 앞에서 본 것과 같이 金剛三昧經의 안에는 南北朝에서 隋代에 걸쳐 中國佛教에서 문제가 된 많은 佛教教理가 망라되어 있다. 따라서 그 속에는 당시 새롭게 일어난 達摩禪의 二入四行이나 守心의 설이 포함되어 있어도 이상하지는 않다. 이와 같이 보아 오면 金剛三昧經은, 唐의 初頃에 당시의 여러 가지 불교학설에 通한 자가 그들 佛教의 諸學說을 묶어서 만든 僞

43 水野, 앞의 논문, pp.42상~43상.

44 淸 誅震, 『金剛三昧經通宗記』 1(卍續藏 1, 55, 3, p.228後下), 同7(같은책, p.264前下). 宇井伯壽, 『禪宗史研究』, pp.23~24. 鈴木大拙, 「達摩の禪法と思想的背景」, 『少室逸書解說』 부록, 安宅佛教文庫, 소화 11년 및 『禪思想史研究』 제2(岩波書店, 소화 26년) 등.

經이 아니었을까 여겨진다.[45]

그와 같이 『금강삼매경』을 당唐 초경初頃에 당시의 불교학에 정통한 자가 만든 위경으로 보려고 하였던 그였으나, 그 제작지를 앞에서 잠시 본 것처럼 중국의 어느 지방으로 보고자 하였다. 즉 그는

> 山東地方이나 遼東地方의 어느 地方이었을 것이다. 그 製作地가 신라 그 곳, 또는 元曉가 스스로 지었을 것으로는 아무래도 생각되지 않는다. 그는 本經을 僞經으로는 보고 있지 않다. 번역된 眞經으로 하고 있었던 것은 그의 註釋文에서도 명확히 알 수가 있다(그러나 그가 모든 사정을 알고 있었으면서도 고의로 眞經인 것으로 註釋한 것이라고 생각할 수 없는 바는 아니지만).[46]

라고 하여 그 경의 성립지를 신라로는 보려고 하지 않았음을 엿보게 하고 있다.

위의 인용문을 통해 볼 때 그는 "원효元曉가 모든 사정을 알고 있으면서도 고의로 진경眞經인 것처럼 주석註釋한 것으로도 생각할 수 없는 것은 아니나"라는 단서를 붙여 비록 조심성을 보이고는 있으면서도 원효 자신의 주석문을 통하여 『금강삼매경』이 원효의 작이 아님은 물론 신라에서 이루어진 것으로조차 볼 수 없다는 견해를 분명히 하고 있는 것만은 틀림이 없다고 하겠다. 그러나 원효의 소석疏釋에서 위경僞經적인 면을 조금도 느낄 수 없고 오직 진경으로 믿어서 추호도 의문점을 발견할 수가 없기 때문에 그 경전이 신라에서 성립한 것으로 볼 수가

45 水野, 앞의 논문, pp.56하~57상.
46 앞의 논문, p.40하.

없다고 한다면 그것은 사리에 맞지가 않다. 실은 원효의 찬소撰疏 자체를 통해서는 경의 신라 성립을 부인할 아무런 근거를 찾을 수가 없다. 오히려 원효에 의해 최초로 소석疏釋이 이루어졌다는 사실이 경의 성립처를 암시해 준다고도 할 수가 있을 것이다.

지금까지 우리는 미즈노(水野) 교수의 그 논문을 통해서 『금강삼매경』을 번역경으로 볼 수 없는 몇 가지 근거와 사례를 대충 옮겨 보았다. 그 사례들만으로도 현행 『금강삼매경』이 중국의 전통적인 번역경이 아님을 짐작할 수가 있다. 그러나 그 경을 좀 더 자세히 살펴보면 중국에서 성립된 위경이라기보다는 앞장에서 보아온 신라집성경으로서의 면모를 더욱 입증해 주고 있다고 할 것이다.

이 경을 펼쳐 보면 미즈노 교수의 지적 외에도 우선 눈에 띄는 몇 가지 문제점을 발견하게 된다. 경전에 나오는 순서에 따라 사항별로 그 대강을 살펴보고자 한다.

첫째, 세존을 존자로 통칭하고 있는 것을 들 수가 있다.

서품序品의 "爾時尊者大衆圍遶"[47]와 무상법품無相法品의 "爾時尊者從三昧起"[48]는 원元·명본明本에서는 세존世尊으로 되어 있어서 존자尊者가 세존世尊의 오자誤字로 볼 수도 있겠으나, 무상법품 제2에서 비롯하여 총지품摠持品 제8에 이르기까지 청법자請法者가 불佛에게 문법할 때마다 한결같이 존자(而白佛言, 尊者…)로 통일되어 있는 것으로 보아 오자가 아님을 알 수가 있다. 다시 말해서 이 경에서는 세존이라고 해야 할 곳을 모두 존자라고 하여 있는데, 중국의 전역경은 물론 의위경疑僞經에서도 볼 수 없는 일이다.

불佛을 지칭하거나 호칭(請法者가)할 때에는 당연히 세존世尊으로 통

47 『대정장』 9, p.366상.
48 『대정장』 9, p.366중.

일되어 있고, 불제자들을 일컬을 때에 존자尊者(尊者舍利弗 尊者目犍連 등)로 쓰는 것이 거의 통례로 되어 있다. 그처럼 한역경에 있어서 세존과 존자는 그 용례가 분명히 구분되어 있다. 뿐만 아니라 범어梵語로도 세존은 bhagavat 또는 lokanātha 등이며, 존자는 āyuṣmat 또는 sthavira 등으로 되어 있어서 각각 다르다. 그런데도 원효의 소석에서는 존자를,

具五通達爲世所尊 於甚深法 如義說故[49]

즉, 다섯 가지를 모두 통달하여 세상의 존중을 받고 심심미묘한 법을 여의如義히 설하기 때문이라고 설명하였다. 원효의 존자尊者에 대한 해석은 바로 세존의 뜻풀이가 된다. 그러므로 이 경에서는 세존을 쓰지 않고 아예 존자로 통칭하고 있음을 알 수가 있다.

둘째, 청법請法의 예의禮儀가 매우 단조롭고 특히 합장호궤合掌胡跪라 쓰고 있는 점을 들 수가 있다.

원효는 이 경서經序의 문세文勢가 『법화경法華經』과 비슷하다[50]고 하였으므로 『법화경』의 청법례請法禮를 예로 들어 비교해 보고자 한다. 『법화경』에서는 "即從座起整衣服 偏袒右肩右膝着地 一心合掌曲躬恭敬 瞻仰尊顔白佛言"[51]과 "即從座起 偏袒右肩合掌向佛 而白佛言"[52]의 두 유형을 볼 수 있는데, 『금강삼매경』에서는 "即從座起 合掌胡跪而白佛言"[53]과 "從座而起 叉手合掌 以偈問曰"[54] 및 "即從座起 前白佛

49 앞의 影印本, 『金剛三昧經論』 상, pp.22~23.
50 앞의 책, p.15, "此經文勢 似法華序…."
51 구마라집 역, 『妙法蓮華經』 2, 信解品(『대정장』 9, p.16중) 등.
52 『대정장』 9, p.366중. 이밖에도 '合掌胡跪'는 이 경에 여러 군데 보인다.
53 구마라집 역, 『妙法蓮華經』 7, 陀羅尼品(『대정장』 9, p.58중) 등.
54 『대정장』, p.367중.

言"[55] 등으로 타경他經에 비하여 매우 단조롭게 수식이 적은 편이다. 특히 '합장호궤合掌胡跪 이백불언而白佛言'이 다른 경우에 비해 많이 보이므로 이 경에서의 특징이라 할 수 있다.

중국 한역경漢譯經에서 '합장호궤'라는 청법예의請法禮儀 표현은 썩 보기가 어렵다. 거의 대부분이 "偏袒右肩右膝着地 合掌向佛"을 통례로 하고 있으며, 간혹 '장궤차수長跪叉手'를 볼 수가 있다. 또 호궤胡跪라는 표현은 매우 드물기도 하지만 이것이 쓰여질 경우에는 '호궤합장胡跪合掌'이라 하여 합장이 뒤로 간다. 그리고 또 그러한 경우에도 앞에 수식어가 많이 붙어서 "即從座起 整衣服 偏袒右肩 爲佛作禮 繞佛三匝 胡跪合掌 白佛言"[56]이라 하여, 『금강삼매경』과는 많이 다르다. 말하자면 『금강삼매경』에서는 위의 경우를 줄여서 이 경의 체제에 맞게 정착시킨 것이 합장호궤가 아닌가 싶다.

셋째, 불佛의 문법자에 대한 호칭에 특징이 있는 점을 들 수가 있다.

중국 한역경의 경우 문법자에 대한 불佛의 호칭은, 나집 이전에는 "族姓子"이며 그 이후에는 "善男子"라고 하는 것이 거의 통례로 되어 있다. 그러면서 불佛은 상대방의 이름을(舍利弗아, 阿難아, 憍尸迦(帝釋)여, 文殊師利여 등) 부르기도 하며 여汝라고 지칭하기도 한다.

물론 이 『금강삼매경』에서도 선남자니 여汝니 하는 말을 쓰고는 있다. 그러나 다른 한역경들에서 흔히 볼 수 있는 "사리불舍利弗아, 아난阿難아" 하는 투는 전혀 찾아볼 수 없고, 그들 가장 가까운 제자들에게도 선남자라 부르고 있다. 뿐만 아니라 거기에 등장하는 해탈解脫·심왕心王·무주無住·대력大力 등 보살에게 불佛은 선남자라 부르면서도 경우에 따라서는 자주 "보살菩薩이여"라고 부르며, 특히 지장보살의 경우에

55 『대정장』, p.369중.
56 구마라집 역, 『禪法必要法經』 상(『대정장』 15, p.243상).

는 "보살마하살이여"[57]라 부르고 있다. 또 범행 장자梵行長者의 물음에는 한 번의 선남자도 없이(마지막 부분에 諸善男子를 비롯하여 선남자를 쓰고는 있으나 이는 梵行長者만을 상대로 한 것이 아님) 줄곧 "장자長者여"로만 일관하고 있다.[58]

이와 같은 면도 전통적 중국의 한역 경전에서는 찾아보기가 어려운 사례이다. 상당히 한국적인 풍도가 엿보이는 어법이 아닌가 여겨진다.

넷째, 각 품마다 청[문]법자請(問)法者가 바뀌어 교설敎說이 정연한 점도 특징으로 들 수가 있을 것이다.

이 경에만 특별히 국한된 것은 아니겠지만 한 품에 한 인물(마지막 제8품만은 地藏 외에 맨 끝으로 아난이 등장하여 마무리짓고 있다.)이 정연하게 등장하여 문법問法하고 있다. 그 품제品題 및 내용과 각 품의 등장인물명이 매우 조화되어 보이는 것에서도 전통적 한역 경전에서 보기 어려운 예라고 할 수 있을 것이다.

이제 대충 들어본 네 가지, 즉 세존世尊을 존자尊者로 통칭하고, 합장호궤合掌胡跪라는 간단한 표현으로 의례를 표하고, 선남자善男子 외에 상대방의 이름을 부르지 않고 보살이나 장자라는 대명사를 쓰며, 일품一品 일청법자一請法者로 심오한 교의를 정연하게 펼치고 있는 것 등을 통해서, 이 경이 중국에서 번역된 경전으로는 볼 수가 없다는 확인을 가능하게 한다고 할 수 있다. 비록 앞에서 중국의 회하강淮河江을 회삼귀일會三歸一의 비유로 들고 있음을 보았지만 그 때문에 중국에서 이루어진 위경이라고 단정할 수는 없다. 중국불교의 영향을 크게 받고 있었던 당시의 신라에서도 얼마든지 그러한 비유를 들 수가 있기 때문이다.

한마디로 말해서 경설의 내용과 용어 및 전체의 짜임새 등을 통해

57 『金剛三昧經』, 摠持品 8(『대정장』 9, p.372하).
58 『金剛三昧經』, 如來藏品 7(『대정장』 9, p.371~372상).

볼 때 『금강삼매경』은 중국의 전역경傳譯經이라고는 할 수가 없고, 조금도 빈틈없이 불의佛意에 모두 부합되는 귀중한 경전이므로 더욱 위경이라고 할 수는 없으며, 신라의 불교가 불설佛說의 진수를 재결집한 우리나라의 진경眞經이라고 할 수가 있을 것이다.

3. 위경僞經 및 집성자 문제

이상에서 본 바와 같이 출경설화出經說話를 통해서나 경록사적經錄史的인, 또는 경설상經說上으로 보아, 『금강삼매경』이 신라에서 훌륭하게 집성된 경전임을 알 수가 있다. 그것이 틀림없는 사실이라고 하더라도 여기에는 그냥 넘어갈 수 없는 두어 가지 문제가 남는다고 할 것이다.

그 두 가지란 위경이 아니냐는 것과, 집성자가 누구인가 하는 문제이다. 인도에서 전해진 원전을 번역한 것이 아닌 경전을 위경이라고 한다면 『금강삼매경』은 당연히 진경眞經일 수가 없다. 따라서 역자가 없는 위경이 신라에서 이루어졌다면 그 또한 반드시 지은 사람이 있을 것이기 때문이다.

1) 진眞·위경僞經 문제

글자 그대로 본다면 진경眞經은 석존釋尊 친설親說의 가르침을 한마디의 첨삭添削도 없이 원형 그대로를 고스란히 기록해 놓은 경전이며, 의위경疑僞經은 후대에 와서 덧붙여지고 지어진 경전이라고 하겠다. 그러나 석존釋尊 당시에 글자로 기록되어진 것이 아니고 그 후대에 와서 문자화되어 이루어진 경전이라면 엄격히 말해서 금구친설金口親說의 진경眞經이라고는 할 수가 없을 것이다. 오늘날 우리가 볼 수 있는 불설경전은 모두가 불멸佛滅 후에 글자로 옮겨지게 되면서 결집된 경전에 속한다.

그렇게 본다면 엄격히 말해서 불교 경전에는 석존직설釋尊直說의 진경眞經이란 있을 수 없는 것이 된다. 경전은 시기에 상응해서 불교인들에 의해 말이 덧붙여지고 설명이 이어져서, 교설의 내용은 때와 곳과 사람에 의해 끊임없이 변화하고 발전하며 또한 증가되기에 이르렀다고 할 수 있다. 그래서 중국에 전해졌던 원전은 인도불교에 있어서의 시간적인 발전 단계까지도 무시하고 이것을 신봉하는 많은 사람들에 의해서 임의로 옮아져 와서, 더욱이 그 원전이 경과한 지방의 풍물과 사상 등의 영향까지도 더 첨가시켜 가면서, 드디어 새로운 대지에서 새로운 언어에 의해 역출譯出되어진 것이다. 그렇게 중국에서 한역이 되어질 때에는 당연히 이 새로운 땅의 사상과 풍물 등의 영향을 민감하게 받아들여서 역어譯語의 하나하나에까지 그 자취를 남기고 있는 것이라 할 수 있다.[59]

사실이 그와 같은데도 일찍부터 중국에서는 진경과 의경을 구분하였다. 실은 구분이라기보다는 불경佛經이라고 할 수 없는 위작僞作된 것을 따로 가려내었다고 해야 옳을 것이다. 그래서 동진東晋 대의 도안道安이 그의 경록經錄(綜理重經目錄)에서 불경佛經이 아니라고 생각되는 것(26부 30권)을 열거하여(今列意謂非佛經者) 의경록疑經錄에 실었던 것이라[60] 하겠다. 본 『금강삼매경』을 비로소 습유현존경拾遺現存經으로 편입시켰던 당대 지승智昇의 『개원록開元錄』에서는 392부 1,055권이나 되는 의위경疑僞經을 의망란진경疑妄亂眞經에 올리고 있는데, 그는 "위경僞經이란 사견으로 만들어져서 진경眞經을 어지럽히는 것(僞經者 邪見所造 以

59 牧田諦亮著, 『疑經硏究』 序 pp.1~2(京都大學人文科學硏究所, 소화 51년).
60 『出三藏記集』 5, 新集安公疑經錄(『대정장』 55, p.38중하).

亂眞經者也)"이라고 하였다.[61]

그러므로 불경이라 할 수 없는 것(謂非佛經者)이나, 사견으로 만들어져서 진경을 어지럽히는 것(邪見所造 以亂眞經者)이 아닌, 불의佛意에 부합되는 경전은 의위경에 속하지 아니하므로 진경이라고 할 수가 있다는 논리가 성립된다고도 하겠다. 그러나 종래 중국에 있어서 위경과 진경의 구분은 그것이 번역된 경전이냐 아니냐를 기준으로 삼아 왔던 것 같다. 진경으로 입장入藏되어 중요시된 불전 중에는 중국에서 이루어진 것도 적지가 않은데, 그 불전들이 위경으로 처리되지 않고 진경으로서 입장되어진 중요한 이유는 바로 번역 경전과 똑같은 내용과 외형적 체제를 갖추고 있기 때문이라고 할 것이다.

현재 구마라집 역으로 입장되어 있는 『인왕반야호국경仁王般若護國經』(대정장 8)이나 『범망경梵網經』(同24) 및 수隋 보리등菩提燈 역 『점찰선악업보경占祭善惡業報經』 등 많은 의위경전疑僞經典이 『개원록』을 이어서 송판宋板 이래의 대장경간본大藏經刊本 속에 진경으로 들어가 있다고 한다.[62] 그러한 사례를 따른다면 습유경拾遺經이 아닌 신라에서의 성립경인 『금강삼매경』이 대장경에 입장되었다 해서 조금도 이상할 것이 없다고 하겠다. 번역 경전이 아니라고 해서 위경이라고 한다면 어쩔 수가 없는 일이지만 불의佛意를 불전 성립의 절대요인이라고 한다면 『금강삼매경』은 신라라는 불교 세계가 훌륭하게 이루어 놓은 해동불교의 경전이라고 할 수가 있을 것이다.

2) 집성자 문제

아무리 후대에 와서 결집하였다고 하더라도 불경은 불설佛說이므로

61 『開元釋教錄』 18, 別錄中 僞妄亂眞經(『대정장』 55, p.672상).

62 앞의 牧田, 『疑經硏究』, p.8.

따로이 찬집자撰集者의 등장을 필요로 하지 않는다. 그래서 불전佛典 앞머리에 반드시 '如是我聞'이라 하여 있는 것이다.

『금강삼매경』이 비록 신라에서 이루어졌다고 하여도 그것은 분명히 불의佛意에 부합된 불설 경전이기 때문에 그 첫머리에는 분명히 "如是我聞"으로 시작되어 있다. 여시아문如是我聞이라 하여 불설佛說임을 밝히고 있으므로 여기에 따로 찬집자를 찾는다는 것은 부질없는 짓이라 하겠다. 그러나 아무리 밝힐 수가 없다고 해도 누군가가 있어서 그와 같이 이루어진 것만은 틀림이 없다.

여시아문이라는 금강벽金剛壁으로 막아 놓았기 때문에 도저히 비집고 들어갈 수는 없으나 그 안에 분명히 집성자라는 누군가가 있기는 있다. 도로徒勞에 그칠 줄을 번연히 알면서도 구태여 찾아보려고 한다면 거기에는 무엇인가 잡힐 지푸라기라도 있기 때문이라고 하겠다. 그 지푸라기가 바로 출경설화出經說話에 나오는 전차철봉자銓次綴縫者와 찬소강석자撰疏講釋者라고 할 것이다.

말할 것도 없이 대안大安 성자와 원효元曉를 가리키는 것이지만 그들이 찬성자撰成者라는 뜻은 아니다. 다만 그 밝혀진 두 인물을 통해서 집성자의 범위를 더듬을 수가 있지 않을까 하는 것뿐이다.

그러나 설화 그대로라면 적어도 대안이라는 인물은 그 집성자의 범주 안에 넣어도 무방하리라고 본다. 앞에서 본 바이지만 대안이 그 산경散經의 차례를 바로잡고 8품으로 이루었다(安得經 排來 成八品)는 것이므로, 그 경 집성의 끝마무리를 대안이 한 것으로 되어 있기 때문이다. 그렇다면 그가 『금강삼매경』 집성자의 하나(또는 완성책임자)임이 분명하다고 하겠으나 그 역시 대안은 별명이므로 본명을 알 수가 없다.

원효는 그 경을 찬소강석撰疏講釋한 최초의 유포자로 보이고 있으므로, 그 사실만 가지고는 간접적인 경전 집성자라 할 수가 있겠다. 물론 직접 집성에 참여했다고 해서 찬소강석할 수 없는 것은 아니지만, 용왕와 대안의 지명에 의해 소석疏釋하게 되었다는 설화의 내용으로 미루어 본다면 원효는 집성자의 열에 끼이지 않았던 것도 같다. 일단 경전이 이루어진 다음에 소석을 부탁할 수가 있었기 때문이다.

여기에 원효가 찬소撰疏 및 유포자라고 볼 때 집성자의 선상에 떠올릴 수 있는 인물이 하나 있다. 그가 바로 혜공惠空인데, 거기에는 두 가지의 이유가 있다고 하겠다. 첫째는 원효가 제경소諸經疏를 찬술할 때면 언제나 혜공에게로 가서 질의하였다는 것이며,[63] 그 다음은 대안大安과 원효처럼 혜공도 매우 적극적인 서민교화의 선각자였다는 점이다.

원효가 제경소를 찬술할 때마다 질의하였다면 혜공은 원효의 스승격이 된다. 특히 『금강삼매경』의 소석을 지명받았던 원효가 그 소疏를 지을 때에도 혜공을 찾아갔을 것이다. 거기에다가 원효가 거사 차림으로 무애호無碍瓠를 쥐고 노래와 춤으로 방방곡곡을 교화하고 다닌 것보다 앞서서 혜공은 역시 거사 차림으로 삼태기를 등에 지고 노래와 춤을 추며 골목길을 누비며 교화하였다고 한다. 또 대안은 언제나 시장바닥에서 역시 거사 차림으로 동발銅鉢을 두드리며 "대안大安 대안大安"을 외치고 돌아다녔으며, 왕궁에서 불러도 가지 않고 산경散經을 가져오게 하여 시장바닥에서 배래성팔품排來成八品하였다는 서민 속에 산 성자였다. 그러한 일맥상통하는 점들과 원효의 질의를 일깨워 줄 수 있었던 성사聖師[64]였다는 점 등을 연관시켜서, 혜공도 『금강삼매경』 집성자의 열에 끼일 자격이 있지 않았겠는가 하는 것이다.

또 원효의 임시축언臨尸祝言이 너무 번거롭다 하여 '생사고위生死苦爲'

---

63 『三國遺事』 권4, 義解 5 釋惠空條.

64 『三國遺事』 권3, 塔像 4 東京興輪寺金堂十聖條에는 혜공이 원효와 함께 10聖師의 하나로 들어 있다.

라 고쳐 주었고, 자신을 사라쌍수 사이에서 열반에 든 석가불에 비유하면서 연화장세계에 들어갔다[65]는 서민庶民 사복(그도 十聖 중의 하나임)도 좀 무리이기는 하나 원효와 결부시켜서 생각해 볼 수 있는 인물의 하나가 아닌지도 모르겠다.

혹자는 『금강삼매경』에 이입설二入說을 비롯한 달마선達摩禪의 영향이 보이는 것을 근거로 하여 신라의 달마선 초전자初傳者로 전해지는 법랑法朗을 그 집성자의 하나로 보려고도 한다.[66] 법랑이 4조祖 도신道信(580~651)의 법을 받고 귀국한 것이 사실이라면 시기적으로는 무리가 없으나 그 자료[67]는 다분히 전설적인 데가 없지 않으며, 사실성을 인정할 만한 그의 제자 「신행비神行碑」[68]에 의한다면 그 활동 시기에는 무리가 많다. 즉 신행神行(704~779)이 법랑의 법을 전해 받고 입당入唐했다는 것이므로, 신행이 30세 때 법을 받았다고 한다면 733년의 일이 되는데, 686년에 입적한 원효의 50세(666) 전후에 그 경이 이루어진 것이라면 704년에 태어난 신행에게 법을(733년 전후에) 전한 법랑을 거기에 시기적으로 맞추기가 매우 어렵다고 할 것이다. 뿐만 아니라 달마선의 영향이 그 경에 보인다고 해서 원효 당시의 신라 교계에 활동한 흔적을 전혀 찾아볼 수 없는 법랑을 그 경 찬성자撰成者의 하나로 등장시킨다는 것은 현재로서는 그 근거가 너무 희박하다고 할 수 있다.

어쨌든 대안과 원효를 미루어 혜공도 상당히 집성자 선에 근접시킬 수 있는 인물로 볼 수가 있는데, 당시 서민대중 속에 살면서 교화활동

---

65 『三國遺事』 권5, 蛇福不言 條.

66 Robert Evans Buswell: 「The Korean Origin of "The Vajrasamādhi-sūtra" A Case Study in Determining the Dating, Provenance and Authorship of a Buddhist Apocryphal Scripture」.

67 「鳳巖寺智證大師碑」, 『조선금석총람』 상, pp.90~91.

68 「斷俗寺神行禪師碑」, 『조선금석총람』, p.114. "…年方壯…運精律師五綴一納練苦二年 更聞法朗禪師 在踋踞山傳慧燈則詣其所 頓受奧旨…."

을 했던 성자들과 『금강삼매경』과는 깊은 관련이 있었을 것만은 틀림이 없다고 하겠다. 그 경의 유통부분에 보면

> 是人이 心無得失하여 常修梵行하고, 若於戲論이라도 常樂靜心하며, 入於聚落하여도 心常在定하고, 若處居家라도 不著三有하며… 樂度衆生하고 能入聖道라.[69]

라고 있는데, 빈천한 민중과 더불어 살면서 그들을 일깨운 당시 신라 성자들의 생활과 많이도 닮아 있다고 할 수 있을 것이다. 그리고 이 경의 집성자에 따르는 문제들은 따로 자세히 검토해 볼 기회를 갖기로 한다.

맺음말

지금까지 『금강삼매경』의 성립사적인 문제에 관해서 대충 살펴보았다. 『금강삼매경』은 매우 중요한 불교교리를 많이 담고 있어서 어떤 면에서는 종합적 불교학의 논서라고도 할 만큼 철학적인 경전이라 하겠다. 이는 바로 신라 교학의 특징인 통불교사상에 기반을 두었기 때문이라고 할 수가 있는데, 이 경설 자체의 중요한 문제들은 계속해서 철저히 연구되어야 할 것이다.

그만큼 중요하고 짜임새 있는 경전이기 때문에 중국불교계에서 『개

---

69 『金剛三昧經』, 摠持品 8(『대정장』 9, p.374중).

원록開元錄』에 습유경拾遺經으로 편입하고 또 입장入藏한 뒤로부터 줄곧 전역傳譯 진경眞經으로서 추호의 의심도 받지 않았다고 할 수가 있다. 그러나 앞에서 살펴본 것처럼 그 출경설화나 제경록諸經錄의 소전所傳 및 경설 자체를 통해서 우리는 이 『금강삼매경』이 신라에서 성립된 경임을 밝혀 볼 수가 있었다.

해동海東의 경전인 이 『금강삼매경』이 공교롭게도 일찍이 궐경闕經이 되어 버린 양토이경록涼土異經錄 중의 한 경과 이름이 같은 관계로 북량北凉 실역경失譯經으로서 습유편입拾遺編入되어 오랫동안 그 본색을 드러내지 못하고 있었다. 오히려 그렇게 습유편입되었기 때문에 진경眞經의 대접을 받아 왔는지도 모를 일이다. 후대의 학자들이 많은 의위경疑僞經을 가려내었지만 현행 『금강삼매경』은 끝까지 위경僞經이라는 주목을 받지 않았다. 그것은 변장술이 교묘해서가 아니라 그만큼 그 내용이 완벽하기 때문이었을 것이다.

이 『금강삼매경』은 신라에서 성립된 경이기 때문에 이 속에는 우리나라의 독특한 교학을 간직하고 있다. 성립사적인 문제도 중요하지만 우리의 교학을 찾는 일은 더욱 중요하다. 여러 각도에서 이 경이 연구 검토되어 그 진가가 하루 빨리 빛을 발하게 되어야 할 것이다.

5

정중종의 법계와 그 선사상

/ 김진무

〈선정 이유〉

• 김진무, 「정중종의 법계와 그 선사상」, 『선학』 제44집, 한국선학회, 2016, pp.99~128.

선정 이유

이 논문은 동아시아 선종사에서 독자적인 위상을 남긴 신라 출신 정중 무상의 법계와 그 선사상에 대해 동산법문과의 관련 속에서 풀어내고 있다는 점에 주목하여 선정하였다. 저자는 무상의 수계의식이 동산법문에서 비롯된 것이라는 추정을 근거로 무상의 수계의식과 관련된 기록들로부터 동산법문의 수계의식을 역으로 추정할 수 있는 가능성이 있다고 밝히고 있다.

저자는 무상의 핵심적인 선법인 '무억·무념·막망'의 삼구는 '계·정·혜' 삼학에 대한 새로운 해석이며, 이를 모두 '염불기'와 '무념'으로 귀결시키는 연원이 오조 홍인의 선법에 있음을 고찰하고 있다. 또 무상의 선의 연원이 도신으로부터 시작되어 오조 홍인으로 계승된 동산법문과 긴밀하게 이어지고 있다고 주장하고 있다.

저자는 종밀은 『원각경대소석의초』 등에서 무상의 정중종의 선사상을 북종과 보당종과 함께 '식망수심종'으로 평가하고 있으며, 특히 정중종을 이었다는 무주의 보당종에 대해서는 '교행에 구애받지 않으면서 멸식함(教行不拘而滅識)'으로 비판하고 있다는 것을 전거로 들고 있다. 이러한 종밀의 평가는 자신의 '공적영지'를 중심으로 하는 '법성교학'의 기준에서 나타난 것이라고 파악하고 있다.

저자가 홍인의 『최상승론』의 시작에 혜정의 『반야바라밀다심경소』의 끝부분을 전재하고 있으며, 이것은 혜능과 신회가 『금강경』을 소의경전으로 제창함을 설명하는 데 중요한 매개가 될 수 있다는 지점, 그리고 사천 지역의 성도에서 선법을 펼쳐 정중종이 동산법문의 홍인→지선계를 계승하고 있음을 무상의 선사상을 통해 밝히고 있는 지점에서 이 논문의 의미와 학문적 가치를 찾을 수 있다.

Ⅰ. 서언

중국 선종의 연원과 성립에 있어서는 다양하게 논할 수 있지만, 본격적인 출발은 바로 도신道信이 개창開創하고 홍인弘忍이 계승한 '동산법문東山法門'으로 설정하고 있음은 이미 학계에 공인된 사실이다. 사실상 동산법문으로부터 중국 선종의 모든 계파가 전개되고 있어 그 의의는 상당히 중요하다고 하겠다. 또한 동산법문이 선종의 본원으로 알려지면서 각 계파는 그 정통성을 확립시키기 위해 모두 동산법문과 관련된 법맥을 설정하고자 하였다. 특히 동산법문 이전의 달마達摩-혜가慧可의 계열과, 도신-홍인의 동산법문을 연결하여 '조통부법설'을 설정하였고, 삼론학三論學과 중현학重玄學을 결합시켜 독자적인 발전을 이룬 우두종牛頭宗도 또한 동산법문으로 법계를 연결시키고 있음을 볼 수 있다. 물론 이 과정에는 여러 가지 복잡한 까닭들이 존재하고 있으며, 그에 대한 연구는 이미 다양한 측면에서 진행되어 왔다. 근대에 돈황 문서들이 발견되면서 초기 선종에 관련된 연구가 활발하게 진행되었고, 또한 그러한 연구 성과를 바탕으로 하여 더욱 다양한 주제로 확대되어 수많은 논문들이 제시되어 왔다.

본고에서는 동산법문을 계승한 여러 계파 가운데 중국 사천四川 지방에서 활동하였던 정중종淨衆宗에 대하여 그 법계와 선사상을 논구하고자 한다. 이에 관련된 연구도 또한 돈황본 자료를 통하여 다양하게 논구되었으며, 그러한 연구에 따라 이미 대체적인 진면목이 드러나 있다고 하겠다. 그에 따라 본고에서는 기존의 연구 성과[1]를 참조하여 정중종의 법계와 그 선사상을 살펴보기로 하겠다.

Ⅱ. 정중종淨衆宗의 법계

정중종을 개창한 무상無相은 신라 출신으로 알려져 있으며, 이미 최치원崔致遠이 찬술한 「지증대사비智證大師碑」에 그 이름이 보이고 있고,[2] 또한 최인연崔仁渷의 「낭공대사비朗空大師碑」에는 낭공이 정중사淨衆寺를 참배하였다는 기록[3]이 남아 있다. 이로부터 무상 선사는 당대에 이미 신라에까지 널리 알려져 있음을 추정할 수 있다. 역대로 무상 선사와 관련된 자료는 종밀宗密의 『중화전심지선문사자승습도中華傳心地禪門師資承襲圖』와 『원각경대소초圓覺經大疏抄』에 그 법맥이 언급되어 있고, 송대에 편찬된 『송고승전宋高僧傳』과 명대에 편찬된 것으로 알려진

1 이와 관련된 대표적인 연구 성과들은 田中良昭의 「敦煌禪宗文獻分類目錄初稿」(『駒澤大學佛教學部研究紀要』 27號, 1969年 3月), 『敦煌禪宗文獻の研究』(大東出版社, 1984), 柳田聖山의 『初期禪宗史書の研究』(法藏館, 1968), 『初期の禪史Ⅰ』(筑摩書房, 1971), 『初期の禪史Ⅱ』(筑摩書房, 1976) 등이 있으며, 이러한 연구 성과들을 결집한 鄭性本의 『中國禪宗의 成立史研究』(민족사, 1991)가 있고, 이와 관련된 수많은 논문들이 존재한다. 또한 淨衆·保唐宗과 관련된 『歷代法寶記』는 柳田聖山의 저술을 번역한 楊氣峰의 『초기선종사Ⅱ』(김영사, 1991)에 실려 있다.

2 이능화 편, 조선불교통사편찬위원회, 『역주조선불교통사』 상권 1, 동국대학교출판부, 2010. p.374 참조.

3 위의 책. p.489. "건부乾符 2년(871), 성도成都에 이르러 여러 곳을 순례하다가 정중정사靜衆精舍에 이르러 무상 대사無相大師의 영당에 예경하였는데 (무상)대사는 신라 사람이다. 영정에 참배한 후 후세에 남긴 아름다운 일화들을 모두 들어보니, 당제唐帝의 도사導師이며 현종玄宗의 스승이었다. 같은 나라 사람이면서도 그 시대가 달라, 후대에 법을 구하러 와서 그 자취를 찾게 된 것이 한스러울 뿐이었다."

『신승전神僧傳』에 그 전기가 실려 있으며, 또한 돈황본의 『역대법보기』[4]가 발굴되면서 보다 구체적인 법계와 행적이 밝혀지게 되었다.

우선, 정중종을 개창한 무상의 전기를 살펴보자면 다음과 같다.

『역대법보기』에서는 "속성은 김이요, 신라의 왕족이다."[5]라고 하는데, 『송고승전』과 『신승전』에서는 "본래 신라국의 사람이요, 그 국왕의 셋째 아들이다."[6]라고 한다. 이로부터 『송고승전』과 『신승전』에서는 무상을 직접적으로 신라 왕의 아들로 칭하고 있음을 알 수 있다. 또한 『송고승전』과 『신승전』에는 부왕이 죽고 무상의 동생이 왕위에 올라 무상이 귀국하여 왕위를 찬탈할까 두려워하여 자객을 보냈다는 내용의 기사[7]가 실려 있다. 그렇지만 이는 후대의 전설을 기록한 것으로 추정된다. 만약 실제로 무상이 왕자이며 신라에서 자객을 보냈다면 앞에서 언급한 낭공 대사가 정중사를 참배한 일을 기록하면서 이를 누락시키지 않았을 것이고,[8] 또한 『역대법보기』에 이러한 일을 기록하지 않을 수 없었을 것이다.

사실상 중국에 구법한 승려 가운데 김씨 성을 가지면 왕족, 혹은 왕자로 각색되는 경우가 종종 있다. 예컨대 중국 지장신앙의 본원이 된

---

4 『역대법보기』는 기존의 연구 성과에서는 『歷代法寶記』로 표기하지만, CBETA에 실린 『대정장』 51에서는 『曆代法寶記』로 표기하고 있다. 그러나 일반적으로 『歷代法寶記』로 표기하기 때문에 본고에서는 비록 CBETA를 인용하지만, 『歷代法寶記』로 표기함을 밝힌다.

5 『歷代法寶記』, 『대정장』 51, p.184c. "俗姓金, 新羅王之族."

6 [宋]贊寧 撰, 『宋高僧傳』, 『대정장』 50, p.832b. "本新羅國人也. 是彼土王第三子.", 『神僧傳』, 『대정장』 50, p.999b.와 동일.

7 [宋]贊寧 撰, 『宋高僧傳』, 『대정장』 50, p.832c, 『神僧傳』 『대정장』 50, p.999b와 동일. "相之弟本國新為王矣. 懼其却迴其位危殆, 將遣刺客來屠之. 相已冥知矣. 忽日供柴賢者暫來謂之曰: 今夜有客曰灼然. 又曰: 莫傷佛子. 至夜薪者持刀挾席, 坐禪座之側. 逡巡覺壁上似有物下, 遂躍起以刀一揮, 巨胡身首分於地矣. 後門素有巨坑, 乃曳去瘞之. 復以土拌滅其跡而去. 質明相令召伐柴者謝之, 已不見矣."

8 각주 3 참조.

김지장金地藏의 경우에도 초기 문헌에는 “신라 왕자 김씨 근속”으로 표현되다가 명대 이후 “신라 왕자”이며 “김교각金喬覺”이라는 구체적인 이름까지도 얻게 되는 사례가 있다.[9] 따라서 ‘신라국 왕의 셋째 아들’과 ‘자객’설은 후대에 ‘신이神異’의 효과를 위해 형성된 전설이 아닐까 한다.

『역대법보기』에는 무상의 출가를 막내 누이의 출가에 자극을 받아 이루어진 것으로 되어 있지만,[10] 『송고승전』에는 그 기사가 없으며, 신라의 군남사群南寺에 출가하여 수계하였다고 하고, 개원開元 16년(728)에 장안長安에 도착하여 선정사禪定寺에서 현종玄宗을 알현하였다고 한다.[11] 『신승전』에서도 비슷하지만 ‘무상無相’이라는 법호를 현종이 내린 것으로 되어 있다.[12]

『송고승전』에 따르면, 무상은 그 후에 촉蜀의 자중資中에서 지선智詵을 알현했으며, 그때 이인異人 처적處寂이 있어 그를 만나 ‘무상’의 법호를 받고 측천무후則天武后에게 받은 마납의磨納衣를 물려받았다고 한다.[13] 그렇지만 『역대법보기』에서는 스승을 찾아 각처로 돌아다니다 자주資州의 덕순사德純寺에 이르러 당 화상唐和上(處寂)을 만났으며, 당 화상에게 소지공양燒指供養하여 제자가 되었다고 하고, 후에 ‘가사신의袈

9 김진무, 「중국 지장신앙의 연원(淵源)과 김지장(金地藏)」, 『淨土學硏究』 15, 한국정토학회, 2011.6, pp.77~103 참조.

10 『歷代法寶記』, 『대정장』 51, p.184c. “昔在本國, 有季妹, 初下聞禮娉授刀割面誓言志歸真. 和上見而歎曰: 女子柔弱, 猶聞雅操. 丈夫剛強, 我豈無心. 遂削髮辭親.”

11 [宋]贊寧 撰, 『宋高僧傳』, 『대정장』 50, p.832b. “於群南寺落髮登戒. 以開元十六年泛東溟至于中國到京. 玄宗召見隸於禪定寺.”

12 『神僧傳』, 『대정장』 50, p.999b. “玄宗召見隸於禪定寺號無相.”

13 [宋]贊寧 撰, 『宋高僧傳』, 『대정장』 50, p.832b. “後入蜀資中謁智詵禪師. 有處寂者, 異人也. 則天曾召入宮賜磨納九條衣. 事必懸知且無差跌, 相未至之前. 寂曰: 外來之賓明當見矣. 汝曹宜洒掃以待. 間一日果至. 寂公與號曰無相. 中夜授與摩納衣.”

裟信衣'를 부촉 받아 은거하였다고 한다.[14]

『송고승전』에는 은거 후, 수행하기를 매번 입정入定하여 5일을 넘겼으며,[15] 후에 성도成都로 들어와 참답게 두타행頭陀行을 행하여 사람들이 점차 존중하여 정사精舍를 지어 주었다고 한다.[16] 당시 익주益州 장사長史 장구겸경章仇兼瓊이 찾아와 '안사安史의 난'을 피해 촉蜀에 들어온 현종이 내전에 무상을 맞아들여 예배하였으며,[17] 또한 성도成都 현령縣令 양익楊翌은 처음에는 무상을 의심하였으나 도리어 귀의하여 정중사·대자사大慈寺·보리사菩提寺·영국사寧國寺 등을 건립하는 데 도왔다고 한다.[18] 『역대법보기』에서는 다만 "후에 장구 대부가 선법禪法을 열기를 청하여, 정천사淨泉寺(淨衆寺)에 머물면서 중생을 교화하기를 20여 년이 지났다."[19]라고 간략하게 기술하고 있다. 이로부터 무상이 성도에서 크게 교화하게 된 원인은 바로 장구겸경과 양익 등 권력자들의 비호가 있었음을 알 수 있다.

『송고승전』과 『신승전』에서는 앞에서 언급한 자객 등의 신이神異한 행적을 기술한 후에 "지덕至德 원년(756) 5월(建午月) 19일 병환이 없이 시

---

14 『歷代法寶記』, 『대정장』 51, p.184c. "尋師訪道, 周遊涉歷, 乃到資州德純寺, 禮唐和上. 和上有疾, 遂不出見. 便然一指為燈, 供養唐和上. 唐和上知其非常人, 便留左右二年. 後居天谷山, 却至德純寺. 唐和上遣家人王鍠. 密付袈裟信衣. 此衣是達摩祖師傳衣, 則天賜與詵和上, 詵和上與吾, 吾今付囑汝. 金和上得付法及信衣, 遂居谷山石巖下."

15 [宋]贊寧 撰, 『宋高僧傳』, 『대정장』 50, p.832b. "每入定多是五日為度."

16 위의 책. "真行杜多之行也. 人漸見重, 為構精舍於亂墓前."

17 위의 책. "長史章仇兼瓊來禮謁之屬明皇違難入蜀, 迎相入內殿供禮之."

18 위의 책, 『대정장』 50, p.832c. "時成都縣令楊翌, 疑其妖惑, 乃帖追至, 命徒二十餘人曳之. 徒近相身一皆戰慄心神俱失, 頃之大風卒起沙石飛颺直入廳事, 飄簾卷幕. 楊翌叩頭拜伏踹而不敢語, 懺畢風止. 奉送舊所. 由是遂勸檀越造淨衆, 大慈, 菩提, 寧國等寺. 外邑蘭若鐘塔不可悉數."

19 『歷代法寶記』, 『대정장』 51, p.185a. "後章仇大夫請開禪法, 居淨泉寺, 化道衆生, 經二十餘年."

멸示滅하였는데, 춘추가 77세였다."[20]라고 한다. 그러나 『역대법보기』에서는 무상은 보응寶應 원년(762) 5월 5일 갑자기 무주無住를 떠올리고,[21] 그를 불렀으나 오지 않자 비밀리에 공인工人 훈선薰璿에게 신의信衣와 17종의 다른 옷을 보내며 부촉하였다고 하며,[22] 무상의 입적을 79세의 일로 설한다.[23]

이상으로 무상의 전기를 간략하게 고찰하였는데, 『송고승전』과 『신승전』의 '지덕 원년(756) 77세 입적'으로 본다면 무상의 생몰 연대는 680~756년이 되고, 『역대법보기』의 '보응 원년(762) 79세 입적'에 따르면 684~762년이 된다. 또한 무상의 법계는 『송고승전』에서 '지선'도 알현했지만 '처적'으로부터 '무상'의 법호와 '마납의'를 받았다는 기사로부터 처적의 법계를 계승한 것으로 추정되지만, 『역대법보기』에서는 명확하게 '소지공양'으로 제자가 되었고, '가사신의'를 부촉 받았음을 강조하고 있다.

전체적인 『역대법보기』에 실린 각 선사들의 전기에 나타난 사자상승師資相承의 법계를 종합하면 무상의 법계는 "사조 도신→오조 홍인→자주 지선資州智先→처적處寂→정중 무상"[24]이라고 하겠다. 이러한 법계는 『송고승전』과는 조금 차이가 있는 것으로, 지금까지의 연구 성과에 비추어 본다면 대체적으로 『역대법보기』의 법계가 타당한 것으로 인정하고 있다.[25] 더욱이 종밀의 『원각경대소석의초』 권3하에서는 정중종의 법

---

20 [宋]贊寧 撰, 『宋高僧傳』, 『대정장』 50, p.832c, 『神僧傳』, 『대정장』 50, p.999b. "以至德元年建午月十九日無疾示滅. 春秋七十七."

21 『歷代法寶記』, 『대정장』 51, p.185a. "後至寶應元年五月十五日, 忽憶白崖山無住禪師."

22 위의 책. "使工人薰璿將吾信衣及餘衣一十七事, 密送與無住禪師."

23 위의 책. "大師時年七十九."

24 柳田聖山 著, 楊氣峰 譯, 『초기선종사』, 김영사, 1991. '해설' p.29 참조.

25 이 점에 있어서 鄭性本의 『中國禪宗의 成立史研究』 '第Ⅵ章 南宗의 登場과 發

계를 "근본은 원래 오조五祖 문하에서 나뉘어 나온 것으로 이름은 지선智詵이며, 바로 십대제자 가운데 하나이다. 본래 자주資州 사람으로, 후에 본주 덕순사德純寺로 돌아와 교화하였다. 속성俗姓이 당唐인 제자 처적處寂이 계승하였다. 후에 당 선사는 네 제자를 두었다. 성도부成都府 정중사 김 화상은 법명이 무상으로 그 가운데 하나이다."[26]라고 밝히고 있다. 이로부터 『역대법보기』에서 설하는 무상의 법계와 일치함을 알 수 있다. 따라서 정중 무상은 명확하게 '홍인→지선'의 법계를 계승하고 있다고 할 수 있다. 이러한 점은 무상의 선사상을 고찰한다면 더욱 명확하게 드러난다고 하겠다.

Ⅲ. 정중종의 선사상

1. 무상無相의 수계의식授戒儀式

『역대법보기』의 「무상전」에는 무상의 교화 방법에 대한 다음과 같은 내용이 나타난다.

> 김 화상金和上은 매년 12월에서 정월에 이르도록 사부대중, 백천만 인에게 수계授戒하였다. 엄숙하게 도량을 시설하여 고좌高座에서 설법하였다. 먼저 '소리를 끌어 염불(引聲念佛)'하게 하여 숨이 다하도

展'의 '4. 淨衆宗과 保唐宗'에서 기존의 다양한 연구 성과를 참조하여 상세히 논증하고 있다. pp.663~687 참조.

26 [唐]宗密 撰, 『圓覺經大疏釋義鈔』 卷3之下, 卍續藏 9, p.533c. "根元是五祖下分出, 名為智詵, 即十人中之一也. 本是資州人. 後却歸本州德純寺開化. 弟子處寂俗姓唐承. 後唐生四子. 成都府淨眾寺金和尚, 法名無相, 是其一也."

록 하고, 생각이 끊어지고 소리가 멈추어 생각이 그칠 때 다음과 같이 설한다. "기억을 없게 하고(無憶), 생각을 없게 하고(無念), 망령되지 않게 하라(莫妄)." '무억'은 계戒이고, '무념'은 정定이며, '무망'은 혜惠이다. 이 삼구어三句語는 바로 총지문總持門이다.[27]

이에 따르자면, 무상은 12월에서 정월에 이르도록 수계법회를 했으며, 그 법회는 '인성염불引聲念佛'로부터 시작하여 '무억·무념·무망'의 '삼구어'가 중심이 되는 설법을 하였음을 짐작할 수 있다. 그런데 종밀의 『원각경대소석의초』에는 무상의 수계의식에 대하여 다음과 같이 설명하고 있다.

그 전수傳授의 의식儀式은 대체로 이 나라에서 지금 관단官壇(官方의 戒壇)에서 구족계를 주는 것과 비슷하다. 설명하자면, 한두 달 전에 먼저 날짜를 정하여 공시하고, 승니僧尼와 사녀士女들을 소집하여 방등도량方等道場(方等戒壇)을 설치하여 예참禮懺하는데, 21일 혹은 35일 동안 한 후에 수계의식이 끝난다. 모두 야간에 실행하였는데, 이는 외부와 인연을 끊고 시끄러움을 막기 위한 것이다. [무상은] 수계의식이 끝나면 바로 잡념을 쉬게(息念) 하여 좌선을 시켰다. 멀리서 온 사람이나 혹은 비구니와 속인들은 오래 머무르지 않도록 하였다. 또한 모두에게 7일 혹은 14일 동안 좌선하도록 하였으며, 그러한 후에 인연을 따라서 헤어졌다. 또한 율종律宗과 같이 계단戒壇에 임하는 법은 반드시 대중이 거행되었으며, 관청에서 발급하는

---

27 『歷代法寶記』, 『대정장』 51, p.185a. "金和上每年十二月正月, 與四眾百千萬人受緣. 嚴設道場處, 高座說法. 先教引聲念佛盡一氣, 念絕聲停念訖云: 無憶, 無念, 莫妄. 無憶是戒, 無念是定, 莫妄是惠. 此三句語即是總持門."

> 문첩文牒에 의거하여 명칭을 '개연開緣'이라고 하였다. 이러한 행사는 1년에 한 번, 혹은 3년, 2년에 한 번 정기적으로 개설하지는 않았지만 자주 열었다.[28]

이러한 종밀의 설명으로부터 무상은 자주 수계의식을 통하여 교화를 했음을 알 수 있는데, 아마도 이는 동산법문을 개창한 도신으로부터 시작된 것이 아닐까 한다. 『능가사자기』의 「도신전」에서는 "그 도신 선사는 다시 선문을 일으켜 천하에 전파하였다. 도신 선사에게는 『보살계법菩薩戒法』 1권과 『입도안심요방편법문入道安心要方便法門』이라는 저술이 있다."[29]라고 하고 있다. 이러한 『보살계법』과 『입도안심요방편법문』은 아쉽게도 현존하지 않아 그 내용을 명확하게 확인할 수 없지만, 『보살계법』의 제목으로 '보살계'와 관련이 있음을 짐작할 수 있다.[30] 비록 현존 자료에 도신이 수계의식을 행했다는 기록은 보이지 않지만, 이러한 책을 저술했다는 것은 필요에 의한 것이었고, 그 필요는 바로 문도들에게 무상과 같이 수계의식을 행한 것이라고 추정할 여지가 있다.

---

28 [唐]宗密 撰, 『圓覺經大疏釋義鈔』 卷3之下, 卍續藏 9, p.533c. "其傳授儀式, 略如此. 此國今時官壇, 受具足戒. 方便謂一兩月前, 先剋日牒示, 召集僧尼士女, 置方等道場禮懺, 或三七五七, 然後授法了. 皆是夜間, 意在絕外, 屛喧亂也. 授法了, 便令言下息念坐禪. 至於遠方來者, 或尼衆俗人之類, 久住不得. 亦直須一七二七坐禪, 然後隨緣分散. 亦如律宗, 臨壇之法, 必須衆擧, 由狀官司給文牒, 名曰開緣. 或一年一度, 或三年二年一度不等開數開."

29 [唐]淨覺 集, 『楞伽師資記』, 『대정장』 85, p.1286c. "其信禪師再敞禪門, 宇內流布. 有菩薩戒法一本, 及制入道安心方便法門."

30 『菩薩戒法』과 『入道安心要方便法門』을 모두 道信의 저술로 인정하고 있으며, 또한 天台智顗의 『菩薩戒義疏』가 있고, 華嚴의 法藏도 『梵網經菩薩戒本疏』가 있는 것처럼 道信의 시대를 전후하여 '菩薩戒運動'이 유행했었다고 하며, 그에 따라 道信 역시 菩薩戒를 행하지 않았을까 추정한다. 關口眞大, 『達摩大師の硏究』, 春秋社, 1968. p.260, 柳田聖山, 「大乘戒經としての六祖壇經」, 『印度學佛教學硏究』 12卷 1號, 1964. pp.65~72, 田中良昭, 「初期禪宗の戒律論」, 『敦煌禪宗文獻の硏究』, 大東出版社, 1983. pp.461~467 참조.

그런데 종밀은 『원각경대소석의초』에서 '남산염불문선종南山念佛門禪宗'을 들고, 그 가운데 오조 홍인의 문하에서 배출된 '선십宣什'과 '과주 미 화상果州未和上', '양주 온옥閬州蘊玉', '상여현 니일승相如縣尼一乘'과 사승을 알 수 없는 '조목照穆' 등을 거명[31]하고 다음과 같이 언급한다.

> 전향傳香이라는 것은, 처음 대중을 모으고 예참禮懺 등의 의식儀式은 김 화상金和上 문하와 같다. 법을 수여할 때, '전향'으로 사자師資의 신표로 삼았다. 화상이 손으로 [향을 제자에게] 전해주면, 제자는 다시 화상에게 올리고, 화상은 다시 제자에게 주는데, 이와 같이 세 차례를 한다. 사람들도 모두 이와 같이 한다. 존불存佛이라는 것은, 바로 법을 수여할 때, 먼저 법문法門의 도리와 수행의 의취意趣를 설하고, 그 후에 일자염불一字念佛토록 한다. 처음에는 '소리를 끌어(引聲)' 염불(念)하고, 뒤에는 점점 소리를 줄여 미약한 소리 내지 무성無聲으로, 불佛을 의意에 이르게 한다. 의념意念이 여전히 거치므로 다시 [佛을] 마음에 보내어, 염념念念에 [佛의] 상想을 보존(存)케 한다. 불佛이 항상 마음속에 있는 것이니, [佛이] 상想에 없다면 어찌 득도得道하겠는가?[32]

여기에서 '남산염불문선종'의 행법이 바로 "의식은 김 화상 문하와 같

31 [唐]宗密 撰, 『圓覺經大疏釋義鈔』 卷3之下, 卍續藏 9, p.534c. "第六家也, 即南山念佛門禪宗也. 其先亦五祖下分出, 法名宣什, 果州未和上, 閬州蘊玉, 相如縣尼一乘皆弘之. 余不的知稟承師資照穆."

32 앞의 책. "言傳香者, 其初集衆禮懺等儀式, 如金和上門下. 欲授法時, 以傳香為資師之信. 和上手付, 弟子却授和上, 和上却授弟子, 如是三遍. 人皆如地. 言存佛者, 正授法時, 先說法門道理修行意趣, 然後令一字念佛. 初引聲由念, 後漸漸沒聲, 微聲乃至無聲, 送佛至意. 意念猶麤, 又送至心, 念念存想. 有佛恒在心中, 乃至無想盍得道."

다."라는 말로부터 『역대법보기』에서 언급하는 무상의 수계의식의 내용을 유추할 수 있게 한다. 그런데 위의 인용문 가운데 '일자염불'의 연원을 유추할 수 있는 문구가 『능가사자기』의 「홍인전」에 나타난다.

> 너희들이 좌선할 때, 평편한 곳에서 몸을 단정히 하여 바르게 앉고, 몸과 마음을 편안하게 하여 멀리 허공이 다하는 곳에 '일자一字'를 보라. 스스로 차제次第가 있을 것이다. 만약 초심자로서 반연攀緣이 많다면, 장차 마음 가운데 '일자'를 간看하도록 하라. [마음이] 맑아진 후에 앉을 때, 그 경계는 마치 광야 가운데 높이 치솟은 하나의 고산高山이 있어, 그 정상에서 사방을 멀리 바라보아도 어디에도 한계가 없는 것과 같다. 좌선을 할 때는 세계에 꽉 차도록 몸과 마음을 놓아 불경계佛境界에 머물라. 청정법신은 한계가 없으니, 그 상태도 또한 이와 같다.[33]

또한 『능가사자기』의 「도신전」에는 다음과 같은 구절이 있다.

> 선남자, 선여인이 일행삼매一行三昧에 들기를 바란다면, 마땅히 공한처空閑處에 나아가서 모든 어지러운 마음을 버리고, 상모相貌를 취하지 말고, 마음에 한 부처님께 집중하여 '오로지 그 이름만을 부르며(專稱名字)', 그 부처님이 계시는 방향으로 몸을 똑바로 향하여, 능히 그 부처님이 염념念念이 상속相續하게 하면 바로 염중念中에

33 [唐]淨覺 集, 『楞伽師資記』, 『대정장』 85, p.1290a. "爾坐時平面端身正坐, 寬放身心, 盡空際遠看一字. 自有次第. 若初心人攀緣多, 且向心中看一字. 澄後坐時, 狀若曠野澤中, 迥處獨一高山, 山上露地坐, 四顧遠看, 無有邊畔. 坐時滿世界, 寬放身心, 住佛境界. 清淨法身, 無有邊畔, 其狀亦如是."

능히 과거·미래·현재의 제불諸佛을 보게 된다. 무슨 까닭인가? 한 부처님의 공덕이 무량하고 무변하다고 생각하는 것은 무량한 제불의 공덕을 생각하는 것과 다름이 없으니, 둘이 아닌 부사의不思議한 것이며, 부처님과 법이 평등하여 분별이 없고, 삼승三乘이 일여一如하여 최정각最正覺을 이루어, 모두 무량공덕과 무량변재를 갖추게 된다. 이와 같이 일행삼매에 드는 것은 항하사와 같은 제불법계의 무차별상을 남김없이 아는 것이다. 무릇 몸과 마음의 구석구석과 모든 동작은 항상 도량에 있는 것이며, 거동 하나하나가 모두 보리가 된다.[34]

여기에 설하는 '일행삼매'는 『문수설반야경文殊說般若經』에서 설하는 부분[35]을 인용한 것이다. 사실상 도신의 선사상은 '일행삼매'를 법요法要로 삼아서 앞에서 언급한 '입도안심入道安心'을 위한 핵심(要)적인 방편법문으로 구성되어 있다. 이 방편법문은 다시 '염불念佛'과 '좌선坐禪'으로 설하고, 염불은 위에서 설한 바와 같으며, 좌선에 있어서는 이른바 '지

34 앞의 책, 『대정장』 85, p.1286c. "善男子善女人, 欲入一行三昧, 應處空閑, 捨諸亂意, 不取相貌, 繫心一佛, 專稱名字. 隨不方所, 端身正向, 能於一佛念相續, 卽是念中, 能見過去·未來·現在諸佛. 何以故? 念一佛功德無量無邊, 亦如無量諸佛功德無二, 不思議佛法等無分別, 皆乘一如, 成最正覺, 悉具無量功德、無量辨才. 如是入一行三昧者, 盡知恒沙諸佛·法界, 無差別相. 夫身心方寸, 擧足下足, 常在道場. 施爲擧動, 皆是菩提."

35 柳田聖山, 『初期の禪史 I』에 따르면 『文殊說般若經』은 梁의 曼陀羅仙이 『大寶積經』 卷116을 따로 飜譯한 것으로 天台 智顗의 『摩訶止觀』 卷2에도 인용되고 있다고 한다. p.190 참조. [梁]曼陀羅仙譯, 『文殊師利所說摩訶般若波羅蜜經』 卷下, 『대정장』 8, p.731b. "善男子善女人, 欲入一行三昧, 應處空閑, 捨諸亂意, 不取相貌, 繫心一佛, 專稱名字. 隨不方所, 端身正向, 能於一佛念相續, 卽是念中, 能見過去未來現在諸佛. 何以故? 念一佛功德無量無邊, 亦如無量諸佛功德無二, 不思議佛法等無分別, 皆乘一如, 成最正覺, 悉具無量功德無量辨才. 如是入一行三昧者, 盡知恒沙諸佛法界, 無差別相."

심체知心體·지심용知心用·상각부정常覺不停·상관신공적常觀身空寂·수일불이守一不移'의 '오문선요五門禪要'로 구성되어 있다.[36] 또한 이러한 도신의 '오문선요' 가운데 '수일불이'를 홍인은 '수본진심守本眞心'으로 전환시키고 있음을 확인할 수 있다.[37]

따라서 앞에서 『역대법보기』와 종밀의 『원각경대소석의초』에서 설명하는 무상의 '수계의식', 그리고 '남산염불문선종'의 행법 등은 바로 도신-홍인의 동산법문의 선사상으로부터 전승된 것이라고 추정할 수 있는 여지가 있다. 현재 동산법문의 수계의식에 대한 기록이 전무한 상황에서 어쩌면 『원각경대소석의초』의 설명에 의거하여 역으로 동산법문의 수계의식을 상정해 볼 수도 있지 않을까 한다.

2. '무억無憶·무념無念·막망莫妄'의 삼구三句

앞에서 인용한 바와 같이 『역대법보기』에서는 수계의식의 끝에 무상이 "기억을 없애고(無憶), 생각을 없애고(無念), 망령되지 않게 하라(莫妄)."라고 설했다는 '삼구어'에 대하여 종밀은 『원각경대소석의초』에서 다음과 같이 설한다.

> '삼구'라는 것은 무억·무념·막망莫忘이다. 마음에 이미 지난 일들을 추억하지 말고, 미래의 영욕榮辱 등의 일에 대해서도 생각하지 말

36 김진무, 「道信禪師의 禪思想과 그 意義」, 『불교학보』 42, 동국대 불교문화연구원, 2005, pp.77~94 참조.

37 弘忍의 저작으로 확인된 『最上乘論』에서는 修道의 本體를 '自性圓滿淸淨心'이라고 밝히고 있으며, 다시 그를 『十地經』에서 설하는 '金剛佛性'을 援用하여 '守心'을 강조하고, 그것이 바로 涅槃法이 드러나는 行法이요, 또한 '守心'은 바로 '自性淸淨心'을 찾아내는 實踐法이라는 것을 강조한다. 그에 따라 弘忍은 道信의 '守一不移'를 '守本眞心'으로 전환하였다고 할 수 있다. 앞의 논문 참조.

> 고, 항상 이 지혜와 상응하여 어리석거나 잘못되지 않도록 하는 것을 막망莫忘이라고 한다. 혹은 외경外境을 기억하지 않고, 내심을 생각하지 않으며, 바르게 하여 기댐이 없는 것이다. ['막망'은 위와 같다.] 계·정·혜란 차례로 삼구에 배대한 것이다. 비록 종지宗旨를 열어 설하는 방편方便이 많지만, 종지가 귀결하는 바는 이 삼구에 있다.[38]

종밀의 이러한 말은 앞에서 인용한 『역대법보기』의 "무억은 계이고, 무념은 정이며, 무망은 혜이다. 이 삼구어는 바로 총지문이다."라는 구절에 대한 보충설명과 같은 내용이다. 하지만 '막망莫妄'을 종밀은 '막망莫忘'으로 바꾸고 있음이 눈에 띈다. '망령되지 않게 하라(莫妄)'와 '잊지 말라(莫忘)'는 의미상 차이가 보이지만, 종밀의 해석은 오히려 '막망莫妄'에 가깝다. 그런데 『경덕전등록』 권4에 실린 「무주전無住傳」에서는 '막망莫妄'이 옳다고 하는 기사가 보인다.[39] 그에 따라 본고에서는 '막망莫妄'으로 설정하고자 한다.

『역대법보기』에서는 이러한 '삼구'에 대하여 다시 다음과 같이 설한다.

> 또한 말한다. "염불기念不起는 마치 거울의 표면이 능히 만상을 비추는 것과 같으며, 염기念起는 거울의 뒷면이 아무것도 비추지 못하

38 [唐]宗密 撰, 『圓覺經大疏釋義鈔』卷3之下, 卍續藏 9, p.533c. "言三句者, 無憶、無念、莫忘也. 意令勿追憶已過之境, 勿預念慮未來榮枯等事, 常與此智相應, 不昏不錯, 名莫忘也. 或不憶外境, 不念·內心, 翛然無寄. (莫忘如上) 戒定慧者, 次配三句也. 雖開宗演說, 方便多端, 而宗旨所歸, 在此三句."

39 [宋]道原 纂, 『景德傳燈錄』卷4, 『대정장』 51, p.234b. "公曰: 弟子聞金和尚說無憶·無念·莫妄三句法門是否? 曰: 然. 公曰: 此三句是一是三, 曰: 無憶名戒, 無念名定, 莫妄名慧. 一心不生具戒定慧, 非一非三也. 公曰: 後句妄字莫是從心之忘乎? 曰: 從女者是也."

> 는 것과 같다." 또한 말한다. "모름지기 기起(念起)와 멸滅(念滅)을 분명하게 알아야 한다. 이에 간단間斷이 없으면 바로 부처를 보는 것이다." …
>
> 또한 『기신론起信論』에서 "심진여문心眞如門과 심생멸문心生滅門이 있다."라고 하는데, "무념無念이 '진여문'이고, 유념有念이 '생멸문'이다." 또한 말한다. "무명無明이 나타나면, 반야般若가 사라지고, 무명이 사라지면, 반야가 나타난다." …
>
> 또한 말한다. "물은 물결을 떠날 수 없고, 물결은 물을 떠날 수 없다. 물결은 망념妄念을 비유한 것이요, 물은 불성으로 비유된다."[40]

이로부터 무상의 삼구는 '무념'이 중심에 있고, 그 '무념'은 바로 '염불기'에 의한 것이며, 나아가 이는 『대승기신론』에서 연원한 것임을 유추할 수 있다. 이는 다시 『역대법보기』「무상전」의 마지막에 실린 다음과 같은 글에서 확인할 수 있다.

> 그리하여 김 화상은 지선智詵과 당唐(處寂) 두 화상의 설처를 인용하지 않았고, 매상 제자들에게 교계敎誡하여 참답게 말하였다. "우리 달마 조사가 전한 이 삼구는 총지문이다. 염불기念不起는 계문戒門이요, 염불기는 정문定門이며, 염불기는 혜문惠門이다. 무념無念은 바로 계정혜가 구족된 것이다. 과거·미래·현재의 항사恒沙 제불은 모두 이 문으로 들어갔다. 만약 다시 다른 문이 있다고 한다면, 그

---

40 『歷代法寶記』, 『대정장』 51, p.185a. "又云: 念不起猶如鏡面, 能照萬像. 念起猶如鏡背, 即不能照見. 又云: 須分明知起知滅, 此不間斷, 即是見佛. … 又起信論云: 心真如門､心生滅門. 無念即是真如門, 有念即生滅門. 又云: 無明頭出, 般若頭沒, 無明頭沒, 般若頭出. … 又云: 水不離波, 波不離水. 波喻妄念, 水喻佛性."

럴 리가 없는 것이다."[41]

여기에서 무상의 삼구는 지선이나 처적에게서 전해 받은 것이 아니라 이른바 '달마 조사'로부터 전해 받은 '총지문'이라는 것이며, 다시 '염불기'를 '계·정·혜문'으로 설정하고, 또한 '무념' 역시 '계정혜가 구족'된 것으로 설하고 있음을 알 수 있다. 그런데 이른바 '달마'의 선사상에서는 이러한 '염불기'·'무념'과 연관지을 수 있는 근거가 상당히 미약하다.[42] 또한 달마-혜가계와 동산법문의 사법 관계는 사실상 후대에 조통부법설祖統付法說에 의한 것으로, 사실상 실제적인 교류는 없었던 것으로 보인다. 그렇다면 무상의 '염불기'는 어디에 연원한 것일까? 앞에서 고찰한 수계의식과 같이 도신-홍인으로부터 연원한 것이 아닐까?

홍인의 저작으로 판명된 『최상승론最上乘論』에는 다음과 같은 구절이 나타난다.

> 만약 마음을 안다면, 그를 지킴(守)이 바로 피안에 이르는 것이고, 마음에 어둡다면, 그를 버리게 되어 바로 삼도三塗(三惡道)에 떨어진다. 그러므로 삼세제불이 자심自心을 본사本師로 삼았음을 알라. 그러므로 논論에서 이르기를, "요연了然하게 수심守心한다면, 바로 '망

---

41 『歷代法寶記』, 『대정장』 51, p.185b. "金和上所以不引詵唐二和上說處, 每常座下教戒真言: 我達摩祖師所傳, 此三句語是總持門. 念不起是戒門, 念不起是定門, 念不起惠門. 無念即是戒定惠具足. 過去·未來·現在恒沙諸佛皆從此門入. 若更有別門, 無有是處."

42 達磨의 禪法은 그 제자 曇林의 『菩提達磨大師略辨大乘入道四行觀』에서 확인할 수 있는데, 여기에는 이러한 '念不起'와 '無念'과 연계할 수 있는 사상이 보이지 않는다. 이와 관련하여 김진무, 「中國 初期禪宗에서 '心論'의 형성과 전개」, 원광대학교 마음인문학연구소편, 『동서양의 마음 이해』, 공동체, 2013. pp.271~304 참조.

념이 불기(妄念不起)'하고, 바로 무생無生이다."라고 하였다. 그러므로 지심知心이 본사本師이다.[43]

일체중생은 진성眞性에 어리석어서 심본心本을 알지 못하여 여러 가지 망연妄緣으로 정념正念을 닦지 않으므로 증애심憎愛心이 일어나고, 증애가 있는 까닭으로 심기心器가 깨져 번뇌가 있고, 심기가 깨져 번뇌가 있으므로 생사生死가 있으며, 생사가 있기 때문에 모든 괴로움이 스스로 현현한다. 『심왕경心王經』에 이르기를, "진여불성眞如佛性이 없다면, 지견육식知見六識의 바다 가운데 생사에 빠져 해탈하지 못하니, 깨닫도록 노력하라."라고 하였다. '수본진심守本眞心' 한다면 '망념이 불생(妄念不生)'하고, 아소심我所心이 멸하여 자연히 불佛과 평등하여 무이無二하다.[44]

문: 어떻게 '수본진심'이 삼세제불의 조祖임을 아는가? 답: 삼세제불은 모두 심성心性 가운데 생한 것이니, 먼저 수진심守眞心한다면 '망념이 불생(妄念不生)'하여 '아소심'이 멸한 후에 성불하게 된다. 그러므로 '수본진심'이 삼세제불의 조祖임을 알 수 있다.[45]

이러한 인용문으로부터 홍인의 '수본진심(守心, 守眞心)'은 '염불기'와 밀접한 관계를 가지고 있음을 알 수 있다. 그에 따라 무상의 '염불기'는

---

43 [唐]弘忍 述, 『最上乘論』, 『대정장』 48, p.377b. "若識心者, 守之則到彼岸, 迷心者, 棄之則墮三塗. 故知三世諸佛以自心為本師. 故論云: 了然守心則妄念不起, 則是無生. 故知心是本師."

44 앞의 책. "一切眾生迷於真性, 不識心本, 種種妄緣, 不修正念, 故即憎愛心起, 以憎愛故則心器破漏, 心器破漏故即有生死, 有生死故則諸苦自現. 心王經云: 真如佛性沒, 在知見六識海中, 沈淪生死不得解脫, 努力會是. 守本真心, 妄念不生, 我所心滅, 自然與佛, 平等無二."

45 위의 책, 『대정장』 48, p.377c. "問曰: 何知守本真心是三世諸佛之祖? 答曰: 三世諸佛, 皆從心性中生, 先守真心, 妄念不生, 我所心滅後得成佛. 故知守本真心是三世諸佛之祖也."

바로 홍인의 선사상으로부터 연원한 것이 아닐까 한다.

그런데 흥미로운 부분이 『최상승론』에 보인다. 『최상승론』의 시작 부분에 다음과 같은 구절이 보인다.

> 夫修道之本體, 須識當身心本來清淨, 不生不滅, 無有分別, 自性圓滿淸淨之心. 此是本師, 乃勝念十方諸佛. 乃勝念十方諸佛. 問曰: 何知自心本來清淨? 答曰: 十地經云, 衆生身中有金剛佛性, 猶如日輪體明圓滿廣大無邊, 只為五陰黑雲之所覆, 如瓶內燈光不能照輝.(대저 修道의 本體는 모름지기 身心이 本來淸淨하고, 不生不滅하며, 分別이 없음을 깨달아야 한다. 自性圓滿淸淨心이 바로 本師이고, 이것은 시방의 諸佛을 念하는 것보다 뛰어나다. 문: 어떻게 自心이 본래청정함을 아는가? 답: 『十地經』에서 이르기를 "중생의 몸에 金剛佛性이 있어 마치 日輪과 같아 體가 밝고 원만하며 광대무변하지만, 다만 五陰의 검은 구름이 덮여 있어, 병에 든 등불이 비추지 못하는 바와 같다."고 한다.)[46]

혜정慧淨(578~?)의 『반야바라밀다심경소般若波羅蜜多心經疏』는 다음과 같이 끝난다.

> 夫言修道之體, 自識當身本來清淨, 不生不滅, 無有分別, 自性圓滿清淨之心. 此是本師乃勝念十方諸佛. 問曰: 何知自心本來清淨? 答: 十地論云, 衆生身中有金剛佛性, 猶如日輪體明圓滿廣大無遍, 只為五蘊重雲所覆, 如瓶內燈光, 不能照外.(번역생략)[47]

---

46 앞의 책, 『대정장』 48, p.377a.

47 [唐]慧淨 作, 『般若波羅蜜多心經疏』, 卍續藏 26, p.597c.

이로부터 보자면, 위의 두 문단은 거의 한두 자字의 상위를 보이고 있기 때문에, 홍인(602~675)의 『최상승론』에서 혜정의 문단을 전재한 것으로 보인다. 그것은 혜정의 출생이 24년 정도 앞서기 때문이다. 어쩌면 홍인이(혹은 제자가) 『최상승론』을 저술할 때, 혜정의 저술을 정독했고, 또한 위의 구절이 마음에 계합되어 자신의 저술에 그대로 인용했던 것은 아닐까 한다. 그런데 더욱 흥미로운 것은 혜정에게는 『금강반야경주소金剛般若經注疏』 3권(卍續藏 24 所收)이 존재하고 있다는 점이다.[48]

홍인의 『최상승론』에 보이는 선사상은 도신과 그 틀을 같이하고 있음이 분명하다. 도신이 '법요'를 삼는 것은 『문수설반야경』이고, 또한 도신이 자신의 선사상을 전개하면서 인용한 경전들을 홍인도 인용하고 있다.[49] 다만, 도신의 '수일불이守一不移'를 홍인은 '수본진심守本眞心(守心, 守眞心)'으로 전환하고 있는 점이다. '일一'과 '심心'은 어떻게 보면 같으면서도 깊게 들어가면 상당한 메타포의 차별을 가져올 수 있는 문제이다. 특히 메타포가 극대화되는 선사상에 있어서는 더욱 그렇다. 그런데 『단경』이나 하택 신회는 홍인의 소의경전이 『금강경』임을 특히 강조한다. 따라서 사실상 아직 명확한 근거는 없지만, 홍인이 제자, 특히 혜능에게 『금강경』을 전수했음이 사실이라면, 그 매개가 바로 혜정의 『금강경소』를 접했기 때문이 아닐까 한다. 혜정의 『반야심경소』를 자신의 저술에 인용한 홍인이 『금강경소』를 또한 보았을 가능성이 충분히 있기 때문이다. 그러나 이는 좀 더 신중하게 연구해야 할 과제라고 생각한다.

---

48 [唐]道宣, 『續高僧傳』 卷3, 『대정장』 50, p.442b. "穎川의 學士 庾初孫이 『金剛般若經』의 註를 청하자 바로 그를 위해 문장을 풀이하고 뜻을 거론하여 뛰어난 작품을 이루었으니, 眞俗의 敎原을 窮究하고, 대승의 秘要를 다하였다. 가깝고 먼 곳에 널리 퍼지니, 이를 베껴 쓰고 외우며 受持하였다(學士穎川庾初孫, 請註金剛般若, 乃為釋文舉義, 講為盛作, 窮真俗之教原, 盡大乘之祕要. 遐邇流布書寫誦持)."

49 이 부분에 있어서 김진무의 「東山法門과 그 禪思想 研究」, 동국대대학원, 석사학위논문, 1995, pp.57~74 참조.

다시 무상의 삼구로 돌아가서, 무상이 설하는 '염불기'가 홍인으로부터 연원했다고 추정할 수 있는 근거로서, 홍인 문하 북종 신수의 『대승무생방편문』[50]과 혜능의 『육조단경』,[51] 그리고 하택 신회의 『신회어록』[52] 등에서 모두 '염불기'를 언급하고 있음을 들 수 있다. 물론 이들이 모두 '염불기'와 '무념'을 언급한다고 해서 그 내포된 사상이 동일하다는 것은 아니다. 그렇지만 홍인 문하에서 배출된 주요한 제자들이 '염불기'의 개념을 사용한다는 것은 바로 그 연원이 동산법문, 특히 홍인에게 있다는 개연성이 충분할 것으로 생각된다.

3. 종밀宗密의 정중·보당종 비판

종밀의 『선문사자승습도禪門師資承襲圖』에는 신수의 북종에 대하여 "중생에게는 마치 거울이 명성明性을 지닌 것과 같이 각성覺性을 지니고 있어 망념妄念을 식멸息滅한다면 심성心性을 각오覺悟할 것"[53]이라고 규정하고서, 신수의 유명한 게송을 언급하는 다음과 같은 문단이 보인다.

"몸은 보리수요, 마음은 명경대이니, 때때로 모름지기 털고 닦아서,

---

50 『大乘無生方便門』, 『대정장』 85, p.1275b. "心不動離念不起, 菩提不可以心得, 色不動離念不起, 菩提不可身得."

51 敦煌本 『壇經』, 『대정장』 48, p.339a. "此法門中, 何名坐禪? 此法門中, 一切無礙, 外於一切境界上念不起為坐, 見本性不亂為禪." 宗寶本 『壇經』, 『대정장』 48, p.353b. "此法門中, 無障無礙, 外於一切善惡境界, 心念不起, 名為坐; 內見自性不動, 名為禪."

52 荷澤神會, 『菩提達摩南宗定是非論』 "今言坐者, 念不起爲坐; 今言禪者, 見本性爲禪. 所以不教人坐身住心入定. 若指彼教門爲是者, 維摩詰不應訶舍利弗宴坐." 楊曾文編校, 『神會和尙禪話錄』, 中華書局, 1996, p.31.

53 [唐]裴休 問, 宗密 答, 『中華傳心地禪門師資承襲圖』, 卍續藏 63, p.33a. "衆生本有覺性, 如鏡有明性, 煩惱覆之不見, 如鏡有塵闇. 若依師言教, 息滅妄念, 念盡則心性覺悟."

티끌이 끼지 않게 하라." 평하여 말한다. 이는 다만 염정染淨이 연기緣起하는 상相이며, 반류배습反流背習[生死의 번뇌(流)를 끊고, 習氣를 제거(背)하고자 함]의 문門으로, 망념妄念이 본공本空하고, 심성心性이 본정本淨함을 깨닫지 못한 것이다. 깨달음이 이미 철저하지 못한데, 그 수행이 어찌 참답다고 하겠는가!(검남劍南에 다시 정중의 종지宗旨가 있어 이와 거의 같다. 또한 보당종保唐宗이 있으며, 견해는 비슷하지만, 수행하는 바는 완전히 다르다. 번거롭기에 서술하지 않지만, 다른 날에 하나하나 그를 변석辨釋하고자 한다.)[54]

이에 따르면, 종밀은 무상의 정중종이 제시하는 선사상이 북종과 일치하는 것으로 평가하고 있고, 또한 무주의 보당종에 대해서는 정중종과 그 견해가 비슷하지만, 수행법에 있어서는 전혀 다름이 있다고 평가하고 있음을 알 수 있다.

현존하는 무상의 선사상에 관한 자료에서는 그 진면목을 파악하는 데 부족한 것이 사실이다. 그러나 앞에서 언급한 『역대법보기』의 「무상전」에 실린 내용으로부터 유추하자면, 종밀이 북종선과 유사하다고 하는 평가가 대체로 맞을 듯하다. 지면 관계상 상세한 논증은 생략하지만, 북종 신수의 선법은 이른바 신회가 "마음을 모아 정에 들고(凝心入定), 마음에 머물러 깨끗함을 간하며(住心看淨), 마음을 일으켜 밖을 비추고(起心外照), 마음을 포섭하여 안으로 증득한다(攝心內證)."[55]라고 평

54 앞의 책. "身是菩提樹, 心如明鏡臺, 時時須拂拭, 莫遣有塵埃. 評曰: 此但是染淨緣起之相, 反流背習之門, 而不覺妄念本空, 心性本淨. 悟既未徹, 修豈稱真.(劒南復有淨衆宗旨, 與此大同. 復有保唐宗, 所解似同, 所修全異. 不可繁敘, 他日面奉, 一一辨之.)"

55 이는 神會의 『菩提達摩南宗定是非論』에서 北宗을 비판하는 근거로 사용된 말이다. 楊曾文編校, 『神會禪師禪話錄』, 中華書局, 1996, p.30 참조.

가한 바와 같이 철저하게 『대승기신론』의 '일심이문一心二門'과 '본각本覺·시각始覺'의 사상을 운용하여 '염불기'·'심불기'를 통해 '여래장청정심'을 증득하고자 하는 것이라고 할 수 있다.[56] 이러한 북종의 선사상은 앞에서 언급한 무상의 '무억·무념·막망'을 '염불기'와 연계하여 설명하고 있다는 측면에서 상당히 유사할 것으로 추정되기 때문이다.

한편 종밀은 『원각경대소석의초』의 "교행에 구애받지 않으면서 멸식함(敎行不拘而滅識)" 항목에서 다음과 같이 설한다.

> 무주無住라는 한 승려가 있는데, 진초장陳楚章을 만나 깨달음을 개시開示하였으며, 지행志行이 홀로 굳세었다. 후에 촉蜀 지방에 유행하면서 김 화상金和上이 개선開禪함을 만나 또한 그 법회에 참여하였다. 다만 재차 자문諮問하여 이전의 깨달음을 고칠 필요가 없음을 알고, 그를 전하고자 하였다. 속인俗人(陳楚章)의 법을 품승稟乘한 이가 법을 펼쳤다는 것을 듣지 못했으므로 쉽지 않을 것이라고 생각하여 드디어 김 화상을 스승으로 삼기로 하였다. 지시指示하는 법의法意는 크게 같지만, 그 전수의식傳授儀式은 김 화상의 문하와 완전히 다르다. 다른 점은 석문釋門의 사상事相으로 칭하는 모든 것을 행하지 않으며, 삭발을 마치면 바로 칠조의七條衣를 걸쳤고, 금계禁戒를 받지 않았다. 예참禮懺과 전독轉讀, 화불畵佛, 사경寫經에 이르기까지 모두 비방하여 다 망상妄想이라고 하였고, 머무는 사원에는 불사佛事와 관련된 것을 두지 않았다. 그러므로 '교행에 구애받지 않음(敎行不拘)'이라고 한다.
>
> '멸식滅識'이라는 것은 수행하는 바의 도道이다. 의미는 생사의 윤회

56 김진무, 「中國 初期禪宗에서 '心論'의 형성과 전개」, pp.294~299 참조.

는 모두 기심起心 때문이라고 한다. 그러므로 '기심'은 바로 '망妄'으로, 선악善惡을 막론하고 불기不起함이 바로 '진眞'이며, 사상事相과 같은 것들은 행하지 않고, 분별分別을 원가怨家로 삼으며, 무분별無分別을 묘도妙道로 삼는다. 또한 김 화상의 삼구三句 언교言敎를 전하지만, '망忘'을 '망妄' 자로 바꾸었으며, 모든 동학同學들이 선사先師(無相)의 언지言旨를 잘못 전했다고 하였다. 의미는 무억無憶과 무념無念은 바로 '진眞'이고, 억념憶念은 바로 '망妄'이다. 그러므로 '억념'을 허용하지 않음으로 '막망莫妄'이라는 것이다. 모든 교상敎相을 비방한다는 의미는 분별을 식멸息滅하여 '진'을 온전히 함(全眞)이라는 것이다. 그러므로 주지住持하는 곳에서도 의식衣食을 논의하지 않고, 사람들의 공양에 맡겨, 보내오면 따뜻한 옷을 입고 배부르게 먹지만, 보내주지 않으면 배고프고 추운 데 맡긴다. 교화를 구하지도 않고 또한 걸식하지도 않는다. 어떤 사람이 사원에 들어오면 귀천을 막론하고 맞아들이지도 않고, 또한 움직이지도 않으며, 찬탄하며 공양하거나 의심하여 질책하며 손해를 끼쳐도 모두 그들에게 맡긴다. 실로 이는 무분별無分別을 종지宗旨로 설하기 때문이다. 그러므로 옳고 그름이 없음을 행문行門으로 삼으며, 다만 무심無心만을 귀하게 여겨 묘극妙極으로 삼는다. 그러므로 '멸식滅識'이라고 한다.[57]

---

57 [唐]宗密 撰, 『圓覺經大疏釋義鈔』 卷3之下, 卍續藏 9, p.534a. "有一僧名無住, 遇陳開示領悟, 亦志行孤勁. 後遊蜀中, 遇金和上開禪, 亦預其會. 但更諮問, 見非改前悟, 將欲傳之. 於未聞意以稟承俗人, 恐非宜便, 遂認金和上為師. 指示法意大同, 其傳授儀式, 與金門下全異. 異者, 謂釋門事相一切不行, 剃髮了便掛七條, 不受禁戒. 至於禮懺轉讀畫佛寫經, 一切毀之, 皆為妄想, 所住之院不置佛事. 故云教行不拘也. 言滅識者, 即所修之道也. 意謂生死輪轉, 都為起心. 起心即妄, 不論善惡不起即真, 亦不似事相之行, 以分別為怨家, 無分別為妙道. 亦傳金和上三句言教, 但改忘字為妄字, 云諸同學, 錯預先師言旨. 意謂無憶無念即真, 憶念即妄, 不許憶念, 故云莫妄. 毀諸教相者, 且意在息滅分別而全真也. 故所住持, 不議衣食, 任人供送, 送即暖衣飽食, 不送即任飢任寒. 亦不求化, 亦不乞飯. 有人

상당히 긴 문장을 인용하였지만, 이로부터 다양한 정보를 얻을 수 있다. 우선, 종밀은 『역대법보기』에서 설정하는 '무상→무주'의 법계는 단지 무주가 교화를 위해서 주장된 것이라고 비판적인 견해를 갖고 있음을 알 수 있다. 또한 그 선사상에 있어서도 "이전의 깨달음을 고칠 필요가 없음을 알고, 그를 전함"이라는 표현으로부터 무상의 선법을 계승한 것이 아니라 '진초장'의 법을 계승하였고, 그것을 펼쳤다고 파악하고 있다. 그리고 무주는 무상이 중시한 수계의식 등의 '교행'은 모두 무시하였고, 나아가 도리어 '망상'으로 치부하고 있다는 것이다. 또한 '기심'과 '불기심'을 '진·망'으로 파악하고, 종지를 '무분별'로 삼아 '무심'을 '묘극'으로 삼기 때문에 이를 '교행에 구애받지 않으면서 멸식함'이라고 비판하고 있다. 이러한 종밀의 비판은 북종과 정중종도 역시 비판하지만, 특히 무주의 보당종에 대해서는 더욱 엄격한 잣대를 적용하고 있음을 알 수 있다. 아마도 종밀의 안목에는 '속인'의 법을 이은 무주가 '교행'을 무시한 것을 용납할 수 없었는지도 모르겠다. 이러한 종밀의 비판의 영향인지 모르겠지만, 『송고승전』 이후부터는 '정중 무상'의 전기는 게재되지만, 무주의 전기는 더 이상 보이지 않게 된다.

또한 종밀은 『선원제전집도서禪源諸詮集都序』에서 다음과 같이 논한다.

> 중생이 비록 본래 불성이 있지만, 무시이래로 무명에 덮여 보지 못하는 까닭에 생사의 윤회를 하고, 제불은 이미 망상을 끊었기 때문에 성품을 보아 확실히 알아 생사를 출리하고 신통이 자재하다. 마땅히 알라! 범부와 성인聖人의 공용功用이 다르고, 바깥 경계와 내

入院, 不論貴賤, 都不逢迎, 亦不起動, 讚嘆供養恠責損害, 一切任他. 良由宗旨說無分別. 是以行門無非無是, 但貴無心而為妙極, 故云滅識也."

> 심이 각각 한계가 나뉘어져 있기 때문에 모름지기 스승의 언교言教를 의지하여 경계를 등지고 마음을 관하여 망념을 식멸息滅하면 염念이 다하고, 곧 각오하여 알지 못하는 바가 없다. 마치 거울에 끼인 티끌을 부지런히 닦고 털어서 티끌이 다하면 밝음이 나타나 비추지 못하는 것이 없는 것 같다. 또한 모름지기 선경禪境에 취입趣入하는 방편을 밝게 해석한다면, 시끄러운 곳을 멀리 떠나 고요한 곳에 머물러 몸을 고르고 호흡을 고르며 말없이 가부좌하고, 혀를 입천장에 괴이고, 마음은 한 경계에 집주集注한다. 이는 남방의 지선智詵, 북종의 신수·보당·선십宣什 등의 문하가 모두 이와 같은 무리이다. 우두牛頭와 천태天台, 혜조惠稠, 구나求那 등이 나아가는 방편과 행적도 대체로 같으나 견해는 다르다.[58]

주지하다시피 종밀은 선교禪敎의 화회和會를 위해 당시 선종에 대하여 그 사상적 특징을 잡아 '식망수심종息妄修心宗, 민절무기종泯絶無寄宗, 직현심성종直顯心性宗' 등으로 분류하는데, 위의 인용문은 '식망수심종'에 대한 설명이다. 여기에서도 명확하게 북종·정중종·보당종을 모두 같은 류의 선법으로 파악하고 있음을 알 수 있다. 이러한 입장은 바로 종밀의 '법성교학法性教學'[59]으로부터 나타난 것이라고 하겠다. 종밀

---

58 [唐]宗密 述, 『禪源諸詮集都序』 卷上之二, 『대정장』 48, p.402b-c. "說衆生雖本有佛性, 而無始無明覆之不見故輪迴生死. 諸佛已斷妄想故見性了了, 出離生死神通自在. 當知凡聖功用不同, 外境內心各有分限, 故須依師言教背境觀心息滅妄念, 念盡卽覺悟無所不知, 如鏡昏塵, 須勤勤拂拭. 塵盡明現卽無所不照, 又須明解趣入禪境方便, 遠離憒鬧住閑靜處, 調身調息跏趺宴默. 舌拄上齶心注一境, 南侁北秀保唐宣什等門下, 皆此類也. 牛頭天台惠稠求那等, 進趣方便跡卽大同, 見解卽別."

59 이는 신규탁의 저술인 『규봉 종밀과 법성교학』, 올리브그린, 2013에서 사용된 개념이며, 한국선학회 2016년 춘계학술세미나의 기조발제인 「禪 사상 '평가자'로서의 규봉 종밀」, 『규봉종밀의 눈에 비친 당나라 선종의 판도』, 한국선학회 세미나

은 선종에 대해서는 '공적지심영지불매空寂之心靈知不昧', 교학에 대해서는 '공적진심空寂眞心'으로 기준을 잡고, 그 둘을 포괄하는 이른바 유명한 "앎(知)의 그 한 글자는 모든 신묘한 문(知之一字, 衆妙之門)"으로 수식되는 '공적영지空寂靈知'로서 당시의 모든 선종과 교학을 포괄하여 '회통'하고자 하였다. 특히 '공적영지'의 '수연隨緣'과 '불변不變'를 '체용體用' 관계로서 파악하여 분석과 비판을 진행한 것이라고 하겠다.[60]

본고에서는 이러한 종밀의 평가와 비판에 대한 논술은 생략하겠지만, 이러한 종밀의 선사상에 대한 분류와 비판, 그리고 회통의 노력은 이후 전개되는 조사선의 선사상에 지대한 영향을 미쳤다고 할 수 있다.

Ⅳ. 결어

이상으로 무상의 정중종에 대한 법계와 그 선사상에 대하여 간략하게 고찰하였다.

무상은 신라 출신으로 우리에게 더욱 친밀감을 느끼게 하는데, 그는 입당구법하여 사천四川 지역의 성도成都에서 선법을 펼쳐 '정중종'을 개창하였다. 무상의 법계는 관련된 자료로부터 명확하게 동산법문의 '홍인→지선계'를 계승하고 있음을 알 수 있으며, 이는 그 선사상을 통하여 분명하게 확인할 수 있다.

무상은 자주 '수계의식'을 통하여 교화했으며, 종밀의 『원각경대소석

자료집, 2016. 6. 24에서도 언급하고 있다. pp.11~13 참조.

60 김진무, 「宗密禪師의 時代認識과 '三敎會通'」, 『선학』 27, 한국선학회, 2010, pp.65~67 참조.

의초』 등에는 이러한 의식에 대하여 비교적 상세히 설명하고 있다. 이러한 수계의식은 동산법문으로 비롯된 것이라는 추정이 가능하다. 동산법문의 수계의식과 관련된 기록이 전혀 없는 상황에서 이러한 무상의 수계의식과 관련된 기록들로부터 동산법문의 수계의식을 역으로 추정할 수 있는 가능성이 있다고 하겠다. 무상의 핵심적인 선법인 '무억·무념·막망'의 삼구는 '계·정·혜' 삼학에 대한 새로운 해석이라고 할 수 있으며, 그는 모두 '염불기'와 '무념'으로 귀결된다고 할 수 있는데, 이러한 연원은 바로 홍인의 선법에 있다고 하겠다.

본고에서는 이를 논구하는 과정에서 홍인의 『최상승론』의 시작에 혜정의 『반야바라밀다심경소』의 끝부분을 전재하고 있음을 밝혔는데, 이는 혜능과 신회가 『금강경』을 소의경전으로 제창함을 설명하는 데 중요한 매개가 될 수 있음을 제시하였다. 이 문제는 이후 보다 신중하게 사상적 검토를 통해 밝혀야 할 과제라고 본다.

종밀은 무상의 정중종의 선사상을 북종·보당종과 함께 '식망수심종'으로 평가하고 있으며, 특히 보당종에 대해서는 '교행에 구애받지 않으면서 멸식함(教行不拘而滅識)'으로 비판하고 있음을 알 수 있다. 이러한 종밀의 평가는 자신의 '공적영지'를 중심으로 하는 '법성교학'의 기준에서 나타난 것이라고 하겠다. 사실상 끊임없이 '향상向上'을 제창하며 전개되는 선사상의 발전으로 본다면, 비교적 초기에 출현한 정중종의 선사상이 분명한 한계를 노정하는 것은 당연한 이치라고 볼 수 있다. 그러나 이러한 과정이 있었기 때문에 후대에 그를 초월(向上)하는 선사상이 출현할 수 있었던 것이라고 본다. 이러한 점이 바로 무상의 정중종이 지니는 중요한 의의라고 하겠다.

참고문헌

[梁]曼陀羅仙 譯,『文殊師利所說摩訶般若波羅蜜經』,『대정장』 8.

[唐]慧淨 作,『般若波羅蜜多心經疏』,『卍續藏』 26.

[唐]道宣,『續高僧傳』,『대정장』 50.

[唐]弘忍 述,『最上乘論』,『대정장』 48.

[唐]淨覺 集,『楞伽師資記』,『대정장』 85.

[唐]裴休 問, 宗密 答,『中華傳心地禪門師資承襲圖』,『卍續藏』 63.

[唐]宗密 述,『禪源諸詮集都序』,『대정장』 48.

[唐]宗密 撰,『圓覺經大疏釋義鈔』,『卍續藏』 9.

『大乘無生方便門』,『대정장』 85.

『歷代法寶記』,『대정장』 51.

敦煌本,『壇經』,『대정장』 48.

宗寶本,『壇經』,『대정장』 48.

荷澤神會, 楊曾文 編校,『神會和尙禪話錄』, 中華書局, 1996.

[宋]道原 纂,『景德傳燈錄』,『대정장』 51.

[宋]贊寧 撰,『宋高僧傳』,『대정장』 50.

『神僧傳』,『대정장』 50.

關口眞大,『達摩大師の研究』, 春秋社, 1968.

田中良昭,『敦煌禪宗文獻の研究』, 大東出版社, 1984.

柳田聖山,『初期禪宗史書の研究』, 法藏館, 1968.

________,『初期の禪史 I』, 筑摩書房, 1971.

________,『初期の禪史 II』, 筑摩書房, 1976.

鄭性本,『中國禪宗의 成立史研究』, 민족사, 1991.

柳田聖山 著, 楊氣峰 譯, 『초기선종사Ⅱ』, 김영사, 1991.
이능화편, 조선불교통사편찬위원회, 『역주조선불교통사』, 동국대학교출판부, 2010.
田中良昭, 「敦煌禪宗文獻分類目錄初稿」, 『駒澤大學佛教學部硏究紀要』 27, 1969.
柳田聖山, 「大乘戒經としての六祖壇經」, 『印度學佛教學硏究』 12卷 1號, 1964.
田中良昭, 「初期禪宗の戒律論」, 『敦煌禪宗文獻の硏究』, 大東出版社, 1983.
신규탁, 『규봉 종밀과 법성교학』, 올리브그린, 2013.
______, 「禪사상 '평가자'로서의 규봉 종밀」, 『규봉 종밀의 눈에 비친 당나라 선종의 판도』, 한국선학회 세미나자료집, 2016. 6. 24.
김진무, 「東山法門과 그 禪思想 硏究」, 동국대 대학원, 석사학위논문, 1995.
______, 「道信禪師의 禪思想과 그 意義」, 『불교학보』 42, 동국대 불교문화연구원, 2005.
______, 「中國 初期禪宗에서 '心論'의 형성과 전개」, 원광대학교 마음인문학연구소편, 『동서양의 마음 이해』, 공동체, 2013.
______, 「중국 지장신앙의 淵源과 金地藏」, 『淨土學硏究』 15, 한국정토학회, 2011.
______, 「宗密禪師의 時代認識과 '三敎會通'」, 『선학』 27, 한국선학회, 2010.

6

상산 혜각이 중국불교에 끼친 영향

/ 여성구

〈선정 이유〉

• 여성구, 「상산 혜각이 중국불교에 끼친 영향」, 『한국불교사연구』 제8호, 한국불교사학회, 2015, pp.4~71.

선정 이유

이 논문은 신라 출신으로 중국에서 활동한 육조 혜능→하택 신회의 선맥을 이은 상산 혜각이 중국불교에 끼친 영향에 대한 국내 첫 연구라는 점에 주목하여 선정하였다. 저자는 2009년에 혜각의 탑비 2/4 조각이 중국 하북성 형태시邢台市·사하시沙河市에서 발견되고, 중국인 유학생 루정호에 의한 본격적인 연구를 참고하면서 동시대 신라 유학승들과의 관련 속에서 국내에서 첫 연구를 시작하였다.

혜각은 김씨로서 신라 진골 출신으로 추정되며, 23세에 구족계를 받고 『유가사지론』과 『능가경』 등을 공부한 것으로 알려져 있다. 이후 그는 당나라로 건너가 황제로부터 승적僧籍을 받아 형주 개원사 소속의 승려가 되었다. 혜각은 평생을 개원사 일대의 몇몇 사찰에 머무르며 활동하다가 형주 칠천사지에 탑비를 남긴 뒤 끝내 신라로 돌아오지 못했다. 최치원의 「봉암사지증대사적조탑비」에 '익주 김益州金'으로 적힌 정중 무상과 함께 '진주 김鎭州金'으로 적힌 상산 혜각은 안사의 난이 일어났던 시기에 하북성 일대의 진주·형주 등 일대에서 어렵게 하택선품을 펼쳤던 것으로 알려져 있다.

저자는 혜각이 원효의 『금강삼매경론』 곳곳에 실려 있는 일각 사상을 입당 전에 공부했던 것으로 추정하고 있으며, 하택 신회로부터 돈오, 무념, 지견 등의 하택종 선을 배운 뒤 일각 사상을 교화방편으로 삼았다고 보았다. 또 혜각은 "일체 제법은 일심(일념)이고, 일체중생은 본각이다."라고 하여 이 세상 모든 것이 평등하고 차별이 없음을 밝히고자 하였다고 하였다. 저자는 혜각의 이러한 가풍은 원효의 『금강삼매경론』 사상과 닿아 있으며, 『대승기신론』 사상과도 통하고 있다고 보고 있다.

저자가 혜각과 비슷한 시기에 당나라에서 활동했던 신라승 무상·무루·지장·신행·원표 등과 관련을 지으면서 상산 혜각의 비문에 대한 촘촘한 분석에 의해 연구를 시도했다는 점, 그리고 정중 무상에 필적하는 신라 출신의 상산 혜각과 그 주변에 대한 본격적인 탐구를 시도했다는 점에서 이 논문의 의미와 학문적 가치를 찾을 수 있다.

Ⅰ. 머리말

혜각은 최치원崔致遠이 지은 「大唐新羅國故鳳巖山寺 敎諡智證大師 寂照之塔碑銘并序」(이하 「지증대사비」로 줄임)에 처음으로 이름만 확인될 뿐, 관련 자료는 일절 찾을 수 없었다. 그러다가 2009년 중국 하북성 형태시邢台市·사하시沙河市에서 그의 탑비인 「大唐□□□□寺故覺禪師碑銘 并序」(이하 「惠覺碑」라고 줄임)가 발견되면서 새롭게 주목받기 시작하였다. 그 탑비는 넷으로 조각나 그 중 2개만 전하나, 전설상의 인물로 취급될 뻔한 혜각의 연구에 단초를 제공해 주고 있음은 매우 다행한 일이다.

「혜각비惠覺碑」를 교감, 판독하고 학술논문으로 처음 작성한 연구자는 중국 유학생 루정호樓正豪였다.[1] 그는 「혜각비」를 치밀하게 분석하고, 혜각이 국내외에 미친 영향을 언급하였다. 특히 「혜능비」에 대해 심혈을 기울였는데, 낙양 하택사와 형주邢州 개원사에 있는 「혜능비」의 건립자에 대해 기존의 신회神會설에서 나아가 각각 신회와 혜각慧覺이었다는 설을 주장하고 있다.

본 글은 루정호의 탑비 판독을 참고하여, 혜각의 생애와 사상, 당과 신라에 끼친 영향 등으로 나누어 살펴보고자 한다. 향후 혜각 연구에 작은 도움이 되었으면 한다.

---

1 루정호, 「새로 發見된 新羅 入唐求法僧 惠覺禪師의 碑銘」, 『사총』 73, 고려대학교 역사연구소, 2011.

Ⅱ. 생애

1. 탑비의 현황과 서문

「혜각비惠覺碑」의 탑비명에 대해 「大唐邢州漆泉寺故覺禪師碑銘并序」(루정호), 「大唐廣陽漆泉寺故覺禪師碑銘并序」(王三秋)[2]로 구분되며, 형주邢州와 광양廣陽(山)의 차이만 보일 뿐 '칠천사漆泉寺'는 동일하다. 탑비는 혜각(?~774)이 입적한 지 10년 후인 783년에 건립되었다. 현전 탑비에는 찬자撰者와 서자書者를 확인할 수 없었으나, 『사하현지沙河縣志』의 내용을 통해 탑비의 찬자는 '검교병부랑중겸형주자사시어사檢校兵部郎中兼邢州刺史侍御史 원의元誼'이며, 서자書者는 '전양왕부참군겸한림원시독학사前凉王府參軍兼翰林院侍讀學士 왕소강王少康'임이 밝혀졌다.[3]

〈표 1〉 惠覺碑銘

③ 분실	① 15행, 1행 31자
④ 13행, 1행 29자	② 분실

귀부龜趺·이수·탑신은 모두 절단되어, 이수가 현 칠천사지에 방치되어 있다고 한다. 탑신 역시 4분되어 현재 2부분(①과 ④)만 전하고 있다. 탑비 전체의 크기와 한 행의 글자 수를 루정호의 논문을 근거로 본다면, 전체 28행, 1행 60자로 구성되었다고 판단된다. 현재 탑비의 판독은 이종애李宗愛, 왕삼추王三秋(478자), 루정호(617자), 기금강冀金剛·조복수趙

2 王三秋, 「『大唐广阳漆泉寺故觉□禪师碑铭记』 推解」(http://blog.sina.com.cn/s/blog_554d95b00100f7kw.html) 및 冀金剛·趙福壽 編, 「大唐廣陽漆泉寺故覺禪師碑銘并序」, 『邢台開元寺金石志』(北京圖書館出版社, 2013) 참조.

3 「唐漆泉寺碑」, 『沙河縣志』 권10, 文獻志 金石, 1940 및 루정호, 앞의 논문, p.5 참조. 그러나 「唐漆泉寺碑」와 「惠覺碑」가 동일한 비인가에 대해서는 좀 더 연구가 필요하다.

福壽 등이 진행하여, 현재 620여 자를 확인할 수 있게 되었다. 현재 판독 가능한 글자 수는 탑비의 전체 1500~1600여 자 중 대략 1/3 정도이다.

탑비의 최초 발견자는 이종애(前 沙河市人民代表大會辦公室 주임) 씨로서 2009년 7월 21일, 칠천사지漆泉寺址에서 1km 정도 떨어진 사장촌寺庄村 주민 진생금陳生金 씨의 집에서 찾았다. 이후 왕삼추(전 沙河市 副市長) 씨가 이종애 씨의 판독문을 바탕으로 이입방李立方 씨(沙河市 劉石崗鄉 副鄕長)의 인터넷 블로그에 연구 내용을 공개하였다.[4] 이입방 씨의 블로그에는 약 20여 기의 「사하시칠천사비갈현상급비문현시내용일람표沙河市漆泉寺碑碣現狀及碑文顯示內容一覽表」를 싣고 있는데, 이 기록에 의하면, ① 101×52×26㎝(높이×너비×두께) 원문 441자, 판독 가능 300자, ④ 101×48×26㎝, 원문 388자, 판독 가능 216자, 전체 약 200×100×26㎝라고 하여,[5] 루정호 씨의 ① 110.8×53×26㎝, ④ 103.5×40×26㎝라는 비의 크기와 약간 차이가 있다.

현전 탑비는 전액篆額, 서문序文, 행장行狀, 명문銘文(讚詞)으로 구성되어 있다. 전액은 이수螭首 부분에 새겼으나, 절단되어 완전한 모습을 갖추고 있지 않다. 탑신에 서문序文, 행장行狀, 찬사讚詞를 갖추고 있는데, 결락 부분이 많아 온전한 내용을 파악하기가 쉽지 않다. 서문에는 중국 선종을 개관하면서 혜각을 소개하는 내용이 담겨 있다. 행장은 출신, 가계, 출가, 입당, 입적, 입비立碑 과정을 서술하고 있다. 찬사讚詞 역시 불완전하며, 혜각에 대한 찬미의 글이 씌어졌을 것으로 보인다.

탑비가 1행 60자라고 했을 때, 서문은 4행 190여 자로 되어 있다. 현

---

4 루정호, 앞의 논문, p.4. 王三秋, 「《大唐广阳漆泉寺故觉□禪师碑铭记》推解」 참조.
5 「沙河市漆泉寺碑碣现状及碑文显示內容一览表」 (1)의 ① 大唐广阳漆泉寺故觉禅师碑铭记(http://blog.sina.com.cn/s/blog_554d95b00100f8ol.html. 2009.10.22.) 참조.

재 65자 정도가 판독 가능한 형편이다.

> 1-① … 태양이 만물을 비추고 창문의 먼지, 털, 이슬까지 … 빠진 것이 없다. … 형체 그리고 … 극히 … 밝았다. 넓고 깊으며, 자세하고 심오하게 오로지 이치를 깊이 연구하고, 自性과 佛道에 통달하였다. 또한 말하기를 … [스승에게] 달려간 사람이 많아 [스승을] 좇아서 空 하나를 배우니, 배운 사람 중에 慧可와 道信이 있었다. 이들 또한 하나일 뿐이었다. 그 正法을 탐구한 자가 … 말로 가르쳐 … 주고 … 부처님 … 육조 혜능(638~713)이 있었다. 그들은 모두 경전에 전해지는 僧寶인데 여기서 설명하지 않도록 한다(□于東明被萬物 □於牖塵秒露 無不□形 及□□□□太□□□□□□□□…明 廣淵精賾 純粹窮理 達性通道 且言□□□□□□□□□□□□□□□□…□走巨億 從學空一 學有可信 又億一焉 探其正者 □□□聲 授□□□ 佛聖□…有六 皆傳經僧寶 此不云紀).

이상의 루정호의 판독과 해석문을 참고해 서문의 내용을 간추려 보면, 찬자 원의元誼는 먼저 중국 선종의 법맥을 개괄하고 있음을 알 수 있다. 난해한 부분도 있으나, 달마로부터 시작된 중국 선종이 2조 혜가慧可, 4조 도신道信, 6조 혜능慧能에게 전해졌음을 밝히고 있다. 아마 5조 홍인弘忍에 대한 서술도 있었으리라 생각되며, 혜능의 제자 신회神會는 혜각의 스승으로 본문 행장 부분에서 언급하고 있으므로 제7조에 대한 서술은 생략했던 것으로 보인다.

2. 입당 전의 행적

행장은 혜각을 이해하는 데 중요한 내용으로서 전체 60행 중 19행 정도를 할애하고 있다. 혜각이 신라 출신이라는 사실은 탑비에서 확인되고 있으나, 출가 동기에 대해서는 비문의 결락으로 알 수 없다. 비문에는 수계 및 입당 과정이 간략하게 전해지고 있다.

2-① 선사의 이름은 惠覺이며, 바다 가운데에 있는 신라국 사람이다. 성은 金□氏인데, 나라에서 특히 구별되는 높은 신분이었다(禪師曰惠覺 中海新羅國人 姓金□氏 國殊□别 於…).

2-② … 환속의 마음을 멀리하고, 오직 맑고 고요한 도리만이 일어났다. 23세에 승계를 받았다. 배움에 임해서는 … 없었다. 계율을 정밀하게 하고, [경전을] 깊이 연구하며, 瑜伽論 등 논을 널리 익혔다(□返俗之懷遠 惟淸恬之理生 廿三歲 具僧戒 當學無□ 精律究□ 瑜伽弘論 □…).

2-③ … 하얀 것을 다르게 보고 갈라져 어둠과 밝음(幽明)이 격렬해졌다. 그 해에 여러 차례 반성하며 말하기를, "성인의 말에 '일체법은 허깨비와 같아 심식에서 멀리 떠났다'라고 하였는데, 불법은 … 하는 바이다. … [불도]를 중원으로 가야겠다. 우리나라에서(吾) 누가 능히 어두운 밤에 반딧불이의 불빛을 잡아다가 대낮에 환히 밝은 해를 남기겠는가?"[라고 하였다.] 이에 나무를 깎아 노를 만들고 배로 바다를 건너 파도를 헤치고 … 일어났다. …(□ 異瞻白折 幽明激由是歲數省曰 聖言有之 一切法如幻 遠離於心識 法所□…□要行乎中域 吾孰能執螢炬於幽夜 遺皦日於正晝 於是剡楫 舟海揮波 生□…).

2-①은 혜각의 출신국을 기록하고 있다. 여기서 '신라국'이라는 글자를 확인할 수 없었다면 이 탑비 역시 중국 선승으로 기억될 뻔하였다. 속성은 김씨이며, 나라에서 특별히 구별했다는 기록을 보면, 진골 출신임이 분명하다.

2-②는 수계 사실과 수계 후 행적을 서술한 것이다. 그는 23세에 구족계를 받았고, 계율과 유가론瑜伽論, 즉 『유가사지론瑜伽師地論』을 공부했던 것 같다. 신라와 당의 승려들 역시 수계 후 일반적으로 경·율·논을 익혔는데, 혜각도 이들과 비교해 별반 다르지 않은 행보를 보인다. 수계 후 혜각은 원효元曉의 학부종사學不從師처럼 정해진 스승 없이(無師), 또는 태만하지 않고(無怠), 고정됨이 없이(無定) 경·율·논 삼장을 공부했음을 보여 준다. 특히 유가홍론瑜伽弘論이라 하여 유가론을 열심히 공부했던 것으로 보인다.

출가 동기에 대해서는 결락된 30여 자에 언급되었을 것으로 보인다. 특히 '반속返俗'이라는 표현을 볼 때, 환속할 수 있는 상황이 있었던 모양인데, 구체적인 정황은 알 수 없다. 일반적으로 출가 후 환속하는 경우는 가족사와 관련된 사례가 보이므로 그 정도로 비정해 보고 싶다. 출가 후 약 3년 지나 구족계를 받는 것을 볼 때, 대략 20세를 전후하여 출가했다고 볼 수 있다. 신라승의 수계 시의 나이는 평균 22세로서 별 차이는 없지만, 출가 시의 나이가 하대下代에 평균 14세 정도였으니, 조금은 늦은 나이에 출가했을 것으로 보인다.[6]

2-③은 입당 유학을 결심하게 된 연유를 밝히고 있는 내용이다. 유학 동기에 대해서 유가유식을 공부하다가 회의를 느껴 입당하였고, 입

6 여성구, 「신라인의 출가와 도승」, 『진단학보』 101, 2006, p.89 및 「신라승의 수계와 승적」, 『신라사학보』 31, 2014, p.50.

당 후 유식 공부를 그만두고 선종으로 개종했다고 한다.[7] 현재 비문을 볼 때 선종을 배우기 위해 입당을 결심했다고 단언할 수 없고, 개종한 이유에 대해서도 추적해 볼 여지가 있다. 혜각은 유가유식만을 공부했던 것은 아니었으며, 그는 『능가경』의 구절을 언급하며 입당 유학의 결심을 굳게 했던 것 같다.

"…하얀 것을 다르게 보고 갈라져(異瞻白折) 어둠과 밝음(幽明)이 격렬해졌다."라는 구절은 당시 신라불교계 또는 정국 동향을 말한 듯하다. 또한 여러 차례 자신을 돌아보았다(數省)는 내용을 보면, 입당 동기는 자신에게서 비롯된 것이 아닌가 한다. 혹은 비문의 찬자 원의元誼가 혜각의 입당을 극적으로 표현하려는 의도에서 과장한 것일 수도 있다. 그러나 뒤이어 언급된 『능가경』의 내용이나 혜각 자신의 소회를 담은 '우리나라의 불법을 선양하겠다'는 구절을 보면, 당시 신라불교계에 커다란 갈등이 내재해 있었다고 보는 것이 옳을 듯하다.

당시 갈등이 무엇이었는지 밝히기 위해서는 먼저 당시의 시점을 알아야 하는데, 그것이 정확하지 않다. 뒤에서 다시 언급하였지만, 혜각의 입당 시기를 대략 성덕왕~효성왕 대라고 본다면, 신문왕~효소왕 대의 불교계 동향과 관련해 신문왕 때 국로國老 경흥憬興의 사례를 주목할 수 있을 것이다. 경흥 설화에서는 그가 말을 탔다는 이유로 비구(문수보살)로부터 꾸지람을 들었으며, 병이 들었을 때, 한 비구니(11면 관음보살)가 11가지의 춤을 추어 그의 병을 고쳐 주었다고 한다. 이 설화를 볼 때, 당시 불교계는 화엄·법상·밀교의 교세가 컸음을 알 수 있다. 아마 화엄종 세력이 유식승 경흥에 대해 가장 반발하였고, 밀교가 화엄종과 법상종의 갈등을 불식시키려는 모습이 반영된 설화가 아닐까 한다.[8] 특

7 루정호, 앞의 논문, p.23.
8 『삼국유사』 권5, 감통7, 憬興遇聖조 및 여성구, 「신라 중대의 유학승 연구」, 국민대

히 경흥의 국로 임명은 문무왕의 유언에 따른 것임을 볼 때, 종파와 사상 간의 갈등은 문무왕 때부터 드러나기 시작했다고 할 수 있다. 효소왕 대 역시 신문왕 대의 상황과 크게 벗어나지 않았을 것이다. 혜각은 이러한 불교계의 상황이 자신의 생각과 괴리되어 고민하였던 것은 아닐까 한다. 불법은 원래 심식心識을 떠나 유무有無·단상斷常의 차별을 하지 않는 하나의 법인데, 그렇지 못한 불교계의 종파와 사상의 대립, 갈등을 봉합하려는 문제의식이 있었다고 생각된다.

혜각의 문제의식은 『능가경』에 연유하고 있다.

> 모든 법은 허깨비와 같아 心識에서 멀리 떠났으니 지혜로 보면 있다 없다 할 수 없는데 [부처님께서는] 大悲心을 일으키시네.(능가아발다라보경)[9]

위의 내용을 통해, 혜각이 입당 전 『능가경』을 공부했음을 알 수 있고, "一切法如幻 遠離於心識"은 혜각이 입당 구법의 길을 오르게 되는 중요한 원인이라고 생각된다. 불법은 본래 유무有無를 떠났으며, 단멸斷滅과 상주常住의 개념을 초탈하였다. 이렇듯 단상斷常, 유무有無 등의 표현이 이어 나오는 것을 보면, 화엄과 유식의 갈등을 빗댄 것이 아닐까 한다. 『능가경』은 3본이 전하는데, ① 『능가아발다라보경楞伽阿跋陀羅寶經』(443년 求那跋陀羅 역, 총4권), ② 『입능가경入楞伽經』(513년 菩提

박사학위논문, 1998, pp.33~38.

9 ① 구나발타나 역, 『능가아발다라보경』 권1, 一切佛語心品 1-1[『대정장』 권16, p.480上(이하 T16-480上라고 줄임)], "一切法如幻 遠離於心識 智不得有無 而興大悲心." ② 보리류지 역, 『입능가경』 問答品 2(위의 책, p.519상), "佛慧大悲觀 一切法如幻 遠離心意識 有無不可得." ③ 실차난타 역, 『대승입능가경』 集一切法品 2-1(위의 책, p.590下), "一切法如幻 遠離於心識 智不得有無 而興大悲心."

留支 역, 총10권), ③ 『대승입능가경大乘入楞伽經』(704년 實叉難陀 역, 총7권) 등이 그것이다. 605년 신라 진평왕 때 안홍安弘이 『능가경』과 『승만경』을 가지고 돌아왔다.[10] 신라 성주산문의 개산조 무염無染(800~888)은 설악산 오색석사五色石寺에서 출가하여 법성法性 선사를 은사로 『능가경』을 공부했다.[11] 『능가경』은 초기 선종의 대표적인 경전으로서 달마는 혜가에게 법을 전수할 때 이 경을 전했다. 특히 북종선과 남종선으로 갈리면서, 『금강경』의 남종선과 『능가경』의 북종선으로 대별하기도 한다. 북종선 신수神秀(606~706)의 제자 보적普寂(651~739) 또한 『능가경』을 중시했다고 한다. 보적의 제자 지공志空의 가르침을 받은 신라승으로 신행神行이 있다.[12] 「혜각비」에 보이는 구절은 3본 중 구나발타라求那跋陀羅 역본譯本과 실차난타實叉難陀 역본이다. 그러나 찬자 원의元誼의 비문 찬술 과정에서 수정될 수도 있음을 고려하면, 3본 중 무엇이라고 단정할 수 없다. 신라 때에는 『입능가경』이 가장 많이 유통되었는데, 원의가 실차난타 역본을 저본으로 삼아 찬술했을 가능성도 염두에 둘 수 있기 때문이다.

3. 입당 후의 행적

혜각의 입당 시기는 결락돼 알 수 없다. 입당 후의 순력巡歷, 사사師事, 전법傳法 활동에 대해 살펴보고자 한다.

---

10 『삼국사기』 권4, 신라본기 4, 진흥왕 37년. 한편 576년이 아닌 진평왕 27년(605)이라고도 한다(장활식, 「『해동고승전』「釋안함」전의 분석」, 『신라문화』 46, 동국대학교 신라문화연구소, 2015, p.272). 북종선의 神行은 안홍의 형의 증손이었다.

11 최치원 찬, 「有唐新羅國故兩朝國師敎謚大朗慧和尙白月葆光之塔碑銘 幷序」(『한국금석전문』, 고대 아세아문화사, 1984, p.215).

12 「大照禪師塔碑」(『全唐文』 권262) 및 『宋高僧傳』 권9, 習禪篇 3-2, 唐京師興唐寺普寂傳 参조.

3-① 체류한 지 10년이 지나 범행으로 이름이 널리 전해졌다. 詔勅으로 승적을 邢州 開元寺에 두게 되었다. [개원사에] 머문 지 얼마 되지 않았다. …[불사에 대한] 참된 조예였다. 무지하고 몽매한 이를 가르쳐 깨닫게 하려는 분발심은 오래도록 지속되었다. 당시 승려 중 배움에 이름을 날려 사방에 그 업적을 오래 전하려는 이도 있었다. [그러나] 정토를 향하여 수행한 사람들은 … 더럽지도 않고 … [깨끗하지도] 않았다(…□, 攸止其地經十年, 梵行鳴播□□, □□□詔僧籍於邢州開元寺, 居無幾時 □…真詣, 筮蒙之發, 決在得久, 時僧學有入名, 方傳久功, 趣淨者, □□經□, 不垢不□…).

위의 인용문은 입당 후의 수행을 보여 주는 내용이다. 우선 주목되는 것이 10년 동안 범행梵行을 닦았다는 내용이다. 범행은 12두타행을 말하며, 당시 신라 입당구법승의 두타행은 보편적이었다. 신라승들은 입당 후 특정 사찰에 머물며 공부하지 않고, 두타행을 닦으며 순력했다. 무상無相은 호랑이에게 자신의 육신을 내던졌으며, 해진 옷과 길게 자란 머리로 짐승으로 오인되어 죽을 뻔하기도 하였다. 지장地藏은 선정禪定 중에 독사에 물리기도 했으며, 백토白土에 쌀을 섞어 밥을 먹는 두타행을 하였다. 원표는 정진霆震·맹수猛獸·독고毒蟲 등이 많은 지제산支提山에서 산골 물을 마시고 나무 열매를 먹으며 수행하였다. 파야波若(562~613), 도육道育(?~938) 역시 그와 같은 두타행을 하였다.[13]

혜각은 10여 년 동안 정처 없이 중국 내지를 유력遊歷하며 보살행을 닦았다. 이로 인해 당시 중국인들에게 그의 이름을 알리는 계기가 되었다. 그 결과 당의 승적을 얻어 형주邢州 개원사開元寺 소속의 승려가 되

13 呂聖九, 「통일기 재당유학승의 활동과 사상」, 『북악사론』 8, 2001, pp.20~21.

었다. 형주 개원사는 738년 당唐 현종玄宗 대, 전국 각 주州에 개원사를 설치하도록 하는 조칙에 따라 건립된 사찰이었다.[14]

신라승의 당에서의 체류 상한 기간은 9년이며, 그 이상 체류 시 승적을 달리해 작성되었다. 중국 체류 9년이 지났기 때문에 중국 승적에 편입되었다는 설[15]은 타당해 보이지만, 역대 신라 구법승 중 승적을 재취득한 사례는 보이지 않기 때문에 또 다른 해석이 가능하리라 본다. 신라 하대의 입당구법승의 유학 기간은 약 18년이었고, 845년경에 승첩僧牒이 없는 신라승이 많았다.[16] 체류 기간이 9년 이상이라고 하여 반드시 승적을 변경하지 않아도 되었던 것 같다. 그러므로 혜각의 승적 변경은 주목된다. 무상無相은 신라에서의 법명法名 대신에 스승 처적處寂으로부터 지금의 법명을 받았으며, 혜소慧昭는 당에서 출가, 구족계를 받았다. 법명의 개명改名보다 승적의 재취득이 혜각의 사례에서 확인되는 첫 사례이다.[17] 일반 유학승과 비교해 다른 행보인데, 혜각은 구법 열의를 고조하는 계기로 삼거나, 신라로의 귀국을 포기했을 가능성을 엿볼 수 있다.

개원사의 설치가 738년부터 실시되었다고 하여, 이 시점을 보고 혜각의 입당 시기를 예단하기는 어렵다. 738년을 승적 편입 시기라고 단언할 수 없기 때문이다. 그러나 입당 후 10여 년의 행적을 볼 때, 구족계를 받고 얼마 지나지 않아 입당했을 것으로 보인다. 혜각은 개원사에

---

14 『당회요』 권50, 雜記, p.1029, 루정호, 앞의 논문, 鄭淳模, 「隋唐時期 寺院統制와 賜額」, 『동양사학연구』 77, 2002, pp.99~100. 앞서 690년, 당 측천무후는 兩京과 여러 州에 大雲寺를 세우도록 하였고, 738년, 당 현종이 여러 주군에 개원사를 세우도록 하여 형주 대운사를 고쳐 개원사로 하였다.

15 루정호, 앞의 논문, p.23.

16 呂聖九, 「新羅 中代의 入唐求法僧 研究」, pp.25~29.

17 혜소는 唐에서 출가, 구족계를 받았으나 승적 편입에 대한 기록은 보이지 않으며, 결국 귀국 활동한 사실을 볼 때, 혜각은 당의 승적에 편입되었을 가능성이 있다.

머문 지 얼마 되지 않아 다른 곳으로 거처를 옮긴 듯하다.

> 3-② … 그때 洛陽 荷澤寺에 신회라는 선승이 있었는데 그는 명성이 있는 사람이었다. 남월의 혜능 대사에게 배우고 돈오의 [법문]을 널리 열었다. … 그다음에 지견을 밝혔다. 비유를 통해 깨닫게 하니 수확을 얻은 것과 같았다. 돌아가서 사유하던 중에 약간 미진한 부분이 있었기 때문에 다음 해에 다시 [낙양에] 가서 신회를 자기의 導師로 삼았다. 다시 … 마음에 일어남이 없으면 이것이 참다운 무념이다. 어찌 실현할 수 없겠는가. 이에 그 미묘한 종취를 깊게 연구하고, [신회의] 법등을 一覺의 지혜로써 밝혔다. 그러나 세상에 … 있으니… 도로 … 어느 달에 … 그래서(…時洛京有荷澤寺禪僧曰神會 名之崇者傳 受學于南越能大師 廣明頓悟之…□次明知見 引喩開發 意若有獲 歸而繼思 或有不盡 明年復往詣爲導師 復□…□心無所起 即真無念 豈遠乎哉 丁是 深其微趣 屬燈乃明 以一覺之知 而万有□…□□□□塗□何月之□□□于是□□□□□□□□□□□□□□□□□□…)

3-②는 낙양 하택사의 신회神會(684~758)에게서 가르침을 받는 내용이다. 혜각은 입당 후 10년 동안 이곳저곳을 다니며 수행했음을 볼 때, 그가 신회를 만난 때는 입당 후 10년이 지난 시점이라고 할 수 있다. 혜각이 신회를 만났던 시기는 신회가 하택사에 주석하고 있던 745년~753년 사이로 볼 수 있다.[18]

---

18 宗密, 『圓覺經大疏釋義鈔』 권3하(『卍續藏』 권14, p.277) 및 루정호, 앞의 논문, p.24. 다른 설은 귀양 중 755년 안록산의 난 때 향수전을 모금한 공으로 숙종의 명으로 낙양 하택사에 禪宇를 세우고, 756년 이곳에 머물렀다는 설이다. 신회가 이곳에 3년 정도 머물다가 758년 5월 13일 荊府 開元寺에서 입적하였다. 이 설에 따른다면 귀양가기 전(745~753)과 안록산 난 이후(756~758) 등, 모두 두 차

신회가 병부시랑 송정宋鼎의 부름에 응해 낙양洛陽의 하택사에 머물 때는 천보天寶 4년(745) 62세 때이다. 그후 753년 70세에 낙양에 대중을 운집하였다는 죄로 어사御史 노혁盧奕의 탄핵을 받아 유배된 것은 그의 북종선 공격에 대한 북종선 측의 반발에 기인한 것이었다. 2년간 4차례의 유배지[753년 弋陽郡(현 강서성 익양현)→武當郡(현 호북성 균주)→754년 襄州→754년 7월 荊州 개원사]를 전전한 후 755년 안사의 난으로 유배 생활을 청산하게 되었다. 그러나 당시 낙양 하택사는 안록산의 반란군으로 인해 거의 파괴되거나 소실되었기 때문에 다시 낙양으로 돌아온 것 같지는 않다. 신회는 758년 5월 13일 형주 개원사에서 입적하고, 나중에 낙양 보응사寶應寺에 장사지냈다.

신회는 제자들에게 비유를 통해 깨닫게 하였다. 그의 교수 방법은 '좋은 방편을 들어 문득 그 마음을 보게 하는(會施善誘 頓見其心)' 방식을 취했다.[19]

> 3-③ … 쉬운, 문을 닫고 대답하지 않았다. 정신을 맑게 하고, 턱을 응시하였다. … 그 가운데 [마음]을 구하는 자는 아 無告(孤獨으로 고아와 독거노인을 말함[20])와 같았다. 대력 원년(766) □義軍 司馬 …그렇지 않았다. 묵묵히 어짊이 일어나도록(興仁) 하니 멀리 퍼져 갔다. 이에 도를 마음에 둔 자는 導師(신회)의 留音(머무르는 법음)을 청하고, 신회의 壇敎(6조의 가르침을 壇經이라고 하듯 신회의 가르침은 壇語라고 하

례 하택사에 머물렀던 것으로 이해할 수 있다[贊寧, 『宋高僧傳』 권8, 習禪篇3-1, 唐洛京荷澤寺神會傳(T50-756) 및 정유진, 「하택신회의 생애와 저작」, 『불교학보』 56, 동국대학교 불교문화연구원, 2010, p.123]. 혜각이 신회를 만날 수 있던 기간은 756년부터 758년까지 신회의 말년에 만나 가르침을 받았다고 보기보다는 신회가 귀양가기 전인 745년~753년일 가능성이 높아 보인다.

19 『송고승전』 권10, 習禪篇 3-3, 唐揚州華林寺靈坦傳(T50-767中).

20 『書經』 虞書 堯典 大禹謨.

였다. 단교는 단어를 뜻한다.)를 좇았다. 말은 [거침없이] 가리켰다. … 천둥은 벌레와 물고기를 놀라게 하고, 봄비는 어린 싹을 윤택하게 하였다. 씨를 심으면 싹이 트고 구부러진 것은 곧게 되었다. 7, 8년간 가르침을 따르려는 무리들이 우러러 절을 하였다. …가 선사에게 정성스럽게 절을 하였다. … 사람은 어리석었으나 승복하였다. 선사가 자연에 따라 편안하게 지냈으며, 병이 나도 기색이 변하지 않았다. 돌연히 774년 3월 19일 밤에 돌아가셨다(□容易 闔戶不答 淸神目頤 求其中者 嗟 若無告 及大曆元歲 □義軍司馬…不然 黙擅興仁廣運 乃道心者 請導師之留音 追荷澤之壇敎 辭指不□ 由…雷之震蠕介 春雨之澤根牙種者乃萌 勾者遂直 七八年間 趨敎之徒 瞻拜…者 昧而伏 師以處順安暇 遘疾而不改其容 奄以大曆九年三月十九夜歸).

3-③은 혜각이 신회의 선풍을 펼쳤다는 전법 내용이다. 그러나 '합호부답闔戶不答'이라는 표현을 볼 때, 전법하기에 곤란한 상황이 있었던 듯하다. 당시의 혼란상을 말한 것으로 전법에 지장을 초래했음을 말한 것으로 추정된다. 당시 중국 정국은 토번과의 전쟁, 안사의 난, 절도사들의 반역 등으로 혼란하였다. 안사의 난(755.12.16~763.2.17)의 직접적 영향에 놓였던 곳이 하북성 진주鎭州·형주邢州였다. 안록산安祿山(703~757)이 난을 일으킨 범양范陽은 형주와 같은 하북성에 속하였다. 전법이 어려운 상황에서도 사회 교화와 중생제도의 역할을 다한 것으로 보인다. 사실 안사의 난으로 3,600여만 명이 죽었다고 하니, 당시 죽음과 삶의 기로에서 희망을 지필 수 있도록 도왔을 것으로 생각된다. 그러나 구체적인 사회 교화에 대해서는 비문의 결락으로 확인되지 않는다.

혜각은 '정신을 맑게 하고, 자기 자신을 살피면서(淸神目頤)' 어수선한 사회에서 나름대로 처신을 하였다. 아마도 766년 '□義軍 司馬'를 만난 이후에 전법 활동을 재개했던 것으로 보인다. 뒤의 기록 중 "七八年間"이라는 표현을 볼 때, 아마 이때 사마司馬가 특정 사찰 또는 장소에 머물며 전법을 부탁했던 것은 아닐까 한다.[21] 이러한 추측에 근거한다면 이때 비로소 혜각은 전법처에 머물며 중생제도와 전법 활동을 본격적으로 개진해 나갔을 것으로 보인다.[22]

혜각은 신회의 가르침을 충실히 따랐던 것으로 보인다. 혜각의 가르침은 천둥 번개(震雷)와 봄비(春雨)로 표현되고 있다. 혜각의 교수 방법은 벼락과 천둥처럼 무섭고 강하게 다그치거나, 봄비처럼 만물을 보듬어 주는 따스함을 함께 갖추고 중생을 제도했던 것으로 보인다. 아마 전자는 출가자를 대상으로 했다면, 후자는 재가자를 대하는 방법이었을 것이다. 그렇게 7, 8년을 전법하고, 자연의 이치에 따라 편안하게 지내다가 병이 들어 774년 3월 19일 밤에 입적하였다.

> 3-④ … 구름 … 어둡고 … 사람 …7일 동안 [시신의] 변화가 보통 사람과 달랐다. 모든 사람들이 합심(발원)했기 때문에 당연히 [시신의] 상태가 특별하였다. … 몹시 울고 … 무상의 …애통하고 활기가 없었다. 그리고 … 부서진 … 누가 장례일 맡기를 [꺼리겠는가!] 일찍이 나와 廣 …에 갔다. … 4월 17일에 神座를 옮겼다. 그 산으로

---

21 劉順超, 『邢台大開元寺』(方志出版社, 2013), p.131에서는 昭義軍 司馬라고 하였다. 당시 절도사의 소속 관리로 생각된다.

22 기존의 연구에서는 모두 칠천사에 주석했다고 하지만, 후술하였듯이 탑비가 건립된 곳이 칠천사라고 해서 이때의 전법처라고 단정할 수 없다. 신회의 제자 進平(699~779) 역시 신회의 가르침을 받고, 懷安 西隱山에 있다가 자사 鄭文簡의 요청으로 도성에서 가르침을 베풀었다(『송고승전』 권29, 雜科聲德篇 10-1, 唐懷安郡西隱山進平傳(T50-891上). 참고로 칠천사는 창건 시기는 불명이며, 당 태종 때 尉遲敬德이 중수 공사를 감독했다고 한다(孔天叙 撰, 「沙河县重修漆泉寺殿宇记」).

서 영험함을 보였으니, 산은 험하고 좁으며, 높은 봉우리는 천길이 나 되었다. 영험함이 시들고(다비를 마치고) … 10년에 걸쳐 건립하여 … 탑에 안치하였다. 깨끗한 사당, 수려한 회랑, 첩첩한 누각은 정교한 솜씨의 극치이고, 전하고 잇는 것이 모두의 품은 마음이었다. … 도의 어려움, …을 밝혀 주었다. … 우연이 아니다. 비슷한 것 같으면서도 다르니 누가 분별할 수 있겠는가.
글쓴이가 문장에 재주가 없으니, 혹시…(…□□□□雲□□昏□□□者□七日異人 變化衆心萃焉 固殊狀也 哭動…□□□□無上□悲哀靡介而□□□零斬□ 孰□□護喪事 嘗從□於廣…□□□□□四月十七日 引遷神座靈其以山境 峻隘夷崇 峯千仞凋 靈□…建十季住□□塔 精廟飛廊疊閣 極工巧之妙 傳繼之懷信也 □道之難 明…□□□□□□□ □□之不偶也 似是非是 其誰辯之 余非綵於文者 或□)

3-④는 혜각 입적 후 탑비 건립 과정을 서술한 내용이다. 3월 19일 입적 후 시신에 기이한 현상이 있었던 것 같다. 그의 시신은 문인들에 의해 4월 17일 다비 장소로 옮겨지고, 그의 시신을 안치할 탑을 10년에 걸려 조성하였다. 탑의 조성 기간만큼이나 매우 정교하고 아름답게 제작되었다고 한다.

3-⑤ … 생각 … 흥하고 멸하는 것은 오직 사물이지만 …가 영구하네. 본래 존재는 분별할 수 없으니, 원래 … 없네 … 뿌리이니 … 선포하여 따로 정하네. 본원과 지파의 다른 이론은 섞여 있으나 같네. 멈춤과 움직임이 … 어찌 능히 빼앗겠는가? 얻게도 하고 잃게도 하니, 즐겁기도 하고, 슬프기도 하네〈제3편〉. 위대하구나! 밝은 생각이여, … 바다 … 진정한 선종을 정리하네〈제4편〉. 소부감직 농서 이규

주(…□□□□ □思□□ 興滅唯物 □者能久 本有莫辯 本無及…□□□□ □□□根 □布別定 源派殊論 混而同之 止動□…□□□□ □何能奪 爲得爲失 欣歡慘怛〈其三〉 巍哉哲思 □海□…□理眞宗〈其四〉少府監直隴西李珪籌)

3-⑤는 탑비의 마지막 부분으로 찬사讚詞이다. 현재 비문을 보면 4언 4절로 확인된다.[23] 비문에서 확인되는 구는 총 19구이며, 결락한 자수를 고려하면, 4언 8구 4수首였을 것으로 생각된다. 찬사가 끝나고 낙관落款에 해당하는 "少府監直隴西李珪籌"라는 내용이 보이는데, 이규주는 본 탑비의 건립과 관련된 인물이라고 한다.[24]

Ⅲ. 사상

1. 『유가사지론』과 『능가경』

혜각은 입당 전 유식唯識을 강조했다. 혜각처럼 수계 후 계율과 유식을 공부했던 승려로는 충담忠湛(869~940)이 있다. 그는 889년(진성여왕 3) 무주 영신사靈神寺에서 비구계를 받은 후 상부相部(법상종)와 비니毗尼(律藏)를 연구했다.[25] 혜각이 『유가사지론』을 공부했다면, 아뢰야식설, 삼성삼무성설三性三無性說, 유식설 등에 대해 풍부한 지식을 갖추었을 것으로 생각된다. 『유가사지론』의 주석서로 흥륜사승 도륜道倫(遁倫)

23 참고로 혜능비는 銘文이 4언 8구 5首로 구성되어 있으며, 신회의 제자 慧堅(719~792)의 비는 4언 5구 5首로 되어 있다.
24 루정호, 앞의 논문, pp.20~21.
25 王建 撰, 「興法寺眞空大師碑」, 『校勘譯註 歷代高僧碑文』 高麗篇 1, 1994. "迺於龍紀元年受具戒於武州靈神寺 旣而習其相部 精究毗尼."

의 『유가론기瑜伽論記』가 전한다. 신라 법상종 승려로는 중국 법상종 서명학파를 이끈 원측圓測과 그의 문하에 승장勝莊이 있고, 현장의 문인으로 지인智仁·신방神昉이 당唐에서 활동하였다. 국내에서는 원효·경흥 이후 도증道證이 활동하였는데, 그는 원측의 문인으로 그의 학맥은 태현太賢→영태靈泰로 이어지고 있었다.

그리고 혜각은 입당 전 『능가경』을 공부했다. 당시 신라불교계에서 심식心識에 대한 서로 다른 인식이 존재했던 것이 아닐까 한다. 남종선의 『금강경』이 실천적이었다면 북종선의 『능가경』은 강력한 평등의 사색력思索力이 구현되어 있다.[26] 『능가경』은 오법五法·삼자성三自性·팔식八識·이무아二無我 등 기본적인 교리 외에 식識의 삼종상三宗相과 삼식설三識說, 여래장설如來藏說, 오종종성설五種種性說, 삼신사상三身思想, 삼지설三智說, 극락설極樂說, 진아설眞我說 등 당시 유포되던 사상을 수록하고 있다. 따라서 서로 모순되는 사상이 병존할 뿐만 아니라 그 모순을 조화시키려는 사상도 수록하고 있다.[27] 그러므로 『능가경』만을 놓고 선종을 공부했고, 선종을 배우기 위해 입당을 결심하였다는 설에 대해 신중할 필요가 있다.

『능가경』은 당시 신라승들이 많이 보았던 경전이며, 원효의 저술 속에 가장 많이 인용되고 있다. 「혜각비」의 내용을 『능가경』에서 찾아보면 다음과 같다.

> 4-① 이때 대혜 보살이 摩帝 보살과 함께 모든 불국토를 지나와서 부처님의 神力을 이어받아 자리에서 일어나 오른쪽 어깨를 드러내

---

26 韓基斗, 「新羅의 禪思想」, 『崇山朴吉眞博士華甲紀念 韓國佛敎思想史』, 1975, p.343.

27 『능가경』의 기본사상에 대해, ① 唯識學說(金東華, 「禪宗의 所依經에 대하여」, 『東國大論文集』 2, 1965, pp.14~25), ② 여래장설(이평래, 『대승기신론 강설』, 민족사, 2014), ③ 禪설(한기두, 위의 논문) 등이 있다.

고 오른쪽 무릎을 땅에 꿇고 합장한 채 공경히 偈頌으로 찬탄하였다.

세상은 生滅을 벗어나 허공에 핀 꽃과 같아 지혜로 보면 있다 없다 할 수 없는데 [부처님께서는] 大悲心을 일으키시네. 모든 법은 허깨비와 같아 마음과 識에서 멀리 떠났으니 지혜로 보면 있다 없다 할 수 없는데 대비심을 일으키시네. 단멸과 상주를 멀리 벗어나 세상은 항상 꿈과 같아 지혜로 보면 있다 없다 할 수 없는데 대비심을 일으키시네. 人無我와 法無我를 알고 번뇌와 爾炎을 아시어 항상 청정해 모습이 없건만 대비심을 일으키시네. 일체 어디에도 열반은 없고, 열반에 든 부처님도 없으며, 부처님이 열반에 드는 일도 없으니 깨닫고 깨달을 대상을 멀리 벗어나셨네. 있다 또는 없다 이 두 가지 모두 다 벗어나고, 석가모니께선 寂靜히 관찰하시니 이것이 곧 생사를 멀리 벗어난 것일세. 이를 取하지 않는 것이라고 하니 今世에도 後世에도 청정하리라.(능가아발다라보경)[28]

위의 4-①은 세상만사가 꿈과 같으며, 모든 법이 허깨비와 같으니 그것이 있다 없다, 단멸한다 상주한다는 심식心識에서 멀리 떠나, 부처님은 중생을 제도하려는 자비심을 낸다는 내용이다. 자비심과 관련해서 『금강경』의 "무상정등정각의 마음을 일으킨다면 어떻게 머물며, 그 마음을 어떻게 항복 받아야 합니까?"라는 수보리의 질문에 대한 석가세존의 대답을 참고할 수 있다.

4-② '내가 마땅히 모든 중생을 제도하리라. 모든 중생을 제도해 마

28 求那跋陀羅 譯, 『楞伽阿跋多羅寶經』 권1, 一切佛語心品 1-1(T16-480上).

> 쳐도 실은 제도한 중생이 하나도 없노라'고 생각해야 한다. 왜냐하면, 수보리야! 실로 법이라는 것이 있음이 없는 무상정등정각의 마음을 일으킨 것이니라. … 수보리야! 실로 법이라는 것이 있음이 없는 것이나 여래가 무상정등정각을 얻었다 하느니라.(금강반야바라밀경)[29]

자신이 깨달았다는 생각조차도 없어야 진정한 해탈이며, 중생을 제도하지만, 결국 제도할 중생도 없음을 생각하라는 내용이 『금강경』의 가르침이다. 「혜각비」에 보이는 "심식心識을 멀리 떠났다."는 내용은 사실 그 자체에 주목할 것이 아니라, 다음 구절의 여래의 자비심, 즉 중생제도에 초점이 맞추어져야 할 것이다. 원효는 중생제도라는 보살의 대비심이 본질로 자리잡을 때만이 정혜쌍수定慧雙修가 가능하다고 보았다.[30] 당시 신라불교계가 이론에 치우쳐 현실 사회 중생들의 문제에는 관심을 기울이지 않았다는 견해는 타당하다.[31] 심식에 대한 논리는 유식학에서 잘 설해지고 있는데, 『능가경』의 심식에 대한 내용을 살펴보면 다음과 같다.

> 4-③ 藏識을 마음(心)이라 이름하고, 생각하고 헤아림을 뜻(意)이라 하며, 능히 모든 경계 분별하는 것을 識이라 한다. 장식은 몸을 버리고 나면 뜻(7식)이 모든 무리(趣)를 구하여 識이 경계가 보이는 듯하면 보고는 탐내어 취한다.

---

29 鳩摩羅什 譯, 『金剛般若波羅蜜經』(T8-751上).
30 이종철, 「선종 전래 이전의 신라의 선」, 『한국선학』 2, 2001, pp.36~37.
31 金福順, 「8·9세기 신라 유가계 불교」, 『한국고대사연구』 6, 1993, 루정호, 앞의 논문, p.23 재인용.

4-④ 藏識에 의지하는 까닭에 意가 바뀌고, 藏識과 뜻에 의지하므로 모든 식이 생기느니라. 識은 생사의 종자이니 종자가 있으므로 생김이 있다. … 마음이 일체법을 일으키니 일체처와 일체 몸·마음·성품은 실로 모양이 없는데 지혜가 없어 갖가지 모양을 취한다.

4-⑤ 분별함을 意識이라 이름하고, 또 5식과 함께 그림자와 暴流 같아 마음의 종자에서 일어난다. 만약 마음과 뜻, 모든 식이 일어나지 않으면 곧 意生身을 얻고 또한 佛地를 얻는다.

4-⑥ 만약 심량을 뛰어넘으면 또한 無相도 넘게 되니 무상에 머무는 이는 대승을 보지 못한다. … 일체 견이 모두 끊어져 나는 이것을 唯心이라 설한다. … 오직 마음에만 머무름으로 모든 相을 다 버리며, 오직 마음에만 머무름으로 능히 斷常을 본다.(이상 대승입능가경)[32]

『대승입능가경』에서는 제8식 아뢰야식에서 모든 식이 생하여 일어난다고 하였다. 심心은 제8식이고, 의意는 제7식이며, 식識은 제6식으로 모두 망상을 통틀어 말한 것이다. 제8식의 미세망상과 제6식과 제7식의 거칠고 무거운 망상을 완전히 없앤 것이 무생無生이다. 제8식의 미세망상까지 다 없애 버린 무생은 즉 견성見性이며 정각正覺이다. 심식心識이 적멸하여 털끝만치도 요동함이 없으면 그것을 무상정각이라 이름한다.[33] 망상인 심식에서 멀리 떠났다는 것은 바로 무념無念의 경지를 말함이다.

무념의 경지에 이르기 위해서는 심식心識이 일어나지 않도록 해야 한다. 마음은 끊임없이 일어나(生) 머물고(住), 사라진다(滅). 생멸이 없는

---

32 『대승입능가경』 권6, 偈頌品第十之初(T16-625上~630下).
33 성철 저, 『禪門正路』(해인총림, 1981), pp.204~205.

마음이 일심一心이다. 우리 마음의 성품은 본래 청정하여 모든 미혹이 생기지 않으며 미혹은 악습惡習에서 일어나니 그러므로 마음을 보지 못한다고 하였다. 갖가지 나쁜 습기가 마음과 화합하므로 중생은 밖의 경계만 보고 마음의 법과 성품을 보지 못한다는 것이다.

2. 돈오頓悟와 무념無念

혜각慧覺에 대한 자료가 워낙 영세하기 때문에 그의 사상을 이해하기 위해서는 그의 스승인 신회의 사상을 통해 살필 수 있다. 신회의 선사상은 불성론佛性論과 반야사상般若思想의 화회和會를 통한 돈오견성頓悟見性 사상이라고 한다.[34] 본 절에는 「혜각비」에 보이는 돈오頓悟, 무념無念, 지견知見에 대해 살펴볼 것이다.

신회는 돈오를 위해서는 지견과 무념을 실천해야 한다고 가르쳤다. 혜각 역시 그의 스승 신회의 가르침에 충실했을 것으로 보인다. 혜각이 국내에서 공부한 『능가경』에서도 여래가 깨달음으로 이끌어 주는 방법으로써 점수와 돈수를 함께 사용한다고 하였다.[35]

혜능은 "만약 자기 본성의 진정한 반야인 관조觀照가 눈앞에 일어나며 찰나에 망념이 싹 없어진다. 그리하여 자기 본성을 알면 한번 깨쳐 그대로 부처 지위에 도달한다."라고 돈오頓悟를 설명하고 있다. 마조 도일의 문인 대주 혜해大珠慧海는 돈오를 "돈頓이란 단박에 망념妄念을 없앰이요, 오悟란 얻은 바 없음(無所得)을 깨치는 것"이라고 하였다.[36]

---

34 김진무, 「하택신회 선사상의 연원과 그 의의」, 『보조사상』 18, 보조사상연구원, 2002, pp.48~57.

35 박종호, 「여래선에 대한 고찰 : 『능가경』과 신회를 중심으로」, 『불교학보』 39, 동국대학교 불교문화연구원, 2002, p.33.

36 宗寶 찬, 『六祖大師法寶壇經』 般若 2(T48-351上) 및 慧海, 『頓悟入道要門論』

「혜각비」의 "□心無所起 即眞無念 豈遠乎哉 丁是 深其微趣 屬燈乃明 以一覺之知"라는 구절에서 단편적인 무념無念이라는 단어를 찾을 수 있다. 무념은 『대승입능가경』에서도 언급되고 있으며,[37] 신회神會는 물론이고, 거슬러 6조 혜능의 사상에서도 찾을 수 있다.

신회는 경전을 보다가 의문점 6가지, 즉 계정혜戒定慧의 의미와 선후先後 수행법, 유무有無에 대한 개념, 생멸生滅하는 이치, 돈점頓漸의 선후先後, 부처와 법의 선후 관계 등을 혜능에게 묻고 있다. 특히 계정혜에 대해서는 두 차례 질문하고 있는데, 신회가 수학시절 때 가장 궁금해 했던 대목 중 하나라고 생각된다. 계정혜에 대한 문제는 이후 돈오와 점수의 개념 정립에도 도움을 주었을 것으로 보인다. 그는 "내가 지난날에 불퇴전不退輪을 굴리다가 지금 선정과 지혜를 함께 닦으니 마치 주먹과 손과 같다."라고 대중들에게 이야기하고 있으며, 돈오와 점수와 관련해 신회는 "돈頓과 점漸을 깨닫지 못하는 사람은 마음이 항상 미혹되어 있다."라고 하였다.[38] 혜능은 "신의 법문은 정定과 혜慧로써 근본을 삼으니, 혜慧와 정定이 다르다고 말하지 말라."라고 하였다. 그리고 "정과 혜는 몸이 하나여서 둘이 아니며, 정은 이 혜의 몸이요 혜는 곧 정의 씀이니, 곧 혜가 작용할 때 정이 혜에 있고 곧 정이 작용할 때 혜가 정에 있다."라고 하였다. 또한 "정은 마음을 안정시키고, 계戒는 행을 경계하고, 성품 가운데서 항상 지혜롭게 비추면, 스스로 보고 스스로 아는 경지가 깊어진다. … 항상 청정한 마음을 내면 정 가운데 혜가 있고, 경계 위에 마음이 없으면 혜 가운데 정이 있다. 정과 혜를 균등

(『대일본속장경』 제110책) 참조.

37 『대승입능가경』 권6, 偈頌品第十之初(T16-629上).

38 道原, 『경덕전등록』 권28, 諸方廣語(T51-439下-440上) ; 김월운 옮김, 『전등록』 3, 동국역경원, 2008, pp.503~507 참조.

히 하여 둘을 함께 닦으면 스스로 마음은 바르게 된다."라고 하였다.[39] 신회는 계정혜를 닦음으로써 올바른 지혜(知見)을 갖출 수 있었고, 궁극적으로 무념과 돈오의 경지에 오를 수 있었다. 신회는 열반을 위해서는 올바른 지혜를 갖추어야 하며, 지知는 곧 마음이 공적함을 아는 것이며, 견見이라는 것은 곧 성품이 무생임을 보는 것이다. 앎(知)과 봄(見)이 분명하여 하나도 아니고 다르지도 않다고 하였다.

> 5-① "이곳에서 각자의 住宅과 衣服, 臥具 일체의 물품들을 헤아려보고 모두 있다는 것을 알 것이다. 이를 이름하여 '知'한다 하고 '見'한다고 하지 않는다. 만약 집에 가서 위에서 말한 물품들을 본다면 바로 '見'이라 하고 '知'한다고 말하지 않는다."(남양화상돈교해탈선문직료성단어)[40]
>
> 5-② 열반은 능히 지혜를 내니 참부처의 법신이라 하고, 지혜는 열반을 이루게 하기 때문에 여래의 지견이라 한다. 知는 곧 마음이 공적함을 아는 것이며, 見이라는 것은 곧 성품이 무생임을 보는 것이다. 앎(知)과 봄(見)이 분명하여 하나도 아니고 다르지도 않다. 때문에 움직이고 고요함이 항상 미묘하고 이치(본체)와 현상(작용)이 모두 똑같다. 같다는 것은 즉 모든 곳이 두루 통할 수 있으므로 통달하면 본체와 작용에서 아무런 걸림이 없다.(하택조사현종기)[41]

---

39 法海 集記, 『南宗頓教最上大乘摩訶般若波羅蜜經六祖惠能大師於韶州大梵寺施法壇經(이하 『돈황본육조단경』으로 줄임)』(T48-338中) 및 道原, 『경덕전등록』 권28, 諸方廣語(T51-439中~440上).

40 "喩如此處 各各思量家中住宅衣服臥具及一切等物 具知有 更不生疑 此名爲知 不名爲見 若行到宅中見如上所說之物即名爲見 不名爲知"(『南陽和尚頓教解脫禪門直了性壇語』; 楊曾文, 『神會和尚禪話錄』, 中華書局, 1996, p.12 ; 루정호, 앞의 논문, p.16 재인용).

41 「荷澤祖師顯宗記」(『경덕전등록』 권30, 銘記箴歌 ; T51-459上).

신회는 대중들에게 돈오와 무념에 대해 다음과 같이 말하고 있다.

5-③ "깨달음에는 얕고 깊음이 있고, 가르침에는 頓悟와 漸敎가 있다. 그 漸敎란 아승기겁을 지나면서 오히려 윤회하고, 돈오란 팔과 고개를 굽히고 펴듯이 문득 妙覺에 오른다. 마치 숙세에 道의 종자가 없으면 헛되이 많은 지식을 배워서 모든 것을 마음에 두고, 삿되고 바름이 자기에게서 말미암는다. … 무념의 본체를 보면 사물의 생김(物生)을 좇지 않고, 여래의 영원함을 요달하니, 다시 무엇이 일어나겠는가. 지금의 이 환영과 실체(幻質)는 원래 참되고 영원한 것이요, 自性은 허공과 같아 본래 모습이 없다(無相). 이런 이치에 도달하면 누가 두렵고 누가 걱정하겠는가. 천지는 그 본체를 변하게 할 수 없다. 마음이 법계에 돌아가면 만상이 하나 같아 사량을 멀리 여의어 지혜가 법성과 같아진다. 千經萬論은 다만 마음을 밝힐 뿐인데, 이미 마음을 세우지 않음이 체라 진리는 도무지 얻을 수 없다.(경덕전등록)[42]

신회는 '한 물건도 생각하지 않는 것이 바로 자기의 마음(自心)'이고, '무념無念이 가장 높은 법(最上乘)'이라고 하였다. 마지막으로 대중들에게 "여러 배우는 무리에게 알리니 밖으로 달리며 구하지 말라. 최상승의 법이라면 응당 지음이 없다(無作)."라고 하였다.[43] 신회는 비록 돈오를 주장하였으나 점수를 부정하지는 않았다.[44] 그러나 점교漸敎에 대해

42 道原, 『경덕전등록』 권28, 諸方廣語(T51-439中~440上).

43 신회의 제가 進平(699~779)은 신회의 가르침에 대해 "바깥 경계에 집착하는 자는 알기 어렵다."라고 하였다(『송고승전』 권29, 雜科聲德篇 10-1, 唐懷安郡西隱山進平傳; T50-891上).

44 杨曾文, 「有关神会的两篇铭文『神会塔铭』和『慧坚碑铭』的注释」(http://hk.plm.org.

윤회를 벗어나지 못할 것이라고 매우 부정적으로 생각했음은 분명하다.[45] 신회는 무념을 최상승법最上乘法이라고 하면서 강조하였는데, 무념의 개념은 혜능의 남종선 이후 신회의 하택종, 마조계의 홍주종에서 종취宗趣로 삼고 있으며, 무상의 정중종에서도 강조했던 개념이다.

> 5-④ 나의 이 법문은 無念으로 종취를 삼고, 모양 없음(無相)으로 바탕을 삼고, 머뭄 없음(無住)으로 근본을 삼는다. 무상이라 함은 상에서 상을 여읨이요, 무념이라 함은 생각에서 생각이 없음이요, 무주라 함은 사람의 본성이 세간의 선이나 악이나 밉거나 곱거나 원수거나 친하거나 모질고 거친 말을 하거나 속이고 다툼을 당하거나 할 때 그 모두를 空으로 돌려버리고 상대하여 해칠 생각을 하지 않고, 생각생각 중에 앞 경계를 생각하지 않음이니라. 만약 먼저 생각, 지금 생각, 뒷생각이 생각마다 상속하여 끊임이 없으면 이것을 얽매임이라 하는 것이요, 만약 모든 경계를 대함에 생각생각에 머물지 않으면 곧 얽매임이 없는 것이니 이 까닭에 無住가 근본이 된다 하느니라. … 無라 함은 무엇이 없는 것이며, 念이라 함은 무엇을 생각하는 것일까? 無라 함은 두 가지 상(二相)이 없는 것이니 모든 번거로운 망상이 없는 것이요, 念이라 함은 眞如本性을 생각함이니 진여는 곧 생각의 본체요, 생각은 곧 진여의 작용이니라.(돈황본육조단경)[46]
>
> 5-⑤ 무념으로 종지를 삼고, 지음 없음(無作)으로 근본을 삼는다.

cn/gnews/20061121/2006112128938.html) 참조.

45 法海 集, 『돈황본육조단경』 無念 8(T48)에서도 "깨달으면 원래로 차별이 없으나 깨닫지 못하면 오랜 세월을 윤회한다."고 하였다.

46 法海 集, 『돈황본육조단경』(T48-338下) 및 宗寶 撰, 『六祖大師法寶壇經』 定慧 4(T48-353上) 참조.

眞空이 體요, 妙有가 用일세. 진여의 무념은 분별 아닌 생각이라야 능히 안다. 실상은 남이 없는 것이니 어찌 색심으로 볼 수 있으랴? 무념인 생각이라야 곧 진여의 생각이요, 낳음 없는 낳음이라야 곧 실상의 낳음이다. 머무름 없는 머무름이라야 항상 열반에 머무르는 것이고, 행함 없는 행함이라야 저 언덕이라는 것마저 초월하는 것이다. 이러하고 이러해서 움직임 없이 움직여 씀이 다함없으니 생각 생각마다 구함이 없어서 구한다지만 본래 무념이다. … 마음은 본래 지음이 없고 도는 항상 무념으로 무념이라는 생각도 없어서 구함도 얻음도 없으며, 이것도 저것도 아니고 가는 것도 오는 것도 아니다.(하택선사현종기)[47]

5-⑥ 무념을 종취로 삼고 망심이 일어나지 않음을 참뜻으로 삼으며 청정을 본체로 삼고 지혜로서 작용을 삼느니라. … 무념이란 삿된 생각이 없음이요 바른 생각이 없다는 것이 아니니라. 있음(有)을 생각하고 없음(無)을 생각하는 것이 삿된 생각이요 있음과 없음을 생각하지 않는 것이 바른 생각이니라. 괴로움(苦)과 즐거움(樂), 나는 것(生)과 없어짐(滅), 취함(取)과 버림(捨), 원망(怨)과 친함(親), 미워함(憎)과 사랑함(愛)을 생각하는 것이 모두 삿된 생각이요, 괴로움과 즐거움 등을 생각하지 않는 것이 바른 생각이니라.(돈오입도요문론)[48]

5-⑦ 마음에 지난 일들을 추억하지 않는 것이 無憶이며, 미래의 영고성쇠에 염려하지 않음이 無念이며, 항상 지혜와 상응하여 어지럽지 않음이 莫忘이다. 또한 바깥 경계(外境)에 꺼둘리지 않음이 무억이며, 내심에 미혹되지 않음이 무념이며, 隨緣하여 의지함이 없음이

47 「荷澤祖師顯宗記」(『경덕전등록』 권30, 銘記箴歌 ; T51-458下).
48 大珠慧海, 『頓悟入道要門論』(『대일본속장경』 제110책).

(無寄) 막망이다.(원각경대소초)[49]

혜능은 '생각 없는 바른 깨침(無念正悟)'을 설하였는데, "무념법을 철저히 깨친 이는 만법에 모두 통달하며, 모든 부처님의 경계를 환히 보며, 부처 지위에 이른다."라고 하였다. 완전히 깨친 이는 생각이 없다(無念)고 하였으며, 기억과 집착이 없어서 망념이 일어나지 않고, 자기의 진여 본성을 사용하여 지혜로 관조하므로 일체법을 취하지도 버리지도 않으니, 이것이 자성을 봄이며, 불도를 이루는 것이라고 하였다.

신회의 법문은 무념無念, 무작無作, 무생無生, 무주無住, 무구無求, 무행無行 등을 들 수 있다. 즉 생각이 없고, 조작이 없고, 생겨남이 없고, 머무름이 없고, 안팎으로 구함이 없고, 별다른 수행이 없다는 것이다. 사람 사람에게 본래로 고유한 천진자성 그대로가 진여며, 실상이며, 열반이며, 저 언덕이라는 것이다. 그와 같은 이치가 바른 길이며 근본이며 으뜸이라 하였다. 마조 도일의 문인 혜해慧海는 "무념이란 일체 처에 무심함"이라고 하였다.[50] 그의 스승 도일은 "도는 닦을 것이 없으니 다만 물들이지만 말라(道不用修 但莫汚染)."고 하였다.[51]

---

49 『歷代法寶記』에서도 "망념이 일어나지 않음이 戒門이요, 定門이며, 慧門이다. 無念은 계정혜를 구족한다. 삼세의 모든 부처님도 이 문을 통해 깨달았다."고 하였다(T51-185中). 無憶·無念·莫忘 삼구로 戒定慧 삼학을 말하고 있다.

50 혜해는 "무념이라 함은 모든 것에 무심함이니, 모든 경계가 없으며, 생각과 구함이 없는 것이다. 모든 경계와 물건은 대하여도 (일었다 꺼지는) 움직임이 영영 없는 것이 무념이니, 무념이란 곧 진여의 바른 생각이다. 만약 일체처에 무심한 무념을 떠나서 보리해탈과 열반적멸과 선정견성을 체득하려면 될 수 없다."라고 하였다(『頓悟入道要門論』).

51 『마조어록』(『卍續藏』 제119책, p.812상 ; 金慶淑(志恩), 「荷澤宗과 洪州宗의 상이점 연구, p.122 재인용). 또한 "해가 뜨자마자 어둠이 없어지듯이 밝은 지혜가 나오면 어두운 번뇌는 공존할 수 없다. 마음과 경계를 깨달으면 망상이 발생하지 않으며, 망상이 生하지 않는 그 자리가 바로 무생법인이다"라고 하였다(위의 책, pp.812中-813上 ; 金慶淑, 위의 논문, p.119 재인용.)

신라승 정중사淨衆寺 무상無相(684~762)은 지난 일들을 되새기지 않고(無憶), 생각을 일으키지 않으며(無念), 항상 지혜를 간직하는 것(莫忘)을 종지宗旨로 하는 정중종의 개조가 되었다. 무상이 설한 삼구설법은 망념이 일어나지 않는 "염불기念不起"의 무념無念의 경계가 심지법문心地法門이 된다고 하였다.

신회의 돈오頓悟, 무념無念, 지견知見 모두는 궁극적인 부처의 경계로서 마음을 아는 것(識心)이 해탈이며, 무념이며 견성이다. 견성은 여래의 지위를 말한다. 지혜로 비추어 보아 안팎이 투명해서 자기의 본래 마음을 알면 그것이 곧 근본 해탈인 무념無念이라는 것이다.

3. 일각지지一覺之知

「혜각비」에서 "[혜각은] 마음이 일어나지 않는 참된 무념無念의 미묘한 종취宗趣를 깊이 이해하고 일각지지一覺之知로써 법등을 밝혔다."라고 하였다. 혜각은 신회로부터 돈오頓悟, 지견知見, 무념無念을 공부하고, 일각지지로써 중생을 제도하였다. 일각지지는 돈오, 지견, 무념 외에 혜각의 또 다른 교화 방편이라고 할 수 있다. 먼저 일각一覺의 내용과 의미를 살펴보고, 그 사상 정립의 배경에 대해 추론해 보고자 한다.

"일각지지一覺之知로써 법등을 밝혔다."는 비문의 내용은 『금강삼매경金剛三昧經』의 "일각一覺으로써 여러 중생을 깨우쳤다."라는 내용과 다르지 않다. 일각一覺의 내용과 의미에 대해서는 원효의 『금강삼매경론金剛三昧經論』「본각리품本覺利品」에서 잘 풀이하고 있다.

6-① [經] 부처님께서 말씀하셨다. "모든 부처님과 여래께서는 항상 一覺으로써 모든 識을 돌려 庵摩羅識(無垢, 淸淨心, 본각)에 들게 한

다. 왜냐하면 일체 중생의 本覺은 항상 一覺으로써 모든 중생을 깨닫게 하여 저 중생들로 하여금 모두 본각을 얻게 하기 때문이며, 그 情과 識이 空寂하여 생겨남이 없음(無生)을 깨닫게 하기 때문이다. 왜냐하면 그것의 決定된 본성은 본래 움직임(煩惱)이 없기 때문이다."

[論] '모든 중생의 본각'이란 '교화하는 자의 근본'인 一覺을 풀이한 것이니, 모든 중생이 동일한 本覺이므로 '일각'이라고 하였다. 모든 부처님께서 이 본각으로 다른 사람을 깨닫게 하기 때문에 '항상 일각으로 모든 중생을 깨닫게 한다'고 한 것이다. 본각은 바로 암마라식이다. 본각에 들어갈 때 여덟 가지 식이 모두 본래 적멸임을 깨닫고, 그 깨달음이 끝까지 갔기(究竟) 때문에 모든 식이 생기지 않으므로 '모든 식이 공적하여 무생임을 깨달았다'고 하였다. '모든 중생의 본각 …'이라고 한 것은 본각 쪽이고, '情識이 공적하여 무생임을 깨닫게 …'라고 한 것은 시각 쪽이니, 시각이 본각과 동일함을 나타낸 것이다. 8식은 緣을 따라 움직이고 바뀌는데, 決定한 성품을 찾아보면 도무지 찾을 수 없다. 그런 까닭에 '결정된 본성은 본래 움직임이 없다'고 하였으며, 본래 움직임이 없으므로 본래 적멸이라는 것이다.(금강삼매경론)[52]

위의 인용문에서 원효는 본각은 일각을 말한다고 하였다. 또한 일각一覺은 '교화하는 자의 근본'으로서 교화하려는 자는 먼저 일각사상을 깨쳐야 한다고 하였다. 원효는 「본각리품」 서두에서 "보살이 관觀을 닦아 무생無生함을 얻었을 때 중생이 본래 적정寂靜함에 통달하니 곧 본

52 元曉述, 『金剛三昧經論』 卷中(T34-978上).

각이다. 한결같은(一如) 자리에 누워 이 본각의 이익으로써 중생을 도와준다."라고 하였다.[53] 「본각리품」에 앞서 「무생행품無生行品」에서 보살이 무생행에 의하여 본각의 자리에 되돌아와 비로소 중생을 교화하고 도움을 줄 수 있게 되며, 반면 중생들은 일각의 가르침으로 인해 자신에게 본각本覺이 있음을 얻게 되고, 나아가 모든 정식情識이 공적하게 되어 무생無生을 깨닫게 된다는 것이다.

그렇다면 일각一覺이란 무엇인가? 원효는 『금강삼매경론』에서 '일각一覺'이란 모든 법이 오직 한 마음이고, 모든 중생이 곧 하나인 본각임을 깨닫는 것이라고 하였다. 『능가경』을 인용하여 적멸寂滅이란 일심一心, 여래장如來藏이라고 하였다. 따라서 일각一覺은 일심一心·본각本覺·여래장如來藏을 뜻하며, 이보다 더한 깊은 법法은 영원히 없고, 이 외에 달리 궁극적 실제가 존재하지 않는다고 하였다.[54] 또한 시각始覺이 원만해지면 본각이 되므로, 본각과 시각이 둘이 아닌(本始無二) '일각一覺'이라고 하였다. '일각一覺'은 하지 못하는 바가 없고, 네 가지 지혜(大圓鏡智, 平等聖智, 妙觀察智, 成所作智)를 갖추고, 간직한 모든 공덕은 미치지 않음이 없다고 하였다. 나아가 중생은 본각을 완전하게 구족하고 있기 때문에 중생의 본각은 법신이라고 하였다.[55] 한편 본각의 이익은 열반이며, 열반의 모든 덕은 곧 본각의 덕이라고도 하였다.[56]

원효는 『금강삼매경론』에서 일각一覺이란 일심一心, 본각本覺, 여래장如來藏, 법신法身, 적멸寂滅이라고 하여 그의 일각사상은 제법일심諸法一心, 중생본각衆生本覺, 이각불이二覺不二, 법신적멸法身寂滅 사상이라고

---

53 이기영 역, 『한국의 불교사상-金剛三昧經論』(삼성출판사, 1981, p.200).
54 『금강삼매경론』 卷上(T34-964中下).
55 『금강삼매경론』 卷中(T34-979下. 이기영 역, 앞의 책, p.209).
56 『금강삼매경론』 卷中(T34-980中. 이기영 역, 앞의 책, p.207).

할 수 있다. 일각一覺과 여래장如來藏, 시각과 본각은 본래 나누어져 있는 것이 아니라 하나의 깨달음이라는 것이다. 원효는『금강삼매경론』에서 본각의 이익과 시각의 반야는 평등하고 다르지 않은 이각원통二覺圓通 사상을 펴고 있다.[57]

모든 중생은 본래 깨달아 있는 존재로서 본래 일각一覺이지만[진여문], 무명無明으로 인해 생멸生滅을 일으킨다[생멸문]. 그러다가 여래의 일미一味의 설법을 따라서 마침내 일심一心의 근원에 돌아간다. 여래장사상의 완결서라고 할 수 있는『대승기신론』에서는[58] 일각은 진여문眞如門, 생멸生滅은 생멸문生滅門이라고 하였다. 원효는 여래의 모든 교법敎法이 중생들로 하여금 일각의 맛(一覺味)에 들어가게 하며, 본각本覺으로써 모든 중생을 깨닫게 한다고 하였다.『금강삼매경론』에서는 시각始覺과 본각本覺을 일각이라고 하여 일심一心과 같은 의미로 이해하고 있다. 일심은 나고 죽는 생각이 없어서 무생심無生心을 성취하며, "무생심은 마음에 출입이 없어서 본각·여래장이니, 자성이 고요하여 움직이지 않는 것이다."라고 하였다.[59]

본각은 중생의 심성인 '여래장'에 해당한다.[60] 일각一覺사상에 담겨 있는 여래장사상은 신회의 사상에서도 찾아진다.[61] 앞의 6-①의 "모든 정식情識이 곧 공적空寂하고 무생無生함을 깨닫는다(覺諸情識空寂無生)."

---

57 元曉述,『金剛三昧經論』卷中(T34-982中) 및 이병학,「元曉의 '二覺圓通' 사상과 그 사회적 의미」,『한국고대사연구』 44, 2006, pp.208~212 참조. 一覺과 如來藏의 不二性을 논한 연구는 서영애,「『금강삼매경론』의 觀行論에 대한 고찰」,『신라 원효의 금강삼매경론 연구』(민족사, 2007) 참조.

58 이평래,『대승기신론 강설』(민족사, 2014), p.278.

59 元曉述,『金剛三昧經論』卷中, 本覺利品(T34-967下) 및 최유진, 앞의 논문, p.133.

60 이병학, 앞의 논문, p.202 및 고영섭,「분황 원효의 평화 인식」,『한국불교학』 62, 2012 참조.

61 김진무,「하택신회 선사상의 연원과 그 의의」, pp.51~52.

라는 내용은 신회의 "안다는 것은 곧 마음이 공적함을 아는 것이며, 본다는 것은 곧 성품이 무생임을 보는 것이다."라는 지견知見의 내용과 같다. 일각一覺사상의 정립에 신회의 가르침이 있었는지는 분명하지 않다. 다음의 기록은 통해 혜각과 신회의 연관성을 유추해 볼 수 있는 내용이다.

> 6-② 있다, 없다를 모두 버리고 中道 또한 잊게 되면 이것이 無念이요, 무념은 곧 一念이며, 一念은 一切智이고, 일체지는 깊고 깊은 반야바라밀이고, 반야바라밀이 곧 여래선이다.(남양화상문답잡징의)[62]

위의 인용문을 보면 신회는 "無念=一念=一切智=般若波羅密=如來禪"이라고 하였음을 알 수 있다. 반면 원효는 『금강삼매경론』에서 "一覺=一心=本覺=如來藏=法身"이라고 하였다. 『금강삼매경론』에서 일심一心이 일단 움직이면, 생겨나고(生)·머물고(住)·달라지고(異)·소멸하는(滅) 4相을 동반하게 되므로 '한 생각의 마음(一念心)이 움직인다'고 하였으며, "일념심一念心이 움직이면 오음五陰이 다 생기고, 오음이 생기면 오십악五十惡이 다 갖추어진다."[63]라고 하여, 일심一心과 일념一念을 같은 의미로 파악하고 있다. 따라서 신회가 말하는 무념無念과 다르지 않다. 정중종의 무상無相 역시 『대승기신론』을 언급하고 있는데, 무념은 진여문이며, 유념은 생멸문이라고 하였다.[64]

한편 일각[지]지一覺(之)知와 일체지一切智가 같은 의미를 담고 있는지

---

62 「南陽和尙問答雜徵義」(楊曾文, 『神會和尙禪語錄』, 中華書局, 1996, p.80 및 胡適, 『神會和尙遺集』, 胡適記念館, 民國 57, pp.145~146 ; 朴宗浩, 「여래선에 대한 고찰-능가경과 신회를 중심으로」, pp.13~14 재인용).

63 元曉述, 『金剛三昧經論』 卷中, 「本覺利品」(T34-981中).

64 『歷代法寶記』(T51-185上).

확실치 않지만 신회의 일체지一切智라는 개념이 일각지一覺知로 이해될 수 있는 여지는 있다.

> 6-③ [經] 여래께서 이렇게 말씀하셨다. "모든 보살들은 본각의 이익에 깊이 들어가므로 중생을 제도할 수 있다. … 때 아닌 후세에 진여를 그대로 설법하면 때와 이익이 따라주지 않을 것이다. 혹은 [상대의 마음에] 따라주면서 설하기도 하고 따라주지 않으면서 설하기도 하며, 같지도 다르지도 않게, 상응하게 설해야 한다. 갖가지 욕정(情)과 지견(智)을 가진 자들을 이끌어 薩婆若(一切智)의 바다에 흘러들게 해야 하며, 제도 받을 중생들이 저 헛된 바람을 잡지 않고 모두 한맛의 신비한 젖을 원하게끔 해야 한다. … [論] '[중생을] 끌어들이는 방편(引入方便)'이란 '갖가지 욕정(情)과 지견(智)을 가진 자들을 이끌어 일체지의 바다에 흘러들게 한다'고 한 경문을 가리킨다. '갖가지 정'이란 크고 작은 욕정의 차별을 말하고, '갖가지 지'란 空이다, 有다 하는 지견의 차별을 말한다. 이러한 무리들을 이끌어 모두 道의 흐름에 따라 一覺인 一切智의 바다, 즉 무상보리의 깊고 넓은 이치에 들어가게 하려는 것이다. 마치 온갖 냇물이 함께 바다에 흘러 들어가면 깊고 넓은 큰 바다에서 한맛이 되는 것과 같으므로 '끌어들이는 방편'이라고 한다.(금강삼매경론)[65]

원효는 『금강삼매경』의 살바야薩婆若를 『금강삼매경론』에서 일체지一切智로 풀이하고 있다. 6-③의 일각一覺인 '일체지一切智의 바다'라는 표현을 보면, 일각지一覺知와 일체지一切智는 같은 의미라고 풀이할 수 있

---

65 元曉述, 『金剛三昧經論』 卷中, 「入實際品」(T34-982中~983上).

다. 또한 반야바라밀般若波羅密에 대해 『금강삼매경론』에서는 본각의 이익으로 말미암은 것이라고 하였다.

> 6-④ 무주 보살이 이 말씀을 듣고 나서 이제껏 없던 일을 얻어 게송으로 아뢰었다. "높으신 大覺 세존께서 중생들에게 무념법을 설하시니 무념과 무생의 마음이 되어서 마음이 항상 생하여 소멸하지 않네. 一覺인 本覺의 이익으로 본각을 지닌 모든 자들을 이롭게 하네." … 그때 대중이 이 말을 듣고 모두 본각의 이익인 반야바라밀을 얻었다.(금강삼매경론)[66]

위의 무주 보살의 게송은 무상無相의 제자 무주無住가 두홍점杜鴻漸(709~769)에게 무념을 이해시키기 위해 인용한 구절이기도 하다.[67] 『금강삼매경론』은 무념無念뿐만 아니라, 일체지·반야바라밀을 이해하는데, 요긴한 지침서라고 할 수 있다.

『금강삼매경』에서는 시각始覺과 본각本覺으로 나누어 살피고 있지만, 신회와 혜해慧海는 등각等覺(佛)과 묘각妙覺(菩薩)을 설하고 있다.

> 6-⑤ 一覺의 완전한 뜻은 이해하기 어렵고 들어가기도 어렵다. 모든 2乘들은 알고 볼 수 있는 것이 아니며, 오직 부처님과 보살만이 능히 이를 알 수 있다.
>
> 6-⑥ 모든 법은 그 모양이 空하나, 그 법의 성품은 없지 않다. 없지 않음이 없지 않고(非無不無), 없지 않은 그것이 있지도 않으니(不無不有) 결정된 성질이 없어서 유·무 어느 쪽에도 머무르지 않는다. 있

66 元曉述, 『金剛三昧經論』 卷中, 「본각리품」(T34-982上~中).

67 『歷代法寶記』(T51-191下 ; 柳田聖山, 『초기선종사』 Ⅱ, 김영사, 1991, p.118 참조).

다, 없다를 따지는 범부나 2乘의 지혜로는 헤아릴 수 있는 것이 아니거니와 보살들이 만일 이 이익을 알면 보리를 얻는다.(이상 금강삼매경)[68]

6-⑦ 낙양 하택사 신회 대사가 대중에게 말하였다. 무릇 배우는 자는 모름지기 자기의 本源(自性)에 통달해야 한다. 4果(수다원, 사다함, 아나함, 아라한) 3賢(10住, 10行, 10廻向)은 모두 調伏받은 이라고 이름하지만, 벽지불·나한은 그 의심을 끊지 못했고, 등각(불)·묘각(보살) 2각은 분명히 了達하였다.(경덕전등록)[69]

6-⑧ 色에 즉하고 空에 즉함이 등각이요, 두 가지 성품이 공한(二性空) 까닭에 묘각이라 하며, 또한 깨달음이 없음과 깨달음이 없음도 없음을 일컬어 묘각이라 한다. [등각과 묘각이 다릅니까, 다르지 않습니까?] 일에 따라 방편으로 거짓 두 이름을 세운 것으로서, 본체는 하나요, 둘도 아니고 다르지도 않으니 내지 일체법이 모두 그러하니라.(돈오입도요문론)[70]

혜해慧海는 『돈오입도요문론頓悟入道要門論』에서 시각始覺과 본각本覺이 둘이 아니고 하나라고 하는 것처럼, 등각과 묘각 역시 일각一覺이라고 할 수 있다. 이렇듯 혜각은 신회의 무념, 돈오의 사상 외에 일각一覺으로 중생을 제도했던 것으로 보인다. 그렇다면 일각사상의 습득 시기가 궁금한데, 몇 가지 추론이 가능하다. 첫째, 당시 당唐에 『금강삼매경』이 수용되지 않았다면,[71] 일각사상은 입당 전 신라에서 습득한 것으

68 『金剛三昧經』, 「入實際品」 第五(T9-369中).
69 道原, 『경덕전등록』 권28(T51-439中).
70 慧海, 『頓悟入道要門論』(『대일본속장경』 제110책).
71 석길암, 「중국 선종사에 보이는 원효에 대한 認識의 변화 : 『金剛三昧經』 및 『金剛三昧經論』과 관련하여」, 『한국선학』 제15호, 2006, pp.380~386에서, "『금강

로 볼 수 있다. 그러나 무주無住가 『금강삼매경』을 인용하고 있음을 볼 때, 이 경전은 이미 당에서 유행했다고 할 수 있다. 따라서 『금강삼매경』의 수용 여부를 두고 습득 시기를 판단하기에는 어려움이 있다.

둘째, 혜각의 중생제도의 방편으로 활용된 일각一覺의 내용이 원효의 『금강삼매경론』에서 차용해 왔다고 단정할 수 없으나, 혜각이 『능가경』을 공부했음을 볼 때, 그 가능성은 엿볼 수 있지 않을까 한다. 『능가경』은 『대승기신론』·『금강삼매경』과 깊은 연관성이 있는데, 『대승기신론』의 근거 경전을 『능가경』으로 보고 있다.[72] 원효 역시 『능가경』을 중시했으며, 『금강삼매경론』에서 『능가경』, 『대승기신론』, 『여래장경』, 『법화경』, 『화엄경』 기타 많은 선경禪經을 인용하고 있다.[73]

셋째, 신회의 어록語錄을 살펴볼 때, 반드시 일치하는 것은 아니지만, 같은 의미로 해석될 수 있는 여지가 많다. 특히 신회의 일념一念, 일체지一切智는 『금강삼매경론』의 일심一心, 일각지一覺知와 같은 의미라고 생각된다. 이상의 추론의 결과 혜각의 일각사상은 신라에서 공부하고, 입당 후 신회로부터 하택종 선을 배우고 난 후 자신만의 교화 방법으로 제시된 것이 아닐까 한다.

일각一覺 또는 일각지一覺知의 전거로는 『금강삼매경론』, 『대승기신론』 등 다양하기에 어느 하나를 지목하는 것은 섣부른 판단일 수 있다.

삼매경론』은 『종경록』 이전의 시대에 중국 불교인들에게 전혀 인용되지 않았다. 중국 선종에서는 영명 연수의 시대에 이르러서야 『금강삼매경』 및 『금강삼매경론』이 수용되는 것이다. 이것은 연수가 선교일치의 사상을 주장하는 법안종의 승려였기 때문에 나타난 결과로 이해된다."라고 하였다.

72 이종철, 「선종 전래 이전의 신라의 선 : 『금강삼매경론』에 보이는 원효의 선학」, 『한국선학』 제2호, 2001, pp.29~33 및 최유진, 「金剛三昧經論」의 心識說 : 一心二門·如來藏·本覺을 중심으로」, 『元曉學硏究』 11, 2006, p.133. 본각을 말하는 대표 경전이 『대승기신론』과 『금강삼매경』이다(최유진, 앞의 논문, p.137).

73 김호귀, 「『금강삼매경론』의 선수행론 고찰」, 『불교학보』 제58집, 2011, pp.101~131.

혜각의 일각사상이 『금강삼매경론』에 근거한 것이라면, 『금강삼매경론』의 유통은 신라승 혜각에 의해 비롯되었다고 할 수 있다. 혜각은 일체제법은 일심一心이고, 일체중생은 본각本覺이라는 일각사상으로써 이 세상 모든 것이 평등하고 차별이 없음을 밝히고자 한 것이다.

Ⅳ. 영향

1. 중생제도와 사회 교화

혜각은 입당 후 10여 년의 순력, 낙양 하택사의 출입 기간 2년, 칠천사(혹 다른 사찰)에서의 전법 기간 7~8년 등 당에서의 활동 기간은 최소 20여 년이었다. 이 기간의 중생제도·사회 교화에 대해서는 탑비의 결락으로 인해 분명치 않다. 다만 본 장에서는 기존의 그의 교화 지역에 대해 의문을 제기하고, 상산常山 혜각慧覺과 형주邢州 혜각惠覺을 살펴보고자 한다.

1) 교화 지역

「지증대사비」의 "常山 慧覺, 鎭州金"이라는 단편적인 기록만 보인 혜각을 세상에 드러낸 것은 그의 탑비가 발견되었기 때문이다. 신라 말 최치원은 신라 유학승에 대해 '서화승西化僧'와 '동귀승東歸僧'로 나누어 이해하고 당시 신라로 돌아오지 않고 당에서 입적한 승려로서 무상無相과 혜각慧覺을 들고 있다.

7-① 중국에 입적한 승려는 靜衆寺의 無相과 常山의 慧覺이니, 곧

禪譜에서 益州金, 鎭州金이라 한 사람이다. 고국에 돌아온 승려는 北山(설악산 진전사)의 道義와 南岳(지리산 실상사)의 洪陟, 大安寺의 慧徹國師, 慧目山의 玄昱, 智力寺 □聞, 雙溪寺의 慧昭, 新興寺 □彦, 涌岩寺 □體, 珍丘寺 □休, 雙峰寺의 道允, 崛山寺의 梵日, 兩朝國師인 聖住寺의 無染 등이다.(「지증대사비」)[74]

「지증대사비」의 정중 무상(684~762), 상산 혜각(?~774)의 서술 순은 무상이 혜각보다 입당 시기가 빠르거나, 나이가 많았기 때문일 것이다.[75] 몽암蒙庵의 『해운비명주海雲碑銘註』에서는 혜각을 김운경金雲卿의 아우이며, 중국 선종 제8조 마 화상馬和尙(馬祖道一, 709~788)의 제자라고 하였다.[76] 「혜각비」를 보면, 혜각은 남악 회양의 제자 마조 도일과 함께 혜능의 법손으로서 마조 도일의 문인설이 오류임을 알 수 있다. 김운경의 아우설에 대해서도 의심이 간다. 생몰년에서 큰 차이가 있는데, 김운경은 821년(헌덕왕 13)에 당唐의 빈공과賓貢科에 합격, 우감문위솔부병조참군右監門衛率府兵曹參軍과 연주도독부사마兗州都督府司馬를 지냈으며, 841년(문성왕 3)에 선위부사宣慰副使로 귀국하였다.[77]

위의 익주益州의 정중淨衆, 진주鎭州의 상산常山이라는 기록을 볼 때, 상산常山은 정중사淨衆寺와 같은 의미로 상산사常山寺를 말한 것은 아

---

74 崔致遠 찬, 「大唐新羅國故鳳巖山寺 敎諡智證大師寂照之塔碑銘幷序」(『譯註 韓國古代金石文』 3).

75 신회의 제자들의 생몰년을 참고하면, 혜각의 출생년은 대략 690년대~710년대로 예상되므로 혜각은 무상보다 어렸을 것으로 보인다.

76 蒙庵 註解, 『海雲碑銘註』(1783, 국립중앙도서관 소장), "常山慧覺〈金雲卿弟也 馬和尙弟子〉 禪譜益州金 鎭州金者〈禪譜云 黃梅子金生名也〉是." 마조 도일의 문인 중 慧覺이라고 불린 이가 있는데, 鵝湖大義(745~818)의 시호가 혜각대사였다. 혹 혜각이라는 이름에서 신라 혜각과 혼동한 것으로 보인다.

77 신형식, 「宿衛學生考」(『歷史敎育』 11·12합집, 1969 : 『韓國古代史의 新硏究』, 일조각, 1984).

닌지 의문스럽다. 익주益州가 정중사가 있던 소재지이므로 진주鎭州는 상산(사)가 있던 소재지라고 생각된다.[78] 그러나 현재 진주鎭州에서 상산사라는 사찰은 확인되고 있지 않다. 상산常山은 상산국常山國에서 그 연원을 찾고 있으며, 상산常山 혜각慧覺을 진주鎭州가 아닌 형주邢州(漆泉寺) 혜각惠覺으로 이해하고 있다.[79] 그렇다고 상산常山 혜각慧覺과 형주邢州 혜각惠覺이 다른 인물이라고는 생각되지 않는다. 사실 진주鎭州 역시 상산常山이라고 불린 적이 있었다. 진주鎭州(현 하북성 石家庄市 正定縣)는 당대唐代 상산常山이라고도 하였다. 이전에는 거록군鉅鹿郡(秦), 긍산군恆山郡(漢高祖), 상산군常山郡(漢文帝 이후), 긍주恆州(北周), 긍산군恆山郡(隋)이라고 하였다.[80] 결국 최치원이 말한 상산常山은 진주鎭州의 상산사常山寺 또는 진주의 옛 지명을 의미하는 것일 수도 있다. 그렇다면, 혜각이 입적한 곳이 형주邢州 칠천사가 아닌 진주鎭州였을 것이라는 논리도 가능하리라고 본다. 특히 입적한 장소와 탑비가 세워지는 곳이 반드시 일치하는 것은 아니기 때문이다. 신회의 사례에서도 찾을 수 있다. 이러한 추론이 가능하다면 혜각은 진주에서 전법하다가 입적하였고, 10년이 지나 진주가 아닌 형주 광양산 칠천사에 그의 탑비가

78 사찰명이 아닌 지명으로서 常山은 절강성 衢州 常山縣이 있는데, 이곳을 가리키는 것은 아닌 듯하다. 衢州 상산현과 형주 칠천사와의 거리가 이웃한 지역이라고 볼 수 없기 때문이다. 한편 충북 鎭川은 鎭州·常山이라고도 불렸는데, 이러한 내용은 「지증대사비」를 잘못 해석한 분명한 오류이다.

79 B.C. 203년 項羽가 張耳를 常山王으로 봉했는데, 당시 常山國의 치소는 信都로서 唐代 邢州 龍岡縣이었다. 常山 慧覺과 邢州 漆泉寺 惠覺이 동일 인물이라는 추론은 다음과 같다. 첫째, 慧와 惠는 慧能, 惠能과 마찬가지로 같은 단어로 통용되고 있다. 둘째, 邢州는 常山과 이웃한 지역이다. 셋째, 정중 무상과 상산 혜각의 기록을 볼 때, 이들 두 사람은 같은 시대 사람이고, 弘忍의 법손이며, 선종의 無念 사상을 계승하였다(루정호, 앞의 논문, pp.32~33). 한편 趙州從諗의 문인으로 揚州 光孝寺 慧覺이 활동하고 있었다.

80 謝壽昌 외, 『中國古今地名大辭典』(上海: 商務印書館, 1931), p.221, p.621 참조.

건립되었다고 볼 수 있을 것이다.[81] 진주는 형주와 이웃한 곳이다. 결국 혜각은 진주鎭州와 형주邢州를 중심으로 교화와 전법활동을 펼친 것으로 이해된다. 진주의 동쪽에 창주滄州(현 하북성 창주시 滄縣)가 있는데, 이곳은 신라승 혜소慧昭(774~850)가 방문한 적이 있었다.

혜각은 10여 년 동안 중국 여러 곳을 순력하며 수행했을 것으로 짐작된다. 그러다가 승적을 얻어 머문 곳이 형주 개원사였다. 왜 진주 개원사가 아닌 형주 개원사 소속의 승려가 되었는지 확인할 수 없지만, 아마 개원사 주변 지역 혹은 하북성 진주鎭州 일대에서 활동했음에 연유하지 않을까 한다. 특히 혜각이 형주邢州에서 활동했던 이유에 대해서 이곳이 위진魏晉 때부터 불도징佛圖澄·도안道安이 활동했던 곳으로서 불교 문화가 일찍부터 꽃피웠던 하북河北 불교의 중심지였다는 사실과 관련이 있을 것으로 추정된다.[82] 아울러 진주·형주가 지금의 산동성과 경계를 이루는 대중교통로임을 고려할 때, 왕래의 접근성을 생각해 볼 수 있다. 당시 신라의 대중교통로는 신라에서 출발하여 산동반도 위해威海, 연태烟台, 청도靑島 등지에 도착하고, 다시 장안까지의 노정은

---

81 「혜각비」의 "嘗從□於廣…"의 구절을 "일찍이 나와 廣(陽山)에 갔다."라고 해석할 수 없지만, 탑비의 "境峻隘夷 崇峯千仞"은 광양산의 모습과 상당히 흡사함은 (『畿輔通志』 山川 廣陽山조, "在(沙河)縣西七十里, 盤礴高聳, 諸峰羅列.") 부인할 수 없다. 廣陽山(해발 718m)은 沙河市區 서쪽 30㎞ 밖 渡口村 북쪽에 위치한 중국 道教의 성지로서 北方名山이다(사하시 홈페이지 참조). 廣陽山의 유래는 하루 사이에 동쪽, 남쪽, 서족 3면에서 햇빛을 볼 수 있기 때문이라고 한다. 당시 형주는 절강성 越州의 青瓷와 함께 유명한 백자 산지였다.

82 趙福壽, 『邢台佛教文化』(方志出版社, 2009), pp.12~22 ; 루정호, 앞의 논문, p.23 재인용. 그러나 형주 개원사에는 東漢 때 중국 八仙의 하나가 된 鍾離權의 자취가 남아 있으며, 칠천사가 있는 광양산 역시 도교의 성지로 유명하여, 小石橋·老君洞·老君臺·草帽洞 등 老子의 수행처와 관련한 자취가 많이 남아 있다. 사실 邢州는 신라 慶州와 비슷한 환경도 아니었다. 사계절이 뚜렷하다는 것을 제외하고, 형주와 경주의 평균 기온(13.1 : 12.2℃), 강수량(529 : 1,091㎜)은 차이가 있으며, 분지의 형태를 띠고 있는 경주와 달리 형주는 서쪽에서 동쪽으로 산지·구릉·평원으로 이루어져 있다. 향수를 불러일으킬 만한 조건이 없었다고 생각된다.

제남濟南을 지나 서쪽으로 감단邯鄲을 거쳤을 것이다. 감단邯鄲은 당시 교통의 요지였으며, 이곳에서 남쪽으로 하남성 정주鄭州에 이르고, 여기서 서쪽으로 낙양洛陽–장안長安에 이르게 된다. 감단에서 북쪽으로 형태刑台(邢州)–진주鎭州에 이른다.

혜각은 진주鎭州와 형주邢州 칠천사를 오가며 최소 7, 8년 동안 전법 활동을 펼친 것으로 보인다. 그의 입적년인 774년을 거슬러 계산해 보면, 766년~767년경이 될 것이다. 이렇듯 그의 교화 지역은 형주邢州, 진주鎭州, 창주滄州, 조주趙州 등 하북성을 중심으로 이루어졌을 것으로 추정된다.

2) 안록산의 난과 교화

중국불교계에 끼친 영향을 이해하기 위해서는 문인 분석이 요구된다. 출가 제자는 확인되는 인물이 없으며, 재가 신자로서 비문의 찬자 원의元誼와 서자書者 왕소강王少康 등과 이규주李珪籌, □의군□義軍 사마司馬 등 관리와 문인文人을 확인할 수 있다. 이들 중 사마司馬를 제외하면, 그는 탑비 건립에 관여한 인물이므로 혜각 생존 시 가르침을 받았다고 단정할 수 없으나, 입적 후 10여 년이 지나 탑비를 건립하고 있음은 그 지역 사회에 혜각의 덕화德化가 미쳤기 때문에 가능했다고 생각된다.

그의 교화 내용은 자료가 없어 구체적으로 밝힐 수 없으나, 안사安史의 난으로 인해 그의 활동은 많은 제약을 받았을 것으로 보인다. 특히 그의 교화 지역으로 추정되는 곳이 안사의 난의 중심에 있었던 곳이기 때문이다. 안사의 난은 진주鎭州·형주邢州 지역에 직접적인 피해를 주었다. 755년 안록산은 범양范陽(현 하북성 保定市와 北京市 일대)에서 난을 일으켜 756년 낙양을 장악하였다. 하북성 지역은 안사의 난 초기부터

반란군이 장악하고 있었고,[83] 병란의 막바지 단계인 762년경에도 고통을 당했다.[84]

안사의 난과 관련해 진압군으로 참여한 고구려 유민 출신인 고선지高仙芝(?~755)·이정기李正己(732~781)가 있었으나, 혜각과의 직접적인 연관성은 찾을 수 없다. 특히 이정기는 안사의 난을 진압하는 과정에서 세력을 키워 산동 지역의 치주淄州·청주青州·제주齊州·해주海州·등주登州·내주萊州·기주沂州·밀주密州·덕주德州·체주棣州·조주曹州·복주濮州·서주徐州·연주兗州·운주鄆州 등 15주를 확보하였다. 이들 지역은 하북성과 경계하고 있어 혜각의 교화 활동에 이정기의 영향이 없지는 않았을 것이다. 안사의 난이 끝나고, 수습 과정에서 또다시 번진藩鎭들의 반란이 일어났다. 775년 이영요李靈曜가 변주汴州(현재 하남성 開封)·송주宋州(현재 하남성 商丘市)에서 반란을 일으켰고, 781년 전열田悅의 난이 시작되었다.

혜각의 탑비가 입적 후 10년이 지나 세워지고 있음은 입적 직후의 상황이 탑비를 세우기에 여의치 않았기 때문이며, 783년 당시 혜각의 숭모 열기가 새롭게 일어났기에 가능했던 것으로 생각된다. 현재 신회의 제자 중 탑비가 발견된 것은 혜견慧堅(719~792), 영탄靈坦(大悲, 709~816), 그리고 혜각의 비뿐이다. 통상 탑비 건립은 제자의 건의에 따라 이루어지므로 혜각탑비 건립에 도속 제자, 현지 지방관 등이 참여했음을 추정해 볼 수 있다. 하택의 제자 도은道隱(707~778)의 탑비 역시 제자 변진辯眞이 주관하고 있다.[85]

---

83 『資治通鑑』 권217, 唐紀 33, 玄宗 天寶 14년(755) 12월조 참조.

84 『舊唐書』 권195, 迴紇列傳 제145 참조.

85 『송고승전』 권29, 雜科聲德篇 10-1, 唐寧州南山二聖院道隱傳(T50-891中). 『경덕전등록』 권13에는 寧州通隱禪師가 보이는데, 동일인 여부는 불명이다. 루정호는 道隱과 通隱을 동일 인물로 보고 있다(앞의 논문, p.27).

안사의 난 중 혜각의 활동은 알 수 없다. 다만 스승 신회가 향수전香水錢을 모아 반란 진압의 자금으로 보충케 했음을 참고할 수 있다. 신회는 유배 중 안록산의 난으로 국가 재정이 궁핍해지자, 향수전 모금에 앞장섰으며, 그 공적으로 유배에서 풀려날 수 있었다. 신회는 향수전 모금을 통해 변란 종식을 바라는 한편, 출가자 양산을 늘리는 효과를 기대했는지 모른다. 신회의 이러한 모습은 그의 문인들에게 어느 정도 자극이 되었을 것이다. 그러나 당시 혜각은 일가一家를 이루기 이전이므로 적극적으로 스승의 방법을 따랐을 것 같지는 않다. 다만 「혜각비」의 "그 마음을 구하는 자는 아! 무고無告와 같았다(求其中者 嗟若無告)."라는 표현에서 안사의 난으로 인해 발생한 고아·과부 등 외로운 사람들을 제도하고, 교화했을 것이라는 생각은 든다.

혜각은 '처순안가處順安暇'하며 선법을 전파하였다. 10여 년 동안의 두타행의 수행력으로 인해 자연의 흐름에 순응하고, 편안히 지낼 수 있었으며, 슬픔·기쁨의 감정이 개입될 여지가 없었다.[86] 따라서 병이 들어 입적이 다가왔음에도 평시와 같은 모습을 취할 수 있었다. 이러한 수행력으로 지역민들의 교화와 제도에 노력했을 것이다.[87]

한편 국내에 혜각蕙覺 선사가 보이는데, 영월 보덕사報德寺의 창건자에 대한 두 가지 설, 즉 686년 의상義湘 창건설과 714년 혜각 창건설이 그것이다.[88] 자료의 출처가 불분명하나, 대략 이 시기는 혜각의 국내 체류 시기와 비슷해 관심을 가질 만한 내용이다. 영월 보덕사 창건에 관한 기록이 다양한데, 특히 『관동지關東誌』의 내용을 분석한 연구는, 보

86 劉順超 編著, 『邢台大開元寺』(方志出版社, 2013), p.131.

87 神會의 제자 圓震(705~790)은 남양 오아산에 머물며 마을 주민들을 위해 수행력만으로 산중의 큰 뱀과 연못의 독룡을 감화시켰다(『송고승전』 권20, 感通篇 6-3, 唐鄧州烏牙山圓震傳).

88 「강원 영월」, 『월간붕어』 2009년 5월호, p.216.

덕사의 창건 시기는 1666년이며, 창건주는 윤선거라고 하였으며 혜각에 대한 언급은 없다.[89] 다른 기록에 보면, 영월 보덕사는 본래 지덕사로 불리다가 노릉사魯陵寺(1457), 보덕사(1726)로 바뀌었다고 한다. 또 886년경 보덕사라는 사찰이 보이는데,[90] 오강鰲江의 본찰은 영월 보덕사와 다른 사찰로 보인다. 앞으로 혜각 관련 자료들이 보충된다면, 혜각은 혜각惠覺 또는 혜각慧覺과 다른 표현이지만 국내에서의 그의 존재와 위상에 대한 이해를 구하는 데 단서를 제공할 것으로 생각된다.

3) 귀국하지 않은 이유

혜각의 입당 목적이 선종을 배우기 위함이라는 견해[91]에 대해 주저됨이 없지 않다. 신라 입당구법승 중에는 입당 후 개종改宗하는 사례가 자주 보이기 때문이다. 8세기 중반의 신라는 선종의 불모지나 다름없었다. 신행神行의 스승인 법랑法朗과 미륵사의 규정圭晶, 백률사의 김대비金大悲 등이 선풍을 익혔으나, 아직은 뿌리를 내리지 못하고 있었다. 규정·김대비가 혜능慧能에게서 수학했는지 확실치 않지만, 그의 존재와 가르침을 알고 있었고, 배우고자 했던 것은 분명하다. 신라에서 혜능의 존재를 알고 그의 가르침을 받고 싶어 하는 신라승들이 있었음은 부정할 수 없다.[92] 그렇다고 혜각의 입당을 이와 관련시켜 생각하기에는 자료의 보완이 필요하지 않을까 한다.

혜각의 입당 전 신라의 불교계는 "하얀 것을 [서로] 달리 보고, 밤과

---

89 洪性益, 「寧越 報德寺 創建年代에 관한 研究」, 『江原文化史研究』 第10輯, 2005.
90 「禪林院址弘覺禪師碑」(『韓國古代金石文』 第II, III冊 統一新羅), "報德寺沙門臣鰲江刻字."
91 루정호, 앞의 논문, p.23.
92 「禪宗六祖慧能大師頂相東來緣起」(권상로, 『조선불교사료』 제6권) 및 「지리산쌍계사기」(忽滑谷快天, 鄭湖鏡 譯, 『朝鮮禪教史』, 寶蓮閣, 1978) 참조.

낮, 죽음과 삶(幽明)으로 갈라져 [갈등이] 격렬해졌다."고 한다. '하양(白)'은 마음을 말한 것으로 생각된다. 『능가경』에는 "마음은 흰옷과 같이 의식意識의 습기가 때가 되고, 때의 습기에 더럽혀져서 마음을 나타나지 못하게 한다."고 하였다.[93] 『대승기신론』에서 "마음이 나면 갖가지 법이 나고 마음이 없어지면 갖가지 법이 없어진다."고 하였듯이[94] 마음에 대한 다양한 이설異說이 서로 대립하고 있었던 것 같다. 유명幽明은 다음 이야기의 반딧불(螢炬)과 밝은 해(皦日)로 서로 대구를 이룬다. 지금은 보잘것없는 미미한 존재이지만, 반딧불로 어둠을 밝힌다면 다음에 밝은 해가 떠서 빛을 볼 수 있도록 하겠다는 의지를 보여 주는 것으로 이해할 수 있다. 여기서 미약한 존재는 혜각 자신을 뜻하거나, 당시 불교계에서 막 맹아萌芽하려는 선종을 말한 것인지도 모르겠다. 여하튼 혜각은 입당 전 선종을 공부했을 수 있고, 그것이 입당 유학을 촉발한 계기가 되었다고 할 수 있다. 혜각의 구도심을 엿볼 수 있는 부분이며, 이때까지는 돌아오지 않겠다는 마음은 서 있지 않은 듯하다.

혜각은 신라불교계의 갈등을 보고, 그것의 화해를 위해 자신이 미약하나마 작은 보탬이 되었으면 하는 마음을 갖고 입당하였다. "누가 능히 어두운 밤에 반딧불이를 잡아서 대낮에 밝은 해를 남기겠는가?"[95] 라는 혜각 자신의 표현을 볼 때, 그는 입당 구법 후 신라로 돌아오려고 했음이 분명하다. 특히 안사安史의 난 등 장기간의 변란 속에서 귀국을

---

93 『대승입능가경』 권6, 偈頌品 第十之初(T16-629上) 참조.

94 馬鳴 造, 眞諦 譯, 『대승기신론』(T32-577中). 『입능가경』에는, "마음이 일어나면 모든 것들이 생겨나고 마음이 사라지면 모든 것들이 사라지네(心生種種生 心滅種種滅)."[菩提留支 譯, 『入楞伽經』 권9, 總品 第18-1(T16-568下)].

95 "孰能執螢炬於幽夜 遺皦日於正晝"의 내용은 金獻貞 撰, 「海東故神行禪師之碑幷序」(813)의 "바라건대 반딧불이의 불빛으로 태양의 밝고 큰 빛을 돕는다(冀將螢火之熁 竊助明景之暉)"와 같은 의미라고 생각된다(『譯註 韓國古代金石文』 Ⅲ, 1992).

포기하고 현지에 남기로 했다는 것은 심경의 변화가 있었음을 암시한다. 배움이 부족했거나 돌아갈 수 없는 사회적·정치적 상황 등 몇 가지 추론을 해볼 수 있다.

첫째, 입당 구법 중 승적을 형주 개원사로 바꾸면서 마음이 변했을 가능성이 있다. 승적 취득에 앞서 10여 년의 두타 행각 중에 서서히 굳어져 갔을 수도 있으리라고 생각된다.

둘째, 귀국하지 않은 신라승들은 당唐에서 전법처가 마련된 사례가 많다는 사례를 주목할 수 있다. 입당구법승은 당唐에서 전법처가 마련하기 이전에 귀국하고 있다. 일단 전법처가 마련되면 귀국이 쉽지 않았을 것이다. 비문의 결락으로 분명치 않지만, □의군□義軍 사마司馬가 전법처 마련에 도움을 주었을 것으로 보인다. 불법을 펴는 데 피아彼我가 없듯이 신라·당이라는 지역적 범주는 무의미했을 수 있다. 특히 전쟁과 변란에 고통받는 사람들을 모른 체 한다는 것은 출가승의 직무를 저버리는 것이었다. 특히 이 시대에 무루無漏·무상無相·지장地藏 등 귀국하지 않은 신라승이 많다는 사실도 연관이 있을 듯하다.

셋째, 갈등과 대립을 봉합하는 데 도움이 되었으면 한다는 의지는 당唐에서도 변하지 않았을 것이다. 탑비를 보면, 혜각이 신회의 가르침을 받은 기간은 고작 2년이었다. 그것도 낙양 하택사에 상주하며 가르침을 받지 않고, 형주邢州 개원사 또는 다른 지역에 머물며 궁금함을 풀기 위해 그때그때 방문하였다. 정식으로 신회를 대면한 시간은 길지 않았으나, 결코 배움이 부족했다고 할 수 없다. 그리고 당시 혜능慧能의 남종南宗은 신수神秀의 북종北宗에 밀려 고전하고 있었고, 신회는 유배되기도 하였다. 이러한 상황에서 정법 구현의 의지가 투철했던 혜각은 스승 신회와 동료 문인들의 고민을 동감했을 수도 있다.

2. 하택종의 계승과 전법

“정중 무상 익주김, 상산 혜각 진주김”이라는 표현을 볼 때, 무상은 익주에서 일가一家(一方宗師)를 이루어 정중종을 전했고, 혜각 역시 진주鎭州 또는 형주邢州에서 무상과 비견되는 업적을 남겼다고 이해할 수 있다.[96] 그러나 그의 탑비 외에 승전이나 지방지에서도 일절 언급이 없는 것을 볼 때, 혜각의 위상은 현종玄宗의 스승이었던 무상에 비해 그리 높지 않았을 것으로 생각된다.

『송고승전』, 『원각경략소초圓覺經略疏鈔』, 『중화전심지선문사자상승습도中華傳心地禪門師資承襲圖』, 『조당집祖堂集』, 『경덕전등록』 등에서 그에 대해 일구一句의 언급도 없다. 비슷한 시기에 당에서 활동한 신라승들이 『송고승전』에 입전되고 있으나, 그는 입전되지 않았다. 그의 활동이 미미했다기보다는 신회의 유배로 인한 자료 일실과 찬녕贊寧의 자료 수집의 미흡함에서 찾는 것이 타당할 듯하다.[97]

1) 하택종의 전법

현재 「혜각비」는 1/3 정도 판독할 수 있지만, 신회神會의 기록이 상당수 전하며, 그를 미화하고 있는 느낌이 든다. 「혜각비」의 찬사讚詞 마지막 부분의 ‘진종眞宗’은 신회의 시호諡號였다. 결락 부분이 있어 진종眞宗의 정확한 의미는 파악되지 않으나, 신회와의 관련성은 부인할 수 없

96 신회는 南陽 龍興寺, 낙양 하택사에 머물다가 유배되어 754년부터 荊州 開元寺 般若院에 거주하고 있었다. 신회가 荊府 개원사에 있을 때, 천축인(西國人) 迦葉賢者와 安樹提 등 20여 인을 만나보았는데, 이때 신회가 無相에 대해 묻는 내용이 전한다(『歷代法寶記』, T51-185下). 柳田聖山은 이 기록의 신빙성에 대해 의문을 제기하고 있다(『초기선종사』, 김영사, 1991, p.98, p.221 참조). 만약 신회가 무상에 대해 알고 있었다면, 혜각 역시 무상에 대해 알고 있었을 가능성이 있다.

97 루정호, 앞의 논문, p.27.

다. 그것은 다시 말해 혜각이 신회의 가르침을 전적으로 따랐음을 의미한다.

혜각은 신회의 가르침을 충실히 따랐고, 근기에 맞는 적절한 비유를 들어 제자들을 가르쳤다. 당시 문인들은 혜각에게 지도 스승(導師) 신회의 말을 청하고, 그들은 신회의 가르침(壇敎)을 따랐다고 한다. 혜각의 이러한 자세는 그의 스승 신회의 모습과 별반 다르지 않았다. 신회 역시 평생 스승 혜능의 가르침을 따르는 한편 스승의 현양 사업에도 적극적이었다. 신회는 734년 하남성 활현滑縣 대운사大雲寺의 무차대회를 통해 돈오頓悟의 남종 종지를 주장했다.[98] 또한 하택사에 혜능의 비碑와 영당影堂을 세웠으며, 나아가 저술 작업 등을 통해 혜능의 가르침을 높이 받들었다. 그는 당시 선승들과 비교해 저술을 많이 남겼다.[99]

형주邢州 개원사에도 「혜능비」가 건립되었는데, 신회가 주도한 것이라고 한다. 그러나 형주 「혜능비」는 신회가 건립한 하택사 「혜능비」의 복사비로서 혜각이 주도해 건립되었을 것으로 추정하고 있다.[100] 그 근거로서 신회가 형주를 찾은 적이 없다는 점을 들고 있으나, 이 비가 형주 개원사에 있었다는 것만으로도 혜각의 입지를 가늠할 수 있다. 혜각이 「혜능비」의 건립을 반대하지 않았기 때문이며, 그가 스승의 가르침에

98 『菩提達磨南宗定是非論』에서는 무차대회가 開元 20년(732)에 열렸다고 하였다. 印鏡, 「德異本『壇經』의 禪思想史的意味」, 『불교학연구』 창간호, 불교학연구회, 2000, p.240.

99 ① 『南陽和尙頓敎解脫禪門直了性壇語』, ② 『菩提達磨南宗定是非論』, ③ 『頓悟無生般若頌』 ④ 『南陽和尙問答雜徵義』, ⑤ 『낙경하택신회대사어』, ⑥ 『오경전』, 오언율시 등이 전하고 있다(문재현 역저, 『하택신회대사 현종기』, 바로보인, 2010). 『荷澤祖師顯宗記』는 신회의 몰후에 전개된 것으로 신회에게 가탁하여 저작된 것이라고 한다(정유진, 「하택신회의 생애와 저작」, p.136 참조).

100 루정호, 앞의 논문, pp.29~31. 邢台시 지방사학자 趙福壽 씨의 설을 인정하고 있다. 혜각의 비 건립은 하북 지역에서 남종선의 권위를 확립하려는 목적에서 이루어졌다고 한다.

충실했기에 가능하였다고 생각된다.

신회는 『보리달마남종정시비론菩提達磨南宗定是非論』에서 중국 선종 6대 조사까지의 선맥을 제시하고, 그들의 모습을 그린 육엽도六葉圖를 남겼는데, 그 서序를 태위太尉 방관房琯이 썼다.[101] 그 이유가 자신이 선종 7조로 인식되기를 바라는 마음 때문이라고 평가할 수 없지만, 일말의 공명심이 작용된 듯하다. 신회의 제자인 규봉 종밀圭峰宗密이 쓴 『중화전심지선문사자상승습도中華傳心地禪門師資承襲圖』에는 신회를 제7조로 기록하고 있다.

『송고승전』에서는 신회를 공자의 수제자 안회顔回에 비유하고 있다. 『원각경대소초』와 『경덕전등록』에서는 혜능 입적 후 20년 동안 조계의 돈지는 강남 형오荊吳에서 쇠퇴하였는데, 신회의 활약으로 성행하게 되었다고 하였다.[102] 또한 본격적인 조사선祖師禪의 시대를 개창開創하였으며, 조사선의 성립과 부흥은 신회의 공로로 인정되고 있다.[103] 그러나 신회에 대한 평가는 극과 극이다. 12세기가 되면 이론에 밝으나 근본根本 종지宗旨는 모르는 '지해종도知解宗徒'라고 폄하되고 있다. '지해종도'라는 표현은 『돈황본 육조단경』, 『조당집』(952), 『경덕전등록』(1004)에는 보이지 않고, 『덕이본德異本 육조단경(宗寶 撰)』(1290)에 보이기 시작했다.[104] 신회에 대한 비판은 『경덕전등록』의 선종사 인식을 발전시킨 송

---

101 『송고승전』 권8, 習禪篇 3-1, 唐韶州今南華寺慧能傳(T50-755中).

102 宗密, 『圓覺經大疏鈔』 卷三 ; 『景德傳燈錄』 권5(T51-245中) 참조. 최근에도 중국 胡適은 그를 南宗의 선봉자, 北宗의 毁滅者이며, 新禪學의 건립자라고 하였다(胡適, 『神會和尚遺集』, 上海亞東圖書館, 1930, p.90 ; 루정호, 앞의 논문, p.24 재인용).

103 김진무, 「하택신회 선사상의 연원과 그 의의」, p.62. 신회는 "여래선은 '漸次'에 떨어진 것이고, 조사선은 '頓悟'의 본연이다."라고 주장하였다(賴永海, 『불교와 유학』, p.319 ; 김진무, 위의 논문, pp.57~58).

104 宗寶 찬, 『六祖大師法寶壇經』, 頓漸 8(T48-359中).

대宋代 임제종의 영향이라고 한다.[105] 고려 중기의 보조국사 지눌(1158~1210) 또한 자신이 돈오점수 사상을 펼쳤지만, 신회에 대해서는 부정적으로 평가하였다.[106]

이러한 평가의 배경에는 남종선 내의 하택 신회의 하택종荷澤宗과 남악 회양 밑에서 나온 마조 도일의 홍주종洪州宗의 관계를 참고할 수 있다. 하택종은 돈오점수頓悟漸修와 체體를 강조하고, 홍주종은 돈오무수頓悟無修와 용用을 강조하였다.[107] 신회는 한번 깨달으면 다시 수행이 요구되지 않는 홍주종을 심하게 비판하였는데, 마조 도일 이후 홍주종의 성행은 상대적으로 하택종의 쇠퇴를 가져왔고, 홍주종 내의 임제종에 의해 신회는 '지해종도'로 남게 된 것이다.

신회는 11세기 중반경부터 임제종과 갈등하면서 비판을 받기 시작하였다.[108] 한편 그 이전의 "신회는 낙양에서 조계의 돈교를 넓혔고, 「현종기」를 지어 세상에 유행케 하였다."라는 평가는 지해종도라는 비판적 평가 이전의 신회에 대한 온전한 평가라고 생각된다. 그러나 위기가 없었던 것은 아니고, 753년 신회가 익양군弋陽郡으로 귀양을 가면서 그의 제자들 역시 하택사를 떠나 흩어진 것으로 보인다. 영탄靈坦 또한 이때 하택사를 떠나 여주廬州 부사사浮槎寺로 옮겨 갔다.

혜각의 생존 시는 물론이고, 9세기 중엽까지도 신회의 하택종풍이 유행했던 것은 분명하다. 명복사明福寺 정각 선사正覺禪師를 출가사로 삼아 하택종풍을 익힌 원소圓紹(811~895)는 신회의 5대 법손(荷澤神會-

---

105 印鏡, 「德異本『壇經』의 禪思想史的意味」, pp.258~259.

106 민족사 편, 『깨달음, 돈오점수인가 돈오돈수인가』를 참고할 수 있다. 퇴옹 성철 저, 『선문정로』, 해인총림, 1981, pp.204~205 ; 이병욱, 「성철의 보조지눌 사상 비판의 정당성 검토」, 『普照思想』 38, 2012, p.19 참조.

107 金慶淑(志恩), 「荷澤宗과 洪州宗의 상이점 연구」, 『한국선학』32, 한국선학회, 2012, pp.111~116.

108 印鏡, 「德異本『壇經』의 禪思想史的意味」, p.264.

益州南印-奉國神照-滑州智遠-圓紹)이었다. 그는 도속道俗의 제자들에게 무념無念을 상세히 설하고, 진심眞心을 보여 주었는데, 법회가 융성하고 사서士庶가 귀의했다고 한다. 40여 년간 그의 교화를 받은 재가자가 1만여 명이고, 출가 제자는 혜애惠靄 등 500여 명이라고 하였다.[109] 9세기 중후반에도 하택종의 주요 논지는 무념無念이었으며, 신회의 선맥이 이때까지 이어지고 있음이 확인된다. 아울러 그의 기일재가 제자들에 의해 치러지고 있었는데, 낙양 하택사에서 신회로부터 법을 부촉받은 영탄靈坦(709~816)은 신회의 기일에 재를 지내고 있다.[110] 신회의 기재忌齋가 그의 제자들 사이에서 진행되었을 법하다. 따라서 혜각은 입적할 때까지 신회의 선풍을 펼치는 데 큰 어려움은 없었을 듯하다. 다만 불교 외적으로 변란의 연속이었기 때문에 전법에 제약을 받았을 것으로 생각된다.

2) 당과 신라에 미친 영향

혜각은 신회의 34명의 문인 중 유일한 외국인으로서,[111] 중국 선종 8세 선사이다. 혜각이 활동하던 시기에 북종선과의 알력·갈등은 부각하지 않은 듯하다. 안사의 난 이후 북종선이 성행했던 지역들이 초토화되고, 그의 비호자들 역시 죽음으로써 북종선은 크게 쇠퇴했다.[112] 하택

---

109 『경덕전등록』 권13 및 『宋高僧傳』 권13, 習禪篇 3-6, 唐東京封禪寺圓紹傳(T50-784中).

110 『송고승전』 권10, 習禪篇 3-3, 唐揚州華林寺靈坦傳(T50-767中).

111 루정호, 앞의 논문, pp.25~27에서 『中華傳心地禪門師資承襲圖』, 『圓覺經略疏鈔』, 『송고승전』, 『경덕전등록』 외 탑비 등 금석문 자료를 종합하여 총 34명의 명단을 정리하고 있다.

112 石井修道, 一指 譯, 「南宗禪の頓悟思想の展開-荷澤神會から洪州宗へ-」, 『백련불교논집』 3, 백련불교문화재단, 1993.

종의 선맥의 계보는 다음과 같다.[113]

① 荷澤神會→ 磁州[法]如→ 荊南□張→ 遂州[道]圓→ 圭峯宗密(裵休 찬, 「唐故圭峰定慧禪師傳法碑」)

② 荷澤神會→ 磁州智如→ 益州南印→ 遂州道圓→ 圭峯宗密(宗密 찬, 『圓覺經略疏鈔』, 『中華傳心地禪門師資承襲圖』)

③ 荷澤神會→ 磁州[智]如→ 益州惟忠→ 遂州[道]圓→ 草堂和尙(『祖堂集』)

신회의 선맥은 의심스러운 부분이 많으나, 종밀과 배휴의 사자師資 관계와 별개인 『조당집』을 보았을 때, 신회의 선맥을 이은 직계 제자는 자주 법여磁州法如(智如)로 인정될 수 있을 것이다. 신회의 직설적인 과단성은 주위에 많은 적을 만들었다. 북종선과의 갈등과 대립이 그것이었고, 이후 마조 도일계의 홍주종과 임제종과의 마찰을 낳게 되었다. 796년 덕종德宗이 신회를 선종 7조로 확정 발표함[114]으로써 그러한 갈등은 증폭되었다.

혜각이 활동했던 시기에 북종과 남종의 갈등을 극복하려는 노력이

---

113 金慶淑(志恩), 「荷澤宗과 洪州宗의 상이점 연구」, 『한국선학』 32, 한국선학회, 2012, p.101. 宗密(780~841)은 四川省 果州 西充縣 출신으로 807년에 遂州 大雲寺 道圓에게 출가하여 그 제자가 되었다. 道圓은 弘忍→資州智詵→資州處寂→淨衆寺無相으로 이어지는, 四川省에서 발전한 淨衆宗 계통에 속하는 사람으로, 無相의 제자인 淨衆寺神會→聖壽寺南印→遂州道圓으로 이어지는 법계였다. 그러나 종밀은 『裵休拾遺問』(裵休의 질문에 宗密이 답한 편지)에서도 荷澤神會→磁州法(智)如→益州(聖壽寺)惟忠→遂州道圓으로 이어졌다고 날조하였다고 한다(石井修道, 一指 譯, 「南宗禪の頓悟思想の展開-荷澤神會から洪州宗へ-」, 『백련불교논집』 3, 백련불교문화재단, 1993).

114 宗密, 『中華傳心地禪門師資承襲圖』, "唐德宗貞元十二年(796), "敕皇太子集諸禪師, 楷定禪門宗旨, 搜集傳法旁正. 遂有敕下, 立荷澤大師爲第七祖. 內神龍寺見在銘記. 又御制七代祖師贊文, 見行于世."

있었다. 청원 행사의 문인인 석두 희천石頭希遷(700~790)은 750년 「초암가참동계草庵歌參同契」를 지어 남종과 북종의 다툼을 해소하고 조화를 꾀하였다. 750~760년대에 중국 선종 제8대 조사로서 마조 도일과 석두 희천을 '세이대사世二大師'라고 하였다. 그러한 평가는 이들의 문인들이 번성했기에 가능했다. 그렇다면 중국 선종사에서의 혜각의 위상을 생각해 볼 수 있을 것이다. 위상이나 영향력은 먼저 문도들의 규모, 사자상승의 영구성, 현양 사업의 지속성 등을 참고해야 하나 현재 이에 대한 자료 확보가 쉽지 않은 상황이다.

왕삼추王三秋는 앞의 블로그에 올린 글에서, "칠천사는 당나라 때 형주邢州 및 전국에서 돈오선종의 남종 전승의 전법 중심지였으며, 이후 선종 불법이 전승하는 데 중대한 기여를 했다."고 했으며, 루정호 역시 혜각은 "신회의 유일한 외국인 제자이며, 6조 혜능과 7조 신회를 이은 정통 남종선 법맥의 계승자로서 하북 지역에서 남종선의 권위를 확립하였다."고 평하고 있다. 나아가 그의 사후 진주鎭州와 형주邢州에서 그의 영향이 얼마나 오래 전해졌는지에 대해 생각해 볼 필요가 있다.

9세기 초 양주揚州 화림사華林寺에서도 영탄靈坦이 하택종풍을 전하고 있었다. 신회의 5대 법손 원소圓紹가 낙양 봉선사封禪寺를 중심으로 9세기 중후반까지 하택종의 선풍을 폈다. 그러나 9세기 중엽, 낙양 지역을 제외하고 특히 혜각의 주요 활동 지역의 하나인 진주鎭州에서는 임제종의 강세가 유지되고 있었다. 그의 교화가 미쳤을 지역을 중심으로 살펴보면, 형주에는 회해懷海의 문인 □소□素 선사가 활동하였고, 창주滄州에는 마조 도일의 제자이며, 신라승 혜소慧昭의 스승인 신감神鑑 선사가 홍주종의 선풍을 전하고 있었다. 조주趙州에는 조주 화상 종심從諗(778~897)이 857년부터 40여 년간 조주 관음원觀音院(현 柏林禪寺)에서 임제종의 선풍을 날렸다. 중국 선종 10조인 그는 남전 보원

南泉普願(748~834)의 문인(혜능–남악 회양–마조 도일–남전 보원–조주)이며, 1330년에 건립된 그의 사리탑이 하북성 석가장 조현에 있다. 이 밖에 임제 의현臨濟義玄의 문인 미창米倉 화상이 활동하고 있었다.

진주鎭州에는 앞서 본 지역보다 임제종이 크게 번성하였으며, 마조계 홍주종풍의 선승들도 활동하였다. 임제종의 개조開祖 임제 의현(?~867)[115]이 이곳에서 활동하였고, 그의 문인 보수사寶壽寺 □소□沼 화상, 삼성원三聖院 혜연慧然·만세萬歲 화상 등과 그의 법손인 대비大悲 화상(義玄→慧然→大悲), 담공譚空 화상(義玄→涿州紙衣→譚空) 등도 이 지역을 중심으로 선풍을 날렸다. 이 밖에 보화普化 화상, 상방上方 화상(道一→盤山寶積→上方), 상정常貞 선사, □봉□奉 선사[道一→汾州無業(760~821)→□奉], 상일常一 선사(神會→磁州智如→益州南印[116]→奉國神照→常一) 등이 활동하였다.[117]

하택종으로서는 신회의 5대법손 상일常一이 유일하다. 의현義玄 또한 혜각처럼 계율·유가·유식을 공부했던 인물이다. 그는 황벽 희운黃檗希運의 제자로서 "스스로를 믿지 못하면 온갖 경계에 휩쓸려 자유로울 수 없고, 본래의 자기 자신으로 돌아간 사람(一生無事人)"을 주장하였다. '덕산 선감德山宣鑑(780~865)의 몽둥이, 임제의 호통(德山棒 臨濟喝)'이라는 유행어를 보면, 임제의 교화법이 매우 엄격했음을 알 수 있다. 의현

115 진주에서 활동한 의현은 중국 선종 11대조사로서 그의 선맥은 6조 조계 혜능(638~713) → 7조 남악 회양(677~744) → 8조 마조 도일(709~788) → 9조 백장 회해(?~814) → 10조 황벽 희운(?~850) → 11조 임제 의현으로 이어지고 있다.

116 益州南印(혹은 惟忠)에 대해 『경덕전등록』에서는 신회의 문인으로 기록된 반면, 종밀의 『圓覺經略疏鈔』, 『中華傳心地禪門師資承襲圖』와 『祖堂集』에서는 磁州智如의 문인으로 신회의 법손으로 기록하고 있다. 아마 남인은 신회와 智如 두 사람에게 가르침을 받았으나, 신회와의 만남은 짧았고, 다시 智如로부터 법을 받았던 것이 아닐까 한다. 일단 지여의 문인설에 따르도록 한다.

117 『경덕전등록』 권9-14 참조.

이 혜각을 만나기는 시기상으로 어려웠을 것이다. 혜각이 진주와 형주에서 하택종의 선풍을 전한 이야기를 접했을 수도 있었을 것이다. 그러나 하택종은 홍주종·임제종과 서로 대립하고 있었음을 볼 때, 혜각의 입적 후 하택종은 점차 세력을 잃어 갔을 것으로 생각된다.[118]

한편 루정호는 신라에서의 혜각의 입지를 살피면서, "신라에서도 혜각이 당나라에서 입적한 신라 구법승 중 가장 뛰어난 사람으로 알려져서 최치원은 「지증대사비」에서 그를 뽑아 기록하였다."고 평하고 있다. 최치원은 지증 대사智證大師 도헌道憲(824~882)의 비에서 신라 선종사를 개관하고 있다. 신행의 북종선을 이야기하고 있으며, 무상과 혜각을 언급하였다. 아마 최치원은 북종선과 남종선이 결국 하나로 결합되어 가는 모습을 보고 정리하고자 했던 것으로 생각된다. 물론 유학승 중심으로 서술하고 있음은 자신이 유학생으로서 그에 대한 자부심도 없지 않았을 것이다.

신라의 선종은 남악 회양–마조 도일과 청원 행사–석두 희천의 문하에서 배출된 승려들에 의해 만개하고 있었다. 10세부터 도의道義, 홍척洪陟, 혜철慧哲 등 많은 신라승들이 배출되고 있으며, 신라 구산문의 형성으로 이어지고 있다. 중국 선종사에서 신라승들의 위상을 표로 제시하면 다음과 같다.

118 志遠(768~844)은 28세(795)에 출가하여 하택종풍을 배우고, 이후 천태종으로 개종하였는데, 당시 하택종 성쇠와 무관하지 않을 것으로 보인다(『송고승전』 권7, 義解篇 2-4, 唐五臺山華嚴寺志遠傳).

〈표 2〉 禪宗 師資承襲圖(신라인)

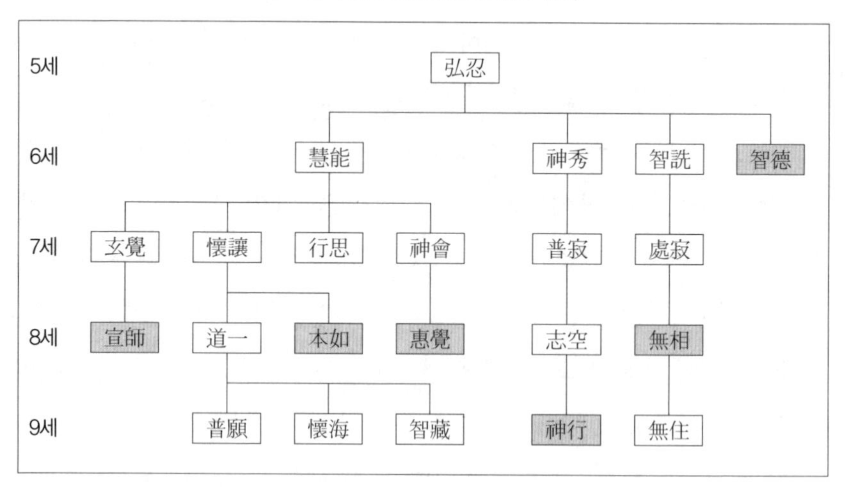

위의 〈표 2〉는 중국 선종 5조부터 9조까지 조사한 것인데, 홍인의 제자인 고구려 출신 지덕智德을 포함하여 신라승 중심으로 뽑은 것이다. 홍인의 제자 지덕智德은 강소성江蘇省 양주揚州에서 전법하였는데, 『능가사자기楞伽師資記』에서는 혜능과 동등한 위상에서 언급하고 있다.[119] 혜각의 하택종, 본여[120]의 홍주종, 신행의 북종선, 무상의 정중종 등 당시 신라승의 구법 의지와 사상의 다양성을 엿볼 수 있다. 선사宣師, 본여本如의 귀국 여부는 불명이며, 동귀승東歸僧은 신행뿐이고, 서화승西化僧은 혜각을 비롯하여 무상, 지덕이 있다. 「지증대사비」에 거론된 무상은 귀국하지 않았지만, 신라에도 영향을 미쳐 875년에 행적行寂(832~916)이 정중사 무상 선사의 영당을 찾기도 하였다. 반면 혜각의 영향에 대해서는 알려진 바가 없다. 이들은 법랑法朗·규정圭晶·김대비金大悲 등과 함께 신라 선종의 선구자들이라고 할 수 있다.

119 淨覺, 『楞伽師資記』(T85-1289下).
120 道原, 『경덕전등록』 권6(T51-245中).

V. 맺음말

혜각은 「지증대사비」에 이름만 언급될 뿐 그의 활동과 사상에 대해서는 거의 알려진 바가 없었다. 다행히 2009년 그의 탑비가 분절分折된 상태로 발견되면서, 불완전하지만 대강을 확인할 수 있게 되었다.

그는 23세에 구족계를 받았고, 계율과 『유가사지론』 등 논서와 『능가경』 등을 공부한 후 입당하였다. 입당 후 10여 년 동안 진주鎭州·형주邢州 등 하북성 일대를 순력巡歷하며 두타행을 닦았으며, 이후 형주 개원사에 승적을 옮기게 되었다. 그러나 이곳에서만 머물지 않고 여러 지역을 전전했다. 안사安史의 난이 발발하기 이전 745~753년 사이에 낙양 하택사에서 신회로부터 돈오·무념無念·지견知見 등의 남종선(하택종)을 배웠다. 766년 [소昭]의군義軍 사마司馬의 부탁을 받아 전법처(사하현 칠천사, 혹은 다른 사찰)를 마련하고, 774년 3월 19일 입적할 때까지 일각一覺의 지혜를 가르치기 시작하였다. 783년 문인과 신자들이 그의 탑비를 칠천사에 세웠다.

혜각은 신회로부터 돈오·지견·무념을 공부하고, 교화 방편으로 일각지지一覺之知를 가르쳤다. 혜각의 일각사상의 수용과 형성에 대해서는 자료의 부재로 인해 결론 도출이 쉽지 않다. 혜각의 일각사상의 실마리는 원효의 일각사상에서 찾을 수 있다. 원효의 일각사상은 『금강삼매경론』에서 제법일심諸法一心, 중생본각衆生本覺, 이각불이二覺不二, 법신적멸法身寂滅 사상을 말하는데, 현전 자료만으로는 혜각의 그것과 같다고 할 수 없다. 다만 『금강삼매경』이 중국에서 선경禪經으로 수용되고 있었던 만큼 비슷한 개념으로 쓰이지 않았을까 한다. 다음으로 일각사상의 수용 시기에 대한 의문인데, 이 역시 자료 부재로 인해 섣부른 결론은 옳지 않다. 다만 혜각이 입당 전『능가경楞伽經』등을 공부한 사실을 참고한다면,『능가경』을 많이 인용하고 있는 원효의 저술, 즉『금강삼매경론』에 대한 연구도 수반되지 않았을까 한다.

혜각과 비슷한 시기에 당에서 활동했던 신라승은 무상無相·무루無漏·지장地藏·신행神行·원소元表 등이 있었다. 이들은 모두 안사의 난을 경험하면서 머물고 있던 곳에서 중생제도와 사회 교화에 진력하였다. 무상은 사천성 성도成都에서 현종에게 위안을 주었으며, 무루는 감숙성 영주靈州에서 숙종을 도왔고, 지장地藏은 안휘성 지주池州에서 굶주림에 지친 사람들에게 쌀과 차를 제공하였다. 혜각은 하북성 형주에서 이들과 같은 활동을 했을 것이다. 북종선을 익힌 신행은 숙종의 시를 받을 정도로 당에서 그 나름대로 역할을 수행한 것으로 보인다. 이들이 서로의 소식을 알고 있었는지는 모르겠으나 당시 당에서 신라인의 위상을 드높였을 것은 분명하다. 혜각은 무상과 함께「지증대사비」에 거론될 만큼 신라에서의 그의 영향을 의심치 않게 한다. 그러한 사실은 역으로 당唐에서의 입지와 위상을 고려하지 않고는 언급할 수 없다. 혜각은 무상과 함께 신라 선종사의 길을 닦았던 인물이라고 평가할 수 있다.

비문의 결락으로 출가 동기와 입당 목적, 사회 교화, 전법 활동에 대해서는 알 수 없어 많은 아쉬움이 남는다. 형주 개원사와 칠천사의 관계에 대해서도 언급하지 못했다. 앞으로 비석의 잔편과 자료 발굴이 요구되고 있다. 향후 자료를 보충하여 보완할 것을 기약하고자 한다.

참고문헌

元誼 撰, 「大唐廣陽漆泉寺故覺禪師碑铭并序」.

求那跋陀羅 譯, 『楞伽阿跋多羅寶經』 ; 菩提留支 譯, 『入楞伽經』 ; 實叉難陀 譯, 『大乘入楞伽經』(이상 T16).

『金剛三昧經』(T9) ; 元曉 述, 『金剛三昧經論』(T34) ; 馬鳴 造, 眞諦譯, 『대승기신론』(T32).

淨覺, 『楞伽師資記』(T85) ; 미상, 『歷代法寶記』(T51).

贊寧 撰, 『宋高僧傳』(T50) ; 道原 撰, 『景德傳燈錄』(T51).

法海 集, 『南宗頓敎最上大乘摩訶般若波羅蜜經六祖惠能大師於韶州大梵寺施法壇經』 ; 宗寶 찬, 『六祖大師法寶壇經』(이상 T48).

서영애, 『신라 원효의 금강삼매경론 연구』(민족사, 2007).

佐藤繁樹, 『元曉의 和諍論理』(민족사, 1996).

金慶淑(志恩), 「荷澤宗과 洪州宗의 상이점 연구」, 『한국선학』 32(한국선학회, 2012).

김경숙, 「荷澤神會의 修證論에 관한 고찰」, 『정토학연구』 23(한국정토학회, 2015).

冀金剛·趙福壽, 『邢台开元寺金石志』(北京圖書館出版社, 2013).

劉順超 編著, 『邢台大開元寺』(方志出版社, 2013).

柳田聖山, 『초기선종사』(김영사, 1991).

김진무, 「神會의 禪思想에 나타난 般若에 관한 考察 -『語錄』을 中心으로」, 『한국선학』 3(한국선학회, 2001) ; 「하택신회 선사상의 연원과 그 의의」, 『보조사상』 18(보조사상연구원, 2002).

루정호, 「새로 發見된 新羅 入唐求法僧 惠覺禪師의 碑銘」, 『사총』 73(고려대학

교 역사연구소, 2011).
李淑芹·李恩玮 编,『邢台開元寺』(科学出版社).
박건주,「『능가경』의 禪法과 초기 禪宗(2)」,『불교학연구』 7(불교학연구회, 2003) ;「『능가경』의 禪法과 초기 禪宗(3) - 如來禪·祖師禪의 문제」,『불교학연구』 8(2004).
박종호,「여래선에 대한 고찰 :『능가경』과 신회를 중심으로」,『불교학보』 39(2002).
송묵,「韓國禪에 미친 馬祖禪의 영향」,『한국선학』 30(2011).
呂聖九,「통일기 재당유학승의 활동과 사상」,『북악사론』 8(북악사학회, 2001).
이병욱,「성철의 보조지눌 사상 비판의 정당성 검토」,『普照思想』 38(2012).
이종철,「선종 전래 이전의 신라의 선 :『금강삼매경론』에 보이는 원효의 선학」,『한국선학』 제2호(2001).
印鏡,「德異本『壇經』의 禪思想史的意味 - 法海와 神會批判을 中心으로」,『불교학연구』 창간호(2000) ;「견성에 대한 하택신회의 해명」,『보조사상』 18(2002).
鄭淳模,「隋唐時期 寺院統制와 賜額」,『동양사학연구』 77(2002).
정유진,「신회의「知」의 철학에 대하여」,『불교학보』 55(2010) ;「하택신회의 생애와 저작」,『불교학보』 56(2010).
최유진,「金剛三昧經論」의 心識說 : 一心二門·如來藏·本覺을 중심으로」,『元曉學研究』 11(2006).

7

신라 화엄학승의 계보와 그 활동

/ 김상현

〈선정 이유〉

Ⅰ. 머리말

Ⅱ. 의상義相의 전교傳敎와 십대제자

1. 의상의 전교
2. 원효의 화엄학에 미친 의상의 영향
3. 의상의 십대제자

Ⅲ. 신림神琳과 그 제자들

1. 부석적손 신림
2. 신림의 제자들

Ⅳ. 법융法融의 『십구장十句章』 저술과 그 제자들

1. 법융과 『십구장』
2. 법융의 제자들

Ⅴ. 순응順應의 해인사 창건

1. 순응의 해인사 창건
2. 해인사의 화엄학승華嚴學僧

Ⅵ. 비의상계非義相系의 화엄승

1. 법장의 제자들
2. 명효·견등지·표원
3. 오대산 및 천관산의 화엄승
4. 연기의 화엄사 창건
5. 그밖의 화엄승

Ⅶ. 화엄학승華嚴學僧 간의 갈등과 남·북악의 분열

1. 의상계와 법장계의 갈등

2. 남·북악의 분열

3. 남·북악 화엄교학의 차이

Ⅷ. 맺는말

• 김상현, 「신라 화엄학승의 계보와 그 활동」, 『신라문화』 제1집, 1984.12. pp.43~86.

선정 이유

이 논문은 신라 화엄학의 주류를 의상계와 원효계로 파악한 종래의 범주와 달리 의상계와 비의상계로 구분하여 신라의 화엄학승의 계보와 그 활동을 종합적으로 밝힌 점에 주목하여 선정하였다.

저자는 균여의 화엄학 관계 저서 및 의상의 제자와 그 제자들의 기록을 집성하고 있는 『법계도기총수록』에 인용되어 있는 신라 화엄학승의 자료에 기초하여 인물 중심 계보와 학문적인 계보를 아울러 그려내고 있다.

또 저자는 『삼국유사』 등에 나타나는 화엄행자까지 참고하여 의상계의 화엄학승뿐 아니라 비의상계로 보이는 화엄학승들까지 다루고 있다. 특히 의상계의 십대제자와 그 제자들 및 법장계를 계승한 연기계의 제자들까지 촘촘하게 밝혀 이 분야 연구의 시야를 넓혔다는 점에서 연구사적 의의를 찾을 수 있다.

나아가 저자는 신라 하대 화엄종 내의 갈등과 남악과 북악의 분열도 의상계와 비의상계의 대립 때문에 이루어졌다고 밝히고 있다. 해인사의 희랑과 화엄상의 관혜 문도들이 분열하고 대립하기 이전에도 의상계와 법장계의 갈등이 있었으며, 그것이 이어져 고려 광종 대에 균여에 의해 통합되었다고 구명하고 있다. 이처럼 신라 하대 화엄학승의 계보와 그 활동을 총체적으로 구명하고 있는 지점에서 이 논문의 의미와 학문적 가치를 찾을 수 있다.

Ⅰ. 머리말

통일신라시대 불교에서 화엄종이 차지하는 비중은 컸다. 따라서 이 시대 화엄신앙이나 화엄학이 끼친 사회적·불교사적 의의 또한 적지 않다. 최근 신라 화엄사상사에 대한 관심이 높아지고 상당한 연구 성과가 축적되고 있는 것도 이 때문일 것이다. 그러나 종래의 연구는 주로 원효元曉·의상義相·명효明皛·표원表員 등 화엄학승의 개별적인 화엄사상에 관심을 표명해 왔을 뿐, 신라 화엄사상의 역사적 변천 과정에 대한 연구는 거의 이루어지지 못했다. 이와 같은 연구 경향에는 여러 가지 원인이 있겠지만, 그 시대 화엄학에 관한 기초 자료가 아직 정리되지 못한 데 기인하는 바 크다.

현존하는 신라 화엄학 관계 자료는 결코 적은 것이 아니다. 특히 균여의 화엄학 관계 저서 및 편자 미상의 『법계도기총수록法界圖記叢髓錄』 등에는 상당수의 신라 화엄학승의 이름이 보이고, 그들의 설이나 저술이 인용되어 있다. 그러나 이들의 활동 시기가 밝혀져 있지 않기 때문에 신라 화엄사상의 역사적 변천 과정을 이해하는 데는 별로 도움을 주지 못하고 있다. 뿐만 아니라 이들의 인적人的, 혹은 학문적 계보系譜 또한 정리되어 있지 못한 실정이다. 물론 김지견 교수의 「신라 화엄학의 계보와 사상」[1]이 발표된 바 있다. 그러나 이 논문에서는 신라 화엄

1 김지견, 1973, 「신라 화엄학의 계보와 사상」, 『학술원논문집』 12. 이 논문은 「新羅華嚴學의 主流考」라는 제목으로 『숭산박길진박사화갑기념한국불교사상사』 (원광

의 주류는 의상계義相系이고, 비주류는 원효계元曉系며, 일본 화엄 또한 의상계라는 점, 그리고 의상의 신앙과 사상 등에 대한 것만을 밝히고, 원효 및 의상 이후의 신라 화엄학승의 계보나 활동 등에 대해서는 연구 범위에 포함시키지 않았다.

이에 본 연구는 신라 화엄학승의 계보 및 활동 등을 밝혀 이 방면 연구의 한 기초를 마련하고자 하는 것이다. 필자는 주로 균여의 화엄학 관계 저서 및 『법계도기총수록』에 인용되어 있는 신라 화엄학승의 자료에 주목하면서, 이들의 인적人的·학문적인 계보를 파악하고자 한다. 그리고 본고에서는 화엄학승을 주된 대상으로 하지만, 때로는 『삼국유사』 등에 나타나는 화엄학승으로 단정하기 어려운 화엄행자華嚴行者까지도 아울러 다루려고 한다. 신라 화엄학의 전반적인 흐름을 파악하는 데는 도움이 될 것으로 생각되기 때문이다. 그리고 의상계義相系의 화엄학승뿐 아니라 비의상계非義相系로 보이는 화엄학승들에 대해서도 주목하고자 한다. 이는 신라 하대 화엄종 내의 갈등과 남南·북악北岳의 분열을 규명하는 데 도움을 줄 것으로 기대하기 때문이다.

신라 화엄학에서 차지하는 의상義相의 비중이 큰 사실을 모르는 바 아니지만, 본고에서는 그의 화엄華嚴 전교傳教에 관련된 몇 가지 문제만 간략히 언급하고, 그의 활동이나 화엄학 및 신앙에 대해서는 다음 기회로 미루어 둔다. 본고에서 논의하고자 하는 시기는 통일신라시대다. 그럼에도 불구하고 제목에서 신라라고만 한 것은, 흔히 신라의 화엄학을 통일신라시대 의상으로부터 문제 삼아 왔던 전례에 준하여 제목의 번거로움을 피하기 위한 것일 뿐이다.

대학교 출판부, 1975)에 재수록되었다.

Ⅱ. 의상義相의 전교傳敎와 십대제자

1. 의상의 전교

의상義相[2]이 해동화엄 초조初祖로 일컬어지는 그 가장 중요한 이유는 화엄교華嚴敎의 신라 전교에 있다. 귀국 후 화엄교를 일으킬 복선지지福善之地를 찾아 산천을 두루 편력하던 그는 676년(문무왕 16)에 태백산에 부석사를 창건했다. 그 후 부석사는 신라 화엄종의 중심 도량이 되었다. 훗날 의상을 부석존자浮石尊者로 칭했던 것도 이 때문이다. 태백산에서의 그의 교화는 신라 사회에 널리 소문이 퍼져, 국왕이 그를 더욱 공경하게 되고, 가난한 민중들의 입에까지 그의 이름이 오르내릴 정도로 활발한 것이었다. 의상의 교화 활동은 저술이나 개인적인 것이라기보다 교단적 조직에 의한 것이었고, 제자들의 교육을 중시하는 것이었다. 의상의 이 같은 교화 활동은 당대의 원효와 비교하면 더욱 두드러진 특징이기도 하다.[3]

법장法藏이 의상에게 보낸 서신 중의 다음 내용은 의상의 교화가 얼마나 활발한 것이었던가를 짐작하게 해 주는 자료다.

> 듣자오니, 上人께서는 歸鄕하신 후에 화엄을 천명하고 法界의 無盡緣起를 帝網重重으로 宣揚하여, 새롭고 새로운 佛國에 널리 이익케 하신다고 하오니 기쁨은 더욱 깊습니다. 이로써 如來滅後에 佛日

2 의상의 相은 湘 또는 想 등으로도 쓰였지만, 의상의 직제자 道身의 표기를 따라 相으로 쓴다.

3 고익진은 「元曉思想의 史的 意義」(『동국사상』 14, 1981, p.65)에서 "원효는 저술과 개인적인 교화 활동에 그치고 교단 형성과 같은 조직적인 사상 운동을 전개하지 못했다."고 한다.

이 光輝하고 法輪이 再轉하여 佛法이 오래 머물도록 한 이는 오직 法師임을 알았나이다.[4]

물론 이것은 편지이기에 약간의 과장과 수식이 있었을 것임을 감안해야 할 것이지만, 그가 소백산 추동錐洞에서 『화엄경』을 강의할 때 3천 명이나 운집했다는 등의 기록[5]을 보더라도 그의 교화가 어떠했던가는 쉽게 짐작되는 일이다.

의상의 교화 활동 중에서도 특히 주목되는 것은 제자들에 대한 교육이다. 그는 부석사를 창건하기 전인 674년(문무왕 14)에 황복사皇福寺에서 10여 명의 제자에게 『법계도法界圖』를 강의한 바 있고,[6] 부석산浮石山 40일회四十日會에서는 일승십지一乘十地에 대해 문답하기도 했다.[7] 그리고 태백산 대로방大盧房에서는 행경십불行境十佛에 대해 강의했으며,[8] 소백산 추동錐洞에서는 90일간 『화엄경』을 강의하기도 했었다.[9] "제자들이 도움을 청해 물어올 때면, 그는 급히 서두르지 않고 그들의 마음이 조용해 가라앉을 때를 살핀 다음 계발해 주되 의문의 여지를 남기지 않았다."라는 『송고승전』의 기록은 의상의 진지한 교육방법을 알게 해주는 것이다. '不動吾身即是法身自體之義'에 대해 표훈表訓 등이 물었을 때, 의상은 사구게四句偈로써 답한 뒤에, "너희들은 마땅히 마음을 잘 써야 한다."[10]라고 당부했다. 또한 그는 자체불自體佛에 대해 설

---

4 「賢首國師奇海東書」, 『圖宗文類』 卷22(『한불전』 4, p.635).
5 『삼국유사』 권5, 眞定師孝善雙美條.
6 『法界圖記叢髓錄』 卷上之一(『대정장』 45, p.721a-b).
7 『법계도기총수록』 卷上之二(『대정장』 45, p.742b).
8 『법계도기총수록』 卷上之二(『대정장』 45, p.758a).
9 『삼국유사』 권5, 眞定師孝善雙美條.
10 『법계도기총수록』 卷上之一(『대정장』 45, p.721a).

명한 다음 "이것은 심대요甚大要하니 항상 생각하도록 하라."[11]고 주의를 환기시키고 있었다. 의상은 법장의 『탐현기探玄記(20卷)』를 진정眞定, 상원相圓, 양원亮元, 표훈表訓 등에게 각기 5권씩 나누어 강의하게 한 적이 있다. 그는 먼저 10일 동안 문을 닫고 스스로 이를 탐토探討했던 것이고, 그러면서도 제자들에게 "탁본으로 인하여 탁이 나오는 것이요, 도끼 자루를 가져야 도끼 자루를 베는 것이니 각기 힘써 자기를 속이지 말 것"을 당부했던 것이다.[12] 이 같은 사례들은 의상의 제자 교육에 임하는 진지한 모습을 알게 해 주는 것이다. "의상義相의 강수講樹가 꽃을 피우고 담총談叢이 열매를 맺었다."고 한 『송고승전』의 표현은 곧 그의 이 같은 전교와 교육이 제자들에 의해 계승되면서 더욱 융성하게 되었던 것을 지적하는 것이기도 하다.

2. 원효의 화엄학에 미친 의상의 영향

의상과 동시대에 활동했던 인물 중에 원효를 빼놓을 수 없다. 물론 원효는 의상과 같이 화엄학 하나만을 전공하지는 않았다. 그는 삼장에 두루 통했지만 화엄학에도 깊은 관심을 가졌었고, 그 결과 『화엄경소華嚴經疏』 10권을 비롯, 『화엄종요華嚴宗要』, 『화엄강목華嚴綱目』, 『일도장一道章』, 『보법기普法記』 등 많은 화엄 관계 저술을 남겼고, 그의 학설은 중국의 법장法藏, 이통현李通玄, 혜원慧苑, 징관澄觀, 일본의 수령壽靈 등에게 영향을 끼쳤다. 그의 대중 교화의 사상적 토대가 정토신앙 등에 있다는 것은 주지의 사실이지만, 화엄사상의 영향 또한 무시할 수가 없다. 보살이 일체중생을 교화하고 구호하기 위하여 제불의 회향을 수학

11 『법계도기총수록』 卷上之二(『대정장』 45, p.759a).
12 최치원, 「법장화상전」, 『한불전』 3, p.775c.

한다는 『화엄경』 「십회향품」이 그의 대중 교화를 실천에 옮기는 사상적 계기가 되었고,[13] 그가 대중 교화의 구체적 방편으로 했던 무애가無碍歌 및 무애무無碍舞의 '무애'는 곧 『화엄경』 「보살명난품菩薩明難品」 중의 "一切無碍人 一道出生死"라는 구절에서 취한 것이었다. 이처럼 그가 뛰어난 화엄 학자였다고 해서 그를 해동화엄종조海東華嚴宗祖라 할 수는 없다. 이 점에 대해서는 김지견 교수가 폭넓게 논의한 바 있다.[14] 필자는 신라 화엄학의 주류가 의상계라고 하는 김 교수의 견해에 동의한다. 다만 그는 신라 화엄학의 계보를 의상계義相系가 주류主流, 원효계元曉系가 비주류非主流(傍系)라고만 밝히고, 원효의 화엄학과 의상의 그것과의 관계를 분명히 하지 않음으로써, 신라의 화엄학에는 의상계와는 다른 원효계가 있었던 것으로 오해할 수 있는 여지를 남겼다. 물론 김 교수의 의견은 그렇지 않았다고 하더라도 비의상계非義相系로 보이는 화엄학승은 모두 원효계에 연결될 것인가 하는 문제에 부딪히기 때문이다. 원효의 화엄사상과 의상의 그것과의 관련에 대해서 약간을 논의하고자 하는 것도 이 때문이다.

원효와 의상의 화엄사상이 어떻게 같고 다른가를 밝히기란 쉽지 않다. 다만 원효의 화엄교학에는 의상의 많은 영향이 있었던 점만을 밝혀두고자 한다. 원효는 의상보다 8세 선배였지만, 이들의 교유가 매우 친밀한 관계로 일관되었음은 잘 알려진 사실이다. 의상의 귀국 후에도 두 사람은 만났고, 화엄학에 관한 한 원효가 의상으로부터 새로운 이론을 받아들이는 입장에 있었다. 아무리 원효가 선배였고 불교학의 여러 분야에 두루 통했다고 하더라도, 새로운 학설에 관심을 가지지 않을 수 없었을 것이다. 더구나 평소 중국 불교학계의 동향에 대해 민감한 관심

13 김영태, 「신라불교 대중화의 역사와 그 사상 연구」, 『불교학보』 6, 1969, p.190.
14 김지견, 앞의 논문 참조.

을 표하고 있던 원효의 학문적 태도를 감안하면, 그가 지엄智儼의 문하에서 다년간 수학하고 귀국한 의상에게 영향을 받았다고 하는 것은 당연한 일이었다.

의상이 지엄으로부터 배워 온 수전법數錢法은 원효에게도 전해졌다. 원효는 이것을 그의 『보법기普法記』 및 『화엄종요華嚴宗要』에 인용했다. 『보법기』의 다음 기록은 원효가 의상으로부터 수전법을 배웠음을 알게 해준다.

> 數錢法은 智嚴法師의 說인데, 義相法師가 전한 것이다. 이것의 뜻을 헤아려 보니 道理가 있기에 述하는 것이다.[15]

물론 원효는 그 수전법數錢法을 스스로 검토하여 도리가 있다고 판단한 후에 이를 받아들였다. 특히 원효가 의상을 만나 세 가지 의문을 해결했다고 하는 『대기大記』 중의 다음 기록은 주목된다.

> 古辭云 曉師遇相和尙 決疑有三
> 謂一始覺同本覺 爲凡爲聖之義
> 二濕過海種種心之義
> 三此能詮所詮 皆在言中之處也[16]

물론 신라 하대에까지 구전되었던 이야기의 사료적 가치를 어느 정도 인정할 것인가 하는 문제는 있다. 아무튼 이상에서 살펴본 것과 같이, 원효의 화엄학에 의상이 영향을 주었다고 하는 것만은 확실하다. 그렇

15 균여, 『十句章圓通記』 권하(『한불전』 4, p.25a).
16 『법계도기총수록』 卷下之一(『대장정』 45, p.752.b).

다고 해서 원효의 화엄학이 의상의 그것에 비해 수준이 낮았다거나, 혹은 두 사람의 화엄사상이 같은 것이었다는 것은 결코 아니다. 필자가 유의하고자 하는 것은 신라의 화엄종이 의상계와 원효계로 나뉘어 대립되어 있지 않았다고 하는 사실이다. "원효는 분명 화엄학의 대가였지만, 엄밀한 의미에서 화엄종의 승려는 아니었고, 의상은 화엄의 전통을 그대로 잘 계승해 나간 사람"[17]이기 때문이다. 따라서 신라 화엄을 의상계를 주류主流, 원효계를 비주류非主流라고 구분해 보려는 시도는 별의미를 갖지 못할 것이다.

김지견 교수는 원효의 저술이 해외에서 문제되었던 것과는 달리 국내에서는 별로 문제된 일이 없다고 하면서, 이를 원효가 화엄가華嚴家로서 후세에 명백히 전승되지 않은 이유로 들고 있다.[18] 그러나 『도신장道身章』, 표원表員의 『화엄경문의요결문답華嚴經文義要決問答』, 견등지見登之의 『화엄일승성불묘의華嚴一乘成佛妙義』 및 『대승기신론동이략집大乘起信論同異略集』 등에 원효의 화엄 관계 저술이 인용되었다. 특히 균여의 화엄 관계 저서에 인용된 원효의 설은 30여 회에 이르고, 그 저서 또한 7종이나 된다. 물론 균여는 고려 초기에 활동한 인물이다. 그러나 그가 신라 의상계 화엄학을 계승하고 있었다는 점은 유의할 필요가 있을 것이다.

'원효를 분황종芬皇宗의 화엄조사華嚴祖師'로 보는 견해도 있다.[19] 그러나 화엄학계의 의상과 법상학계의 의적 사이에 법장法藏의 설이 문제되었던 690년경에 의상이 분황사芬皇寺의 승려 순범純梵을 시켜 법장

17 박성배, 「敎判論을 중심으로 본 원효와 의상」(대한전통불교연구원주관 제3회 국제불교학술회의(1992), 『신라 의상의 화엄사상』에 발표한 논문 요지) 참조.
18 김지견, 앞의 논문, p.40.
19 김잉석, 『화엄학개론』, 법륜사, 1960, p.22.

을 만나고 오도록 했던 사실[20]에 유의할 필요가 있다. 원효가 『화엄경소華嚴經疏』를 집필한 곳이 분황사다. 이는 분황사 계통, 즉 원효계와 의상계가 서로 나뉘어 있지 않았다는 것을 알게 해 준다. 사실 신라 때에 분황종이 성립되어 있었을까 하는 문제도 있다. 분황종은 고려 때에 대두된 듯하다. 물론 순범純梵과 순범順梵을 동일인으로 볼 때, 순범順梵과 행장行將 등이 성불지의成佛之義에 대해 다른 사람들과는 달리 원만불圓滿佛의 입장을 주장했다는 다음 기록은 문제가 될 수 있다.

> 法記云…成佛之義 順梵·行將二德 立爲圓滿佛 餘人等 立爲隨分佛 於是林德擧此二義 就問相元元曰 俱非和尙之意 則以十信一位形十住等爲門別故 云隨分佛 然全攝法界究竟無側故 云圓滿佛也 是以一乘隨何一位 成佛之時具足分滿二義也.[21]

즉 다른 사람들이 모두 수분불隨分佛의 입장을 주장할 때 순범順梵과 행장行將 등이 굳이 원만불圓滿佛을 주장했기에 이들이 비의상계非義相系로 생각될 수도 있다. 그러나 의상의 직제자인 상원相元이 어느 쪽의 견해도 의상의 뜻이 아니라고 했던 것으로 보면, 순범 등을 비의상계라고 하기에는 무리가 있다.

원효의 제자였거나, 적어도 원효와 밀접한 인연을 맺고 있었던 신라 화엄행자 중에 사복蛇福[22]이 있었다. 그는 흥륜사興輪寺 금당십성金堂十

20 균여, 『석화엄분교기원통소』 卷1(『한불전』 4, p.257a).

21 『법계도기총수록』 卷上之一(『대장정』 45. p.741a).

22 蛇福에 대해서는 『삼국유사』의 蛇福不言條 및 興輪寺金堂十聖條, 그리고 『東國李相國集』 권23에 그 기록이 전해지고 있다. 필자는, 졸고 「蛇福說話의 불교적 의미」(『사학지』 16, 1982)에서, 사복설화의 사상적 배경이 화엄사상에 있음을 피력한 바 있다.

聖 중의 한 사람이기도 했지만 그에 대한 기록은 설화적인 것만이 전해오고 있을 뿐이다.

3. 의상의 십대제자

의상에게는 많은 제자가 있었지만, 특히 십대제자가 유명하다. 곧 『삼국유사』에 열거된 오진悟眞, 지통智通, 표훈表訓, 진정眞定, 진장眞藏, 도융道融, 양원良圓, 상원相源, 능인能仁, 의적義寂 등이다. 이들 십대제자들은 '십성제자十聖弟子'로 불리기도 했듯이, 모두 성인으로 존경받았던 인물들이다.[23] 이들 십대제자 중에서도 진정眞定, 상원相圓, 양원亮元, 표훈表訓 등은 더욱 뛰어났던 것 같다. 『법장화상전法藏和尙傳』에서는 이들을 특히 4영四英이라고 했기 때문이다.[24] 『송고승전』에서는 지통智通, 표훈表訓, 범체梵體, 도신道身 등을 '등당도오자登堂覩奧者'라고 하면서, 이들은 모두 큰 알 속에서 껍질을 깨고 날아간 가유라迦留羅, 즉 새 중에서도 가장 뛰어난 새들이라고 했다.[25] 누가 십대제자의 서열에 들어가야 하고 빠져야 할 것인가는 그렇게 중요한 일이 아니다. 다만 이들 제자 중에서 진장眞藏, 도융道融, 능인能仁 등은 그 이름만 보일 뿐 그 활동이 알려지지 않고 있다.

① 표훈表訓

표훈은 의상의 뛰어난 제자이며, 동시에 의상과 나란히 흥륜사 금당

---

23 『삼국유사』에서는 이들을 모두 亞聖이라고 했지만, 균여의 『釋華嚴旨歸章圓通鈔』에서는 '十聖弟子'라고 했으며(『한불전』 4, p.139c), 朴寅亮의 「海東華嚴始祖浮石尊者讚」에서는 '十聖傳法'이라고 했다(『한불전』 4, p.632b).

24 『한불전』 3, p.775c.

25 『송고승전』 권4, 唐新羅國義相傳.

에 모신 십성 중의 한 사람으로 추앙받던 인물이다.[26] 674년(문무왕 14) 표훈은 진정 등 10여 대덕大德과 더불어 황복사皇福寺에서 의상으로부터 『법계도法界圖』를 배웠다. 물론 이 연대에 대해서는 의문이 없지 않다. 이 때 그는 의상의 사구게에 따라 오관석五觀釋을 지었고, 진정이 지은 삼문석三門釋에 부동건립문不動建立門을 보태어 4문으로 하기도 했다. 그의 오관석五觀釋은 『법계도기총수록』 중의 『대기大記』에 인용되어 있다.[27] 이외에도 그의 설은 균여의 『십구장원통기』에 4회, 『석화엄지귀장원통초釋華嚴旨歸章圓通鈔』에 1회, 『화엄경삼보장원통기華嚴經三寶章圓通記』에 2회가 인용되어 있고, 『법계도기총수록』 중의 『고기古記』에 1회, 『대기』에 3회가 인용되어 전해지고 있다. 표훈은 681년(신문왕 1) 4월 왕의 청으로 몽성사夢城寺에 상주하면서 문무왕의 명복을 비는 예참禮懺을 행하기도 했고,[28] 훗날 금강산 만폭동 어구에 표훈사를 창건하기도 했으며,[29] 의상이 입적한 이후에는 황복사에 주석하기도 했다. 특히 그가 황복사에서 대정大正 각간角干에게 삼본정三本定을 해석해 주었던 사실은 김대성金大城의 불국사 및 석굴암 조영과 관련하여 주목된다. 이에 대해서는 별고를 통해서 자세히 논의하고자 한다.

『삼국유사』에 전하는 혜공왕惠恭王의 탄생 설화에 표훈이 관련되어 있다. 즉 표훈이 천제天帝에게 청하여 경덕왕이 사자嗣子를 얻게 해주었는데, 이가 곧 혜공왕이라는 것이다.[30] 이 설화에서는 여자 같은 혜공왕의 실정失政으로 인해 나라가 혼란하게 되었다는 것과 표훈이 천

26 『삼국유사』 권3, 東京興輪寺金堂十聖條, 권2 景德王 忠談師 表訓大德條, 권5 大城孝二世父母 神文王代條 등에서도 표훈을 성인이라고 했다.
27 『법계도기총수록』 卷上之一(『대정장』 45, p.721 a~b).
28 『佛國寺古今創記』(『불국사지』, 아세아문화사, 1983, p.51).
29 『신증동국여지승람』 권47, 淮陽都護府 佛宇條.
30 『삼국유사』 권2, 景德王 忠談師 表訓大德條.

상을 왕래하는 법력을 지닌 성인이었다고 하는 등이 강조되고 있다. 표훈이 천궁을 왕래했다고 하는 것은 '不起樹王 羅七處於法界'를 상징하는 것[31]으로 이해되는데, 이것이 혜공왕의 탄생설화에 부회된 듯하다.

표훈과 표원表員을 동일인으로 추측하는 견해도 있지만,[32] 두 사람은 서로 다른 인물일 것이다. 표원의 저서 『화엄경문의요결문답華嚴經文義要決問答』에는 의상의 설이 겨우 2회 인용되었지만, 1회는 의상설에 대한 비판[33]이기 때문이다.

표훈과 대정大正이 만나던 때에 황복사에 있었고, 이들의 문답을 엿들어 전한 견륜絹綸[34]은 표훈의 제자였을 것이다.

② 진정眞定

출가 전의 진정眞定은 군대에 속해 있었고, 집이 가난하여 장가도 들지 못한 채 군대 복역의 여가에 품을 팔아 홀어머니를 봉양할 정도로 효심이 지극했다. 의상이 태백산에서 불법을 풀이하여 사람들을 이롭게 한다는 소문을 들은 그는 태백산의 의상 문하에 귀의했다.[35] 의상이 태백산에서 교화를 시작한 시기를 부석사가 창건되는 676년(문무왕 16) 이후로 생각하면 진정의 출가 시기도 이 이후가 된다. 훗날에 쓰여진 기록이기에 사료적 가치는 적지만, 『비로사사적기毘盧寺事蹟記』에는 진정의 출가 시기를 짐작하게 해주는 기록이 보인다. 신문왕 3년(683)에 비로사毘盧寺가 창건되었다는 것이 그것이다.[36] 비로사는 진정이 의상의

31 김잉석, 앞의 책, p.27.
32 운허의 『불교사전』(1961년) 이래 가끔 표훈과 표원을 동일인물로 추측하는 견해가 대두되었다.
33 『한불전』 2, p.358C.
34 균여, 『十句章圓通記』 권하(『한불전』 4, p.63a).
35 『삼국유사』 권5, 眞定師孝善雙美條.
36 『한국사찰전서』 권상(동국대학교출판부, 1979), p.579.

문하에서 공부한 지 3년 만에 의상이 진정의 망모亡母를 위해 소백산 추동에서 90일 동안 『화엄경』을 강의할 때 세워진 절이다. 이 절이 683년에 세워졌다면 진정은 이보다 3년 전인 680년(문무왕 20)에 출가한 것이 된다. 의상이 태백산에서 교화를 널리 편다는 소문을 듣고 출가했다는 출가 동기와도 부합된다. 그러나 신라 하대에 쓰여진 것으로 생각되는 『대기大記』에는 674년(문무왕 14) 황복사皇福寺에서 표훈表訓, 진정眞定 등 10여 덕十餘德이 의상으로부터 『법계도』를 배웠다[37]고 기록하고 있어 문제가 된다. 『대기』의 기록에 따른다면 진정이 태백산으로 출가했다는 『삼국유사』의 설은 믿기가 어렵게 되기 때문이다. 『유사』의 기록이 다분히 설화적이기에 빚어진 착오로 생각해 볼 수도 있고, 또한 『대기』의 기록이 막연히 10여 덕十餘德을 거론하려 한 데서 빚어진 오류일 수도 있다. 674년은 의상이 귀국한 지 2년이 되던 해이고, 또한 부석사가 창건되기 2년 전이다. 이 때에 이미 의상에게 십대제자가 있었다는 것도 이상하기 때문이다.

진정이 의상의 뛰어난 제자임에는 틀림이 없다. 그는 태백산 대로방大盧房에서 십불十佛에 대해 강의를 들은 바 있고,[38] 삼문석三門釋을 짓기도 했다.[39] 상원相元이 진정에게 유주무주有住無住에 대해서 질문했던 적이 있다.[40] 『대기』에는 진정의 삼생멸설三生滅說이 인용되어 있기도 하다.[41]

③ 지통智通

지통智通은 이량 공伊亮公의 가노家奴였다. 그의 나이 7세이던 661년

37 『법계도기총수록』 卷上之一(『대정장』 45, p.721 a~b).
38 『법계도기총수록』 卷下之一(『대정장』 45, p.758 a).
39 『법계도기총수록』 卷上之一(『대정장』 45, p.721 a).
40 『법계도기총수록』 卷上之一(『대정장』 45, p.722 a).
41 『법계도기총수록』 卷下之一(『대정장』 45, p.747 c).

(문무왕 원년)에 영취산靈鷲山의 낭지朗智에게 출가했다. 낭지를 찾아가는 길에 그는 현신한 보현보살로부터 계를 받고, 또한 낭지로부터 도리어 예禮를 받았다[42]는 설화가 있지만, 이 설화가 무엇을 의미하는지 잘 모르겠다. 다만 이량 공伊亮公의 가노였던 7세의 어린 나이로 낭지를 만나기도 전에 보현보살로부터 계를 받았다는 것은 그의 총명함과 열렬한 구도심을 신비화시키고 있는 것으로 생각되기도 한다.

지통은 훗날 의상의 문하로 옮겨 부석사浮石寺 40일회四十日會, 소백산小伯山 90일회九十日會, 태백산太白山 대로방大盧房 등에서 의상의 강의를 친히 들었다. 일찍이 고승 낭지에게 수업한 바 있는 그는 의상의 강의를 누구보다도 충실히 이해할 수 있었을 것이다. 이것이 의상의 많은 제자들 중에서도 지통이 더욱 뛰어나다고 표현되고 있는 이유인지도 모른다. 특히 의상이 법계도인法界圖印을 지통에게 주었다고 하는 다음의 기록은 주목된다.

> 新羅僧 智通은 義相大德의 十聖弟子 중의 한 사람이다. 太白山 彌理岩 굴에서 華嚴觀을 닦고 있는데, 하루는 갑자기 큰 돼지가 굴의 입구를 지나가는 것을 보았다. 지통은 평상시와 같이 木刻尊像에게 정성을 다해 예했더니, 그 像이 말했다. "굴 앞을 지나간 돼지는 네 과거의 몸이고, 나는 곧 너의 미래 과보로서의 佛이다." 지통은 이 말을 듣고 곧 三世가 一際라는 法門을 깨달았다. 후에 의상 대덕을 찾아 이를 이야기했는데, 의상은 그 그릇이 이미 완성되었음을 알고 마침내 法界圖印을 주었다.[43]

42 『삼국유사』 권5, 朗智乘雲 普賢樹條.
43 균여, 『釋華嚴旨歸章圓通鈔』 권하(『한불전』 4, p.139).

지통이 화엄관을 닦았고, 항상 목각 불상 앞에서 정성껏 예했다고 하는 것은 그가 단순한 화엄학자였다기보다는 화엄행자였다고 하는 사실을 일깨워 주고 있다. 또한 의상과 그 직제자에 이르는 시기가 실천적 성격이 매우 강하다고 하는 것도 유의할 필요가 있다. 지통의 그릇이 이루어진 것을 안 의상이 그에게 『법계도인法界圖印』을 주었다고 하는 것은 행여 의상 화엄교학이 지통에게 이어진 것을 뜻하는 것은 아닐까? 물론 의상은 지통뿐만 아니라 그릇이 완성되었다고 생각되는 제자라면 누구에게나 『법계도인』을 전해주었을 수도 있다. 의상이 지통에게 『법계도인』을 주었다는 것이 특수한 의미를 내포한 것인지, 아니면 보편적인 것인지를 단정적으로 결론 내리기는 어렵다. 의상이 입적한 702년에 지통은 48세였다. 이는 지통이 8세기 전반에 활동했을 것임을 짐작하게 해준다. 그가 추동錐洞 90일회九十日會에서 의상의 강의를 기록한 『추동기錐洞記』 2권이 13세기까지 유통되고 있었음은 이장용李藏用(1201~1272)이 『화엄추동기』를 윤색했다는 것[44]으로도 알 수 있다. 『추동기』 및 『도신장道身章』은 원래 신라의 방언으로 기록되어 있었다. 이는 의천이 『추동기』 및 『도신장』에 대해 "但以當時集者 未善文體 遂致章句鄙野 雜以方言 或是大教濫觴 務在隨機耳 將來君子 宜加潤色"[45]이라고 했음을 통해서 알 수 있다. 따라서 이장용이 『추동기』를 윤색했다고 하는 것은 한문 문장으로 고쳐 썼다는 의미일 것이다. 『추동기』는 '화엄추동기', '추혈기錐穴記', '추혈문답', '지통기智通記', '지통문답', '요의문답要義問答' 등으로 불리기도 했다. 『추동기』 또한 『도신장』과 같이 의상의 강의 내용을 기록한 것이기에 의상의 화엄교학을 이해할 수 있는 중요한 자료가 된다. 『추동기』는 균여의 저서에 20여 회, 『법계도기총수록』에 5회 인용되어 있다.

---

44 『高麗史』 권102, 列傳 15 李藏用傳.
45 義天, 『新編諸宗教藏總錄』 권1(『한불전』 4, p.682a).

④ 상원常元

상원常元은 『도신장』에는 常元, 『법융기法融記』·『고기古記』·『십구장十句章』 등에는 相圓, 『법장전法藏傳』에는 相元, 『삼국유사』에는 相源으로 표기되어 혼란이 있다. 같은 발음을 취한 표기이기에 동일 인물일 것은 확실하다. 일단 상원과 동문인 도신道身의 표기인 常元을 따르기로 한다. 상원은 부석사 40일회에 참석, 의상에게 수업하기도 했다.[46] 그는 많은 질문을 했던 것 같다. 『십구장』에는 상원이 의상에게 질문했던 내용이 소개되고 있다. 『도신장』에도 상원의 질문이 보인다.[47] 같은 동문인 진정眞定에게도 묻고 있다.[48] 상원은 여러 동문들 중에서도 나이가 어렸던 것이 아닌가 추측된다. 훗날 신림神琳의 질문에 대해 상원이 스승 의상의 뜻을 따라 풀이해 주고 있는 것[49]은 상원이 다른 동문들에 비해 좀더 오래 살았던 것으로도 생각해 볼 수 있다.

⑤ 오진悟眞

오진悟眞은 『80화엄』이 신라에 전해진 뒤에 문제된 이 경의 품수品數에 대해 당唐의 요원了源에게 편지로 질문했던 적이 있다.[50] 의상의 직제자들이 8세기 전반까지는 활동했을 것으로 볼 때 그가 『80화엄』을 접할 수 있었던 것은 당연하다. 그리고 781년 당 혜과惠果에게 사사하고, 789년에 중인도로 갔다가 토번국에서 생을 마친 오진悟眞[51]과는 동명이인일 것이다. 의상의 제자 오진이 789년까지 살았다고 보기는 어렵기

46 『法界圖記叢髓錄』 卷上之二(『대정정』 권45, p.742c).
47 均如, 『十句章圓通記』 권상(『한불전』 4, p.49a).
48 均如, 『釋華嚴教分記圓通鈔』 권5(『한불전』 4, p.389c).
49 『法界圖記叢髓錄』 卷上之二(『대정정』 권45, p.740a).
50 균여, 『釋華嚴旨歸章圓通鈔』 권상(『한불전』 4, p.120a).
51 「大唐青龍寺三朝供奉大德行狀」(『대정장』 50, p.295).

때문이다. 『인명론비궐략因明論備闕略』, 『법원의림집현초法苑義林集玄鈔』, 『성유식론의원초成唯識論義苑鈔』 등의 저자 오진[52]은 그 저술의 특징으로 보아 혜과의 제자 오진일 가능성이 더 크다.

오진은 일찍이 하가산下柯山 골암사鶻巖寺에 살면서 밤마다 팔을 뻗어 부석사의 석등에 불을 켰다고 한다.[53] 하가산은 지금의 안동 학가산鶴駕山이다.

⑥ 양원良圓

양원良圓은 최치원의 『법장화상전法藏和尙傳』에는 亮元으로 표기되어 있다. 그러나 『도신장』에는 良圓으로 썼다.[54] 그와 동시대에 살았던 도신道身의 표기를 따르는 것이 좋을 것이다. 균여의 『일승법계도원통기一乘法界圖圓通記』 권상에는 다음의 『양원화상기良圓和尙記』가 1회 인용되고 있다.

> 問 法性與眞性 何別.
> 答 良圓和尙記云 法性者 通眞妄 取圓融 眞性者 但約眞法 何以故 眞法自在故 能隨緣妄法 不自在 不能隨緣 是故證分中 現通眞妄之法性 緣起分中 唯現自在眞性之義 約智實論 无差別也.[55]

이는 의상의 『법계도』에 보이는 법성法性과 진성眞性이라는 용어가 어떻게 다르고 같은 것인가에 대한 논의다. 그러므로 『양원기』는 『법계도』

52 이들 저서들은 義天의 『新編諸宗教藏總錄』 권3에 보인다.
53 『삼국유사』 권3 義湘傳教條.
54 균여, 『석화엄지귀장원통초』 권상(『한불전』 4, p.116a).
55 『한불전』 4, p.7.

에 대한 양원의 주기註記라고도 추측되지만, 물론 단정할 수는 없다. 『법계도기총수록』에는 『양원기』가 보이지 않지만, 고려 초기까지 『양원기』는 전해지고 있었음에 틀림없다.

⑦ **도신道身**

도신道身[56]은 의상의 직제자였다. 그러나 그는 『삼국유사』에서 말한 의상의 십대제자에도, 『법장화상전法藏和尙傳』에서 밝힌 4영四英 중에도 들어 있지 않다. 다만 『송고승전宋高僧傳』에서 도신을 당堂에 올라 그 깊숙한 곳을 본 가루라 새와도 같은 사람이라고 했다. 그는 의상의 강의를 기록한 『도신장』 2권을 남겼다. 『도신장』이 도신이 기록한 의상의 강의 기록이라는 것은 『송고승전』의 "뜻을 풀이한 책들을 혹은 제자의 이름을 따서 명명하였는데 『도신장』과 같은 것이 그것"[57]이라고 한 것으로 알 수 있다. 『도신장』은 『일승문답一乘問答』이라고도 했는데, 이것이 고려 전기까지 유통되고 있었음은 『의천록義天錄』에 그 서명이 수록되어 있기 때문이다.[58] 『도신장』은 의천이 보았을 때까지도 신라의 방언으로 기록되어 있었다.

『도신장』은 균여의 저술에 40여 회, 『법계도기총수록』에 10여 회 인용되는 등 도신 이후의 화엄학 연구에 많은 영향을 끼쳤다. 『도신장』에는 지엄과 의상의 문답, 원효의 설, 의상과 그 제자들과의 문답, 양원·지통 등 의상 직제자들의 설 등이 인용되어 있어, 의상의 화엄사상이나 의상 당시의 화엄교학을 이해하는 데 있어서 귀중한 자료가 되고 있다.

---

56 균여의 저술에는 흔히 道申으로 표기되기도 했다.
57 『송고승전』 권14 唐新羅國義相傳.
58 義天錄, 『新編諸宗教藏總錄』 권1(『한불전』 4, p.682a).

⑧ 범체梵體

『송고승전』에는 범체梵體를 '등당도오자登堂覩奧者' 중의 한 사람이라고 했다. '당에 올라 깊숙한 곳을 본 자'란 말이 반드시 의상의 직제자였다는 의미로 쓰여진 것은 아니라고 하더라도, 범체가 의상의 직제자인 지통, 표훈, 도신 등과 나란히 열거됨으로 해서 의상의 직제자로 오해되기도 했다. 그러나 범체는 후술하는 바와 같이 9세기 전반에 부석사에서 활동했던 인물이다.

⑨ 의적義寂

의적義寂은 방대한 저서를 남김으로써 신라는 물론 일본에까지 많은 영향을 끼친 학승이지만 그의 행적을 알 수 있는 자료는 거의 없다. 다만 『삼국유사』에 그가 의상의 십대제자 중의 한 사람이라고 밝히고 있을 뿐이다. 그러나 그는 화엄학승이 아닌 법상학인法相學人이고, 따라서 의상의 제자도 아니었을 가능성이 있다. 그는 반야般若, 법화法華, 열반涅槃, 정토淨土, 유식唯識 등에 관한 30여 부 80여 권의 저서를 남겼지만,[59] 화엄학에 관한 저서는 하나도 없다.[60] 이와 같은 그의 학문적인 경향은 그가 법상학파法相學派에 속한 인물이 아닌가 하는 추측을 자아내게 했다.[61] 이와 같은 추측은 다음의 자료에 의해 더욱 가능한 것으

59 그의 저술 목록을 소개하는 번거로움을 생략한다. 『한국불교문헌찬술목록』(동국대학교출판부, 1976), pp.61~6을 참조하기 바란다.

60 민영규의 「新羅章疏錄長編」(『백성욱박사송수기념불교학논문집』, 1959, p.368)에는 義寂의 『華嚴經講目』 2권이 『義天錄』에 보인다고 했다. 그러나 필자가 확인한 결과 착오로 생각된다. 이와 같은 착오는 채인환이 작성한 「新羅의 華嚴研究疏鈔」(『한국화엄사상사연구』, 불교문화연구소편, 동국대학교출판부, 1982, p.88) 및 『한국화엄사상사』 부록 「韓國華嚴關係資料抄」 등에 계속되고 있다.

61 春日禮智, 「新羅の義寂とその無量壽經義記」, 『新羅佛教研究』, 東京 山喜房佛書林, 1973, p.37.

로 드러나고 있다.

> 章主欲息他人之謗 又恐錯繙大經以誤後人 遂隱秘料簡 造綱目章附於探玄 替爲料簡 寄相德云 請上人 詳檢臧否 流通於世 於是相德 命真定智通等 令習此文時 義寂師等 從法相來 曾不信和尙極果迴心之義 及見性起疏中 十千已過 僧祇未滿 應是三賢位人之文 白和尙言 疏文如是 願和尙 自今已後 使不行此義 相德云 此必隨他語耳 法師之意 遠則遠矣 仍遣芬皇寺純梵師 問於章主 章主送此 大料簡 義寂師等及見此文然後 決其疑也[62]

그가 "종법상래從法相來"했다고 하는 것은 곧 그가 일찍이 법상종에 소속되어 있었음을 입증해 주는 표현이다. 물론 의적 등이 법장法藏의 『대요간大料簡』을 본 연후에 그 의심이 풀렸다고 했음에, 법상종으로부터 화엄종으로 옮겨 와 의상의 제자가 된 것이라고 생각해 볼 수도 있다. 의상이 진정, 지통 등에게 법장이 보내 준 저서를 검토하게 한 시기는 690년경이다. 의상이 귀국한 671년으로부터 20여 년이 지났을 때 법장이 그의 저서를 승전勝詮 편에 보내 왔기 때문이다. 따라서 의적이 의상을 만난 시기 또한 690년대였고, 이때를 전후한 시기에 그가 활동하고 있었음을 알게 된다. 의천이 「新羅大法師 故金山寺寂公之靈」에 절하면서, "제가 일찍이 『해동승전海東僧傳』을 읽어 적 법사寂法師의 도와 덕과 행과 원을 갖추어 볼 수 있었다."[63]라고 한 적 법사가 곧 의적이 아닌지 모르겠다. 8세기 전반에 있었던 법상종 사찰인 금산사金山寺[64]

62 균여, 『釋華嚴敎分記圓通鈔』 권1(『한불전』 4, p.257a).

63 『大覺國師文集』 권16, 祭金山寺寂法師文.

64 8세기 전반에 眞表가 금산사의 崇濟法師에게 나아가 출가했기 때문이다.(『송고

에 법상학자法相學者 의적의 진영이 모셔질 수 있었을 가능성은 충분하고, 이름의 끝자에 적寂 자가 있어 적 법사寂法師로 불릴 수 있었던 신라시대의 승려로는 의적 이외에는 아직 찾아지지 않기 때문이다.

Ⅲ. 신림神琳과 그 제자들

1. 부석적손浮石嫡孫 신림

의상이 702년(성덕왕 1)에 돌아간 후, 대개 8세기 전반까지는 의상의 직제자들에 의해 그의 화엄교학이 계승되었을 것이다. 그런데 8세기 중엽쯤에는 '부석적손浮石嫡孫'[65] 신림神琳[66]이 부석사의 화엄학풍을 계승하였다. 신림은 의상의 직제자인 상원相元에게 나아가 성불지의成佛之義 중의 원만불圓滿佛과 수분불隨分佛에 대해 배운 바 있다.[67] 또한 그의 표현 중에는 "昔相元師問眞定師云…"[68]이라는 구절도 보인다. 의상의 직제자인 상원相元, 진정眞定 등을 호칭할 때 '사師'를 붙인 것이나 또한 이들에 관한 이야기를 과거에 있었던 것으로 표현하고 있는 것 등은 그가 부석적손이라는 사실을 더욱 분명히 해 주는 증거다. 그러나 그의 전기 자료는 남아 있지 않다. 때문에 그의 활동 시기마저도 정확히 알 수가 없다. 다만 그가 부석적손이었다는 것과 불국사에 주석했었다는 것, 그리고 그의 제자 순응順應이 766년(혜공왕 2)에 당에 유학한 사실

승전』 권14 「唐百濟國金山寺眞表傳」).

65 균여, 『十句章圓通記』 後誌(『한불전』 4, p.81a).

66 神琳의 琳을 林으로 표기한 경우도 많다. 琳이 옳은 듯하다.

67 『법계도기총수록』 卷上之二(『대정장』 45, p.740a).

68 『법계도기총수록』 卷上之一(『대정장』 45, p.722a).

등을 감안하면, 그의 활동 시기가 대략 8세기 중엽을 중심으로 그 전후한 시기에 걸쳐 있었을 것으로 짐작될 뿐이다. 그가 입당하여 융순融順에게 수업하고 귀국했음은 다음의 자료로써 알 수 있다.

> 古辭 神林德 未往大唐時云 門相三乘 入唐還新羅云 地叐三乘也[69]
> 古辭 琳德末入唐時云 空晝三乘 入大唐來云 地晝三乘也[70]
> 古辭 林德 於文二處義 一處未決所疑 往大唐 進融順和尙所文也[71]
> 古記云 昔林德入唐 就融順師 作難而問…[72]
> 古記云 林德入唐 得逢融順和尙 問云 一乘中言黎耶者何耶[73]

그는 입당入唐하여 융순融順 화상을 만남으로써 몇 가지 의문을 해결했고, 또한 입당을 계기로 하여 그의 화엄사상에는 변화가 있었던 것으로 생각된다. 이것은 의상의 직제자들과 비교할 때 신림의 한 특징이기도 하다. 특히 그가 부석사에 모인 천여 명의 대중을 상대로 『화엄교분기華嚴敎分記』를 강의했다고 하는 것[74]은 유의할 필요가 있다. 8세기 중엽 부석사에 천여 명의 대중이 운집했었다고 하는 사실은 당시 화엄교학의 융성을 짐작하게 해 주지만, 더구나 그가 의상의 저술이 아닌 법장法藏의 『화엄교분기』를 강의했다고 하는 것도 주목되기 때문이다. 신림은 불국사, 월유사月瑜寺[75] 등지에서도 법회를 주관한 적이 있

69 균여, 『一乘法界圖圓通記』 권하(『한불전』 4, p.35c).
70 균여, 『釋華嚴敎分記圓通鈔』 권1(『한불전』 4, p.259a).
71 균여, 『釋華嚴敎分記圓通鈔』 권10(『한불전』 4, p.508c).
72 『법계도기총수록』 卷上之二(『대정장』 45, p.735c).
73 『법계도기총수록』 卷上之一(『대정장』 45, p.747a).
74 균여, 『釋華嚴敎分記圓通鈔』 권10(『한불전』 4, p.506a).
75 『법계도기총수록』 卷上之一(『대정장』 45, p.722a).

다. 그가 불국사 법회를 주관했었다[76]고 하는 사실은 불국사를 창건한 뒤 신림을 주석하게 했었다는 『삼국유사』 중 「고향전古鄕傳」의 기록[77]과도 부합되는 것이다. 또한 "세달사사문신림世達寺沙門神林"[78]이라는 기록은 그가 영월[79]의 세달사에 머문 적이 있음을 알게 해준다. 세달사는 당시 장사莊舍를 가지고 있을 정도의 사세寺勢를 누리고 있었다.[80] 세달사는 고려 전기에 흥교사興敎寺로 개칭되었고,[81] 의천義天이 「興敎寺禮神林祖師影」[82]이라는 찬讚을 쓴 것으로 보아, 이곳에는 신림의 진영이 고려 전기까지 봉안되어 있었던 것을 알 수 있다.

신림이 신라 화엄사상사에서 차지하는 비중은 크다. 그의 문하에서 상당수의 제자가 배출되어 800년을 전후한 시기에 활동하고 그의 학설이 균여均如의 저술에 20여 회, 『법계도기총수록』에 10여 회 인용되는 등 후대에 많은 영향을 미쳤기 때문이다.

2. 신림의 제자들

① 법융法融

법융은 신림의 제자였다. 『십구장원통기十句章圓通記』 말미의 지기識記에 "新羅僧法融 受業於浮石嫡孫神琳和尙"[83]이라고 했기 때문이다.

---

76 균여, 『釋華嚴敎分記圓通鈔』 권하(『한불전』 4, p.125c).
77 『삼국유사』 권5, 大城孝二世父母 神文代條.
78 균여, 『십구장원통기』 권상(『한불전』 4, p.40a).
79 世達寺址는 寧越君 南面 興越里 興敎洞 大華山 東腹에 있다.(『考古美術』 8권 4호, 1967, 참조).
80 『삼국유사』 권3 洛山二大聖 觀音 正趣 調信條.
81 『三國史記』 권50, 궁예전 및 『삼국유사』 권3, 洛山二大聖 觀音 正趣 調信條.
82 『大覺國師文集』 권18의 목차에 제목만이 보이고, 본문은 판본의 마멸로 전해지지 않고 있다.
83 『한불전』 4, p.81a.

물론 이것은 1250년(고종 37)의 기록이기에 그 사료적 가치가 적다고 할 수도 있다. 그러나 『십구장』의 제2구 중에,

> 法融이 神琳德에게 물었다. … 신림덕이 칭찬하기를, '이것은 옛적에 相元師가 義相大德 앞에서 질문했던 뜻인데, 네가 지금 또한 묻는구나!'고 했다. 칭찬을 마치고 대답했다.[84]

라고 한 것으로 보아도 법융이 신림의 제자였다고 하는 것은 확실하다. 신림과 의상의 직제자 상원과의 문답이 『법융기法融記』에 소개될 수 있었던 것[85]도 법융이 신림의 제자였다는 사실과 무관하지 않을 것이다.

법융은 『법계도法界圖』에 대한 주기註記를 남겼는데, 이것은 『법융기』라는 이름으로 『법계도기총수록』에 47회나 인용되어 전해지고 있다. 따라서 『법융기』는 그 대부분인 현존하고 있는 셈이다. 그는 또한 지엄智儼의 「십구十句」에 대한 주석서인 『십구장十句章』을 저술했는데, 이 또한 균여의 『십구장원통기』에 그 전문이 수록되어 전해지고 있다. 『십구장원통기』는 법융의 『십구장』에 대한 원통 수좌圓通首座, 즉 균여의 주석서이다. 『십구장』의 저자에 대해서는 이설異說이 있다. 이에 대해서는 다음 장에서 자세히 논하기로 한다.

② 숭업崇業

신림神琳이 부석사에서 천여 명의 대중을 거느리고 『화엄교분기』를 강의하고 있을 때 숭업은 겨우 7세의 사미沙彌로서 이 법회에 참석하고 있었다. 다음의 기록이 이를 말해 준다.

---

84 균여, 『十句章圓通記』 상권(『한불전』 4, p.49a).
85 『법계도기총수록』 卷上之二(『한불전』 45, p.740a).

林大德在浮石寺 與千餘人 講此章時 至此文 謂大衆曰 此有一問二答三難四通處 誰能知之 有沙彌崇業 年始七歲 白言我已得矣 然龍象之前 豈可容易 當詣方丈其所解耳 乃罷詣方丈白云 何者是揔相則一問也 答舍是則二答也 此但椽等諸椽 何是舍者 三難也 椽即是舍者四通也 如是古辭傳也.[86]

이 기록의 끝에 "如是古辭傳也"라는 구절이 덧붙여 있는 것으로 보아, 이 사실은 고려 초기에까지 구전된 이야기를 균여均如가 기록한 것으로 생각된다. 천여 명에 이르는 용상龍象들도 답하지 못했던 신림의 질문에 7세의 숭업이 답했다고 하는 이 이야기는 숭업의 뛰어난 총명을 전해주고 있는 것으로 이해된다.

숭업이 신림의 제자라는 것은 의심이 없지만, 당시 그의 나이가 7세였다는 것으로 보아 그의 주요 활동 시기는 9세기 전반에서 9세기 중엽이었을 것으로 짐작된다. 이는 9세기 중엽의 범체梵體와 만났다는 것으로 더욱 확실해진다. 숭업이 범체를 만나 중국 신수神秀의 말을 전해주었다는 다음의 기록은 신라 하대 화엄사상 및 선사상禪思想의 일면을 이해할 수 있는 자료다.

崇業和尙臨梵體德 傳神秀大德之言
三十一菩薩 以言現言 文殊不二
以言現嘿 維摩不二
以嘿現嘿 無動如來不二
以嘿現玄嘿 妙喜不二

86 균여, 『釋華嚴敎分記圓通鈔』 권10(『한불전』 4, p.506a).

以玄嘿現玄嘿也[87]

물론 신수神秀의 저서 『묘리도성관妙理圖成觀』이 의천의 『신편제종교장총록新編諸宗敎藏總錄』에 보이고, 균여의 저술에 10여 회 인용되어 그 일부가 전한다는 사실은 이미 김지견 교수에 의해 밝혀진 바 있다.[88] 그러나 숭업이 신수의 말을 전해 주었다는 것은 균여보다도 100여 년이나 앞선 신라 하대에 이미 신수의 사상이 수용되어 있었다는 사실을 깨우쳐 준다. 일반적으로 북종선北宗禪 창시자 신수의 사상적 경향은 화엄과 선을 결합한 것으로 알려지고 있다. 따라서 신라 하대 화엄사상은 이미 선사상과 접하고 있었다는 사실을 알게 된다. 이것은 다음에 서술하는 순응의 사상적 경향과도 합치하는 것이다.

숭업의 설은 『석화엄지귀장원통초釋華嚴旨歸章圓通鈔』 및 『법계도기총수록』에 인용된 바 있는데, 특히 "崇業師觀釋中 釋明難品心性是一之文云…"[89]이라고 한 것으로 보아 그는 『관석觀釋』을 남겼던 것 같다.

③ 융수融秀

융수融秀는 신림의 제자였다. 『법계도기총수록』 중 『고기古記』에서 구사송俱舍頌과 그 해석을 인용한 다음, "此上所說初雖引俱舍 實非彼論義 此是林德授融秀之義"[90]라고 했기 때문이다. 다시 말해 구사론俱舍論을 인용한 논의를 신림이 융수에게 전했기에 이를 『고기』에서 다시 인용한다는 것이다.

---

87 균여, 『석화엄교분기원통초』 권3(『한불전』 4, p.308b).
88 『均如大師華嚴學全書』 해제(동경 후락출판주식회사, 1977).
89 『법계도기총수록』 卷上之一(『대정장』 45, p.722c).
90 『법계도기총수록』 卷上之一(『대정장』 45, p.724c).

④ 대운 법사大雲法師 군君

대운 법사大雲法師 군君이 신림의 제자였을 것으로 생각하는 것은 신림이 설법할 때에 여쭈어 질문했다는 기록[91]에 의해서다.

⑤ 질응質應

질응質應은 다음의 두 기록에 보인다.

> 崇業師觀釋中 釋明難品心性是一之文云… 質應大德在大白山智悟師藪結夏之次 得經中法性無所轉文 及孔目中性種性本有習種性修生者非佛法所樂 乃至云法性外有修生起者緣起可增失等文 呈於林德云此是濕過海之證耶 林德曰 是也.[92]

> 梵體德云 昔質應德在世達藪 講起信論時云 若不得知花嚴經中十重解 釋者 終不能得花嚴文意 又若不知起信論中八重解釋 則亦不能得此論文義也.[93]

질응은 태백산 지오智悟가 주석하던 절에서 석안거夕安居를 지나면서 『화엄경』과 지엄智儼의 『화엄경공목장華嚴經孔目章』을 공부하다가 자기가 터득한 바를 신림神琳에게 물어 옳다는 인가를 받았다는 앞의 기록으로 보아 그는 신림의 제자였을 가능성이 있다. 물론 지오智悟의 제자

91 균여의 『十句章圓通記』 권하(『한불전』 4, p.63a)에는 신림과 大雲法師 君과의 다음과 같은 문답이 전해지고 있다. "古言 神琳德說法之時 大雲法師君問曰 緣起分說法如是 證分說法云何 琳德嘿然良久云 答之已竟 意得耶否 雲法師君白云 意未得也."

92 『법계도기총수록』 卷上之一(『대정장』 45, p.723b).

93 『법계도기총수록』 卷上之二(『대정장』 45, p.767a).

였을 가능성을 배제할 수는 없지만, 오히려 지오는 동료였을 가능성도 있다. 지오에게 묻지 않고 균이 신림에게 묻고 있음에 유의할 필요가 있기 때문이다. '지오사智悟師'라는 사師는 지오에 비해 후배인 숭업崇業의 입장에서 붙인 호칭이기에 문제가 될 것이 없다.

또한 숭업이 '질응대덕質應大德'으로, 그리고 범체가 '석질응덕昔質應德'으로 쓰고 있음 또한 9세기 전반에 활동했던 숭업이나 범체에 앞서 질응이 활동했음을 알 수 있다.

숭업이나 범체보다 한 세대 앞선 것은 분명 신림의 제자들이었다. 물론 숭업은 신림의 제자이지만 나이로 보아 질응보다 후배였을 것이다. 신림이 살았던 세달사世達寺에서 질응이 강의했다고 하는 것도 또한 그가 신림의 제자였을 가능성을 높여 준다고 생각된다. 그가 『기신론起信論』을 중시했던 것도 이 시대 화엄교학의 성격을 이해할 수 있는 한 자료다.

⑥ 순응順應

신림의 제자 순응順應은 766년(혜공왕 12)에 중국에 들어갔다. 아마도 순응이 신림에게 사사한 시기는 입당 이전의 시기로 생각된다. 순응順應에 대해서는 장을 바꾸어 서술하기로 한다.

Ⅳ. 법융法融의 『십구장十句章』 저술과 그 제자들

1. 법융과 『십구장』

『십구장十句章』의 저자에 대해서는 여러 이설이 있다. 균여가 『십구장』

에 주석을 가하던 고려 초기에도 이 같은 이설이 있었고, 저자가 달리 표기된 이본異本이 있었다. 이에 대한 균여의 기록은 다음과 같다.

此之釋文
① 乃法融大德所造 或云梵體大德 親受融德作釋 未見其文
② 一本云 尸羅國世達寺沙門神琳釋 然第二句釋文云 融問琳德云 則非琳德所述明矣
③ 又融咄大德作釋 然但引融德釋 而隨現自意 無別隨文釋也 今則若合意處 隨釋之 若不合者 以別意述也[94]

이처럼 『십구장』의 저자에 대해서는 법융설法融說, 범체설梵體說, 신림설神琳說, 융불설融咄說 등이 있었다. 그러나 균여는 『십구장』의 저자를 법융으로 밝히고 있다. 범체의 석문釋文은 보지를 못했고, 저자가 신림으로 표기된 일본一本에 대해서는 그 제2구 중에 "融問琳德云…"이라는 구절이 있음을 예증하면서 그것이 신림의 저술이 아님이 명백하다고 했다. 그리고 융불의 작석作釋은 다만 법융의 석문釋文을 인용하여 수현자의隨現自意하고 따로 수문석隨文釋한 것이 없다고 했다.

그런데 최근 우리 학계에는 『십구장』의 저자가 법융이 아니라 융불이라는 주장이 대두되었다. 고익진高翊晉 교수의 주장이 그것이다.[95] 고 교수는 우선 ①의 구절을 "이 석문釋文은 이에 법융 대덕法融大德의 소자所造라고도 하고, 범체 대덕梵體大德이 법융 대덕法融大德에게 친수親受하여 작석했다고 하나 그 문文을 아직 보지 못하였다."고 해석함으로써, "법융본法融本 『십구장』은 균여 당시에도 이미 산실散失되어 볼 수

94 균여, 『十句章圓通記』 권상(『한불전』 4, p.40a).
95 고익진, 「十句章圓通記本文考」, 『한불전』 6. 1981.

없었다."고 이해하고 있다. 그리고 ②의 구절에서 균여가 신림의 석釋이라는 일본一本의 제2구에 "融問琳德"이라는 대목이 있음을 들어, 그것이 신림의 소조所造를 부정한 사실에 주목, 동일한 논거 위에서 법융의 소조도 부정되어야 한다고 했다. 특히 현존 『십구장』 제6구에 융融이 '융덕融德'으로 존칭된 예를 들어 자기 저술 속에서 스스로를 '융덕融德'이라고 존칭할 수는 없을 것이라고 했다. 다음으로 현존 『십구장』에 융불의 이름이 한 번도 나타나지 않는다는 사실은 그가 『십구장』의 저자가 될 수 있는 가능성이 있는 것으로 주목하면서, ③의 구절에서 융불본融昢本은 "법융의 석문을 인용하여 그에 따라 자의自義를 나타내고 따로 글을 따라 해석한 것이 없다."고 했던 균여의 설명과 장왈章曰의 부분, 즉 『십구장』은 잘 부합하고 있기에 『십구장』의 저자는 융불이라고 했다.

『십구장』의 저자가 법융이라면 어떻게 스스로를 존칭하여 '융덕融德'이라는 표현을 쓸 수 있었겠느냐는 고 교수의 지적은 당연한 것이었다. 그러나 『십구장』의 저자가 융불이라는 그의 주장을 받아들이기에는 문제가 있다. 앞에 인용한 원문에 대한 그의 해석에 무리가 있기 때문이다. ①의 "ⓐ 此之釋文 乃法融大德所造 ⓑ 或云梵體大德 親受融德作釋 未見其文"이라는 문장은 ⓐ와 ⓑ를 연결하여 '법융의 소조所造도 범체梵體의 작석作釋도 그 문文을 보지 못했다'는 의미로 해석하면 곤란하다. ①의 ⓐ와 ⓑ는 독립된 문장이고, 따라서 "此之釋文 乃法融大德所造"는 '이 석문釋文은 곧 법융 대덕法融大德이 지은 것이다'로 번역해야 마땅하다. 이 문장에서의 '내乃'는 곧 '즉卽'의 의미로 쓰였기 때문이고, 또한 균여가 『십구장』의 초구初句 중 다음 문장에 대한 균여의 해석인 다음의 글에서 드러나고 있다.

十句章	十句章圓通記
藏師云 一味法界義 分爲二者 佛入海印 定背機忘緣 爲一味法界 於緣中現離緣國土海 爲能隨土海 於緣隨緣 爲所隨機緣[96]	(問) 文云 佛入海印定 背機忘緣爲一味法界於緣中 現離緣佛國土 爲能隨土海 是則能隨 亦可為土海耶 (答) 爾 故立能隨爲土海者 引此爲證 然唯就一味法界爲國土海之義中 二義可見 謂一義 法融大德說 謂能隨即土海 如是而立 故更无別會也 一義雖此義中 亦可會 此文二意並得…[97]

그리고 ⓐ의 문장을 '이 석문은 곧 법융 대덕이 지은 것'이라고 읽어야 할 또 하나의 근거는 『십구장원통기十句章圓通記』 권말의 지기識記[98]에서 「십구장」은 "법융이 신림에게 수업하여 조석造釋한 것"이라고 했기 때문이다. 물론 고 교수는 이 지기識記의 중요성을 인정하면서도 균여보다 훨씬 후대인 1250년에 쓰여진 것이기에 절대적 근거가 될 수 없다고 한다. 그러나 이 후지後識는 천기天其가 방언본方言本 『십구장원통기』를 방언을 삭제하고 잘못을 바로잡은 다음 법융의 본문을 참사參寫해서 이통二通으로 만들었던 그 시기에 쓰여진 것이라는 점에서 중요한 의미를 갖는 것이다.

다음으로 ①의 구절 ⓐ와 ⓑ를 연결하여 해석한 결과, 법융본法融本도 균여가 보지 못했다고 한다면 ②의 구절에서 '융불작석融咄作釋이 다만 법융의 석釋을 인용하여 수현자의隨現自意한 것'이라는 균여의 말 중 '법융의 석釋'은 무엇을 가리키는 것인가? 고 교수는 『십구장』 중의 법융과 신림의 문답을 '융덕석融德釋'으로 보는 듯하다. 그러나 『십구장』 중의 법융과 신림의 문답은 법융의 질문에 신림이 답하는 것으로 되어

96 『한불전』 4, p.40b.
97 『한불전』 4, p.46a.
98 『한불전』 4, p.81a.

있기에 엄밀한 의미에서 '융덕融德의 석釋'일 수 없다. ③의 구절에 나타나는 융불작석融咄作釋이란 십구十句에 대한 해석이라기보다 십구에 대한 법융의 주석인 『십구장』에 대한 해석이었다. 이처럼 『십구장』에 대한 주석인 융불의 작석作釋이 있었지만, 그것은 법융의 해석, 즉 『십구장』을 인용하여 자기의 견해를 나타냈을 뿐, 『십구장』의 문장을 따라 해석한 것은 아니었다. 이 때문에 균여는 『십구장』에 대한 새로운 해석을 시도했던 것이고 그 방법을 "今則若合意處 隨釋之 若不合者 以別意述也"라고 밝힌 것으로 생각된다.

고 교수는 『십구장』 제2구 중 다음의 기록에 주목, 사의私意로 된 부분은 "법융의 석釋을 인용하여 그에 따라 자의自意를 나타내고 있다는 ③문文의 언급에 일치하는 것"이라고 보았다.

> 私意十位中初一 唯是一攝十 是故云盡也 此一者 不是二攝十故 第二門攝十者 不攝也 是故云不盡也 若此一受第二位攝十者 第一一位壞故 十皆不成也 是故云一中十盡也 若二攝十 是可得故云十中一 故不盡也 謂此一於十門中 只是第一 一門故 餘門攝十者 不盡也.[99]

그러나 그 "私意云云"은 융불의 사의私意가 아니라 법융의 사의임이 이 문맥으로 보아 분명하다. 균여가 이 부분에 대해서 "雖言私意 非是異義 但是增現琳德之義也"[100]라고 했던 것도 이를 의미함이다. 고 교수의 주장과 같이 사의가 법융의 석釋에 대한 융불의 자의自意였다면, 균여는 "但是增現琳德之義"라고 표현하기보다 "但是增現融德之義"라

99 『한불전』 4, p.49a-b.
100 『한불전』 4, p.54c.

고 했어야 마땅하기 때문이다.

이상에서 살펴본 바와 같이, 균여는 『십구장』의 저자를 법융으로 알고 있었다. 따라서 융불이 『십구장』의 저자라는 고 교수의 새로운 견해를 받아들이기에는 문제가 있다. 그렇다고 해서 모든 의문이 풀린 것은 아니다. 『십구장』의 저자가 법융이라면 자기의 저술 속에 스스로를 존칭하여 융덕融德이라고 쓸 수 있을까 하는 의문이 풀려야 하고, 저자가 신림으로 된 또 다른 일본一本을 균여가 참고했던 사실과 범체가 법융에게 친수하여 작석했다는 혹설이 있었던 것에 대한 설명이 있어야 하기 때문이다. 그러나 이와 같은 의문에 대해서 균여가 해답을 주지 못했기 때문에 『십구장』의 저자가 법융이라는 그의 주장이 설득력을 잃어버리는 결과를 빚고 있는 것이다.

법융은 신림의 제자이고 범체는 법융의 제자다. 따라서 이들의 화엄교학은 신림→법융→범체의 순으로 계승되었다. 적어도 십구十句에 대한 해석이 이러한 순서로 계승된 것은 틀림없다. 무엇보다도 『십구장』의 서술 방법을 검토해 보면 십구十句에 대한 해석이 신림→법융→□의 순으로 계승되고 있었음이 드러나고 있다. 『십구장』의 서술 방법은 3·4·5·7·8·9구句에서 볼 수 있듯이, 해석(균여는 해석으로 된 부분을 정석이라고 했다.)만으로 된 것과, 1·2·6·10구의 경우와 같이 정석과 문답을 합쳐 서술한 곳이 있다. 1구의 문답 중의 답을 균여는 법융의 답으로 풀이하고 있다. 그렇다면 질문자는 법융의 제자임에 틀림없다. 10구의 문답 부분도 1구과 같은 것으로 생각된다. 그런데 다음의 제2구를 보자.

(A) 融問琳德 何故一中十盡 十中一不盡耶

答 一中十之一者 是具二具三 乃至具十之一故 攝十盡也 十中一之一者 是非二非三 乃至非十之一故 攝十不盡也

問 何故 一中十之一者 是具二具三 乃至具十之一故 攝十盡 十中一之一者 是非二非三 乃至非十之一故 攝十不盡耶

琳德歎曰…歎已答言 一中十之一者 是一之攝十故 攝十盡也 十中一之一者 唯是一之攝十之門耳 非是二攝十 非是三攝十 乃至非是十攝十之一故 攝十不盡也

(B) **私意** 十位中初一 唯是一攝十 是故云盡也…謂此一於十門中 只是第一一門故 餘門攝十者不盡也

(C) **問** 何故章云 攝餘門无盡耶

答 非攝別第二等无盡 唯是无側故 則此一門中 有无盡重重 此釋明現初餘門如虛空釋 非別義意也…

問 何故十皆一名口許之義與藏師意同耶

答 由各各自位不動 方呼一時 十皆一名得口許也… 琳德曰 第一門始而第二門未始故 不盡云者 極意不得也[101]

앞에 인용한 제2구의 문답은 2중으로 되어 있다. 즉 A부분의 문답은 법융이 묻고, 신림이 답한 내용이다. B의 사의私意는 법융의 견해다. C 부분의 문답은 제자 누군가의 물음에 법융이 답하는 내용으로 되어 있다. 그리고 제6구의 문답은 다음과 같은 구조로 되어 있다.

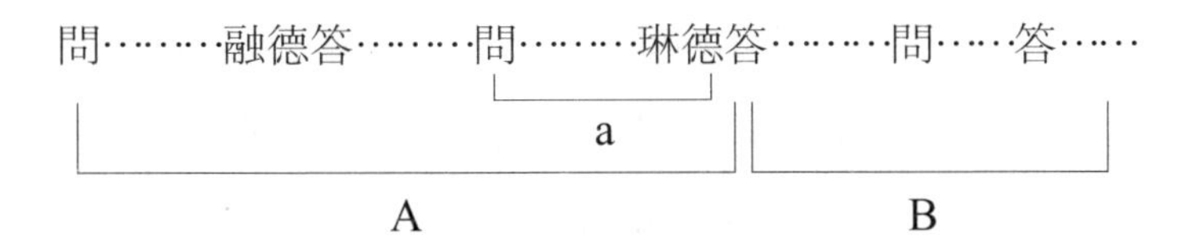

101 『한불전』 4, p.49a-c.

A와 B의 문답은 제자의 질문에 대한 법융의 대답이다. a의 문답은 법융의 질문에 대한 신림의 대답이다. 따라서 a의 문답은 A의 법융의 답에 인용된 문답이다. 이상에서 살펴본 『십구장』의 서술 방법을 통해서 보면, 『십구장』은 신림이 그 제자 법융에게 십구를 강의하고, 법융은 다시 그의 제자에게 전하여, 최종적으로 법융의 제자에 의해 기록된 것이라고 볼 수 있다. 『십구장』의 저자에 대해 "世達寺沙門神琳釋"이라고 밝힌 일본一本이 있었는가 하면, "法融 受業於浮石嫡孫神琳和尙 造釋」"이라는 설과, "梵體大德 親受融德 作釋"이라는 설이 생겨날 수 있었던 것도 이와 같은 연유에 의해서다.

법융의 강의를 받아 기록한 제자는 범체였다고 생각된다. 『십구장』은 범체가 법융에게 친히 수업하여 해석을 지은 것이라는 설이 있었기 때문이다. 균여는 범체가 작석한 글을 보지 못했다고 했다. 어쩌면 이것은 당연한 일인지 모른다. 균여의 많은 저서들이 제자의 기록에 의해 이루어졌지만, 그 저서들의 저자를 제자의 이름으로 하지 않았던 사례와 같기 때문이다. 물론 의상은 그가 강의하고 제자가 기록했을 경우, 그 서명을 제자의 이름을 따서 명명했던 경우가 있었다. 『도신장道身章』과 『지통기智通記』가 그것이다. 『십구장』의 저자가 신림으로 되어 있던 일본一本은 첫 강주講主를 중시한 것이고, 법융으로 되어 있었던 일본一本은 두 번째 강주를 중심으로 한 표기라고 생각된다. 그렇다면 『십구장』은 2차에 걸쳐 편찬된 것은 아니었을까? 법융이 신림의 강의를 기록하여 신림의 저술이라 하고, 다시 이 저술을 가지고 강의했을 때, 범체가 기록하여 법융의 저서라고 할 수 있기 때문이다. 앞에 인용한 제2구 중, 법융 제자의 질문에서 "何故章云…"이라고 물었던 것은 범체가 법융의 강의를 기록하기 전에 어떤 기록이 있었을 가능성을 높여 주기도 한다. 하지만 이것은 추측일 뿐 단정할 만한 자료는 없다. 그리고 균여는 그 주석의 대본으로 삼았던 법융본法融本 이외에도 또 다른 일본一本(그것은 저자가 신림으로 표기된 것인 듯함)을 참고했다. 그런데 법융본과 일본一本은 약간 다른 내용도 있었다. 즉 법융본 제2구 중의 "若二攝十是可得故"가 일본一本에는 "若二攝十 是應得耶"로 되어 있던 것이[102] 그 실례이다. 그러나 일본一本이 전해지지 않는 현재로서는 그 정확한 것을 밝히기란 어렵다.

2. 법융의 제자들

① 범체梵體

범체가 의상의 직제자가 아니라고 하는 것은 이미 앞에서 말했다. 그는 부석사에 주석하고 있었는데, 840년(문성왕 2)경에 지증국사智證國師 도헌道憲(824~882)이 그의 문하에서 사사했기 때문이다. 도헌은 9세가 되던 832년에 부석산浮石山에 나아가 처음으로 대성할 적에 범체로부터 몽매夢昧를 깨우치고, 17세 되던 840년에 경의 율사瓊儀律師에게서 구족계를 받고 비로소 강단에 나아갔다고 한다.[103] 따라서 도헌이 범체에게 수업한 것은 832년으로부터 840년에 이르는 시기였다.

이미 앞에서 밝힌 바 있듯이, 범체는 스승 법융으로부터 십구十句에 대한 해석을 친수親受하여 『십구장』을 유포시켰다. 비록 『십구장』의 저자는 법융이라고 하더라도 그것을 기록하고 편찬하여 세상에 유포시킨 것은 범체의 공이었다고 할 수 있다. 따라서 『십구장』의 유포 시기는 범체가 활동하고 있던 9세기 전반으로 생각된다.

범체는 세달사의 질응質應으로부터 "만약 『화엄경』 중의 십중해석十

102 『한불전』 4, p.54c.
103 「鳳巖寺智證大師寂照塔碑」(『朝鮮金石總覽』 권상 p.91).

重解釋을 알지 못한다면 『화엄경』의 문의를 끝내 터득하지 못한다.”는 말을 들은 바 있고, 그는 이 『화엄경』 중의 십중해석을 윤현潤玄에게 전한 바 있다.[104] 따라서 범체는 질응에게 배운 바 있고, 윤현에게 가르친 바 있음을 알게 된다. 그는 또한 숭업으로부터 신수의 설을 전해 듣기도 했는데,[105] 이 같은 사실을 통해 그의 화엄사상에는 신수의 영향이 있었을 것으로 생각된다. 범체의 설은 균여의 『십구장원통기』에 3회, 『석화엄교분기원통초釋華嚴敎分記圓通鈔』에 1회 인용되어 전한다. 특히 『십구장원통기』에 인용된 내용은 『십구장』에 대한 그의 주석이 있었을 것이라는 생각을 갖게 해 준다.

② 융불融昢

융불은 법융의 저서인 『십구장』에 따라 자기의 견해를 나타낸, 즉 『십구장』에 대한 주석을 했었다. 『십구장』은 범체에 의해 유포된 것이기에, 융불은 범체와 동시대인이었거나 약간 늦은 시기에 활동했던 인물일 것이다. 9세기 중엽 경의 인물로 추정해 본다. 『십구장원통기』에 융불의 『십구장』에 대한 해석이 1회 인용되어 있음[106]은 한 예증이 되는 것이다. 그의 설은 『석화엄교분기원통초』 권7에도 1회 인용되고 있다.[107]

③ 융질融質

융질의 설은 『십구장원통기』에 8회가 인용되었다. 인용된 글을 검토해 보면 그것은 『십구장』에 대한 해석이다. 따라서 그도 또한 『십구장』에

---

104 『법계도기총수록』 卷上之二(『대정장』 45, p.767a).
105 균여, 『釋華嚴敎分記圓通鈔』 권3(『한불전』 4, p.308b).
106 『한불전』 4, p.44b.
107 『한불전』 4, p.426b.

대한 해석을 했던 것으로 생각된다. 그는 『십구장』이 유포된 9세기 전반 이후 아마도 9세기 중엽쯤의 인물인 듯하다. 그의 설은 『법계도기총수록』 중의 『대기大記』에도 1회 인용되어 있다.[108]

V. 순응順應의 해인사 창건

1. 순응의 해인사 창건

최치원崔致遠은 「석순응전釋順應傳」과 「순응화상찬順應和尙讃」을 지었는데, 그 찬讚은 현존하고 있다. 그리고 그가 900년(효공왕 4)에 쓴 「해인사선안주원벽기海印寺善安住院壁記」에는 순응에 관한 다음과 같은 기록이 보인다.

> 祖師 順應大德은 神琳碩德에게 공부하였고 大歷初年(766)에 중국에 건너갔다. … 산을 찾아 진수를 얻으니 敎海를 窮探하고 禪河에 俊達했다. … 貞元 18년(802) 10월 16일에 동지들을 인솔, 이곳에 건물을 세웠다. … 五髻를 나누어 꾸며서 다투어 一毛를 뽑았다. 그때 聖穆王太后께서 우리나라에 어머니로 군림하시어 戒·定·慧 삼학을 아들인 양 육성하였는데, 소문을 듣고 공경하며 기뻐하여 誓日歸依하고 음식을 내리시고 예물까지 곁들여 주셨다. … 그러나 생도들이 안개처럼 돌문으로 모여드는데 老大德은 갑자기 입적했다. 利貞禪伯이 뒤를 이어 공적을 세웠다.[109]

108 『법계도기총수록』 卷上之二(『대정장』 45, p.734a).
109 崔濬玉篇, 『國釋孤雲先生文集』 하, 寶蓮閣, 1982, p.282.

순응은 부석적손浮石嫡孫 신림의 제자라고 했음에, 의상으로부터 계산하면 4세四世에 해당한다. 따라서 그가 화엄 승려임에 의심할 바 없지만, 당의 유학을 통해 우두선牛頭禪을 익히고 왔던 사실은 특히 주목할 필요가 있다. 그가 당으로 간 것은 766년(혜공왕 2)이다. 앞의 기록에는, 그의 당에서의 활동을 "산을 찾아 진수를 얻으니 교해敎海를 궁탐窮探하고 선하禪河에 준달俊達했다."고만 했기 때문에 그의 구체적인 활동을 알 수 없다. 그러나 그가 선하에 준달했다는 구절에 유의하면서, 「순응화상찬」[110] 중의,

天業受禪　天業으로 禪을 받았음은
猶如覺賢　覺賢과 같았고
牛頭垂裕　牛頭禪을 후세에 드리우니
罔象擇玄　罔象이 玄珠를 찾았네

라고 한 구절을 보면, 그가 당唐에서 우두선牛頭禪을 익혔음을 알게 된다. 최치원은 순응이 천업天業으로 선을 받았음을 마치 각현覺賢과 같다고 견주었다. 각현(佛馱跋陀羅 buddhabhadra, 359~429)은 혜원의 청에 응하여 『선경禪經』을 강설하는 등 중국에 와 선법을 홍전弘傳하기도 했던 인물이다.

도신道信의 문파 법융法融(594~657)이 우두산 유서사幽栖寺 북암석굴北岩石室에서 우두선풍을 선양한 뒤 지암智巖, 혜방慧方, 법지法持, 지위智威, 혜충慧忠 등이 계승하면서 우두종牛頭宗으로 발전하였다.[111] 또한 지위智威하에는 현소玄素, 현소의 제자에 도흠道欽이 있었고, 도림이 흠

110 崔濬玉篇, 앞의 책, p.305.
111 김동화, 『禪宗思想史』, 태극출판사, 1963, p.113.

欽을 계승했었다.

순응이 입당했던 766년을 전후한 시기에는 도흠(714~793)이 우두선풍을 천양하고 있었다. 도흠은 742년에 경산徑山에서 암자를 짓고 유거하고 있었는데, 768년에는 대종代宗이 궁중으로 초청, 국일선사國一禪師라는 호를 주었고, 그 이듬해에는 경산에 절을 세우도록 명하기도 하였다.[112] 이 무렵 순응이 도흠을 만났을 수도 있다. 이때 복례復禮에게 화엄과 기신起信을 배운 바 있던 도림이 도흠의 제자가 되었던 것도 신림에게 화엄을 배웠던 순응이 도흠道欽으로부터 수선受禪할 수 있다는 한 방증은 된다. 물론 순응이 도흠을 만났다는 구체적인 기록은 없다. 그러나 순응이 당에서 우두선을 익힌 것은 확실하고, 당시 당唐에서 우두선을 널리 펴고 있던 사람이 도흠이라는 점에서 이 같은 추측이 가능하리라고 본다. 굳이 순응이 당에서 누구에게 배웠던가를 따지지 않더라도 그가 우두선을 전래했다고 하는 사실은 신라 화엄사상사의 변화를 아는 데 도움을 줄 것이다.

802년(哀莊王 3)에 해인사의 창건이 시작되었다고 하는 것은 여러 기록이 일치하고 있다. 그리고 해인사 창건에는 신라 왕실의 도움이 있었던 것도 확실하다. 앞에 인용한 「선안주원벽기善安住院壁記」에 의하면 성목태후聖穆太后의 각별한 배려가 있었다고 했음에 비해, 후대의 기록인 「가야산해인사고적伽倻山海印寺古蹟」에는 순응順應과 이정利貞이 애장왕哀莊王 왕후王后의 난치병을 고쳐준 인연으로 신라 왕실의 큰 도움을 받았다고 했다. 그러나 후자는 앞선 기록인 전자의 내용을 신비화시킨 것이라고 생각된다. 애장왕은 800년에 13세로 왕위에 올랐으며 왕 3년에 김주벽金宙碧의 딸을 후궁으로 맞았고, 6년에 비妃 박씨朴氏를 왕

112 『景德傳燈錄』 권4, 抗州徑山道欽禪師.

후로 삼았다는 사실을 염두에 두면 애장왕 2년에 왕후의 병을 고쳐주었다는 「고적」의 설은 믿기 어렵기 때문이다. 성목태후는 소성왕昭聖王의 어머니다.[113] 따라서 그는 애장왕의 할머니가 된다. 순응은 해인사의 조영造營을 완성하지 못하고 죽은 것 같다.

2. 해인사의 화엄학승華嚴學僧

① 이정利貞

이정利貞은 순응을 계승하여 해인사 창건 불사를 완성시켰다. 이것은 순응의 뒤를 이어 이정 선백利貞禪伯이 공을 세웠다는 것이나, 「이정화상찬利貞和尙讚」 중에서 "草創蓮刹" 했다는 것으로 보아 알 수 있다. 그에 대해서는 최치원이 지은 「이정화상찬」[114] 등 단편적인 기록이 남아 있을 뿐이다. 「해인사고적海印寺古籍」에 의하면 그는 순응과 더불어 당나라에 다녀온 바 있다. 최치원이 "利貞禪伯"이라고 쓴 것을 보면 그도 또한 선禪을 익힌 화엄 승려라고 생각된다.

② 현준賢俊

900년을 전후한 시기, 즉 9세기 말경으로부터 10세기 초의 해인사에는 현준賢俊과 정현定玄 등이 있었고, 최치원이 해인사에 은거한 것도 이 시기였다. 다음의 두 기록을 통해 현준이 해인사의 승려였다는 것은 물론 그와 최치원과는 특별한 관계였던 것을 알 수 있다.

師兄인 大德은 玄準으로 이름하고 大乘遠으로 別號를 삼았다. 葉

113 『三國遺事』 王曆編.
114 崔濬玉篇, 앞의 책, p.309.

偈의 旅로 體하고, 화엄의 자리에 으뜸이 되었고, 의상 대덕의 仍孫을 이었고, 益友 法藏公을 흠모하였다.[115]

崔致遠이 최후에는 가족을 데리고 伽倻山 海印寺로 들어가 은거하였는데, 母兄인 승려 賢俊 및 定玄師와 더불어 道友를 맺고 한가롭게 놀며 지내다가 노년을 마쳤다.[116]

이 두 기록에 의하면 현준賢俊[117]은 9세기 초에 해인사에 있던 당시 화엄학에 뛰어난 학장學匠이었음과 그의 호가 대승원大乘院이었음을 알 수 있다. 그는 또한 의상계義相系에 속하면서도 동시에 의상의 동문인 법장을 흠모했었던 사실도 알 수 있다. 현준은 884년(헌강 10)에 결언決言과 더불어 종남산엄화상보은사회終南山儼和尙報恩社會, 즉 당나라 지엄이 화엄교를 의상에게 부여한 은혜를 갚기 위한 사회를 조직했었다.[118] 9세기 말에 이르러 왜 이 같은 결사結社가 이루어지는지 이상하다. 이 문제에 대해서는 후술하기로 한다.

886년 정강왕定康王이 즉위하여 선왕 헌강왕憲康王의 명복을 빌기 위한 법회를 개최했다. 현준은 왕의 청으로 이 법회에 참석해 『화엄경』을 강의했다.[119] 이 때 그는 왕에게 헌강왕의 명복을 빌기 위한 화엄경결사華嚴經結社를 건의하여 이를 조직했다. 상재上宰와 국척대신國戚大臣, 그리고 국통國統 등이 함께 참석하여 『화엄경』 10질을 사경寫經한 뒤 1년에 두 차례씩 불국사佛國寺의 광학장光學藏에 모여 이를 100편씩

---

115 최치원, 「법장화상전」, 『한불전』 3, p.773b.
116 『삼국사기』 권46, 열전 6 최치원전.
117 현준의 한자 표기는 『삼국사기』에는 賢俊, 최치원의 『法藏和尙傳』에는 玄準으로 되어 있고, 최치원은 또한 賢儁(故終南山儼和尙報恩社會願文)으로 표기하기도 하였다.
118 최치원, 故終南山儼和尙報恩社會願文, 『한불전』 4, pp.644~5.
119 최치원, 華嚴經社會願文, 『한불전』 4, pp.646~5.

전독轉讀하기로 했다. 이처럼 현준은 당시의 왕실과도 결탁되어 있었다.

③ 결언決言

현준과 더불어 '종남산엄화상보은사회終南山儼和尙報恩社會'를 조직했던 결언決言 또한 9세기 후반에 활동한 화엄학승이었다. 결언이 해인사의 승려이었는지 아닌지는 알 수가 없다. 다만 현준과 계통을 같이하는 인물이었음은 미루어 짐작된다. 그들이 함께 지엄의 은혜에 보답하기 위한 결사를 조직했기 때문이다. 화엄대덕 결언은 861년 경문왕의 초청으로 곡사鵠寺에서 5일간 경을 강의했다.[120] 이 법회는 경문왕이 그의 9세조祖인 원성대왕元聖大王의 명복을 빌기 위하여 곡사鵠寺(중창 후 大崇福寺로 개칭) 중창을 계획한 뒤에 개최된 것이었다. 결언의 설이 균여의 『석화엄교분기원통초』 권2·3·5·6에 각각 1회씩 모두 4회가 인용되어 있다. 결언은 화엄학 관계 저서를 남겼던 것 같다.

④ 최치원崔致遠

최치원이 만년에 해인사에 은거隱居했다고 하는 것은 이미 널리 알려진 사실이다. 그는 895년으로부터 10여 년 이상을 해인사에 은거하면서 많은 화엄 관계 기록을 남겼다. 즉 『부석존자전浮石尊者傳』, 『법장화상전法藏和尙傳』, 「신라가야산해인사결계장기新羅伽倻山海印寺結界場記」, 「해인사선안주원벽기海印寺善安住院壁記」, 「순응화상찬順應和尙讚」, 「이정화상찬利貞和尙讚」, 『증희랑화상육수贈希郎和尙六首』 등이 그것이다.[121]

이 같은 글이 그가 해인사에 머물렀던 인연으로 해서 쓰여진 것이라

120 최치원, 「新羅國初月山大崇福寺碑銘」(崔濬玉篇, 앞의 책 하, p.202).

121 이에 대해서는 金福順의 「崔致遠 불교관계저술에 대한 檢討」(『한국사연구』 43, 1983, pp. 157~173)가 참고된다.

고만 생각할 수는 없다. 법장 화상法藏和尙의 유상遺像을 모셔놓고 공양을 하면서[122] 『법장화상전』을 집필할 정도로 그의 화엄에 관한 깊은 관심이 보이기 때문이다.

그는 해인사에 은거할 당시 비록 출가 승려는 아니었을망정 불제자로 자처하고 있었던 것 같다. 이것은 그가 현준을 사형師兄이라고 한 것으로 알 수 있다. 『삼국사기』에는 모형母兄이라고 했지만,[123] 그 자신의 글에서 사형師兄이라고 했다. 사료의 성격상 사형이 정확한 표현이라고밖에 볼 수 없다. 사형이란 법계상法系上의 형, 즉 동문의 선배를 지칭하는 말이다. 최치원은 불교와 도교 등에도 밝았던 유학자였음에 별다른 의심이 없지만, 적어도 해인사에 은거하고 있던 만년에는 현준을 사형이라 칭하고 법장 화상의 유상에 공양할 정도로 불교 쪽에 기울어 있었던 것이라고 생각된다.

⑤ 희랑希朗

최치원이 은거하고 있던 9세기 초의 해인사에는 희랑이 있었다. 최치원이 희랑 화상에게 준 시詩[124] 중의 '필추해인사강경苾蒭海印寺講經', '인득문수강동묘認得文殊降東廟', '지응천의위천재只應天意委天才', '하이가야계불적何以伽倻繼佛跡' 등의 표현으로 미루어 최치원이 머물던 900년을 전후한 시기에 희랑은 『화엄경』을 강의하여 그 명성을 얻었던 것 같다. 연대적으로만 계산하면, 희랑이 현준의 제자였을 가능성이 있다. 하지만 현준과 희랑의 관계를 언급한 자료가 없는 현재로서는 하나의 추측일 수밖에 없다. 「고려흥녕사증효대사보인탑비음高麗興寧寺證曉

122 최치원, 「법장화상전」, 『한불전』 3, p.777a.
123 『삼국사기』의 母兄이란 표현은 유학자 金富軾의 의도적인 왜곡인지도 모른다.
124 최치원, 「贈希郞和尙六首」(崔濬玉篇, 앞의 책 上, pp.51~4).

大師寶印塔碑陰」에는 당시 흥녕사의 원주院主가 희랑 장로라고 했다.[125] 994년(혜종 元)에 세워진 이 비는 강원도 영월군 수주면 사자리에 있다. 944년에 흥녕사에 있었던 희랑 장로는 곧 해인사의 희랑과 동일인일 것으로 생각된다. 연대적으로도 가능할 뿐만 아니라, 영월군에는 북악계에 속하는 세달사가 있었던 것도 유의할 필요가 있기 때문이다. 해인사에는 10세기 전반에 조성된 목각희랑조사상木刻希朗祖師像[126]이 봉안되어 있다. 희랑과 고려 태조 왕건과의 연결 및 관혜觀惠와의 갈등 등에 대해서는 후술하기로 한다.

Ⅵ. 비의상계非義相系의 화엄승

1. 법장法藏의 제자들

① 승전勝詮

당 법장法藏의 문하에서 수학하던 승전勝詮은 신라로 귀국할 때 법장의 편지와 저술 등을 의상義相에게 전했다. 법장의 편지 중에 "一從分別二十餘年"이라고 한 것[127]으로 보아, 의상이 귀국한 670년으로부터 20여 년이 지난 690년대에 승전이 귀국한 것을 알 수 있다. 그가 초사鈔寫하여 의상에게 전함으로써 신라에 유포된 법장의 저서는 다음과 같다.[128]

125 황수영, 『韓國金石遺文』, 일지사, 1976, p.106.
126 문명대, 「海印寺木造希朗祖師眞影(肖像彫刻)像의 고찰」, 『고고미술』 138·9 합병호(1978).
127 『삼국유사』 권4, 義湘傳敎條.
128 『삼국유사』 권4, 勝詮髑髏條.

華嚴探玄記 20권(兩卷未成)
一乘敎分記 3권
玄義章等 離義 1권
紀信疏 2권
二十門論疏 1권
新法界無差別論疏 1권
別翻華嚴經中梵語 1권

그 후 승전은 상주尙州에 갈항사葛項寺를 창건하고, 많은 돌을 권속으로 삼아 화엄을 논의하고 강의했다고 한다.

② 가귀可歸

가귀는 승전의 법을 이은 제자다. 그는『심원장心源章』및『화엄경의강華嚴經義綱』1권을 지었지만 모두 현존하지 않는다.[129]

③ 심상審詳

법장法藏의 문하에서 수학한 신라의 심상審詳(~742)은 일본에 화엄을 전해 일본 화엄종의 초조가 되었다. 대안사大安寺에 머물던 그는 왕명으로 740년부터 동대사東大寺에서『60화엄』을『탐현기探玄記』에 의하여 강의하기 시작, 매년 20권을 강의하여 3년 만에 끝내고 입적했다.[130] 그의 전술에『화엄기신관행법문華嚴起信觀行法門』1권이 있었다고 한다.[131] 물론 심상이 법장의 제자라는 응연凝然의 설을 부정하고, 심상은 의상계義相系의 인물이라는 설이 있다. 심상이 일본에 전한『화엄오교장華嚴五敎章』이 법장의 연본鍊本이 아니라 의상이 정교訂正한 신라의 초본(일본의 和本)이었다는 것이 심상이 의상계 인물이라는 주장의 중요

129 『삼국유사』권4, 勝詮髑髏條 및『新編諸宗敎藏錄』권1.
130 『三國佛法傳通緣起』卷中 新羅審詳傳(『대일본불교전서』101, pp.114~9).
131 『法界義鏡』하(『대일본불교전서』302).

한 근거다.[132] 그러나 이 견해에 대해서는 부정적인 평가가 있을 뿐만 아니라, 아직도 많은 의문이 제기되고 있다. 심상의 화엄교학은 법장의 체계와 연결되어 있고, 원효의 화엄교학에 영향을 받고 있는 듯하다.[133]

④ 효충孝忠

법장이 의상에게 보낸 별폭문別幅文 중의 "今日 二十三日 新羅僧 孝忠 師遺金九分 云是上人所寄"라는 구절에 의해, 효충이 690년경에 입당, 법장의 문하에서 수학한 것을 알 수 있다. 그에 대한 더 이상의 기록은 없다.

법장 문하에서 수학했던 신라승들의 간략한 행적을 통해서나마 이들이 의상계 화엄학자들과는 달리 활동하고 있었던 것은 아닌지 하는 의문을 씻기 어렵다. 의상에게 법장의 많은 저서를 초사鈔寫해서 전해준 승전이 갈항사를 세우고, 촉루髑髏를 권속으로 삼아 화엄을 강의했다는 것, 승전의 전등傳燈을 이었다는 가귀可歸의 설이 의상계義相系 화엄학승들의 저서에 한 번도 인용되지 않은 점, 특히 심상이 일본으로 건너가게 되었던 것 등이 어쩌면 의상계와의 갈등 때문은 아니었는지 모를 일이다.

2. 명효明晶·견등지見登之·표원表員

명효明晶, 견등지見登之, 표원表員 등은 전혀 활동이 알려지지 않은

132 김지견, 앞의 논문, p.45.
133 平岡定海, 「新羅の審詳の教學について」, 『인도학불교학연구』 42, 1973, p.580, p.584.

신라 화엄학승이다. 그럼에도 불구하고 이들이 주목되는 까닭은 이들의 화엄학 관계 저서가 현존하고 있기 때문이다.

① 명효明晶

명효明晶는 그의 『해인삼매론海印三昧論』 1권[134]이 현존하고 있을 뿐 아무런 전기 기록도 없는 인물이다. 명효의 『해인삼매론』은 의상의 『법계도法界圖』와 매우 비슷하다. 게송을 도인圖印에 합쳐서 만든 것이라든지 논에서 이를 설명하고 있는 방법 등이 그렇다. 다른 것이 있다면, 의상의 『법계도』가 7언 30구 210자의 게송을 가로 15행 세로 14행의 도인圖印에 배열했음에 비해, 명효의 『해인도海印圖』는 7언 28구 190자 게송을 가로 세로 14행의 정사각형 도인에 배열한 것이고, 읽는 순서를 의상의 『법계도』와는 반대로 구성해 놓고 있는 점이다. 의상의 『법계도』에 비해 명효의 『해인삼매론』은 '더 단순하고 소박한 실질적 교훈을 담고 있는 것'[135]이 특징이라면 특징이다. 『해인삼매론』은 『법계도』와 내용면에서 매우 흡사하다. 이와 같은 관점에서 보면 명효 또한 의상계에 속한 인물로 생각할 수 있다. 그러나 의상의 『법계도』가 널리 유포되어 있던 당시에 명효는 무엇 때문에 그것과 다른 『해인도』를 저술하고자 했을까 하는 의문과 함께 『해인도』는 『법계도』와는 반대 방향으로 읽어 가도록 만들어져 있다는 점을 감안하면, 명효는 의상계와는 다른 계통이었을 가능성도 있다. 명효가 의상계에 속했을까 아니면 비의상계非義相系였을까 하는 것은 명확히 밝히기 어렵다. 그럼에도 불구하고, 필자가 그를 비의상계에서 다루는 것은 특별한 의미가 있지 않고 서술의 편의

134 『한불전』 제2책에 수록.

135 李箕永, 「明晶의 海印三昧論에 대하여」, 『노산이은상박사고희기념민족문화론총(1973)』(『韓國佛敎硏究』, 한국불교연구원, 1982, p.536).

를 위해서일 뿐이다.

명효는 원효의 별호나 가명일 수도 있을 것이라는 막연한 추측이 있었다. 그러나 종래의 모든 목록에서 원효와 명효를 구별하고 있었음과, 도륜道倫의 『유가론기瑜伽論記』에 '新羅曉法師'와 '新羅皛法師'의 설이 인용되어 있음을 유의할 때, 원효와 명효가 별개의 인물임에는 틀림없다. 도륜의 저서에 인용된 "新羅皛法師"가 명효일 것임은 거의 확실하다. 도륜은 제사諸師의 설을 인용할 때 흔히 이름의 뒷글자를 칭하고 있기 때문이다. 만약 도륜의 생존 연대가 밝혀진다면 명효의 활동 시기 또한 짐작할 수 있게 될 것이지만, 현재까지는 도륜의 활동 시기마저도 밝혀져 있지 않다.

② 견등지見登之

견등지見登之[136]는 11세에 종산 승통鐘山僧統에게 투신投身하여 승려가 되었다. 그의 『화엄일승성불묘의華嚴一乘成佛妙義』 및 『대승기신론동이략집大乘起信論同異略集』이 현존하고 있다. 전자는 경덕왕景德王 대(742~764) 태현太賢의 설이, 후자에는 『간정기刊定記』 및 『법경론法鏡論』이 인용되어 있다. 『법경론』은 경 법사憬法師의 저술인데,[137] 아마도 경 법사는 668년(문무왕 8)에 입당했던 순경順憬인 듯하다. 견등지가 태현의 설을 인용하고 있는 것으로 미루어 8세기 중엽 이후의 인물일 것이다. 그의 현존 두 저서에는 의상의 설이 전혀 인용되지 않고 있다. 그는 원효를 존경한 것 같다. 필자는 잠정적으로 견등지를 비의상계非義相系로 추측해 둔다.

---

136 見登之는 혹은 見登으로도 표기되었는데 어느 것이 옳은지 모르겠다.
137 『東域傳燈目錄』 하.

③ 표원表員

표원表員은 황룡사皇龍寺의 승려였다. 그의 『화엄경문의요결문답華嚴經文義要決問答』 4권이 현존하고 있다. 그의 행적은 알려지지 않고 있지만 8세기 중엽으로부터 그 후반에 활동했을 것으로 추측된다.[138] 그의 저서에 혜원慧苑의 설이 인용되어 있고, 일본 수령壽靈의 『오교장지사기五教章指事記』에 그의 『화엄경문의요결문답』이 인용되었기 때문이다.[139] 그의 저서에는 원효元曉, 법장法藏, 혜원慧苑 등의 설이 많이 인용되고 있음에 비해 의상의 설은 2회 정도 인용되었다. 그중 1회는 의상의 오류를 지적하고 있다. 즉 "義相師云 中門中 向上來 向下去 即門中 向上去 向下來 前後言錯 故不用也"라고 한 것[140]이 그것이다. 그가 황룡사의 승려였다는 사실과 아울러 이 점을 유의하면, 표원은 비의상계 화엄학승이었을 가능성이 높다.

3. 오대산 및 천관산天冠山의 화엄승

① 보천寶川과 효명孝明

오대산 문수보살 주처신앙主處信仰이 자장에 의해 유포되고, 그 사상적 배경이 『60화엄』의 「보살주처품」에 있다고 하는 것은 이미 널리 알려진 사실이다.[141] 오대산 신앙은 7세기 말부터 8세기 초에 이르는 시기에

138 김인덕, 「표원의 華嚴學」, 『한국화엄사상사』, 동국대학교출판부, 1982, p.111.

139 壽靈의 사적은 알 수 없지만, 『指事記』의 저자 연대는 대략 審詳의 開講으로부터 空海의 歸朝(806) 이전으로 논증되고 있다(高峯了州, 『화엄사상사』, 東京 百華社, 1963, p.199).

140 『한불전』 2, p.358c.

141 오대산 신앙에 대해서는 安啓賢의 「五台山信仰과 한국불교」(『韓國佛教硏究』에 재수록)과 李箕永의 「상술적 의미를 통해서 본 7~8세기 신라 및 일본의 불국토 사상」(『종교사연구』 2, 1971) 등이 참고된다.

더욱 신비화되고 구체화되었다. 즉 신라의 왕자인 보천寶川과 효명孝明에 의해 이 산의 오대五臺에는 각각 관음, 미타, 지장, 석가, 문수 등의 오류성중五類聖衆이 머무는 곳으로 신앙되고, 705년에 진여원眞如院이 창건되었으며, 국가와 왕실의 평안을 빌기 위한 신앙결사信仰結社가 조직되기도 했기 때문이다.[142] 보천寶川과 효명孝明의 오대산 신앙에 관해서는 여러 가지 문제가 있다.[143] 그러나 본고에서는 이들이 의상계와는 연결되지 않았던 사실에만 유의하고자 한다. 이들이 자장慈藏으로부터 비롯된 오대산 신앙을 계승·발전시키고 있음은 분명하다. 그런데 의상義相은 담무갈보살의 입을 빌려 "오대산은 유행有行이기에 일정한 수의 사람이 출세出世할 땅이지만, 금강산은 무행無行이기에 무수한 사람이 출세할 땅"[144]이라고 하면서 오대산에 비해 금강산은 더 훌륭한 성지라는 것을 강조했었다. 이는 자장으로부터 비롯된 오대산 신앙이 비의상계非義相系와 관계되었을 가능성을 더욱 높여 주는 예이기도 하다.

② 통령通靈

통령通靈은 800년(애장왕)에 지제산支提山(즉 天冠山)에 탑산사塔山寺 및 천관사天冠寺를 창건했다. 원래 그는 오대산에 있었는데, 천관산에서 이상한 기운이 있음을 보고 이곳을 찾아 서천西天의 진불眞佛이 이곳에 있다고 찬탄하면서 절을 세웠다고 한다.[145] 장흥長興의 천관산天冠山에 천관보살天冠菩薩이 상주 설법한다는 신앙은 『화엄경』의 「보살주처

142 『삼국유사』 권3, 台山五萬眞身條 및 溟州五台山寶叱徒太子傳記條.

143 필자는 『月精寺』(일지사, 1977) 중의 「聖地 五台山의 開山」에서 오대산 신앙에 대해 언급했다.

144 이것은 1297년(충렬왕 23)에 閔漬가 쓴 「楡岾寺事蹟記」에 인용된 「新羅古記」의 기록이다(『楡岾寺本末寺誌』, p.45).

145 天因의 「天冠山記」(『東文選』, 권68) 및 支提山事蹟(『한국사찰전서』 하, pp.1062~1074에 수록).

품菩薩住處品」에 그 사상적 배경이 있다.

③ 홍진洪震

9세기 전반에 활동했던 홍진洪震은 천관사天冠寺에서 우징雨徵을 도왔던 화엄 승려다. 다음의 설화는 홍진과 우징과의 결탁을 알게 해 준다.

> 新羅 神武王이 太子가 되었을 때, 마침 왕의 견책을 당하여 [천관]산 남쪽 莞島로 귀양 갔다. 華嚴 洪震은 평소 태자를 좋아했는데, 東宮의 일이 급함을 듣고 이 절(天冠寺)로 달려가 밤낮으로 華嚴神衆을 禮唱했다. 이에 諸華嚴神衆이 부름에 感應하여 이 절의 남쪽 봉우리에 늘어섰는데, 지금의 神衆嵓이 그것이다.[146]

신무왕神武王이 태자 때에 완도에 귀양 갔다고 한 것은 왕위 쟁탈전에서 실패한 우징雨徵이 화를 피해 837년(회강왕 2)에 처자를 거느리고 청해진淸海鎭의 장보고張保皐에게 의지했던 사실[147]을 말하고 있음에 틀림없다. 물론 태자, 왕의 견책에 의한 귀양 운운한 것은 왕위 쟁탈전에서 실패한 사실을 몰랐기에 빚어진 설화적인 표현이다. 홍진이 평소 우징과 잘 지냈다는 것과 천관사가 완도와 가까운 곳에 있었던 점을 감안하면 홍진이 우징 및 장보고 등의 세력과 결탁할 수 있었을 것으로 생각된다. 화엄신중華嚴神衆의 감응은 무력적武力的인 것과도 관련이 있다. 행여 이 설화는 청해진 군사와 천관산과의 관련성을 상징하는 것은 아닌지 모르겠다. 아니면, 우징을 도운 청해진 군사의 승리를 홍진이

146 天因, 「天冠山記」, 「東文選」 권68.
147 『삼국사기』 권10, 喜康王 2년조.

천관사에서 기원한 내용 정도로 이해해도 무리는 없을 것이다.

4. 연기緣起의 화엄사 창건

부석적손浮石嫡孫 신림이 북악北岳 태백산太伯山을 중심으로 화엄교학을 크게 진작시키고 있던 8세기 중엽, 남악南岳 지리산智異山 화엄사華嚴寺가 창건된다. 황룡사皇龍寺의 연기緣起에 의해서다. 종래 화엄사의 창건에 대해서는 구구한 설이 있었고, 화엄사의 창건주인 연기 또한 매우 전설적인 인물로 알려져 왔다. 『신증동국여지승람』에는 시대는 분명치 않으나 연기煙氣라는 스님이 화엄사를 세웠다고 했다.[148] 1636년(仁祖 14)에 쓰여진 『화엄사사적華嚴寺事蹟』을 비롯한 사적기事蹟記들은 신라 진흥왕 5년(544)에 인도승 연기緣起가 세웠다고 했다. 심지어 연기는 그의 어머니와 함께 연鳶을 타고 인도로부터 와서 화엄사를 지었기 때문에 연기鳶起라고 한다는 설화까지 전해지고 있다. 그리고 642년(선덕왕 11)에 자장이 중창하고, 장륙전丈六殿 및 화엄석경華嚴石經은 의상義相에 의해 이루어졌다고도 했다. 그러나 삼국시대에는 백제에 속했던 이 곳의 화엄사가 어떻게 신라승이 창건하고 자장이 증축할 수 있었을 것인가 하는 점과, 의상 이후에 번역된 『80화엄』이 의상에 의해 석각石刻될 수 없다고 하는 점, 그리고 양식상으로 보아 현존 석조물이 모두 8세기 후반으로부터 9세기에 걸쳐 조성되었다고 하는 점 등에 의해 『사적기事蹟記』 등의 기록에 대한 의문은 일찍부터 있어 왔다.[149] 이와 같은 의문은 최근에 발견된 『신라화엄사경新羅華嚴寫經』에 의해 풀렸다. 즉 이 사경의 발문에는 다음과 같은 내용이 보인다.

---

148 『신증동국여지승람』 권39, 南原都護府 佛宇조.
149 한국불교연구원, 『華嚴寺』, 일지사, 1976, p.24.

> 天寶 13년 甲午 8월 1일에 시작하여 乙未年 2월 14일에 1部를 모두 다 이루었다. 造成한 發願은 皇龍寺 緣起法師가 하시었으니, 첫째는 恩惠를 주신 아버님의 願을 위한 것이며, 둘째는 法界一切衆生皆成佛道케 하고자 함으로써 造成하시었다.[150]

이에 의하면 황룡사의 승려 연기 법사가 754년(경덕왕 13) 8월에 화엄경 사경을 조성하기 시작하여 그 이듬해 2월에 완성했다는 것이다. 그리고 이 발문의 끝에는 사경에 관여한 사람들에 대한 기록이 있다. "사경 작업의 대부분을 차지하는 업무를 담당한 지작인紙作人, 경필자經筆者의 거주지가 무진주武珍州와 완산주完山州, 즉 전라도 지방이다." 따라서 이 사경은 연기가 창건한 화엄사에서 이룩되었을 것이다.[151] 그리고 4사자석탑四獅子石塔 및 4사자석등四獅子石燈이 연기의 효성을 나타낸 것이기에 효대孝臺라고 불린다는 것[152]과, 의천義天의 「留題智異山華嚴寺」라는 시 중에 효대孝臺라는 용어가 쓰였다는 점,[153] 그리고 연기가 사경을 조성한 첫째 이유가 아버님의 원을 위한 것이라는 등의 사실을 연결지어 보면, 화엄사는 이 사경이 이루어진 8세기 중엽에 연기에 의해 창건되었을 것이다.[154]

의천義天의 『신편제종교장총록』에는 연기의 저서로 『화엄경개종결의華嚴經開宗決疑』 30권, 『화엄경요결華嚴經要決』 12권(혹 6권), 『화엄경진

---

150 번역은 南豊鉉의 「한자·한문의 受容과 借字表記法의 發達」, 『韓國古代史文化와 隣接文化와의 관계』(한국정신문화연구원, 1981, p.194)에 의하였다.

151 李基白, 「新發見 新羅 景德王代 華嚴經 寫經」, 『역사학보』 83, 1979, p.133.

152 한국불교연구원, 『화엄사』, p.97.

153 『大覺國師文集』 권16.

154 화엄사가 연기에 의해 景德王 때 창건되었을 것이라는 데 대해서는 이기백(앞의 논문, p.127), 崔柄憲(「고려시대 화엄학의 변천」, 『한국사연구』 30, 1980, p.66) 등 여러 분이 동의하고 있다.

류환원락도華嚴經眞流還源樂圖』 1권, 『대승기신론주강大乘起信論珠綱』 3권(혹 4권), 『대승기신론사번취묘大乘起信論捨繁取妙』 1권 등이 기록되어 있다. 이들 저서는 오늘날 하나도 전해지는 것이 없지만, 그가 당시 뛰어난 화엄학승 중의 한 사람이었다는 것을 알게 해준다. 의천은 또한 화엄사 연기 조사의 진영眞影에 예하고 다음과 같이 贊했다.[155]

偉論雄經莫不通	偉論과 雄經에 두루 通하고
一生弘護有深功	일생의 弘護에 많은 功 있네
三千義學分燈後	3천 명 義學이 등을 나누어 켠 뒤로
圓敎宗風滿海東	圓敎의 宗風이 海東에 가득하네

이 영찬影讚과 그의 저술 목록으로 보아 그가 『기신론』과 『화엄경』에 통한 학장學匠이었음은 분명하다. 또한 그는 3천여 의학義學들에게 『기신론』과 『화엄경』을 강연한 결과로 원교종풍圓敎宗風이 해동에 가득하게 되었으니 이것은 모두 그의 공이라고 의천은 찬양하고 있다.

연기의 문하에서 3천여 명의 학승이 배출되었다는 것은 분명 과장된 표현이다. 그러나 "本傳云 傳敎義學數三千"이라는 시주詩註로 미루어 보아 의천은 분명 연기의 전기傳記로 생각되는 『본전本傳』을 읽었고, 거기에 이미 이 같은 표현이 나타나고 있었던 것이다. 하지만 그의 제자 중에 이름이 알려진 인물은 아직 한 명도 밝혀지지 않고 있다. 신라 하대 화엄사의 승려로는 9세기 중엽의 정행正行[156]과 900년을 전후한 시기의 정현定玄, 10세기 전반의 관혜觀惠, 활동 시기를 모르는 영

155 『대각국사문집』 권16.
156 「地藏禪院朗圓大師悟眞塔碑」, 『조선금석총람』 상, p.141.

관靈觀[157] 등이 알려지고 있을 뿐이다. 연기는 화엄사 이외에도 지리산의 대원사大源寺·천은사泉隱寺·연곡사鷰谷寺, 나주羅州의 운흥사雲興師 및 영은사永隱寺, 고창의 연기사烟起寺, 곤양昆陽의 서봉사栖鳳寺 및 다솔사多率寺 등의 사찰을 창건했다고 전한다. 물론 사적기나 속전俗傳을 그대로 믿을 수는 없지만, 이들 사찰들이 지리산과 그 부근에 위치하고 있는 것으로 미루어 당시 이 지역들이 연기와 밀접한 관련이 있었을 것임은 상상할 수 있다.

5. 그 밖의 화엄승

① 법해法海

법해法海는 경덕왕景德王 13년(754) 여름, 왕의 초청으로 황룡사에서 『화엄경』을 강의했다. 이때 그는 동해의 물을 기울이는 법력을 과시했고, 이에 왕은 그를 더욱 공경했다는 설화가 전해지고 있다.[158] 이것은 일연一然이 파악한 바와 같이[159] 사사무애事事無碍의 도리에 대한 상징적인 설화로 이해해도 좋을 것이다. 유가瑜伽의 태현太賢이 보여 준 법력보다 화엄의 법해가 보여 준 법력이 더 뛰어난 것으로 강조되고 있음은 '화엄의 우위성을 보여 주는 것'[160]으로 이해되기도 한다.

---

157 균여의 『華嚴一乘法界圖圓通記』 및 『釋華嚴敎分記圓通鈔』에 南岳 靈觀의 설이 4회 인용되어 있다.

158 「삼국유사」 권4, 賢瑜伽海華嚴條.

159 일연은 법해에 대해 "法海波瀾法界寬 四海盈縮未爲難 莫言百億須彌大 都在吾師一指端"이라고 했다.

160 김영태, 「삼국유사에 보이는 화엄사상」, 『한국화엄사상사』, 동국대학교출판부, 1982, p.47.

② 원표元表

원표元表는 천보天寶 연간(742~755)에 당唐에 유학했고, 서역의 성지를 순례하기도 했었다.[161] 그는 755년(경덕왕 14)으로부터 759년 사이에 귀국했다. 759년에 장흥 가지산迦智山에 보림사寶林寺를 창건했기 때문이다.[162] 그는 중국에 있을 때 『화엄경』 80권을 짊어지고 복건성福建省 영덕현寧德縣 북쪽에 있는 곽동산霍童山을 찾아 천관보살天冠菩薩에게 예배할 정도로 신앙심 깊은 화엄행자였다. 귀국 후 그가 보림사寶林寺를 창건한 사실 외에는 다른 행적이 알려지지 않고 있다. 그가 비의상계 화엄의 승려였음은 분명하다. 그리고 지제산支提山 천관보살 주처신앙住處信仰의 신라적 수용과 유포와도 관련이 있었을 것으로 짐작된다.

③ 범여梵如

범여梵如는 787년(원성왕 3)에 혜영惠英과 함께 소년서성少年書聖에 임명되었다.[163] 그의 저서로 『화엄경요결華嚴經要決』 6권(혹 3)이 있었지만[164] 현존하지 않는다.

④ 지해智海

지해智海는 황룡사의 승려였다. 원성왕元聖王(785~798)의 초청으로 대내大內에서 50일간 『화엄경』을 칭稱했었다.[165]

---

161 『宋高僧傳』 권81, 唐高麗國元表傳.
162 「新羅國武州迦智山寶林寺事蹟」, 『고고미술』 81호.
163 『삼국사기』 권40, 雜誌 9 職官下.
164 의천, 『신편제종교장총록』.
165 『삼국유사』 권2, 元聖大王條.

⑤ 범수梵修

범수梵修는 당에 가서 『후분화엄경後分華嚴經』 징관소澄觀疏를 구해서 799년(소성왕 1)에 귀국, 이를 연술演述했다. 787년에 찬술이 끝난 징관소가 20년 만에 신라에 유포된 셈이다.[166]

⑥ 주종住宗

주종住宗은 880년경(헌강왕 6) 무량수사無量壽寺에 주석하고 있었는데, 이 무렵 여엄麗嚴에게 화엄학을 가르쳤다.[167]

Ⅶ. 화엄학승 간의 갈등과 남·북악의 분열

1. 의상계와 법장계의 갈등

신라의 화엄종은 의상계가 주류를 이루었던 것이 확실하지만, 그렇다고 의상계로 완전히 통합되어 있었던 것은 아니다. 이미 앞에서 살펴보았듯이, 신라의 화엄종 안에는 비의상계로 생각되는 승려들이 적지 않게 있었기 때문이다. 법장法藏의 제자 승전勝詮이 귀국 후 돌덩이를 권속으로 삼아 화엄을 강했던 일이나, 또한 법장의 제자인 심상審詳이 일본으로 건너갔던 사실의 배경에는 의상계와 법장계의 갈등이 있었던 것은 아닌지 의심스럽다. 이외에도 의상계와 쉽게 맥락이 닿지 않았을 것으로 생각되는 오대산 및 천관산天冠山을 중심한 화엄신앙, 그리고 지해智海·법해法海·표원表員·연기緣起 등 황룡사계皇龍寺系, 중국에 유

166 『삼국유사』 권4, 勝詮髑髏條.
167 「菩提寺大鏡大師玄機塔碑」, 『조선금석총람』 권상, p.131.

학,『80화엄』에 신앙적·학문적 영향을 받고 귀국하는 범수梵修·원표元表 등이 있었다. 또한 의상계에도 시간이 지나면서 약간의 변화는 있었다. 부석적손 신림은 중국 유학을 계기로 그 사상적 변화가 보이고, 신림의 제자 순응順應은 중국 유학을 통해 우두선牛頭禪을 도입했으며, 숭업崇業과 범체梵體는 신수神秀의 사상에 접하기도 했다. 의상계 내에서의 변화 및 비非의상계의 발전은 내분과 갈등을 야기시킬 수 있는 요인이 되었을 것이다. 그러나 9세기 중반에 이르기까지 그 구체적인 문제나 갈등이 표출되지는 않았다.

900년을 전후한 시기, 즉 9세기 말 10세기 초에는 법장의 공을 강조하려는 세력과 이를 비판하는 세력 사이에 갈등이 있었다. 최치원이『법장화상전法藏和尙傳』을 집필하고 있던 904년경 해인사 현준賢俊의 다음과 같은 지적은 곧 이 같은 사실을 알게 해 주는 것이다.

> 古賢은 "그 말만 취하고 그 몸을 버리는 것을 도적의 마음"이라고 했는데, 지금의 학자들은 그 교훈을 받고도 그의 행적을 매몰시키니 진실로 낯이 붉어질 일이다. 하물며 小鳴의 무리들이 있어, 혹은 쓸모없는 말을 늘어놓아, 前哲을 더럽히고 後生을 현혹케 하는데, 비록 閻朝隱이 쓴 碑가 있고, 釋光嚴의 傳이 있어도 그것을 열람하는 데 게으르고, 모함하는 데는 용감하여, 史學이 魔宗이라고 비난하고, 僧譜를 배척하여 廢物로 삼으며, 疏主의 연기를 말하면 혹 사람들의 웃음거리가 되기까지 하였다.[168]

현준賢俊이 격한 어조로 비판하고 있는 소명지도小鳴之徒란 법장法藏

168 최치원,「법장화상전」,『한불전』3, p.776bc.

을 모함하는 자들이다. 그들이 염조은閻朝隱이 쓴 비碑와 석광엄釋光嚴이 지은 전傳도 보지 않은 채 모함한다고 한 것으로 보아, 곧 그 모함의 상대는 법장이기 때문이다.[169] 아무튼 900년대를 전후한 시기의 신라 화엄종 내에는 법장의 공을 강조하고 있던 현준과 최치원 등의 세력과, 이를 비판하는 세력이 있어 서로 갈등을 일으키고 있었던 것은 주목할 만한 사실이다.

그러면 먼저 최치원과 그의 사형師兄 현준의 화엄교학에 대한 입장부터 살펴보기로 하자. 최치원의 표현에 의하면, 당시 화엄학계의 수위首位의 자리에 처했던 현준은 의상의 잉손仍孫을 이었고, 동시에 법장을 흠모했다고 한다. 그러나 현준은 의상으로 대표되는 신라 화엄보다도 중국의 화엄학에 기울었던 것 같다. 그는 결언決言과 함께 884년(헌강왕 10)에 당 지엄 화상智儼和尙의 은혜에 보답하기 위한 결사結社인, 「종남산엄화상보은사회終南山儼和尙報恩社會」를 조직한 바 있고, 그 원문願文을 최치원이 지었다.[170] 타방他方의 법조法祖, 즉 지엄 화상을 비롯한 경전을 번역하고 게송을 연술演述한 천축天竺의 존숙尊宿과 장소章疏를 편찬編纂한 중국의 법사들을 받드는 것을 목적으로 하는 모임이었다. 그리하여 이들은 매년 8월 10일에 강석講席을 열고 성교聖敎를 담론談論하여 법은法恩에 보답하고자 했다. 이들은 "어찌 우리나라의 선사만을 위할 것인가?"라고 반문하면서, 오히려 근본을 버리는 일이 없도록 하기 위해서는 의상의 스승인 지엄을 받들어야 한다고 주장한다. 이들

169 법장을 비판하고 헐뜯던 小鳴之徒를 신라 하대 교종을 비판하던 선사들이라고 추측하는 견해도 있다(趙仁成, 1982, 「최치원의 역사서술」, 『역사학보』 94·5 합집, p.71). 그러나 이 같은 견해는 당시 화엄종 내의 갈등을 염두에 두지 않은 채 확대 해석함으로써 빚어진 비약이다. 현준이 지적하는 小鳴之徒란 법장의 교훈을 받고도 그를 헐뜯는 자들을 지칭한 것이고, 따라서 小鳴之徒가 선사들이 아니라는 사실은 분명하기 때문이다.

170 최치원, 「故終南山儼和尙報恩社會願文」, 『한불전』 4, pp.644~5.

의 논리에 의하면, 우리나라에 화엄교학이 널리 유포될 수 있었던 것은 지엄이 의상에게 대교大教를 부여한 지혜로운 힘 때문이라는 것이다. 현준은 또한 『법장화상전』을 쓰고 있던 최치원에게, "허물없는 벗이라도 조상을 욕하면 귀를 막고 달아나지 않는 이가 없다."고 하면서, 바르게 쓰고 잘못을 따르지 말도록 명했고, 이에 최치원은 어긋난 것이 있으면 즉시 교정하였다고 한다. 여기서 주목할 것은 법장을 조상으로까지 표현하고 있는 점이다. 그는 법장에 대해 비판적인 학자들을 소명지도小鳴之徒라고 하면서, 그들은 법장의 교훈을 받고도 그의 행적을 매몰시키는 도적의 마음을 가진 사람들이라고까지 몰아 붙였던 것이다.

최치원은 의상義相의 전기인 『부석존자전浮石尊者傳』을 지었고, 의상의 화엄학을 계승한 인물로 생각되는 해인사의 희랑希朗에게 6수의 시를 써서 드리기도 했다. 그럼에도 불구하고, 그는 의상계보다 중국 화엄학자들의 공을 더욱 강조하고 있었다. 그는 성기性起 등을 대신하여 쓴 「해동화엄초조기신원문海東華嚴初祖忌晨願文」[171]에서까지도 중국 화엄종의 제1조인 두순杜順의 공덕을 찬양할 정도였다. 즉, "우리 동국에 불화佛華의 광염光焰을 빛내고 방광方廣의 원류源流를 열어 놓은 것은 오직 두순사杜順師의 지혜로운 교화"라고 한 것이 그것이다. 일찍이 의상이 만난 적도 없는 두순의 공적을 찬양하는 논리적 근거를 "법등法燈을 전한 묘업妙業은 정히 부싯돌을 변한 공과 부합되고, 바다로 돌아간 진종眞宗은 진실로 강물이 연원하는 힘에 의한 것"이라는 데 두고 있다. 또한 그는 중국 화엄종의 제2조 지엄의 은혜를 강조하여 신라가 화엄교학에 접하게 된 것은 "지엄이 의상에게 대교大教를 부전付傳한 지혜로운 힘 때문"이라고 했다.[172] '전교傳教의 종宗은 오직 스승을 택하

171 『한불전』 4, p.645.

172 최치원의 이와 같은 태도는 그의 「終南山至相寺儼尊者眞讚」에도 그대로 반영되

는 것으로 근본을 삼는 것'이라는 논리다. 우리나라에 화엄교학이 전해지게 된 공덕을 부싯돌에 점화한 두순, 의상에게 부전付傳한 지엄 등에게 돌리던 그는, 다시 법장 화상法藏和尙이 의상의 익우益友라는 조건을 들면서 다음과 같이 법장의 공덕을 찬탄하기에 이르는 것이다.

> 또한 海表의 覺母는 의상 법사가 시조이다. 그러나 처음에는 東家丘와 같을 뿐이었는데, 法信, 즉 法藏의 書信이 멀리 전해지자 모든 의혹을 두루 깨달았으니, 이는 실로 어두운 燭龍의 눈이 홀연히 光明을 놓았고, 火鼠의 털을 짜는 데 더욱 기특함을 나타내어 교화는 온 나라에 미쳤고, 學은 十山에 퍼짐으로써 雜花가 幡桃에 빛나게 된 것은 대개 법장 스님의 힘이다.[173]

최치원의 이같은 주장은 법장의 장소章疏들이 전해지기 전 의상에 의해 주도되고 있던 신라 화엄학은 마치 용이 눈을 감고 있는 단계였다는 논리가 된다. 사실 최치원이 '해동화엄대학海東華嚴大學이 있는 십산十山'을 예로 든 것도 법장의 힘을 입어 화엄교학이 신라의 전역에 두루 퍼지게 되었다고 강조하기 위한 것이었다. 그는 법장의 유상遺像에 공양하면서 그 전傳을 지었고, 자기가 쓴 기록에 의해 법장의 사적이 오래 밝아지는 신기원을 이룩한 것으로 자부하고 있을 정도로 법장을 흠모하고 있었다.

어릴 적부터 중국의 문화에 깊이 젖었고, 실천적이기보다는 현학적이었던 그의 안목으로는 의상보다 법장이 더욱 뛰어나 보였을 것이 당연한지도 모른다. 더구나 의상보다는 법장 쪽에 치우쳐 있던 현준과는 동

어 「燈傳海賓 東林佛影」이라고 했다(『국역고운선생문집』 하, p.304).

173 「법장화상전」(『한불전』 3, p.775c).

문을 자처하는 그였기에 더욱 법장계法藏系 화엄학을 지지하고 나선 것으로 생각된다.

지금까지 우리는 900년을 전후한 시기에 결언決言, 현준賢俊, 최치원崔致遠 등에 의해 법장의 화엄학이 강조되었음을 살펴보았다. 이들 화엄교학의 성격을 염두에 두면서 현준이 비판했던 소명지도小鳴之徒는 어떤 사람들을 지칭하는 것인지 살펴보기로 하자. 최치원이 『법장화상전』을 쓰는 일에 대해 불만을 품은 경우도 있었다. 즉 다음의 기록이 그것이다.

> 옆에서 비웃는 사람이 있어, 『문심조룡文心雕龍』을 인용하여 이르기를 "옛 史記에도 없는 것으로 나의 글이 넓다고 하여 그 일을 위대하게 하려 한다면, 이는 訛傳되고 범람하게 되는 本源이요, 먼 일을 기술하는 데 큰 좀이 되나니 그대가 바로 그러한 사람이 아닌가? 말이란 아무리 많아도 무슨 소용이 있겠는가, 간결한 것이 귀한 것이다."라고 하였다.[174]

최치원이 『법장화상전』을 짓는 일에 대해 기록에도 없는 사실을 왜곡시켜 법장을 위대하게 만들려는 것이라고 비난한 사람은 의상계에 속한 화엄학자인 것으로 추측된다. 그리고 현준 등이 '지엄 화상智儼和尙 보은사회報恩社會'를 조직하고 있을 그 무렵, 성기性起 등은 해동화엄 초조 의상의 법은法恩을 갚기 위해 매년 의상의 기신忌晨에 유교遺敎를 우러러 담론하는 사회社會를 조직했음[175]을 주목할 필요가 있다. 성기性起에 대한 더 이상의 자료가 없기에 그의 행적을 구체적으로 알 수는

174 「법장화상전」(『한불전』 3, p.776).
175 최치원, 「海東華嚴初祖忌晨願文」(『한불전』 3, p.645).

없지만, 의상을 높은 산처럼 우러르기를 잊은 날이 없는 제자로 자처하고 있는 것으로 보아, 그가 의상계의 화엄 승려임에는 틀림없다.

2. 남·북악의 분열

후삼국시대, 즉 10세기 전반의 화엄교단은 남악과 북악으로 분열되었고, 고려 광종 대의 균여에 의해 통합될 때까지 서로 대립하고 있었다. 이에 대해『균여전均如傳』에는 다음과 같이 전해주고 있다.

> 師(均如)는 北岳의 法系이다. 옛날 신라 말 가야산 해인사에 두 분의 華嚴司宗이 있었다. 한 분은 觀惠公으로 후백제의 괴수 甄萱의 福田이었고, 다음은 希朗公으로 우리 太祖王의 복전이었다. 두 분은 信心을 내어 香火의 願 맺기를 청하였으나 원이 이미 달랐음에 마음이 어찌 같았으랴. 門徒에 미쳐서는 차차 물과 불이 되어 갔다. 하물며 각각 시고 짠 法味를 받았으니, 이 폐단을 제거하기 어려움은 이미 그 유래가 오래였다. 그때 세상 사람들은 觀惠公의 法門을 南岳이라 했고, 希朗公의 法門을 北岳이라고 했다. 師는 매양 南北의 宗趣가 모순되어 분명하지 않음에 많은 갈래를 막아 한 길로 돌리고자 했다.[176]

이에 의하면 이들이 분열하게 된 것은 정치적인 이유 때문이다. 즉 희랑希朗은 고려 왕건의 복전福田이 되고, 관혜觀惠는 후백제 견훤의 복전이 되었다는 것이다. 관혜에 대한 기록은 없지만, 희랑이 왕건의 복

176 「大華嚴首坐圓通兩重大師均如傳」第四立義定宗分者.

전이 되었던 소식은 『가야산해인사고적伽倻山海印寺古蹟』에 다음과 같은 설화의 형식으로 전해지고 있다.

> 신라 말에 僧統 希朗이 절에 주지하여 華嚴神衆三昧를 얻었다. 이때 고려 태조가 백제의 왕자 月光과 싸웠는데, 월광은 美崇山을 의지하여(保) 식량이 넉넉하고 군사가 강하여 그 敵은 신과 같아서 태조의 힘으로써는 이를 능히 제압할 수 없었다. 이에 태조는 해인사에 들어가서 희랑에게 사사하였는데, 희랑은 勇敵大軍(夜叉王)을 보내서 왕건의 군사를 도우니 월광은 金甲의 군사가 허공에 가득찬 것을 보고 그것이 신병임을 알고 드디어 태조에게 항복하였다. 이 때문에 태조는 희랑을 敬重奉事하여 田地 500結을 施事하고 옛 寺宇를 重新하였다.
>
> 그 山形은 천하에 絶勝하고 地德은 海東에 으뜸이니 가히 精修之地라고 할 것이며 복리를 누리는 곳으로 더 비길 데가 없다. 그러므로 國家最要의 문서를 入安鎭兵케 하고, 春秋로 四天王法席을 행하고, 또 다름없이 연말에 祈恩을 하도록 하였다. 그리고 齋料는 晋州·陝川·興安府(星州) 領任領內에서 收合供養하고, 門閣修營도 전과 같이 하여 각 주의 文書堂直은 伽祚縣 其人 2명, 冶爐 其人 2명으로 하고, 佛油 出處는 冶爐縣司가 1년에 3말씩 내어 장년 不絶引燈하도록 하며, 이러한 일들이 영영 끊어지지 않도록 天福 8년 癸卯 10월에 依板成籍하였다.[177]

백제 왕자 월광月光이란 아마도 대가야국大伽倻國 월광 태자月光太

177 「伽倻山海印寺古蹟」(『조선사찰사료』 하, p.495).

子[178]가 부화된 듯하다. 희랑이 신병神兵을 보내 왕건을 도왔다고 하는 것은, 희랑이 화엄신중華嚴神衆을 움직일 수 있을 정도의 덕을 갖춘 화엄의 종장宗匠이었다는 점이 강조된 듯하다. 신라의 화엄신앙에는 화엄신중 신앙이 행해지고 있었고, 의상이나 홍진洪震 등의 화엄대덕들에게는 화엄신중이 그들을 옹호하고 있다는 설화가 있었음을 유의할 필요가 있다. 미숭산美崇山은 해인사 입구의 월광사月光寺에서 건너다보일 정도의 거리에 있는 산이다. 그리고 왕건의 남진정책과 견훤의 동진정책이 상충하는 상주尙州, 안동安東, 성주星州, 합천陜州 등지의 부근에서 920년대에 자주 격전이 벌어졌던 사실[179]을 감안하면, 이 설화를 허구적인 것으로 일축해 버릴 수는 없다. 더구나 해인사에서 행하게 된 국가적인 연중불사年中佛事를 정하고, 그 재료齋料에 소용될 수납권收納權 등을 934년(태조 26)에 성문화했다고 하는 등 해인사와 왕건과의 관계를 구체적으로 지적하고 있기 때문이다.[180]

이상에서 살펴본 바와 같이, 희랑希朗과 왕건王建과의 결탁이 사실이었다고 하더라도 화엄종의 남·북악의 분열을 정치적인 이유만으로 이해하기에는 아무래도 석연치 않다. 관혜와 희랑은 함께 해인사에 있었다고 하지만, 그들의 법문을 각각 북악과 남악이라고 했던 것으로 미루어 희랑은 북악(태백산) 부석사에, 관혜는 남악(지리산) 화엄사에 각각 그 배경을 두고 있었을 것으로 짐작되기 때문이다. 그러면 부석사 계통과 화엄사 계통이 무엇 때문에 갈등을 일으키게 되었던가 하는 문제에 부딪친다. 이 문제와 관련, 의상계와 연기계와의 대립으로 해석하는 경우

---

178 최치원, 「釋順應傳」(『신증동국여지승람』 권29 高靈縣 建置沿革條).

179 朴漢卨, 「高麗太祖의 後三國統一政策」, 『史學志』 14, 1980, p.59.

180 李弘植은 「羅末의 戰亂과 緇軍」(『韓國古代史의 硏究』, 신병문화사, p.550)에서 “왕건이 해인사의 덕을 입었던 것을 사실로 볼 것”이라고 했다.

가 있다.[181] 필자는 기본적으로는 이 견해에 동의한다. 그러나 의문은 여전히 남는다. 무엇 때문에 대립하게 되었는가 하는 근본적인 문제다.

3. 남·북악 화엄교학의 차이

이미 앞에서 살펴본 바와 같이, 900년을 전후한 시기의 해인사에서는 의상계와 법장계가 서로 대립하고 있었다. 이와 같은 대립은 후삼국의 분열이라는 정치적인 계기를 맞게 되자 표면화되기에 이른 것이 해인사에서의 희랑希朗과 관혜觀惠의 대립이었다고 생각된다. 관혜가 남악南岳에 속했던 것도 황룡사계皇龍寺系의 연기緣起가 비의상계非義相系에 속했던 것과 결코 무관하지 않을 것이다. 남·북악으로 분열되기 이전의 의상계와 법장계法藏系의 갈등에 유의하면, 남·북악의 대립은 넓은 의미의 법장계와 의상계와의 대립이었다고 생각되기도 한다. 법장을 매우 흠모하고 있던 최치원과 현준賢俊이 해인사에서 교유했던 정현定玄이 남악에 속한 화엄승이었다고 하는 사실[182]은 남악의 화엄교학이 법장의 그것과 어떤 관련이 있지는 않았을까 하는 생각이 있다. 물론 남·북 양파의 논쟁을 북악파는 현수賢首를 계승한 데 반하여, 남악은 의상을 계승한 점에 있다고 보는 견해도 있다.[183] 북악의 법손인 균여가 대개 지엄과 현수의 저서를 주석하는 데 주력하고, 의상에 관한 것은 『법계도기法界圖記』 2권이 있을 뿐이라는 것이 그 중요한 근거라는 것이다. 그러나 이 같은 견해는 균여의 저술 성격이나 사상 경향에 대한 충

181 최병헌, 「고려시대 화학의 변천」, 『한국사연구』 30, 1980, p.66.

182 『太平通戰』 권68에 수록된 崔致遠傳에는 『新羅殊異傳』을 인용한 것인데 여기에 "最後隱於伽倻山海印寺 與兄大德賢俊 南岳師定玄 探賾經論 遊心沖漠 以終老焉"이라는 기록이 보인다.

183 김잉석, 앞의 책, p.34.

분한 검토를 거치지 않았을 뿐만 아니라, 남악의 전통에 대한 이해를 소홀히 함으로써 생긴 잘못이었다. 균여는 의상계의 저술인 『십구장十句章』에 대한 주석을 했을 뿐 아니라 의상계의 화엄학설을 수없이 인용하고 있음에 유의할 필요가 있고, 연기로부터 비롯되는 남악이 비의상계에 속했던 사실에 주목할 필요가 있기 때문이다.

또한 균여가 정교訂正했다는 「선공초삼십여의기先公鈔三十餘義記」와 『법계도기총수록』에 인용되어 전하는 「남악관공기南岳觀公記」 중의 수전법數錢法을 비교하여, 남악과 북악의 화엄교학의 차이를 규명하려는 견해도 있다.[184] 즉, 「선공초삼십여의기」에 나타나는 내용은 북악의 화엄교학으로 연결될 수 있고, 수전법數錢法은 남악의 화엄교학에서 강조된 것이라는 추측에 그 토대를 마련하고 있다. 그러나 이 같은 추측에는 심한 무리가 있다. 북악의 화엄교학은 「선공초삼십여의기」와 연결될 것이라는 해석부터 문제가 있다. 「선공초삼십여의기」 중의 '선공先公'을 '북악파에 속한 인물, 혹은 균여의 스승' 등으로 추측하고 있지만, '선공'이란 균여 이전의 선배 학자들이라는 의미로 쓰인 것이다. 따라서 「선공초삼십여의기」를 특별히 북악과 연결 지을 근거는 없다.

다시 말해, 균여가 「선공초삼십여의기」를 정정한 목적인 남·북악 종취의 모순을 해결하고자 한 데 있었음을 유의할 필요가 있다. 균여의 저술에 남악 영관南岳靈觀의 설이 4회나 인용된 것도 이 때문이다. 다음으로 『법계도기총수록』의 수전법 설명에 남악 관혜觀惠의 사상이 인용되었다고 해서 남악파의 화엄교학에 수전법이 특히 강조된 것으로 보기는 어렵다. 『법계도기총수록』에는 『관공기觀公記』의 수전법설만을 인용한 것이 아니다. 신라 화엄학에서 널리 유포되었던 수전법설을 『대

184 金杜珍, 『균여화엄사상연구』(한국연구원, 1981), pp.169~70 및 「균여화엄의 사적 의의」(『한국화엄사상연구』, 동국대학교출판부, 1982, p.170).

기大記』, 『법융기法融記』, 『고기古記』 등의 주기註記에서 인용한 다음, 『관공기觀公記』의 그것은 주註의 성격으로 소개하고 있을 정도이기 때문이다. 수전법數錢法은 결코 남악의 화엄교학에서만 강조된 것이 아니다. 『법계도기총수록』에 인용된 또 하나의 『남악관공기南岳觀公記』 중에는 십현연기十玄緣起에 대한 설이 소개되고 있는 것도 유의할 필요가 있다.

남·북악의 대립은 의상계義相系와 법장계法藏系의 오랜 갈등이 그 배경이 된 것으로 생각되지만, 남·북악 화엄교학의 차이를 구체적으로 밝힐 수 있는 자료는 없다. 특히 남악계의 저술이 거의 없기 때문이다. 물론 의상의 화엄교학과 법장의 그것과의 차이를 통해서 어느 정도는 짐작할 수 있을 것이다. 의상의 화엄교학이 실천적인 것임에 비해 법장의 그것은 현학적이라는 것이 일반적으로 알려져 있다.

Ⅷ. 맺는말

본 연구의 목적은 신라 화엄학승華嚴學僧의 인적人的·사상적思想的 계보 및 그 활동을 정리함으로써 신라 화엄사상의 역사적 변천 과정을 이해하기 위한 한 기초를 마련하려는 데 있었다.

지금까지 논의·검토된 것을 요약하는 것으로 결론을 삼고자 한다.

1-1. 의상義相은 귀국 후 화엄교학의 전교傳敎에 주력한 결과 신라 화엄종의 기초를 다졌고, 훗날 '신라화엄초조新羅華嚴初祖'로 불리게 되었다. 부석사 등 사찰의 창건과 제자 교육에 기울인 그의 노력은 교단적인 조직에 의한 전교라고 할 수 있다.

1-2. 종래에는 신라 화엄학의 주류를 의상계義相系, 비주류를 원효

계元曉系로 파악해 왔다. 그러나 필자는 의상계義相系와 비의상계非義相系로 구분해서 검토했다. 의상의 화엄사상과 원효의 그것이 뚜렷이 구별되지 않을 뿐만 아니라, 의상은 원효의 화엄학에 상당한 영향을 끼쳤기 때문이다.

2-1. 의상에게는 많은 제자가 있었지만, 십대제자로 대표된다. 의상 십대제자 중의 한 사람으로 알려진 의적義寂은 법상학자法相學者로 의상의 제자가 아니거나, 혹은 법상종에서 온 제자였을 것이다. 범체梵體는 의상의 직제자가 아니고 9세기 전반에 활약한 5세 제자다. 도신道身은 십대제자의 명단에서 빠져 있지만 의상의 중요한 제자였다.

2-2. 균여의 저서와 『법계도기총수록』에는 『도신장道身章』이 50여 회, 『지통기智通記』가 25여 회 인용되어 전한다. 이 책은 의상의 강의를 제자 도신과 지통이 각각 기록한 것이기에 의상 화엄사상의 연구 자료로 활용될 수 있을 것이다. 『양원화상기良圓和尙記』가 있었음도 확인되었다. 이것은 의상의 『법계도法界圖』에 대한 양원良圓의 주기註記일 것이다.

3. 종래에는 흔히 신림神琳을 의상의 직제자로 생각해 왔다. 그러나 3세기 중엽에서 후반에 이르는 시기에 활동한 그는 부석적손浮石嫡孫, 즉 의상의 제3세다. 그는 의상의 직제자 상원相元에게 배운 바 있고, 입당하여 융순融順을 만난 적이 있다. 부석사浮石寺, 월유사月瑜寺, 불국사佛國寺, 세달사世達寺 등지에서 화엄을 강의했다. 특히 부석사회浮石寺會에서는 1000여 명의 대중이 모일 정도로 성황을 이루었고, 세달사世達寺에는 그의 진영이 봉안되어 있었다. 신림이 신라 화엄사상사에서 차지하는 비중은 크다. 그의 문하에서 많은 제자들이 배출되었고, 그의 설은 훗날 화엄학에 많은 영향을 주었기 때문이다. 균여의 저술 및 『법계도기총수록』에는 그의 설이 30여 회 인용되어 전해지고 있다.

4-1. 신림의 문하에서 배출된 제자로 법융法融, 순응順應, 숭업崇業, 질응質應, 융수融秀, 대운 법사大雲法師 군君 등이 확인되었다.

4-2. 법융法融은 『십구장十九章』을 저술했다. 이 『십구장』에 대한 주석註釋을 저술한 균여均如는 이의 저자를 법융이라고 밝혔지만, 이미 균여 당시에 『십구장』은 범체梵體가 법융에게 친수하여 작석作釋했다는 설과 저자가 신림神琳으로 밝혀진 이본異本이 있었고, 또한 법융본法融本에도 융덕融德이란 존칭이 쓰인 등 문제가 있었다. 균여가 이에 대한 해답을 주지 못했기 때문에 최근에 『십구장』의 저자가 융불融昢이라는 또 다른 견해가 발표되었다. 『십구장』 중의 문답을 검토해 보면 신림과 법융, 법융과 그 제자 사이의 문답이 들어 있다. 필자는 법융의 강의를 들은 제자가 곧 범체梵體라고 생각한다. '범체梵體가 법융法融에게 친수親受하여 작석했다'는 설이 있었기 때문이다. 따라서 십구十句는 신림→법융→범체의 순으로 계승되면서 강의된 것이고, 범체가 이를 기록한 것으로 생각된다. 강주講主와 기록자에 따라 그 저자가 달리 표기될 수 있었던 예는 의상이나 균여의 경우에서 확인된다. 기록자를 저자로 하면 범체가 되겠지만, 균여의 설을 따라 『십구장』은 법융의 저서로 해둔다.

4-3. 숭업崇業은 훗날 당唐에 유학, 우두선牛頭禪을 익혀 귀국한 뒤 802년에 해인사를 창건했다.

5-1. 범체梵體, 융불融昢, 융질融質 등은 법융法融의 제자이거나 후배로서 9세기 전반으로부터 중엽에 활동했다. 범체는 법융의 강의를 기록하여 『십구장』을 유통시킨 바 있고, 질응質應으로부터 배우기도 했었다. 범체에게는 윤현潤玄이란 제자가 있었다. 융불은 『십구장』에 의해 자기의 견해를 피력한 저서를 낸 바 있다.

5-2. 900년을 전후한 시기의 해인사에는 현준賢俊, 정현定玄, 최치원崔致遠 등이 있었다. 현준과 최치원은 동문 관계에 있었다. 결언決言

또한 현준賢俊과 같은 계통의 인물로 생각된다. 이들은 다분히 법장法藏을 흠모하고 있었다. 최치원이 해인사에 머물던 10세기 초의 해인사에는 희랑希朗이 주석하고 있기도 했다.

6. 의상계義相系로 추측되는 화엄학승으로 논금論金, 윤형綸逈, 보해普海(解), 행원行遠, 영거靈炬, 체융體融, 사유思惟 등이 있었다. 이들의 행적은 알 수 없고, 다만 균여의 저술 및 『법계도기총수록』에 이들의 설이 1·2회 인용되어 있을 뿐이다. 논금論金은 부석사의 승려였고,[185] 윤형綸逈은 당唐에 갔다가 지엄의 오종해인五種海印을 신라에 전했다.[186]

7-1. 비의상계非義相系 신라 화엄승려로는 다음과 같은 경우가 있다.

법장法藏의 제자 승전勝詮과 심상審詳이 있었다. 심상은 일본으로 가 그곳의 화엄초조가 되었고, 승전은 귀국 후 갈항사를 창건, 돌무더기를 권속으로 하여 화엄을 강연했다. 승전의 화엄은 가귀可歸가 계승했었다.

7-2. 명효明皛, 견등지見登之, 표원表員 등이 남긴 화엄학 관계 저서가 현존하고 있는데 이들은 비의상계非義相系로 추측된다.

7-3. 오대산에서 진여원을 개창하고, 자장으로부터 비롯된 오대산 신앙을 더욱 신비화시키고 구체화시킨 보천寶川과 효명孝明, 그리고 천관산天冠山에서 9세기 초에 천관사天冠寺를 개창한 통령通靈, 9세기 전반에 신무왕神武王과 결탁했던 천관사의 홍진洪震 등도 비의상계非義相系로 생각된다.

7-4. 황룡사皇龍寺와 인연이 있었던 표원表員, 연기緣起, 법해法海, 지해智海, 그 밖의 원표元表, 범여梵如, 범수梵修 등도 마찬가지다.

8-1. 후삼국시대, 즉 10세기 전반 화엄교단 내의 남·북악 분열의 직

185 균여, 『釋華嚴敎分記圓通鈔』 권10(『한불전』 4, p.501b).

186 균여, 『十句章圓通記』 권하(『한불전』 4, p.63c).

접적인 계기는 정치적인 이유에 있었지만, 그 근본적인 원인은 의상계와 비의상계의 대립이었다. 희랑希朗을 중심으로 한 파를 북악北岳이라고 하고, 관혜觀惠의 법문을 남악南岳이라고 했기 때문이다. 북악은 의상계였고, 남악은 연기緣起가 창건한 화엄사를 근거로 한 비의상계였다.

8-2. 해인사海印寺에서 희랑希朗과 관혜觀惠가 분열·대립하기 전에도 이미 신라 화엄교단에는 갈등이 나타나고 있었다. 즉 의상계와 법장계法藏系의 갈등이 그것이다. 9세기 말부터 결언決言, 현준賢俊 등은 중국의 지엄智儼, 법장法藏 등의 은혜에 보답하기 위한 결사를 조직했고, 904년 최치원은 해인사에서 『법장화상전法藏和尙傳』을 썼다. 사학史學을 마종魔宗이라고 하고 승보僧譜를 믿지 않을 정도의 심각한 대립이 있었던 것이다.

8-3. 결국 의상계義相系와 비의상계非義相系의 대립인 남·북악의 분열은 넓은 의미의 의상계와 법장계와의 갈등이다.

8

8세기 화엄교학과 화엄사찰

/ 정병삼

〈선정 이유〉

• 정병삼, 「8세기 화엄교학과 화엄사찰」, 『한국사상과 문화』 제64권, 2012, pp.131~165.

선정 이유

이 논문은 8세기 통일신라의 화엄교학이 화엄사찰과 어떠한 연계성 속에서 형성되었고, 의상의 십대제자와 그 문도들에 의해 이루어진 구체적 공간이 화엄사찰이었음을 밝힌 점에 주목하여 선정하였다. 저자는 의상이 창도한 신라 화엄종이 7세기 후반부터 8세기 전반까지 직제자들이 중심이 되어 부석사를 무대로 신라 화엄사상의 정립과 해석을 통한 교학 연마에 매진했다고 밝히고 있다.

저자는 북악 부석사에 주석했던 의상 초기의 교학 분위기를 이끌어 오척신五尺身과 같은 신라 화엄 특유의 개념에 대한 논의를 이끈 표훈表訓과 진정眞定, 의상의 강의를 필록한 도신道身의 『도신장』과 지통智通의 『추동기』, 의상과 선배 도반들의 사상을 제자에게 전수하여 화엄사상 전승의 중요한 역할을 한 상원相元, 의상의 『일승법계도』에 대한 주석서로서 법성에 대한 논의를 담고 있는 『양원화상기』를 지은 양원良圓 등의 6인을 비롯해 오진悟眞, 진장眞藏, 도융道融, 능인能仁을 포함한 10대제자의 개념이 신라 말부터 생겨났음을 밝히고 있다.

특히 부석사는 8세기에 신림神琳이 활동하며 신라 화엄의 주요 개념을 강의하며 의상의 사상 전통을 계승하고, 신라 화엄사상을 체계화하여 화엄종찰을 이루었다고 보았다. 의상은 당나라에 다녀오기도 하고 중국 화엄도 수용하였다. 부석사는 신림에 이어 제자들이 계승하며 의상 화엄사상의 적통을 확립하였다고 하였다. 그는 한편으로는 불국사佛國寺, 월유사月瑜寺, 세달사世達寺 등에서 화엄을 강의하여 화엄 사찰의 터전을 확대하였다. 화엄사는 8세기 중반에 대찰로 등장하며 그 중심에 화엄과 기신을 병행하며 새로운 사상 경향을 선도한 연기緣起가 있었다고 밝히고 있다. 그는 엄정한 절차와 방식에 따라 80『화엄경』의 사경寫經을 이루었고, 화엄사 장륙전에는 신라 전통의 60『화엄경』을 석경石經으로 만들어 새겼다고 보았다.

또 9세기 화엄사에서 활동한 것으로 보이는 남악 영관南岳靈觀은 신라 전통 화엄의 주요 개념을 서술하고 의상 화엄의 중심 사상을 계승하면서 법장의 사상도 중요하게 수용하여 연기緣起와 상통하는 영향을 보였으며, 이것이 남악 화엄사의 사상적 경향이었다고 하였다.

이처럼 남악과 북악의 교리적 차이는 근본적인 토대는 크게 다르지 않고, 당 화엄의 수용 정도에 따른 포용성의 차이로 추정된다고 밝히는 지점에서 이 논문의 의미와 학문적 가치를 찾을 수 있다.

머리말

의상義相이 펼치기 시작한 화엄사상華嚴思想은 통일신라 불교 사상의 중핵을 이루면서 불교학의 전개를 선도하였다. 의상은 화엄사상의 핵심을 체계화한 『일승법계도一乘法界圖』를 저술하고, 이 사상적 바탕 위에서 부석사浮石寺와 태백산 일대를 중심으로 지속적으로 화엄을 강의하여 많은 문하제자를 양성하고 교단敎團을 형성하였다. 이후 화엄학은 신라 교학의 중심이 되어 면면히 계승되었는데, 그 중추를 담당한 인물로 의상의 뛰어난 제자들인 십대제자十大弟子 혹은 십성十聖을 들고, 이들의 활동의 터전으로 의상 문손門孫들이 건립한 화엄십찰華嚴十刹을 꼽는다.

십대제자들 중 중앙 교계에서 활동한 인물은 분명하지 않다. 현존하는 기록을 통해 확인되는 십대제자들의 행적은 주로 의상의 사상을 계승 연마한 논서論書 중에 단편적으로 등장하는 것이 대부분이다.[1] 의상이 활동한 7세기 후반부터 직제자들이 중심이 된 8세기 전반까지 화엄의 주된 활동은 신라 화엄사상의 정립과 해석을 통한 교학 연마가 우선이었다. 표훈表訓과 진정眞定, 도신道身과 지통智通, 상원相元과 양원良圓 등은 의상의 강의를 듣고 이에 대한 자신의 견해를 남긴 이들이다. 이들은 부석사 창건 이전에 이루어졌던 왕경의 황복사皇福寺 강의

1 金相鉉, 「新羅華嚴學僧의 系譜와 그 活動」, 『新羅文化』 1, 1984(『新羅華嚴思想史研究』, 1991, pp.53~74).

를 제외하면 모두 부석사와 소백산, 태백산 일원에서의 강의와 관련된 기록을 남겼다.

이에 비해 화엄십찰은 신라 전역의 중요한 지역에 널리 분포되어 있다. 그리고 이들 십찰이 교학이나 교단 활동으로 전면에 부상하는 것은 시기적으로 일정한 차이를 보인다. 7세기의 부석사를 시작으로, 8세기 중반에 화엄사華嚴寺가 유력 사찰로 등장한다. 그리고 9세기 초반에 해인사海印寺가 등장하고, 9세기 후반에 핵심적인 십찰의 면모가 이루어져 화엄십찰의 전승이 정착된 것으로 보인다.[2]

십대제자가 신라 화엄사상의 정립과 전개를 보여 주는 사상적 지표의 분석 대상인 데 비해, 십찰은 신라 화엄종의 형성과 확대의 고찰 대상이 된다. 따라서 십찰의 시기적 변화상을 분석하는 것은 신라 화엄종의 활동 양상을 살펴보는 것이 된다. 그러나 화엄십찰의 형성 과정은 명확하게 밝히기 어려워 아직 구체적인 고찰이 이루어지지 않았다. 십찰 중에는 그 위치를 짐작할 수 없는 것도 있다. 십찰 중에서 확인 가능한 사찰의 개창 상황과 사상적 경향을 추적하는 작업은 신라 화엄의 전개 양상을 알 수 있는 하나의 지표가 될 수 있다.

이런 관점에서 볼 때 신라 화엄교단의 전개 양상은 화엄 승려들의 교학 내용과 화엄 사찰의 확대, 그리고 신앙 활동 등 당대 사회와의 연관관계를 종합적으로 살펴보아야 그 진정한 의미를 파악할 수 있다. 따라서 십찰은 8세기의 부석사와 신림神琳의 교학 활동, 화엄사와 연기緣起의 교학과 『화엄경』의 사경寫經 및 석경石經 사업, 9세기의 해인사 등으

---

2 십찰을 처음 기록한 것은 崔致遠이 지은 「法藏和尙傳」으로, 海東華嚴大學의 十山 12곳을 들었다(崔致遠, 「唐大薦福寺故寺主翻經大德法藏和尙傳」, 『한불전』 3-775하). 이를 토대로 화엄십찰이 성립된 시기는 해인사가 창건된 802년 이후 「법장화상전」이 찬술되는 904년 사이로 추정한다(金相鉉, 『新羅華嚴思想史研究』, 1991, p.85).

로 시기를 구분지어 살펴보아야 하며, 십찰에 거명되지 않는 화엄교학 전승 사찰의 존재와 그 의미에 대한 검토도 병행되어야 한다.

이 글은 화엄십찰의 형성 과정을 화엄교학의 전개 과정과 연관하여 살펴보고자 하려는 글의 일환이다. 그 일차 분석으로 7세기 의상의 화엄학 강의와 8세기 부석사와 화엄사의 화엄학 전승과 변화상을 살펴보고자 한다. 이 글은 법융法融 등에 의해 전개된 9세기 화엄학의 다양한 전개와 해인사의 활동 등을 고찰하려는 글과 함께 화엄십찰 전개의 한 부분을 이루게 될 것이다.

1. 십대제자와 전교십찰傳敎十刹

의상義相(625~702)은 『일승법계도一乘法界圖』의 저술을 통해 화엄사상을 체계화하고 신라 불교철학의 정립에 공헌하였다. 의상은 지속적으로 화엄을 강의하여 문도들의 교학 이해를 북돋우고 부석사 중심의 신앙 활동으로 화엄종을 열어 실천적인 교단활동을 전개하였다.[3]

---

3 정병삼, 『의상 화엄사상 연구』, 1998, 서울대 출판부. 宗派(宗團)의 형성에 대해서는 여러 가지 이론이 있다. 교학·의식·신앙의 지표를 중심으로 한 7세기 신라 성립설(蔡尙植, 「한국 중세불교의 이해방향」, 『考古歷史學志』 9, 1993, 등), 僧政의 확립을 토대로 한 고려 성립설(許興植, 『高麗佛敎史硏究』, 1986, 一潮閣. 許興植, 「사회와 사상(종교)으로 본 한국사의 시대구분」, 『震檀學報』 71·72, 1991) 등)이 그 대표적인 것이다. '종파' 형성에 대해서는 그 개념에 대한 논의가 먼저 이루어져야 한다. 인도에서 수용된 다양한 불교 중에서 자신이 핵심임을 추구하는 관점에서 敎判·교학의 중추인 經宗·사회집단으로서의 衆의 세 가지 면에서 중국 특유의 종 관념이 형성되었다.(眞野正順, 『佛敎における宗觀念の成立』, 1962, p.233) 중국의 대표적인 天台宗이나 華嚴宗을 볼 때 智顗나 杜順, 智儼 등 창시자는 물론 완성기인 灌頂이나 法藏 단계에서는 천태종·화엄종의 명칭이 사용되지 않았고, 이보다 후대인 당 후기에 나타나는 것임에도 지의나 지엄을 천태종·화엄종 조사로 보는 데 이견이 없다. 일

의상은 문도 양성에 진력하여 여느 승려보다도 많은 제자들을 배출하였다. 그중에 먼저 표훈表訓이 있다. 670년경에 귀국한 의상은 자신의 출가 본사이기도 했던 황복사皇福寺에서 674년에 화엄을 강의하면서 자신이 체득해 온 새로운 화엄사상을 전파하였다. 이때의 강의에는 표훈表訓과 진정眞定 등 10여 명이 참여하였다.[4] 『일승법계도』를 강의한 이 자리에서 '부동의 내 몸이 곧 법신 자체'라는 문제에 대해 제자들의 관심이 제기되었다. 제자들의 물음에 의상이 4구게를 지어 답하자 표훈은 오관석五觀釋, 진정은 삼문석三門釋을 제시하여 의견을 밝혔고, 의상은 이를 인정하며 법계도시 30구에 배당하여 설명하였다. 또 표훈은 진정의 삼문석을 사문석四門釋으로 수정하기도 하였다. 이는 의상이 귀국한 지 얼마 안 된 시점에 의상의 새로운 화엄사상 저술인 『일승법계도』에 대한 강의와 제자들의 이해가 상당한 수준으로 이루어지고 있었고, 문도 조직이 형성되기 시작했음을 의미한다. 제자들 사이에서 교학의 이해에 대한 견해 차이가 이미 존재했다는 것도 드러난다. 그리고 이 기록은 표훈과 진정이 의상 문도 중 가장 선배에 속한다는 것을 암시하기도 한다.

또 표훈이 의상에게 '무주無住'에 대해 질문하자 의상은 범부의 오척신五尺身이 삼세에 부동한 것이 무주라고 답했는데,[5] 이는 의상 화엄사상의 중심을 이루는 매우 중요한 특징적인 개념이다. 이처럼 의상 화엄

본에서는 751년에 율종 등 종명이 사용되기 시작하였다.(石田茂作, 『寫經より見たる奈良朝佛教の研究』, 1930, p.68) 이를 고려할 때 당시에 종파 명칭을 직접 사용했는지보다는 일정한 역할을 한 교단 활동이 있다면 이를 종파 성립으로 보아야 한다고 생각한다. 이런 관점에서 사상적 지표가 명확하고(화엄사상), 교단 활동의 근거가 뚜렷하며(부석사), 미타 관음신앙을 믿는 신앙집단이 존재한 신라 화엄은 '화엄종'으로 보아야 한다.

4 『法界圖記叢髓錄』 상1, 『한불전』 6-775중.

5 『法界圖記叢髓錄』 상1, 『한불전』 6-776상.

사상의 핵심 개념이 표훈과의 문답을 통해 전승된 것은 표훈이 의상 화엄사상을 빠르게 이해했던 초기의 중요한 제자였음을 말해 준다. 표훈은 화엄의 중요 개념인 '해인海印'과 '보현행원普賢行願'에 대해서도 의견을 남겼다.[6] 그리고 황복사에서 각간 대정大正의 요청으로 대중에게 불화엄정佛華嚴定·해인정海印定·사자분신정師子奮迅定의 3본정三本定에 대해 강의하기도 하였다.[7] 표훈은 9세기에 흥륜사興輪寺 금당의 십성十聖으로 꼽혀 숭배되었다.[8]

진정眞定은 본래 군인이었는데 품을 팔아 곡식을 얻어 연명할 만큼 가난한 기층민 출신이었다.[9] 황복사 강의에 참여하여 의견을 개진했던 진정은 '십번인연十番因緣'을 해석하면서 삼생멸석三生滅釋으로 이해하여 오생멸석五生滅釋을 보인 표훈과 차이를 보이기도 하였다. 법신설에 이어 인연 해석에서도 진정은 표훈과 다른 관점을 보였는데, 이는 의상 문도들 사이에서 여러 관점이 다양한 주제를 두고 전개되었음을 보여 준다. 진정은 지통과 함께 태백산 대로방大蘆房에서 의상의 강의를 들었는데, 화엄성불론인 십불十佛을 깨치려는 안목이 『화엄경』에서 이루어져야 함을 문답 강의로 들었다.[10] 지통이 문도 중 소장층에 든 것을 고려하면, 진정은 장년층과 지통, 상원 등 소장층을 연계해 주는 역할을 했던 것이 아닌가 생각된다. 이와 함께 같은 문도인 상원相元이 의상 화엄의 핵심 개념인 '무주無住'에 대해 묻자 이에 대해 자세하게 답변해

---

6 均如, 『旨歸章圓通鈔』 하, 『한불전』 4-127하.

7 均如, 『十句章圓通記』 하, 『한불전』 4-63상.

8 표훈을 의상의 제자이면서 760년대의 불국사 창건과 관련된 인물로 보자면 생존 연대가 너무 길어 맞지 않으므로 표훈이 황복사에 있었다는 上元元年을 760년으로 보고 의상의 직제자가 아닌 법손으로 보는 견해도 있다.(金福順, 『한국 고대불교사 연구』, 2002, pp.133~138)

9 『三國遺事』 권5, 孝善 眞定師孝善雙美.

10 『法界圖記叢髓錄』 하2, 『한불전』 6-834중.

주는 기록을 남기고 있기 때문이다.[11]

진정은 불교의 사회관과 관련하여 중요한 행적을 남겼다. 출가 전에 노모를 봉양하고 살던 진정은 모친의 사후 출가를 원했으나 당장 출가하라는 모친의 권유에 따라 의상 문하에 가서 수학하였다. 3년 후 모친상을 전해 듣고 진정은 7일 동안 입정入定하고 일어나 의상에게 사실을 알렸다. 의상은 그를 위해 소백산 추동錐洞에서 90일 동안이나 화엄대전華嚴大典을 강의해 주었고, 이때 지통이 이를 기록하여 『추동기錐洞記』를 지었다. 강의를 마친 날 밤에 모친이 진정의 꿈에 나타나 이제 천상에 왕생했노라 하였다고 한다.[12] 이 사실은 고려 때 일연이 『삼국유사三國遺事』를 편찬하면서 효선쌍미孝善雙美의 대표적인 예로 엮을 만큼 출가자의 효에 대한 실천을 명확하게 해준 중요한 사례로 전승되었다.

의상은 676년에 태백산에 부석사浮石寺를 창건하여 화엄의 근본도량을 이루었다.[13] 이후 의상은 부석사를 중심으로 태백산과 소백산의 곳곳에 거처를 마련하고 제자들과 화엄을 연마하였다. 앞서 든 진정과 지통이 태백산 대로방大蘆房에서 의상의 강의를 들은 것이 그 대표적인 예이다. 제자들은 의상의 강의를 듣고 각자 이를 필록筆錄한 기록을 남겼다. 도신의 『도신장』과 지통의 『추동기』가 그 대표적인 예이다. 문도들은 강의 필록과 함께 의상의 주저인 『일승법계도』에 주석을 베푼 양원의 경우처럼 『법계도기』를 저술하기도 하며 의상의 화엄사상을 계승 발전하는 데 노력하였다.

도신道身이 의상의 강의를 기록한 『도신장道身章』(『一乘問答』)은 이후 의상의 문손門孫들에게 가장 널리 읽히는 저술이 되었다. 『일승법계도』

11 『法界圖記叢髓錄』 상1, 『한불전』 6-777상.
12 『三國遺事』 권5, 孝善 眞定師孝善雙美.
13 『三國史記』 권7, 文武王 16년 春二月 高僧義相 奉旨創浮石寺.

주석서를 모은 『법계도기총수록』에 11회, 균여均如의 저술에 모두 40여 회 인용된 것이 이를 말해 준다. 『도신장』을 통해 도신의 사상 경향은 비교적 구체적으로 알 수 있지만, 그가 의상의 다른 문도와 교유한 기록은 찾기 어렵다.

일미진一微塵에 시방세계를 포함하고 여러 법상이 무주無住이기 때문에 하나에 융섭된다는 의상의 융섭 논리를 계승한 도신의 사상은 삼성三性을 하나로 파악하는 법화의 동교일승적 경향을 지녔다. 법화동교를 화엄동교와 회통하려 한 도신의 사상은 의상의 문도들에게는 전승되지 못하고 융섭적인 논리를 강화한 균여의 사상 속으로 흡수된 것으로 평가된다.[14]

지통智通이 기록한 『추동기錐洞記』는 『도신장』과 쌍벽을 이루는 중요한 저술이다.[15] 『법계도기총수록』에 5회, 균여의 저술에 모두 20여 회 인용되었다. 지통은 귀족의 가노家奴 출신으로[16] 661년에 7살의 어린 나이로 보현신앙을 얻고 낭지朗智에게 출가하여 수학하다 의상의 제자가 되었다. 지통은 부석산浮石山 40일회 강의에서 의상의 일승십지一乘十地에 대한 강의를 들었다. 강의가 끝나자 지통은 상원과 함께 각자 그 의미를 이해했다고 생각하고 자신들이 이해한 바를 의상에게 말했는데, 의상은 이들의 이해가 바르지 않다고 하며 이를 교정해 주기도

14 김두진, 『신라 화엄사상연구』, 2002, pp.106~109.

15 義天은 『新編諸宗敎藏總錄』(『한불전』 4-682상)에서 쌍벽을 이루는 이 두 저서에 대해 상세히 설명하였다. 이에 따르면 『要義問答』 2권은 僧傳에서 『錐穴問答』이라 하는 것으로 智通이 지은 것이며, 『一乘問答』 2권은 승전에서 『道身章』이라 하는 것으로 道身이 지은 것이다. 이는 『송고승전』 의상전에서 말한 것처럼 결집에서 기록한 것 중 제자에 따라 이름한 것이 『道身章』이고 처소에 따라 이름한 것이 『錐穴問答』이라고 한다. 의상과 제자들의 문답을 수록하고 있는 『自體佛觀論』도 의상의 제자가 기록한 『일승법계도』의 주석서로 추정된다(金相鉉, 앞의 책, pp.46~47).

16 『三國遺事』 권5, 避隱 朗智乘雲普賢樹.

하였다.[17] 태백산 미리암彌理岩 굴에서 화엄관華嚴觀을 수행하던 지통은 돼지가 굴 앞을 지나는 것을 계기로 삼세일제三世一際의 깨달음을 얻어 의상으로부터 인정받고 법계도인法界圖印을 전수받기도 하였다.[18] 지통은 특히 소백산 추동에서 의상이 강의했던 화엄사상을 정리하여 『추동기錐洞記』(『要義問答』)를 남겼는데, 성기性起 사상을 강조한 『화엄경문답華嚴經問答』이 이 『추동기』의 이본異本으로 추정되고 있다.[19]

의상 제자들의 정리 기술은 우리말식 향언鄕言으로 되어 있었다.[20] 향언의 기록은 당시의 생동하는 현장감을 느낄 수도 있지만, 균여가 동일한 자료를 다른 글자로 표기 인용한 데서 보듯이 한자화하는 과정에서 자구字句에 차이가 나타나는 문제도 있다.

신라 화엄 관련 기록 중에서 가장 질문을 많이 던진 것으로 기록된 이는 상원相元이다. 상원은 스승인 의상은 물론 선배인 진정에게도 교학에 대해 문의하였다. 이는 상원이 소장층 제자였고, 그 중에서도 교학 이해에 관심이 많았음을 짐작하게 한다. 상원은 의상에게 의상 화엄사상의 핵심 개념 중 하나인 일중십一中十 십중일十中一의 구체적인 교학에 대해 물어 의문을 해결하였다.[21] 상원은 또 의상에게 '일미진중함시방一微塵中含十方' 구절과 관련한 질문을 던져 무주無住의 대소大小

---

17 『法界圖記叢髓錄』 상2, 『한불전』 6-809상.

18 均如, 『旨歸章圓通鈔』 하, 『한불전』 4-139하.

19 金相鉉, 「錐洞記와 그 異本 華嚴經問答」, 『韓國學報』 84, 1996.(『신라의 사상과 문화』, 1999, pp.338~353). 김상현 교감번역, 『교감번역 화엄경문답』, 2013, 씨아이알.

20 義天은 『新編諸宗敎藏總錄』(『한불전』 4-682상)에 『要義問答』과 『一乘問答』이라는 제목으로 수록하고, 細注에서 당시의 集者가 文體에 능숙하지 못해서 비야한 方言으로 어지럽게 했다 하고, 앞으로 마땅히 윤색해야 하리라고 덧붙이고 있다. 고려 후기에 李藏用(1201~1272)은 『錐洞記』를 潤色하였다.(『高麗史』 권102, 列傳, 李藏用).

21 均如, 『十句章圓通記』 상, 『한불전』 4-49상. 이 질문은 다음 세대인 神琳과 法融 사이에도 그대로 제기되었다고 한다.

개념에 대해 상세한 문답을 남겼다.[22] 그리고 교판과 관련된 동교同敎와 별교別敎의 단혹斷惑에 대한 기록도 남겼다.[23] 또한 동문 선배인 진정에게도 무주無住에 대해 질문하여 의문을 풀기도 하였다.[24] 상원은 또 신림神琳에게 의상의 교학을 전수하여, 신림이 부석적손浮石嫡孫의 교학을 확립하는 토대를 제공하기도 하였다.[25] 상원은 스승 의상을 계승하여 다음대인 신림에게 전수함으로써 신라 화엄교학 전개의 중요한 디딤돌 역할을 하였던 것이다.

양원良圓은 의상의 『일승법계도一乘法界圖』에 대한 주석서로 추정되는 『양원화상기良圓和尙記』를 지었다.[26] '법성法性'에 대한 논의를 담고 있는 이 저술은 신라 말에 법융法融과 진수眞秀 등의 주석서를 모아 엮은 『법계도기총수록法界圖記叢髓錄』에는 누락되었지만, 오히려 의상의 3세 법손에 해당하는 법융보다 앞서는 의상 직제자의 기록이라는 중요한 의의가 있다. 양원은 설법 중의 '유정有情'과 관련한 강의에서 답변을 했던 기록도 남겼다.[27]

오진悟眞은 안동 하가산下柯山 골암사鶻嵒寺에 주석하며 밤마다 팔을 뻗어 부석사의 등을 켰다는 설화를 남겼다.[28] 의상 문도가 활동 범위를 조금 넓힌 예이다. 그는 또 699년에 범수梵修가 당에서 가져온 신역 『화엄경』의 품수가 39품인 이유를 당의 요원了源 화상에게 묻기도 하였다.[29]

---

22 『法界圖記叢髓錄』 상1, 『한불전』 6-780하.
23 均如, 『敎分記圓通鈔』 5, 『한불전』 4-389하.
24 『法界圖記叢髓錄』 상1, 『한불전』 6-777상.
25 『法界圖記叢髓錄』 상2, 『한불전』 6-805상. "於是林德 擧此二義 就問相元 元曰 俱非和尙之意."
26 均如, 『一乘法界圖圓通記』 상, 『한불전』 4-7중.
27 均如, 『旨歸章圓通鈔』 상, 『한불전』 4-116상.
28 『三國遺事』 권4, 義解 義湘傳敎.
29 均如, 『旨歸章圓通鈔』 상, 『한불전』 4-120상.

새롭게 완역된 신역『80화엄』을 알고자 당에 문의하는 것은 신라 화엄이 새로운 변화에 깊은 관심을 가졌음을 말해 준다.

의상 문하의 문도를 대표하는 십대제자十大弟子는 열 명의 뛰어난 제자를 지칭한다. 그러나 위에 든 제자 외에 나머지는 행적이나 교학 관련 기록을 남기지 않아 활동 상황을 알 수 없다. 십대제자를 지칭하는 표현은 의상 화엄을 계승한 고려 초의 균여均如(923~973)가 거명한 십성十聖이 최초이다.[30] 여기서 일컫는 십대제자가 반드시 열 명의 제자를 지칭하는 것은 아니다. 10이라는 숫자는 부처의 10대제자 개념을 떠올리게 하며 동시에 충만된 수라는 뜻과 함께 십지 등 화엄 실천도와 십현문十玄門 등 화엄철학의 골격을 이루는 수 개념으로 화엄에서 널리 사용된 데서 연유한 것으로 추정된다.[31]

최치원은 「법장화상전」에서 진정眞定·상원相圓·양원亮元·표훈表訓의 4영四英을 들고, 의상이 법장이 보내온『탐현기』를 이 네 제자에게 나누어 강의하도록 하였다고 전하고 있다.『송고승전』에서는 뛰어난 제자로 지통智通·표훈表訓·범체梵體·도신道身의 넷을 들었다. 그리고『삼국유사』에서는 십대덕十大德으로 오진悟眞·지통智通·표훈表訓·진정眞定·진장眞藏·법융道融·양원良圓·상원相源·능인能仁·의적義寂을 열거하였다.[32] 이들을 모두 헤아리면 12명이 되지만 이중에는 의상의 4대손 제자가 되는 범수梵體가 끼어 있기도 하다. 의적義寂은 화엄교학에 대해 질문하였다는 기록과 '법상에서 왔다'는 표현을 고려할 때[33] 화엄에 많

---

30 均如,『旨歸章圓通鈔』下,『한불전』4-139하. "新羅僧智通 乃相德十聖弟子之一也."

31 실제로『三國遺事』,「義湘傳教」와『宋高僧傳』그리고「法藏和尙傳」에서 들고 있는 제자들을 살펴보면 12인이 된다.

32 이들 상호간에는 표기의 차이가 있고,『法界圖記叢髓錄』의 표기와도 차이가 있다. 문손들의 표기를 중시하여 이에 따른다.

33 義寂은 '從法相來'했다고 한다(均如,『教分記圓通鈔』권1,『한불전』4-257상).

은 관심을 가졌던 유식唯識 승려로 보는 것이 타당하다.

범체와 의적을 제외하면 표훈表訓·진정眞定·도신道身·지통智通·상원相元·양원良圓·오진悟眞·진장眞藏·도융道融·능인能仁 등이 의상의 중심 제자로 남게 된다. 이들 중 양원까지의 6인은 교학 활동이 뚜렷하고 오진도 행적에 대한 기록이 있으나 진장·도융·능인의 3인은 행적에 대한 기록이 전혀 없어 그 활동상을 추적할 수 없다.

10인 중 6인의 활동이 의상의 강의와 연관된 저술 활동을 전개했던 것이 공통된 점이다. 이는 의상 10대제자의 성격이 교학을 중심으로 이루어진 것임을 짐작하게 한다. 제자들이 문답과 같은 밀도 있는 교학의 연찬 과정을 통해 『일승법계도』 사상을 종문宗門의 정통으로 삼으면서[34] 신앙을 실천하고 화엄관을 수행하며 화엄 교단을 이끌어 간 면모가 십대제자를 통해 수립된 것이다. 오진만이 골암사라는 다른 사찰에서 활동한 면모를 보여 주나 부석사와 깊은 연관성을 추정하게 할 뿐 사찰의 규모나 교단에서의 위상을 헤아릴 수 없어 교단 활동과 연관된 의미를 찾기 어렵다.

이러한 교학 중심의 문도 활동상은 만년의 기록에서도 확인된다. 의상은 법장이 『교분기敎分記』와 『기신소起信疏』 그리고 미완성인 『탐현기探玄記』 등 그의 주저主著 7부를 의상에게 보내며 검토해 주도록 하자[35] 한 달 남짓 검토한 끝에 제자들에게 이 저술들을 널리 펴도록 했다. 특히 『탐현기』는 진정眞定·상원相元·양원良圓·표훈表訓에게 나누어 강의하도록 하였다. 의상 강의를 필록한 대표적인 제자인 도신과 지통이 모

34 『法界圖記叢髓錄』에는 의상과 제자들 사이에 행해진 교학 문답이 여러 곳에 실려 있다. 相元과의 시방세계 문답, 表訓·眞定과의 法身에 대한 문답, 表訓과의 無住 문제, 相元·智通과의 十地 문제, 眞定·智通과의 十佛 문제 등이 대표적인 예이다.

35 法藏, 「賢首國師寄海東書」, 『圓宗文類』 권22, 『한불전』 4-635하~636상.

두 제외된 것이 특이하다.

중국 화엄사상을 집대성한 법장法藏의 교학은 의상의 지향을 통해 신라 화엄에 일정하게 수용되었다. 의상의 손제자인 신림神琳이 『교분기』를 강의하고, 질응質應과 순응順應이 『기신론』을 강의한 것이 이를 말해 준다. 의상은 법장의 화엄사상을 특유의 관점에 따라 수용하였는데, 『교분기』를 진정과 지통에게 검토하게 하고, 그 구성 중에서 소전차별所詮差別과 의리분제義理分齊 항목의 순서를 바꾸어 문도들에게 익히도록 함으로써 원래 법장의 편차(일본 전승의 錬本)와는 다른 전승본(일본 전승의 草本)이 신라 화엄종에서 계승되도록 하였던 것은 이런 사정을 말해 준다.[36]

의상은 화엄종단에 들어온 모든 문도들을 당시의 엄격한 신분제 사회 분위기와는 달리 평등하게 포용하였다. 의상 자신은 귀족 출신이었으면서도 그의 제자 중에는 기층민 출신의 승려들이 활발하게 활동하여 의상 교단의 중심인물이 되었다. 고용 생활을 했던 진정이나 노비였던 지통과 같은 이들이 중심인물이 될 수 있었던 것은 의상이 교단 내에서 신분의 평등을 견지하였기 때문이었다. 교단 내에 한정되기는 하지만 평등한 신분의식을 관철한 데에 의상이 지향했던 당대의 적극적인 사회의식이 살아 있다.

의상이 창도한 화엄종단은 이와 같은 새로운 사상적 경향을 선도하였다. 그리고 부석사는 왕경이 아닌 지방에 자리를 잡았다. 서울에서 멀리 떨어진 지방에서 새로운 문화적 소양을 싹트게 한 의상의 교단 활동은 지방문화를 배양해 냈다는 의의를 갖는다.

의상 전교활동의 왕성함을 말해 주는 자료로서 십대제자十大弟子와

---

36 均如, 『敎分記圓通抄』 권1, 『한불전』 4-245상.

병칭되는 것이 전교십찰傳教十刹이다. 십찰은 십대제자보다 그 유래와 구체적인 면모를 파악하기 어렵다. 십대제자와 마찬가지로 전교십찰 역시 자료에 따라 서로 다른 내용을 보이고 있다. 『삼국유사』에는 십찰十刹이라 했지만 부석사浮石寺·비마라사毘摩羅寺·해인사海印寺·옥천사玉泉寺·범어사梵魚寺·화엄사華嚴寺의 여섯 사찰만을 들었고,[37] 최치원崔致遠이 지은 「법장화상전法藏和尙傳」에는 십산十山이라 했지만 미리사美理寺·화엄사華嚴寺·부석사浮石寺·해인사海印寺·보광사普光寺·보원사普願寺·갑사岬寺·화산사華山寺·범어사梵語寺·옥천사玉泉寺·국신사國神寺·청담사靑潭寺의 12개 사찰을 거명하였다.[38] 거론된 사찰은 모두 13개이다. 「법장화상전」이 904년에 찬술되었기 때문에 전교십찰傳教十刹 곧 화엄십찰華嚴十刹의 성립 시기는 해인사가 창건된 802년 이후부터 904년 사이로 추정되고 있다.[39] 즉 9세기 후반에 형성된 것으로 추정된다.

두 자료에 모두 거명된 십찰은 부석사·해인사·옥천사·범어사·화엄사의 5개 사찰뿐이다. 『삼국유사』에만 등장하는 사찰은 비마라사이고, 「법장화상전」에만 등장하는 사찰은 미리사·보광사·보원사·갑사·화산사·국신사·청담사의 7개 사찰이다.

『삼국유사』에 거명된 6개의 사찰은 십찰에 전교傳教토록 하였음을 밝히고 있는데, 전교십찰傳教十刹의 지칭이 여기에서 비롯되었다. 이에 비해 「법장화상전」에 등장하는 사찰은 모두 12개인데 '해동 화엄의 대

37 『三國遺事』 권4, 義解 義湘傳教. "湘乃令十刹傳教 太伯山浮石寺 原州毗摩羅伽耶之海印 毗瑟之玉泉 金井之梵魚 南嶽華嚴寺等是也."

38 崔致遠, 「唐大薦福寺故寺主翻經大德法藏和尙傳」, 『한불전』 3-775하. "誘令一國 學遍十山의 각주: 海東華嚴大學之所 有十山焉 中岳公山美理寺 南岳知異山華嚴寺 北岳浮石寺 康州迦耶山海印寺 普光寺 熊州迦耶峽普願寺 雞龍山岬寺括地志所云雞藍山是 朔州華山寺 良州金井山梵語寺 毘瑟山玉泉寺 全州母山國神寺 更有如漢州負兒山靑潭寺也 此十餘所."

39 金相鉉, 앞의 책, 1991, p.85.

학지소大學之所'라는 표현을 사용하여, 전교傳敎와 같은 의미를 부여하였다.

13개의 십찰 중에서 현재 그 위치와 규모를 명확하게 파악할 수 있는 것은 채 반이 되지 않는다. 종찰 부석사와 화엄사 및 해인사가 신라 화엄의 중심 역할을 유지하였고, 보원사·갑사·범어사·옥천사·국신사는 대찰의 규모였음을 짐작할 수 있다. 비마라사·화산사는 사지寺址만 추정되며, 청담사·미리사·보광사는 대강의 위치도 확인하기 어렵다.[40]

갑사岬寺는 현재 남아 있는 철당간鐵幢竿이 신라 말의 것으로 추정되므로 9세기까지는 대찰이 이루어졌던 것을 추측할 수 있다. 그리고 고려시대에는 균여계 화엄학이 전수되어온 곳임이 확인된다. 균여가 강의한 『십구장원통기』를 그의 문인인 담림曇林이 받아 적은 기록이 갑사에 전해 내려왔는데, 천기天其가 1226년에 이를 찾아내어 방언을 없애고 잘못된 부분을 고쳐 간행하였다는 기록이 있기 때문이다.[41]

범어사梵魚寺는 사적기에는 신라 흥덕왕 때인 835년에 의상이 창건하였다고 하였으나 이때는 의상 사후 133년이 되는 해이다. 이는 범어사가 이전에 소규모의 사찰이 있었다 하더라도 현존하는 규모의 사찰은 9세기 전반인 흥덕왕 대에 중창되었음을 말해 준다.[42] 옥천사玉泉寺는 676년에 의상이 창건하였다고 하나 창건 사적이 명확하지 않다. 국신사國神寺는 현재는 귀신사歸信寺로 이름이 바뀌었는데, 철감澈鑑 선사 도윤道允(798~868)이 816년에 이곳(鬼神寺)에서 승려가 되어 화엄을 수학하였다 하므로[43] 9세기 이전에 대찰로 등장한 것으로 보인다.

---

40 2008년에 서울시 은평구 진관내동 북한산 자락에서 '青潭寺' 명문이 있는 기와를 수습하였으나 사찰 규모가 너무 작다.

41 『十句章圓通記』 하, 跋文, 『한불전』 4-81중.

42 채상식, 빛깔있는 책들 『범어사』, 1994, pp.10~11.

43 『祖堂集』 권17, 雙峰和尙.

보원사普願寺는 삼국시대 말기의 금동불상이 출토되어 일찍부터 사원이 경영되어 왔음을 알 수 있는데, 광자廣慈 대사 윤다允多(864~945)가 이곳에서 구족계를 받은 관단官壇이 있던 주요 사찰이었다.[44] 보원사는 고려 초기 광종 대에 국사로 활약한 화엄종 승려 탄문이 주석하던 주요 화엄 사찰이었다.[45]

비마라사毘摩羅寺는 추정되는 곳이 두 곳이다. 하나는 원주시 봉산동 일대이다.[46] 넓게 펼쳐진 대지에 남쪽에 당간지주가 남아 있는데, 영주 숙수사지나 부석사 당간지주와 비교되는 신라시대의 유물로 추정된다. 이 당간지주와 인근에 보관되어 있는 석조불좌상 등의 유물을 토대로 이곳을 비마라사지로 추정한다. 비말라(Vimala)는 무구無垢로 번역되므로 『화엄경』 십지의 제2지 무구지無垢地에 연유한 절 이름으로 추정된다. 또 하나는 충북 단양군 영춘면 사지원리 비마루 마을의 남한강 가까운 절터를 비마라사지로 보기도 한다.[47]

화산사華山寺는 현재 강원도 화천군 용화산에 위치한 사지로 추정된다.[48] 미리사美理寺와 청담사靑潭寺는 주요 산악인 팔공산과 북한산에 위치했었음을 알 수 있다. 그리고 보광사普光寺는 가야산에 해인사와 함께 있던 것으로 추정할 수 있다. 옥천사玉泉寺는 경남 고성군 연화산의 절로 추정된다. 최치원이 지은 진감선사비眞鑑禪師碑에 본래 옥천사라 했는데 "이웃 산의 절도 옥천이라는 이름이 있어 이름 때문에 사람

---

44 李智冠,「谷城 大安寺 廣慈大師碑」,『校勘譯註歷代高僧碑文』高麗篇 1, 1994, p.34.

45 李智冠,「海美 普願寺 法印國師 寶乘塔碑文」,『校勘譯註歷代高僧碑文』高麗篇 2, 1995, pp.95~107.

46 張忠植,「新羅 毘摩羅寺址考」,『東國史學』12, 1978, pp.38~41.

47 佛敎文化財硏究所,『韓國寺址總覽』上, 2010, p.292.

48 특별취재팀,「화엄십찰 중의 하나 화산사 찾았다」,『佛敎春秋』3, 1996, pp.37~41.

들의 귀를 미혹하게 할까 염려되어" 쌍계사라 하였다고 한 것은[49] 고성 인근에 위치한 하동의 지리적 상황으로 볼 때 충분히 가능한 일이기 때문이다.

최치원이 열거한 십찰은 그가 활동하던 신라 하대의 관념에서 꼽혔던 화엄사찰들이다. 그런데 불국사佛國寺는 십찰에서 거론되지 않았다. 불국사에는 의상의 제자인 표훈表訓이 주석하며 법회를 주관했고, 부석적손浮石嫡孫이라고 불리던 신림神琳이 주석했다.[50] 불국사는 후대에 사기寺記에서 화엄불국華嚴佛國을 강조하였다. 최치원은 「華嚴佛國寺阿彌陀佛畵像讚」과 「華嚴佛國寺繡釋迦如來像幡讚」을 지었는데,[51] 특히 「아미타불화상찬」에서 '화엄불국華嚴佛國' 4자를 이름으로 삼은 것은 화엄에 주목하면 연화장세계를 보고, 불국에 마음을 쏟으면 극락에 이어진다고 그 의의를 높이 평가하였다. 최치원의 화엄불국 의의에 대한 강조는 9세기 말에 불국사가 화엄사찰로 인식되었음을 말해 준다. 불국사는 다원적인 면모가 강하지만 불국사 초창기에 드러난 화엄종과의 연관이나 9세기 말 최치원의 기록에서 보는 화엄불국의 표방, 그리고 불교 행사를 통한 왕실과의 연계 등은 화엄종의 면모를 짙게 나타내고 있다.

이런 의미를 갖는 불국사가 화엄십찰에 들지 않는 것은 십찰이 왕경이 아닌 지방에서 의상이 창도한 화엄사상을 선양한 사찰들로 이루어진 것을 반영하는 것이 아닌가 생각된다. 불국사 외에 황복사皇福寺도 같은 범주로 생각된다. 황복사는 의상이 출가한 절이자 이곳에서 화엄

---

49 崔致遠, 「雙谿寺敎諡眞鑑禪師碑銘」. "以隣岳招提 有玉泉之號 爲名所累 衆耳致惑 將俾棄同卽異 卽宜捨舊從新."

50 金相鉉, 앞의 책, 1991, pp.201~203.

51 『圓宗文類』 권22, 「華嚴佛國寺阿彌陀佛畵像讚」, 『한불전』 4-647중하. "華嚴寓目瞻蓮藏 佛國馳心係安養."

을 강의한 것이고, 이어 제자 신림이 화엄을 강의했으며, 표훈이 주석하며 김대정에게 화엄을 가르쳤고, 9세기 말에는 화엄경 결사가 이루어지기도 했다.[52]

화엄십찰은 사찰의 지방 확산에 주도적인 역할을 담당하였다. 사찰 건립의 추세를 보여 주는 일단의 자료에 의하면, 신라 중대에 건립된 사찰 76개소 중에서 경주에 40개소, 지방에 36개가 건립되었고, 하대에 건립된 사찰 99개소 중에 경주 지역에는 17개, 소재 불명이 8개, 그리고 지방에 72개 사찰이 건립되었다.[53] 하대까지 전국에 건립된 사찰 413개소 가운데 경주에 260개 사찰이 있었고 나머지는 지방에 세워진 것으로 파악된다. 중대와 하대를 거치며 지방의 사찰 건립이 눈에 띄게 증가하였고, 이를 선도한 것이 화엄십찰이며 이어 하대 말에 선종의 흥성과 함께 지방 사찰이 크게 확대되었다고 할 수 있다.

2. 8세기 화엄학과 부석사浮石寺

의상이 676년에 왕명으로 창건된 부석사는 이후 신라 화엄의 근본도량이 되어 의상의 화엄사상을 계승하는 직계들이 이곳을 중심으로 신라 화엄학을 전개해 나갔다. 한편으로 법장에게서 수학한 승전勝詮이 귀국하여 법장의 저술을 의상에게 전하여 법장 교학이 본격적으로 소

52 金相鉉, 앞의 책, 1991, p.95.

53 李仁哲, 「新羅中代의 佛寺造營과 그 社會經濟的 背景」, 『慶州文化硏究』 2, 1998, pp.45~46 및 李仁哲, 「新羅下代의 佛寺造營과 그 社會經濟的 背景」, 『慶北史學』 23, 2000, pp.32~34.

개되었고, 승전의 제자 가귀可歸도 『심원장心源章』과 『화엄경의강華嚴經義綱』을 지어 화엄학을 펼쳤다. 8세기 중반에 황룡사에서 활동한 표원表員은 『화엄문의요결문답華嚴文義要決問答』을 지어 법장과 원효의 견해를 중심으로 화엄사상의 주요 논점 18항목을 체계적으로 정리하였다. 비슷한 시기에 견등見登은 『화엄일승성불묘의』를 지어 원효와 법장의 사상을 융합하여 해석하고 일본에 신라 화엄을 소개하였으며, 당에 다녀온 명효明皛는 『해인삼매론』을 지어 의상의 법계도 사상을 원효의 기신론 사상과 융합하였다. 8세기 신라 화엄학은 의상의 『일승법계도』를 중심으로 하는 의상계 승려들과 법장이나 원효 등 다른 경향의 화엄이나 기신론 사상과 융합하는 경향이 공존하면서 교학의 난만한 전개를 가져왔던 것이다.[54]

부석사의 창건과 관련하여 의상의 전기에서는 선묘善妙설화에 연관된 선묘룡善妙龍의 도움으로 윤색하였다.[55] 당에서 귀국한 후 마땅한 전법 장소를 찾던 의상이 지목한 곳은 태백산 지역이었다. 지세가 좋고 산이 빼어나 전법의 적지로 꼽은 이곳은 그러나 이미 권종이부權宗異部가 수백 명 모여 있어 절을 세울 수가 없었다. 의상의 마음을 헤아린 선묘룡이 거석이 되어 지붕 위로 솟아오르는(浮石) 신변神變을 부리자 절의 창건을 방해하던 무리들이 허둥대며 사방으로 흩어졌고, 이에 비로소 의상은 이곳에 들어가 화엄을 열어 펼칠 수 있었다는 설화이다.

이 지역은 단양丹陽 쪽으로 구백제 지역에 이를 수 있고 영춘永春 쪽으로 구고구려 지역으로도 통할 수 있는 중요한 관문이었다. 그래서 태백산은 통일신라의 오악五岳 중 북악北岳으로 설정되어 국가적 치제致祭를 올리던 요지였다. 웅장한 석축을 규모 있게 쌓아 올린 부석사의

54 정병삼, 「8세기 신라의 불교사상과 문화」, 『新羅文化』 25, 2005, pp.193~195.
55 『宋高僧傳』 권4, 唐新羅國義湘傳, 『大正藏』 51, p.729b.

특징적인 대석단大石壇이 창건 시의 것인지는 명확하지 않다. 의상은 부석사 창건 이후에도 소백산·태백산 강의를 폈기 때문이다. 그러나 석단은 대체로 창건 시의 가람구조 구도를 계승하여 신라 말까지 현재의 모습으로 보완되었을 것으로 추정된다.

산자락에 위치한 입지 특성상 거석을 깎아 웅장한 대석단을 만들고 그렇게 하여 생긴 평평한 공간마다 당우堂宇를 배치하여 중첩시켜 9단으로 이루어진 가람을 구성한 것이 현재 부석사의 구조이다. 전체 석축은 크게 세 구획으로 나뉘고 자세히는 9단으로 구분된다. 마지막 석단을 오르기 위해서는 이름 그대로 극락인 안양문安養門 누각을 지나게 되고, 그러고 나면 본당 무량수전無量壽殿이 나타난다. 이러한 9단 구조는 정토왕생의 하품하생下品下生에서 상품상생上品上生에 이르는 중생 분류에 대응한다. 이곳을 찾는 신앙인들은 9품을 거치면서 차례차례 자신을 정화해 나가 극락정토에 이르는 효과를 체감할 수 있도록 구상했을 것이다.[56]

부석사는 이처럼 미타신앙을 기반으로 도량을 구성하였다. 무량수전 안에는 특이하게도 오직 아미타불 1구만을 봉안하였는데, 이는 의상의 창건 당시 구상이었다고 전승되었다. 이는 고려 전기의 부석사 화엄승인 원융圓融 국사 결응決凝(964~1053)의 비문에서 확인할 수 있다. 의상 조사가 창건한 부석사 상전像殿 안에는 오직 아미타불상만을 조성하고 보처補處보살도 없고 탑도 세우지 않았는데, 이는 의상이 지엄의 뜻을 이어 일승의 아미타는 열반에 듦이 없이 서방 정토를 체로 삼으므로 생멸하는 상이 없어 보처보살도 없고 탑도 세우지 않아 일승의 깊은 뜻을 드러내고자 하였다고 기록하였기 때문이다.[57] 의상의 창건 당시

56 정병삼, 앞의 책, pp.222~224.
57 高聽, 「圓融國師碑銘」, 『朝鮮金石總覽』 상, p.271.

의 도량 구도가 이후 계속 지켜져 내려온 것이다. 화엄종찰華嚴宗刹인 부석사에 봉안할 주불은 소의경전所依經典에 따른다면 『화엄경』의 주재자인 노사나불盧舍那佛(毘盧遮那佛)이 되어야 할 것이다. 그런데 아미타불을 본존으로 모시고 정토신앙으로 경내를 장엄한 것은 의상이 창도한 신라 화엄종은 정토신앙을 중심 신앙으로 수용하였기에 이루어진 일이었다.

이렇게 세워진 부석사에서는 화엄 강의가 지속적으로 이루어졌다. 의상이 태백산에서 강의한 내용은 도신과 지통이 정리하여 각각 강의서를 남겼고, 의상의 부석사 강의는 지통과 상원이 기록하여 남겼다.[58] 이들의 기록 외에 의상의 직제자들은 모두 부석사 강의를 들었을 것이다. 상원을 이어 의상 2대 문손의 주축으로 이 시기 화엄학의 중핵을 이루며 훗날 부석적손浮石嫡孫으로 불리던[59] 신림神琳 또한 불국사佛國寺·세달사世達寺·월유사月瑜寺와 함께 부석사에서 활동하며 법장의 『교분기』를 강의하였다.[60] 신림은 의상의 제자 상원相元에게 수학하였다. 일승의 성불과 관련하여 신림은 상원에게 물었고, 상원은 의상의 뜻에 비추어 답변함으로써 의상의 사상을 신림에게 전수하였다. 의상의 적통을 전수받은 신림은 이를 다시 제자들에게 전수하였다. 신림의 제자인 숭업崇業은 7세에 부석사에서 신림의 강의를 들었고, 신림의 손제자인 범체梵體도 832년경에 부석사에서 활동하며 후일 선종으로 전향하는 도헌道憲에게 화엄을 가르치기도 하였다.[61] 이렇게 지속된 부석사의 화엄학은 의상 전통의 중심을 이루었고, 신라 말에는 이를 '북악北岳'이

58 『法界圖記叢髓錄』 상2, 『한불전』 6-809상.
59 均如, 『十句章圓通記』 하 跋, 『한불전』 4-81상.
60 金相鉉, 앞의 책, 1991, pp.63~64.
61 李智冠, 「聞慶 鳳巖寺 智證大師 寂照塔碑文」, 『校勘譯註歷代高僧碑文』 新羅篇, 1993, p.307.

라 불러 화엄사의 '남악南岳'과 대비하기도 하였다.

신림은 신라 화엄의 주요 개념인 '신만성불信滿成佛'과 일승 삼승에 대해 설하였다.[62] 김대성이 불국사를 창건하고 신림을 주석하게 했다고 전하는데,[63] 신림은 실제로 불국사 모임을 갖고 삼교三敎 구교九敎와 보법普法을 능전能詮 소전所詮에 연관시켜 설명하였다.[64] 또 월유사月瑜寺 모임에서는 전 대의 화엄사상을 계승하여 상원이 진정에게 물었던 무주無住 문답을 들어 교리를 해설하였다.[65] 또 대운 법사大雲法師 군君이 증분證分과 연기분緣起分에 대해 묻자 묵연부동黙然不動의 비유로 설명하기도 하였다.[66] 그리고 법융과 진수에게 일승 삼승의 미진微塵에 대해 설명하기도 하였다.[67] 수십전법數十錢法에 대해 묻는 법융에게 신림은 동일한 질문을 상원이 의상에게 했음을 상기하며 감탄과 함께 답변해 주었다.[68] 신림은 영월 세달사世達寺에도 주석했는데 고려 때 그의 진영이 봉안되어 있었으며, 이 절에서는 그의 제자 질응質應이 『기신론』을 강의하기도 했다.[69] 이런 기록들은 신림이 화엄의 주요 사찰에서 다양한 주제를 가지고 많은 강의를 행했음을 말해 준다. 그리고 화엄학은 신림의 활동 범위에서 보더라도 상당히 폭넓게 전개되었음을 알 수 있다. 신림은 8세기 신라 화엄학의 주류를 계승하여 확대시킨 주역이었다.

한편 신림은 일승一乘 아리야식阿梨耶識을 비롯하여 글 두 곳과 뜻

62 均如, 『敎分記圓通鈔』 4, 『한불전』 4-353상.
63 『三國遺事』 권5, 孝善 "大城孝二世父母."
64 均如, 『旨歸章圓通鈔』 하, 『한불전』 4-125하.
65 『法界圖記叢髓錄』 상1, 『한불전』 6-777상.
66 『法界圖記叢髓錄』 상1, 『한불전』 6-777상.
67 『法界圖記叢髓錄』 상1, 『한불전』 6-781중.
68 均如, 『十句章圓通記』 상, 『한불전』 4-49상.
69 金相鉉, 앞의 책, 1991, pp.97~98.

한 곳의 의심을 해결하지 못해 당에 가서 융순融順 화상에게 수학하고 돌아왔다고 한다.[70] 글 두 곳은 세친의 십입설十入說과 『십지경론十地經論』의 육상설에 대한 것이고, 뜻한 곳은 성불론과 육상 이해 문제였다.[71] 성불成佛에 관해 질문한 내용이 구체적으로 알려져 있기도 하다.[72] 그래서 신림은 당에 가기 전과 갔다 온 후의 생각이 바뀌기기도 했다고 한다.[73] 이는 신라 화엄이 의상 화엄사상의 계승에 그치지 않고 중국 화엄의 새로운 변화에도 깊은 관심을 갖고 수용하였음을 말해 준다. 신림이 부석사에서 천여 명을 대상으로 『교분기』를 강의하였다는 것[74]은 신라 화엄의 주류에서 중국 화엄의 정통을 수용하고 있었음을 확인해 준다. 신림이 원효와 의상 사이에서도 문제가 되었던 화엄과 기신의 습과해濕過海 문제에 대해 태백산 지오수智悟藪에서 질응質應의 질문에 답하며 화엄학을 이끈 것[75] 또한 이 시기 들어 의상 직계의 화엄학에서 기신에 대한 관심이 적지 않았음을 말해 준다.

의상계 화엄은 진리를 오척五尺과 같은 구체적인 것으로 이해하였기 때문에, 일심一心 등의 추상적인 원리로 파악하는 『기신론』과 차별화되어 원효 계통과는 다르게 파악했다고 평가되어 왔다.[76] 신림의 부석사 『기신론』 강의가 어떤 관점에서 이루어졌는지는 명확하지 않지만, 천 명의 대중에게 강의하였다는 것은, 기신을 비판하려는 의도보다 그 관점

---

70 均如, 『敎分記圓通鈔』 10, 『한불전』 4-508하; 『法界圖記叢髓錄』 하1, 『한불전』 4-817상.

71 高翊晋, 『韓國古代佛敎思想史』, 1989, pp.317~318.

72 『法界圖記叢髓錄』 상2, 『한불전』 6-798하.

73 均如, 『一乘法界圖圓通記』 하, 『한불전』 4-35하; 『敎分記圓通鈔』 1, 『한불전』 4-259상.

74 均如, 『敎分記圓通鈔』 10, 『한불전』 4-506상.

75 『法界圖記叢髓錄』 상1, 『한불전』 6-779상.

76 佐藤厚, 「義湘系華嚴學派の基本思想と『大乘起信論』批判—義湘と元曉の對論記事の背後にあるもの—」, 『東洋學硏究』 37, 2000.

을 수용하여 새로운 화엄사상을 지향했다고 보는 것이 타당할 것이다. 기신론 사상에 대해 어떻게 대응했는지에 대해서는 신중한 접근이 필요하다.

신림을 통해 본 8세기 중반의 신라 화엄교학은 의상의 화엄사상을 계승하는 부석사 계통의 화엄학이 중심을 이루며 여러 사찰을 무대로 전개되었음을 보여 준다. 동시에 입당 수학한 신림에게서 보듯이 신라 화엄의 주류에서 『기신론』을 포함한 당의 화엄사상의 진행 양상을 주시하며 신라 화엄사상의 변화를 모색한 자취도 의미 있게 평가되어야 한다.

3. 화엄사華嚴寺의 화엄학

화엄사는 절 이름에서부터 화엄을 표방한 화엄사찰로서, 화엄종찰 부석사에 비견되는 웅장한 규모와 특유의 화엄학을 갖춘 사찰로서 화엄십찰의 의의에 가장 잘 부합하는 절이다. 부석사에서 신림을 중심으로 활발하게 전개되었던 화엄학과는 다른 분위기에서 8세기 중반 화엄사에서 새로운 화엄학 연구가 이루어졌다.

화엄사 사적에는 흥륜사가 창건되고 황룡사 장륙상이 조성되며 불교가 한창 진흥돼 가던 신라 진흥왕 5년(544)에 연기緣起 조사가 화엄사를 창건하고, 이어 자장이 진신사리를 가져와서 이중 일부를 효자탑 곧 사자탑을 건립하여 봉안하고 차 공양탑도 세웠다고 하였으나, 이는 사실과 거리가 있다.

화엄사 가람 구조 중에서 한 중심축을 이루는 것은 장륙전丈六殿인

각황전覺皇殿과 그 뒤편 언덕 위에 조성된 사사자석탑四獅子石塔이다. 각황전 건물은 조선 숙종 대에 중창되어 삼불사보살을 봉안하고 있지만, 본래는 장륙삼존상을 봉안한 장륙전이었다. 현재의 좌대 밑에 있는 중창 이전의 석조 불상 대좌는 중앙의 본존 자리는 3.5m 길이에 2.5m 폭의 크기이고, 양 옆의 자리는 2m 길이에 1.5m 폭으로 그 절반쯤 되며 또 그 바깥쪽으로 전후 3m에 폭 0.8m의 좁은 자리가 있다고 한다.[77] 이 자리가 본래 주존과 양 협시보살을 봉안했던 삼존불 대좌임을 알 수 있다.

삼층에 사방 7칸 규모의 큰 전각이었던 장륙전은 특히 석벽에『화엄경』을 새겨 화엄석경華嚴石經을 시설한 것이 특징이었다. 지금은 파손되어 19,338개의 조각으로 남아 있는데, 그 크기로 보아 신라시대에 보통 만들어지던 방전方塼 형태의 돌에 1행 28자씩 보본晋本 60『화엄경』을 새기고, 위아래를 끼워 고정하는 장치로 장륙전 사방 벽을 장식했던 것으로 추정된다.[78]

연기緣起는 경덕왕 14년(755)에 만들어져 현재까지 전해 오는 신라『화엄경』사경寫經의 조성을 주도한 것이 확인되는 8세기의 승려이다. 이『화엄경』사경은 황룡사의 연기 법사를 중심으로 왕경 경주의 단월과 핵심 제작자들이 경의 제목을 쓰고 변상도를 그리고 경심經心을 만들었으며, 전라도 지방의 실무자들이 종이를 만들고 경문을 써서 각자 작업을 분담하여 체계적으로 이루어진 것이다.[79] 연기가 황룡사 승려

77 申榮勳·鄭明鎬,「覺皇殿佛像臺石」,『考古美術』제6권 제9호, 1965.

78 리송재,「華嚴寺 華嚴石經의 書風과 造成時期」,『佛敎美術史學』4, 2006, pp.113~116. 총 약 600매의 판석을 4.16m의 8단으로 쌓아 조성한 것으로 추정하였다.

79 李基白,「新羅 景德王代 華嚴經寫經 關與者에 대한 考察」,『歷史學報』83, 1979, pp.130~133.

로 기록된 것은, 왕경 황룡사에 승적을 둔 연기 법사가 전라도 지방에서 사경 작업을 주도하였음을 짐작하게 하고, 그곳은 바로 화엄사일 가능성을 크게 한다. 가장 많은 인원이 동원된 경필사經筆師는 무진이주武珎伊州(光州)와 남원경南原京 및 고사부리군高沙夫里郡(전북 정읍시 고부) 출신의 사경사들이었고, 종이 제작자는 구질진혜현仇叱珍兮縣(전남 장성군 진원) 출신이었다.[80] 연기는 754년 8월에 사경 조성을 시작하여 이듬해 755년 2월 부처 열반일涅槃日에 화엄경 1부 사경을 마쳤다.[81]

사경 발문에서 연기는 사경의 목적을 첫째는 아버님을 위해서이고, 둘째는 법계의 일체중생이 모두 불도佛道를 이루도록 하고자 함을 말하고 있다. 일체중생 성불이 불사에 상용 등장하는 발원임을 고려하면, 이 사경의 주목적은 선친을 위함이었다. 그런데 이 시기에 조성된 것으로 판단되는 사사자석탑四獅子石塔과 석등石燈에 설화가 전승되었는데, 효성이 지극했던 연기 조사를 추앙하기 위해 탑과 석등이 마주 보는 형식으로 구성하여 부모에게 공양을 올리는 효성을 나타냈다는 것이었다. 사경의 서원과 연관해 볼 때 연기의 중창 사실은 구체적 근거를 갖는 것으로 생각된다. 그래서 고려 의천도 이곳을 찾아 효대孝臺로 인정하고 시를 지어 남겼던 것이다.[82]

불국사의 다보탑과 쌍벽을 이루는 이 사사자석탑은 상층 기단부를

---

80 成內願旨者 皇龍寺緣起法師, 紙作人 仇叱珍兮縣 黃珎知奈麻, 經筆師 武珎伊州 阿干奈麻 異純韓舍 今毛大舍 義七大舍 孝赤沙弥 南原京 文莫沙弥 即曉大舍 高沙夫里郡 陽純奈麻 仁年大舍 屎烏大舍 仁節大舍, 經心匠 大京 能吉奈麻 亐古奈麻, 佛菩薩像筆師 同京 義本韓奈麻 丁得奈麻 无得舍知 豆烏舍知, 經題筆師 同京 同智大舍 六頭品 父吉得阿湌.

81 전체 80권 8축으로 구성된 사경 중, 거의 전부분이 남은 권1-10(1982cm) 제1축과 앞부분이 떨어져 나간 권44-50(1390cm)의 제5축이 남아 있다(朴相國, 『新羅白紙墨書 大方廣佛華嚴經』, 2001, pp.11~12).

82 金相鉉, 앞의 책, 1991, pp.90～91.

네 모서리의 사자와 중앙의 승형僧形 인물상으로 변형하여 참신한 조형 감각을 잘 살려냈다. 이러한 사사자석탑의 발상 전환이나 세부 수법은 불국사 다보탑보다 한 걸음 진전된 것으로서 8세기 말에 조성된 것으로 추정된다.[83] 사사자석탑과 석경을 연계하여 사사자석탑이 광명보조光明遍照의 불타의 세계를 표현하고, 장륙전과 화엄석경으로 『화엄경』 「입법계품」이 설해진 중각강당을 나타내어 완벽한 대화엄연화장세계大華嚴蓮華藏世界를 구현했다고 보기도 한다.[84]

현재 알려진 화엄사 석경石經은 신라 화엄학의 토대가 되었던 보본晋本 60『화엄경』이다.[85] 그런데 중창주 연기는 80『화엄경』을 사경寫經하였다. 이는 8세기 중반의 화엄사가 전통적인 신라 화엄학의 60화엄을 바탕으로 하면서도 새로운 80화엄을 적극 수용하여 그 사경 작업을 시행했던 것으로 해석할 수 있다.

석판에 경전을 새겨 장대한 장륙전의 사방 벽면을 가득 채우는 석경의 방대한 작업에 비해 사경 작업은 규모가 작게 느껴진다. 그러나 그 제작 과정을 상세하게 기록한 사경의 발문은 이 불사가 매우 비중 있는 불사였음을 말해 준다. 닥나무 뿌리에 향수를 뿌려 키워 종이를 만들고, 제작 관련 인물들이 모두 보살계를 받고 청정한 의식주 생활을 유지하며, 의관을 장엄하고 범패가 인도하는 길을 따라 사경 장소에 이르러 삼보에 귀의하고, 경을 필사하는 전 과정을 엄격한 규범과 절차에 따라 이루었다고 한다. 그렇다면 비슷한 시기에 이루어진 80화엄 사경

83 정병삼, 빛깔있는책들 『화엄사』, 2000, p.28.

84 申龍澈, 「華嚴寺 四獅子石塔의 造營과 象徵」, 『美術史學硏究』 250·251, 2006, pp.112~113.

85 石經의 내용은 60화엄은 명확하게 알려져 있는데(『朝鮮金石總覽』 상, pp.27~34), 40화엄도 포함되었다는 견해도 있지만 실물은 알려지지 않았다. 書體에 대해서도 구양순체에 가깝다 하여 9세기 말 제작으로 보는가 하면 수당 사경 서풍이 강한 8세기 서체로 보기도 한다(리송재, 앞의 글, p.129).

과 60화엄 석경 작업은 화엄사의 사상적 지향이 의상 이래의 60화엄에 토대를 두면서도 80화엄을 중심으로 한 당의 새로운 화엄학을 예의 주시하며 새로운 화엄학을 모색하였다는 추정이 가능하다.

한편 『화엄경』 사경의 변상도變相圖에는 보살형의 비로자나불이 등장하는데, 7사자연화좌 위에 좌정한 형태는 선무외善無畏가 지은 「오부심관五部心觀」 대만다라의 금강계 대일여래와 거의 일치한다. 이는 선무외가 번역한 『존승불정수유가법의궤尊勝佛頂修瑜伽法儀軌』의 경궤經軌에 기초하여 제작된 것으로, 선무외 계통의 금강계법에 근거한 것으로 볼 수 있다.[86] 선무외에게 사사한 불가사의不可思議나 의림義林 등의 입당 신라승이 740년경에 귀국하여 이를 전했을 가능성이 있다. 이는 이 시기 화엄사의 화엄경 사경 신앙에 밀교적 관점이 부가되었을 가능성을 말해 주며, 신라 말기 화엄학이 밀교와의 연관을 보여 준다는 점과 비교해 볼 때[87] 시사하는 점이 크다.

연기의 사상적 경향도 의미 있게 평가할 수 있다. 고려 의천義天이 편찬한 『신편제종교장총록新編諸宗敎藏總錄』에는 연기의 저술로 『개종결의開宗決疑』 30권, 『화엄경요결華嚴經要決』 12권, 『진류환원락도眞流還源樂圖』 1권 등 화엄 관계의 저술과 『기신론주강起信論珠綱』 3권, 『기신론사번취묘起信論捨繁取妙』 1권의 기신론 관계 저술을 합쳐 다섯 가지를 수록하였다.[88] 시대에 따라 저술을 나열하는 교장총록의 체제에 따르면 연기는 의상의 제자인 도신道身과 신라 후기 명효明皛의 중간, 또는 경흥憬興과 종밀宗密의 중간 시대에 해당하고, 이는 8세기 중반의 사경

---

86 朴亨國, 『ヴァイロ-チャナ佛の圖像學的硏究』, 法藏館, 2001, p.216.
87 최연식, 「健拏標訶一乘修行者秘密義記와 羅末麗初 華嚴學의 一動向」, 『韓國史硏究』 126, 2006, pp.75~76.
88 義天, 『新編諸宗敎藏總錄』 권1, 4-682상; 권3, 4-692하.

연대와 대체로 일치한다. 그리고 의천은 화엄사에 와서 연기 조사가 기신과 화엄을 강의하며 뛰어난 전교 활동을 펼쳤음을 시로 읊기도 하였으니,[89] 의천이 파악한 연기는 8세기 중반경의 인물임이 분명하다. 그리고 이는 연기가 주도한 『화엄경』 사경의 연대와도 들어맞는다. 이런 정황을 종합해 볼 때 화엄사는 8세기 중반경에 연기가 대가람으로 일으킨 것으로 보는 것이 타당하다.

연기의 사상은 『기신론』을 중시한 데서 알 수 있는 것처럼 복합적이다. 의상의 화엄사상만을 따르지 않고 원효 계통의 교학도 계승하여 융합적인 면모를 가졌음을 짐작하게 한다. 의상계 화엄의 적손인 신림 또한 『기신론』을 대대적으로 강의하고 관심을 가졌다. 두 사람의 기신론 사상을 상세하게 전하는 기록이 없어 비교하기 어렵지만, 책 제목으로 추정할 때 『기신론』의 대의를 드러내기 위해 노력한 연기가 보다 기신론 사상에 적극적인 의미를 부여하였을 것임을 짐작할 수 있다. 동시에 연기가 30권의 방대한 분량으로 화엄교학상의 의문을 해결하기 위한 저술을 이루었음에서 역시 화엄사상을 근본 종지로 천명하였을 것임을 짐작할 수 있다.

따라서 8세기 중후반에 화엄사에 전개한 연기의 활동은 저술 활동에 보이는 사상적 측면과 사경 작성에 드러나는 교단 방면에서 매우 활력에 넘치는 면모를 보여 주었던 것으로 추정된다. 이런 화엄사의 활동이 신라 말에 화엄교단에서 북악北岳과 대비되는 남악南岳의 전통을 이루는 기반이 되었을 것으로 판단된다. 방대한 화엄 석경의 조성 또한 화엄 사경의 신앙 전통을 계승한 역량으로 이루어 냈을 것이다. 8세기 후반의 신라 화엄 교단은 부석사와 화엄사 중심으로 다소 다른 경향을

89 義天, 「華嚴寺禮緣起祖師影」, 『大覺國師文集』 권17, 『한불전』 4-559중.

보이면서 교학에서 주도적인 활동을 이어 갔던 것이다.

화엄사의 사상적 경향과 관련하여 균여의 저술에 인용된 영관靈觀과 『법계도기총수록法界圖記叢髓錄』에 전하는 『남악관공기南岳觀公記』의 내용에 유의할 필요가 있다. '남악 관공'은 신라 화엄학이 남·북악으로 나뉜 이후의 표현이므로 신라 말의 인물일 것이다. 그러나 9세기 후반으로 추정되는 영관의 견해를 토대로 8세기 화엄사의 사상 경향을 유추해 보는 것은 충분히 의미가 있다고 생각된다.

균여는 영관을 남악 영관南嶽靈觀으로 표기하였으므로[90] 『남악관공기』는 영관을 가리킨다고 보아야 한다. 균여는 『교분기원통초敎分記圓通鈔』에서 두 차례 영관의 견해를 인용하였는데, 법장의 십현문十玄門에 대한 총설의 십의문十義門 중 여덟 번째 '주반의정主伴依正'에 대한 주석에서 영관의 견해를 인용하였고,[91] 다시 십현문 중 '제법상즉자재문諸法相卽自在門' 해설에 대한 주석에서 내증內證과 외화外化에 대한 영관의 견해를 인용하였다.[92] 이중 첫 번째 인용은 『간의장簡義章』의 내용에 이어 등장하는 것으로 『법계도기총수록』에 두 차례 수록된[93] 『간의장』과의 연관이 주목된다.

균여는 『일승법계도원통기』에서도 두 차례 영관의 견해를 인용하였다. 첫 번째는 수전유數錢喩 중 의상과 법장의 일명구허一名口許와 자명구허自名口許에 대한 논의에서 영관은 의상도 법장도 두 견해를 다 갖고 있었다고 보았음을 말하였다.[94] 이에 대한 해석에서 균여도 의상과 법

---

90 均如, 『敎分記圓通鈔』 9, 『한불전』 4-483상. "問 以第三生果答十信終心之果 則可是外化耶 答 一云十信終心之果 亦內證也 謂位位滿佛 皆是內證故也 此乃南嶽靈觀德義也."

91 均如, 『敎分記圓通鈔』 9, 『한불전』 4-477중.

92 均如, 『敎分記圓通鈔』 9, 『한불전』 4-483상.

93 『法界圖記叢髓錄』 상1, 『한불전』 6-785중; 상2, 『한불전』 6-802상.

94 均如, 『一乘法界圖圓通記』 하, 『한불전』 4-29하.

장의 견해가 두 가지가 다 있어서 대상에 따라 다르게 말할 수 있다고 정리하였다. 두 번째는 비유를 들어 연기다라니법을 설명한 의상의 『일승법계도』 구절을 영관이 구분 지은 단락에 따라 설명한 부분에서 인용하였다.[95] 상세한 인용은 아니지만 이를 통해 균여가 영관의 견해를 면밀하게 의식했음을 살펴볼 수 있다. 그리고 영관은 의상과 법장의 견해를 두루 익히고 수용하였음을 짐작하게 한다. 이와 같은 영관의 관점은 8세기에 연기가 가졌던 관점과 상통하는 것이라 할 수 있다.

『법계도기총수록』의 2차 편집에 수록된 『남악관공기』 중 첫 번째는 균여가 인용했던 연기다라니법 비유 구절의 해석 부분에 수록되었다.[96] 상즉상입相入相卽의 이론을 수전법數錢法으로 비유하는 학설에 대해 그 동전을 변계遍計·의타依他·인연因緣·연기緣起·성기性起·무주無住·실상實相의 일곱 가지로 구분하여 설명한 것이다. 두 번째는 『일승법계도』의 십현문十玄門에 대한 해설 부분에 장문이 수록되었다.[97] 그 내용은 십현연기十玄緣起의 관법에 대한 것이다. 자신의 관점을 전개하기 위해 지엄의 견해가 3차례, 그리고 법장의 『삼보장三寶章』 중의 한 편인 「유전장流轉章」이 인용되었는데, 특히 신림의 견해가 인용된 것이 주목된다.[98]

『남악관공기』가 영관의 저술이라면, 이 책의 사상 경향은 화엄사에서 의상 화엄사상의 적전자嫡傳者인 신림의 견해를 존중하고 있었다는 것을 확인해 준다.[99] 이런 관점과 균여가 인용한 영관의 사상 경향

95 均如, 『一乘法界圖圓通記』 하, 『한불전』 4-33중.

96 『法界圖記叢髓錄』 하2, 『한불전』 6-841상.

97 『法界圖記叢髓錄』 하2, 『한불전』 6-844중.

98 위의 책. "林德云 有離別總相 是諸法究竟之體也 以絶廣等四句 方爲廣等究竟 故知都絶別相諸緣 正是究竟總相也."

99 책 이름이 『'南岳'觀公記』이므로 이 觀公이 靈觀이 아니라 하더라도 이 관점은 달라지지 않는다.

을 종합해 보면, 영관은 의상 화엄의 중심 사상을 계승하는 한편으로 법장의 사상 또한 중요하게 수용한 사상 경향을 가졌던 것으로 정리할 수 있다. 이런 의미에서 8세기 연기에서 시작된 화엄사의 교학 경향이 부석사와는 다르게 인식되어 9세기 영관 시기가 되어 북악과 대비되는 남악으로 병칭되었던 것으로 추정할 수 있다. 그리고 영관의 사상 경향에서 보듯 남악과 북악의 차이는 신라 화엄사상의 바탕 위에서 법장 화엄사상을 어느 정도 수용하느냐의 차이였던 것으로 추정된다. 그렇기 때문에 고려 초에 균여가 등장하여 남북악의 차이를 모두 해소하고 신라 화엄사상을 종합 정리할 수 있었던 것이다.

이와 같은 가람의 성대함과 사상적 지반이 있었기에 화엄사는 계단戒壇이 설치된 중점 사찰이 되었고, 9세기 중반 이후 걸출한 승려들이 이곳에서 출가 수학하는 터전이 되었다. 도선道詵 국사(827~898)가 15살에 월유산月遊山 화엄사華嚴寺에서 출가하여 화엄을 배웠고, 낭원朗圓 대사 개청開淸(834~930)은 화엄사 정행正行 대사에게 귀의하여 화엄을 배웠으며, 선각先覺 대사 형미逈微(864~917)나 동진洞眞 대사 경보慶甫(868~947)가 이곳 관단官壇에서 계를 받았는데, 이들 모두 선승禪僧이 되어 두드러진 활동을 하였다.

맺음말

의상이 정립한 신라 화엄종은 7세기 후반부터 8세기 전반까지 직제자들이 중심이 되어 부석사浮石寺를 토대로 신라 화엄사상의 정립과 해석을 통한 교학 연마를 우선적으로 계승하였다. 표훈表訓과 진정眞定이 초기의 교학 분위기를 이끌어 오척신五尺身과 같은 신라 화엄 특유의 개념에 대한 논의를 이끌었다. 이들 사이에는 의견의 차이가 있었다. 의상 문도 사이에서도 근간은 유사하지만 세부적으로 교학상의 다양한 관점이 전개된 것이다. 도신道身과 지통智通은 의상의 강의를 필록한 『도신장道身章』과 『추동기錐洞記』를 지었는데, 이 책들은 신라 화엄학승들에게 널리 읽히며 교학 전승의 한 축이 되었다. 도신은 법화의 동교일승적 경향을 보였고, 지통은 화엄 관법觀法 수행의 모범을 보여 주기도 하였다. 양원良圓은 『일승법계도』에 대한 주석서를 지어 이후 문손들의 주석서에 선례가 되었다. 소장층이었던 상원相元은 의상은 물론 선배인 진정에게도 교학에 대해 문의하여 교학상의 의문을 해결하고, 이를 신림과 같은 제자에게 전수하여 화엄사상 전승의 중요한 역할을 하였다. 오진悟眞이 신역 80『화엄경』의 품수에 대한 의문을 풀고자 당에 문의한 것은 신라 화엄이 새로운 변화에 깊은 관심을 가졌음을 말해 준다.

신라 말부터 십대제자十大弟子의 개념이 나타났지만 거명하는 자료에 따라 제자들도 다르고 그 수도 10인에 한정되지 않는다. 그 중 6인이 의상의 강의와 연관된 저술 활동을 전개한 공통점을 갖는 데서 미루어 볼 때, 의상 문하 십대제자의 성격은 교학을 중심으로 이루어진 것으로 보인다. 이들의 교학은 의상의 사상을 근간으로 하지만, 신림神琳이 『교분기』를 강의하고 질응質應과 순응順應이 『기신론』을 강의한 것에서 보듯이 문손들은 법장法藏의 교학을 신라 화엄학에 일정하게 수용하였다.

의상 직제자들의 활동은 부석사와 인근의 소백산·태백산 등 지역을 중심으로 이루어졌고, 9세기 후반에 화엄십찰華嚴十刹의 표현이 등장하였다. 십찰은 화엄대학지소華嚴大學之所와 같은 전교傳敎의 의미가 두드러져 전교십찰傳敎十刹로 지칭되었다. 십찰에 거론된 사찰이 위치도 명확하게 파악되지 않거나 사찰의 위상을 알 수 없는 것이 더 많은 것은, 전교십찰이 왕경이 아닌 지방에서 화엄사상을 선양한 사찰들로 이루어졌기 때문인 것으로 생각된다. 화엄을 표방했던 불국사나 의상과 연관이 깊은 황복사가 십찰에 들지 않는 것은 그런 가능성을 짙게 한다.

8세기에 부석사에서는 의상의 제자 상원에게 수학한 신림神琳이 활동하였는데, 무주無住와 수전법數錢法 등 신라 화엄의 주요 개념을 강의하며 의상의 사상 전통을 계승하고 신라 화엄사상을 체계화하였다. 신림은 당에 가서 교학상의 의문을 해결하기도 하고 『교분기』를 강의하는 등 중국 화엄도 수용하였다. 훗날 부석적손으로 불린 신림은 부석사에서 숭업崇業에게 가르쳤고, 손제자 범체梵體도 부석사에서 활동하였다. 이렇게 하여 부석사는 의상 화엄사상의 적통을 계승하는 화엄종찰이 되었다. 신림은 부석사 외에도 불국사佛國寺와 월유사月瑜寺, 세달사世達寺 태백산 등에서 화엄을 강의하여 화엄 사찰의 터전을 확대하였다.

8세기 중반에 대찰로 등장한 화엄사華嚴寺는 연기緣起가 화엄과 동시에 『기신론』 사상을 병행하며 새로운 사상 경향을 선도하였다. 화엄사에서는 신라 전통의 60『화엄경』을 석경石經으로 조성하여 장륙전의 사방 벽을 장엄하고, 비슷한 시기인 755년에는 엄정한 절차와 방식에 따라 80『화엄경』의 사경寫經 불사를 시행하였다. 연기는 방대한 분량의 화엄 교학 의문을 해결하는 저서도 짓고 『기신론』 해석서도 지었다. 이는 화엄사의 사상적 지향이 의상 이래의 60화엄에 토대를 두면서도 80화엄을 중심으로 한 당의 새로운 화엄학을 예의 주시하며 새로운 화엄학을 모색한 결과로 생각된다. 사경 표지화에 보이는 밀교적인 성향은 신라 말 화엄과 밀교가 결합된 경향이 등장하는 것과의 연관성을 떠올린다.

9세기에 화엄사에서 활동한 것으로 보이는 남악 영관南嶽靈觀은 신라 전통 화엄의 주요 개념을 서술하고 신림의 견해도 인용하여 의상 화엄의 중심 사상을 계승하면서 법장의 사상도 중요하게 수용한 면모를 보였다. 연기와 상통하는 영관의 사상 경향은 화엄사에서 지속적으로 전개된 화엄사상의 모습이라고 할 수 있을 것이다. 이런 사상적 경향을 토대로 남악南岳 화엄사와 북악北岳 부석사의 교리적 차이가 거론되었을 것으로 추정된다. 부석사의 경향이 당 화엄을 수용하고 화엄사의 바탕이 신라 화엄에 있었음을 감안하면, 남악과 북악의 교리적 차이는 근본적인 것이 아니라 당 화엄의 수용 정도에 따른 포용성의 차이라고 추정할 수 있다.

참고문헌

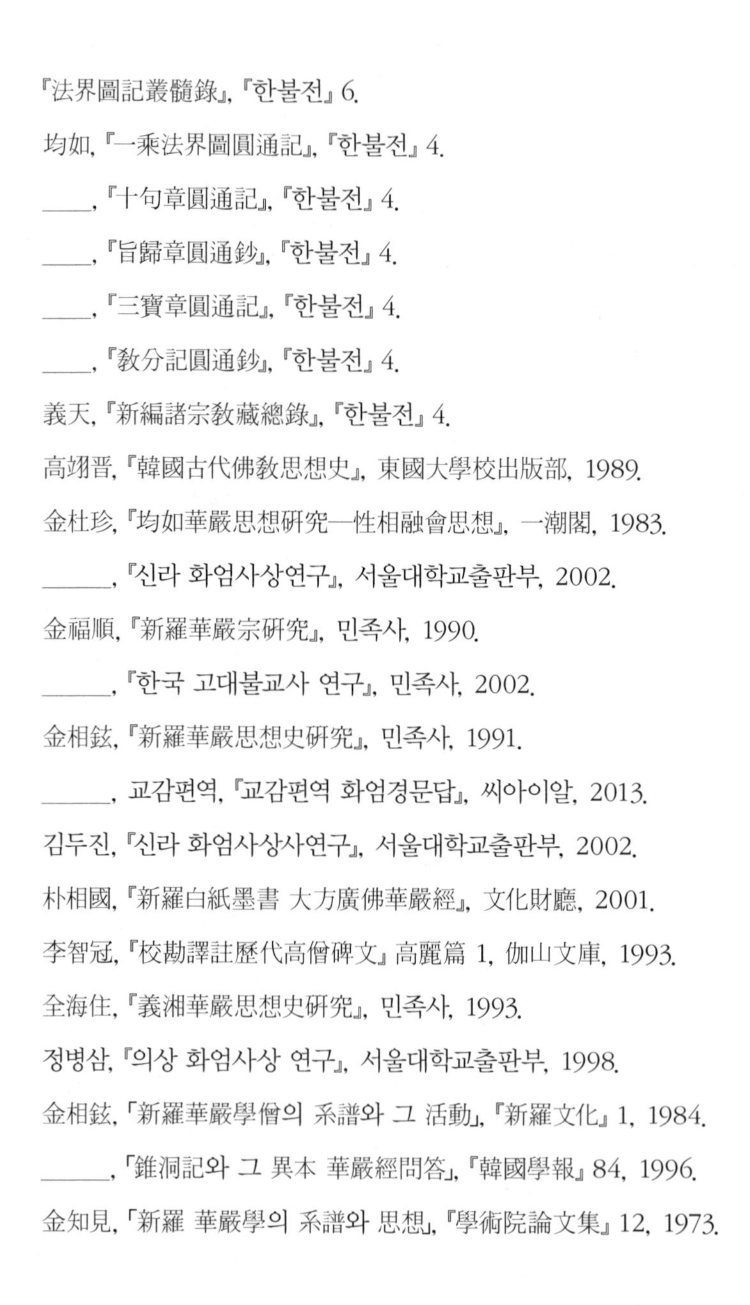

『法界圖記叢髓錄』, 『한불전』 6.

均如, 『一乘法界圖圓通記』, 『한불전』 4.

____, 『十句章圓通記』, 『한불전』 4.

____, 『旨歸章圓通鈔』, 『한불전』 4.

____, 『三寶章圓通記』, 『한불전』 4.

____, 『教分記圓通鈔』, 『한불전』 4.

義天, 『新編諸宗教藏總錄』, 『한불전』 4.

高翊晋, 『韓國古代佛教思想史』, 東國大學校出版部, 1989.

金杜珍, 『均如華嚴思想研究—性相融會思想』, 一潮閣, 1983.

______, 『신라 화엄사상연구』, 서울대학교출판부, 2002.

金福順, 『新羅華嚴宗研究』, 민족사, 1990.

______, 『한국 고대불교사 연구』, 민족사, 2002.

金相鉉, 『新羅華嚴思想史研究』, 민족사, 1991.

______, 교감편역, 『교감편역 화엄경문답』, 씨아이알, 2013.

김두진, 『신라 화엄사상사연구』, 서울대학교출판부, 2002.

朴相國, 『新羅白紙墨書 大方廣佛華嚴經』, 文化財廳, 2001.

李智冠, 『校勘譯註歷代高僧碑文』 高麗篇 1, 伽山文庫, 1993.

全海住, 『義湘華嚴思想史研究』, 민족사, 1993.

정병삼, 『의상 화엄사상 연구』, 서울대학교출판부, 1998.

金相鉉, 「新羅華嚴學僧의 系譜와 그 活動」, 『新羅文化』 1, 1984.

______, 「錐洞記와 그 異本 華嚴經問答」, 『韓國學報』 84, 1996.

金知見, 「新羅 華嚴學의 系譜와 思想」, 『學術院論文集』 12, 1973.

리송재, 「華嚴寺 華嚴石經의 書風과 造成時期」, 『佛敎美術史學』 4, 2006.
박서연, 「신라 義相系 저술과 『華嚴經問答』의 관련성 연구」, 『韓國佛敎學』 34, 2003.
사토 아츠시, 「의상계 화엄학파의 사상과 신라불교에서의 위상」, 『普照思想』 16, 2001.
申龍澈, 「華嚴寺 四獅子石塔의 造營과 象徵」, 『美術史學硏究』 250·251, 2006.
李基白, 「新羅 景德王代 華嚴經寫經 關與者에 대한 考察」, 『歷史學報』 83, 1979.
李仁哲, 「新羅中代의 佛寺造營과 그 社會經濟的 背景」, 『慶州文化硏究』 2, 1998.
_____, 「新羅下代의 佛寺造營과 그 社會經濟的 背景」, 『慶北史學』 23, 2000.
정병삼, 「8세기 신라의 불교사상과 문화」, 『新羅文化』 25, 2005.
최연식, 「健拏標訶一乘修行者秘密義記와 羅末麗初 華嚴學의 一動向」, 『韓國史硏究』 126, 2006.
佐藤厚, 「義湘系華嚴學派の基本思想と『大乘起信論』批判—義湘と元曉の對論記事の背後にあるもの—」, 『東洋學硏究』 37, 2000.

9

신라 하대 화엄의 일례一例
– 오대산 사적을 중심으로 / 김복순

〈선정 이유〉

● 김복순, 「신라 하대 화엄의 일례 – 오대산 사적을 중심으로」, 『사총』 33권, 고려대 역사연구소, 1988.6, pp.1~24.

선정 이유

이 논문은 신라 하대 경주 중심의 화엄과 달리 오대산 중심의 화엄학의 전개를 살피고 있는 점에 주목하여 선정하였다. 저자는 중국이 회창폐불 이후 오대와 만당에 걸쳐 선종만이 융성하였던 것과 달리 우리나라는 나말여초의 거의 모든 실력자들에 의해서 봉불 내지는 호불 행위가 이루어져 기존의 교종들과 새로 유입된 선종 모두가 신앙의 대상이 되고 있었다고 보았다.

저자는 당시 두 나라가 처해 있었던 불교계의 다른 상황은 신라 하대 교학불교의 하나인 화엄이 존속할 수 있었던 기반을 간접적으로 설명해 줄 수 있는 것이라고 서술하고 있다. 이어 신라 하대의 화엄은 중대 화엄을 이은 것이므로 그 연장선에서 이해하면서 화엄 관계의 내용 중 사례 연구의 하나로서 오대산에 나타난 화엄결사에 주목하여 그 실상을 파악하고 있다.

특히 저자는 오대산 사적의 시대 배경이 중대였다고 하는 종래의 견해를 지양하고 하대를 그 배경으로 파악하고 있다.

그 이유를 첫째, 오대산과 관련하여 나오는 자장 관련 기사는 범게의 번역문이 자장보다 한 세대 후에 역출된 80화엄에 나오기 때문에 후대의 화엄가에 의한 윤색이라고 주장하고 있다. 둘째, 보질도 태자의 입산과 진여원의 개창 시기 등에 주목하여 이를 하대 왕위쟁탈 시기와 관련하여 전개하고 있다. 셋째, 오대산 사적에 나오는 화엄결사의 내용이 당대의 오대산 신앙이 발전한 과정과 신라의 것을 연결하여 중대가 아닌 나말여초의 화엄결사와 관련이 있음을 증명해 보이고 있다. 넷째, 이 사적에 나타난 자장 기사의 윤색 이유를 하대 황룡사계의 화엄승들이 지방으로 진출하고 있는 것과 관련하여 살피고 있다.

이처럼 신라 하대에 많은 화엄 관련 신앙결사들이 이루어지고 있음과 오대산 사적의 화엄 관련 기사의 구명을 연관 지어 살피고 있는 지점에서 이 논문의 의미와 학문적 가치를 찾을 수 있다.

Ⅰ. 서론

신라의 화엄은 671년 의상義相이 중국으로부터 전교傳敎해 온 이후, 의상과 그의 법손法孫으로 이어진 부석계浮石系 화엄이 존재하고 있었다. 그러나 이들은 중대 법상종法相宗의 세에 눌려 왕실과 사회의 관심을 받지 못하다가, 중대 말인 경덕왕(742~764) 대를 분기점으로 하여 황룡사의 연기계緣起系 화엄과 함께 점차 부각되기 시작하였다.[1] 이후 화엄은 그 진가를 인정받으면서 많은 관련 신앙결사信仰結社가 이루어졌다. 중대와 하대에 있어서 화엄의 강경講經·사경寫經·송경誦經·독경讀經의 결사 형태가 그것이었다. 이 가운데 중대에서 하대로 넘어 오면서 화엄이 성행한 대표적인 사례로 『화엄경』 사경을 들 수 있다. 연기緣起에 의한 화엄경 사경에 비해 헌덕왕(809~825) 대의 사경은 그 양적인 확대와 아울러 소요시간의 단축이라는 양상을 나타내고 있는데, 6개월 14일 만에 1부의 사경에서 10일에 10질의 사경을 완성하는 변화를 말한다.[2]

신라 하대에 있어서의 이 같은 화엄華嚴의 성행盛行은 선종禪宗의 유행流行이라고 하는 인식에 밀려 제대로 이해되지 못하고 있었다. 즉 신라 하대의 불교는 곧 선종이 그 주를 이룬 것으로 보고 화엄은 단지 신

1 김복순, 「신라 중대 화엄종과 왕권」, 『한국사연구』 63, 한국사연구회, 1988, pp.97~128.
2 이 점은 이미 崔柄憲에 의해 지적된 바가 있다(「토론 신발견 신라 경덕왕 대 화엄경사경」 『역사학보』 83, 역사학회, 1976, p.146).

라 말 선사들의 교학적 배경으로, 또는 고려 초 화엄의 배경 정도로 설명되어 왔다.[3] 오랫동안 신라 하대 화엄이 이렇게 인식되어 온 것은 신라 하대 호족들의 사상적 배경으로 선종이 크게 어필했던 점과, 현재 한국불교의 주류가 선종임으로 해서 그 시원을 고려 말이 아닌 신라 하대로 끌어 올려 보아도 괜찮으리라는 점들이 작용한 것으로 보인다.

그러나 신라 하대 선종에도 크게 기여한 최치원崔致遠의 저술 가운데 화엄 관련 저술을 분석하면서, 신라 하대의 화엄교학이 원효와 의상은 물론 지엄智儼·법장法藏·징관澄觀의 삼가의소三家義疏를 충실히 반영한 내용임을 시사 받을 수 있었다.[4] 이는 신라 하대의 화엄교학의 수준이 대단히 높았다는 것을 웅변하는 것인데, 본고는 신라 하대의 화엄이 이러한 상황이었던 점을 좀 더 자세히 설명해 보고자 시도된 것이다.

먼저 만당과 신라 하대의 불교계를 개략적으로 서술하여 신라 하대의 불교계가 당나라 말 선종만의 확대 상황과는 달리 교학불교가 계속 번성하였던 점을 밝히려 한다. 또한 중대 이래 발전하여 온 하대의 화엄에 관한 사례연구의 하나로서 오대산 사적을 정리하고자 한다. 이 오대산 사적은 이미 여러 학자들에 의해 주목된 바가 있으므로[5] 이를 참고하면서 신라 하대 화엄의 입장에서 살펴보고자 한다.

---

3 崔柄憲, 「신라 하대 禪宗 九山派의 성립-崔致遠의 四山碑銘을 중심으로」, 『한국사연구』 7, 1972, pp.79~114: 金杜珍, 「朗慧와 그의 禪思想」, 『역사학보』 57, 1973, pp.23~58: 高翊晋, 「신라 하대 禪傳來」, 『한국선사상연구』, 동국대학교 불교문화연구원, 1984, pp.11~88 등의 신라 하대 선종 관계 논문에서 언급되고 있다.

4 김복순, 「최치원의 法藏和尙傳 검토」, 『한국사연구』 57, 1987, pp.1~24.

5 안계현, 『한국불교사연구』, 동화출판공사, 1982, pp.127~132: 신종원, 「신라 오대산 사적과 성덕왕의 즉위 배경」, 『최영희선생화갑기념 한국사논총』, 탐구당, 1987, pp.91~131: 김영미, 「통일신라시대 아미타신앙의 역사적 성격」, 『한국사연구』 50·51합집, 1985, pp.67~68 외 다수.

Ⅱ. 만당晩唐과 신라 하대의 불교계

중국불교의 최성기라고 할 수 있는 당나라 대의 불교는 정치적인 보호정책으로 국가불교적인 성격을 띠고 있기는 하였지만, 한편으로 정토종, 남산 율종, 화엄종, 법상종, 선종, 밀교 등 여러 종파가 흥성하고 있었다.[6] 이에 편승하여 남북조 이래 발전되어 온 사원경제는 당에 이르러 그 극極에 달하면서 견고한 경제적 기반을 마련하고 있었다. 그렇지만 이러한 발전의 이면에는 불교교단의 부패가 만연하여 사도승私度僧과 위람승僞濫僧의 횡행과 사원과 승니僧尼의 증가는 국가 재정에 커다란 지장을 초래하였다. 요역徭役 면제의 특권이 부가되어 있던 도첩度牒의 매매가 성행하는가 하면, 공명도첩空名度牒이 난무하여 일시적인 국가 재정의 궁핍은 면하는 반면, 요역을 피하는 피요역승避徭役僧의 증가로 비생산자·비납세자를 대량 양산시켜 국가 재정을 장기적인 곤란으로 몰아넣게 되었다.

이에 당나라의 여러 제왕帝王들은 사원寺院에 대한 통제책을 마련하게 되었는데, 승니僧尼의 사태沙汰, 사원 수의 제한, 시경도승試經度僧 제도, 도첩度牒 발부, 승적僧籍 작성 등과 같은 정책이었다. 여기에 도교측의 배불론排佛論이 등장하여 이 같은 정책을 더욱 강력히 시행하게 하는 촉진제의 구실을 하였다.[7] 결국 당나라 대의 불교는 무종武宗 때에

6 이하 당나라 말의 불교계 상황은 道端良秀, 『唐代佛敎史の硏究』, 法藏館, 1957; 山崎宏, 『支那中世佛敎の展開』, 法藏館, 1971; 那波利貞, 『唐代社會文化史硏究』, 創文社, 1984; 김문경, 『唐代의 社會와 宗敎』, 숭실대학교 출판부, 1974; 龜川正信, 「會昌廢佛について」, 『支那佛敎史學』 6-1, 1942; 이영자, 「天台四敎儀의 성립배경과 그 특징」, 『불교학보』 23, 1986 등을 참조하여 정리한 것이므로, 하나하나의 주기는 생략하려 한다.

7 김문경, 「武宗의 道敎信仰」, 『唐代의 社會와 宗敎』, 숭전대 출판부, 1974, pp.211~232.

이르러 대탄압을 받게 되는데, 중국 삼무일종三武一宗 법난法難의 하나인 회창폐불사건會昌廢佛事件인 것이다. 이 사건은 당나라의 여러 불교사태사건佛敎沙汰事件 가운데 가장 규모가 컸던 사건으로 사원승니寺院僧尼 제한금지령制限禁止令의 총결산이었다고 할 수 있다. 회창會昌 연간(841~846)에 일어난 이 사건의 내용을 정리해 보면 대략 다음과 같다.

사도승私度僧과 위람승僞濫僧으로 생각되는 자들의 환속還俗과 사유재산의 몰수, 노비 소유의 제한과 체발사도剃髮私度의 금지, 불아공양佛牙供養의 정지와 4영지四靈地 순례의 금지, 사사寺舍의 장원 설치 금지, 50세 이하의 승은 거의 환속하게 하는 등의 정책이 시행되었다. 특히 회창 5년(845) 8월에 시행된 '훼불사륵승니환속제毁佛寺勒僧尼還俗制'에 의하여 사寺가 4,600여 개소, 초제招提와 난야蘭若가 4만 개소나 부수어졌고, 환속된 승니僧尼는 26만여 명에 달하였으며, 몰수전수沒收田數는 천만 경頃, 노비 몰수는 15만 명이었다. 이로 인해 당승唐僧뿐 아니라 외국의 구법승까지도 사부첩祠部牒이 없는 자는 환속시켜 본국으로 돌아가게 하였는데, 이 같은 내용들은 당시 중국에 구법하고 있던 일본승 원인圓仁이 남긴 『입당구법순례행기入唐求法巡禮行記』에 자세히 기록되어 있다. 이 외에도 몰수한 불상을 소재별로 분류하여 주전鑄錢 또는 농기구를 만드는 데 쓰도록 하고, 금과 은은 별도로 도지度支에서 관장하였다.

도사道士의 참언讒言과 국가 재정의 피폐, 사원 승니의 부패타락으로 인하여 일어난 회창폐불사건을 이렇게 설명한 것은 이 사건을 계기로 해서 이후 선종 등의 부흥책에도 불구하고 당나라 말의 불교계는 물론이고 오대五代의 불교계에 준 타격이 매우 컸기 때문이다. 이 사건으로 인하여 당의 사원이 소장하고 있던 많은 불전佛典이 망실되고 해외로 산실散失되었으며 불교 교학이 쇠퇴하게 된 것이다. 다시 말하자면, 회창폐불사건 이후 당나라 말로부터 오대로 이어지는 난세에 종종의 불교 억압 정책佛教抑壓政策으로 불교의 여러 종파가 쇠퇴하게 된 것이다.

그런데 이 시기에 단지 선종禪宗만은 오가칠종五家七宗의 분파를 형성하면서 점차 번성하고 있었다. 이 같은 사실은 폐불廢佛과 쟁란爭亂의 사회적 상황에 의하여 북지北地의 불교와 남도國都 장안長安을 비롯한 도시 불교의 타격이 컸던 데 비하여, 항주抗州를 중심으로 한 강남江南이나 산악에 남았던 선종禪宗, 특히 남선종南宗禪은 큰 타격을 받지 않았기 때문이었다. 그것은 국가권력의 보호를 받은 불교가 그 타격이 심하였던 반면에 서민대중과 함께 했던 불교는 살아남은 것이다. 경론經論과 장소章疏에 바탕을 둔 종파의 피해가 컸던 반면, 문자를 세우지 않은 종지宗旨의 불교는 그 피해가 적어 이후 중국불교는 불립문자不立文字의 교敎로 교단 통제敎團統制가 아닌 개인 수행 위주의 선종으로 바뀐 것으로 이해하고 있다.

당나라 말과 오대五代의 불교 상황은 신라에도 일정하게 영향을 끼쳤다.

첫째로 당과 오대의 불교 전적이 신라에 유입된 사건이다. 9세기 전반 무렵 당의 오대산五台山 보현도량普賢道場 장경각藏經閣에는 감지금은자백단옥아축紺紙金銀字白檀玉牙軸의 대장경이 6천 권 이상 있었다고 전하고 있는데,[8] 이러한 전적들이 해외로 흩어져 들어가자 오대五代 오월吳越의 전숙錢叔은 고려로 사신까지 파견하여 『천태사교의天台四教儀』를 구하고 있다.[9]

---

8 圓仁, 『入唐求法巡禮行記』 권3(『大日本佛教全書遊方傳叢書』 제1, p.71)

9 『佛祖統紀』 권10, 諦觀조, "곧 그를 불러 물어보니, 이것은 智者의 『法華玄義』 중에 있는 글인데, 唐末에 教籍이 해외로 흩어져 지금은 없습니다.", "이에 吳越王이 사신을 고려에 파견하여 서신과 50종의 보물로써 이를 구하니 그 나라에서는 諦觀으로 하여금 教乘을 바치게 하였다."

① 13년(851) 여름 4월에 … 唐에 들어갔던 사신 아찬 元弘이 佛經과 佛牙를 가져오니, 왕이 郊外에 나가 맞이하였다.(『삼국사기』 권11, 신라본기 11 문성왕조)

② 당나라 大中 5년 신미(851)에 遣唐使 元弘이 가져온 佛牙(지금은 있는 곳을 알 수 없으나 신라 문성왕 때의 일이다.)(『삼국유사』 권3, 前後所藏舍利조)

③ 대중 5년 견당사 원홍이 불경 몇 축을 가지고 왔다.(『삼국유사』 권3, 前後所藏舍利조)

④ 신라 말기에는 普耀禪師가 두 번이나 吳越國에 가서 대장경을 가져오니 그가 곧 海龍王寺의 開山祖이다.(『삼국유사』 권3, 前後所藏舍利조)

⑤ 後唐 同光 원년 계미(923) 즉 본조 태조 즉위 6년 양나라에 갔던 사신 尹質이 가지고 온 5백 羅漢像은 지금 北崇山 神光寺에 있다.(『삼국유사』 권3, 前後所藏舍利조)

⑥ 또 天成 3년 무자(928)에도 默和尙이 後唐에 들어가 대장경을 가져왔다.(『삼국유사』 권3, 前後所藏舍利조)

또한 중국의 폐불 사건 이후 851년 견당사 원홍元弘이 불아佛牙와 불경 여러 축軸을 신라에 가져오고 있고, 신라 말에는 보요普耀, 윤질尹質, 묵화상默和尙이 전적典籍을 가져오고 있다. 특히 원홍이 귀국할 때 국왕이 교외에까지 나가 맞이한 것은 『삼국유사』는 물론 『삼국사기』에도 기록되어 있는 것으로 보아 성황을 이룬 불아佛牙와 불교 전적의 유입이었다. 중국의 폐불로 인한 여파가 신라에 불아佛牙와 대장경의 유입流入이라는 영향을 준 것이다.

둘째로 회창폐불會昌廢佛 이후 신라의 입당승入唐僧들이 당에서 배울 수 있었던 종파를 선종으로 제한시키는[10] 결과를 가져온 것이다. 당 말의 혼란기에도 유일하게 남종선이 번성하였으므로, 이들은 입당 직후 일단 화엄 등의 도량에 나아간 승이라고 할지라도 나중에는 선승에게 구법한 후 귀국하고 있다. 당에 들어가 제대로 구법할 수 있었던 대상이 선승뿐이라는 제약된 상태에서 선종의 한 분파를 택하는 것이 신라 입당승入唐僧 앞에 놓인 선택이었던 것이다.[11]

이렇게 수학을 하고 돌아온 유학승들은 신라에서 선승이 되고 있다. 이들의 영향으로 신라에서도 화엄종에서 선종으로 전환하는 승들이 생겨나게 되었다. 그러나 신라 말에 화엄종에서 선종으로 넘어간 승들이 적지 않았음에도 불구하고 고려 초에는 이러한 경우가 거의 보이지 않고 있다.[12] 고려 초에는 중국에 수학하러 들어간 승僧도 많지 않았을

---

10 嚴耕望은 화엄을 익힌 승들이 會昌 以前으로 제한되고 있음을 지적한 반면, 會昌 以後 禪宗으로 간 僧들을 많이 열거하고 있다(嚴耕望, 「新羅留唐學生與僧徒」, 『中韓文化論集』 1, 1955, pp.78~91).

11 會昌廢佛 이후 신라 入唐僧의 求法 대상이 禪宗 등으로 제약된 것을 간접적으로 나타낸 것이다(嚴耕望, 「新羅留唐學生與僧徒」, 『中韓文化論集』 1, 1955, p.78).

12 허흥식, 『고려불교사연구』, 일조각, 1986, p.203. 또한 이 시기에는 고려 후기 선종이 확실하게 嗣法住持하고 있는 것과는 달리 그 嗣法이 분명하지 않은 경우도 있었다. 智證의 경우를 예로 들면, 헌강왕 7년(881) 그에 의해 창건된 봉암사가 한 세대 지나면서 廢寺가 될 지경으로 방치되자, 고려 태조 18년(935) 兢讓이 그 사찰을 再建하고 있으며, 그 후 定宗은 그에게 새로 寫經한 華嚴經 8질을 보내고 있다. 이로 인해 김영태는 曦陽山派의 실제 開創人를 兢讓으로 보고 그에 의해 智證·道憲의 法系까지 고쳐진 것으로 지적하고 있다(김영태, 「曦陽山禪派의 성립과 그 法系에 대하여」, 『한국불교학』 4, 1979). 또한 법경 대사 현휘는 898년 해

뿐 아니라, 오히려 중국 측에서 그들의 유실流失된 전적典籍을 고려에서 구하기 위하여 사신을 보내는 일이 생기게 되었다. 이것은 양국 불교계의 사정이 많이 변화한 때문이다.

신라 하대의 불교계는 중국의 영향을 받으면서도 한편으로는 나말여초의 거의 모든 실력자들에 의하여 봉불奉佛이 행해지고 있어 중국과 우리나라의 불교계는 매우 다른 양상을 나타내게 되었다. 이를 요약하여 두 가지로 정리할 수 있다.

첫 번째 양상은 신라 하대의 사원들이 왕실이나 호족들과 결탁하여 새로운 세력을 형성하면서 혼란된 세태를 이용하여 많은 불교 행사를 일으키고 있는 점이다. 이 때문에 애장왕은 불사佛寺를 새로 짓거나, 호화로운 불사의 단장 또는 불사佛事의 사치를 금하고 있고, 흥덕왕도 색복色服·거기車騎·기용器用·옥사屋舍 등 사회생활 전반에 걸친 일대 제한령制限令을 내리고 있다.[13] 이에 대해 진골 귀족들의 이기적인 사치생활과 사찰에로의 재산도피를 막기 위하여 취해진 조처로 보기도 하고, 당시 귀족세력이 사원세력과 결합되는 것을 억제하고자 한 것으로 이해되고 있다.[14]

그러나 애장왕의 금지禁止 조치는 거의 지켜지지 않고 계속해서 불사佛事가 이루어지고 있다.[15] 흥덕왕의 제한령 역시 마찬가지라고 할 수

인사에서 구족계를 받고 화엄승이 되었지만, 입당 후 19년간 당에 머물면서 선승이 되었다. 귀국 후 그는 왕건과 결탁하면서 성주산문 계통임을 표방하였는데, 비슷한 예로 볼 수 있다(채상식, 「정토사지법경대사비 음기의 분석」, 『한국사연구』 36, 1982).

13 『삼국사기』 권10, 애장왕 7년조와 『삼국사기』 권33, 잡지 제2 色服조.

14 이기동, 「신라 金入宅考」 『진단학보』 45, 1978(『신라 골품제사회와 화랑도』, 1980, p.208)와 김동수, 「신라 헌덕·흥덕왕 대의 개혁정치」, 『한국사연구』 39, 1982, p.33.

15 『삼국사기』 권12, 신라본기 경순왕조 말미의 論과 태조 十訓要에 나오는, 신라 하대에 절을 너무 많이 지어 地德이 손상해서 나라가 망했다고 할 정도로 많은 佛

있다. 신라 하대의 왕들과 호족들은 많은 불사를 일으켜 민심을 수람하고 원당願堂으로서의 사원과 밀접한 관계를 가지려 하였다. 이 시기의 사원은 단순한 신앙의 도량만이 아니고 막대한 경제력과 승병조직僧兵組織을 가진 귀족세력들의 배경처背景處로서 존재하고 있었다. 따라서 귀족들의 원찰願刹 건립은 신앙상의 문제일 뿐 아니라 현실적인 세력기반의 확대라는 면을 가지고 있었다.

그런데 신라 말의 실력자들인 궁예弓裔와 견훤甄萱, 왕건王建은 당의 폐불廢佛과 같은 정책이 아니라 사원세력을 이용하기 위해 호불護佛 내지 봉불奉佛로 그들을 자기 세력화하였다. 자신이 내세來世를 구원할 왕이라는 뜻의 미륵불彌勒佛을 칭한 궁예, 동진 대사洞眞大師 경보慶甫를 국사로, 관혜觀惠를 복전福田으로 삼았던 견훤, 행군복전行軍福田을 수가隨駕시킨 왕건의 예 등 일일이 열거할 수 없을 정도이다. 또한 당시의 금산사·해인사 등은 사원 그 자체가 신라 말 후삼국기의 전략거점으로서의 역할도 수행하였다. 이상과 같은 사실들은 당이 폐불과 같은 통제책統制策을 써서 사원세력을 도태시킨 것과는 크게 다른 점으로서, 당시 양국 불교계의 가장 큰 차이점의 하나였다고 할 수 있다.

두 번째 양상은 나말여초羅末麗初는 다양한 종파宗派가 만연한 시대로 이 시기 지배자들과 연결되고 있고, 그 종파 가운데 화엄종은 가장 큰 세勢를 가진 종파의 하나였다는 사실이다.

신라 하대의 왕들은 화엄종 사찰인 해인사·황룡사 등의 경영을 통해서 왕실의 원당願堂으로서의 성격을 갖게 하면서 국가적인 행사를 주도하게 하였다. 이들은 한편 새로이 유입된 선종의 선사들을 불교계의 상징적 대표라고 할 수 있는 국사國師로 책봉하여 그들의 자문을 구하

事가 행해진 것을 말한다.

고 있다. 그렇지만 실제 불교계의 인사권人事權을 가지고 실질적으로 세력을 행사하였던 측은 국통國統 등 교종 측으로 볼 수 있다.[16] 이는 재래 신라불교계가 선종의 유입으로 다소 변화는 있었다고 하더라도 다른 종파의 전면적인 붕괴 내지는 전체적인 변혁이 일어난 상황은 아닌 것이다.[17]

당으로부터 계속적으로 유입되었던 선종은 선사들의 존재를 돋보이게 하는 역할은 하였으나, 전체 불교계의 세력이 바뀌게 하지는 못하였다. 그것은 황룡사皇龍寺 백고좌법회百高座法會에 선승禪僧이 참여한 것은 신라 말기에 이른 경애왕景哀王 때로 교종승敎宗僧과 함께 300여 명이 참여하고 있다. 고려 때 같은 법회에서 3만을 헤아리는 수와 비교하여 볼 때[18] 사대적인 상황의 차이를 감안하더라도 선승禪僧이 주도세력이 되었다고 할 수는 없을 것이다.

16 허흥식, 『고려불교사연구』, 일조각, 1986, p.5.

17 예를 들면, 헌강왕이 무염 화상을 궁중으로 불러들이려 하였을 때 다른 의견을 내지 말라(將邀大師 必吽外議)라든가, 무염 화상이 헌강왕의 부름에 응하면서 道(선종)가 장차 행하게 됨에는 때를 잃어서는 안 되니 부탁받은 것을 생각하여 나는 아무래도 가야겠다고 한 것은 신라 하대의 교학불교의 존재와 교학승들의 반발을 우려한 데서 나온 표현들로 보인다(「성주사낭혜화상비」, 『조선금석총람』 상, p.77, p.79).

18 "또 3년에 한 번씩 인왕반야백좌대회를 열어 齋僧 3만이 참가하도록 恒式으로 삼으니…"[「원종문류서」(『한불전』 4, p.528)], 또한 『고려사』 명종 8년 10월 병진조, 11년 10월 임술조, 예종 12년 10월조에도 보인다(이재창, 「麗代飯僧考」, 『불교학보』 1, 1963 참조).

Ⅲ. 신라 하대 화엄의 일례

1. 오대산 사적五臺山事蹟의 시대 배경

오대산 사적은 『삼국유사』에 「대산오만진신臺山五萬眞身」조를 위시한 몇 개조에서 이 산과 관련하여 중첩된 사료史料들로 구성되어 있다. 이 사적事蹟은 자장慈藏과 관련된 사실로, 성덕왕聖德王의 즉위 배경으로, 그리고 성덕왕 대 아미타신앙의 배경으로 각각 규명되어 왔다.[19] 여기서는 이들 사적事蹟을 중대中代 내지 그 이전의 사실로 인정하고 그 논지를 전개하였다. 그러므로 그 시대 배경과 관련하여 다음의 문제들을 밝혀 보고자 한다.

1) 자장사적慈藏事蹟의 윤색

⑦ 그가 돌아오자 온 나라가 환영하고 왕은 그를 芬皇寺(唐傳에는 王芬寺로 되어 있다.)에 살게 하였는데 給與와 侍衛는 많고 극진하였다. 어느 해 여름에 宮中으로 청해 와서 大乘論을 講하게 하고, 또 皇龍寺에서 七日七夜 동안 「菩薩戒本」을 강연하였더니 하늘에선 단비가 내리고 雲霧가 자욱하여 강당을 덮었다.(『삼국유사』 권4, 「자장정률」조)

⑧ 『諸經戒疏』 10여 권과 『出觀行法』 1권을 찬술하였다.(『續高僧傳』

---

19 江田俊雄, 「新羅の慈藏と五台山」, 『文化』 21-5, 1957(『朝鮮佛教史の研究』, 圖書刊行會, 1977, pp.171~183); 신종원, 「신라 오대산 사적과 성덕왕의 즉위 배경」, 『최영희선생화갑기념한국사논총』, 1987; 김영미, 「통일신라시대 아미타신앙의 역사적 성격」, 『한국사연구』 50·51합집, 1985.

권24, 釋慈藏전)[20]

⑨ 또 圓勝이란 僧이 있어 자장보다 먼저 중국에 유학하다가 함께 고향으로 돌아와서 자장을 도와 律部를 넓게 폈다고 한다.(『삼국유사』 권4, 「자장정률」조)

자장慈藏은 황룡사의 제2대 주지寺主 겸 대국통大國統으로서 그와 관련한 화엄 관계 내용도 있기는 하지만, 그는 주로 『섭대승론攝大乘論』을 강講한다든가 또는 계본戒本을 설하고 있다. 그것은 그가 진골 소판蘇判 무림茂林의 아들로서 재상도 마다하고 "하루만이라도 계戒를 지키다가 죽을지언정 백 년을 파계破戒하고 살고 싶지는 않다."[21]면서 출가한 내용과도 관련이 있다. 또 그가 창건한 통도사에 계단戒壇이 설치된 것과 그의 저술 내용으로 보더라도 그의 관심사가 계戒를 행하는 것에 있었음을 알 수 있다. 그리고 자장이 율부를 펴는 것을 그의 동학同學인 원승圓勝이 도와주었다는 것은 이를 더욱 뒷받침해 주고 있다. 따라서 그는 화엄가華嚴家였다기보다는 『삼국유사』 자장정률의 제목이 나타내듯이 율사律師로서의 성격이 더 분명하다고 할 수 있다.[22]

⑩ 뒤에 大德 慈藏이 중국으로 留學하여 오대산에 이르렀더니 文殊보살이 現身해서 감응하여 秘訣을 주면서 그에게 부탁하였다. "너희 나라의 皇龍寺는 바로 釋迦와 迦葉佛이 강연하던 곳으로 宴坐石이 아직도 있다. 그런 때문에 天竺의 無憂王이 黃鐵 몇 근을 모

20 『大正藏』 권50, p.640상.

21 『삼국유사』 권4 「자장정률」조.

22 김복순, 「자장의 생애와 율사로서의 위상」, 『대각사상』 10, 2007, pp.9~44 참조.

아서 바다에 띄웠으니, 1천3백여 년이 지난 뒤에야 너희 나라에 이르러서…"(『삼국유사』 권3, 「황룡사장륙」조)

⑪ 처음에 法師가 중국 오대산 文殊보살의 眞身을 보고자 하여 신라 善德王 때인 貞觀 10년 丙申(636)[唐僧傳에는 12년(638)이라 하였으나 여기는 三國本史를 좇는다.]에 당에 건너갔다. 처음에 중국 太和池가에 돌부처 文殊보살이 있는 곳에 이르러 경건히 7일 동안 기도하였더니, 꿈에 갑자기 부처가 四句의 偈를 주는 것이었다. 꿈에서 깨어서도 그 四句의 글은 기억할 수가 있으나, 모두 梵語여서 그 뜻을 전혀 풀 수가 없었다. 이튿날 아침에 갑자기 한 僧이 붉은 비단에 金色의 점이 있는 袈裟 한 벌과 부처의 바릿대 하나, 부처의 머리뼈 한 조각을 가지고 法師의 곁으로 와서는 어찌하여 무료하게 있는가를 물었다. 이에 法師가 말하였다. "꿈에 四句의 偈를 받았으나, 梵語여서 풀지 못하기 때문입니다." 하니 僧이 번역하여 말하였다. "阿囉婆佐曩은 了知一切法이요, 達㘑哆佉野는 自性無所有요, 曩伽呬伽曩은 如是解法性이요, 達㘑盧舍那는 即見盧舍那를 이름이다." 이어 자기가 지닌 袈裟 등 물건을 법사에게 주면서 부탁하였다. "이것은 本師 釋迦世尊이 쓰시던 道具이니 그대가 잘 보호해 가지시오." 그는 또 말하였다. "그대의 本國 동북방 溟州 경계에 오대산이 있는데 一萬의 文殊보살이 항상 그 곳에 머물러 있으니, 그대는 가서 뵙도록 하시오." 말을 마치자 보이지 않았다.(『삼국유사』 권3, 「臺山五萬眞身」조)

⑫ 仁平 3년 丙申(636, 즉 정관10년이다.)에 조칙을 받아 門人 僧實 등 10여 인과 함께 서쪽 당으로 가서 淸凉山에 갔다. 이 山에는 曼殊大

聖의 塑像이 있어, 그 나라 사람들이 서로 전하여 말하였다. "帝釋天이 工匠을 데리고 와서 조각하여 만든 것이다." 자장이 그 소상 앞에서 기도하고 冥想하니, 꿈에 소상이 그의 이마를 만지면서 梵語로 된 偈를 주었는데 깨어 생각하니 알 수가 없었다. 이튿날 아침 이상한 僧이 와서 해석하여 주고(이미 황룡사탑 편에서 나왔다.) 또 말하였다. "비록 만 가지 가르침을 배운다 해도 이보다 더 나은 것은 없다." 또 袈裟와 舍利 등을 주고 사라졌다(자장이 처음에 이것을 숨기고 말하지 않았으므로 唐僧傳에는 기록되지 않았다).(『삼국유사』 권4, 「자장정률」조)

⑬ 山中古傳에 의하면 이 山을 眞聖(文殊)이 거주한 곳이라고 한 것은 慈藏法師로부터 시작되었다고 한다.(『삼국유사』 권3, 「臺山五萬眞身」조)

⑭ 또 자기가 출생한 집을 元寧寺로 고치고 落成會를 열어 雜花(화엄경) 1萬偈를 講하니 52女가 감동하여 現身해서 강의를 들었다. 門人에게 나무를 그 수대로 심게 하여 그 異跡을 표하고 知識樹라 하였다.(『삼국유사』 권4, 「자장정률」조)

이 같은 사실에 부연하여 오대산과 자장과의 관련 사실 가운데 범어의 게를 살펴보고자 한다. 오대산에서 만난 승僧은 자장이 답답해하는 범어梵語의 게偈를 다음과 같이 한역漢譯해 주고 있다.[23]

---

23 김영태는 「삼국유사에 보이는 화엄사상」, 『한국화엄사상연구』, 1982, pp.32~35에서 이 梵偈를 晉譯 60화엄의 비슷한 구절들과 연결시키고 있다.

了知一切法　自性無所有
如是解法性　即見盧舍那

그런데 이 한역漢譯의 범구梵句는 실차난타實叉難陀가 한역한 80화엄 권16 「수미정상게찬품須彌頂上偈讚品」 제14[24]에 나오는 다음과 같은 문구의 일부이다.

爾時勝慧菩薩. 承佛威力普觀十方. 而說頌言
如來大智慧　希有無等倫
一切諸世間　思惟莫能及
凡夫妄觀察　取相不如理
佛離一切相　非彼所能見
迷惑無知者　妄取五蘊相
不了彼眞性　是人不見佛
了知一切法　自性無所有
如是解法性　則見盧舍那

즉卽 자는 즉則 자와 통용될 수 있으므로 두 역문譯文은 완전히 같다고 할 수 있다. 그렇다면 이 사료는 80화엄이 역출된 699년 이후의 것이어야 하는데, 자장의 시대와 비교해 볼 때 무려 5~60년 이상의 시차가 난다. 그러므로 신종원의 주장과 같이 자장과 오대산과의 관계는 후대 화엄가에 의한 윤색인 것이다.[25] 이 사실과 관련하여 일연은 『당승

24 원 논문에서는 이 범게의 출처를 80화엄 권16은 맞게 찾았으나, 이 구절이 있는 곳을 「昇須彌山頂品」 제13이라고 하였는데, 「須彌頂上偈讚品」 제14이므로 수정한다.
25 신종원, 「慈藏의 佛教思想에 대한 再檢討」, 『한국사연구』 39, 1982, p.12.

전唐僧傳』에 이 내용이 나오지 않은 것을 자장이 처음에 이것을 숨기고 말하지 않았다는 식의 궁색한 변명을 하고 있기도 하다. 또한 원녕사회元寧寺會의 52녀女는 석가모니 열반회상涅槃會上에 나타나는 52류類의 중생에서 원용援用한 것으로 볼 때 후대 화엄가가 윤색하였다고 하는 심증을 더욱 굳히게 해 준다고 할 수 있다. 신라에서 80화엄을 대본으로 한 사경寫經은 경덕왕 대에 가서 이루어지고 있다. 그러므로 80화엄의 내용이 오대산 사적에 윤색되는 것은 훨씬 이후의 사실로 보이므로 일단 이 오대산 관계 자장의 사실을 중대中代가 배경이라고 보기는 힘들 것으로 생각된다.

2) 보질도寶質徒 태자의 문제

이 오대산 보질도 태자 또는 정신대왕淨神大王 관련 설화는 일연一然 이래로 성덕왕의 즉위 과정에서 일어난 사건으로 보고, 중대中代 화엄결사華嚴結社 등으로 언급되고 있다. 그런데 그 가운데서 다음의 사료들은 전혀 시대가 다른 내용을 나타내고 있다.

첫째는 보질도 태자의 입산 시기 등 태자와 관련한 문제들이다.

> ⑮ 慈藏法師가 신라에 돌아왔을 때 淨神大王의 太子 寶川과 孝明의 두 형제[國史를 살피건대 신라에는 정신·보천·효명의 3부자에 대한 글이 없다. 그러나 이 기록의 下文에는 神龍 원년에 터를 닦고 절을 세웠다고 하였다. 神龍은 곧 성덕왕 즉위 4년 을사(705)이다. 왕의 이름은 興光이요 본명은 隆基로 신문왕의 둘째 아들이다. 성덕왕의 형 孝照는 이름이 理恭이며 洪이라고도 썼는데 역시 신문왕의 아들이다. 신문왕 政明의 字는 日照이다. 정신은 아마도 政明 神文의 와전인 듯하다. 효명은 곧 孝照의 昭가 와전된 듯하다. 이 기록에 효명이 즉위하고 神龍 연간에 터를 닦고 절을 지었다고 말한 것도 또한

분명치 못한 말이니 神龍 연간에 절을 세운 이는 성덕왕이다.]가 河西府(지금 溟州에 또한 河西郡이 있으니 바로 이곳이다. 혹은 河曲縣이라고도 한다. 지금 蔚州는 이곳이 아니다.)에 이르러 世獻角干의 집에서 하룻밤을 쉬었다. 이튿날 큰 고개를 지나 … 도망하여 오대산에 들어가니[古記에는 '太和 원년 戊申 8월 초에 왕이 산 속에 숨었다'고 하였으나 아마 이 글은 크게 잘못인 듯싶다. 살펴보면 孝照는 孝昭로도 썼다. 天授 3년 壬辰(692)에 즉위하였으니 이 때에 나이 16살이요, 長安 2년 壬寅(702)에 죽으니 나이가 26살이었다. 성덕왕이 이 해에 즉위하니 22살이었다. 만약 太和 원년 戊申이라면 孝照가 즉위하던 임진보다 45년이나 앞서니 곧 태종무열왕 때이다. 이것으로 이 글이 잘못된 것을 알 수 있으므로 이를 취하지 않는다.] 그 侍衛들도 갈 바를 알지 못하여 서울로 돌아갔다.(『삼국유사』 권3, 「臺山五萬眞身」조)

⑯ 太和 원년 정미 8월 초5일(신라본기에 이르기를 법흥왕 己未로부터 사사로이 세우더니 진덕왕 5년에 이르러 비로소 중국 연호를 始行하였다.)에 형제가 함께 이 산에 들어와 숨었다.(『江陵郡青鶴寺事蹟』)[26]

일연은 태화太和 원년 무신戊申을 진덕왕 2년의 신라 연호로 보아 648년의 사실이 잘못 기록된 것으로 보고 있다. 이는 그 후 계속 신라 연호로 간주되어 왔다. 그러나 태화太和는 신라 연호가 아닌 당唐 문종文宗의 연호로 가정해 볼 수 있다. 그것은 일연 개인의 사견에 나오는 것이기는 하지만 이어 나오고 있는 천수天授, 장안長安 등이 모두 당의 연호인 점을 감안하면 굳이 태화太和만 신라 연호로 고집할 필요가 없기 때문이다. 또한 자장이 신라에 돌아왔을 때인 643년은 일연이나 후대인들도 맞

26 朝鮮總督府編, 『조선사찰사료』 하, 1911, p.52.

지 않는 사실로 인정하고 있다. 그러나 태화를 신라의 연호로 볼 경우에는 오히려 자장이 환국한 시기인 643년과 648년은 시기적으로 맞는다고 볼 수 있는데, 이는 자장의 기사 자체가 윤색된 것이므로 착오가 있는 것으로 볼 수 있다. 그렇다면 태화 원년 무신을 신라 연호가 아닌 중국 당唐 문종文宗의 태화太和로 볼 수 있는데, 당 문종 태화 원년은 신라 헌덕왕 2년(827)에 해당되는 해이다. 이를 범일梵日의 사적과 관련지어 보면, 그는 태화 연간에 중국에 다녀온 것으로 되어 있고, 오대산 부근에 굴산문崛山門을 개창하고 있으며, 그의 제자 신의信義가 월정사月精寺에 거주한 것과 같은 사실들이 있다.[27] 이는 곧 범일의 일들을 「대산오만진신」조의 자장慈藏으로 부회한 것임을 알려 주는 것이 아닐까 한다.

⑰ 淨神太子의 아우 副君이 신라(서울)에 있으면서 왕위를 다투다가 죽음을 당하였다. 나라 사람들이 장군 4명을 보내니 그들은 오대산에 와서 孝明 태자 앞에서 만세를 불렀다.(『삼국유사』 권3, 「溟州五臺山 寶質徒太子傳記」조)

⑱ 寶川은 울면서 사양하였다. 그래서 효명을 받들고 돌아가 즉위

27 梵日의 入唐 연대는 『삼국유사』 권3, 「洛山二大聖 觀音 正趣 調信」조에 , "그 뒤 崛山祖師 梵日이 太和 연간(827~835)에 당나라에 들어가 明州 開國寺에 이르니…"의 구절과 『祖堂集』 권17 「溟州堀山故通曉大師傳」에, "太和 연간에 이르러 중국에 들어가 求法하려고 혼자 뜻을 세우고 드디어 왕자 金義宗을 만나 품은 뜻을 털어놓았다. 공이 그의 훌륭한 포부에 감탄하여 同行을 허락하였다."에서 취한 것이다. 金義宗은 헌안왕에 비견되는 인물로서(이기동, 「신라 하대의 왕위계승과 정치과정」, 『역사학보』 85, 1980, pp.27~28), 그는 836년 1월에 당에 謝恩使兼宿衛로 파견되었는데, 이 때 범일이 동행한 것 같다. 그러므로 그가 실제 입당한 연대는 太和 末 내지 開成 원년의 일이다. 또한 梵日의 弟子 開淸과 行寂이 화엄종 출신의 僧이므로 崛山門과 화엄과의 교섭이 논의되기도 하였다. 김두진, 「신라 하대 崛山門의 형성과 그 사상」, 『성곡논총』 17, 1986, pp.326~329.

하게 하니 나라를 몇 해 다스렸다.(記에는 재위 20년이라 하였으나, 대개 崩御할 때 나이가 26살이라 한 것을 잘못 전했을 것이다. 재위는 단지 10년뿐이었다. 또 신문왕의 아우가 왕위를 다투었다는 일은 국사에 기록이 없으니 자세히 알 수 없다.)(『삼국유사』 권3, 「臺山五萬眞身」조)

⑲ 헌덕왕 14년 정월… 왕의 同母弟 秀宗(次主 흥덕왕)을 副君으로 삼아 月池宮에 들게 하였다.(수종은 혹 秀升이라고 한다.)(『삼국사기』 권10, 신라본기 제10 헌덕왕)

⑳ 헌덕왕 14년 3월 熊川州都督 憲昌이 그의 아버지 김주원이 왕이 되지 못했다 하여 반역하고 국호를 長安이라 하였으며 연호를 세워 慶雲 원년이라 하였다.(『삼국사기』 권10, 신라본기 제10 헌덕왕)

태화太和 연간(827~835)을 전후한 시기의 신라는 왕위를 둘러싼 쟁란爭亂이 다발多發한 때였다. 이와 관련하여 오대산 사적에 나오는 내용을 비교하여 보도록 하겠다. 우선 효명태자 앞에서 만세를 불렀다는 내용은 원성왕이 김주원을 물리치고 왕위에 올랐을 때 "國人皆呼萬歲"[28]라는 기사를 연상하게 해 준다. 또 신라사에 등장하는 부군副君은 하대 흥덕왕인 수종 외에는 없고, 헌덕왕 14년 3월에는 바로 김헌창의 난이 일어나 쟁위爭位 문제가 나오고 있다.

그리고 보천寶川 형제가 오대산에 들어가기 전에 머무른 곳으로 되어 있는 하서부河西府 세헌각간가世獻角干家의 존재 문제이다. 하서부는 원래 하서주河西州인데 경덕왕 16년 2월에 명주溟州로 개명하였다가 하대

28 『삼국사기』 권10, 신라본기 제10 원성왕 즉위년조, 『삼국유사』 권2, 「원성대왕」조.

에 이르러 당의 문물을 수입한 당유학생들의 건의에 의하여 신라 군현의 일부가 주州·부府로 변경되었는데,[29] 이때 하서부로 되었을 가능성이 있다. 그러나 완전한 개명은 고려 성종 2년에 되고 있으므로 하서부를 신라 중대의 명칭으로 보기에는 다소 무리가 있을 것 같다.

그 외에 중대 신문왕 때에는 쟁위국사爭位國史가 없을 뿐 아니라 재위 20여 년의 왕이 없어 일연 자신이 미상未詳이라는 회의적인 용어를 쓰고 있다. 이에 비해 신라 하대인 836년부터 839년 사이에는 모두 3차례의 쟁위爭位 사건이 일어나고 있다. 특히 이 시기에 김주원金周元은 중앙에서 물러나 강릉 지역으로 퇴거하게 되면서 오대산 지역이 주목받기 시작하였고, 범일梵日·신의信義·행적行寂 등의 사적이 오대산 사적에 함께 섞이게 되었다.

또한 흥덕왕의 책봉 기사가 『삼국사기』에는 흥덕왕 2년인 827년 1월에 당의 사신이 온 것으로 되어 있는데, 실제 흥덕왕의 책봉사로 신라에 온 원적源寂의 일은 831년 4월로 되어 있다는 것이다. 헌덕왕의 죽음으로부터 흥덕왕의 책봉까지 4년 반의 기간이 경과한 것은 일단 왕위 계승상의 문제가 있었던 것으로 볼 수 있다.[30] 그리고 흥덕왕릉비興德王陵碑 단석斷石에서 나온 "神謀決斷"의 구절로 그가 왕위 계승과 관련하여 모종의 결단을 내렸던 것으로 짐작되기도 하였다.[31]

둘째로 진여원眞如院의 창건 연대 등의 문제이다.

---

29 변태섭, 「고려 초기의 지방제도」, 『한국사연구』 57, 1987, pp.29~30; 전기웅, 「나말여초의 지방사회와 知州諸軍事」, 『慶南史學』 4, 1987, pp.20~22.

30 『舊唐書』 권17 하, 文宗 太和 5년 4월 己巳. 末松保和, 「新羅下古諸王薨年存疑」, 『新羅史の諸問題』, 1954, pp.425~428, 井上秀雄, 「三國史記にあらわれた新羅の中央行政官制について」, 『朝鮮學報』 51, 1969, p.31.

31 민영규, 「新羅 興德王陵碑斷石記」, 『역사학보』 17·18합집, 1962, pp.627~628.

㉑ 神龍 원년(이는 唐 中宗의 復位의 해로 성덕왕 즉위 4년이다.) 을사(705) 3월 초4일 처음으로 진여원을 開倉하였다.(『삼국유사』 권3, 「臺山五萬眞身」조)

㉒ 神龍 원년 3월 8일 처음으로 진여원을 열었다.(『삼국유사』 권3 「溟州 五臺山 寶質徒太子傳記」조)

㉓ 두 태자가 산 속에 이르니, 땅 위에 문득 푸른 연꽃이 피었다. 兄太子가 암자를 짓고 머물러 살게 되면서 이곳을 보천암이라 하였다. … 날마다 이른 새벽에 문수보살이 진여원(지금의 上院)에 이르러 36가지 모습으로 변신하여 나타났다.(『삼국유사』 권3, 「臺山五萬眞身」조)

㉑과 ㉒를 종합해 보면, 진여원은 신룡 원년인 성덕왕 4년(705)에 대체로 모습을 갖춘 절이 된 것 같다. 그런데 두 태자가 산중에서 수업을 하면서 오만진신에게 첨례瞻禮할 때, 매일 인시寅時에 문수대성文殊大聖이 진여원에 이르러 36가지 형태로 변하여 나타난다는 것이다. 즉 태자가 산에 들어갔을 당시에 이미 진여원이 존재해 있었다고 할 수 있을 것이다. 따라서 보천 형제의 산중 은거는 신룡 원년보다 후대의 일임을 알 수 있다. 이상의 검토로 볼 때 태자의 입산 시기를 중대로 올려보기보다는 오히려 하대의 왕위 쟁란爭亂과 관련한 시기로 보아야 하지 않을까 한다.

3) 화엄결사華嚴結社의 문제

오대산 사적에 나오는 화엄결사는 성덕왕이 진여원을 개창開創(改創)

하면서 조직한 화엄사華嚴社와 보천寶川의 유언에 나오는 화엄사華嚴社를 고려 태조가 공양하여 역대의 항규로 삼은 두 가지이다.

㉔ 신룡 원년(705) 을사 3월 초4일에 비로소 진여원을 개창하였다. 이 때 [성덕]대왕은 친히 백관을 거느리고 산에 이르러 전당을 세우고 아울러 문수보살의 소상을 만들어 당 안에 모셨다. 知識 靈卞 등 5명으로 하여금 『화엄경』을 오랫동안 轉讀하게 하고 華嚴社를 조직하여 오랫동안 비용을 대었는데, 해마다 봄과 가을에 이곳에서 가까운 주·현으로부터 倉租 1백 석과 淨油 1석을 공급하는 것을 常規로 삼았다. 또 진여원에서 서쪽으로 6천 보를 가서 牟尼岾·古伊峴 밖에 이르기까지의 柴地 15結, 栗地 6결, 坐位 2결을 주어 莊舍를 세웠다.(『삼국유사』 권3, 「臺山五萬眞身」조)

㉕ 新羅本記에 이르기를, 唐 神龍 원년 을사 8월 초3일에 왕이 친히 軍民을 이끌고 산에 도착하였다. 비로소 眞如院을 열고 문수상을 소조로 만들어 봉안하였다. 비구 5명으로 하여금 오랫동안 『화엄경』을 읽게 하여 號를 華嚴結社라 하였다. 매해 봄·가을에 각각 倉租 1백石과 燈油 1석을 바치게 하고 또 本院 座地 2結 외에 다시 牟尼岾, 伊峴의 外柴地 50結과 栢子地 6結을 주었는데, 院으로부터 西로 6천 보가 넘었다.(「五臺佛宮山中明堂」)[32]

㉖ 또 下院 文殊岬寺를 더 배치하여 여러 社들의 都會所로 삼고, 福田 7명이 밤낮으로 華嚴神衆禮懺을 행하게 하고, 위에 말한 37

32 李能和, 『조선불교통사』 하, 경희출판사, 1968, pp.1124~1125.

명의 齋에 드는 비용과 의복의 비용은 河西府 道內 8州의 세로써 四事의 資金으로 충당할 것이니, 代代의 君王은 잊지 말고 遵行하면 다행이겠다.(『삼국유사』 권3, 「臺山五萬眞身」조)

㉗ 그러므로 우리 태조가 왕업을 열 때, 옛 聖訓에 의지해서 매해 봄·가을에 각각 白米 200石과 소금 50石을 바쳐 따로 供養을 닦고 福利에 쓰게 하였으니 드디어 역대의 恒規가 되었다.(「五臺佛宮山中明堂」)[33]

㉘ 祖師 知識(위의 글에는 寶壤이라 하였다.)이 중국에서 法을 傳授받아 돌아올 때 西海 가운데 이르자, 용이 그를 용궁으로 맞아들여 불경을 念誦하게 하고, 金羅袈裟 한 벌을 시주하고 겸하여 아들 璃目을 주어 師를 모시고 돌아가게 하였다.(『삼국유사』 권4, 「寶壤梨木」조)

위의 사료는 같은 내용을 『삼국유사』와 『조선불교통사』에서 각각 발췌하여 대조시켜 놓은 것이다. 『삼국유사』의 「대산오만진신臺山五萬眞身」조에는 동대東臺, 서대西臺, 남대南臺, 북대北臺, 중대中臺에 각각 1만의 관음, 대세지, 지장, 대아라한, 문수가 등장하고 있다. 또한 보천은 임종하면서 유언으로 원통사圓通社, 금강사金剛社, 수정사水精社, 백련사白蓮社, 화엄사華嚴社, 법륜사法輪社 등 결사에 관한 내용을 말하고 있다. 이에 대해서는 사방불四方佛의 영향 위에 화엄華嚴(80화엄)의 영향이 가미된 것이고, 동·서·남·북에 청·백·적·흑으로 대비된 것은 청룡靑龍·백호白虎·주작朱雀·현무玄武로 상징되는 풍수지리적인 영향이 같

33 李能和, 『조선불교통사』 하, 경희출판사, 1968, p.1128.

이 섞인 것으로 보고 있다.[34]

그런데 신라의 오대산 신앙은 당으로부터의 영향을 배제할 수 없는 것이므로 잠시 당의 오대산 신앙에 대하여 안계현安啓賢의 견해를 빌어 살펴보도록 하겠다.

> "開元 8년(720)에 金剛智三藏이 당나라에 온 것도 文殊舍利를 뵈옵고 佛法을 傳함에 있었다. 그의 노력과 조정의 귀의로 말미암아 오대산 신앙은 본격화하여 드디어 澄觀大師·不空三藏의 노력과 아울러 『華嚴經』의 유포 및 화엄종의 독립대성은 이 오대산 신앙을 가일층 융성하게 하였으며, 마침내 오대산 불교는 당·송불교의 일대 중심을 이루게 되었던 것이다. … 중략 … 당대 오대산의 중심 거찰은 華嚴寺·金閣寺 등이었다. 화엄종의 제4조 淸涼澄觀은 西川 아미산에 계시다가 '文殊는 智를 주로 하고 普賢은 行을 주로 하는 바, 이 二聖이 합하여 비로자나가 되나니 만행이 겸통함은 곧 화엄의 의의니라' 하고 굳은 신앙과 신념을 가지고 五台의 華嚴寺에 입주하여 華嚴을 講하고 또 疏하였다."[35]

그는 금강지 삼장 이래 성행하기 시작한 오대산 신앙에 중국 화엄의 제4조인 징관澄觀(738~839)이 오대산五臺山에 들어와 화엄을 강하면서 화엄을 크게 선양한 것으로 보고 있다. 즉 오대산 신앙에 화엄이 가미된 것으로 보고 있는 것이다. 그런데 실제 당에서는 징관澄觀이 오대산에서 『화엄경소華嚴經疏』를 강의하고 주석하면서 국사國師로서 왕실과

---

34 이기영, 「상징적 표현을 통해서 본 7·8세기 신라 및 일본의 불국토사상」, 『韓國佛教硏究』, 1982, pp. 516~534.

35 안계현, 『한국불교사연구』, 동화출판공사, 1982, p.129.

관계하였을 뿐 아니라, 지방번진地方藩鎭의 절도사節度使와도 관련을 가지면서 화엄을 전파한 시기인 중당中唐을 지나서 번진藩鎭의 제후들 사이에 화엄결사華嚴結社가 크게 유행하였다. 그 한 예가 백거이白居易의 「화엄경사석기華嚴經社石記」(826)[36]를 통하여 확인되고 있다. 이를 신라와 관련지어 보면, 징관의 『화엄경소』가 전래된 799년 이후부터 화엄결사가 가장 많이 보이는 헌강왕 때인 신라 하대에 화엄결사가 성행한 것으로 볼 수 있을 것이다.

이렇게 볼 때 성덕왕 대를 배경으로 하고 있는 화엄사華嚴社는 시기적으로 화엄사華嚴社 자체가 이루어질 수 없는 때로 보이고,[37] 보천寶川의 유언遺言에 의한 결사는 나말여초를 시대 배경으로 하여 실제 공양은 고려 태조에 의해서 행해진 것이라고 할 수 있다. 또한 성덕왕의 명을 받고 『화엄경』을 전독轉讀한 승僧 지식知識을 조사祖師 보양寶壤의 별명으로 볼 수 있다면 고려 태조 때의 사실을 성덕왕 때의 일로 윤색한 것이 아닌가 한다. 결국 성덕왕 대의 화엄사華嚴社나 보천寶川의 유언은 모두 신라 중대와는 동떨어진 나말여초를 배경으로 한 것이라고 하겠다.

2. 신라 하대 황룡사승皇龍寺僧의 지방으로의 세력 확대

1) 황룡사와 화엄

신라의 화엄은 의상계義相系 화엄 외에 황룡사승皇龍寺僧 연기緣起의

36 『한불전』 4, p.636.

37 황수영은 성덕왕 대인 725년에 조성되었다는 上院寺銅鐘이 眞如院의 개창과 관련하여 설명되는 것을 비판하고, 이 동종이 진여원의 후신인 상원사에 搬移된 것은 조선조 예종 원년인 1469년의 사실임을 밝히고 있다(황수영, 「五台山上院寺銅鐘의 搬移事實」, 『역사학보』 16, 1961).

계통이 경덕왕 대 이후 존재하였다.[38] 그것은 신라 중대中代에 황룡사승 원효元曉[39]가 『(진역晉譯)화엄경소華嚴經疏』를 지은 이래 황룡사승인 표원表員의 『화엄경문의요결문답華嚴經文義要決問答』, 견등[지]見登[之]의 『화엄일승성불묘의華嚴一乘成佛妙義』와 같은 저술이 나오고 있고, 이들의 영향을 크게 받은 연기緣起에 의한 80『화엄경』의 사경寫經이 이루어지고 있다. 또한 그는 화엄 관련 저술들을 남겨 놓아, 황룡사계 화엄의 중심인물로 볼 수 있다.

신라 하대에 와서도 황룡사승 지해智海가 원성왕의 초청으로 궁궐인 대내大內에서 50일간 『화엄경』을 강하고 있다. 이 외에 전하지는 않지만 『화엄경요결華嚴經要決』 6권을 지은 범여梵如가 있다. 그는 황룡사승으로 명기되어 있지는 않지만, 원성왕 3년(787)에 혜영惠英과 함께 소년서성少年書省에 임명되고 있다. 그의 화엄관계 저술과 승직 등으로 볼 때 하대 황룡사승이었을 가능성을 높여 주므로 그도 이 범주에 넣고자 한다.

신라 중·하대를 지나면서 이어진 황룡사승들과 화엄과의 관계는 이 같은 인물의 나열에서도 충분히 설명될 수 있으므로 일단 화엄과 황룡사는 밀접한 관계에 있었음을 말하고자 한다.

---

38 허흥식은 芬皇宗 내지 海東宗은 13·4세기에 확실한 명칭이 나타나는 것으로 판단하여 13·4세기에 등장한 신흥 불교종파로 파악하고 있다(허흥식, 「佛敎界의 새로운 동향」, 『高麗佛敎史硏究』, 일조각, 1986, p.459). 그러면서도 그는 신라 말 고려 초까지는 대체로 원효와 의상의 이대산맥이 존재했을 것으로 추측하고 있다. 이 문제는 종래 五敎九山 등 宗派와 관련된 복잡한 면이 게재될 수 있는 것이기 때문에 여기서는 단지 사료상에 나타난 황룡사의 緣起를 이은 華嚴僧들에 제한시켜 살펴보도록 하겠다.

39 『宋高僧傳』 권4에는 원효 전기의 제목을 「唐新羅國黃龍寺元曉傳十四大安」라고 하여 「唐新羅國義湘傳」과는 달리 황룡사승임을 분명히 표시하고 있다.

2) 황룡사승의 지방으로의 세력 확대

황룡사는 중고기中古期에 호국사찰로서 국가에 의해 중시되던 사찰이었으나 중대中代에 성전成典이 설치되지 못하는 등[40] 유가계瑜伽系 사찰에 비해 중앙권력에서 밀려나 있었다. 이 황룡사에 성전成典이 설치된 기록이 없는 『삼국사기』 직관지職官志의 기록을 의아해 하던 이홍직李弘稙의 견해[41]에 대하여 황수영黃壽永은 「황룡사구층목탑찰주본기皇龍寺九層木塔刹柱本記」의 발견으로 황룡사 성전皇龍寺成典의 존재를 확인하고, 이홍직의 식견에 감탄하고 있다.[42]

그러나 이 점은 『삼국사기』의 직관지職官志 기사記事가 7세기 말 신문왕神文王 대 이후 그리 멀지 않은 시기의 일괄자료로 파악되기도 하고(職官志 下),[43] 중대 말인 혜공왕惠恭王 12년(776) 이후의 것으로 애장왕哀莊王 7년(806) 이전의 시기에 작성된(職官志 中) 기사라는 견해로 볼 때,[44] 성전成典 기록이 있는 직관지 상도 하대 이전의 기사로 생각해 볼 수 있다. 최근 황룡사 성전은 하대 즉 경문왕景文王 12년(872)에 와서야 설치되었을 것이라는 채상식의 견해[45]는 『삼국사기』의 직관지 기사에 황룡사 성전이 나오지 않은 의문을 풀게 할 것으로 생각된다.

신라 하대에 이르러 새로이 성전이 설치된 황룡사는 다시 국통國統 등을 배출하고 있다. 즉 경문왕 12년(872)에 쓰여진 「황룡사구층목탑찰

---

40 채상식, 「신라 통일기의 成典寺院의 구조와 기능」, 『부산사학』 8, 1984.
41 李弘稙, 「新羅僧官制와 佛敎政策의 諸問題」, 『白性郁博士頌壽紀念佛敎學論文集』, 1959(『한국고대사의 연구』, 신구문화사, 1971, pp.472~496).
42 黃壽永, 「新羅 皇龍寺 九層木塔 刹柱本記와 그 舍利具」, 『동양학』 3, 1973, p.13.
43 井上秀雄, 「新羅兵制考」, 『朝鮮學報』 11·12, 1957·1958(『新羅史基礎研究』, 1974, p.137).
44 三池賢一, 「新羅內廷官制考(上)」, 『朝鮮學報』 61, 1971, p.9.
45 채상식, 「신라 통일기의 成典寺院의 구조와 기능」, 『부산사학』 8, 1984, p.115.

주본기」에 나오는 국통의 존재로 황룡사가 전국의 승단을 장악하고 있었음을 나타내 주고 있는 것이다. 그 실제 예를 들어 보면, 「황룡사구층목탑찰주본기」의 도감전道監典에 나오는 유나승維那僧 훈필勛筆이 헌강왕 5년(879)에는 남천군통南川郡統 훈필訓弼로 나오고 있고,[46] 「중초사당간석주기中初寺幢竿石柱記」(흥덕왕 2년, 827)에 나오는 절주통節州統 항창 화상恒昌和尙과 「연지사종기蓮池寺鐘記」(833)에 보이는 절주통 각명화상覺明和尙은 모두 황룡사승인 것이다. 이는 전국의 승단과 연결된 황룡사승의 지방으로의 세력 확대를 말해 주는 것이다. 따라서 중고기 황룡사의 호국 사찰로서의 기능이 하대의 혼란기에 접어들면서 다시 되살아나는 것과 같은 현상으로 보인다.

3) 오대산 사적의 윤색 배경

오대산 사적의 검토 결과 자장慈藏의 사적事蹟이 후대에 부회되었다는 것과, 보질도 태자寶質徒太子의 시대 배경이 하대下代의 왕위 쟁탈과 관련 있어 보인다는 점, 그리고 9세기 이후에야 나타나는 화엄결사華嚴結社까지 이 오대산 사적에 중첩되어 있는 사실을 볼 수 있었다. 그러면 이 같은 사실들을 누가, 무엇 때문에 윤색하였는가 하는 점이다.

> ㉙ 신라 제27대 선덕왕(재위 632~637) 즉위 5년인 정관 10년 병신(636)에 자장 법사가 당나라에 유학하여 오대에서 문수보살이 주는 법을 받아 감응하였다.(자세한 것은 본전에 보인다.) 문수가 또 말하였다. "그대 나라 왕은 천축의 찰리종족 왕으로, 미리 부처님의 受記를 받았으므로 남다른 인연이 있어 동이의 공공 오랑캐 종족과

46 「鳳巖寺智證大師寂照塔碑」(『조선금석총람』 상, p.93).

는 같지 않소. 그러나 산천이 험하기 때문에 사람의 성품이 거칠고 도리에 어긋나 잘못된 견해를 많이 믿어 때때로 천신이 화를 내리기도 하나, 多聞比丘가 나라 안에 있어서 임금과 신하가 편안하고 만백성이 화평한 것이오." 말을 마치자 보이지 않았다. 자장은 이것이 바로 문수 성인의 변화임을 알고 감격하여 울며 물러났다.(『삼국유사』 권3, 皇龍寺九層塔조)

㉚ 법사가 중국의 太和池 가를 지나는데 갑자기 神人이 나와 물었다. "어떻게 여기에 왔소?" 자장이 답하였다. "보리를 구하려고 합니다." 신인이 예를 갖추어 절을 하고 또 물었다. "그대 나라에 무슨 어려움이 있소?" 자장이 말하였다. "우리나라는 북으로 말갈과 붙어 있고 남으로 왜인과 접해 있으며, 또 고구려·백제 두 나라가 번갈아 변경을 침범하여 이웃의 도적들이 횡행하니, 이것이 백성들의 근심입니다." 신인이 말하였다. "지금 그대 나라는 여자를 임금으로 삼았으므로 덕은 있으나 위엄이 없소. 그 때문에 이웃 나라가 침략을 도모하니 빨리 본국으로 돌아가야 하오." 자장이 물었다. "고향에 가서 무엇을 하면 보탬이 되겠습니까?" 신인이 말하였다. "황룡사의 護法龍은 나의 맏아들로 범왕의 명을 받고 그 절을 보호하고 있으니, 본국에 돌아가서 절 안에 9층탑을 이룩하면 이웃 나라가 항복하고 九韓이 조공을 바치니 나라가 길이 태평할 것이요, 탑을 세운 뒤 八關會를 베풀고 죄인을 사면하면 외적이 침해하지 못할 것이오. 또 나를 위하여 경기 남쪽 언덕에 精舍 한 채를 지어 나의 복을 함께 빌어 주면 나 역시 그 은덕을 갚을 것이오." 말을 마치자 드디어 玉을 바치고는 갑자기 형체를 숨기고 나타나지 않았다(절 기록에 終南山 圓香禪師 처소에서 탑 세울 이유를 들었다고 하였다).(『삼국유사』 권

3, 皇龍寺九層塔조)

㉛ [終]南山 圓香禪師가 일러 말하기를, "내가 觀心으로 公의 나라를 보니 皇龍寺에 9층탑을 세우면 海東의 여러 나라가 당신의 나라에 항복해 올 것입니다."라고 하므로, 慈藏이 이 말을 새기고 돌아와 보고하였다.(「皇龍寺九層木塔刹柱本記」)[47]

㉜ 만년에 서울을 하직하고 강릉군(지금의 溟州이다.)에 水多寺를 세우고 살았다. 다시 꿈에 北臺에서 보았던 이상한 모양의 僧이 나타나서 말하였다. "내일 大松汀에서 그대를 만나겠다." 놀라 일어나 일찍 松汀에 가니 과연 文殊菩薩이 감응하여 와 있으므로 法要를 물으니 답하였다. "太伯山 葛蟠地에서 다시 만나자."고 하고 자취를 숨기고 나타나지 않았다(松汀에는 지금까지도 가시나무가 나지 않고 매와 새매 류가 깃들지 않는다고 한다). 慈藏이 太伯山에 가서 찾다가 큰 구렁이가 나무 밑에 서리고 있는 것을 보고 侍者에게 말하였다. "이곳이 葛蟠地이다." 이에 石南院(지금 淨岩寺이다.)을 세우고 문수대성이 내려오기를 기다렸다. 이때 한 老居士가 남루한 方袍를 입고 칡으로 만든 삼태기에 죽은 강아지를 담아 메고 와서 시자에게 말하였다. "자장을 보러 왔다." 門人이 말하였다. "좌우에서 시종한 이래 우리 스승의 이름을 함부로 부르는 자를 보지 못했는데 너는 어떤 사람이기에 이런 미친 말을 하느냐?" 居士가 "다만 너의 스승에게 告하기만 하라."라고 하였다. 들어가 고하자 자장도 깨닫지 못하고 狂人이 아닌가 하였다. 門人이 나가서 꾸짖어 쫓으니 居士가 말하였다.

47 황수영 편, 『韓國金石遺文』, 일지사, 1985, p.159. "南山圓香禪師 禪師謂曰吾以觀心觀公之國 皇龍寺建九層窣堵波 海東諸國渾降汝國 慈藏持語而還以聞."

"돌아가리라. 돌아가리라. 我相을 가진 자가 어찌 나를 볼 수 있겠는가?" 그리고는 삼태기를 거꾸로 들고 터니 강아지가 변하여 獅子寶座가 되고 그 위에 올라 앉아 빛을 발하면서 가버렸다. 자장이 이 말을 듣고 그제야 威儀를 갖추고 빛을 찾아 남쪽 고개로 달려 올라갔으나 이미 아득해서 따라가지 못하고 드디어 쓰러져 세상을 떠났다. 화장하여 유골을 石穴 속에 모셨다.(『삼국유사』 권4 자장정률조)

자장慈藏의 기사 가운데 화엄과 관련된 사적事蹟들이 후인에 의한 윤색이라는 사실은 이미 앞에서 밝힌 바와 같다. 그런데 무엇 때문에 자장은 오대산의 문수신앙과 관련하여 그 시초 인연의 인물로 설정되고 있는 것인가 하는 점이다.

그것은 자장이 당에 유학하는 동안 오대산에 간 일과 귀국 후 말년에 오대산에 머문 사실들을 가지고, 중국의 오대산에서 문수에게 감응한 것으로 연결시키고 있고, 신라에 돌아온 후 말년에 오대산에 간 것을 문수와 해후한 것으로 부회한 것이다. 그가 만난 신인神人이 바로 종남산終南山의 원향 선사圓香禪師였다는 사실이 「황룡사구층목탑찰주본기」에 확실히 나오고 있는 것으로서 자장과 신인과의 대화는 부회된 것임이 확인되기 때문이다.

그런데 이 오대산과 관련해서 자장이 거주했던, 황룡사의 승으로서 원효의 사적이 보이고 있다.

㉝ 원효 법사는 즉 陳那菩薩의 化身이다.(「金剛山長安寺事蹟」)[48]

48 『朝鮮寺刹全書』 下, p.983.

㉞ 他方의 보살이 세상에 출현하고(분황의 陳那와 浮石의 寶蓋가 洛山과 五臺에 이른 것이 이것이다.)(『삼국유사』 권3 原宗興法 厭髑滅身)

진나보살陳那菩薩의 화신化身으로 나오는 황룡사승 원효가 오대산에 이르는 것이다. 이 사실은 여래의 화신인 보개寶蓋로 되어 있는 의상이 낙산 쪽으로 행보한 것과 비교되어 서술되고 있는 것이다. 이렇게 황룡사와 관련하여 자장과 원효가 오대산과 연결되고 있다.

그런데 하대에 들어와서 다시 왕실에서 중시되기 시작한 황룡사의 승僧들은 오대산 사적에 자장을 비롯한 후대의 사실을 부회하여 일연이 서술하고 있는 것과 같은 사적을 만든 것이 아닌가 한다. 신라 하대인 8세기 말부터 9세기 초 이후 오대산에는 화엄 계통의 천관사를 창건한 통령通靈이 존재하였던 점에서 화엄승이 있었음이 확실시되고 있다. 그렇다면 이 황룡사계 화엄승들은 왜 자장사적과 같은 것들을 오대산에 부회시켰는가 하는 것이다.

그 이유는 당시 지방에서 큰 세력으로 활동하고 있던 의상계義相系를 의식한 데서 나온 것이 아닌가 한다. 즉 의상의 법손法孫들이 영주榮州의 부석사浮石寺를 중심으로 태백산, 소백산, 낙산으로까지 세력을 펴 나가자, 황룡사계의 화엄승들은 오대산을 중심으로 한 문수사적을 만들어 낸 것이다. 이 점은 의상계 화엄승들이 진출하였던 것으로 보이는 금강산金剛山과 관련하여 '오대산은 유행有行이므로 일정한 수의 사람이 출세할 땅이지만, 금강산은 무행無行이어서 무수한 사람이 출세할 곳'이라고 하는 내용이 이를 뒷받침해 주고 있다. 즉 오대산은 유한有限의 인물 밖에는 나오지 못할 땅이지만 금강산은 무한無限의 인물을 배출할 땅이라며 금강산의 우위優位를 논하고 있는데, 이는 오대산 세력을 견제한 의상계의 발언으로 보이므로 이 둘의 경쟁적인 지방으로의 세력 확대를 생각해 볼 수 있다.

Ⅳ. 결론

신라 하대에는 중국으로부터의 선禪 전래로 선종禪宗이 흥하였다. 그러나 중국이 회창폐불 이후 만당晩唐과 오대五代에 걸쳐 선종만이 융성하였던 것과는 달리 우리나라는 나말여초의 거의 모든 실력자들에 의해 봉불奉佛 내지는 호불護佛 행위가 이루어져 기존의 교종敎宗들과 새로 유입된 선종禪宗이 모두 신앙 대상이 되고 있었다. 이같이 양국이 처해 있던 불교계의 다른 상황은 신라 하대 교학불교의 하나인 화엄華嚴이 존속할 수 있었던 기반을 간접적으로 설명해 줄 수 있는 것이어서 먼저 서술하였다.

이어 신라 하대 화엄은 중대의 화엄을 이은 것이므로 그 연장선상에서 이해하려고 하였다. 그러한 관점에서 하대에 나오는 화엄 관계의 내용 가운데 그 사례 연구의 하나로서 오대산에 나타난 화엄결사에 주목하여 그 실상을 파악하고자 노력하였다.

우선 오대산 사적의 시대 배경이 중대였다고 하는 종래의 견해를 지양하고, 하대를 그 배경으로 하고 있음을 밝혀 보았다. 첫째로 오대산과 관련하여 나오는 자장 관련 기사는 후대의 화엄가에 의한 윤색임을 증명하였다. 즉 자장과 관련한 범게梵偈의 역문이 자장보다 한 세대 후에 역출된 80화엄에 나오고 있기 때문이다. 둘째로 보질도 태자寶質徒太子의 입산入山과 진여원眞如院의 개창 시기 등에 주목하여 이를 하대 왕위쟁탈 시기와 관련지어 생각해 보았다. 셋째로 오대산 사적에 나오는 화엄결사華嚴結社의 내용이 중대가 아닌 나말여초의 화엄결사와 관련이 있음을 증명해 보았다. 당대唐代의 오대산 신앙이 발전한 과정과 신라의 것을 연결하여 시기를 맞춰 본 것이다.

다음에 이 사적에 나타난 자장 기사의 윤색 이유를 하대 황룡사계의 화엄승들이 지방으로 진출하고 있는 것과 관련시켜 살펴보았다. 이 점은 하대 의상계와의 관련에서 좀 더 밝혀져야 할 점이 있으므로 시론적인 서술이었다.

이 신라 하대에는 종전에 생각해 오던 것보다는 많은 화엄 관계 신앙결사들이 이루어지고 있었는데, 오대산 사적의 화엄 관계 기사의 규명을 시초로 앞으로 그 내용들이 하나하나 밝혀졌으면 한다.

참고문헌

『삼국사기』, 『삼국유사』, 『舊唐書』, 『宋高僧傳』, 『조선금석총람』 상, 『한국불교전서』 4, 『入唐求法巡禮行記』.

김문경, 『唐代의 社會와 宗敎』, 숭실대학교출판부, 1974.
안계현, 『한국불교사연구』, 동화출판공사, 1982.
이기동, 『신라골품제사회와 화랑도』, 일조각, 1980.
李能和, 『조선불교통사』 하, 경희출판사, 1968.
허흥식, 『高麗佛敎史研究』, 일조각, 1986.
江田俊雄, 『朝鮮佛敎史の硏究』, 圖書刊行會, 1977.
那波利貞, 『唐代社會文化史硏究』, 創文社, 1984.
道端良秀, 『唐代佛敎史の硏究』, 法藏館, 1957.
山崎宏, 『支那中世佛敎の展開』, 法藏館, 1971.
高翊晋, 「신라 하대 禪傳來」, 『한국선사상연구』, 동국대 불교문화연구원, 1984.
金杜珍, 「朗慧와 그의 禪思想」, 『역사학보』 57, 역사학회, 1973.
김동수, 「신라 헌덕·흥덕왕 대의 개혁정치」, 『한국사연구』 39, 한국사연구회, 1982.
김두진, 「신라 하대 崛山門의 형성과 그 사상」, 『성곡논총』 17, 1986.
김복순, 「최치원의 法藏和尙傳 검토」, 『한국사연구』 57, 1987.
______, 「신라 중대 화엄종과 왕권」, 『한국사연구』 63, 1988.
______, 「자장의 생애와 율사로서의 위상」, 『대각사상』 10, 2007.
김영미, 「통일신라시대 아미타신앙의 역사적 성격」, 『한국사연구』 50·51합집,

1985.
김영태, 「曦陽山禪派의 성립과 그 法系에 대하여」『한국불교학』 4, 1979.
______, 「삼국유사에 보이는 화엄사상」, 『한국화엄사상연구』, 동국대학교출판부, 1982.
민영규, 「新羅 興德王陵碑斷石記」, 『역사학보』 17·18합집, 1962.
변태섭, 「고려 초기의 지방제도」, 『한국사연구』 57, 1987.
新發見 新羅 景德王代 華嚴經寫經 討論速記錄, 「토론 신발견 신라 경덕왕 대 화엄경사경」, 『역사학보』 83, 역사학회, 1976.
신종원, 「慈藏의 佛敎思想에 대한 再檢討」, 『한국사연구』 39, 1982.
______, 「신라 오대산 사적과 성덕왕의 즉위배경」, 『최영희선생화갑기념한국사논총』, 1987.
이기동, 「신라 금입택고」, 『진단학보』 45, 1978.
______, 「신라 하대의 왕위계승과 정치과정」, 『역사학보』 85, 1980.
이기영, 「상징적 표현을 통해서 본 7·8세기 신라 및 일본의 불국토사상」, 『韓國佛敎硏究』, 1982.
이영자, 「天台四敎儀의 성립배경과 그 특징」, 『불교학보』 23, 1986.
이재창, 「麗代飯僧考」, 『불교학보』 1, 1963.
李弘稙, 「新羅僧官制와 佛敎政策의 諸問題」, 『白性郁博士頌壽紀念佛敎學論文集』, 1959(『한국고대사의 연구』, 신구문화사, 1971).
전기웅, 「나말여초의 지방사회와 知州諸軍事」, 『慶南史學』 4, 1987.
채상식, 「정토사지 법경대사비 음기의 분석」, 『한국사연구』 36, 1982.
______, 「신라 통일기의 成典寺院의 구조와 기능」, 『부산사학』 8, 1984.
崔柄憲, 「신라 하대 禪宗 九山派의 성립-崔致遠의 四山碑銘을 중심으로」, 『한국사연구』 7, 1972.
黃壽永, 「五台山上院寺銅鐘의 搬移事實」, 『역사학보』 16, 1961.

黃壽永,「新羅 皇龍寺 九層木塔 刹柱本記와 그 舍利具」,『동양학』 3, 1973.

嚴耕望,「新羅留唐學生與僧徒」,『中韓文化論集』 1, 1955.

江田俊雄,「新羅の慈藏と五台山」,『文化』 21-5, 1957.

龜川正信,「會昌廢佛について」,『支那佛教史學』 6-1, 1942.

末松保和,「新羅下古諸王薨年存疑」,『新羅史の諸問題』, 東京 東洋文庫, 1954.

三池賢一,「新羅內廷官制考(上)」,『朝鮮學報』 61, 1971.

井上秀雄,「三國史記にあらわれた新羅の中央行政官制について」,『朝鮮學報』 51, 1969.

井上秀雄,「新羅兵制考」,『朝鮮學報』 11·12, 1957·1958.

10

대각국사 의천의 불교사적 위치

/ 최병헌

〈선정 이유〉

● 최병헌, 「대각국사 의천의 불교사적 위치」, 『천태불교학연구』 제4집, 천태불교문화연구원, 2002. 6, pp.155~178.

선정 이유

이 논문은 한국불교사에서 가장 커다란 업적을 남긴 승려로 평가받는 대각국사 의천義天(1055~1101)의 불교사적 위치에 대해 논구했다는 점에 주목하여 선정하였다. 저자는 먼저 의천 불교의 핵심적인 과제가 불교에 있어서의 화엄종과 천태종 및 선종(구산선문과 조계종)의 관계 설정에 있음을 명확히 드러냄으로써 고려불교사, 나아가 한국불교사에서의 역사적 위치를 밝혀 보고 있다. 저자는 의천은 당시 불교의 핵심과제인 성상겸학性相兼學과 교관병수敎觀幷修를 실현하려고 했으며, 당시 화엄종과 대립관계에 있었던 법상종의 유식학을 포용함으로써 교학면에서 화엄종의 우위를 확보하려고 했다고 보았다.

또 의천은 불교 종파와 핵심과제를 화엄종의 우위 유지를 위해 천태종과의 공존을 모색했으며, 이를 위해 선종 승려들을 포섭하여 천태종으로 개종토록 함으로써 선승들만으로 천태종 교단을 조직했다고 보았다. 그 결과 화엄종은 그대로 유지한 채 선종 승려만으로 천태종을 새로 개창하여 두 종단을 함께 영도하려는 것이 그의 불교 개편의 의도였다고 파악하였다.

저자는 의천은 인도 대승불교의 양대 주류였던 중관학파와 유식학파 사이의 '공유대립'의 문제를 7세기경 중국 당나라 불교계에서 화엄학에서의 '성상융회'의 문제로써 해결을 추구하였고, 동시에 신라에서는 원효에 의해서 '공유대립'을 극복하는 '회통불교'의 수립 노력으로 전개되었다고 보았다. 그리고 11세기 의천에 와서 이 문제가 새삼스럽게 다시 제기된 것은 고려 당시 중앙 불교계의 양대 주류 종파인 화엄종과 법상종이 서로 경쟁 대립하고 있던 특수한 사정 때문이었다고 보았다. 저자는 의천 자신이 직면하고 있는 화엄종과 법상종의 대립과 성상겸학설이 성종과 상종의 대립이라는 문제를 7세기경 신라 중대 불교계의 문제가 11세기 고려불교계에서 연장 내지 재연된 것으로 보고 해결하려고 했다고 인식하였다.

또한 의천은 고려에 와서 비로소 새롭게 제기된 교학과 실천의 문제를 교관병수의 조화 문제로 해결하려 하였다. 그는 실천 즉 관문觀門은 수당 불교계의 여러 종파에서 실천론으로 체계화된 것이지만 화엄종을 그대로 유지하면서 선종을 포섭하여 천태종을 새로 개창하려는 교단의 개편작업과 직접적으로 관련된 것으로 파악하였다. 이 때문에 의천은 화엄종의 입장에서 천태종의 지관止觀을 매개로 하여 선종을 포섭하려는 의도를 가졌지만, 화엄의 법계관문은 실천성이 약해 실천불교인 선종을 포섭하는 데 한계가 있었다. 결국 화엄의 '법계관문'보다 더욱 실천성이 강한 천태종의 '지관'을 매개로 하여 선종을 포섭하려는 간접적인 선교통합을 시도하였다고 보았다.

의천은 이 과정에서 천태종의 창립과 교관병수설을 제시하면서 원효가 성상을 융통해 밝혀낸 일련의 과정에 공감을 일으켰고, 원효를 의상과 함께 한국 화엄종의 조사로 추앙하기에 이르렀다. 하지만 의천에 의한 교관병수와 선교통합은 규봉 종밀과 같은 선교일치의 단계에는 이르지 못하였으며, 청량 징관 단계의 과도적인 선교통합에 그치고 말았다고 보았다. 더욱이 무인집권기에 이르러 천태종의 요세了世에 의한 백련사 결사가 한때 지방 사회의 개혁적인 불교로서의 성격을 나타내 주기도 하였으나, 그것은 의천 불교의 계승이 아니라 송나라 초기 사명 지례四溟知禮의 천태학과 정토신앙의 계승을 표방한 것이었으며, 그것도 얼마 되지 않아 다시 귀족적인 성격의 불교로 변질되고 말았다. 그리하여 고려 후기에 이르러 의천의 화엄종과 천태종을 중심으로 한 불교 전통은 퇴색되어 갔고, 고려 멸망 이후 귀족세력의 몰락과 함께 의천의 불교 전통은 단절되고 말았으며, 의천의 존재는 불교사에서 거의 잊혀져 버렸다고 밝히는 대목에서 이 논문의 의미와 학문적 가치를 찾아볼 수 있다.

I. 머리말

대각국사大覺國師 의천義天(1055~1101)은 한국불교 역사상 가장 커다란 업적을 남긴 승려 가운데 한 사람이다. 그는 먼저 균여均如의 불교를 비판하면서 교관병수敎觀幷修를 주장함으로써 화엄종華嚴宗을 개혁하였으며, 다음으로는 새로이 천태종天台宗을 개창하여 선종禪宗을 포섭함으로써 고려불교를 선교통합禪敎統合의 새로운 단계로 전진시켰다. 그리고 다른 한편으로는 불교 전적을 수집 간행함으로써 동아시아의 불교문화를 총정리하는 업적을 이루었으며, 동시에 송宋·요遼·고창高昌·일본 등 동아시아 불교계와 폭넓게 교류함으로써 고려불교의 국제적인 지위를 크게 높였다.

그런데 고려 후기 이후의 불교사는 선종禪宗, 특히 임제종臨濟宗의 간화선看話禪을 중심으로 전개되면서 의천義天의 불교는 제대로 계승되지 못하였으며, 올바르게 평가되지도 못하였다. 의천義天 불교의 의의에 대한 새로운 인식과 재평가는 근대 일제강점기에 들어와 비로소 이루어지게 되었다. 그리고 그에 대한 선구적인 업적을 이룬 학자는 아쉽게도 오야 토쿠죠(大屋德城), 나이토 슌스케(內藤雋輔), 다카하시 토오루(高橋亨) 등 일본 학자들이었다. 한국 학자들에 의한 연구는 광복 이후에야 비로소 나타나게 되었다. 조명기趙明基, 박종홍朴鍾鴻, 홍정식洪庭植, 이재창李載昌, 이영자李永子 등이 이 분야의 선구적인 학자들이라고 할 수 있다. 그리고 이어 중진·소장 학자들이 대거 등장함으로써 오늘날의 시점에서 평가할 때 그 연구의 양과 질의 양면에서 상당한 수준에 이르렀다고 할 수 있다. 그 결과 의천의 업적 가운데 앞에서 언급한 바와 같이 화엄종華嚴宗의 개혁改革, 천태종天台宗의 창립創立, 불교 전적佛教典籍의 수집 간행, 송宋·요遼·일본 등 동아시아 각국 불교계와의 교류 등의 사실은 어느 정도 밝혀지게 되었다.

그러나 그러한 불교 업적에 대한 연구가 각각의 단편적인 문제의 이해 차원에 머묾으로써 의천 불교의 종합적인 이해와 평가는 제대로 이루어지지 못하고 있는 실정이다. 그리하여 의천 불교에 있어서 화엄종華嚴宗과 천태종天台宗의 관계, 천태종과 선종禪宗(九山禪門, 또는 曹溪宗)의 관계 등의 문제에 대한 이해는 혼란을 벗어나지 못하고 있다. 그리고 나아가 의천 불교의 사상 체계에 대한 구조적인 이해가 불가능하게 되었으며, 의천 불교의 핵심적인 과제가 무엇인가에 대한 문제에는 제대로 접근하지도 못하고 있다. 또한 불전佛典의 수집 간행의 문제도 『신편제종교장총록新編諸宗教藏總錄』의 수록 내용 분석에만 머물고 있으며, 근년(1974) 중국 산서성山西省 응현應縣 불궁사佛宮寺의 목탑木塔에서 발견된 인쇄 불전印刷佛典을 비롯하여 『방산석경房山石經』·『송장유진宋藏遺珍』 등의 판본과의 비교 검토는 시도도 되지 못하고 있는 형편이다. 그리고 동아시아 각국과의 불교 교류 문제도 의천의 송宋 불교계의 구법여행 자체에만 초점을 맞추어 정리해 보는 수준에 머물고 있으며, 송宋·요遼·일본 등 각국의 불교계에 대한 이해를 결여함으로써 불교 교류의 의의를 제대로 밝힐 수 없는 수준에 머물러 있는 형편이다.

한마디로 요약하면 의천 불교에 대한 연구는 이제 전환점에 처하였다고 보이며, 지금까지 연구에 있어서의 한계와 모순을 극복하기 위해서는 동아시아 불교계에로의 인식을 대폭 확대하는 방향으로 새로운 방법론의 모색이 이루어져야 할 필요가 있다는 점을 지적하지 않을 수 없다. 본고는 이러한 문제의식에서 출발하여 의천 불교에 대한 종합적인 이해 체계를 설정하여 보려고 하는바, 그 구체적인 내용으로서 먼저 의천 불교에 있어서의 화엄종華嚴宗과 천태종天台宗 및 선종禪宗(九山禪門과 曹溪宗)의 관계를 명확히 하고, 나아가 의천 불교에서의 핵심적인 과제를 드러냄으로써 고려불교사, 나아가 한국불교사에서의 역사적 위치를 밝혀 보려고 한다.

Ⅱ. 의천義天의 불교 종파와 핵심과제

의천義天은 원래 화엄종華嚴宗 출신이었으며 일생 동안 화엄종을 떠난 적이 없었지만, 그의 불교사상이나 활동의 폭은 화엄종에 한정되지 않았으며, 당시 동아시아에서 유행하던 불교의 전 분야에 미치는 대단히 넓은 것이었다.

의천의 불교 폭의 넓이에 있어서는 한국불교 역사상 신라의 원효元曉에 버금가는 인물이라고 할 수 있다. 의천이 세상을 떠난 직후에 찬술된 「흥왕사대각국사묘지명興王寺大覺國師墓誌銘」에 의하면,

> 景德國師가 入寂함에 이르러 국사가 그 法門을 계승하였으며, 當世의 學佛者는 戒律宗·法相宗·涅槃宗·法性宗·圓融宗·禪寂宗이 있었는데, 국사는 그 六宗을 아울러 연구함이 지극한 경지에 이르렀다. 뿐만 아니라 밖으로 六經七略 등의 書籍에 미쳐서도 각각 심오한 趣旨를 발명하였으므로 文考께서 포상하여 廣智開宗弘眞祐世僧統을 삼았다.

라고 하였다. 또한 「영통사대각국사비명靈通寺大覺國師碑銘」에서도,

> 賢首敎觀으로부터 頓漸과 大小乘의 經律論에 따른 章疏에 이르기까지 탐색하지 않음이 없었다. 또한 餘力으로 外學에 대해서도 見聞이 넓고 깊어서 仲尼와 老聃의 서적과 諸子百家의 集錄, 모든 史書까지도 일찍부터 그 菁華함을 玩味하여 그 근저를 찾아냈으므로 講論이 종횡으로 달리어 물 흐르듯이 그 끝이 없었다.

라고 하여 그 학문이 불교의 전 분야를 포괄하였을 뿐만 아니라 유교儒敎나 노장학老莊學의 분야에까지 미치고 있었음을 알 수 있다. 의천이 송宋에 여행하였을 때에도 당시 송에서 유행하던 모든 종파의 승려 50여 인을 만나고 있었는데, 그 가운데는 인도나 고창高昌에서 온 승려도 있었다. 변경卞京에서 항주杭州에 이르기까지 시종 의천의 안내를 맡았던 주객원외랑主客員外郎 양걸楊傑은 의천과의 이별에 앞서 의천에게 준 글에서 다음과 같이 언급하였다.

> 옛날부터 聖賢들이 바다를 건너 求法한 일은 많았지만 어찌 僧統과 같이 한 번 上國에 와서 [宋에] 있는바 天台·賢首·南山·慈恩·曹溪·西天梵學을 일시에 전래함이 있었겠는가.
> [宋] 조정에서 허락하므로 승통은 이르는 곳마다 선지식을 두루 참방하였다. 그런 까닭으로 일 년 사이에 賢首의 性宗, 慈恩의 相宗, 達磨의 禪宗, 南山의 律宗, 天台의 觀宗을 모두 달통하여 그 묘한 진리를 얻지 않은 것이 없었다.

그런데 의천 자신은 귀국하면서 선종宣宗에게 올린 표문表文에서,

慈恩·賢首·台嶺·南山의 宗旨에 이르기까지 외람되게도 향로와 拂子를 전해왔습니다.

라고 하여 송의 오종五宗 가운데서 자은慈恩(法相宗)·현수賢首(華嚴宗)·태령台嶺(天台宗)·남산南山(戒律宗) 등 4종만을 들고, 선종은 제외시키고 있었음이 주목된다. 의천은 실제 도송渡宋 중에 원조 종본元照宗本, 불인 요원佛印了元, 대각 회련大覺懷璉 등 선종禪宗(雲門宗)의 명승名僧들을 찾아 만났으면서도 양걸의 칭송의 말과 달리, 그리고 그의 묘지墓誌나 비명碑銘의 내용과도 달리 그 자신은 선종의 전래 사실을 제외시키고 있었던 이유가 무엇인지 궁금하지 않을 수 없다. 그것은 의천의 불교관 문제로서 주목하지 않을 수 없다.

의천은 화엄종 관계의 글을 모아 『원종문류圓宗文類』를 편찬하면서 그 책에 자서自署하기를 "興王寺住持傳賢首敎觀兼講天台敎觀南山律鈔因明論等觀…祐世僧統"이라고 하여 자신이 전하고 강하는 불교로서 현수교관賢首敎觀과 함께 천태교관天台敎觀·남산율초南山律鈔·인명론因明論만을 언급하고 선종禪宗을 여전히 제외하였으며, 뿐만 아니라 인명론因明論만을 드는 대신에 법상종法相宗의 유식학唯識學을 제외시키고 있었다.

의천의 불교의 폭은 대단히 넓어 여러 종파의 불교를 망라하는 것이었다. 그러나 그의 불교에 있어서 여러 종파의 불교가 모두 똑같은 비중을 가진 것은 아니었다. 그의 불교의 중심이 된 것은 어디까지나 화엄종과 천태종이었다. 그리고 반면에 선종과 법상종의 불교는 자신의 것으로 받아들이려고 하지 않았음을 알 수 있다. 「천봉사대각국사비문僊鳳寺大覺國師碑文」에 의하면,

> 국사는 세상에 뛰어난 큰 임무를 감당할 수 있는 재주를 가지고 여러 종파의 학문에 사무쳐 통달하지 않음이 없었으나, 그 스스로 인정하여 자신의 임무로 삼은 것은 賢首와 天台兩宗에 있었다.

라고 하여 그 자신의 중심 종파로서는 화엄종과 천태종만을 의식하고 있었음을 다시 확인할 수 있다. 그런데 이 두 종파 가운데서도 의천에게 있어서 더욱 비중이 크고 중심적인 것은 화엄종이었고, 천태종은 제2의 부수적인 것이었다. 의천은 처음부터 끝까지 화엄종 승려로서 활약하면서 말년에 가까워서 천태종을 새로 개창하였지만 결코 화엄종을 버리거나 떠나지 않았다. 그리고 화엄종을 계속하여 영도하면서 동시에 천태종도 아울러 이끌었다. 숙종肅宗 2년(1097) 천태종의 본찰로서 국청사國淸寺가 새로이 준공되자, 의천은 국청사의 제1세 주지로 임명되어 취임하였으나, 기왕의 흥왕사興王寺의 주지직을 떠나지는 않았다. 그에게는 화엄종의 본찰인 흥왕사 주지직이 의연히 본직이었고, 국청사 주지직은 겸직에 지나지 않았다. 또한 의천은 천태종 교단을 새로 조직하면서도 화엄종 승려들은 그대로 두고 단 한 사람도 옮겨가지 않았다. 그리고 의천은 선종 승려들만을 포섭하여 천태종으로 개종토록 함으로써 오직 선승들만으로 천태종 교단을 조직하였다. 결론적으로 화엄종은 그대로 유지하고 선종 승려만을 포섭하여 천태종을 새로 개창하여 양 종단을 함께 영도하려고 하는 것이 의천의 불교 개편의 의도였다고 할 수 있다.

한편, 당시 화엄종과 대립관계에 있었던 법상종法相宗의 불교에 대해서는 그 종파의 교학인 유식학唯識學을 포용함으로써 교학敎學면에서 상대적으로 화엄종의 우위성을 확보하려는 것이었지 그 종파 자체를 통합하려는 것은 아니었고, 더욱이 자신의 불교로 생각한 것도 아니었다. 그리고 당시 중앙의 불교계에서 화엄종과 법상종이 양대 주류를 이루어 대립하는 교단의 이원체제二元體制 가운데 제3종단의 위치를 점하고 있던 선종禪宗에 대해서는 시종일관 철저히 비판 부정하는 입장이었다. 의천이 필생의 사업의 하나로 추진한 불교 전적佛教典籍의 수집 간행을 위한 목록으로 작성된 『신편제종교장총록新編諸宗敎藏總錄』의 내용을 분석해 보아도 이와 같은 의천의 불교 입장이 그대로 나타나고 있다. 즉 화엄종과 천태종 관계의 전적典籍을 위주로 하여 모아 앞에 편집하고, 법상종 관계의 전적을 포용하여 그 뒤에 편집하였다. 그러나 선종 관계의 저술은 제외하였으며, 특히 달마達摩 계통 선승들의 저술은 단 한 책도 포함시키지 않고 철저히 배제하였다.

한편 폭넓은 불교관을 가지고 불교교단의 개편을 시도하던 의천이 당시 불교의 핵심과제로 내세운 것은 성상겸학性相兼學과 교관병수敎觀幷修라고 하는 두 가지 문제였다. 이 두 문제는 고려 당시 불교계의 핵심과제였을 뿐만 아니라 의천 불교의 중심 사상이라고 할 수 있다. 그런데 이 두 문제의 성격은 전연 다른 것임을 주목할 필요가 있다. 그 가운데 성상겸학은 교학적敎學的인 문제로서 원래 인도의 대승불교의 양대 주류였던 중관학파中觀學派와 유식학파唯識學派 사이의 공유대립空有對立의 문제로까지 거슬러 올라가는 것이다. 이 중관학파와 유식학파의 대립은 7세기경 중국 당唐의 불교계에서는 화엄학에서의 성상융회性相融會의 문제로써 해결을 추구하였고, 동시에 신라에서는 원효에 의하여 공유대립을 극복하는 회통불교會通佛敎 수립의 노력으로 전개되었던 것이었다.

그런데 11세기의 의천에게 와서 이 문제가 새삼스럽게 다시 제기된 것은 당시 고려불교계의 특수한 사정 때문이었다. 즉 중앙 불교계의 양대 주류적인 종파로서 화엄종과 법상종法相宗이 서로 경쟁 대립하고 있던 상황과 관련된 것이었다. 양대 종단 사이에 이른바 성종性宗과 상종相宗의 대립이라는 문제가 당대 불교계의 현안으로 떠오른 것이다. 7세기경 신라 중대 불교계의 문제가 11세기 고려불교계에서 다시 재연된 것이라고 할 수 있다.

그리고 다음 교관병수敎觀幷修는 교학敎學과 실천의 조화 문제인데, 성상겸학性相兼學이 신라 중대 불교 문제의 연장 내지 재연이었던 것인데 비하여, 교관병수는 고려에 와서 비로소 새로 제기된 문제였다. 교학敎學과 관문觀門 가운데 특히 관문은 수당隋唐 불교계의 여러 종파에서 실천론으로 체계화된 것으로서, 천태종에서는 점차漸次·부정不定·원돈圓頓의 천태지관天台止觀으로, 법상종에서는 오중유식관五重唯識觀으로, 그리고 화엄종에서는 법계관法界觀으로 정비되었다. 그런데 의천에게 있어서 교관병수의 문제는 화엄종이나 천태종 안에서의 교학과 관문觀門의 조화 문제에 그치는 것이 아니었다. 화엄종을 그대로 유지하면서 선종을 포섭하여 천태종을 새로 개창하려는 교단의 개편작업과 직접적으로 관련된 것으로서, 화엄종의 입장에서 천태종의 지관止觀을 매개로 하여 선종을 포섭하려는 의도를 가진 것이었다. 그러므로 성상겸학과 교관병수라고 하는 두 가지 문제는 그 성격이 전연 다른 것이면서도 불교계 개편을 추진하던 의천에게는 현실적인 필요성에서 동시에 제기되지 않을 수 없었던 것이다. 따라서 이 두 문제는 이념적인 차원에서만 설명하려는 것으로는 그 의미가 극히 제한적으로 이해되지 않을 수 없다고 본다. 따라서 다음의 문제는 의천이 제기하고 해결을 시도한 성상겸학性相兼學과 교관병수敎觀幷修라고 하는 이 핵심적인 두 개의 과제를 교단의 개편과 정치적 대립이라고 하는 현실적인 문제와 관련시켜 그 역사적·사상적 의미를 좀더 구체적으로 추구해 보려는 데 있다.

Ⅲ. 화엄종·법상종法相宗의 대립과 성상겸학설

고려 현종顯宗 대 이후에 와서 중앙집권적 지배 체제가 일단 성립되고 그 지배 체제를 운영하는 지배세력으로서 문벌귀족門閥貴族이 대두하자, 지배세력과 밀착되어 있던 불교계도 그에 상응하여 변화를 겪지 않을 수 없었다. 즉 지방 호족세력의 불교로서 나말여초에 성행되던 선종禪宗이 제3종단으로 밀려나고, 그 대신 문벌귀족의 불교로서 화엄종華嚴宗과 함께 새로 법상종法相宗이 크게 대두되어 고려 중앙 불교계의 주류를 이루게 되었다. 그리하여 고려의 불교계는 초기의 화엄종과 선종의 이원체제二元體制에서 이제는 같은 교종敎宗 계통인 화엄종과 법상종이 양립하는 이원체제로 바뀌었다.

원래 이 두 종파는 신라 중대에도 교종의 2대종파로서 번영하면서 경쟁하고 있었는데, 고려 중기에 와서 다시 크게 번성하게 되면서 대립되기에 이르렀다. 이 두 종파는 모두 학파적學派的 성격이 강한 학문불교이며, 체제적인 성격이 강한 귀족불교였다. 그런데 이 두 종파 사이는 교리적으로 성종性宗과 상종相宗, 일승一乘과 삼승三乘으로 대립되어 있었을 뿐만 아니라, 의천이 활약할 때에는 왕실이나 문벌귀족과 각기 연결되어 그들의 정치싸움에 직·간접적으로 이용되고 있었다. 당시 화엄종은 흥왕사興王寺를 본거本據로 하여 문종文宗의 아들인 의천義天이 영도하면서 왕실과 연결되었고, 법상종은 현화사玄化寺를 본거로 하여 외척인 이자연李子淵의 아들인 소현韶顯이 영도하게 되면서 인주 이씨仁州李氏의 문벌세력과 연결되어 정치적으로 대립적인 관계를 이루었다. 이 두 종파 사이의 경쟁 대립 관계의 심화는 종파 의식을 더욱 강화시키지 않을 수 없었는데, 당시 양 종파의 지도적인 승려들의 탑비塔

碑에서 경쟁적으로 많은 문도門徒들의 명단을 나열하는 풍조가 생긴 것도 그러한 종파 의식의 강화와 관련된 것이었다고 할 수 있다.

그런데 그러한 종파 의식의 강화는 다른 종파에 대한 자파自派의 우위를 주장하려는 사상운동을 일으키게 되었고, 여기에서 각 종파의 사상의 대립 항쟁이 일어났다. 그리하여 다른 종파에 대하여 그 종파의 사상을 의식적으로 섭취하려고 하거나 포용하고 있는 것으로 주장함으로써 이념적인 면에서 자기 종파의 우위성을 확립하려고 하였다. 의천이 불교의 핵심과제의 하나로 내세운 성상겸학性相兼學의 문제도 바로 대립적 관계에 있던 법상종에 대한 화엄종의 우위성을 확립하려는 의도와 무관할 수 없었음은 물론이다.

의천은 일찍이 법상종의 근본도량인 현화사玄化寺에서 해린海麟의 문도인 우상祐翔에게 법상종의 교학인 유식학唯識學을 배운 적이 있었으며, 그 뒤 송宋에 갔을 때에는 동경東京 현성사顯聖寺의 혜림慧琳과 유식학에 관한 문답을 한 바도 있었다. 그밖에도 역시 송의 유식학승이었던 선연善淵 등을 만나고 있었던 것을 보아 유식학에 대하여서도 일찍부터 상당한 관심을 가졌던 것을 알 수 있다. 그러나 앞 장에서 언급한 바와 같이 제3자의 평가와는 달리 의천 자신은 유식학을 전수하여 오거나 자신의 전공분야로는 생각하지 않았다. 의천은 송에서 귀국한 뒤 흥왕사의 주지가 되어 화엄종을 영도하면서 불교 전적을 수집 간행하고, 천태종天台宗 개창을 추진하는 노력을 경주하였는데, 이 과정에서 법상종과의 대립이 심화되어 갔다. 그러던 중 마침내 선종宣宗 11년(1094) 5월 선종이 세상을 떠나고 그 아들 헌종獻宗이 11세로 즉위하자, 외척인 이자의李資義가 정권을 장악하게 되었고, 그에 따라 그와 연결되어 있던 법상종이 크게 득세하게 되었다. 당시 법상종의 본거인 현화사에는 이자의의 숙부 소현韶顯이 주지로 있었고, 또한 아우 세량世良

도 함께 현화사에 있었다. 그뿐만 아니라 이자의의 아들인 지소智炤를 승려로 삼아 흥왕사에까지 포열시킴으로써 화엄종을 견제하려고 하였다. 그 결과 의천은 법상종 측의 공격을 받아 바로 그해 5월에 지방의 해인사海印寺로 은거하지 않을 수 없었다.

법상종 측의 공격에 의해 지방으로 밀려나지 않을 수 없었던 의천으로서는 실의의 나날을 보내는 가운데, 그 유식학唯識學 자체를 재검토하여 볼 필요성을 느끼게 되었다. 의천이 이때 해인사에서 저술한 책이 법상종의 근본 경론인 『성유식론成唯識論』에 대해 검토한 결과물인 『간정성유식론단과刊定成唯識論單科』 3권이다. 의천은 그 서문에서 먼저 "근세에 불교를 공부하는 사람들이 스스로 돈오頓悟하였다고 하여 권소權小를 멸시하면서 성상性相을 담론하다가 왕왕 사람들의 웃음거리가 되는 것은 겸학兼學을 하지 못한 잘못 때문이라."라고 하여 화엄종의 승려라 하더라도 법상종 교학인 유식학도 널리 배울 것을 권장하고 있었다. 그리고 이어 의천은 그 『간정성유식론단과』를 저술하게 된 동기를 다음과 같이 말하였다.

> 『起信論』과 『唯識論』의 두 가지 論章은 性宗과 相宗의 樞要이어서 學人으로서는 마땅히 마음을 다 써야 할 것이다. 그런데 『起信論』은 일찍이 약간 익힌 바 있지만은 『唯識論』에 있어서는 아직 그 功力을 다 들이지 못하였다. 그러므로 그 번거로운 말에 빠져 그의 要義를 모를까 걱정하였다. 이에 本記를 연구하고 舊科를 참작하여 간추리고 정리해서 3권으로 만들었다.

그리고 의천은 현수 법장賢首法藏의 오교판五敎判에서 유식유가唯識瑜伽를 판석判釋하여 대승시교大乘始敎로 하였으나 그것을 이해하지 못하고서는 오교五敎를 궁구할 수 없기 때문에 겸학兼學하여야 할 것이라고 주장하였다. 의천은 이어 자은 규기慈恩窺基의 『성유식론소成唯識論疏』와 원측圓測의 『성유식론소成唯識論疏』를 들어 『화엄경』과 『유식론』은 본말本末 관계임을 말하였다. 그리고 의천은 "성性과 상相의 관계는 하늘의 해와 달과 같고 주역周易의 건곤乾坤과 같으므로, 그 성과 상 두 가지를 겸해 공부하여야 비로소 통달한 사람이라고 할 수 있다."라고 한 청량 징관淸凉澄觀의 말을 인용하고, 나아가 화엄종의 입장에서 법상종을 회통할 수 있음을 주장하면서 양종兩宗을 겸학할 것을 화엄종의 오교판론五敎判論에 의거하여 다음과 같이 말하였다.

> 그러므로 『俱舍論』을 배우지 않고는 小乘의 이치를 알지 못하는데 『唯識論』을 배우지 않고서 어찌 始敎의 宗을 알 수 있으며, 『起信論』을 배우지 않고 어떻게 終敎의 이치를 밝힐 수 있겠는가? 그리고 화엄을 배우지 않고는 圓融의 法門에 들어가기 어려운 것이다. 진실로 얕음으로써는 깊음에 이르지 못하나 깊음은 반드시 얕음을 겸하는 것이니, 그것은 理數의 당연한 것이다. 그러므로 經偈에 이르기를 '池河의 물을 마실 힘도 없으면서 어찌 大海를 삼킬 수 있으며, 聲聞緣覺의 二乘法도 배우지 않고 어떻게 菩薩의 大乘을 배울 수 있겠는가' 하였으니, 이 말은 믿을 만한 것이다. 二乘도 배워야 하겠거늘 하물며 大乘이겠는가?

의천은 이와 같이 성종性宗의 『대승기신론』과 상종相宗의 『성유식론』의 심천우열深淺優劣을 분명하게 구분하고, 성종의 입장에서 상종의 포용, 나아가 화엄종의 입장에서 유식학을 포섭하기 위한 것으로서 성상性相의 겸학을 주장하였다. 의천이 이러한 주장을 한 것은 교종 안에서의 화엄종과 법상종의 대립이 현실적으로 심각한 상태였기 때문인데, 특히 의천 자신이 그 상대적인 종파인 법상종의 공격을 받아 지방으로 쫓겨난 상황에서 그 문제를 더욱 심각하게 의식하고 『성유식론』을 본격적으로 검토하면서 법상종을 포용함으로써 화엄종의 우위성을 확보하려고 한 의도였음은 물론이다. 그리하여 그 구체적인 방법으로서 파별상에서는 선종禪宗을 포섭하여 천태종天台宗을 개창함으로써 법상종의 세력을 누르려고 하는 한편, 교학敎學면에서는 화엄종 승려들에게 유식학 연구를 적극적으로 권장함으로써 성상겸학을 통하여 법상종에 대한 자신의 종파인 화엄종의 우위성을 확립하려고 하였던 것이다.

그런데 의천의 이러한 화엄종의 우위성을 확보하기 위한 성상겸학의 주장에 대하여 그와 대립 관계에 있던 법상종 측에서도 대응하는 방법을 강구하지 않을 수 없었다. 의천과 같은 시기에 현화사의 주지로서 법상종을 영도하고 있던 인물이 바로 소현韶顯이었는데, 그의 탑비塔碑인 금산사金山寺의 「혜덕왕사비문慧德王師碑文」에 의하면, 성상性相의 겸통자兼通者는 바로 소현 자신임을 다음과 같이 주장하였다.

> 五天竺의 高士와 諸夏(필자주: 중국)의 名僧들이 空에 집착하고 有에 떨어진 자가 매우 많으며, 또한 性을 宗으로 삼거나 相을 宗으로 삼는 자도 심히 많았다. 생각컨대 性宗과 相宗은 더불어 혼합하여 오직 하나일 뿐이다. 불도의 妙理를 체득한 사람은 지금의 慧德王師이다.
>
> 西天의 二十八祖 東土엔 六代祖師, 祖祖가 闡揚하고 師師가 提唱하다. 有와 空을 주창하여 저마다 국집하고, 性과 相을 相値하여 性相이 敵對하나, 性相을 초월하면 二道가 따로 없어, 이 어찌 偏見으로 저마다 옳다 하랴. 이러한 差別見을 그 누가 融通할까. 金山寺

> 王師만이 이 일을 감당했네.

이 비문에서 공空과 유有, 성性과 상相을 누가 편상偏尙하고 누가 그것을 융통融通하였는가 반문하고, 융통자는 오직 우리 종장宗匠 소현韶顯뿐이라고 표현한 것은 확실히 그와 경쟁 관계에 있었던 화엄종 측의 의천의 성상겸학설을 의식한 말이라고 보지 않을 수 없다.

한편 의천은 불교의 역사에서 성상을 융통히 밝힌 인물로서 신라의 원효元曉를 추앙하고 있었다. 의천이 선종宣宗 8년(1091) 불서佛書를 찾아 남쪽 지방을 여행할 때 원효와 인연이 깊었던 경주慶州 분황사芬皇寺에 간 일이 있었는데, 그때 추모하여 마지않던 원효의 상像 앞에 올린 제문祭文에 의하면,

> 오직 우리 海東菩薩은 性相을 융통히 밝히었고, 고금을 세밀히 감싸면서 百家들의 다투는 실마리를 화합시켰으니, 一代의 지극히 공정한 論이었거늘, 하물며 헤아릴 수 없는 신통과 생각하기 어려운 妙用이었겠습니까.

라고 하여, 원효가 불교사상을 회통시켰던 업적을 찬양하는 내용 가운데 특히 성상을 융통히 밝혔음을 강조한 것은, 교단의 현실적인 필요에서 성상겸학을 주장하던 의천에게 크게 공감을 불러일으켰음을 의미한다. 그리하여 의천은 원효를 의상과 함께 한국 화엄종의 조사로 추앙하기에 이르렀다. 의천이 말년(1101)에 원효를 화쟁국사和諍國師, 의상을 원교국사圓敎國師로 추봉케 한 것은 원효와 의상의 불교의 특징을 정확하게 파악한 결과라고 본다. 특히 전통적인 화엄종의 조사로서 받들어져 오던 의상 이외에 원효를 높이 평가하여 새로이 화엄종의 정통의 조

사로 받들게 한 것은 성상겸학을 주장하던 의천 자신의 불교와 일치하는 점을 발견하였기 때문이라고 아니할 수 없다.

그런데 원효는 의천에 의해서만이 아니고 법상종의 소현에 의해서도 그 법상종의 조사로서 신라의 유식학자인 태현太賢과 함께 추앙되고 있었으며, 또한 의천은 새로 개창한 천태종의 조사로서도 체관諦觀과 함께 떠받들어지고 있었음이 주목된다. 원효 불교의 종합성綜合性은 고려 중기에 와서 화엄종과 법상종 사이에 성상대립性相對立이라고 하는 교학적인 갈등의 문제가 첨예화되었을 때 그러한 대립을 극복할 수 있게 하는 철학적 기준이 되고 있었던 것이다. 그러나 다른 한편으로 원효의 불교와는 관계없이 고려 중기의 각 불교 종파에서 자기 파벌의 우위성 확보를 위하여 경쟁적으로 원효를 자기 조사로 내세우면서 파벌 싸움에 이용하려고 하는 측면도 없지 않았음을 지적하지 않을 수 없다.

Ⅳ. 천태종의 창립과 교관병수설教觀幷修說

의천은 성상겸학을 내세우면서 법상종에 대한 화엄종의 우위성을 확보하려는 노력을 전개하는 한편으로, 제3종단의 위치에 있던 선종을 포섭하여 천태종을 새로 개창하는 불교계의 개편을 통하여 자신의 불교 입장을 강화시키려는 방법을 강구하였다. 새로 창립되는 천태종의 본찰本刹로서 국청사國淸寺가 준공되자, 의천이 기왕의 흥왕사興王寺의 주지를 본직本職으로 맡으면서 국청사의 주지에도 겸직으로 취임하여 화엄종과 천태종 양 종단을 영도하려고 한 것을 보면 의천의 불교 개편의 의도가 무엇이었는지 이해할 수 있다. 의천이 불교의 핵심과제의 하나로 내세운 교관병수敎觀幷修의 주장은 바로 선종의 포섭과 천태종의 개창을 통한 불교계의 개편 의도를 가지고 제기한 것이다.

의천은 교단 개편의 일차적인 전제로서 우선 화엄종 안에서 교관병수를 주장하면서 균여均如로 대표되는 고려의 전통적인 화엄학을 비판하였다. 특히 의천이 송宋에 가서 진수 정원晉水淨源에게 화엄을 수학하고 온 이후에는 제자들에게 교학敎學과 관문觀門, 즉 학문적 이론과 실천 수행이 병행되어야 한다고 강조하였다. 그리고 그 관문을 위주로 하여 화엄종의 역사를 설명하기도 하였다.(『大覺國師文集』, 示新參學徒緇秀條 참조) 그런데 의천에 의하여 새로 제기된 교관병수설은 고려 화엄종을 새로운 단계로 진전시키는 의의를 가지는 것이었으나, 그 화엄종의 관문觀門 자체가 구체적인 수행 방법이 결여된 관념성을 가진 것이라는 문제가 있었다. 원래 화엄종의 실천문實踐門으로서의 법계관法界觀은 그 구경이 사사무애법계事事無碍法界인데, 철학 사상으로서는 인간이 생각할 수 있는 구경적인 발달을 보인 것으로 평가되지만, 종교적 실천으로서는 약한 일면이 없지 않았다.

화엄종에서의 관문의 이러한 관념성을 극복하는 방법은 종밀宗密과 같은 적극적인 선교일치禪敎一致를 추구하는 것이었으나, 선종 자체를 끝까지 인정하려 하지 않은 의천으로서는 선종과 화엄종을 대등한 차원에서 통합하려는 종밀의 선교일치설을 끝내 받아들이지 못하였고, 앞선 징관澄觀의 선교통합설禪敎統合說, 즉 선종을 억압하여 화엄종에 통합시키려는 과도기적 단계에 머물고 말았다. 여하튼 의천은 화엄의 실천문인 법계관을 가지고서는 철저한 실천불교인 선종을 포섭하는 데 한계가 있다는 것을 인식하였던 것 같다. 그리하여 의천은 화엄의 법계관 대신에 천태종의 실천문인 지관止觀을 가지고 선종을 포섭하는 간접적인 방법을 강구하게 되었다. 원래 천태종은 화북華北 지방에서 유행하던 실천적인 불교와 강남江南 지방에서 성행되던 학문불교를 통합하는 역사적·사상사적 과제를 가지고 성립되었기 때문에 교문敎門과 관문觀門 2문門을 그 대의大義로 하였다. 따라서 천태종의 지관止觀은 화엄종의 관문觀門보다 그 실천적인 성격이 강한 것이었고, 또한 선종의 수행 방법과도 비교되는 것이었다.

한편 의천은 선종에 대해서는 다른 어떤 종파보다도 신랄하게 비난하였다. 의천은 복당福唐의 비산묵자飛山黙子 계주戒珠가 선종에서 내세우고 있던 교외별전敎外別傳의 심법心法을 척파하기 위해 찬술한 『별전심법의別傳心法議』라는 책을 구하여 자신이 편찬한 『원종문류圓宗文類』 권21에 수록하면서 붙인 발문跋文에서, 옛날의 고선古禪과 그 당시에 유행하는 금선今禪과는 근본적으로 현격한 차이가 있음을 지적하였다. 그에 의하면 "옛날의 선禪이란 것은 교敎에 의거하여 선을 익히는 습선習禪이었는데, 오늘의 선이란 것은 교를 떠나서 선을 설하는 설선說禪이 되고 말았다."는 것이다. 그리고 "이 설선자說禪者는 그 명목에 집착하여 그 실實을 잃고 있는 데 대해서, 습선자習禪者는 그 사유를 따짐으로 인하여 그 뜻을 얻고 있는 것이니, 오늘의 교사矯詐의 폐弊를 구하고 고성古聖의 순정醇精한 도道로 되돌아가는 것"이라고 지적하며, "계주戒珠의 변론辯論은 지극히 옳은 것"이라고 공감을 표시하였다. 여기에서 의천이 말하는 고선古禪 즉 습선習禪은 천태종의 지관止觀을 가리키는 것이며, 금선今禪 즉 설선說禪은 달마 계통의 선, 특히 혜능慧能 이후의 선종의 선을 가리키는 것임은 물론이다. 이로써 의천은 분명히 선종의 선을 부인하는 대신에 천태종의 지관을 인정하는 입장이었음을 알 수 있다.

한편 요遼의 도종道宗이 조서詔書를 내려 의학사문義學沙門 전효詮曉 등으로 하여금 경록經錄을 재정再定하여 『속개원석교록續開元釋敎錄』 3

권을 편수하게 할 때 혜능慧能의 『육조단경六祖壇經』과 선종에 있어서의 전등설傳燈說을 확립시켜 준 지거智炬의 『보림전寶林傳』을 모두 불태워 버린 사건이 있었는데, 이에 대하여 의천은 그 "위망僞妄을 제거하였다."고 하여 은근히 공감을 표시하고, 이어 "근래 중국에서 유행하고 있는 선종의 장구章句는 많이 이단異端과 관련을 맺고 있다."고 분명하게 당시의 선종을 지적하여 신랄한 비판을 가하고 있었다. 의천은 『신편제종교장총록』에서도 당시 유행하던 선종의 찬술은 거의 채록하지 않고 있었다. 물론 앞서 말한 『육조단경』과 『보림전』도 모두 제외되었는바, 이 두 책을 부인한 것은 바로 선종 자체를 부인하는 의미를 가진 것임은 두말할 필요도 없다.

한편 선종을 부인하고 그 선승들을 천태의 지관을 가지고 포섭하려는 의천에게 또다른 문제로 제기된 것은 화엄과 천태의 조화 문제였다. 화엄종 출신인 의천이 그 화엄종을 떠나지 않고 끝까지 지키려고 하면서 새로 천태종을 개창하려고 할 때 우선 문제되지 않을 수 없는 문제가 그 양종兩宗의 조화 가능성 여부였기 때문이다. 그리하여 의천은 송宋에 가자 송 조정의 추천으로 제일 먼저 만나게 된 화엄종의 유성有誠에게 "화엄과 천태의 교의敎義와 교판敎判의 동이同異"에 대한 질의를 함으로써 양종의 조화 가능성에 대한 의문을 해결하려고 하였다.

그러나 의천은 유성有誠에게서 만족할 만한 해답을 구하지 못하였다. 의천은 항주杭州의 혜인원慧因院에 가서 그해 겨울을 나면서 정원淨源에게 화엄학 강의를 듣는 가운데 비로소 교관병수敎觀幷修에 대한 확신을 갖게 되었고, 아울러 화엄과 천태의 조화 가능성을 확인하게 되었다. 원래 정원은 화엄종 승려로서 화엄에 관한 많은 저술을 하였을 뿐만 아니라 『법화경』을 주석하면서 『화엄경』과 『법화경』을 불교의 절창絶唱이라고 높이 평가하기도 하였다. 특히 그는 의천에게 징관澄觀의 말을 인용하여 "화엄의 오교五教와 천태의 사교四教(化法)는 대동大同하다."고 하여 화엄과 천태의 교판教判상의 같은 점에 대한 분명한 해답을 주었다. 진수 정원晉水淨源에게서 교관병수教觀幷修와 화엄천태華嚴天台의 조화라고 하는 두 가지 문제에 대한 의문을 해결한 의천은 이어 곧바로 천축사天竺寺를 찾아가 자변 종간慈辯從諫에게서 천태교관天台教觀을 전수받았다. 그리고 귀국 길에 천태산의 국청사를 찾아 지자 대사탑智者大師塔 앞에서 발원문을 올려 귀국 뒤의 천태종 개창을 다음과 같이 서원하기에 이르렀다.

> 의천은 머리를 조아리고 歸命하오며, 天台教主 智者大師께 아뢰옵니다. 일찍이 듣건대 대사께서는 五時八教로써 동쪽으로 유통된 부처님 일대의 가르침을 判釋하기를 극진히 하셨으며, 그리하여 후세에 佛法을 배우는 이들이 이를 말미암아 의지하지 않은 이가 없었습니다. 저희 조사 華嚴疏主(필자주: 澄觀)께서 말씀하시기를 '賢首大師의 五教는 天台大師의 教法과 크게 같다'고 했습니다. 가만히 생각하옵건대, 저희 나라에도 옛적에 諦觀 법사가 있어서 대사의 교관을 다른 나라에까지 流通시켰으나, 그 전하여 익히는 계통이 끊어져서 지금은 없어졌으니, 불초한 이 의천이 분발하여 몸을 잊어버리면서까지 스승을 찾고 도를 물었는바, 이제 이미 錢塘의 慈辯 講下에서 대사의 教觀을 이어받고 그 대략을 알게 되었습니다. 이에 의천은 다른 날 고국에 돌아가면 목숨 바쳐 선양하여 대사께서 중생을 위해 가르침을 베푸신 노고의 덕에 보답코자 이에 서원합니다.

이로써 천태종 창립의 일차적 준비를 일단 마치고 귀국한 의천은 불교 전적을 정리 간행하는 작업을 시작함과 동시에 천태종의 개창 작업에 곧 착수하였다. 천태종의 개창 작업은 구체적으로 사찰의 창건과 승려의 모집으로 추진되었다. 그런데 천태종이라는 새로운 종파의 개창은 화엄종과 법상종이 양립하는 중앙의 교단 체제의 균형을 깨뜨리는 구체적인 불교계 개편을 초래하는 것이기 때문에, 의천이 성상겸학性相兼學의 주장을 통하여 법상종에 대한 화엄종의 우위성을 확보하려는 시도보다도 더욱 직접적인 반발에 직면하게 되었다. 다시 말하면 의천의 성상겸학 주장은 불교교학상의 우열을 다투는 이념적 차원의 문제로 그치는 것이었기 때문에 법상종 측의 대응도 성상겸학을 가지고 화엄종을 포용할 수 있다는 주장으로 맞서는 데 머물렀다. 그리하여 의천이 화엄종의 입장에서 불교장소佛教章疏를 간행하고, 화엄종의 조사를 추앙하는 작업에 대하여도 법상종의 전적典籍을 간행하고 법상종의 조사를 선양하는 것으로 대응하는 데 그치었다.

그러나 의천의 천태종 개창을 통한 불교계 개편은 화엄종의 위치를 강화하는 대신에 경쟁 관계인 법상종과, 그리고 제3종단의 위치에 있던 선종에게 직접적인 타격을 입히지 않을 수 없는 문제였기 때문에 양 종단의 반대는 격렬하였다. 그러므로 천태종의 개창은 그를 후원하는 정치세력의 위상과 관련되지 않을 수 없었다. 천태종 개창의 유력한 후원자는 의천의 어머니인 인예태후仁睿太后와 형인 학림공 희鷄林公熙(문종의 3자, 뒤의 肅宗)였는데, 천태종 사찰은 모두 이들의 원찰願刹로서 창건되었다. 그 가운데 국청사는 인예태후의 원찰이었고, 뒤이어 창건되는 천수사天壽寺는 숙종肅宗의 원찰이었다. 앞서 문종文宗의 원찰인 흥왕사興王寺, 순종順宗의 원찰인 홍원사弘圓寺, 선종宣宗의 원찰인 홍호사弘護寺가 모두 화엄종에 속한 사찰이었던 것을 함께 고려하면 화엄종과 천태종이 함께 고려 중기의 왕실과 얼마나 밀접하게 관련되었던가를 이해할 수 있다. 그러므로 국청사와 천수사의 창건 공사는 고려 왕실, 특히 인예태후와 숙종의 정치적인 위상과 바로 직결되지 않을 수 없었다.

먼저 국청사의 창건 경위를 살펴보면, 적지 않은 파란곡절이 있었음을 알 수 있다. 국청사의 창건 공사는 의천이 송宋에서 귀국한 지 3년 만인 선종宣宗 6년(1089) 10월에 시작되었다. 그러나 다음해 3월 벼락으로 인한 신흥창新興倉의 화재사건을 빌미로 하여 홍원사弘圓寺와 함께 그 공사가 중단되었다. 그 뒤 선종 9년(1092) 태후가 세상을 떠남으로써 유력한 후원자 1인을 잃게 되었고, 뒤이어 선종 11년(1094) 5월에 선종이 사거死去하고 헌종獻宗이 11세의 어린 나이로 즉위한 것을 계기로 하여 외척인 이자의李資義가 득세하자, 의천은 천태종의 개창 사업만이 아니라 화엄종에서의 영도력마저도 상실하여 흥왕사에서 밀려나 홍원사로 옮겼다가 마침내 해인사海印寺로 쫓겨나서 실의의 나날을 보내게 되었다. 반면 이자의는 정권을 장악하고 불교계마저 그 주도권을 차지하려고 하여 법상종의 현화사玄化寺에 주지인 숙부 소현韶顯 이외에도 아우인 세량世良을 포열시키고, 화엄종 사찰인 흥왕사興王寺에는 아들인 지소智炤를 배치하여 화엄종에까지 영향력을 확대하였다. 그러나 1년 만인 헌종 원년(1095) 7월 학림공 희鷄林公熙가 모반을 일으켜 이자의와 지소智炤 등 그 일당을 죽이고, 10월에 즉위하여 숙종肅宗이 되었다. 숙종은 집권하자 강력한 왕권강화 정책을 추진하는 한편, 그동안 중단되었던 천태종 개창 사업을 다시 시작하게 하였다. 숙종은 곧바로 해인사에 퇴거하여 있던 의천을 불러올려 흥왕사의 주지에 복직시켜 화엄종단을 다시 영도케 하는 한편, 국청사 공사를 재개시켰다. 그리하여 숙종 2년(1097) 마침내 국청사가 준공되자, 의천으로 하여금 그 국청사의 주지를 겸직케 하였다. 이로써 기왕의 화엄종과 새로운 천태종을 함께 영도하게 됨으로써 불교계 위상을 강화하려는 의천의 1차적 목표를 달성하게 되었다.

의천은 국청사 주지가 되면서 천태종의 교단을 조직하게 되었는데, 그것은 화엄종 승려는 단 한 사람도 참여시키지 않고, 오로지 선종 승려만을 포섭하여 구성하였다. 처음 조직 당시의 천태종 교단의 인원 수는 약 1천여 명으로 추산되는데, 그것은 대개 두 부류로 나누어 볼 수 있다. 그 하나는 거돈사居頓寺, 신□사神□寺, 영암사靈巖寺, 고달사高達寺, 지곡사智谷寺 등 5개 사찰의 승려 7백여 명으로서, 이들은 모두 고려 초기 선교통합禪敎統合 과정에서 오월吳越로부터 받아들여진 법안종法眼宗 계통의 선승들임이 주목된다. 이로 보아 고려 초의 법안종은 비록 하나의 독립된 종파로 창립되지는 못하고 말았으나, 뒷날 1백여 년이 지나서 지방에 밀려나 있던 그 법손法孫들이 의천의 천태종 개창에 적극적으로 호응함으로써 그 창립 기반을 이루게 되었음을 알 수 있다. 이로써 고려불교사에서 의천의 천태종 개창은 고려 초의 선교통합 노력을 뒤이은 제2차적인 시도로서의 의미를 가진 것으로 평가할 수 있다.

그다음 제2의 부류는 의천이 직접 문하門下로 포섭한 선승 3백여 명인데, 덕린德麟, 익종翼宗, 경란景蘭, 연묘連妙 등 4인이 각기 자신의 문도들을 거느리고 천태종 교단에 참여하였다. 이들이 바로 천태종에서의 의천의 직계直系로서 천태종 개창의 핵심세력을 이루었다. 그 가운데서도 익종의 문도가 가장 번성하여 그 제자인 교웅敎雄-덕소德素로 이어지면서 무신란武臣亂 초까지 천태종의 주류를 이루었다. 뒷날 인종仁宗 15년(1137)에 남숭산南崇山 천봉사僊鳳寺에 건립된 「해동천태종시조대각국사비海東天台宗始祖大覺國師碑」는 바로 이 의천의 천태종 직계 법손들이 자신들의 정통성을 내세우기 위한 것이었다. 반면 법안종 계통의 승려들은 의천 사후에 천태종 교단에서 비주류로 밀리었으며, 무신란 이후에는 대부분 다시 원래의 선종으로 되돌아갔던 것으로 보인다. 그 결과 무신 집권기에 조계종이 보조국사普照國師 지눌知訥의 수선사修禪社를 중심으로 크게 번창하게 되었던 데 반하여 천태종은 크게 위축되지 않을 수 없었다. 이때 천태종의 원묘국사圓妙國師 요세了世가 백련사白蓮社 결사를 통하여 다시 천태종의 부흥과 정체성의 확립을 기도하였는데, 그는 의천에 의해 창립된 천태종의 직접적인 계승이 아니라, 의천을 뛰어넘어 송宋의 초기 사명 지례四明知禮의 천태학에로의 복귀를 지향하는 것이었다.

그런데 의천에 의한 천태종의 창립은 하나의 새로운 종파의 추가에 그치는 문제가 아니라 당시 불교계의 전면적 개편을 가져왔다. 의천 자신으로서는 선종 승려를 포섭하여 천태종 교단을 새로 조직하고 재래의 화엄종 교단과 함께 양대 종단을 영도하는 것이었으나, 그밖의 다른 종파에 미친 영향도 심각한 것이었다.

우선 화엄종과 경쟁관계에 있던 법상종은 일시적이나마 화엄종에 비하여 그 교세가 크게 위축되지 않을 수 없었다. 의천 뒤에는 인종仁宗 초년(1123~1126) 인주 이씨仁州李氏인 이자겸李資謙의 천권 시擅權時 일시 대두되는 듯하였으나, 그의 패망 이후 줄곧 침체되어 화엄종에 대한 열세를 면치 못하였다. 그러나 천태종의 개창으로 인하여 직접적인 타격을 입은 것은 선종禪宗(九山禪門)이었다. 의천이 천태종을 개창하고 선종을 비판하고 억압하면서, 그 승려들을 포섭한 결과 선종 교단은 양분되지 않을 수 없었다. 「운문사원응국사탑비문雲門寺圓應國師塔碑文」에 의하면 당시 선종 승려 가운데 60, 70%가 천태종으로 흡수되었다고 하는바, 이 수치가 다소 과장되었을 것임을 고려하더라도 앞서 국청사 교단에 처음 참여한 선승의 숫자가 1천여 명이었음을 보아 선종

교단에 준 타격은 대단히 컸던 것을 알 수 있다. 결과적으로 선종 교단은 천태종으로 개종한 승려들과 선종을 고수하려는 승려들로 양분되고 말았다. 선종을 고수한 선승 가운데 대표적인 인물은 혜조국사慧照國師 담진曇眞과 원응국사圓應國師 학일學一이었는데, 선종구산禪宗九山 가운데 사굴산파闍崛山派의 담진曇眞은 일찍이 의천과 함께 도송渡宋을 계획하였을 정도로 가까운 사이였으나, 끝까지 선종을 고수하여 예종睿宗 때 국사國師에 오르면서 선종 교단을 이끌어 그 문도가 번성하였다. 그리고 가지산파迦智山派의 학일學一은 의천의 끈질긴 설득에도 불구하고 "선禪과 강講은 교람交濫할 수 없다."고 하면서 천태종에의 참여를 거절하였으며, 인종仁宗 때 왕사王師에 올랐다. 그 결과 의천의 사후에 담진과 학일에 의하여 선종 가운데서도 사굴산파와 가지산파가 다시 대두될 수 있었고, 선종의 주류가 되었다. 이들에 의하여 의천 사후 선종이 다시 대두됨과 함께 그 교단의 이름도 천태종에 대항하여 선문구산禪門九山 대신에 조계종曹溪宗이라고 칭하게 되었다(天台宗의 명칭은 智者大師가 주석하였던 天台山에 유래하고, 曹溪宗의 명칭은 六祖慧能의 근거지였던 曹溪에 유래한 것임).

천태종의 개창으로 인한 선종 교단의 분열 결과, 교단 체제는 기왕의 화엄종華嚴宗·법상종法相宗·선종禪宗(禪門九山)의 3대종단三大宗團 체제에서 4대종단 체제로 개편되었다. 즉 교종敎宗으로서는 화엄종과 법상종, 선종禪宗으로서는 천태종과 조계종 등 4개 종단으로 나뉘어 상호 대립 경쟁하게 되었다. 그 결과 의천 사후의 교단의 전개 양상은 교종 안에서의 화엄종과 법상종의 대립관계, 선종 안에서의 천태종과 조계종의 대립관계, 그리고 의천의 문도 안에서의 화엄종과 천태종의 경쟁관계 등의 문제가 어떻게 이루어지느냐에 좌우되게 되었던 것이다.

V. 맺는말 - 의천의 불교사적 위치

의천의 폭넓은 불교관에 의하여 파악된 당시 불교계의 핵심과제는 성상겸학性相兼學과 교관병수教觀并修의 두 가지 문제였다. 그런데 이 두 문제는 성격이 전연 다른 것이었다. 전자가 불교의 교학적 통합의 문제였던 데 비하여, 후자는 교학과 실천의 조화 문제였던 것이다. 먼저 성상겸학의 문제는 인도불교에까지 거슬러 올라가는 것으로서 중관학파와 유식학파 사이의 공유空有의 대립 문제에까지 연결되는 것이며, 내려와 동아시아 불교에서는 성상性相의 대립을 해결하는 과제로서 제기된 것이었다. 이 문제는 7세기경에 본격적으로 제기되어 당唐 불교계에서는 화엄종의 성립을 통하여 성상융회性相融會 문제로써 해결을 추구하였으며, 동시에 신라불교계에서는 원효元曉의 통불교通佛教의 성립을 통하여 『대승기신론大乘起信論』의 논리 체계를 중심으로 해결을 모색한 바 있었다. 그러므로 11세기경 의천에 의해서 이 문제가 다시 제기된 것은 당唐·신라新羅 불교의 문제, 즉 고대 불교의 문제가 다시 대두되었음을 의미하는 것이다.

반면에 교관병수教觀并修의 문제는 교학教學과 관문觀門, 즉 이론과 실천의 조화 문제로서, 중국에서는 수당隋唐 불교계부터 제기되고 있었으나, 그것이 불교사적인 의미를 가진 문제로서 본격적으로 제기된 것은 당唐 후기 선종禪宗이 대두되어 교종과 선종의 대립이 본격화되면서부터였다. 신라불교계에서도 9세기 이후 선종이 새로 성립되면서 교선教禪의 대립이 본격화되어 고려시대로 이어졌다. 그 결과 고려불교계에서의 기본적 과제는 교선통합의 문제였으며, 따라서 고려불교사의 전개는 바로 교선의 통합 과정이라고 할 수 있었다. 그러므로 성상융회(兼

學)와 교관병수의 두 문제는 시대적인 성격이 다른 문제, 즉 신라불교의 문제와 고려불교의 문제로서 그 역사적인 성격이 전연 다른 것이라고 할 수 있다. 다시 말하면 고대 불교의 문제와 중세 불교의 문제가 동시에 제기된 것이라고 할 수 있다. 그런데 의천의 불교에서 이러한 시대적 성격이 다른 문제가 동시에 제기된 것은 고려불교의 과도기적인 성격, 곧 이중성에 말미암은 것이라고 이해된다. 나아가 고려 전기의 사회와 문화의 이중성의 문제와도 관련된 것으로서 역사학계에서의 귀족제 사회와 관료제 사회와의 해묵은 논쟁을 연상하지 않을 수 없다.

의천 불교의 핵심과제가 성상겸학과 교관병수라는 두 가지 문제, 즉 이중성을 갖게 한 데는 좀더 직접적인 이유가 있었다는 점을 유의할 필요가 있다. 의천 당시 고려의 불교계는 같은 교종 계통의 화엄종과 법상종法相宗이 양대 주류를 이루어 경쟁하는 관계였으며, 선종 계통의 구산선문九山禪門은 제3종단의 위치로 밀려나 있었다. 화엄종 출신인 의천은 이러한 불교계의 현상을 타파하여 화엄종 중심으로 개편시키려는 의도를 갖게 되었는데, 이때 의천에게 제기된 문제가 바로 성상겸학과 교관병수의 두 가지 문제였던 것이다.

의천의 불교계 개편은 제1차적으로 성상겸학을 주장하면서 법상종에 대한 화엄종의 우위성을 확보하려는 것이었다. 이에 대하여 법상종 측에서도 같은 성상겸통자로서 대응하였음은 물론이다. 그러나 이것은 신라시대 문제의 재연이었으며, 이념적인 주장에 그치는 것이었다. 의천의 제2차적인 개편 시도는 교관병수를 주장하면서 제3종단인 선종의 승려를 포섭하려는 것이었다. 의천은 우선 화엄종에서의 교관병수를 주장하면서 균여均如 계통의 전통적 화엄을 비판하였다. 균여 화엄의 중심 문제가 성상융회性相融會였던 데 비하여 의천이 새로이 교관병수를 주장하였다는 것은 고려 화엄종의 새로운 전개를 의미하는 것이었다. 그런데 화엄의 법계관문法界觀門은 실천성이 약함으로써 실천 불교인 선종을 포섭하는 데는 한계가 있었기 때문에 의천은 화엄의 법계관문보다 더욱 실천성이 강한 천태종의 지관止觀에 주목하게 되었다. 그리하여 의천은 천태의 지관을 매개로 하여 선종을 포섭하려는 간접적인 선교통합을 시도하게 되었다. 의천은 불립문자不立文字 교외별전敎外別傳을 주장하는 달마 계통의 선종을 부인하고 천태종으로의 개종을 요구하였다. 이 결과 의천에 의한 선교통합은 직접적이며 대등한 관계의 통합이 아니라 일방적인 포섭이며, 과도적인 단계의 통합에 그치는 것이 되지 않을 수 없었다. 그러므로 의천에 의한 교관병수, 선교통합은 규봉 종밀圭峰宗密과 같은 선교일치의 단계에는 이르지 못하였으며, 청량 징관淸凉澄觀 단계의 과도적인 선교통합에 그치고 말았다.

의천이 역대의 조사祖師 가운데 가장 높이 평가하고 조술하려고 한 인물이 신라의 원효와 당의 징관이었음은 결코 우연이 아니었다. 성상겸학의 과제에서는 원효를 높이 평가하였으며, 교관병수와 선교통합의 과제에서는 징관에 전적으로 공감하였다. 의천이 말년인 숙종 6년(1101) 2월 화엄종 사찰인 홍원사弘圓寺에 구조당九祖堂을 세우고 화엄종의 조보祖譜를 새로 정하면서 중국 화엄종의 오조五祖 가운데서 종밀宗密을 제외시킨 것은 의천의 화엄사상사, 나아가 교선통합의 역사에서의 위치를 이해하는 데 중요한 의미를 갖는 것이라고 아니할 수 없다.

다른 한편으로 의천은 선종의 포섭을 통하여 천태종을 새로 개창하고, 기존의 화엄종과 함께 천태종을 직접 영도하려고 하였다. 그런데 의천의 천태종 창립은 단순히 하나의 종파의 창립에 그치는 것이 아니고 불교계의 전면적인 개편을 초래하지 않을 수 없는 문제였다. 다시 말하면 법상종에 대하여 화엄종의 파벌로서의 위상을 크게 강화시키는 것이었으며, 또한 선종 교단을 분열시키는 결과를 초래하지 않을 수 없었다. 그리하여 천태종의 개창은 법상종 측의 강력한 반발에 부딪치게 되었으며, 선종 교단을 천태종과 조계종으로 양분시키는 결과를 초래하였다. 그 결과 천태종의 창립 과정에서 후원세력의 정치적 위상에 따라서 파란곡절을 겪지 않을 수 없었다.

의천에 의한 천태종의 창립 이후 고려의 불교교단은 교종 계통의 화엄종과 법상종, 선종 계통의 천태종과 조계종 등의 4개 종단으로 개편되었다. 의천 이후 각 종단 안에서 파벌이 나뉘는 등의 변화는 있었으나, 이 4개 종단 체제의 기본 골격만은 고려 말기까지 지속되었다.

이로써 의천에 의한 천태종의 창립과 불교계의 개편은 고려의 불교종파의 역사에서도 중요한 의미를 가진 것임을 알 수 있다. 그러나 의천에 의한 불교계의 개편은 엘리트불교·종파불교에 국한된 것이었으며, 최고지배층인 왕실·귀족세력에 사회적 기반을 둔 중앙의 불교계에 제한된 것이었다. 반면에 정토신앙淨土信仰과 기복신앙祈福信仰을 위주로 하는 지방불교·서민불교와는 유리되는 것이었기 때문에 지방 사회의 저변에 뿌리를 내리지는 못하고 말았다. 무인 집권기에 천태종의 요세了世에 의한 백련사白蓮社 결사가 한때 지방 사회의 개혁적인 불교로서의 성격을 나타내기도 하였으나, 그것은 의천 불교의 계승이 아니라 송宋 초기의 지례知禮의 천태학과 정토신앙의 계승을 표방한 것이었으며, 그것도 얼마 아니 되어 다시 귀족적인 성격의 불교로 변질되고 말았다. 그 결과 고려 후기로 내려가면서 의천의 화엄종과 천태종을 중심으로 한 불교 전통은 퇴색되어 갔다. 고려 멸망 이후 귀족세력의 몰락과 함께 의천의 불교 전통은 마침내 단절되었으며, 아울러 의천의 존재는 불교사에서 거의 잊혀지지 않을 수 없었다.

11

의천의 불교교단 통합과 그 추이

/ 채상식

〈선정 이유〉

● 채상식, 「의천의 불교교단 통합과 그 추이」, 『한국민족문화』 제57호, 부산대 한국민족문화연구소, 2007, pp.175~205.

선정 이유

이 논문은 고려 중기의 주요한 불교사상가였던 의천의 불교통합 시도와 그 추이에 대해 세 가지 방향에서 살핀 글이라는 점에 주목하여 선정하였다. 저자는 의천의 출신 종파, 그의 사상적 기반과 특징, 천태종 개창과 불교통합 시도의 측면에서 살펴봄으로써 의천의 불교통합의 공로와 과실을 아울러 살피고 있다.

저자는 의천이 경덕국사 난원爛圓을 스승으로 출가하였으며 송나라 화엄종을 주도한 진수 정원晋水淨源을 깊이 존숭하였다고 보았다. 의천은 숙종 2년에 불교통합을 위한 시도로서 국청사를 창건하면서 천태종을 개창했지만 당시 사상계에 그렇게 큰 영향을 끼치지는 못한 것은 다분히 정치적 성격이 두드러졌기 때문이라고 파악하였다. 이후 그의 젊은 제자인 낙진樂眞과 계응戒膺 등이 화엄종의 법맥을 이어갔다고 보았다.

저자는 의천의 불교통합 시도를 세 가지 방향으로 정리하였다. 첫째, 화엄종 출신인 의천이 천태종을 개창하게 된 사상적 배경은 송대 천태종의 사상 체계를 자변 종간慈辯從諫을 통하여 계승한 천태 지자智者 대사의 일승一乘 사상과 지관止觀에 근거하였다고 보았다. 둘째, 의천의 사상 체계와 불교통합을 위한 노력에는 왕실이라는 정치적인 배경이 밑바탕이 되었기 때문에 의천의 불교 인식에는 보수적인 사상기반을 더욱 강화하려는 왕실 위주의 귀족불교적인 성격이 담겨 있다고 파악하였다. 셋째, 의천이 표방한 불교사상과 행적 중에 서민대중과 연결될 수 있는 요소는 거의 보이지 않으며, 그가 불교통합을 시도했지만 국가와 왕실 위주였기에 신분과 계층의 통합을 위한 신앙적 노력은 별로 보이지 않는 한계를 지니고 있다고 보았다.

저자는 의천의 천태종 개창은 특정인을 중심으로 무리하게 교단의 장악을 시도하면서 교단의 부패를 가속화하였을 뿐만 아니라, 화엄종과 법상종 간의 대립을 더욱 심각하게 하고, 나아가 그 균형을 깨지게 할 위험에 봉착하게 만들어 이자겸李資謙의 난과 같은 정치싸움에 휘말리기도 하였다고 이해하였다.

또 의천의 불교 개혁 방안은 본질적으로 문벌 체제와 동일한 기반에서 출발했기 때문에 당시 사회와 불교계에 대한 전반적인 개혁의 방향으로 안목을 돌릴 수 없었고, 기층사회의 신앙면에 대해 관심조차 가지지 못한 한계가 있다고 보았다. 이 때문에 당시의 사원들이 귀족의 원당으로서 재산도피나 정권싸움의 수단이 되고 있었던 불교의 사회경제적 모순을 극복하는 세계관을 제시하지 못하였을 뿐만 아니라 귀족불교를 끌어내려 대중화하는 단계로의 노력을 보여 주지 못하였다고 파악하는 지점에서 이 논문의 의미와 학문적 가치를 찾아볼 수 있다.

〈요약문〉

의천義天(1055~1101)의 행적은 불교통합 시도로 귀결된다. 이에 관한 많은 연구가 있었지만, 다음의 몇 가지 방향에서 종합하고 재검토해 보았다.
첫째, 의천이 천태종을 개창하게 된 사상적인 배경은 중국 천태종의 사상 체계를 자변 종간慈辯從諫을 통하여 계승한 지자 대사智者大師의 일승 사상과 지관止觀에 근거한다. 그러나 화엄종의 논리가 천태종을 성립시키는 데 있어 크게 작용하였다. 의천이 천태종의 개창조이지만, 화엄종 출신이라는 점에서 화엄종이 천태종 개창의 기반이 되었다고 할 수 있다.
둘째, 의천의 사상 체계와 불교통합을 위한 노력에는 왕실이라는 정치적인 배경을 밑바탕으로 하였다. 이는 보수적인 사상 기반을 더욱 강화하려는 왕실 위주의 귀족불교적인 성격을 의미한다. 곧 '先國家 後宗教'의 국가적인 요청이 많이 작용한 관불교의 체제를 탈피하지 못했던 것이다. 이러한 점을 천태종의 개창에서 찾을 수 있다. 아울러 숙종 연간의 왕권강화책과 천태종 개창은 연관되었다.
셋째, 의천이 표방한 불교사상과 행적 중에 서민대중과 연결될 수 있는 요소는 별로 보이지 않는다. 그가 불교통합을 시도했지만, 국가와 왕실 위주였으며, 신분과 계층의 통합을 위한 신앙적 노력은 보이지 않는다. 이러한 점은 불교계를 위한 많은 노력과 성과를 이룬 의천의 행적과 사상에서 엿보이는 한계이다.

1. 머리말

고려를 건국한 태조 왕건은 불교를 대단히 숭상하여 각 종파의 승려들과 긴밀하게 접촉하였으며, 선종뿐만 아니라 교종과, 나아가 불교와 습합된 풍수도참에 대해서도 수용하는 태도를 가졌다. 태조의 불교정책은 훈요10조로 나타내고 있지만 난립된 교단을 정비하고 조직적으로 통제하지는 못하였다.

그러나 광종이 등장한 이후 왕권강화를 시도하면서 그는 선종의 분권적 경향에 대한 질적인 변화를 모색하면서 선교일치론, 선정일치론의 경향을 띠고 있었던 법안종을 중국에서 받아들이기도 하고, 한편으로 신라 중대 이래로 확고한 기반을 유지해 온 교종에 대해서도 화엄종의 균여均如를 발탁하여 후삼국 이래의 남악파와 북악파로 분열된 화엄종단을 통합하게 하였다. 또한 균여는 신라 중대 이래의 화엄종과 법상종 간의 대립을 '성상융회性相融會'라는 각도에서 극복함으로써 왕실에 대한 이념적 역할을 담당하려 하였으며, 아울러 실천신앙을 통해 왕실과 기층사회를 연결시켜 주는 매개체로서의 역할까지도 수행하려 하였다.[1]

그러나 성종이 최승로를 등용한 이후는 유학이 집권적 귀족사회의 이념으로 채택됨으로써 불교가 가졌던 체제이념으로서의 기능은 축소되고, 그 결과 각 종파별·신앙별로 특정 집단만을 대변하는 위치로 전

1 許興植, 「高麗前期 佛教界와 天台宗의 形成過程」, 『한국학보』 11, 일지사, 1978; 「天台宗의 形成過程과 所屬寺院」, 『高麗佛教史研究』, 일조각, 1986.

락하게 된다. 당시의 사정은 개경을 중심으로 많은 원당을 건립함으로써 문벌귀족과 결탁되어 있던 화엄종·법상종의 성격을 통해서 짐작할 수 있다. 이들 세력은 정치세력을 배경으로 특정인을 중심으로 무리하게 교단의 장악을 시도하면서 교단의 부패를 가속화하고 있었다.

이러한 불교계의 흐름 속에 의천義天(1055~1101)이 출현하여 불교계를 새롭게 개혁하고 사상적 기반을 확립하려는 노력을 시도하였다. 의천의 행적 중 가장 두드러지는 것은 바로 천태종의 개창이다. 의천은 중국으로부터 천태종을 받아들여, 교·선의 대립이 심화된 불교사상계의 통합과 교학의 입장에서 선사상을 수용함으로써 천태종 개창을 이루게 된 것이다.

의천에 관한 많은 연구 성과가 축적되어 있는[2] 사정에도 불구하고, 본고는 다음의 몇 가지 측면을 중심으로 불교통합을 시도한 그의 행적과 그 성격을 살펴보고자 한다.

첫째, 의천이 천태종을 개창하게 된 사상적인 배경은 중국 천태종의 사상 체계를 자변 종간慈辯從諫을 통하여 계승한 지자 대사智者大師의 일승 사상과 지관止觀에 근거한다고 할 수 있다. 그러나 화엄종의 논리가 천태종을 성립시키는 데 있어 크게 작용하였으며, 의천이 화엄종 출신이면서 천태종의 개창조라는 점에서 천태종의 개창과 화엄종과의 연관성을 살펴보고자 한다.

둘째, 의천의 사상 체계와 불교통합을 위한 노력에는 왕실이라는 정치적인 배경을 밑바탕으로 하고 있었다. 이는 보수적인 사상 기반을 더욱 강화하려는 왕실 위주의 귀족불교적인 성격을 의미한다. 곧 '先國家

2 최근에 발표된 대표적인 저술은 다음과 같다. 이병욱 편저, 『의천』, 예문서원, 2002; 박용진, 『義天 그의 생애와 사상』, 혜안, 2011; 오윤희, 『일꾼 의천』, 불광출판사, 2012.

後宗教'의 국가적인 요청이 많이 작용한 관불교의 체제를 탈피하지 못했던 것이다. 이러한 점을 천태종의 개창에서 살펴보고자 한다. 아울러 숙종 연간의 왕권강화책과 천태종 개창이 연관되었는지를 살펴보고자 한다.

셋째, 의천이 표방한 불교사상과 행적 중에 서민대중과 연결될 수 있는 요소가 없었는지를 주목하고자 한다. 이를 통해 의천의 행적이 갖는 정치적·사상적 의미를 가늠할 수 있기 때문이다.

2. 의천의 출신 종파

의천이 출가할 당시 불교계의 사상적인 흐름은 화엄종이 중심이 되어 사상 기반을 형성하고 있었다. 의천은 경덕국사에게서 득도를 하였다.[3] 의천은 영통사에서 경덕국사 난원을 스승으로 하여 출가하였다. 난원에 대해서는 「경덕국사묘지명景德國師墓誌銘」[4]에 "국사의 휘는 난원爛圓이며, 속성은 김씨로 그의 선대는 안산군 사람이다."라 하여 경덕국사는 법명이 난원이며, 안산 김씨 출신으로 김은부金殷傅의 아들이다. 곧 그는 문종의 외숙이다.

화엄종의 승려로 출가한 의천은 당시 송의 화엄종을 주도한 진수 정원晋水淨源을 깊이 존숭하였다. 의천이 송에 건너간 해는 선종 2년 4월

3 「興王寺大覺國師墓誌」, 『朝鮮朝鮮金石總覽』(上), "年跨十一 文考異其穎悟 召靈通寺 故景德國師爲親敎而出家." 이에 관한 기록은 金富軾, 「靈通寺大覺國師碑」, 林存, 「僊鳳寺大覺國師碑」, 『高麗史』 권8, 문종 19년 5월 계유 등에도 보인다.

4 李蘭暎 편, 『韓國金石文追補』, 중앙대학교 출판부, 1965, p.87.

(1085)이며, 송으로 건너간 의도는 여러 이유가 있겠지만 직접적인 동기가 된 것은 다음의 기록이 주목된다.

〈자료 1〉

“국사는 일찍부터 송에 가서 구도할 뜻을 지니고 있었다. 진수의 정원 법사가 慧行으로 학자들의 스승이 되고 있다는 말을 듣고는, 상인의 선박 편에 글을 부쳐 예를 다했는데, 원 공(정원)도 국사가 비범한 인물임을 알고는 곧바로 회답을 하여 초청하였다. 이로부터 [국사는] 송에 건너가고 싶은 마음이 더욱 절실해졌다.”[5]

위의 기록을 통해 의천은 송에 가기 전부터 정원淨源과 교류가 있었음을 알 수 있으며, 의천은 개인적으로 불교의 구법에 대단한 열의를 가졌던 인물임을 알 수 있다. 따라서 의천이 송에서 많은 고승대덕들을 접했지만 정원과의 관계는 누구보다 더욱 깊었으며, 이는 의천의 사상적인 기반에 화엄교학이 중요한 위치를 차지하게 된 직접적인 계기가 된 것이다. 다음의 기록이 주목된다.

〈자료 2〉

“지금의 항주 혜인도량이다. 주지인 정원 법사는 본래 長水의 문하에서 수학하였다. 이들은 南嶽(懷讓)과 제자인 一(馬祖道一), 思(青原

---

5 金富軾, 「靈通寺大覺國師碑」, 『大覺國師外集』 권12, “師嘗有志如宋問道 聞晋水淨源法師 以慧行爲學者 師託舶賈 致書以修禮 源公知師非常人 即復書相招 由是欲往滋甚.” ‘靈通寺大覺國師碑’는 하단 부분에 마멸이 많아, 본고는 『朝鮮朝鮮金石總覽』(上)에 판독한 것은 완전치 못하여 『大覺國師外集』 권12에 수록된 것을 중심으로 교감한(채상식 편, 『최해와 역주 졸고천백』, 혜안, 2013, pp.178~185 참조) 것을 참고하였다.

行思)와 제자인 遷(石頭希遷)의 관계처럼 돈독하였다. 원우 원년(선종 2, 1085)에 고려국 왕자 우세 승통이 숙세에 불타의 수기를 받고 바다를 건너 중국에 와서 혜인의 방장실에 가르침을 청하였다. 이는 장수 대사에게 사법상으로 손자가 되는 셈이다. 승통이 진여원을 들렀다가 마침내 능엄 대사의 영탑을 심방하고 경건히 예배를 드릴 적에 향정이 퇴락한 것을 목격하고는 개연히 수선하여 새롭게 하고자 하였다. (중략) 그리고 공사가 모두 끝나자 정원 법사가 승통을 위해 나에게 글을 청하여 이 일을 기념하려 하였다."[6]

위의 자료를 통해서 진수 정원晋水淨源은 스승인 장수 법사長水法師(楞嚴大師)에게서 법을 이은 후에 의천에게 다시 전법하였음을 알 수 있다. 그가 의천에게 향로와 불자 등을 전함으로써,[7] 의천은 장수 대사長水大師의 법손으로서 화엄종의 법통을 전해 받았다. 따라서 의천은 송에서 화엄종의 법손으로서 고려에 귀국하였던 것이다. 의천이 정원에게 제자의 예를 취하고 고려에 귀국한 후에는 화엄종에 대한 경전을 새로 만들어 정원에게 보냈는데, 이를 계기로 혜인도량慧因道場을 속칭 고려사高麗寺라 부르게 되었다는[8] 것이다. 이로 보아 의천이 송의 화엄종에

---

6 章衡, 「大宋重修楞嚴大師塔記」, 『大覺國師外集』 권9, "今杭州慧因道場 住持法師淨源 素稟學于長水之門 猶南嶽之一思之遷也 元祐元年 高麗國王子祐世僧統 承佛夙記 航海來朝 又請益于慧因之室 於長水則嗣法之孫 過眞如 遂訪尋靈塔 虔伸禮謁 覩享亭之圮陋 慨然 欲葺而新之 (중략) 工旣訖功 源師爲僧統 求予文 以紀歲月."

7 『大覺國師外集』 권10, 淨源詩 二首.

8 念常, 『佛祖歷代通載』 권19, 晋水淨源禪師,(『大正藏』 권49, p.672) "杭州晋水法師淨源 (중략) 高麗僧統義天 杭海問道 申弟子禮 初華嚴一宗疏鈔久矣散墜 因義天持至咨決 逸而復得 左丞蒲宗孟撫杭 愍其苦志 奏以惠因易禪爲教 命公主之 義天還國以金書華嚴三譯本一百八十卷 以遣(遺)師 爲主上祝壽 師乃建大閣 以奉安之 時稱師爲中興教主 以此寺奉金書經 故俗稱高麗寺."

대해 얼마나 많은 관심을 가졌던가를 가히 짐작할 수 있다.

다음은 의천의 제자 중 낙진樂眞과 계응戒膺과의 관계를 파악함으로써 화엄종에 속한 그의 법맥이 어떻게 전해졌는지를 검토해 보자. 낙진에 대한 기록으로는 일차적으로 그의 비문[9]을 들 수 있다. 낙진은 본래 경덕국사 난원의 문인이었으나, 경덕국사의 입적 후에 의천의 제자가 되었다. 의천이 송에 건너갈 때에도 선종의 명에 의하여 혜선慧宣, 도린道隣 등과 더불어 추종하였다. 고려에 귀국한 뒤 선종 6년에 그의 거처로 돌아가려 할 때, 의천은 그에게 진수 정원에게서 이어 온 화엄종의 법맥을 다시 낙진에게 노불爐拂을 전수함으로써 화엄종의 법통을 전수하였다.[10] 또 「원경국사비元景王師碑」에 보이는 그에 대한 시호를 보면 "高麗國大華嚴業 四代王師"라고 한 데에서 경덕국사에게서 전해진 화엄종 법통이 의천을 거쳐 낙진에게 전해졌음을 알 수 있다. 또 의천은 낙진을 각별하게 대했던 모양이다. 의천은 "내가 서쪽의 송으로 건너가 불법을 구하고자 했을 때 나를 따랐던 오직 그대여."[11]라고 할 정도였다.

한편 의천의 제자 중 계응에 관한 기록은 김부식이 찬한 「흥왕사홍교원화엄회소興王寺弘教院華嚴會疏」에 "차츰 흥왕사를 중심으로 한 화엄종이 쇠퇴해 감에 따라 의천의 고제자인 계응을 청하여 화엄법회를 열었다."[12]라는 기사가 보인다. 인종 대에 이르러 화엄종의 세력이 천태종에 의하여 쇠퇴해 가는 점을 어느 정도 짐작할 수 있으나, 천태종을 개창한 대각국사의 고제자가 화엄법회를 열었다는 것은 중요한 사례이다.

---

9 「般若寺元景王師碑」, 『朝鮮金石總覽』(上).

10 위의 비문, "昔晋水法師 以爐拂傳我 我以傳之於子 宜勉之 發揚吾道."

11 위의 비문, "吾欲西遊於宋 求得其法 從我者唯子歟."

12 金富軾, 「興王寺弘教院華嚴會疏」, 『東文選』 권110, "玆者伏見興王寺者 文宗仁孝大王 發願刱造 莊嚴佛事 大覺國師宣揚教理 作大利益 厥後近三十年 教義浸衰 莫有能繼 弟子 虔尋遺志 思有以重興 請國師高弟子戒膺 及學徒一百六十人於弘教院 始自今月某日起 約三七日 修設華嚴法會 仍令長年 聚會演說."

이는 대각국사의 법맥이 화엄종에서도 계승되었음을 의미한다.[13]

그런데 김부식이 찬한 「영통사대각국사비靈通寺大覺國師碑」의 대각국사 문도 직명을 보면 의천이 입적할 때 계응은 '삼중대사三重大師'이나, 대부분 제자들이 승통僧統과 수좌首座의 직위를 가지고 있었다. 의천의 문도 대부분은 경덕국사 난원의 제자였는데, 난원의 입적 후 그들이 의천의 문도가 되었기 때문에 의천보다 연령이 많은 제자들이 대부분이었다.

따라서 의천 사후에 젊은 나이의 계응이 특히 뛰어나 화엄종의 법맥을 오랜 기간에 걸쳐 이어 왔기 때문에 이렇게 된 것이 아닌가 생각된다. 다시 말하면 낙진에게 노불爐拂을 전수한 기록으로 볼 때는, 의천의 화엄종을 계승한 인물이 낙진인지 계응인지 확실히 알 수가 없으나 의천의 고제자들이 빨리 입적하고 계응이 특히 뛰어나 활동한 관계로 계응이 법맥을 이은 것처럼 된 것이 아닌가 한다.

결국 의천은 화엄종의 중흥조이며 그의 제자 낙진과 계응 등이 화엄종의 법맥을 이어 왔다는 사실은, 숙종 2년에 국청사를 개창하면서 천태종을 개창했지만 당시 사상계에 그렇게 큰 영향력을 끼치지 못한 분위기를 말해 준다. 천태종의 개립은 불교통합을 위한 시도였지만, 다분히 정치적 성격이 두드러졌던 것이다.

한편 의천과 화엄종과의 관계는 『원종문류』의 성격을 파악함으로써 좀 더 사상적인 계보를 구체화시킬 수 있으리라 생각된다. 곧 "국사는 후세에 불후의 글을 남기고자 하였으나 그 뜻을 제대로 이루지 못하였다. 일찍이 군언群言이 한만하다고 하여 그 정요를 뽑고 종류별로 나누어서 그 이름을 '원종문류'라고 하였다. 또 교화에 도움이 될 만한 고금

---

13 金芿石, 『華嚴學概論』, 동국대학교출판부, 1960.

의 문장을 모아 '석원사림'을 편찬하였다."[14]라고 한 기록에서 군언群言이 한만汗漫한 삼장三藏에 대한 해석 중에서 그 정요를 뽑아 유별로 분별해 놓은 것이 『원종문류』이며, 고금 문장을 모아 교리 해석에 보충설명하는 방향으로 『석원사림釋苑詞林』을 저술하였다는 것이다. 『원종문류』는 '원종' 곧 화엄종 관련 문헌을 대상으로 한 것이다. 이에 비해 『석원사림』은 현전하는 내용이 많지 않으나, 제목처럼 일종의 '자료모음집'의 성격을 띤 것으로 추정된다. 의천은 「신집원종문류서」에서 화엄사상이 최고의 불교 교학임을 밝히고 있다. 그 내용을 들면 다음과 같다.

〈자료 3〉

3-1) "대화엄의 가르침은 一眞의 妙蘊이요, 滿藏의 雄銓으로서 변조의 심원을 궁구하고 보현의 행해를 다하였으니, 실로 생령의 대본이요 稱性의 極談이라고 할 것이다."[15]

3-2) "종남산의 조사 두순 존자가 찬탄하기를 '위대하다. 법계의 경이여, 등지보살이 아니라면 어떻게 그 경문을 보고서 그 법을 알 수 있겠는가. 내가 그 문을 시설하여 인도하리라.' (중략) 그러므로 화엄의 대경을 강론하는 자들은 모두 지엄과 법장, 청량 三家의 의소를 길이 표준으로 삼으면서 제가의 해설을 참고로 보충하고 있다.
우리 해동은 부석 존자가 중국에 구법한 뒤로 원돈의 가르침이 4백여 년 동안이나 제종의 맹주 역할을 해 왔다. 그리고 우리나라가 삼한을 통일한 뒤로 이제 겨우 2백 년이 지났지만, 삼보를 빛나게 드날

14 金富軾, 「靈通寺大覺國師碑」, "師欲立言 以垂不腐 而志莫之遂 嘗以群言汗漫 撮其精要 類別部分 名曰圓宗文類 又欲會古今文章 有補於教 以爲釋苑詞林.."

15 「新集圓宗文類序」, 『大覺國師文集』 권1, "大華嚴之爲教也 一眞妙蘊 滿藏雄詮 窮遍照之心源 罄普賢之行海 誠生靈之大本 稱性之極談者歟."

리고 중생을 이끌어 도와주면서 여러 대에 걸쳐 외호의 인연을 돈독히 하고 당세에 중흥의 교화를 협찬하였다. 이처럼 길이 이어받아 부촉한 것은 실로 밝고 아름다운 세상을 이루려 함이었다."[16]

위의 기록 3–1)에서는 두루 모든 사상에 통해야 한다고 강조하면서도 화엄종이 불교사상 중에 가장 위대한 법으로 보고 있다.

3–2)에서는 중국에서는 화엄사상이 두순杜順에게서 시작하여 지엄智儼, 법장法藏, 청량淸涼 3가三家의 의소義疏가 화엄의 정통이 되었고, 우리나라에서는 부석 존자浮石尊者 의상義湘이 구법한 후 원돈교주圓頓敎主가 되어 모든 종파의 주가 되었으며, 화엄사상의 전통이 삼한을 통일한 정신적 기초로 보고 있다.

의천은 화엄종의 법맥을 중국에서는 두순杜順, 지엄智儼, 법장法藏, 청량淸涼으로 보고 있으며, 우리나라에서는 지엄智儼의 문하에서 수학한 의상을 시조로 하여 화엄종의 정통성을 주장하고, 400여 년 동안 계속하여 온 화엄종의 전통을 자신이 중국의 진수 정원晋水淨源에게서 법맥을 이어 온 것을 의상에다가 비견하여 은근히 화엄종의 중흥조임을 과시하고 있다.

한편 『원종문류』와 『신편제종교장총록』에 균여均如의 저술은 "글을 잘못 지어서 말이 제대로 이루어지지 않는다."[17]라고 하여 수록하지 않았다. 이는 아마 해동화엄종에 대한 정통성의 문제이거나, 아니면 불교

---

16 앞의 글, "有終南祖師杜順尊者 歎曰 大哉 法界之經也 自非登地 何能披其文 見其法哉 (중략) 故講大經者 咸以儼藏淸涼三家義疏 永爲標準 而旁用諸家補焉 自我海東 浮石尊者 求法之後 圓頓之敎 主盟諸宗者 四百餘年矣 我國家一統三韓 僅二百載 光揚三寶 謗掖群迷 累朝敦外護之緣 當世協中興之化 緬承付囑 寔在休明."

17 「示新參學徒緇秀」, 『大覺國師文集』 권16, "世所謂均如梵雲眞派靈潤 諸師謬書語不成文."

에 접근하는 균여의 태도를 수용할 수 없었던 것으로 해석된다. 곧 균여와 의천 양자는 사상적·사회적 기반을 달리하였음을 말해 준다.

이러한 의천의 화엄교학에 대한 견해는 더 나아가 선종에 대한 비판으로 연결되었다. 그가 쓴 「간정성유식론단과서刊定成唯識論單科序」의 다음 인용을 살펴보기로 한다.

〈자료 4〉

"그러므로 경전의 게송에 이르기를 '연못이나 강물을 마실 능력도 없으면서 어떻게 大海의 물을 삼킬 수 있으리오. 二乘의 법문도 익히지 못하고서 어떻게 대승을 배울 수 있으리오.'라고 하였으니, 이는 참으로 신실한 말이라고 하겠다. 이승도 배워야 할 것인데, 하물며 대승이야 더 말해 뭐하겠는가.

근래에 불법을 배우는 자들이 頓悟를 스스로 운위하면서 權小의 교리를 업신여기다가 法性과 法相을 이야기하는 대목에 이르면 왕왕 사람들의 비웃음을 사곤 하는데, 이는 모두 겸학을 제대로 하지 못한 데 따른 잘못이다."[18]

위의 〈자료 4〉에서 의천은 불타와 같은 인격자가 되는 것은 경전을 두루 읽고 오직 전체 사상을 두루 접하는 데에 있다고 생각하였다. 그래서 "연못의 물도 마실 수 없는 사람이 어떻게 대해大海의 물을 마실 수 있으며, 그와 같이 이승二乘의 법도 읽히지 못하면서 대승大乘을 배울 수가 있겠는가."라는 경전의 말을 빌려 스스로 돈오했다는 선가에서

18 「刊定成唯識論單科序」, 『大覺國師文集』 권1, "故經偈云 無力飮池河 詎能呑大海 不習二乘法 何能學大乘 斯言可信也 二乘尙習 況大乘乎 近世學佛者 自謂頓悟 蔑視權小 及談性相 往往取笑於人者 皆由不能兼學之過也."

교학을 무시하는 병폐를 은근히 통박하고 있다.

결국 대각국사는 화엄종의 인물로서 당시 제 종파에 대하여 사상적인 통합을 시도하게 되었으며, 화엄종의 논리가 천태종의 개창에 크게 작용했다고 하겠다.

3. 의천의 사상적 기반과 특징

의천의 불교사상과 그의 행적을 통해 사상적 기반과 그 특징이 어떠한지를 살피는 것은 대단히 어려운 작업이다. 무엇보다도 그의 사상적 섭렵과 행적이 크고 넓기 때문이다. 그러나 다음의 몇 가지 측면을 중심으로 이에 대해 살펴보고자 한다.

첫째, 의천의 불교 활동 중에서도 불교 사업에서 찾을 수 있는 사상적인 배경과 국가적인 차원에서 요구되는 종교관 등을 파악함으로써, 의천이 가지고 있었던 불교관의 성격을 이해하고자 한다.

둘째, 의천의 사상적 기반을 이해함으로써 당시 사상계의 통합논리로서 제기되었던 천태사상의 실체가 어떠한지를 살펴보고자 한다. 의천이 표방한 천태사상은 새로운 사상 체계로 세운 것인지, 아니면 송대 천태종의 교관을 통해서 재표출한 것인지를 파악해 보고자 한다.

셋째, 의천의 사상적인 측면과 그의 출신에서 나타나는 '先國家 後宗敎'의 이념을 대비시켜 보고자 한다. 이로써 의천이 표방한 불교관의 한계와 아울러 새로 개창한 천태종의 성격까지도 살펴보고자 한다.

의천이 출생한 문종 대의 불교계는 고려 초부터 심화되어 온 교·선의 대립은 차츰 극복되면서 교종이 득세하게 되었다. 곧 정치구조와 사회경제적인 기반, 또 문화적인 인식수준이 어느 정도 안정기로 접어들면서 사상적으로 화엄종이 크게 대두되었다. 아울러 국가적인 차원에서는 불교 사업이 자연 성행하게 되었다.

문종 원년에 실시된 불교행사 중에서 도량道場을 설치한 기록만 해도 연등회, 팔관회를 포함해서 11회에 달하고 있으며,[19] 이 중에서도 왕실과 관련된 것만 해도 '소재도량消災道場', '현종휘신도량顯宗諱晨道場', '모후휘신도량母后諱晨道場' 등을 들 수 있다. 문종이 왕위를 계승한 초기라는 상황이 이유가 되겠지만 즉위 후 1년 동안에 개설된 도량의 회수가 11회에 달한다는 것은 불교계와 국가가 밀접하게 결합하고 있었음을 말해 준다. 아울러 초조대장경이 현종 대에 시작하여 일단 마무리된 것을(국전본) 문종 대에 이르러 완성하기도 하였다(국후본).

이러한 중에 문종 대에는 화엄종이 크게 대두하였다. 가령 문종 원년의 기록에는[20] 문종 원년 6월에 봉은사에 행차하여 화엄종 승려인 결응決凝을 국사로 책봉한 것과, 이어 8월에는 화엄경도량이 궁궐 내에 설치되었음을 보여 준다. 또 문종 대에 최초로 경전이 조판되는 기록[21]에도 『화엄경』이 보인다. 문종 31년에는 "幸興王寺 轉新成金字華嚴經"[22]이라 하여 왕이 흥왕사에 행차하여 새로 조성한 『금자화엄경』을 전독하기도 하였다. 이와 같이 문종 연간에는 불교계에 화엄종이 크게 부상하였음을 발견할 수 있다. 이러한 『화엄경』을 중시하는 분위기에서 의천은 그의 사상적인 기반을 다져 갔다고 보아진다.

그리고 문종 대에 행해진 대규모 불교 사업은 흥왕사興王寺의 건립이

19 『高麗史』 권7, 문종 원년.
20 위와 같음.
21 『高麗史』 권7, 문종 5년, 춘정월 계해.
22 『高麗史』 권9, 문종 31년, 삼월 갑인.

었다. 문종 10년 2월에 덕수현에 흥왕사를 조성하기 시작하여 동왕 21년 정월에 완성되었는데, 2,800간의 거찰로서 12년이나 걸려서 세운 것이다. 이곳 흥왕사는 선종 대에 송에서 귀국한 의천이 일세 주지를 맡았다. 이를 계기로 의천은 흥왕사에 교장사敎藏司를 두고 조판을 시작하였다. 다음 자료를 살펴보기로 하자.

〈자료 5〉

"태만하여 강론을 하지 않았으므로 공사간의 경적이 거의 모두 흩어져 없어지고 말았다. 그래서 마침내 거금을 들여 중국과 거란과 일본에서 책을 구입하였다. 또 신미년(선종 8, 1091) 봄에는 남쪽 지방에 내려가 수색해서 얻은 책이 4천 권이나 되었다. 먼지가 끼고 좀이 슬어 책장이 떨어진 것들을 모두 수습하여 상자에 넣어가지고 돌아왔다. 그리고 왕에게 청하여 흥왕사에 교장사를 설치하였다."[23]

위의 자료를 통해 의천이 교소敎疏를 수집하여 모은 것은 1,010부 4,740여 권[24]이나 되었음을 알 수 있다. 의천은 이에 목록을 만들어 『신편제종교장총록』이라 하였으며, 이를 토대로 교장(속장경)의 조판으로 진행되었다.

이러한 거대한 불교 사업은 왕실이라는 권력 체제에서 사회경제적인 배경을 찾아야 할 것이다. 그리고 의천이 송에서 돌아와 이러한 장소를 수집 정리하여 『신편제종교장총록』을 만든 것은, 현종 대에 국가적인 사

23 金富軾, 「靈通寺大覺國師碑」, "怠不講故 官私褚 亡散幾盡 遂重購求書於中國以及契丹日本 又於辛未春 南遊搜索 所得書 無慮四千卷 皆塵昏蟬斷 編簡壞舛俱收並拾 包匭以歸 請置敎藏司 於興王寺."

24 김상기, 「대각국사 의천에 대하여」, 『국사상의 제문제』 3, 국사편찬위원회, 1959, p.85.

업의 일환으로 조판된 초판대장경을 보완하여 완전한 삼장의 정문으로 하려 한 의도였다. 더욱 중요한 것은 의천 자신이 화엄종의 인물로서 송에 건너가 더욱 자극을 받아 돌아온 후, 바로 착수한 교장의 조판사업은 숙종 대에 천태종을 성립하기 위한 전단계로서 시도한 것이 아닌가 한다.

다음은 의천의 천태사상이 어떠한 것이며, 어떠한 사상 체계를 가지고 있는가에 대해서 살펴보고자 한다. 의천의 천태사상은 선·교종을 두루 수용할 수 있는 사상적 근거로서 '교관겸수敎觀兼修'를 주장한 데 핵심이 있다. 이것은 일찍이 영가 대사永嘉大師가 천태종의 인물이면서도 6조六祖 혜능慧能에게서 인가를 받은 것에서 착안하여, 천태종을 통해 선과 교가 융화할 수 있다고 보았으며, 이러한 사상적인 근거를 원효元曉의 화쟁논리和諍論理에다 두고 많은 대승경전 그 중에서도 삼론三論의 중도적 사상을 중심으로 하고 있다.

그러면서도 그는 화엄종의 이론적인 기반을 가지고 천태종의 교관을 내세우고 있으며, 실천 논리로서 천태종의 관법을 주장하였다. 의천의 천태사상에서는 독자적인 특성은 발견할 수 없으나 그가 가장 주장했던 '교관겸수'는 교상敎相과 관행觀行을 겸전한다는 뜻이며, 관행은 선의 실천수행을 의미한다. 관행은 특히 지자 대사智者大師의 『마하지관摩訶止觀』에 의거한 것이다.

의천은 지자 대사의 『마하지관』에 의거한 관법에서 실천수행의 길을 제시하고 있지만, 이는 현수교관(화엄교관)과 천태교관이 교학뿐만 아니라 관법과도 같다는 점을 밝히고 있다. 다음의 인용을 살펴보기로 한다.

〈자료 6〉

"晋水大法師 강하에서 대략 교관을 전수받게 되었다. 그런데 언젠

> 가 강학하시던 여가에 일러 주시기를 '관을 배우지 않고 오직 경만 전수하면 비록 五周因果를 듣더라도 삼중성덕에 통달하지 못할 것이요, 경을 전수하지 않고 오직 관만 배우면 비록 삼중성덕을 깨닫더라도 오주인과를 분별하지 못할 것이다. 그렇다면 관도 배우지 않으면 안 되고 경도 전수하지 않으면 안 된다.'라고 하였다. 내가 교관에 마음을 극진히 하는 것은 이 말씀을 가슴속에 간직하고 있기 때문이다. (중략) 이 말은 『대경(화엄경)』을 전수하더라도 觀門을 배우지 않은 자라면 비록 강주라고 하더라도 나는 믿지 않겠다고 한 뜻이다."[25]

위의 내용에서 진수 정원이 화엄종의 입장에서 교와 관의 겸수를 주장한 것을 전수받은 사실을 들어 교관을 겸수해야 함을 강조하고, 이어 천태종과 화엄종은 같다고 말하고 있다.

한편 의천은 선에 편집하는 것을 비판하고 있는데, 심지어 의천은 요遼의 도종道宗이 『육조단경』과 『보림전』을 불태운 사례를 잘한 처사라 하여 긍정적으로 보고 있다.[26]

또 의천은 선에 대해 비판하면서도 그 타개책으로 다음과 같이 말하

---

25 「示新參學徒緇秀」, 『大覺國師文集』 권16, "晋水大法師講下 粗承敎觀 講訓之暇 嘗示誨曰 不學觀 唯授經 雖聞五周因果 而不達三重性德 不授經 唯學觀 雖悟三重性德 則不辨五周因果 夫然則觀不得不學 經不得不授也 吾之所以盡心於敎觀者 (중략) 是知傳大經而不學觀門者 雖曰講主 吾不信也."

26 戒珠, 『別傳心法議』(『大日本續藏經』 2-1-6-2)에 의천이 쓴 발문, 참조. 그 내용은 志磐, 『佛祖統記』 권14, 僧統義天(『大正藏』 권49, p.223)에도 다음의 자료가 수록되어 있다. "見飛山別傳議爲跋曰 甚矣 古禪之與今禪 名實相遼也 古之所謂禪者 藉教入禪者也 今之所以禪者 離教說禪者也 離教者 執其名而遺其實, 藉教者 因其詮而得其旨, 救今人矯詐之敞 復古聖精純之道 珠公論辯斯其至焉 近者遼國詔有司 令義學沙門詮曉 再定經錄 世所謂六祖壇經寶林傳等 皆與焚棄 而比世中國禪宗 章句多涉異端 此所以海東人師疑華夏爲無人 (중략) 世又謂壇經 談性不異 吾宗而於念佛 求往西方 有以貶斥, 義天言 遼國焚棄二書者 蓋以此也."

고 있다.

〈자료 7〉

"국사는 또 일찍이 말하였다. '禪家에서 방편을 빌리지 않고 마음으로 마음을 전한다고 하는데, 이는 상상근기의 지혜를 소유한 자나 가능한 일이다. 간혹 하근기의 사람이 口耳之學으로 하나의 도리를 터득하고서 스스로 족하다고 여기는가 하면, 삼장의 십이분교를 가리켜 추구요 조박이라고 하면서 또 볼 것이 뭐가 있느냐며 비웃고 있으니, 이 또한 잘못이 아니겠는가.' 그리고 『능가경』과 『기신론』 등의 경론을 배우기를 권하기도 하였다."[27]

특히 의천은 선은 상상근기의 지혜를 갖춘 사람들이 가능하지만, 중근기와 하근기 사람들은 『능가경』과 『기신론』 등을 수학하는 데 힘쓰라고 주장하고 있다.

앞에서 의천의 불교사상에 대하여 살펴보았는데, 그는 화엄과 천태의 교관을 겸수하여 그 둘도 지양한 것은 물론이고 거기에다가 선의 최상승을 첨가하여 정족鼎足을 삼았으나 다시 이 정족을 극복하면서 세운 것이 의천의 근본적인 천태사상이며, 이것이 해동천태종의 사상적인 기반이다.

곧 의천은 본래 자기의 출신 전통인 화엄사상에다가 교관이 대동소이한 중국의 천태사상을 첨가하여, 고려불교계의 통합이라는 과제를 실현하고자 하였다. 그는 심화된 교·선의 대립을 관법이라는 지자 대사

27 金富軾, 「靈通寺大覺國師碑」, "亦嘗言曰 禪家所謂不藉筌蹄 以心傳心 則上上根智者也 脫或下士 以口耳之學 認得一法 自以爲足 指三藏十二分敎 芻狗也 糟粕也 又烏足觀者 不亦誤乎 乃勸學楞伽起信等經論."

의 중도적인 선법을 통해서 극복하고, 당시 구산문의 선가에 대해서는 비판과 수용이라는 이중적인 태도를 견지하였던 것이다.

이러한 의천이 세운 천태종이 당시 사상계에 통합불교로서 크게 심화되었는지는 교종의 각 파와의 관계와 선종의 구산문과의 관계를 파악함으로써 알 수 있다. 그러나 본고에서 구체적으로 각 종파와의 관계를 고찰하기는 어렵다. 당시 양대 교파인 화엄종과 법상종은 일시적으로 위축되었겠지만 여전히 그 세력은 유지되었다고 본다. 다만 구산문의 선종이 어떠한 반응을 보였는지 그 추이는 주목된다. 우선 다음의 자료를 살펴보기로 한다.

〈자료 8〉

8-1) "이때 마침 대각국사가 천태종을 창립하고 달마 선종의 구산문에 덕망이 높은 스님들을 모집하였다. 이에 천태의 교관을 널리 선양하여 일불승인 최상법문을 개창하였다. [익]종 선사도 기꺼이 그 교리를 듣고 드디어 나아가 수학하였으므로 교웅도 함께 따라갔다."[28]

8-2) "대각국사가 송에 들어가 유학하여 화엄학과 겸하여 천태교관을 수학하였다. [송의] 철종 원우 원년 병인(선종 3, 1086)에 귀국하여 천태 지자를 존숭하여 별도로 천태종을 창립하였다. 이때 총림납자 가운데 천태종으로 소속을 바꾼 자가 10 중 6·7명이나 되었다. 이에 [學一] 스님은 조사의 도리가 무너지는 것을 슬퍼하며, 확고한 결심으로 홀로 서서 [선종을] 몸소 지켰다. 대각국사가 사람을 보

28 「國淸寺妙應大禪師墓誌銘」, 『朝鮮金石總覽』(上), "會大覺國師 肇立台宗 募集達摩九山門 高行釋流 方且弘揚敎觀 開一佛乘 最上法門 宗禪師 樂聞其敎 遂就學焉 師亦隨之."

내 여러 차례 동참하기를 권유하였으나, 끝내 그의 명을 받아들이 지 않았다."[29]

위의 내용을 통해 8-1)은 천태종에 참여하여 의천을 이어 천태종을 계승한 교웅敎雄의 사례이고, 8-2)는 천태종 참여를 거절한 가지산문의 학일學一의 사례이다. 그러나 〈자료 8〉을 통해서 구산문의 승려들이 천태종에 많이 포섭되었음을 알 수 있다. 위의 〈자료 8〉 외에도 법안종을 필두로 구산문 중 많은 수가 천태종 개창에 동조하여 참여한 예는 많다.[30] 그런데 이렇게 구산문이 천태종의 통합에 많은 수가 포섭된 데에는 그런 대로 이유가 있다고 보아진다. 이는 다음의 몇 가지 측면을 고려할 수 있다.

첫째, 구산선문은 고려 초에 선종에 대한 인식이 강하게 요구될 때와는 달리 집권적 귀족사회로 안정되어 감에 따라 화엄종과 법상종 등의 교종이 대두되면서 차츰 선종에 대한 인식이 희박해졌으며, 구산문의 힘이 약화되었다. 이에 따라 왕실이라는 거대한 세력하에 시도된 천태종의 창립에 선종의 일부가 흡수·통합될 수밖에 없었다.

둘째, 당시 불교계의 동향은 선은 선대로 교는 교대로 분리된 체계하에 대립하였다기보다 어느 정도 상호간에 이해하는 방향을 견지하면서 자파 나름의 체계를 세웠다고 할 수 있다. 그러나 신라 때부터 불교사상계의 주류를 이루어 온 화엄종이 통합의 중심이 되었음을 지적할 수 있다. 화엄종은 의천이 개창한 천태종의 기반이 되었으며, 선종에서

29 「雲門寺圓應國師碑文」, 『朝鮮金石總覽』(上), "大覺國師 西游於宋 傳華嚴義學 兼學天台敎觀 以哲宗元祐元年丙寅 尊崇智者 別立宗家 于時 叢林衲子 傾屬台宗者十六七 師哀祖道凋落 介然孤立 以身任之 大覺使人頻諭 而卒不受命."

30 許興植, 앞의 책, 1986.

도 화엄사상을 중시한 요소가 있었기 때문에 쉽게 융화되었다고 보아진다.

한편 천태종의 개창을 국청사의 완공 시기와 처음 천태종에서 실시한 승선으로 보아야 할 것인지는 논란이 있다. 공식적으로는 승선의 실시가 맞지만, 의천이 송의 천태종을 수용해서 실질적으로 교단을 주도했던 국청사의 완공으로 보는 것이 타당하다고 본다.[31] 숙종 6년(1101)에 국청사에서 천태종의 승선을 행하였다[32]는 사실을 알 수 있는데, 이로 보아 국가에서 천태종을 공인했다고 보아진다.

그래도 의천이 천태종을 개창함으로써 숙종 대에는 국청사가 인예국모仁睿國母의 원찰인 관계로 천태종에 많은 관심을 기울였다. 그러나 예종 대에는 국왕 개인의 관심인지 아니면 국가적인 차원에서 화엄종에 대하여 관심을 가졌는지는 알 수 없으나, 화엄종이 다시 대두된 것은 명백하다. 그러다가 인종 대에 이르면 대각국사에 대한 인식이 고조되고,[33] 차츰 천태종이 사상계에 정착되었다.

한편 의천이 표방한 불교관의 중심은 '교관겸수' 곧 화엄교학과 천태관법이었다. 그런 중에 그가 표방한 불교관이 어떤 사회계층을 대상으로 했는지는 주목된다. 물론 불교가 지향하는 보살정신으로 보편화시키면 모든 사회계층을 대상으로 했다고 할 수 있다.

그러나 그는 다분히 왕실과 지식계층 이상의 관료군, 귀족 등을 중심으로 그의 불교관을 펼쳤던 것은 아닌가 하는 의문이 든다. 그가 교장

31 김상현, 「의천의 천태종 개창 과정과 그 배경」, 『천태학연구』 2, 천태불교문화연구원, 2000.

32 「國淸寺妙應大禪師墓誌銘」, 『朝鮮金石總覽』(上) 및 林存, 「僊鳳寺大覺國師(天台始祖)碑陰記」, 許興植 편, 『韓國金石全文』, 아세아문화사, 1984, pp.600~603. 참조.

33 인종 연간에 와서야 「靈通寺大覺國師碑」(金富軾撰, 1133년 건립), 「僊鳳寺大覺國師碑」(林存撰, 1137년 건립)가 건립되는 사실에서 추측된다.

을 간행하기 위해 남긴 목록인 『신편제종교장총록』에는 정토신앙에 관한 곧 아미타불과 관련된 책명이 일부 보인다. 이를 중심으로 그의 정토관을 살핀 연구도 있다.[34] 그러나 목록에 의존하기보다 그에 관한 글을 모은 '문집'과 '외집' 등에는 정토에 관한 내용을 찾기 어렵다.

결국 의천의 불교관에는 이념과 실천은 보이지만, 서민대중을 향한 정토신앙과 전통 신앙에는 소홀했던 것은 아닌가 한다. 이는 그가 같은 화엄종에 속했던 균여 등을 비판한 것과도 연결된다고 할 수 있다. 균여를 비판한 것은 다른 무엇보다도 송에 건너가 선진문화를 접한 의천의 세련된 시각으로서는 방언方言과 나언羅言(鄕札과 吏讀)으로 된 균여의 저술[35]이 못마땅했을 것이다.

4. 천태종 개창과 불교통합 시도

1) 고려 초의 불교통합 움직임

태조 왕건이 국가를 세움에 있어 사상적으로 불교에 많은 관심을 기울인 것이 명백한 사실이며, 삼국통일 이념을 불교의 경전 중 『법화경』의 '회삼귀일會三歸一'에다 상치시킴으로써 더욱 확고히 통일과업을 이루려 하였다. 태조가 고려를 창업할 때에 후대의 기록이지만, "회삼귀일의 논리가 후삼국의 통일이념으로 작용하여 고려국을 형성시켰으며, 지

---

34 金英美, 「大覺國師 義天의 阿彌陀信仰과 淨土觀」, 『역사학보』 156, 역사학회, 1997에는 의천의 정토관에 대해 적극적으로 밝히고 있다.

35 해인사 소장 고려대장경 보유판에 수록된 균여의 저술 『十句章圓通記』, 『釋華嚴旨歸章圓通鈔』, 『華嚴經三寶章圓通記』 등의 후서 참고(『高麗大藏經』 권47, 동국대학교출판부, 영인본).

자 대사의 일념삼관선법一念三觀禪法, 곧 천태종의 교리까지도 통일이념에 끌어들인 것"[36]으로 보고 있다. 그러나 『법화경』이 작용한 측면은 이해가 되지만, 천태사상이 그렇게 사상계에 널리 받아들여져 정치적인 이념으로 심화된 것 같지는 않다.

한편 중국의 남종 계열인 선종구산문이 나말의 시대적인 분위기 속에서 어떠한 사회계층에 수용되었는지는 선종의 성격상, 외적인 발현력을 가지기보다는 내적인 잠재력을 통한 자기완성이 주가 되므로 경주 중심의 중앙귀족 체제에 반대하는 입장에 선 대호족 세력과 연결되었다. 이후 광종 대에 천태학을 통한 교선합작은 사회적으로 외적인 발현력이 요구되는 분위기에서 교종인 천태학을 중심으로 하여 시도되었다. 이는 불교사상의 통일인 동시에 정치세력의 통일 과정이기도 하였다.[37]

이와 관련하여 광종은 영명 연수에게 36명의 승려를 파견하여 수학하도록 하였다.[38] 이미 고려에도 법안종과 그의 저술이 전해졌을 가능성은 있지만, 연수의 법안종을 수학한 승려들은 귀국한 뒤 불교계를 주도하였다. 이들을 계승한 법손들은 뒤에 오산문五山門을 형성할 정도로 크게 성장하였다. 그러나 법안종을 계승한 오산은 의천이 만년에 천태종을 개창할 때 대부분 흡수되었다.[39] 그런데 『신편제종교장총록』은 자료의 성격상 선종 관련 저술은 수록하지 않았기 때문인지 연수의 저술

---

36 閔漬, 「國淸寺釋迦如來舍利靈異記」, 『東文選』 권68, "在我太祖創業之時 行軍福田四大法師能兢等 上書云 聞大唐國 有會三歸一妙法蓮華經 及天台智者一心三觀禪法, 與聖君 合三韓成一國 風土相合 若求是法流行 則後嗣龍孫 壽命延長 王業不絶 常爲一家矣, 于時 未暇求得 貽謀後嗣."

37 金哲埈, 「高麗初의 天台學 研究」, 『동서문화』 2, 계명대학교 동서문화연구소, 1968, p.69; 『韓國古代社會研究』, 지식산업사, 1975.

38 「杭州慧日永明寺智覺延壽」, 『景德傳燈錄』 권26.

39 許興植, 앞의 책, 1986.

은 명기되어 있지 않다.[40] 연수는 천태산에서 법화참을 닦았을 정도로 천태종과 깊은 관련이 있는 승려라는[41] 점을 감안한다면, 의천이 그의 저술을 목록에서 제외시킨 의도가 무엇이었는지 궁금하다.

천태종이 교종으로서 가장 진전된 사상 체계를 가지는 것은 동시에 과거의 불교를 정리하고 교선대립을 절충하는 과정에서 성립된 것이었다. 이러한 천태사상은 광종의 과격하고도 급진적인 혁신정치가 고려 창업 이전의 보수적인 세력과 고려 창업에 적극 참여한 호족들의 보수화에 대하여, 전제왕권의 강화를 위한 사상적인 수단으로 인식된 것이다.

한편 성종 대에는 불교 이념에 대해 최승로의 시무책을 통한 유교 이념이 정치이념으로 등장하게 되었다. 최승로는 근본적으로 불교를 배격한 것이 아니라, 불교사상이 가지는 내용보다는 불교의 대규모 불사를 비판하였다. 이와 같이 성종 때 유교가 새로운 정치이념으로 등장함에 따라 최승로의 비판적인 불교관은 교종의 보수적인 면을 더욱 대두시켰으며, 차차 전통적인 화엄종이 불교계의 주류를 이루어 갔다.

이러한 경향에서 현종 이후에는 화엄종·법상종 등의 교종이 대두되었다. 가령 현종 당시 이루어진 초조대장경의 조판은 거란의 침입에 대항하는 국가불교적인 성격을 표방한 것으로 볼 수 있지만, 외형적인 측면에서는 선종에 대해서 교종이 다시 활기를 띠기 시작했다는 사상계의 조류를 의미한다. 따라서 광종 대에 왕권강화를 위해 행해졌던 교선합작 시도는 정치구조와 세력의 변동에서 서서히 퇴조하였다. 이후 교

---

40 임혜경, 「義天의 《新編諸宗教藏總錄》 편찬과 그 의의」, 『한국사론』 58, 서울대학교 국사학과, 2012 참고.

41 高翊晋, 「圓妙國師 了世의 白蓮結社」, 『韓國天台思想研究』, 동국대학교출판부, 1983, pp.217~218.

종 중에서도 화엄종은 왕실, 법상종은 외척 곧 문벌귀족과 결합하는 형태로 전개되었다.

그러나 교종 중에서도 화엄종이 중심 교단으로 부상하였다. 인종 즉위년을 반영하는 기록으로 "삼중화상과 대사 등은 국사의 아래에 존재하면서 경론을 강설하고 '성종'을 익혔다."[42]라는 기록은 주목된다. 여기서 삼중화상과 대사 등이 익히는 '성종'이 무엇을 의미하는지 주목된다. 성종이 가리키고 있는 것은 교종 계통의 화엄종을 의미하며, 고려 시기 전반에 걸쳐 화엄종이 계속하여 주도권을 이어 왔음을 의미한다. 따라서 의천은 이러한 추세 속에 화엄종에서 출발하여 불교사상계의 통합 작업을 시도하였던 것이다.

2) 천태종 개창과 추이

숙종 2년에 국청사가 창건됨으로 해서 천태종은 개창된 것이다. 이에 대한 기록으로 다음이 주목된다.

〈자료 9〉

"정축년(숙종 2년, 1097) 5월에 국청사의 주지로 취임하여 처음으로 천태종의 교리를 강설하였다. 이 천태교학은 예전에 이미 동방에 전해졌으나 중간에 폐해졌는데, 국사가 전당에서 천태의 도를 묻고 불롱에서 맹서를 하며 떨쳐 일으킬 생각을 한 때로부터 하루도 마음속에서 잊은 적이 없었다. 인예태후가 이 말을 듣고 기뻐하여 국청사를 짓기 시작하였는데, 숙종이 그 일을 이어받아 마침내 완공하

42 「三重和尙大師」, 『高麗圖經』 권18, "位在國師之下 講說經論 傳習性宗 擇聰慧辯傳者爲之."

게 된 것이다.

국사가 이때에 文에 의거하여 이치를 드러내고 이치를 궁구하여 心을 다하였다. 그리하여 止觀이 원명하고 語默이 자재한 가운데 문자만을 전적으로 믿고 고수하는 병통을 제거하고, 斷空을 취하여 집착하는 폐습을 타파하였다. 이에 당시 학자들이 거룩한 경지를 우러러보며 옛것을 버리고 스스로 찾아오는 자들이 거의 1천 인에 이를 정도로 성황을 이루었다. 세상에서 천태종을 논하는 자들이 국사를 백세토록 바뀌지 않을 종장이라고 일컬었다. 이 말을 어찌 믿지 않을 수 있겠는가."[43]

위의 기록으로 보아 선종 6년 동10월[44]에 왕태후인 인예태후의 원력에 의하여 국청사가 시창되어 숙종 2년 2월에 완성되어 천태종이 성립되었음을 알 수 있다. 그러나 천태사상이 우리나라에 들어온 것은 의천 이전이었다. 새로이 국청사를 창건하고 개강할 때 치사한 다음의 구절을 살펴보자.

〈자료 10〉

"돌이켜 보건대, 해동의 불법이 7백여 년에 이르는 동안 비록 제종이 경연을 하고 衆教가 성황을 이루었지만, 천태 일파는 어느 시대에도 빛을 보지 못했습니다. 옛날 원효 보살이 앞서 찬미하였고, 체

43 金富軾, 「靈通寺大覺國師碑」, "丁丑夏五月 住持國淸寺 初講天台敎 是敎舊已東漸而中廢 師自問道於錢塘 立盟於佛隴 思有以振起之 未曾一日忘於心 仁睿太后聞而悅之 經始此寺 肅祖繼之 以畢厥功 師於此之時 依文而顯理 究理而盡心 止觀圓明 語默自在 拔盡信書之守 破惡取空之執 一時學者 瞻望聖涯 捨舊而自來 幾一千人 盛矣哉 世之議台宗者 謂師百世不遷之宗 渠不信哉."

44 『高麗史節要』 권6.

관 법사가 뒤에서 선양했습니다만 기연이 익지 않아서 밝게 드러낼 길이 없었고, 교법의 유통은 뒷날을 기다려야 했습니다."[45]

위의 기록으로 보아 천태종의 시초는 원효가 『법화경종요法華經宗要』를 찬한 것으로 보고 있다. 곧 천태종의 소의경전인 『법화경』에 대한 인식이 해동천태종의 시작이라는 것이다. 고려조에 와서도 체관이 『천태사교의天台四敎儀』를 저술하여 중국의 사상계에 영향을 끼칠 정도로 천태종에 대한 인식이 고조되었으나 하나의 종파로 개창되기에는 아직 기연이 익지 않아 후일을 기다렸다는 것이다. 또 "체관諦觀과 지종智宗이 있었으나 우리나라에 천태종이 종파로서 성립되지도 않았고, 천태교학을 배우는 자들은 계승되지 못하고 오래 끊어졌다."[46]라는 기록에서도 의천이 천태종을 개창한 의의를 강조하고 있다.

결국 국청사가 개창되면서 천태종이 성립되었는데, 개창 배경과 동기는 일단 다음의 몇 가지로 정리할 수 있다. 첫째, 의천이 송에서 중국 천태종의 인식 체계를 전수받았다는 사실이다. 둘째, 국청사는 인예태후의 원찰로서 개창되었다. 셋째, 불교계에 있어서 교선합작의 시도로서 일단은 성공하였다는 점이다.

의천이 송에 건너가서 가장 가깝게 교류한 인물은 진수 정원이었음은 앞에서 밝힌 바 있으나, 이에 못지않게 의천에게 영향을 준 인물은 자변 종간慈辯從諫이었다. 이는 "국사가 [고려로] 돌아올 즈음에 자변대사 종간이 시 한 수를 지어 주고, 또 수로와 여의를 증정하였다. (중

45 「新創國淸寺啓講辞」, 『大覺國師文集』 권3, "緬惟海東佛法 七百餘載 雖諸宗競演 衆敎互陳 而天台一枝 明夷于代 昔者 元曉菩薩 稱美於前 諦觀法師傳揚於後 爭奈機緣未熟 光闡無由 敎法流通 似將有待."
46 林存, 「僊鳳寺大覺國師碑」, "況天台一宗 雖或濫觴於諦觀智宗輩 而此土未立其宗 學者久絶."

략) 국사는 항주에 와서 자변에게 천태 일종의 경론을 강론해 주기를 특별히 청하였다."[47]라는 구절을 보면 의천은 자변慈辯에게서 수로手爐와 여의如意를 전해 받고 천태교학에 대해서도 전수받았다고 보아진다.

한편 의천이 송의 천태종사인 자변 종간으로부터 천태교학을 수학했지만, 그가 귀국하여 숙종 대에 와서 천태종을 개창하게 된 일차적인 동기는 다음의 기록을 통해 살필 수 있다. 곧 의천이 지자대사탑을 참배하면서 발원한 글이다.

〈자료 11〉

"우 모는 머리를 조아리고 귀명하며, 천태교주이신 지자 대사에게 아룁니다. 일찍이 듣건대 대사께서는 五時八敎의 교판으로 동쪽에 전해진 한 시대의 聖言을 분명히 해석하여 미진함이 없게 하셨습니다. 그러니 후세에 불교를 배우는 자들이 어찌 이를 말미암지 않을 수 있겠습니까. 그러므로 吾祖 화엄소주께서도 현수의 오교는 천태와 대략 같다고 말씀하신 것입니다. (중략) 모가 발분하여 몸을 잊고 스승을 찾아 도를 묻다가 지금 전당의 자변 대사 강하에서 교판의 가르침을 받고 그 대요를 대략 알게 되었습니다. 뒷날 고향에 돌아가면 목숨을 다하여 크게 선양함으로써 중생에게 가르침을 베풀며 애쓰신 대사의 은덕에 보답할 것을 이 자리에서 맹서하는 바입니다."[48]

---

47 林存, 「僊鳳寺大覺國師碑」, "慈辯大師從諫著詩一首 贈手爐如意 師在本國 聳聞慈辯高誼之日久矣 既至杭 特請慈辯 講天台一宗經論."

48 「大宋天台塔下親叅發願疏」, 『大覺國師文集』 권14, "右某 稽首歸命 白于天台教主 智者大師曰 嘗聞大師 以五時八教 判釋東流 一代聖言 罄無不盡 而後世學佛者 何莫由斯也 故吾祖花嚴疏主云 賢首五教 大同天台 (중략) 某發憤忘身 尋師問道 今已 錢塘慈辯大師講下 承禀教觀 粗知大略 他日還鄉 盡命弘揚 以執大師爲物設教 劬勞之德 此其誓也." 이 기록은 「僊鳳寺大覺國師碑」에도 보인다.

의천은 자변에게서 천태교학을 수학했지만, 천태종의 정통성을 계승했다는 자부심을 가지기 위해 지자대사탑에서 천태종을 우리나라에 널리 펼칠 것을 서원하고 있다. 이를 뒷받침할 만한 것은 자변 종간이 의천에게 보낸 서신에서도 보인다. 종간이 보낸 글은 4편이 남아 있는데, 다음은 첫 번째 글이다.

〈자료 12〉

"像法과 末法 시기에 이르러 정교가 쇠미해지고 있는 이런 때에 무슨 마음으로 자적하겠습니까. 그래서 실행에 옮기지 못하였습니다. 오직 우리 승통은 지금 한창 나이인데도 안으로 도에 지극하면서도 밖으로 여력을 지니고 있으니, 교법이 동쪽으로 흘러간 이래로 僧史에 기록된 것 중에서 이처럼 성대한 경우는 없었습니다. 다시 바라건대 부지런히 진양하고 후진을 가르침으로써 법등이 서로 전해져 찬란한 빛이 끊어지지 않게 하소서. 이것이 바로 노후의 소원입니다."[49]

위의 글은 종간이 의천에게 보낸 해동천태종이 개립되기를 서원한다는 격려의 서신임에 틀림없으며, 의천은 이러한 서신에서 많은 자극을 받았음을 의심할 바 없다. 한편 고려 왕실의 불교에 대한 인식수준을 감안할 때, 결국 국청사는 인예태후의 원찰이라는 점이다. 이에 관한 기록을 들면 다음과 같다.

---

49 「大宋沙門從諫書(四首)」, 『大覺國師外集』 권7, "又觀時當像末 正敎衰微之際 何心自適 所以未果也 唯吾僧統 正當妙年 內富至道 外有餘力 自敎法東漸 僧史所載 未有 若是之盛也 更冀無倦震揚 開示後進 使光光相傳 炤耀不絶 乃老朽之願言也."

〈자료 13〉

13-1) "나의 돌아가신 어머니 인예국모께서는 누생에 불법을 떠받들고 오랜 겁에 걸쳐 善因을 닦아 오셨다. 이번에 가람을 건립하여 [이름을] 국청사라 하고 웅장한 규모를 갖추었다. [여기에] 묘법을 발양하시고 불롱봉에 높은 풍도를 이루고자 하였으나, 큰 원을 이루지 못하시고 홀연히 세상을 떠나시고 말았다."[50]

13-2) "숙종이 번저에 있던 어느 날 국사와 함께 태후를 뵙고 우연히 이야기를 나누다가 아뢰었다. '천태종의 삼관은 최상의 眞乘인데, 이 땅에는 그 종문이 아직 세워지지 않았습니다. 이는 매우 애석한 일이기에 신이 [종문을] 세우려는 뜻을 두고 있습니다.' 태후가 깊은 관심을 보이며 기뻐하셨고, 숙종도 역시 외호를 하겠다는 원을 세웠다."[51]

위의 두 자료를 통해 국청사가 의천의 모인 인예태후의 원찰임을 알 수 있다. 그리고 숙종은 잠저 시절부터 천태종의 개립에 관심을 가지고 있었으며, 천태종의 개창과 국청사의 건립은 인예태후와 숙종의 외호가 크게 작용한 것이다. 곧 왕실의 보호와 지원으로 천태종의 개창이 이루어진 셈이다. 그리고 국청사가 숙종 2년에 개창되기 이전인 숙종 원년부터 매년 9월이 되면 왕이 국청사에 행차하는 기록을 볼 수 있다.[52] 곧

---

50 「新創國淸寺啓講辭」, 『大覺國師文集』 권3, "伏遇 我先妣仁睿國母 累生奉法 積劫修因 經始精藍 取國淸之宏制 發揚妙法 移佛隴之高風 大願未終 神遊俄逝."

51 林存, 「僊鳳寺大覺國師碑」, "肅祖在蕃邸 嘗一日同謁太后 偶語及之曰 天台三觀 最上眞乘 此土宗門未立 甚可惜也 臣竊有志焉 太后深垂隨喜 肅祖亦願爲外護."

52 『高麗史』 권11, 숙종 원년, 9월 기축, "왕이 국청사에 행차하여 진전에서 인예태후 제사를 지냈다."는 기록이 보이고, 이후 숙종 연간에는 매년 9월에 국청사 또는 장경사에 행차하여 인예태후의 제사를 모시고 있다.

인예국모의 원찰이 국청사이므로 매년 9월에 국청사에 행차하여 인예태후의 제사를 모셨던 것이다.

결국 의천이 송에 건너가 자변 대사 종간을 통하여 천태교관을 배워오고 지자 대사에게 서원을 함으로써 천태종은 성립되었지만, 국청사가 인예태후와 숙종의 원찰이라는 점에서 천태종은 왕실의 지원과 동시에 국가적인 성격을 지니면서 성립되었다고 할 수 있다. 이는 의천이 천태종을 세우게 된 사상적인 동기와도 연결된다. 곧 고려 초부터 사상계에 심화되어 온 교·선의 대립을 통합하는 작업이면서 불교교단을 정비하고 장악하려는 왕권강화를 시도한 것이기도 하였다.

의천이 화엄종의 문인으로서 그 당시 사상계의 모든 사상을 두루 섭렵하였던바 이론적인 기반으로서는 화엄을 주로 하고, 실천의 논리로는 지자 대사의 '마하지관摩訶止觀'을 주창하여 천태종을 개창하였던 것이다. 이는 다음의 자료가 주목된다.

〈자료 14〉

"이에 숙종이 그 일을 계승하여 경영하고 완공하였다. 국사에게 조서를 내려 주지를 겸하게 하였으며, 법가가 친림한 가운데 낙성식을 거행하였다. 이때 일종(천태종)의 학자와 제종의 석덕이 무려 수천백인이 그 풍도를 듣고 다투어 모여들었다. 국사가 법좌에 올라 해조음을 떨치면서 일찍이 있지 않았던 일종의 묘의를 연설하니, 무상의 근기를 소유한 자들이 많아 중도의 無生法忍을 얻었다."[53]

53 林存, 「僊鳳寺大覺國師碑」, "肅祖繼而經營 功既畢 詔師兼住 法駕親臨落成 一宗學者 及諸宗碩德 無慮數千百人 聞風競會 師昇座 振海潮音 演未曾有 一宗妙義 無上根機 多得中道無生法忍."

앞의 기록에서 천태종은 제 종파의 석덕들을 포섭하면서, 천태종의 묘의妙義에 의해 상근기가 아닌 자도 '중도무생법인中道無生法忍'을 얻게 된다는 점을 강조하고 있음을 알 수 있다. 의천은 천태종을 개창할 때 당시에 여러 종파가 존재해 있었지만 교종의 입장에서 선종을 포섭한다는 대전제 아래 사상계를 통합하는 작업을 시도하였다. 이러한 시도는 원효의 화쟁논리가 크게 작용한 것 같으며, 국가적인 차원에서 왕권강화라는 현실적인 문제가 깔려 있었다고 보아진다. 숙종 대에 왕권강화를 위한 노력은 주전책, 군제 개편, 남경 경영 등 다각도로 추진되었으며,[54] 그중에서도 문벌귀족과 결합된 불교교단을 재편하는 과제와 의천의 부침, 곧 천태종의 개창은 일관되게 연결되어 있었다.

따라서 의천은 사상적으로 독자적인 특성을 지녔다기보다도 화엄종의 인물로서 중국의 천태종을 수입하여 당시 불교계를 통합하는 과정에서 그의 사상 체계를 세웠다고 생각된다. 더욱이 문벌귀족과 결탁된 불교세력이 보수적인 경향을 띠면서 당시 불교계를 장악했을 때, 의천이 출현하여 문벌귀족과 결탁된 불교세력에 대한 자각, 나아가 고려 왕실의 가장 암적인 존재인 문벌 체제에 대하여 왕권강화의 계기를 마련하고자 하였다.[55] 그러나 의천이 숙종 6년 9월 입적하자,[56] 천태종 개창에 참여한 선종 일파인 법안종 5산문 등은 각기 그들의 이익을 위해 천태종을 떠나는 사태에까지 이르게 되었다.[57]

더욱이 의천의 입적한 지 4년 만에 숙종이 세상을 떠나고(1105년), 그

---

54 김광식, 「고려 숙종대의 왕권과 사원세력」, 『백산학보』 36, 백산학회, 1989; 이병욱 편저, 『의천』, 예문서원, 2002.

55 崔柄憲, 「天台宗의 成立」, 『한국사』 6, 국사편찬위원회, 1975.

56 『高麗史節要』 권6.

57 「僊鳳寺大覺國師碑」에 의천의 입적 후 사정을 알려 준다. 곧 본 비의 음기에 의천 '直投弟子'만 기록되어 있고, 법안종 출신들은 보이지 않는다. 이는 다음의 글이 참고된다. 崔柄憲, 앞의 논문, 1975 및 許興植, 앞의 책, 1986, pp.276~277 참조.

의 유력한 협력자였던 윤관마저 여진 정벌 실패의 책임을 지고 실각, 예종 6년(1111)에 세상을 떠나자, 이자겸이 다시 외척으로 등장하였다. 이후 이자겸이 득세하면서 천태종뿐만 아니라 화엄종도 퇴조하였다.

그러다가 이자겸이 패망한 이후에야 천태종과 화엄종이 다시 부각되었다.[58] 이는 의천의 비문 중 김부식이 왕명을 받아 찬술하고(인종 3, 1125) 화엄종 계통에서 주도한 영통사대각국사비靈通寺大覺國師碑(인종 11, 1133)와, 임존이 찬술하고(인종 9, 1131) 천태종 계통에서 주도한 천봉사대각국사비僊鳳寺大覺國師碑(인종 15, 1137)가 이 시기에 이르러서야 건립되었다는 점에서[59] 짐작된다. 두 비가 의천의 입적 후 근 30여 년이 지난 시기에 늦게 건립된 것을, 천태종에 호의적인 윤관의 처사에 불만을 가진 화엄종 문도들이 영통사비를 새롭게 건립하였고, 또 천태종 내부에서 의천 직계 문도와 법안종 계열 영입파 두 세력 간의 대립을 거치면서 직계 문도들이 천봉사비를 주도적으로 건립했다는 해석도[60] 주목된다.

결국 숙종 대에 의천이 개창한 천태종은 전체 정국의 흐름과 깊이 연관되었다. 곧 당시 법상종을 비롯한 불교의 여러 교단에 영향력을 행사하고 있던 문벌귀족들을 억압하고 전체 교단을 국왕의 확실한 통제하에 두려던 숙종의 왕권강화의 한 축을 담당한 셈이었다.[61]

---

58 최병헌, 「대각국사집 해제」 : 이상현 옮김, 『대각국사집』, 동국대학교출판부, 2012, pp.21~27.

59 최연식, 「'大覺國師碑'의 建立過程에 대한 새로운 고찰」, 『한국사연구』 83, 한국사연구회, 1993.

60 위의 논문, pp.50~51.

61 崔柄憲, 앞의 논문, 1975.

5. 맺는말

의천義天(1055~1101)의 출신 종파가 화엄종이기 때문에 천태종의 개창에는 사상적으로 화엄종과 깊은 연관이 있다는 전제하에 본지를 전개하였다. 천태종은 한국불교 전반에 심화되어 온 화엄종의 사상적인 기반을 송에 건너가 진수 정원晋水淨源의 화엄학을 통해 더욱 발전시켰고, 그것에다 다시 중국의 지자 대사智者大師에서 유래되어 자변 종간慈辯從諫에게 연결되는 중국 천태종의 교관을 더 한층 상승한 통합관이었다. 여기에는 한국불교의 전통이라고 할 수 있는 원효의 불교적인 화쟁이념을 구현시켜 일단은 합작이라는 성공된 형태로 전개되었다.

이러한 사상계의 결합이 인예태후仁睿太后의 원력에 의하여 건립된 국청사國淸寺를 중심으로 전개되었다는 사실은 의천의 통합운동에 대한 근본적인 한계일 뿐만 아니라 고려불교 전반의 성격을 '先國家 後宗教'라는 국가적인 차원에서 이해하여야 될 줄 안다.

더욱이 문벌귀족과 결탁된 불교 세력이 보수적인 경향을 띠면서 당시 불교계를 장악했을 때, 의천이 출현하여 문벌귀족과 결탁된 불교 세력에 대한 자각, 나아가 고려 왕실의 가장 암적인 존재인 문벌귀족에 대하여 왕권강화의 계기를 마련하고자 하였다. 의천의 왕권강화에 부응한 일련의 노력은 광범위한 경전의 섭렵을 통한 교장(속장경)의 조판과 천태종의 개창으로 나타났으며, 내적으로는 원효의 계승을 자처함으로써, 대외적으로 송에 유학하여 흡수한 다양한 불교를 통해서 그 이념적 기반을 찾으려고 하였다. 이러한 노력과 병행하여 의천은 기존의 보수적 성향을 띤 불교계에 대한 자각과 반성을 촉구하면서 불교통합을 시도하기도 하였으며, 심지어 그의 출신 종파였던 화엄종과 대립하기도

하였다.

이러한 천태종의 개창은 특정인을 중심으로 무리하게 교단의 장악을 시도하면서 교단의 부패를 가속화하였을 뿐만 아니라, 화엄종과 법상종 간의 대립을 더욱 심각하게 하고, 나아가 그 균형이 깨지게 될 위험에 봉착하게 만들어 이자겸의 난과 같은 정치싸움에 휘말리기도 하였다.

어떻든 의천의 개혁 방안은 본질적으로 문벌 체제와 동일한 기반에서 출발했기 때문에 당시 사회와 불교계에 대한 전반적인 개혁의 방향으로 안목을 돌릴 수 없었을 뿐만 아니라 기층사회의 신앙면에 대해서도 관심조차 가지지 못한 한계가 있다. 또 그는 당시의 사원들이 귀족의 원당으로서 재산도피나 정권싸움의 수단이 되고 있었던 불교의 사회경제적 모순을 극복하는 세계관을 제시하지 못하였을 뿐만 아니라 귀족불교를 끌어내려 대중화하는 단계로의 노력은 보이지 못하였다.

참고문헌

1. 자료

『大覺國師文集』.

『大覺國師外集』.

『高麗圖經』.

『高麗史』.

『高麗史節要』.

『東文選』.

『佛祖統記』.

『佛祖歷代通載』.

『景德傳燈錄』.

『朝鮮朝鮮金石總覽』(上).

李蘭暎 편,『韓國金石文追補』, 중앙대학교 출판부, 1965.

許興植 편,『韓國金石全文』, 아세아문화사, 1984.

2. 논저

高翊晋,「圓妙國師 了世의 白蓮結社」,『韓國天台思想研究』, 동국대학교출판부, 1983.

김광식,「고려 숙종대의 왕권과 사원세력」,『백산학보』 36, 백산학회, 1989.

김상기,「대각국사 의천에 대하여」,『국사상의 제문제』 3, 국사편찬위원회, 1959.

김상현,「의천의 천태종 개창 과정과 그 배경」,『천태학연구』 2, 천태불교문화연구원, 2000.

金英美, 「大覺國師 義天의 阿彌陀信仰과 淨土觀」, 『역사학보』 156, 역사학회, 1997.
金芿石, 『華嚴學槪論』, 동국대학교출판부, 1960.
金哲埈, 「高麗初의 天台學 硏究」, 『동서문화』 2, 계명대학교 동서문화연구소, 1968.
박용진, 『義天 그의 생애와 사상』, 혜안, 2011.
오윤희, 『일꾼 의천』, 불광출판사, 2012.
이병욱 편저, 『의천』, 예문서원, 2002.
이상현 옮김, 『대각국사집』, 동국대학교출판부, 2012.
임혜경, 「義天의 《新編諸宗敎藏總錄》 편찬과 그 의의」, 『한국사론』 58, 서울대학교 국사학과, 2012.
崔柄憲, 「天台宗의 成立」, 『한국사』 6, 국사편찬위원회, 1975.
蔡尙植, 「高麗後期 天台宗의 白蓮社 結社」, 『한국사론』 5, 서울대학교 국사학과, 1979.
최연식, 「'大覺國師碑'의 建立過程에 대한 새로운 고찰」, 『한국사연구』 83, 한국사연구회, 1993.
許興植, 「高麗前期 佛敎界와 天台宗의 形成過程」, 『한국학보』 11, 일지사, 1978; 「天台宗의 形成過程과 所屬寺院」, 『高麗佛敎史硏究』, 일조각, 1986.

12

고려시대 가지산문의 전개 양상과 조계종의 위상

/ 김상영

〈선정 이유〉

● 김상영, 「고려시대 가지산문의 전개 양상과 조계종의 위상」, 『불교연구』 제32호, 한국불교연구원, pp.87~132.

선정 이유

이 논문은 나말여초의 최대 산문이자 한국의 대표적인 선문의 위상을 지니고 있는 도의–염거–체징/이관/진공계 가지사문의 고려시대 전개 양상과 조계종의 위상에 대해 살피고 있는 점에 주목하여 선정하였다. 저자는 진전사에서 시작된 도의의 선법이 그의 계승자들에 의해 확산되고 분화된 과정의 조명을 통해 고려시대뿐만 아니라 한국의 대표적인 선문으로 자리잡게 된 과정을 촘촘하게 살피고 있다.

저자는 나말여초 시기의 가지산문은 '체징계' '이관계' '진공계'로 이름할 수 있는 법계가 형성되어 있었으며, 11세기 후반 무렵의 고려 선종은 대각국사 의천의 천태종 개창으로 인해 심대한 타격을 받게 되었다고 보았다. 하지만 이 시기의 가지산문은 원응 학일圓應學一의 노력에 의해 선문 전통을 지켜갈 수 있었다고 밝히고 있다. 학일은 운문사를 중심으로 가지산문의 선법을 전했으며, 이러한 전통은 이후 혜문惠文과 보각 일연一然에 의해 계승되었다고 보았다.

저자는 익재 이제현이 일연의 제자 보각 혼구普覺混丘의 비문을 찬술할 때 가지산문의 역사를 언급하면서 도의에서 비롯한 선법이 끊이지 않고 이어져 '수정교실守正矯失' 즉 정도를 지키고 잘못을 바로잡은 운문사의 원응 학일과 '박학독행博學篤行' 즉 학식이 넓고 행실이 도타운 인각사의 보각 견명(一然)과 같은 선철先哲이 대대로 배출되었다고 하였다. 이것은 당시 이들 두 사찰이 가지산문과 깊은 연관성을 지닌 사찰이었음을 암시하고 있다.

저자는 이제현이 밝히고 있는 것처럼 도의-학일-일연-혼구를 축으로 하는 가지산문의 법계 인식이 고려 최후반까지 지속되고 있었다는 사실을 밝히고 있다. 그리하여 일제강점기와 불교정화 시대를 거치면서 불교계는 종명과 종조, 법통 문제에 대해 치열한 논쟁을 전개하였으며, 현재 대한불교조계종의 종헌에 명시되어 있는 '종조-도의'의 결과는 이러한 논쟁을 거친 산물이라는 성격을 지닌다고 밝히고 있다는 지점에서 이 논문의 의미와 학문적 가치를 찾을 수 있다.

Ⅰ. 머리말

신라 하대 선문禪門의 역사는 도의道義에서 비롯한다. 그는 중국 유학을 마치고 821년(헌덕왕 13) 무렵 귀국하였으며, 신라의 남종선 수용은 이 해를 기점으로 삼는다. 이후 적어도 15세기 초반까지 선문의 전통은 상당 부분 유지되고 있었으므로,[1] 한국의 선문은 600여 년에 달하는 전통과 역사를 간직하고 있음이 분명하다. 하지만 우리는 아직까지 선문에 대한 보다 구체적이고 실질적인 정보들을 파악하지 못하고 있는 상태이다.

최근 역사학계를 중심으로 한국불교 선문의 제반 실상을 규명하기 위한 노력들이 활발해지고 있다. 특히 역사학계의 선문 연구는 이제 개별 선문을 주제로 한 연구가 주를 이루고 있을 정도로, 이전 시기보다 더욱 심화되고 발전된 모습을 보여 주고 있다. 이러한 연구 성과에 힘입어 나말여초 시기 우리 역사 전반에 대한 이해의 폭은 상당 부분 확대되었다는 느낌을 준다.[2]

---

* 본 논문은 '2009 만해축전 세미나'에서 발표한 발표문을 일부 수정한 것이다.

1 幻庵混修(1320~1392)의 비에 "遂爲幅下 第二座"라는 표현이 있으며, 木庵粲英(1328~1390)의 비에는 "赴叢林 升迦智山下 第二座"라는 표현이 있다. 조선의 본격적 불교 탄압책은 태종 6년(1406)~세종 6년(1424) 사이에 시행되므로, 선문의 전통은 이 시기를 지나면서 점차 사라져간 것으로 보인다.

2 최근 김두진이 나말여초 선종사와 관련한 종합적인 연구사 검토를 하였다(「나말여초 선종사 연구의 성과와 과제」, 『역사학보』 188, 2005 : 『신라하대 선종사상사 연구』, 일조각, 2007).

결코 적지 않은 연구 성과에도 불구하고, 한국불교 선문 역사와 관련하여 해결해야할 과제는 아직도 상당수 남아 있다. 무엇보다 기존의 선문 관련 연구가 지나치게 선문 형성기, 즉 나말여초 시기에 집중되어 있다는 점은 시급히 해결해야할 과제이다. 이것은 물론 자료의 다과多寡라는 요인이 작용한 결과이지만, 선문이 지니고 있는 역사적 의의를 감안한다면 향후 선문 연구는 선문 존속기 전체를 아우르는 인식 아래에서 진행될 필요가 있지 않을까 한다.

역사학계의 선문 연구에서 보이는 또 다른 과제로 선문과 정치세력의 관계에 대한 이견異見을 들 수 있다. 한동안 신라 하대 선종은 호족세력의 지원에 힘입어 발전할 수 있었다는 견해가 지배적이었다. 붕괴되어 가는 신라 왕실은 교학불교와 연계시키고, 새로 전래된 선불교는 정치개혁 세력인 호족과 연계시켜 이해하고자 하는 시각이었다. 하지만 이 같은 견해는 신라 하대 불교를 지나치게 도식화하였다는 비판을 받게 되었고, 이를 입증하기 위해 선종과 하대 왕실의 긴밀했던 관계를 중시하는 연구가 이어졌다.[3] 그 결과 왕실–교종, 호족–선종이라는 도식적 이해의 문제는 극복될 수 있었다.

최근에 진행된 일련의 연구를 통해 신라 하대 선종과 정치세력의 관계는 더욱 구체적으로 설명되고 있다. 특히 문성왕文聖王–정강왕定康王대를 기준으로 그 이후, 즉 진성왕眞聖王 이후와 이전으로 나누어 접근하는 시각은 향후 이 분야 연구에서 많은 도움을 줄 수 있을 것으로 생각된다.[4] 이 같은 성과에도 불구하고 신라 하대 선종과 정치세력과의

---

3 高翊晉, 「新羅下代의 禪傳來」, 『韓國禪思想研究』, 동국대 불교문화연구소 편, 東國大出版部, 1984(『한국불교선문의 형성사 연구』, 민족사, 1989 : 『한국고대불교사상사』, 동국대학교출판부, 1989), pp.76~82.

4 김두진은 문성왕 이전, 문성왕-정강왕, 진성왕 이후의 세 시기로 나누고 있는 반면 조범환은 흥덕왕-정강왕, 진성왕 이후의 두 시기로 나누어 접근하고 있다. 홍

관계를 바라보는 견해의 차이는 여전히 좁혀지지 않고 있다.[5] 이 시기 선종과 정치세력의 관계를 규명하기 위해 무엇보다 각 선승과 선문의 단월 세력을 보다 면밀하게 검토하는 작업이 우선될 필요가 있다.[6] 아울러 당시 정치세력이 어떠한 목적을 지니고 선승 및 선문과의 연계를 시도하였는지를 밝혀 내는 연구도 뒤따라야할 것이다.[7]

덕왕에서 문성왕 대에 이르는 30여 년의 시기가 성격상 구분되는 것인지의 여부에 대해서는 좀 더 구체적인 연구가 필요한 상태이다. 여하튼 김두진은 진성왕 이후의 선종에 대해, "진성여왕 이후가 되면 선승들은 중앙의 왕실과는 결별하고 지방호족과의 결연을 더 돈독히 하였다. 이 때가 되면 왕실의 권위는 실추하여 신라 조정은 사실상 경주를 중심으로 한 경상북도 일대를 다스리는 데 그쳤다. 또한 지금까지는 낙향호족이 중앙과 지방에서 모두 연고권을 가지고 있어서 그 사회를 실질적으로 움직여 갔지만, 진성여왕 이후가 되면 지방의 토착호족이 더 강성하여졌다. 따라서 진성여왕 이후 선종 산문의 단월세력은 토착호족이거나 군진세력이었다."라는 견해를 밝히면서(김두진, 「신라하대 선사들의 중앙왕실 및 지방호족과의 관계」, 『한국학논총』 20, 국민대 한국학연구소, 1998, pp.32~33 : 『신라하대 선종사상사 연구』, 일조각, 2007), 진성왕 이전과 이후를 뚜렷하게 구분하고 있다.

5 김두진은 신라 하대에 활동한 선사들 가운데 약 3분의 1에 해당하는 선승들이 중앙 왕실과 연계되어 있으며, 이러한 현상은 주로 문성왕-정강왕에 이르는 약 45년간에 걸쳐 집중적으로 나타난다고 하였다. 그리고 진성왕 이후에는 각 선문이 토착호족 세력과 연결되고 있음을 강조하면서, 이 문제에 대한 보다 정밀한 분석의 필요성을 제기하였다(「신라하대 선사들의 중앙왕실 및 지방호족과의 관계」, 앞의 논문). 김두진의 연구는 기본적으로 신라 하대 선종과 호족의 관계를 중시하는 관점 속에서 진행되고 있는 것으로 이해할 수 있다. 반면 조범환은 이 시기 선승들의 왕실에 대한 태도를 선승의 관점에서 새롭게 주목하면서 당시 선승들은 왕실에 대하여 '탄력적인 대응'을 하였을 것이라는 주장을 하였으며(「신라 하대 선승과 왕실」, 『신라문화』 26, 2005, pp.262~271), 한기문도 최근 연구(「신라말 선종사원의 형성과 구조」, 『한국선학』 2, 한국선학회, 2001)를 통해 신라 왕실과 선종 사원의 관계를 '호혜적' 관점에서 파악한 바 있다.

6 「쌍계사진감선사비」는 眞鑑 慧昭와 당시 왕실의 관계를 상세히 전하고 있다. 하지만 비문 내용만 가지고 혜소와 왕실의 친소 여부를 단정하기는 무척 어려워 보인다. 거듭된 왕실의 초청이라든가 賜號 등의 사례만을 놓고 본다면, 혜소는 당시 왕실로부터 두터운 신임을 받고 있었을 것이라는 추측이 가능하다. 반면, 거듭된 초청에도 불구하고 결국 왕실에 나아가지 않았으므로, 혜소는 왕실과 소원한 관계를 유지했을 것이라는 추측도 가능하다. 이처럼 나말여초 선승과 정치세력의 관계를 이해하는 데에는 적지 않은 어려움이 따르고 있다.

7 이 시기 선종사와 관련한 연구를 진행하면서 이 같은 '정치적 요소'를 가려내는 일은 결코 쉽지 않다. 하지만 이 시기 관련 자료를 모두 정치적 관점에서 해석하고

가지산문은 사굴산문과 함께 한국의 선문을 대표하는 위상을 지니고 있다. 이들 두 개의 선문은 고려시대 전 기간에 걸쳐 뚜렷한 전승 관계를 유지하였으며, 고려시대를 대표하는 선승 역시 대부분 가지산문과 사굴산문 출신이었다. 고려시대 선종은 결국 이들 두 선문을 중심축으로 하여 운영되었다고 보아야 한다. 특히 가지산문은 조선 중기 이후 이른바 태고법통이 유일한 법통으로 자리를 잡게 되면서, 그 위상은 더욱 중시될 수밖에 없었다. 그 결과 가지산문 개산조인 도의는 현 대한불교조계종의 종조라는 위상을 부여받고 있다. 이처럼 가지산문은 한국 선불교 역사를 대표하는 중심 선문으로서의 위상을 간직하고 있다고 하겠다.

이러한 가지산문의 역사를 조명하기 위한 연구는 크게 두 가지 방향에서 전개되어 왔다.[8] 첫째 도의의 생애와 사상을 밝히기 위한 연구로,

---

있는 일부 연구자의 인식 태도는 시정될 필요가 있다. 가지산문의 제3조 普照 體澄(804~880)은 비문에 '齠齔之歲'에 출가한 것으로 되어 있다. 그런데 체징의 출가를 金憲昌의 난(822)과 연계시켜, 그가 18세 무렵 출가하였을 것으로 보는 견해가 있다(이계표, 조범환 등). 체징이 김헌창의 난에 가담하였다는 전거도 제시하지 않은 상태에서 이러한 추측을 하는 것은 체징을 이해하는 데 있어 심각한 오해를 불러일으킬 수 있다. 나말여초 선종사 관련 연구에서 이 같은 해석, 즉 지나치게 '정치적 요소'를 확대 해석하는 경우를 종종 접하게 된다. 심지어 선승들의 비문에서 비문 撰者의 견해를 마치 비의 주인공, 즉 선승의 사상인 것처럼 서술하고 있는 경우도 발견된다. 나말여초 선종사 연구가 더욱 구체화되어 가고 있는 시점에서 관련 자료에 대한 보다 정확한 이해와 서술 태도가 요청된다고 하겠다.

8 가지산문과 관련한 주요 연구로 다음과 같은 것들이 있다.
- 채상식, 「보각국존 일연에 대한 연구-가지산문의 등장과 관련하여」, 『한국사연구』 26, 한국사연구회, 1979.
- 이계표, 「신라 하대의 가지산문」, 『역사학연구(전남사학)』 7, 호남사학회, 1993.
- 김두진, 「도의의 남종선 도입과 그 사상」, 『강원불교사연구』, 小花, 1996.
- 김방룡, 「여말선초 사굴산문과 가지산문에 관한 연구」, 『한국종교사연구』 9, 한국종교사학회, 2001.
- 차차석, 「남종선의 초전자 도의 선사의 사상과 그 연원 탐구」, 『한국선학』 2, 한국선학회, 2001.
- 조영록, 「도의 선사의 입당구법의 길따라」, 『승가교육』 4, 대한불교조계종교육

이들 연구는 그 성격상 나말여초 선종사 연구에 포함시켜 이해할 수 있다. 둘째, 가지산문의 개창과 역사적 전개 상황을 밝히기 위한 연구로, 이들 가운데 가지산문의 개창 문제를 다룬 연구 역시 나말여초 선종사 연구에 포함되는 성격을 지닌다. 이 논문의 주제인 고려시대 가지산문의 전개 양상과 관련한 연구는 채상식·김방룡·황인규의 논문이 발표된 정도이다. 하지만 이들 연구는 모두 고려 후기의 가지산문을 대상으로 하고 있을 뿐이다. 결국 가지산문은 한국 선문을 대표하는 역사적 위상을 간직하고 있음에도 불구하고, 정작 가지산문의 역사적 전개 양상을 밝히기 위한 학계의 노력은 매우 부진한 현실이라 하겠다.

이 논문은 고려시대 가지산문의 전개 양상과 가지산문이 지니고 있는 불교사적 위상을 살펴보기 위한 목적에서 작성되었다. 하지만 고려 전 기간의 역사를 다루어야 하는 만큼,[9] 논문의 내용은 특정 사안을 정

원, 2002
- 정성본, 「도의 선사의 생애와 선사상」, 『승가교육』 4, 대한불교조계종교육원, 2002.
- 정영호, 「도의 국사의 史蹟 연구」, 『승가교육』 4, 대한불교조계종교육원, 2002.
  _____, 『도의 국사와 진전사』, 학연문화사, 2005.
- 정동락, 「元寂 道義의 생애와 선사상」, 『한국중세사연구』 14, 한국중세사학회, 2003.
  _____, 「眞空(855-937)의 생애와 사상」, 『한국중세사연구』 26, 한국중세사학회, 2009.
- 황인규, 「고려 후기 조선 초 가지산문계 고승의 동향」, 『구산논집』 8, 2003.
  _____, 「고려 후기 선종산문과 원나라 선풍」, 『중앙사론』 23, 한국중앙사학회, 2006.
- 조범환, 「신라 하대 체징 선사와 가지산문의 개창」, 『정신문화연구』 28권 3호(통권 100호), 2005. 9.
- 최선희, 「체징과 가지산문 개창」, 『역사학연구(구-전남사학)』 25, 호남사학회(구-전남사학회), 2005.
- 이영호, 「신라 가지산문의 법통과 위상 인식」, 『신라문화』 32, 동국대 신라문화연구소, 2008.
- 김양정, 「도의 국사의 선종사적 위상」, 『한국불교학』 51, 한국불교학회, 2008.
  _____, 「도의 국사의 생애와 행적」, 『대각사상』 11, 대각사상연구원, 2008.

9 600여 년에 달하는 한국불교 선문 역사의 체계적 이해를 위해서는 禪門史 전체

밀하게 분석하지 못하는 한계를 지닐 수밖에 없다. 특히 선문 연구의 중요 과제라고 할 수 있는 가지산문의 선풍禪風(門風)을 규명하는 일[10]은 시론적試論的 수준에 머물고 말 것이다. 미흡한 부분에 대해서는 추후의 연구를 통해 보완해 나가도록 하겠다.

Ⅱ. 가지산문의 분화分化

도의는 37년간에 걸친 입당 구법 활동을 마치고 821년 무렵 귀국하였다. 귀국 이후 도의는 선법을 펴려 했지만, 그의 수행과 교화행은 순탄치 못하였다. 교학불교 중심이던 신라불교계의 상황 속에서 새로운 형태의 조사선 수행을 펴기란 결코 쉽지 않았을 것이며, 당시 혼란했던 정세 또한 도의의 선법을 전개하는 데 있어 적지 않은 장애가 되었을 것이다.

송언誦言(敎)에 심취하여 있던 당시 불교계로부터 '마어魔語'(「봉암사지증대사비」), 또는 '허탄虛誕'(「보림사보조선사비」)이라는 비난까지 들어야했던 도의는 아직 때가 이르지 않았음을 느끼고(知時未集), 결국 북산北山,

---

에 대한 시대구분이 필요하다는 생각이 든다. 필자는 일단 한국불교 선문의 역사를 '선문 형성기-선문의 分化와 통합기-9산선문 성립기-선문 중흥기-선문 전통의 쇠퇴와 소멸기'로 나누어 보고자 한다. 이러한 시대구분에 담겨 있는 의미는 본문을 서술하는 과정에서 일부 언급하도록 하겠다.

10 김두진은 이에 대해 "9산선문 사이에 사상의 차이를 지적하는 것은 이 시대 선종사상사의 연구를 심화하기 위해 반드시 필요하다. 그렇지만 그것은 개별 산문의 禪風 곧 門風의 차이를 지적하는 방향으로 나갈 수밖에 없다. 선종사상이 본질면에서는 구별될 수 없기 때문에, 선풍의 연구는 개별 산문이 방편으로 교학이나 다른 사상을 어떻게 이해하고 수용하는가를 밝히는 문제로 귀결된다."라는 견해를 제시한 바 있다(「나말여초 선종사 연구의 성과와 과제」, 앞의 책, p.319).

즉 설악산에서 은둔 생활을 시작하였다. 하지만 도의의 명성을 전해들은 수행자들은 그의 도를 사모하여 고기 있는 곳에 모여드는 개미 떼처럼 찾아와 산을 메웠으며, 도의로부터 교화된 수행자들은 기러기 떼처럼 계곡을 떠나갔다고 하였다. 이러한 모습을 놓고 최치원은 "도는 인력으로 폐할 수 없는 것이며, 때가 되면 마땅히 행해지는 것이다."라고 평한 바 있다.[11]

도의의 법은 '개미 떼처럼 찾아와 기러기 떼처럼 떠나간'(蟻慕者彌山 雁化者出谷) 그의 제자들에 의해 퍼져 가기 시작하였다. 염거廉居는 그의 대표적 전법제자였지만, 아쉽게도 자세한 행적이 전하지 않는다. 염거는 도의에게 법을 전해 받은 이후 설악산 억성사億聖寺에 머물면서 조사의 마음을 전하고 스승의 가르침을 열었다(傳祖心 闢師教, 「보림사보조선사비」). 여기에서 '벽사교闢師教'는 가지산문 제2조로서의 위상을 나타내 주는 상징적 표현으로 주목된다. 그가 언제부터 억성사에 머물게 되었는지는 불분명하지만, 844년 입적할 때까지[12] 그곳에 계속 머문 것으로 추측된다. 염거 이외에도 도의의 법을 이은 전법제자는 상당수에 달했을 것이지만, 그들의 법명조차 확인할 수 없는 상태이다.

도의의 법은 염거에 의해 본격적으로 확산되어 갔다. 특히 억성사로 그를 찾아와 법을 전해 받았던 보조 체징普照體澄(804~880)은 가지산문을 확립한 실질적 개산조로 평가된다. 체징은 보원사普願寺에서 구족

---

11 이러한 내용은 「봉암사지증대사비」에 상세하게 실려 있다. "洎長慶初 有僧道義□□□□西泛 睹西堂之奧 智光侔智藏而還 智始語玄契者 縛猿心護奔北之短 矜鷃翼誚圖南之高 既醉於誦言 競嗤爲魔語 是用韜光廡下 斂迹壺中 罷思東海東 終遁北山 豈大易之無悶 中庸之不悔者邪 華秀冬嶺芳定林 蟻慕者彌山 雁化者出谷 道不可廢 時然後行." 최치원 찬, 「문경 봉암사지증대사적조탑비」(『교감역주 역대고승비문』 신라편, pp.302~303).

12 염거의 입적 시기는 국보 제104호인 부도 (傳)興法寺廉巨和尙塔을 옮겨 세울 때 발견된 「金銅塔誌」의 내용, 즉 會昌四年이라는 내용에 근거한 것이다.

계를 받은 이후 억성사에 있는 염거를 찾아가 그의 법을 이었다.[13] 체징은 목숨을 자기의 목숨으로 여기지 아니하고 몸을 자기의 몸으로 여기지 않으면서 정진하였으며, 염거는 체징의 뜻과 기개에 짝할 만한 이가 없고 그 타고난 바탕이 범상치 않음을 알아 현주玄珠를 부촉하고 법인法印을 전해주었다고 한다.[14] 염거의 문하에서 수행하던 체징은 837년 동학 정육貞育·허회虛懷 등과 함께 중국에 들어갔다. 중국 전역을 돌아다니면서 선지식을 참문하던 그는 "우리 조사께서 말씀하신 바에 더할 것이 없는데 어찌 수고로이 멀리 가겠는가."라는 말을 하고, 3년만인 840년 귀국하였다.

귀국 이후 교화행을 펼쳐 나가던[15] 체징은 859년 무주 황학난야黃壑蘭若에 주석하였는데, 이때 헌안왕憲安王이 그의 소문을 듣고 경주로 초빙하였으나 가지 않았다. 왕은 다시 사람을 보내어 가지산사迦智山寺로 옮기기를 청하였으며, 체징이 이를 받아들여 이곳으로 오게 되었다. 비문에서 밝히고 있듯이 가지산사는 원표 대덕元表大德이 옛날 거처하던 곳이었다(元表大德之舊居也). 원표는 화엄종 승려였던 것으로 파악되며, 「보림사보조선사비」가 세워질 당시까지 왕이 세운 장생표주長生標柱가 있었다는 것으로 보아, 가지산사와 원표 사이의 특별한 관계를 짐작할 수 있다. 여하튼 헌안왕의 주선으로 가지산사에 주석한 체징은 이곳을

13 최선희는 체징이 염거를 찾아간 시기를 827~837년 사이라고 보았다(「체징과 가지산문 개창」, 앞의 책, p.9).

14 "居雪山億聖寺 傳祖心闢師教 我禪師往而事焉 淨修一心 求出三界 以命非命 以軀非軀 禪師察志氣非偶 素槩殊常 付玄珠授法印." 金穎 찬, 「장흥 보림사보조선사창성탑비」, 앞의 책, p.107.

15 귀국 이후 20여 년간의 행적은 분명하지 않다. 다만 체징비의 '歸舊國化故鄉'이라는 내용을 근거로 하여, 그가 고향인 熊州, 특히 長谷寺에서 주석했을 것으로 보는 견해가 있다(조범환, 「신라 하대 체징선사와 가지산문의 개창」, 『나말여초 선종산문 개창 연구』, 경인문화사, 2008, pp.11~12).

중심으로 선법을 떨치며 선문의 발전을 이끌어 나갔다. 당시 가지산문은 상당한 수준의 물적 기반을 확보해 나갔던 것으로 보이는데, 김언경金彦卿은 체징에게 제자의 예를 표한 이후 철 2,500근斤을 사서 노사나불을 봉안하는 불사를 하였다. 또한 왕실에서도 금 160分, 조租 2,000곡斛 등의 재물을 내놓고 절을 선교성宣敎省에 속하게 하였다.[16] 이러한 도움을 받아 가지산사는 861년 중창불사를 회향하게 되었다.

도의의 법은 염거를 거쳐 홍각 이관弘覺利觀(?~880)에게도 전해진 것으로 이해되고 있다. 이관은 840년을 전후한 무렵 억성사에 머무르면서 염거의 문하에서 수행한 것으로 추정되며, 873년 경 다시 억성사를 찾아와 이곳에서 입적한 사실이 비문에 의해 확인된다. 이관은 한동안 혜목산慧目山 원감 현욱圓鑑玄昱(787~868)의 제자로 인식되어 왔지만, 최근 연구에 의해 가지산문과의 관계가 적극적이었던 것으로 밝혀지고 있다.[17] 이관은 억성사에서 생애 말년을 보내면서 이곳에 금당金堂과 향사香榭를 짓는 등 불사를 진행하였다. 특히 이관의 입적 후 이곳에 그의 비가 세워졌다는 점은 이관과 그의 문도들에게 억성사가 매우 중요하게 인식되고 있었다는 사실을 의미한다. 물론 이관을 혜목산, 즉 봉림산문의 계승자로 보아야 할 것인지, 아니면 가지산문의 계승자로 보는 것이 보다 정당한 것인지 등에 대해서는 여전히 의문이 남을 수 있

16 "宣帝十四年仲春 副守金彦卿 夙陳弟子之禮 嘗爲入室之賓 減淸俸出私財 市鐵二千五百斤 鑄盧舍那佛一軀 以莊禪師所居梵宇 敎下望水里南等宅 其出金一百六十分 租二千斛 助充裝食芳功德 寺隸宣敎省." 金穎 찬, 「장흥 보림사보조선사창성탑비」, 같은 책, p.110.

17 權悳永, 「新羅 弘覺禪師碑文의 復元 試圖」, 『伽山李智冠스님 華甲紀念論叢-韓國佛敎文化思想史』, 가산불교문화연구원, 1992.
______, 「弘覺禪師碑文을 통해 본 新羅 億聖寺址의 추정」, 『史學硏究』 55·56合, 1998.
______, 「신라 弘覺禪師塔碑 원형 탐구」, 『신라문화』 32, 동국대 신라문화연구소, 2008.

다. 하지만 억성사를 중심으로 본다면, 도의의 법은 염거를 거쳐 이관에 의해 지속적으로 억성사에서 계승되고 있었다는 평가가 가능하지 않을까 한다. 무엇보다 이관이 혜목산 현욱의 입적 후 이곳을 찾았다는 점, 그리고 그의 비문에 "咸通末復住於雪山億聖"이라고 하여 '부주復住'의 사실이 강조되고 있다는 점 등으로 보아 이관과 가지산문의 관계는 계승의 범주에서 충분히 받아들일 수 있는 요소가 있다.

이상에서 간략하게나마 도의-염거-체징·이관에 이르는 가지산문 초기의 전법 관계를 살펴보았다. 이상의 내용을 통해 처음 진전사에서 시작된 도의의 선법은 그의 계승자들에 의해 억성사와 가지산사로 확산되어 가는 모습을 살필 수 있었다. 특히 체징의 가지산사 주석은 가지산문이라는 선문의 이름과 가지산문의 정통성 확보라는 측면에서 주목되는 일이었다. 도의의 입적 이후 가지산문의 근본도량이라고 할 수 있는 진전사와 관계된 내용은 한동안 보이지 않는다. 반면 억성사의 염거에게 법을 이은 보조 체징과 그의 문도들은 가지산사를 선문 중심지로 변화시켜 놓았다. 체징의 입적 이후 3년이 지난 883년, 제자 의거義車 등은 행장을 엮어 체징 비의 건립을 주청하였다. 그러자 헌강왕憲康王은 체징의 시호諡號를 보조普照, 탑호塔號를 창성彰聖이라 하고 보림사寶林寺라는 사액寺額도 내려주었다. 이미 잘 알고 있는 것처럼, 보림사는 육조 혜능六祖慧能이 주석하였던 조계산 보림사를 지칭하는 것이었다. 또한 체징의 비에는 다음과 같은 문구가 실려 있기도 하다.

> 『禮記』에서 "別子가 祖가 된다."고 하였는데, 康成이 주를 달아 "네가 만일 처음으로 이 나라에 왔다면 후세에 祖라 여길 것이다."라고 하였다. 그러므로 달마는 唐의 제1조이며, 우리나라에서는 도의 대사를 제1조로 삼고, 제2조는 廉居禪師로 삼으며, 우리 선사는(보조

체징) 제3조가 된다.[18]

체징의 비를 찬술한 김영金穎은 『예기』에 실려 있는 강성康成 주注의 내용을 근거로 하여 달마는 당나라의 제1조이며, 도의는 아국我國 즉 신라의 제1조가 된다는 표현을 하였다. 계속해서 제2조는 염거이며, 제3조는 체징이라는 내용을 밝히고 있다. 이것은 가지산문의 정통성, 즉 가지산문의 정계正系를 표방하기 위한 의도적 표현으로 이해할 수 있다.

체징에 의해 가지산문의 중심지가 보림사로 대두되긴 하였지만, 진전사는 여전히 가지산문 근본도량으로서의 위상을 간직하고 있었다. 진공□운眞空□運(855~937)[19]의 사례를 통해 이 같은 사실을 확인할 수 있다.[20] 진공은 출가한 이후 가야산 선융善融 화상 문하에서 수학하였다. 874년(경문왕 14) 가야산 수도원에서 구족계를 받고 경율론 삼장을 연구하였는데, 선융이 갑작스럽게 제자들에 대한 지도를 포기하자 행각의 길을 떠났다. 잠시 선려禪廬의 유지에 머물다가 진공은 행선지를 운잠雲岑(설악산)으로 향했다. 그런데 진공의 비문에는 설악산으로 향한 이후 진공이 도의의 법을 계승하였다는 내용과 함께, 그에 대한 정당성을

---

18 "禮云 別子爲祖 康成注云 子若始來在此國者 後世以爲祖 是以達摩 爲唐第一祖 我國則以儀大師 爲第一祖 居禪師 爲第二祖 我師第三祖矣." 金穎 찬, 「장흥 보림사보조선사창성탑비」(이지관, 『교감역주 역대고승비문』 신라편, 앞의 책, pp.106~107).

19 비문에는 缺字이나, 『교감역주 역대고승비문』(고려편 1, 같은 책, p.112)에서는 '慧'로 추정하였다.

20 최근 진공의 비편이 새롭게 발견되어 공개되었으며(권순철·김현정, 「영주 비로사 樓閣新築敷地 발굴조사의 성과」, 『신라사학보』 13, 2008 : 동양대 박물관, 『영주 비로사 정비사업부지 내 문화유적 발굴조사결과 (약)보고』, 2008), 정동락은 이 비편 내용을 바탕으로 진공의 생애와 사상에 대한 논문을 발표하였다[「眞空(855~937)의 생애와 사상」, 『한국중세사연구』 26, 한국중세사학회, 2009].

설명하는 내용이 들어 있어 주목된다. 다음의 비문 내용을 살펴보도록 하자.

> 그 후 嚴命을 받들고 진전사에 도착하니, 기꺼운 바는 직접 도의의 유허를 답사하며 그 영탑에 예배하고 스님의 진영을 추모하여 영원히 제자의 의식을 편 것이다. 이것은 마치 공자가 (결락)을 스승삼은 것과 같이 仁과 德을 흠모하며, 맹자가 顔子를 希冀한 것처럼 義를 소중히 여기고 마음으로 돌아간 것과 같다고 하겠다. 진리가 있으면 능히 알 수 있는 것이니, 스승 없이도 스스로 깨달을 수 있다.[21]

진공은 도의보다 대략 100여 년 뒤에 활동했던 고승이다. 그런데 위 비문의 내용처럼, 진공은 왕명에 의해 진전사에 도착하여 영탑에 예배하고 도의에게 영원히 제자가 되겠다는 의례를 행하였다(永申弟子之儀). 또한 비문을 지은 최언위는 이러한 진공의 행동에 대해, "진리가 있으면 능히 알 수 있는 것이니, 스승 없이도 스스로 깨달을 수 있다."고 평하였다. 비록 100여 년의 세월 간격을 두고 있지만, 비문의 찬자는 진공이 도의의 법을 계승할 만한 충분한 자격을 갖추고 있다는 점을 드러내고자 하였던 것으로 볼 수 있다. 위 인용문에 계속되는 비문 내용에서는 서당 지장西堂智藏이 도의에 의해 동국에 선법이 전파되고, 그에 의해 모든 총림(萬叢)이 발전하게 될 것이라고 예언을 하였다는 점을 서술해 놓기도 하였다. 여하튼 진공의 사례는 사자전승師資傳承을 중

21 "所以 奉遵嚴命 得到陳田 所喜 親踏遺墟 禮其靈塔 追感眞師之靈 永申弟子之儀 可謂尼父則師彼 □□ 欽仁嚮德 孟軻則希於顔子 重義歸心者乎 是則有理能知 無師自悟." 최언위 찬, 「풍기 비로암진공대사보법탑비문」(『교감역주 역대고승비문』 고려편 1, 같은 책, p.118).

시하는 선에서 상당히 이례적인 경우로 보인다. 진공이 받들었다고 하는 엄명嚴命이 무엇인지, 또한 진공이 찾았을 당시 진전사의 상황은 어떠하였는지, 위의 자료에 담겨 있는 의미를 온전하게 이해하기 위해 검토해 보아야할 사항은 많이 남아 있다. 일단 여기서는 진전사가 여전히 도의의 선법을 상징하는 근본도량으로 인식되고 있었다는 사실과 함께,[22] 사제 간의 전법에 관계없이 직접 도의의 법을 계승하겠다고 나선 진공이라는 선승이 있었다는 사실 정도만 주목해 두고자 한다.

필자는 이상에서 살펴본 내용을 '선문의 분화分化', 즉 '가지산문의 분화'라고 하는 관점에서 이해하고 싶다. 나말여초기에 성립된 유력 선문은 개산조를 지나면서 분화의 과정을 겪게 된다. 진전사에서 시작된 가지산문 역시 염거를 거쳐 체징, 이관 등에 의해 분화되어 갔다. 선문의 분화는 선문의 확산과 영향력 증대를 의미하기도 한지만, '분화'는 단순한 확산이나 발전과는 서로 다른 개념을 지닌다. 선문의 분화는 개산조 이후의 법손法系, 곧 전법 계통이 달라짐을 의미하는 것이기 때문이다.

사굴산문의 예를 들어 보자. 굴산사에서 성립된 사굴산문은 강릉, 오대산 등의 영동 지역을 기반으로 계속 성장해 나갔으며, 그 중심에 개청開淸과 신의信義가 있었다. 또한 사굴산문은 행적行寂에 의해 춘천 등의 영서 지역과 김해와 경주, 봉화 등의 경상권 일대로 그 세를 넓혀가기도 하였다. 여러 지역에 걸친 행적의 교화는 이후 사굴산문이 발전해 가는 데 있어 중요한 역할을 하였으며, 이로 인해 사굴산문은 '개청계開淸系'와 '행적계行寂系'로 대별되는 전법 역사를 보인다. 현존하는 자

22 진전사는 普覺 一然의 출가 사찰이기도 하다. 13세기 전반에도 진전사는 가지산문 근본도량으로서의 사격을 유지하고 있었을 가능성이 높다. 나말여초 기의 가지산사(보림사)·억성사, 고려 중후기의 운문사·인각사 등은 해당 시기 가지산문의 '중심도량'이라는 의미를 지닌다. 반면 진전사는 가지산문 존속 기간 동안 계속해서 '근본도량'으로서의 위상을 지니고 있었을 것이다.

료로 나말여초 시기 각 선문의 분화 과정과 그 의미를 모두 정리할 수는 없을 것이다. 하지만 이 같은 관점, 즉 선문의 분화라고 하는 관점 자체는 이 시기 선종사 연구에 있어 반드시 고려되어야 할 사항으로 생각된다.

가지산문의 초기 역사에서는 3대조 시기에서의 선문 분화 현상이 뚜렷하게 나타난다. 물론 2대조인 억성사 염거도 진전사로부터 분화된 것으로 볼 수 있겠지만, 이를 설명할 만한 자료가 전하지 않는다. 하지만 3대조에 해당하는 체징의 단계에 이르면 가지산사(보림사)로의 분화가 뚜렷하게 보이며, 체징과 그의 문도들은 '체징계體澄系'를 가지산문의 정계正系로 표방하고자 하였다.[23] 이에 비해 억성사를 다시 찾은 홍각 이관弘覺利觀이나 그의 문도들은 분명 '체징계體澄系'와는 구분되는 선문 의식을 지니고 있었을 가능성이 높다. 또한 진공 □운眞空□運은 '체징계'나 '이관계利觀系'의 계통과는 전혀 다른 새로운 가지산문의 법손法系를 형성하기 시작하였을 것이다. 진공은 진전사에서 영원히 도의의 제자가 되겠다는 다짐을 한 이후 경주를 거쳐 김해로 갔다가, 왕(황보)능장王(皇甫)能長과 최선필崔善弼의 지원을 받으면서 소백산사小伯山寺에 머물다가 931년(태조 14) 고려 태조와 만났다. 이후 937년(태조 20) 개경에 가서 태조와 재상봉하고 다시 소백산사로 돌아와 입적하였다. 그의 제자로는 현양玄讓과 행조行照 선사 등 400여 인이 있었다고 하는데, 이들은 '진공계眞空系'로 이름할 수 있는 또 하나의 가지산문 법계가 될 것이다. 이처럼 나말여초 시기의 가지산문은 '체징계', '이관계', '진공

---

23 체징의 문도로는 英惠, 淸奐, 義車 등 800여 명과 先覺 逈微(864~917)가 있었다. 이들 가운데 형미가 대표적 제자이지만, 그는 弓裔의 불교정책에 반대하여 죽임을 당한 것으로 파악되고 있다. 고려 초기를 지나면서 보림사 관련 자료는 거의 보이지 않고 있다. 이것은 '체징계' 선승들의 활동과 영향력이 그만큼 활발하지 못했다는 점을 의미하는 것이 아닐까 한다.

계'로 이름할 수 있는 법계가 형성되어 있었다.[24] 이들 이외에도 또 다른 선문의 분화 과정과 그에 따른 법계의 형성이 이루어졌을 가능성이 있겠지만, 그와 관련된 자료는 전해지지 않는다.

나말여초 시기의 선문은 오랜 세월에 걸친 분화·통합의[25] 과정을 겪은 이후 9산선문으로 정리될 수 있었다. 하지만 자료의 부족으로 인해 이 시기 선문의 이러한 변화상을 면밀하게 살펴볼 수 없으며, 이 때문에 이 시기 선종사 연구에 적지 않은 혼선이 초래되고 있기도 하다.[26] 지나친 추측일 수 있겠으나 나말여초 시기 선문의 분화 과정이 활발하

---

24 정동락은 보림사 계열을 '체징계', 진전사·억성사 계통을 '北山계'로 표현하였다[정동락, 「眞空(855~937)의 생애와 사상」, 앞의 책, p.14].

25 나말여초 선문의 역사에서 '분화' 못지않게 '통합'의 과정도 중시될 필요가 있을 것이다. 특히 9산선문에 포함되지 못하였던 선문들은 9산선문으로 정리되는 과정 속에서 '통합'의 절차를 거쳤을 가능성이 높다. 다만 이러한 통합의 절차가 자연스럽게 이루어진 것인지, 아니면 왕실이나 선종교단의 권력이 개입된 일부 인위적 요소가 있었던 것인지 여부에 대해서는 단언하기 어렵다. 최연식은 이에 대해 "산문의 숫자는 일부 산문이 후퇴하고 후계자가 없어서 단절되었기 때문에 줄어든 것이 아니라 여러 개의 산문이 하나의 산문으로 통합되는 과정에서 자연스럽게 줄어들었다고 보아야 할 것이다."라는 견해를 밝힌 바 있다(「사자산 선문의 성립과정에 대한 검토」, 『사자산 법흥사-21세기 지평과 전망』, 법흥사, 2007, p.67).

26 가장 대표적인 문제로 9산선문의 개산조와 개창조를 나누는 듯한 인식 태도를 들 수 있다. 적지 않은 연구자들은 가지산문, 봉림산문, 사자산문 등의 산문 명칭과 개산조 사이에 아무런 연관이 없다는 사실을 주목하면서, 이들 산문에 대해 '실질적 개창자', '개창조', '개산조' 등의 명칭을 구분하여 사용하고 있는 현실이다. 최연식은 최근 이러한 인식의 문제점을 지적하면서 禪場 단계의 산문과 禪門 단계의 산문을 나누어 보아야 한다는 새로운 견해를 제시하기도 하였다(「사자산 선문의 성립과정에 대한 검토」, 앞의 책). 필자 역시 나말여초의 諸선문이 9산선문으로 정리된 이후와 그 이전의 선문 인식은 크게 달랐을 것이라는 생각을 하고 있다. 본문에서 언급한 것처럼, 체징은 분화된 가지산문 '체징계'를 대표할 뿐이며, 그의 법계가 가지산문으로 단일화되었을 경우 그 개산조는 당연히 도의가 되어야 한다. 이것은 체징뿐 아니라 도의의 법을 이은 법손 모두가 공유하던 당시의 인식이었다. 선문의 이름이 '가지산문'이었다고 해서 체징을 '실질적 개창자'라든가, '개창조' 등으로 칭하는 것은 선문의 틀 속에서 살았던 당시 승려들의 인식과는 거리가 먼 표현에 불과하다. 가지산문, 봉림산문, 사자산문 등 문제가 되는 선문들의 명칭 문제는 각각 다른 이유가 있었을 것이며, 이에 대해서는 별도로 연구할 필요를 느낀다.

게 이루어진 선문, 즉 가지산문이나 사굴산문과 같은 선문들은 이후 고려시대에서 유력 선문으로 자리를 잡게 된 것으로 보인다. 반면 낭혜무염朗慧無染의 성주산문 같은 경우는 무염 당대의 막강했던 선문 세력에 비해 선문의 분화가 활발히 진행되지 못함으로써 현저히 그 영향력이 줄어드는 결과를 초래하였던 것이 아닌가 한다.[27] 나말여초 각 선문의 분화 과정과 그 의미에 대해서는 앞으로 조금 더 정밀한 내용의 연구가 이어질 필요가 있을 것이다.

Ⅲ. 가지산문의 중흥

1. **원응 학일**圓應學一**과 운문사**雲門寺

나말여초 시기에 분화된 가지산문이 각각 어떠한 법계 전승의 과정을 거치게 되었는지는 확인할 수 없는 상태이다. 다만 11세기 초·중반 무렵 고려의 선문이 9산선문으로 정리되는 변화를 겪었으며, 이 과정에서 가지산문도 적지 않은 변화를 겪게 되었을 것이라는 점은 충분히 짐작할 수 있는 일이다. 선종宣宗 1년(1084년)의 『고려사』 기록, 즉 "기사에 보제사의 승려 정쌍貞雙 등이 주하기를, '9산문의 참학 승도는 청컨대

27 圓朗大通(816~883)과 法鏡玄暉(879~941)는 대개 성주산문의 범주 속에서 이해되고 있다. 하지만 이들은 가지산문의 염거나 체징처럼 선문의 분화와는 차원이 다른 면모를 지닌다. 월광사를 중심으로 펼쳤던 대통의 선법과 성주산문, 즉 대통과 무염의 관계는 직접적인 전법의 관계로 보기 어렵다는 생각 때문이다. 체징은 가지산문의 '체징계'로 칭할 수 있는 성격을 분명하게 지니지만, 대통은 성주산문의 '대통계'로 칭하기 어려운 점이 많다. 현휘 역시 대통과 마찬가지의 성격을 지니며, 이렇게 본다면 성주산문의 분화는 활발하지 못했다는 결론에 이를 수 있다.

진사의 예에 의하여 3년에 한 번씩 선발하도록 하소서' 하니 그를 따랐다(己巳 普濟寺僧貞雙等奏 九山門叅學僧徒 請依進士例 三年一選 從之)."라는 기록은 9산문이라는 용어가 보이는 최초의 자료에 해당한다. 이 기록에 의해 적어도 1084년 이전에는 이미 제諸선문이 9산선문으로 정리되어 있었다는 이해가 가능하다.[28] 나말여초에 활발하게 도입된 선은 화엄종, 유가종과 같이 단일 종단으로 형성되기 어려운 특성을 지니고 있었으며, 이 점은 고려 승정 체계를 정비하고 특히 승과를 시행하는 데 있어 적지 않은 장애 요인으로 작용하였을 것이다. 따라서 고려 초의 선종은 다양한 선문을 정리하고, 그들 선문을 통할하는 단일 승단 체제를 갖추기 위한 노력을 진행하였을 것으로 충분히 상정해 볼 수 있다. 바로 이러한 과정에서 당시 유력 선문으로서의 위치를 유지하고 있던 9개 산문이 이른바 '9산'으로 내세워지게 된 것이 아닐까 한다.

고려의 선문이 9산선문으로 정리된 11세기는 고려불교의 종파의식이 강화되어 가는 시기로 주목된다. 유가종瑜伽宗의 혜덕 소현慧德韶顯은 중국 법상종의 현장, 규기와 함께 해동 6조의 상을 조성하여 유가종 제諸사찰에 보급하였고,[29] 매년 7월 14일 유가종 승려들을 모아 미륵불에 예참하는 특별법회를 22년간(1075~1096)이나 개최하였다. 미륵신앙은 고려 유가종의 중심 신앙이었으므로 이러한 법회를 통해 유가종단의

28 필자는 『대각국사문집』에 실려 있는 시구 "大施門開無壅塞 道心終與世途違 區區末學君知否 九分癡禪競是非."(『대각국사문집』 권19, 『한불전』 제4책, p.562 中-下)에서 마지막 구 '九分癡禪'을 '아홉으로 나누어진 어리석은 선객'으로 해석한 바 있다(「고려 중·후기 선종계의 선문인식」, 『한국선학』 9, 한국선학회, 2005). 이렇게 본다면 의천이 활동하던 11세기 중·후반 무렵 9산선문의 개념이 확정되어 있었고, 그들은 이미 시비를 다투는 모습으로 비추어질 만큼 나름대로의 전통을 고수하고 있었다는 이해가 가능하지 않을까 한다.

29 소현은 금산사 광교원에 '海東六祖影堂'을 별도로 건립하기도 하였다. 이러한 사실은 『금산사지』를 통해 확인할 수 있다.

신앙 고취와 종단 구성원들의 결속력 강화가 이루어졌을 것이다. 또한 소현비韶顯碑에는 '아종我宗', '본종本宗', '타종他宗' 등의 표현이 자주 보이는데, 이러한 표현은 소현 이전의 유가종 고승비에서 잘 나타나지 않는다. 의천 역시 화엄종을 '오종吾宗', '본종本宗'으로 표현한 경우가 많으며, 1101년에는 홍원사弘圓寺에 구조당九祖堂을 건립하여 이른바 '화엄 9조'의 영정을 봉안하였다. 소현과 의천 제자 원경왕사元景王師 낙진樂眞의 비제碑題는 각각 종명 앞에 대大 자를 덧붙여 '대유가업大瑜伽業', '대화엄업大華嚴業'이라 하였다. 이러한 현상들은 모두 종파의식의 강화라는 측면에서 이해될 수 있을 것이다. 고려의 선종이 이 시기에 이르러 9산으로 정리되고, 승과고시 시행을 적극 건의하였다는 사실은 이러한 종파불교의 전개 양상과 무관하지 않다.

11세기 후반부터 12세기 초에 걸쳐 사굴산문 출신인 혜조국사慧照國師 담진曇眞이 크게 활동하면서 고려 선종은 침체기를 벗어나는 모습을 보여 주었다. 또한 담진과 거의 동시대 인물이었던 원응국사圓應國師 학일學一(1052~1144)의 활동을 계기로 가지산문도 역사 속에 다시 부각되기 시작하였다. 담진과 학일의 활동은 고려불교사 전체에서 매우 중요한 의의를 지니고 있으므로 그동안 적지 않은 연구가 발표된 바 있다.[30]

---

30 · 허흥식, 「고려 중기 선종의 부흥과 간화선의 전개」, 『규장각』 6, 1982(『고려불교사연구』, 1986).
· 최병헌, 「고려 중기 이자현의 선과 거사불교의 성격」, 『김철준박사화갑기념사학논총』, 1983.
· 김상영, 「고려 예종 대 선종의 부흥과 불교계의 변화」, 『청계사학』 5, 1988.
______, 「고려 중기의 선승 혜조 국사와 수선사」, 『불교와 역사-이기영 박사 고희기념논총』, 한국불교연구원, 1991.
· 정수아, 「혜조국사 담진과 '淨因髓'-북송 선풍의 수용과 고려중기 선종의 부흥을 중심으로」, 『이기백 선생 고희기념한국사학논총』 상권, 1994.
· 한기문, 「예천 '중수용문사기' 비문으로 본 고려 중기 선종계의 동향-음기의 소개를 중심으로」, 『문화사학』 24, 한국문화사학회, 2005.

그러면 「청도운문사원응국사비淸道雲門寺圓應國師碑」에 정리되어 있는 원응 학일의 생애를 통해 이 시기 가지산문의 전개 양상을 살펴보도록 하겠다.

학일의 자字는 봉거逢渠, 휘諱는 학일, 속성은 이李씨이며 서원西原 보안인保安人이다. 서원은 청주淸州를 지칭하는 것 같지만, 보안은 어느 지역을 말한 것인지 분명하지 않다. 그의 부친은 응첨應瞻인데, 관직 생활을 하지 않았다고 하며 모친 역시 이씨였다. 11세 때 진장眞藏에게 나아가 출가한 학일은 13세 때 구족계를 받았으며, 이후 향수사香水寺의 혜함惠含을 찾아가 수학하였다.[31] 진장眞藏이나 혜함惠含의 이력은 알 수 없으나 그들 모두 가지산문에 소속된 선승이었을 가능성이 크다.

1084년(선종 2) 광명사廣明寺에서 개최된 승과고시에 나아가 우수한 성적으로 합격한 학일은 의천義天의 천태종 개창 이후 여러 차례에 걸친 합류 요청을 거부하며 선 수행에 전념하였다. 학일의 비문에 실려 있는 다음 내용을 검토해 보도록 하겠다.

> 대각국사가 宋에 유학하여 화엄의 교의를 전해 왔으며, 아울러 天台教觀을 배워 왔다. 哲宗 元祐 원년(1086) 丙寅에 돌아왔는데, 智者大師를 존숭하여 별도로 宗家를 세웠다. 이때에 藂林衲子 가운

---

31 학일은 구족계를 받은 이후 혜함에게서 수행의 지침이 될 만한 일화를 전해 들었다. 중국 선승 長慶(854-932)이 "어떤 것이 학인이 出身할 길입니까?" 하는 질문에, "이것이 바로 네가 출신할 길이다."라는 답을 해주었다는 일화이다. 비문에는 이 일화를 전해들은 학일이 깨달음(省)이 있었다는 내용이 실려 있다(一日惠含 擧僧問長慶 如何是學人出身路 慶云 是你出身路 師於此有省). 尹彦頤 찬, 「청도 운문사 원응국사비」, 『교감역주 역대고승비문』 고려편 3, 앞의 책, p.276.
한편, 향수사는 용인현 동쪽 20리 지점에 있었다는 내용과, 함경도 吉城縣에 있던 德水庵의 옛 이름이 향수사였다는 내용이 전하는데(『신증동국여지승람』), 여러 가지 정황상 용인 향수사를 지칭한 것으로 생각된다.

> 데 천태종으로 치우쳐 속한 자가 10에 6, 7이나 되었다. 師(학일)는 祖道가 쇠퇴하는 것을 슬퍼하면서 홀로 서겠다는 마음을 확고히 하였으며, 몸으로라도 그 임무를 삼고자 하였다. 대각국사가 사람을 보내 여러 차례 권유하였으나 끝내 그 명을 받아들이지 않았다.(중략) 우리 肅王 4년인 송 紹聖 5년 戊寅에 대각국사가 弘圓寺에 圓覺會를 설치하고 師를 副講師로 모시고자 하였으나, 師는 "禪과 講이 交濫하는 일은 감당할 수 없다."고 하며 사양하였다.[32]

「청도운문사원응국사비」에 실려 있는 위의 내용을 통해 천태종 개창에 대한 학일의 반감을 충분히 살필 수 있다. 그는 당시 선승 가운데 6, 7할이 천태종으로 개종하는 현실을 개탄하였으며, 자신만이라도 '조도祖道'를 지키겠다고 다짐하였다. 아울러 의천이 여러 차례 사람을 보내 설득하였음에도 불구하고 결국 듣지 않았다고 했는데, 비문의 "使人頻諭 而卒不受命"이라는 표현으로 보아 그 태도가 무척 완강한 것이었음을 알 수 있다. 그런데 한편에서 이 같은 학일의 태도를 완화시키기 위한 시도가 있었던 것 같아 눈길을 끈다. 천태종 참여를 거부하며 횡봉사橫峰寺에 내려가 있던 학일이 부여 공扶餘公의 초청으로 궁궐에 이르렀던 사실이다.[33] 하지만 1098년(숙종 3), 의천이 홍원사弘圓寺에서 원각

---

32 "國師 西游於宋 傳華嚴義 兼學天台敎觀 以哲宗元祐元年丙寅回 尊崇智者 別立宗家 于時 藂林衲子 傾屬台宗者 十六七 師哀祖道凋落 介然孤立 以身任之 大覺 使人頻諭 而卒不受命 (中略) 我肅王四年 宋紹聖王五年戊寅 大覺 於弘圓寺置圓覺會 以師爲副講 師辭曰 禪講交濫 不敢當之."「淸道雲門寺圓應國師碑」, 『교감역주 역대고승비문』 고려편 3, 같은 책, p.262.

33 學一碑에 '王弟扶餘公 深於禪者也 與師素相善 盡禮迎之 師赴京師'라는 구절이 보인다. 부여 공 燧는 문종의 아들로 의천과는 이복형제이다. 禪에 심취하였던 인물로 보이며 위의 표현대로 학일을 다시 서울로 불러오는 일을 하였다. 의천은 부여 공의 유배 이후 간절한 내용이 담긴 시를 지었는데(『大覺國師文集』 권20, 「寄扶餘公」), 이 시의 내용으로 보아 둘은 매우 절친했던 사이로 생각된다. 의천은

경圓覺經 법회를 개최하며 부강사로 와 달라는 요청을 하자, 학일은 이것마저 거절함으로써 의천에 대한 반감을 노골화하였다.[34] 이러한 일련의 정황은 천태종 개창 작업이 그리 순탄치 못했음을 드러내 주는 일이다. 의천은 비록 왕실의 후원에 힘입어 오문학도五門學徒를 가담시키기는 하였지만, 당시 선종 세력으로부터 절대적 지지를 얻어 내지 못하였다.[35] 급작스럽게 진행된 천태종 창종 작업이 일부 선종계의 저항에 부딪히는 상황으로 전개되었던 것이다. 특히 "선禪과 강講이 교람交濫하는 일은 감당할 수 없다."고 했던 학일의 태도는 천태종이 표방했던 사상적 취지마저 부정하는 측면으로 받아들여야 하지 않을까 한다.

학일은 1106년(예종 원년) 삼중대사三重大師가 되었으며, 가지사迦智寺, 귀산사龜山寺 등에 머물다가 1108년 선사禪師의 승계를 받았다. 이 기간 동안 학일이 가지사에 주석하였다는 사실은 중요한 의미를 지닌

부여 공이 첫 유배를 떠난 1099년 이전의 천태종단 설립 과정에서 부여 공의 도움을 받았던 것으로 보이며, 학일의 초청도 그 일환으로 이루어진 일이 아닐까 한다. 결국 부여 공의 권유로 서울에 다시 올라온 학일은 또 다른 형태로 왕실과의 교분을 쌓게 되며, 천태종 가담 여부와는 관계없이 나름대로 왕실과의 관계를 유지해 나갔던 것으로 보인다.

34 천태종 가담을 거부하던 학일은 圓明澄儼을 救命한 일로 인해 의천의 존경을 받게 되었다고 한다. 학일이 부강사 자리를 거절한 圓覺會 법회 도중 당시 9세였던 징엄이 갑자기 체온이 모두 끊어지면서 싸늘한 시체처럼 되어버렸다. 원각회에 모였던 대중 모두가 당황해하면서 구명할 방법을 찾지 못하자, 의천이 학일에게 도움을 요청하였고 이에 학일은 大般若를 念誦하여 왕자를 소생시켰다는 것이다. 비문에는 이 일로 인해 의천이 학일을 '特加敬重' 하였다는 내용이 실려 있다. 澄儼은 숙종의 四子로 8세 때 의천에게 출가하였으며, 입적 후 국사로 追贈되었다. 앞서 설명한 扶餘公과의 관계라든가, 왕자이자 의천의 제자였던 징엄을 소생시킨 일 등을 계기로 학일은 왕실세력과 긴밀한 관계를 유지할 수 있었다. 천태종에 대한 반감을 강하게 표출하였음에도 불구하고, 학일은 나름대로 왕실과의 관계를 유지해갈 수 있었으며, 이러한 결과 학일은 睿宗-仁宗 연간에 걸쳐 왕실로부터 극진한 예우를 받을 수 있었을 것이다.

35 의천의 천태종 개창과 선종계의 대응 문제에 대해서는 필자의 논문을 참조하기 바란다(「의천의 천태종 개창과 관련한 몇 가지 문제」, 『논문집』 8, 중앙승가대학교, 1999 : 『의천-한국의 사상가 10인』, 예문서원, 2002).

다. 여기서의 가지사는 곧 체징이 중창했던 가지산사를 지칭하는 것으로 보이기 때문이다. 가지사는 학일뿐 아니라 고려 후기 태고 보우太古普愚, 목암 찬영木庵粲英 등의 주석 사실도 전한다. 이로 본다면 신라 말 체징이 주석하면서 가지산문의 중심사찰이 되었던 가지사는 고려 전 기간 동안 가지산문 중심 사찰로서의 위상을 그대로 유지하고 있었던 것으로 평가할 수 있겠다.[36] 하지만 보림사로 사액賜額되었던 가지산사가 언제부터 다시 가지사라는 이름을 갖게 되었는지, 또한 언제부터 가지산에 보림사와 가지사가 병존竝存하고 있었는지[37] 등에 대해서는 조금 더 살펴보아야할 과제로 생각된다.

내제석원內帝釋院(1113년) 주지, 대선사大禪師(1114년)의 승계, 안화사安和寺(1117년) 주지[38] 등을 차례로 거친 학일은 예종으로부터 왕사가 되어달라는 청을 받았으나 정중히 사양하였다.[39] 이러한 가운데 예종이

---

36 一然碑 음기의 大禪師 명단에도 '迦智寺 慧林'이라는 승려 이름이 실려 있다.

37 『신증동국여지승람』 권37의 장흥도호부 불우조에 보림사와 가지사가 나란히 실려 있다. 보림사에 보조선사의 비가 있다는 내용이 밝혀져 있으므로, 가지산 가지사의 창건 시기를 규명하는 일이 우선되어야 할 것 같다.

38 학일이 안화사 주지직을 맡은 1117년 臺諫이 안화사의 工役을 停止하여 달라는 疏를 올리자, 睿宗이 이를 聽從하였다는 기록이 있다(『高麗史』 권 14, 世家 14, 睿宗 3, 12年 夏四月 乙酉). 하지만 그다음 해 안화사의 重修가 완성되었으므로 落成式을 거행하였다는 기록도 보인다(같은 책, 13年 夏四月 丁卯·庚午). 예종이 대간들의 반대를 무릅쓰고 안화사 중수를 강행하였다는 사실을 확인할 수 있는 내용이다. 안화사는 이후 예종의 眞殿寺院이 될 정도로 예종이 각별한 관심과 애정을 보였던 사찰이다. 학일이 이러한 안화사의 주지직을 맡게 되었다는 점 하나만으로도 당시 예종과 학일의 두터웠던 관계를 충분히 짐작할 수 있다.

39 學一碑에 의하면 학일이 예종의 왕사 책봉 요청을 거절하자 金仁存(金緣) 등이 "임금께서 스님을 신하로 여기지 않고자 정중한 예의로 스님을 섬긴 지 이미 오래인데, 스님께서 왕의 청을 받아들이지 아니함은 옳지 않습니다."라고 諫告하므로 학일이 부득이 왕명을 받아들였다고 한다. 이에 따라 예종은 학일을 왕사로 모시는 禮拜를 올렸는데, 미처 책봉 의식을 다 행하지 못하고 죽고 말았다. 김인존은 앞선 담진의 왕사 책봉 때에는 강력하게 반대 의견을 냈던 인물이다(『高麗史節要』 권 7, 睿宗 2年, 春正月條). 같은 선승이었음에도 불구하고 담진에게는 반대 의사를 표명하고, 학일의 왕사 책봉은 적극적으로 나서 성사시킨 일은 당시 정치

죽고 이어 즉위한 인종이 다시 왕사가 되어달라는 청을 하였으며, 학일은 결국 인종 즉위년에 왕사로 책봉되었다. 학일은 1129년(인종 7) 왕사로 봉해질 때 받았던 인장을 반납하고 그동안 머무르던 경암사瓊嵒寺를 떠났다. 학일이 광주廣州에 이르렀을 때 왕은 그 소식을 듣고 내신內臣 유필庾弼을 보내어 간절한 뜻을 전하게 하였으며, 좌우가左右街에 명하여 학일이 지나는 주군州郡으로 하여금 혜조 국사慧照國師가 하산下山하던 예例에 의하여 영송迎送하도록 하였다.

학일은 청도 운문사雲門寺로 하산하였으며, 이후 1144년(인종 22) 입적할 때까지 이곳에 계속 주석하였다. 『삼국유사』의 운문사선원雲門山禪院이라는 표현과 937년 태조가 운문선사雲門禪寺라고 사액賜額하였다는 등의 내용으로 보아, 나말여초 시기 운문사는 선찰禪刹이었음이 분명하다.[40] 하지만 고려 초 이후 소속 선문 등과 관계된 자료는 전하지 않으며, 학일이 이곳을 하산지소下山之所로 결정한 배경에 대해서도 관련 자료를 찾기 어렵다. 다만 일찍부터 형성되었던 운문사의 막대한 재산을 고려할 때, 학일의 주석은 왕실의 적극적 배려 속에 가능한 일이었음은 분명해 보인다. 아울러 학일이 왕사를 지낼 때, 운문사에 토지 200결과 노비 500명이 하사되었다는 사례를[41] 통해서도 학일과 운문사의 관계를 어느 정도 짐작할 수 있지 않을까 한다. 학일의 하산 이후

상황과 관계가 있어 보인다. 두 선승의 왕사 책봉을 두고 김인존이 태도를 달리했던 정확한 원인에 대해서는 좀 더 세밀한 분석이 이루어질 필요가 있다.

40 운문사의 역사는 『삼국유사』 권4, 義解 제5, 「寶壤梨木」조에 상세하게 실려 있다. 일연은 여기에서 청도군의 司籍에 실린 내용을 인용하고 있는데, 이 자료는 그가 운문사에 주석할 무렵 직접 열람하였을 가능성이 크다. 여하튼 『삼국유사』에는 유명한 鵲岬寺와 관련한 내용과 함께, 937년(태조 20) 雲門禪寺로 사찰 이름을 고쳤다는 내용이 실려 있다. 이후 운문사는 선종 소속 사찰로 명맥을 유지해온 것으로 보이지만 학일 이전에도 가지산문 소속 선승들이 거주하고 있었는지 여부에 대해서는 확인되지 않는다.

41 「雲門寺事蹟」, 『雲門寺誌』, 아세아문화사, 1983.

"운문사 산문의 융성함이 근고 이래로 이러한 적이 없었다."고 할 정도로, 이곳에서의 후진 양성과 수행은 고려 중기 가지산문을 일으키는 데 큰 기여를 한 것으로 평가할 수 있다. 운문사는 이후 13세기 중 후반 무렵 일연一然이 주석함으로써 고려 중·후기 가지산문 중심도량으로서의 면모를 이어가게 되었다.[42] 12~13세기의 운문사는 가지산문 내에서 마치 체징이 주석하였던 시기의 가지산사(보림사)와 같은 위상을 지니고 있던 것으로 이해할 수 있겠다.

학일은 담진을 중심으로 한 사굴산문보다 더욱 선 수행 전통에 철저했던 고승으로 평가된다. 하지만 그 역시 "경율론 삼장三藏을 깊이 연구하여 정통하지 못한 것이 없으며, 더욱 『대반야경』에 널리 통하여 반야삼매를 얻었다."는 비문 내용으로 보아 교학에도 상당한 수준을 갖추고 있었음을 알 수 있다. 아울러 한 승과고시의 주맹主盟이 된 자리에서 당시 학인들이 '이종자기二種自己'에 대해 극렬한 토론을 하자, 학일이 "자기란 본래 하나뿐이거늘 어찌 둘이 있겠는가. 앞으로 이러한 논의는 마땅히 금지되어야 한다."면서 맹렬히 비판한 일도 있었다. 당시 학인들은 이때부터 오랫동안 학일의 지적에 대해 의심하였다고 하는데, 훗날 혜공惠洪의 『선림승보전禪林僧寶傳』이 전래된 이후 뒤늦게나마 학일의 지적을 수용하였다고 한다.

학일은 당시 나라에 큰 재변이 있을 때마다 왕실의 부탁을 받고 기도를 하였는데, 반드시 그 효험이 있었다고 하였다. 또한 질병에 대하여 귀천을 불문하고 일체를 구제하되 진찰만 하면 문득 효험이 있었다고

42 한편 채상식은 「普覺國尊 一然에 대한 硏究」(『한국사연구』 26, 1979. 10), p.47에서 "학일이 말년까지 운문사에 머무른 사실은 가지산문의 중심지가 경상도로 변동된 중요한 계기가 되었다. 즉 경상도 지역에 가지산문이 자리를 잡았다는 점은 一然 단계에까지 영향을 미쳐 대단히 중요한 시사를 던져준다."라고 하였다.

하였다. 이러한 모습은 대선사이면서도 자비행에 철저했던 그의 면모와 관계되는 일로 이해할 수 있을 것이다. "종도들이 스님의 도덕을 추앙하되, 마치 태산처럼 우러러 사모하며, 또한 뭇 별들이 북두칠성을 향하는 것과 같았다."는 비문의 내용은 이러한 학일의 면모를 그대로 드러내 주는 표현이라고 하겠다.

학일비의 음기에 적혀 있는 문도들[43] 가운데 가관可觀이 있다. 가관은 문공유文公裕의 형이었으며, 학일비를 세울 무렵인 1147년(의종 1) 선사禪師의 승계를 지니고 있다가, 문공유의 묘지가 세워진 1159년 무렵에는 대선사大禪師의 승계를 지니고 있었음이 확인된다.[44] 가관은 인종 즉위년에 한안인韓安仁을 비롯한 그의 세력이 이자겸에 의하여 제거당할 때, 그와 형제 사이였던 문공미文公美(公仁)·문공유文公裕와 함께 유배를 당하였는데, 이후 다시 복귀하여 학일의 문도로 활동하고 있었음을 알 수 있다. 연의淵懿는 「예천용문사중수비醴泉龍門寺重修碑」의 글씨를 썼던 '보제사普濟寺 주지住持 선사禪師 연의淵懿'와 동일인인지 여부

43 학일비의 음기에는 批職을 받은 24인의 승려 명단이 소개되어 있다. 大禪師 2인(翼賢 中立), 禪師 13인(正鄰 景雄 景玉 覺先 思純 淵微 懷默 得崇 妙慧 可觀 戒韶 覺猶 淵懿), 三重大師 9인(德先 良定 戒澄 覺周 景妙 仁兼 眞海 碩瑩 懷遠) 등인데, 이들 24인을 학일의 대표적인 전법제자라고 보아도 무방할 것이다. 이들 선사 13인 가운데 한 명인 覺猶를 『삼국유사』에 등장하는 대선사 각유와 동일인으로 보는 견해도 있는데(김두진, 「일연의 心存禪觀사상과 그 불교사적 위치」, 『한국학논총』 25, 국민대 한국학연구소, 2003, pp.12~13), 일연이 '本業老宿'으로 표현한 각유는 그 시기상 학일의 제자였던 선사 각유와는 다른 인물일 가능성이 높다. '本業老宿' 각유는 1258년 기림사 주지를 맡고 있었고, 승계는 대선사에 올라 있었다. 그가 낙산사 寶珠를 御府에 보관하자고 주청한 해 역시 1258년이었는데, 이 해는 학일의 입적 연도(1144년)나 학일비가 세워진 것으로 추정되는 해(1147년)와 너무 떨어져 있다.

44 史偉 찬, 「문공유묘지명」, 『역주고려묘지명집성(상)-개정판』(김용선 편, 한림대 출판부, 2006), p.272. 이 비문에 의해 가관의 형제는 公仁-公元-曹溪宗 大禪師 可觀-公裕 등의 4형제였는데, 이들 가운데 公仁·可觀·公裕 3형제가 이자겸에 의해 유배를 가게 되었다는 사실을 확인할 수 있다.

가 불분명하다.[45] 학일에 의해 크게 번성했던 가지산문은 1193년 발생하였던 김사미金沙彌의 난을 겪으면서 다소 위축될 수밖에 없었던 것으로 보이지만, 13세기 가지산문은 여전히 유력 선문으로서의 위상을 이어갔던 것으로 확인된다. 이에 대해서는 다음 절에서 보다 구체적으로 살펴보도록 하겠다.

12세기는 광종 대 이후 침체해 있던 고려 선종의 종세宗勢가 부흥해 가는 시기로 주목된다. 12세기 초반 혜조 담진이 왕·국사를 지내면서 선종 부흥의 초석을 놓았다고 한다면, 12세기 중반 왕·국사를 지낸 원응 학일과 대감 탄연大鑑坦然은 선종 부흥을 이끌어 간 선승으로 평가할 수 있다. 그런데 이들에 이르러 선문 의식이 서서히 강조되기 시작하는 면모를 살필 수 있다. 특히 대감 탄연의 비제碑題는 "高麗國 曹溪宗 崛山下 斷俗寺 大鑑國師之碑銘"이라는 내용으로 되어 있어, 국명國名-종파명宗派名-선문명禪門名-사찰명寺刹名-시호諡號의 순서를 따르고 있음을 알 수 있다. 이러한 형태의 표기는 이미 교종 승려의 비문에서 나타나기 시작하지만, 탄연비는 조계종이라는 종명과 굴산 즉 사굴산이라는 소속 선문명을 표방한 최초의 사례에 해당한다. 동시대 원응 학일의 비제는 탄연과 차이가 난다. 학일비는 "高麗國 雲門寺 圓應國師之碑"라고 하여 종명과 선문명이 빠져 있다. 하지만 13세기 보각 일연의 비제는 탄연의 것과 동일한 순서와 내용으로 되어 있다. 다소 조심스럽게 접근해야 할 문제이지만, 12세기 중반은 사굴산문을 중심으로 서서히 선문 의식이 강화되어 가는 시기로 보고 싶다. 이 시기 「용

45 「용문사중수기」는 1185년 경 작성되므로 학일비의 입비 연도와 40여 년이나 떨어져 있다. 한기문은 탄연의 제자 연담과 연의가 법형제였을 가능성을 제시하며, 두 인물을 동명이인으로 보았다(「예천 '중수용문사기' 비문으로 본 고려 중기 선종계의 동향-음기의 소개를 중심으로」, 앞의 책, p.80).

문사중수비」에서 보이는 총림회叢林會 구산문도회九山門都會 등의 관련 자료 역시 그 같은 선상에서 이해할 수 있는 내용이다.

앞서 언급하였듯이 11세기 중후반 무렵 고려 선종은 '9산선문'으로 정리되었으며, 선종 교단은 이 일을 계기로 하여 9산의 틀 속에서 처음 승과고시를 시행할 수 있었다. 하지만 오랜 세월에 걸쳐 가까스로 종단 내부 문제를 정리한 선종은 곧바로 대각 의천의 천태종 개창으로 인해 심대한 타격을 받게 되었다. 천태종 출범 당시 인적 구성은 '오문학도五門學徒' 700여 명과, '직투제자直投弟子' 300여 명 등 도합 1,000여 명에 달했는데, 이들 대부분은 선승이었던 것이다. 이 시기는 이미 화엄종과 유가종의 대립 등 고려 종파불교의 난맥상이 노출되던 시기이기도 하였다. 선종 교단은 불교계 내부의 이러한 변화로부터 자유로울 수 없었으며, 특히 각 선문의 결속력을 공고히 하는 방향으로 변화를 시도하였을 가능성이 높다. 원응 학일이 운문사로 내려와 선법을 펴자, "산문의 성함이 근고 이래로 이러한 적이 없었다(山門之盛 近古已來 未之有也)."라는 표현은 이러한 변화를 반영한 것으로 이해할 수 있을 것이다.

2. 13세기 선문결속의 강화와 가지산문

13세기 전반 무렵의 선종계는 '선문의 중흥기'라고 칭해도 좋을 만큼 선문 중심의 불교가 유행하였다. 이미 앞선 시기부터 선문 결속의 필요성을 느꼈던 선승들은 이 시기 최씨 무신정권의 선종 교단에 대한 관심과 지원을 바탕으로 선문 중흥의 분위기를 형성하여 갔다. 이 시기 이규보李奎報(1168~1241)가 남긴 「담선회수미산참학등알조사진문談禪會須彌山叅學等謁祖師眞文」, 「동전성주산참학등배조사문同前聖住山叅學等拜祖師文」, 「동전가지산배조사문同前迦智山拜祖師文」 등의 자료는 이 같은 선문 중흥의 분위기를 잘 전해주고 있다. 이들 자료는 제목 그대로 수미산, 성주산, 가지산 등의 선문 소속 승려(叅學)들이 담선회를 개최하면서 선문 조사에게 예를 올리는 내용인데, 「동전가지산배조사문」의 내용은 다음과 같다.

> 멀리 雲嶂을 떠나 바야흐로 玉京을 밟으셨나이다. 나다니기 싫어하는 걸음인데도 발바닥이 부르트는 것도 불구하고 멈추지 않고 오셨으니 제자들은 머리를 두 번 조아리고 모두 경배의 정성을 다했나이다. 조사께서는 거의 제일의 산문으로 하여금 먼저 무한한 법음을 입게 하시고 選席에 오르시어 宗乘을 빛내셨나이다.[46]

이규보는 이 글을 미관微官 시절에 작성하였다고 밝혔다. 그가 32세에 이르러 처음 관직 생활을 시작하였다는 사실을 고려한다면, 이 글은 1200년 직후에 작성되었을 가능성이 높다. 위 인용문에서 살펴볼 수 있듯이, 담선회에 임하는 가지산문 소속 참학叅學 등의 승려들은 한 자리에 모여 산문조사에게 예를 올렸다. 이규보는 그 자리에서 읽혀진 일종의 예참문 성격의 글을 지어 주었던 것으로 보인다. 한편, 이 글 뒷부분의 "庶令第一山門"이라는 내용이 주목된다. 이것을 통해 이규보 역시 가지산문을 '제1의 산문'으로 인식하고 있었음을 살필 수 있기 때문이다. 이규보는 이 시기 가지산문과 관련하여 또 다른 내용의 중요한 글을 남겼다. 1226년 용담사龍潭寺에서 개최된 총림회를 소개한 「용담사총림회방龍潭寺叢林會牓」이라는 글인데, 이 글에는 13세기 선문의 총

46 "邈離雲 方蹈玉京 足重而來 未息倦遊之步 首再至曰稽 共勤敬拜之誠 庶令第一山門 先被無邊法蔭 飛騰選席 耀宗乘." 「同前迦智山拜祖師文」, 『동국이상국집』 후집, 권12.

림회 내용이라든가 담선법회 등과 관련하여 매우 소중한 내용이 들어 있다. 또한 이 시기 총림회에 임하는 가지산문의 실상과 관련한 내용도 들어 있어 주목된다. 이 글에서 가지산문과 직접 관계되는 부분만 발췌하여 살펴보도록 하겠다.

> ① 조사가 西天에서 오매 심법이 중국에 행해진 지 오래이나 우리나라에는 오히려 미치지 못했더니, 신라에 와서 왕자 도의 국사가 배를 타고 당 나라에 들어가서 지장 화상에게 법을 배워가지고 돌아와 드디어 陳田寺에서 入定하여 심인을 몰래 전한 뒤에야 선법이 비로소 우리나라에 펼쳐지게 되었다.
> ② 그러나 총림이 있는 곳에는 그 주인의 應接 供奉하는 일이 무성하고 성대하여 감당하지 못할 것 같기 때문에 무릇 그 절에 머문 자는 모두 이것을 어렵게 여긴다. 더구나 迦智는 구산 가운데 가장 크므로 승려들이 구름같이 모여들지 않는가?
> ③ 올해 병술년(1226년)에 총림대회를 龍潭寺에서 열었다. 그 住公인 湛伊는 독실한 승려인데, 그는 '무릇 승려가 된 자는 그 선행으로 복을 쌓는 데 있어서 비록 사방을 다니면서 학을 권하고 도를 넓히는 일도 오히려 하고 싶은 것인데, 하물며 나라에 있는 절의 동문 학자들이 기꺼이 와서 한꺼번에 모임을 갖게 되지 않는가? 이것은 천행인데 무슨 크게 불가할 것이 있어서 싫어하는 빛을 나타나겠는가?'라고 생각하고, 이에 저축한 것을 털어서 그 경비를 충당하여 비록 하좌의 사미에 이르기까지도 大賓처럼 공경하였다.[47]

---

47 "夫祖駕西來 心法之行乎中國尙矣 然猶未及於三韓 暨新羅王子道義國師航海入唐 求法於地藏和尙 得而東還 遂入定陳田寺 蜜傳心印 然後 禪轍始輾于東土矣…然叢林所嚮 其主人所以應接供奉 繁夥浩大 似不堪支 故凡住其寺者皆難之

①은 이규보가 지은 방문牓文의 가장 앞부분에 있는 내용이다. 방문의 성격상, 이 부분은 당시 총림회에 참석했던 가지산문 소속 승려들이 공감하던 수준의 내용이었을 것이다. 그런데 여기서 도의를 "新羅王子道義國師"로 표현하고 있어 흥미롭다. 물론 도의는 왕자 출신이 아니다. 『조당집』에 그의 성姓이 왕씨王氏로 되어 있으므로 이것을 오인했거나, 아니면 오랫동안 이렇게 세전世傳되고 있었을 가능성도 있겠다. ①에서는 또한 "선법이 비로소 우리나라에 펼쳐지게 되었다(禪轍始輾于東土矣)."라는 표현도 주목된다. 도의가 지니고 있는 선법 초전자(始輾)로서의 위상이 이 시기까지 지속되고 있었음을 살필 수 있는 대목이다.

②에서는 "더구나 가지迦智는 구산 가운데 가장 크므로(況迦智於九山爲大)"라는 표현이 흥미롭다. 이것은 가지산문의 선문 규모가 여타 선문보다 훨씬 컸다는 점을 드러내는 문구로 보이며, 가지산문은 이처럼 초전자로서의 역사성과 함께 실제 선문 규모도 상당했었음을 알 수 있다.

③의 용담사 주지 담이湛伊가 술회하고 있는 내용과 같이 이 법회에는 적지 않은 비용과 인력이 동원되어야 했던 것 같다. 더구나 ②에서 본 바와 같이 가지산문처럼 규모가 큰 선문의 총림회는 막대한 비용이 충당되는 행사였을 것이다. 그럼에도 불구하고 용담사 주지 담이는 나라에 있는 동문학자들이 기꺼이 와서 한꺼번에 모임을 갖게 되는 행사인데, 어찌 싫어하는 빛을 나타낼 수 있겠느냐고 오히려 반문하면서 이것은 천행天幸이라고 표현하였다. 당시 총림회를 개최하는 승려들의 의

況迦智於九山爲大 而衲子之輩林會霧集…今丙戌叢林之會于龍潭也 住公湛伊篤實人也 自以爲凡爲浮屠者 其於營善作福也 雖遊行四方 勸學弘道 猶欲爲之 何況居國伽藍 得致同門學子之肯來一集 是天幸也 何有大不可 而輒形猒怠之色耶 於是罄倒儲偫 以充其費 雖至下座沙彌 敬若大賓."「龍潭寺叢林會牓」, 『동국이상국집』 권25.

식을 잘 살필 수 있는 내용으로 보인다.[48] 특히 담이는 '동문학자同門學子'들이 기꺼이 오는 행사라는 점을 강조하였다. 여기서의 동문학자는 물론 가지산문에 함께 소속된 동문들을 지칭하는 것이다. 결국 1226년 용담사 총림회 자료를 통해 이 시기 선승들은 선문에 대한 소속감이라든가 동문학자로서의 연대감을 상당히 강하게 지니고 있었음을 확인할 수 있었다.

앞선 12세기 중·후반경부터 서서히 부각되기 시작하였던 고려 선승들의 선문 인식은 13세기 초반에 이르면 더욱 강조되는 모습을 보인다. 이 시기 선문은 담선법회나 총림회 같은 행사를 통해 선문 간의 유대의식을 강화하는 계기를 마련하였으며, 선문 역대 조사들을 예참하는 의식을 통해 소속감을 더욱 강화하고 일체감을 형성시키는 노력을 하였던 것으로 보인다. 이로 인하여 이 시기, 즉 13세기 전반의 선종계는 불교사 전체에서 가장 뚜렷한 '선문불교시대'를 열어 간 것으로 평가할 수 있을 것이다. 일연의 『조파도祖派圖』와 이장용李藏用의 『선가종파도禪家宗派圖』는 이러한 13세기 초·중반의 선문 변화상이 반영된 자료였을 가능성이 높다. 각 선문은 역대 선문 조사들에 대한 계승 의식을 강화해 나가면서, 한편으로 선문의 계보를 정리하기 위해 노력하였을 것이다. 『조파도』와 『선가종파도』는 바로 이러한 노력을 바탕으로 성립된 '9산선문 전등사傳燈史'이자, '한국 선종의 조보祖譜'였다고 보아도 무방하지 않을까 한다.

9산선문이 공존하고 있던 상황에서 각 선문이 서로 집단성을 강화해 가기 위해 노력하였다는 점은 한편 자연스러운 현상으로 받아들일 수

48 이 시기 행해진 총림의 성격과 의의에 대해서는 필자의 논문을 참조하기 바란다(「한국불교 총림의 전개양상과 그 역사적 의의」, 『조계종 총림의 역사와 문화』, 대한불교조계종 교육원 불학연구소 편, 조계종출판사, 2009).

도 있다. 하지만 이러한 노력은 선 수행의 본질과 아무런 상관이 없는 일이었다. 보조 지눌普照知訥은 바로 이 같은 점을 통렬하게 비판하고 나섰다. 지눌은 기존 선문 질서 속에서 출가하였으며, 사굴산문 승적을 유지한 채 승과고시에도 응시하였다. 하지만 25세(1182년) 때 보제사普濟寺에서 개최된 담선법회에 참석한 이후 그는 결사운동이라는 새로운 형태의 수행운동을 제창하기 시작하였으며, 이후의 삶은 기존 선문 질서와는 전혀 다른 방향으로 전개되어 갔다. 지눌은 자신이 처해 있던 시대를 말법시대로 규정하면서, 불교계 현실에 대해 강한 비판 의식을 지니고 있었다. 그는 "요즈음 선문에서 공부하는 모든 무리들(近來禪門汎學輩)은 병에 걸려 있다."고 하였다. 또한 "그들은 진정한 수행을 버리고 다만 몸과 입만이 단정하지 못할 뿐 아니라 또 마음도 구부러져 전혀 깨닫지 못한다."[49]고 하였다. 뿐만 아니라 지눌은 "그러나 우리들의 소행을 아침저녁으로 돌이켜 보면 어떠한가? 불법에 핑계하여 '나'다 '남'이다를 구별하여 이양利養의 길에서 허덕이고 풍진의 가운데에 골몰하여 도덕은 닦지 않고 의식만 허비하니, 비록 출가하였다고 하나 무슨 덕이 있겠는가?"[50]라고 하면서, 당시 출가자들을 통렬하게 비판하였다. 지눌은 때로 당시 선문을 직접 겨냥하면서 수행을 하지 않는 풍토라든가 아예 잘못된 방향과 내용으로 수행하고 있다는 점을 비판하기도 하였다.

필자가 이 시기 선문 불교를 '선문의 중흥'으로 표현한 것은 이 시기에 진

49 "末法時代 人多乾慧 未免苦輪 運意則承虛託假 出語則越分過頭 知見偏枯 行解不等 近來禪門汎學輩 多有此病 皆云旣自心本淨 不屬有無 何假勞形 妄加行用 是以效無碍 自在之行 放捨眞修 非唯身口不端 亦乃心行汚曲 都不覺知." 지눌, 「권수정혜결사문」, 『한불전』 4책, p.700下.

50 "然返觀我輩 朝暮所行之迹 則憑依佛法 裝飾我人 區區於利養之途 汨沒於風塵之際 道德未修 衣食斯費 雖復出家 何德之有." 지눌, 「권수정혜결사문」, 같은 책, p.698上.

행된 선문 결속의 강화라든가, 선문의 영향력 증대 등과 같은 현상적 변화를 염두에 둔 것이었다. 이 시기 선문의 수행과 사상을 어떻게 평가할 것인가 하는 문제는 선문의 현상적 변화와는 전혀 다른 의미를 지닌다.

3. 가지산문계 선승과 보각 일연普覺一然

원응 학일은 12세기 중반 가지산문 소속 선승으로 뚜렷한 족적을 남겼으며, 그의 법을 계승한 제자들 가운데 가관可觀·연의淵懿 등과 관련한 단편적 내용은 앞서 살펴본 바와 같다. 일반적으로 고려 가지산문은 중기 학일에 이어 후기 일연一然에 이르러 크게 부흥하는 것으로 알려져 있다. 그런데 일연에 앞서 활동한 가지산문 소속 선승으로 혜문惠文이 있다. 그는 이규보가 지은 「문선사애사文禪師哀詞」 등의 기록을 통해 간략한 행장이 확인되는데, 먼저 다음의 내용을 살펴보도록 하자.

> 나의 道友 大禪師 惠文의 자는 彬彬이요, 속성은 南씨로, 固城郡 사람이다. 아무 해에 서울에 이르러 머리를 선종 迦智山門에서 깎고, 이름난 長老가 되었다. 나이 30이 넘어서 비로소 空門의 선거에 뽑혔고, 여러 번 승려의 계급을 거쳐 대선사에 이르렀다. 다음 壬辰年(1232년)에 멀리 華岳寺에 갔다. 일찍이 서울의 普濟寺에 기거하여 법을 전하였는데, 이 해에 나라에서는 오랑캐를 피하여 도읍을 옮겼고, 이 절이 또한 오랑캐가 모이는 숲이 되어 버린 까닭으로, 선사는 황황하여 어디로 돌아갈 곳이 없게 되었다. 마침내 門弟인 선사 아무가 있는 雲門寺에 이르러 3년을 있었고, 甲午年(1234년)에 이르러 병이 들어 세상을 떠났다. 선사는 사람된 자질이 강직하였는데, 한때의 이름 있는 사대부들이 많이 그를 좇아 놀았다. 시를

짓기를 좋아하여 山人體를 얻었다. 일찍이 普賢寺에 지은 것이 있는데, 그 대략에 이르기를, "길이 문밖에 기니 남북으로 사람이 다니고, 소나무 바위 머리에 늙으니, 예와 지금의 달이 비치네." 하여 사람들이 많이 이것을 읊었다. 그리하여 月松和尙이라 호하게 되었고, 이로 말미암아 이름이 났다.[51]

이규보는 혜문 선사와 약관弱冠 시절부터 교분을 맺어 왔다고 하며, 혜문을 '도우道友'로 표현하기도 하였다. 둘은 매우 각별한 사이였던 듯하며, 이로 인해 『동국이상국집』에는 혜문 선사와 관계된 여러 종의 글이 수록되어 있다. 위의 글은 제목 그대로 혜문 선사의 입적 이후 그를 위해 지은 애사哀詞인데, 이규보는 이 글에서 혜문의 약전略傳을 소개하였다. 이를 통해 혜문은 가지산문에서 출가한 선승이었음을 확인할 수 있다. 아울러 그의 승계가 대선사까지 올랐던 것으로 보아 당시 가지산문 내에서 상당한 위치에 있었음을 짐작케 한다. 혜문은 1232년 화악사華岳寺[52]에 머물렀고, 개경에선 보제사에 머물면서 법을 전하였

51 "吾道友大禪師惠文 字彬彬 俗姓南氏 固城郡人也 某年至京師 落髮禪宗迦智山門 爲名長老 年餘三十 始中空門選 累緇秩至大禪師 越壬辰歲 遙住華岳寺 嘗寄居京師普濟寺傳法 是年 國朝因避虜遷都 師以本寺亦在冠兵屯會之藪 遑遑無所歸 遂至門弟禪師某所住雲門寺 居三年 至閼逢敦牂之歲 感疾而化 師爲人資抗直 一時名士大夫 多從之遊 喜作詩 得山人體 嘗題普賢寺 其略云 路長門外人南北 松老巖頭月古今 人多詠之 因號月松和尙 由是著名." 이규보, 「文禪師哀詞」, 『동국이상국집』 권37.

52 華岳寺는 사굴산문 소속이던 담진이 머물렀던 사찰이며, 李資玄은 이곳 화악사에 머물고 있던 담진을 찾아와 禪理를 문의한 바 있다. 가지산문 소속인 혜문이 화악사에 거주하였다는 사실은 이 시기 선문과 사찰 소속 문제를 이해할 때 참고해야 할 사항으로 보인다. 고려 전 기간에 걸쳐 특정 선문에 소속되었던 禪刹이 있는 반면, 화악사와 같이 선문 소속의 제한을 받지 않던 사찰들도 분명 있었다. 고려시대 선문과 각 선문에 소속되었던 사찰 문제는 이처럼 개별적으로 접근해서 이해할 필요가 있다.

다. 그해 나라에서 오랑캐를 피해 도읍을 옮겼는데, 이 보제사 역시 오랑캐의 소굴이 되었기 때문에 당황하여 헤매다가 문제門弟인 선사 모某가 거주하는 운문사에 찾아가 3년을 지낸 뒤 1234년 병이 들어 세상을 떠났다.

비록 간략한 내용이지만, 혜문이 가지산문 출신으로 대선사 승계에까지 올랐다는 점, 그리고 그가 운문사에서 생애 말년을 보냈다는 점 등은 이 시기 가지산문의 존재 양상과 관련하여 주목되는 내용이다. 특히 혜문의 운문사 주석 사실을 통해, 운문사는 학일 이후 계속 가지산문의 중심 도량으로 계승되어 왔다는 사실을 확인할 수 있다. 위 애사哀詞의 내용처럼, 혜문은 글을 매우 잘 지었던 것 같다. 이규보는 「문선사애사」의 계속된 글에서, "그 깎은 머리가 승僧이고 그 입은 옷이 승僧인데도 마음은 혹 그렇지 않은 이가 있는데, 우리 선사만은 참다운 대사라, 그 옷이 이미 승僧이었고, 그 뜻 역시 승僧이었네. 첫째 계행戒行에 결함이 없어 마음자리가 청정하였고, 나머지 일로 시를 짓되 붓잡기를 게을리하지 않아, 그 뜻을 얻음에 이르러선 맑은 운치가 사랑스럽기만 하였네. 쓸쓸하게도 문도門徒가 두서너 사미沙彌뿐이라. 누가 그 비석을 세우고 누가 그 시를 편집할 것인가? 슬프다. 우리 선사여! 이제는 그만이구려."라고 하면서 슬픔을 표현하였다.[53] 혜문의 문도 가운데 담이湛伊의 존재가 확인된다. 담이는 앞에서 살펴보았듯이 1226년 용담사 주지로 있으면서 총림회를 개최하였던 인물이다. 혜문의 입적 소식을 뒤늦게 접한 이규보는 조시弔詩를 써서 담이에게 전해주기도 하였다.[54]

---

53 "予自弱冠忝交分 聞訃悽悵 爲詞以哀之 有髡其首 而僧其衣 服則是矣 心或有非 惟我禪師 是眞大士 旣僧其服 又僧其志 戒行無虧 淸淨心地 餘事爲詩 下筆不怠 至其得意 淸警可愛 門徒索寞 數三沙彌 孰表其隧 孰編其詩 嗟哉我公 已而已而." 이규보, 「文禪師哀詞」, 같은 책.

54 이규보, 「次韻姜先輩哭丈大禪師」, 『동국이상국집』 권18.

무신집권기 가지산문 소속으로 천진天眞이라는 선승이 확인된다. 천진은 혜심慧諶의 『진각국사어록』에 '가지대선사迦智大禪師'라고 되어 있어,[55] 가지산문 소속 승려였음을 알 수 있다. 또한 "이 책은 천진 상인天眞上人에게서 얻었는데, 도의 부촉을 받은 사람 정선正宣이 공인工人들을 모아 다시 출판하여 폈다.(「계유년 수선사의 무의자 혜심은 쓴다」, 「宗鏡撮要重刊跋」, 『진각국사어록』)"라는 내용으로 보아, 천진은 서책을 교류할 정도로 혜심과 가깝게 지내고 있었음이 확인된다.[56]

보각 일연普覺一然이 가지산문의 영향 속에서 성장하고 그 선문의 대표적 계승자로서의 위상을 지니고 있었음은 몇 가지 사례를 통해 확인할 수 있다. 먼저 일연은 9세에 출가한 이후 14세 때인 1219년 진전사陳田寺를 찾아가 대웅 장로大雄長老를 은사로 하여 득도하고 구족계를 받은 사실이 비문에 전한다. 진전사가 가지산문의 근본도량이라는 점을 고려한다면, 일연이 이곳에서 구족계를 받은 것은 여러 가지로 시사하는 점이 많다고 하겠다. 일연은 1277년(충렬왕 3) 운문사雲門寺 주지로 취임하였는데, 이곳은 앞서 언급하였듯이 학일學一에 이어 혜문惠文 등의 가지산문 소속 선승들이 계속 주석하면서 가지산문의 중심도량이 되었던 사찰이다. 일연은 '운문 화상雲門和尙'으로 칭해질 만큼 운문사와 각별한 관계에 있었다. 이러한 결과 일연의 비와 『삼국유사』에는 그가 가지산문 소속 승려였다는 사실을 뚜렷하게 밝혀 놓고 있다.[57]

---

55 『진각국사어록』에 「10월 1일 가지대선사 천진이 선비를 위해 청하므로 上堂하다」, 「천진선사를 위하여」 등의 글이 있다.

56 천진에 대해서는 황인규의 논문(「고려 후기 조선 초 가지산문계 고승의 동향」, 앞의 책)을 참조하였다.

57 一然碑文은 "高麗國 華山 曹溪宗 麟角寺 迦智山下 普覺國尊碑銘幷序"라는 내용으로 시작하고 있으며, 『三國遺事』에도 "曹溪宗 迦智山下 麟角寺住持… 一然"이라는 표현이 있다. 大鑑坦然의 碑題와 순서나 내용이 동일하다는 점은 앞서 언급한 바와 같다.

일연은 1283년 국사에 추대되었으며, 그 이듬해 인각사에서 九山門都會를 개최하였다.[58] 이 대회가 구체적으로 어떠한 성격의 대회였는지는 확인하기 어렵다. 하지만 일연비의 "師入麟角 再闢九山門都會 叢林之盛 近古未曾有也"라는 표현으로 미루어볼 때, 담선법회와 마찬가지로 구산선문 소속 선승들이 대거 모이는 대규모 대회였을 가능성이 높다.[59] 구산문도회九山門都會를 개최하기 위해서는 적지 않은 비용과 수백 명이 장기간 머무를 수 있는 장소 등의 물리적 여건이 필요했을 것이다. 아울러 선종 교단 전체에서 그러한 법회를 개최할 만한 권위를 갖추고 있어야 했을 것이다. 일연은 국사에 추대된 직후 노모老母의 봉양을 위해 환산還山하였으며, 조정에서는 1284년 인각사에 토지 100여 경頃을 헌납하였다. 1284년 개최된 구산문도회는 이러한 일연의 권위와 인각사의 물리적 기반을 바탕으로 진행될 수 있었을 것이다.

일연비에 등장하는 "遙嗣牧牛和尙"이라는 표현, 즉 "일연이 멀리 보조 국사普照國師 지눌知訥의 법을 계승하였다."라는 표현을 놓고 연구자들 사이에 서로 다른 견해가 제시되어 있는 상태이다.[60] 실제로 이 문구

---

58 최근 한기문이 구산문도회와 관련한 논문을 발표하였다(「고려 후기 일연 주관 인각사 구산문도회의 성격-일연비 음기 문도의 분석을 중심으로」, 『일연과 삼국유사』, 일연학연구원, 2007).

59 「용문사중수기」에서 이러한 형태의 법회가 있었음이 확인된다. 대선사 祖膺 등이 용문사 낙성을 기념하고자 1179년(명종 9) 斷俗寺禪師 孝惇을 초청하여 『전등록』, 『능엄경』 등을 강독하는 50일간의 담선법회를 열었다는 내용이다. '九山門學徒 五百人'이 모였다는 사실을 통해, 이 법회는 9산선문에 소속된 전체 선승들을 대상으로 진행된 것이었음을 알 수 있다. 한편, 일연비의 '再闢'이라는 표현으로 볼 때, 일연은 1284년 이전에도 구산문도회를 개최하였을 가능성이 높은데, 그 시기나 법회가 진행되었던 장소는 확인되지 않는다. 한편, 12세기 후반 용문사에서 개최되었던 9산문도회가 사굴산문에서 주최한 것이라면, 일연에 의해 추진된 구산문도회는 가지산문에서 개최한 것이라는 차이점이 있다.

60 채상식, 『고려 후기 불교사 연구』, 일조각, 1991.
______, 「일연 연구의 현황과 과제」, 『동양한문학연구』 23, 동양한문학회, 2006.
김상현, 「일연의 불교사상」, 『녹원스님고희기념학술논총 한국불교의 좌표』,

를 어떻게 이해하느냐에 따라, 일연의 선종사적 위치는 상당히 다르게 평가될 수 있다. 일연이 몽여夢如 등 수선사 계통 선승들과 친분이 있었으며, 그가 편찬한 『선문염송사원』 30권 역시 혜심의 『선문염송』으로부터 영향 받았을 가능성이 크다. 따라서 수선사와 연결되어 있던 강화 선월사禪月社에 주석하면서 일연은 자연스럽게 "遙嗣牧牛和尙"이라는 표현을 할 수 있었다. 이러한 관계를 놓고 '수선사의 계승자' 차원이나, '구산문 전체의 중흥조'인 지눌의 법을 계승했다는 의미로 파악하는 것은 무리라는 느낌이 든다.

수선사 제6세 주지 원감국사圓鑑國師 충지冲止(1226~1292)는 처음 수선사 문인으로 속해 있었지만, 다시 사굴산문으로 소속된 이후에야 비로소 승과僧科에 응시하여 합격할 수 있었다. 이것은 수선사에 승과를 응시할 수 있는 자격이 부여되지 않고 있었음을 의미하는 일이다. 일연이 살았던 13세기는 이처럼 선문, 즉 9산선문의 인식이 더욱 강화되어 가는 시기였으며, 각 선문별 예참의식도 성행하던 시기였다.[61] 이러한 시기를 살았던 일연은 이미 독립된 형태의 사자전승師資傳承을 하고 있던 수선사에서 느닷없이 계승자로 자처하고 나설 이유가 없었다. 또한 철저하게 선문 의식을 배제하고 있던 지눌을 '구산문九山門의 중흥조' 차원에서 계승할 이유도 없었다. "遙嗣牧牛和尙"은 수선사나 선문

1997.

김상영, 「일연의 저술과 불교사상」, 『불교사연구』 2, 중앙승가대 불교사학연구소, 1998.

김두진, 「일연의 생애와 저술」(『전남사학』 19, 전남사학회, 2002).

______, 「일연의 心存禪觀사상과 그 불교사적 위치」, 『한국학논총』 25, 국민대 한국학연구소, 2003.

______, 「일연의 불교사상」, 『삼국유사연구』 창간호, 일연학연구원, 2005.

한기문, 「고려 후기 일연 주관 인각사 구산문도회의 성격-일연비 음기 문도의 분석을 중심으로」, 『일연과 삼국유사』, 일연학연구원, 2007.

61 김상영, 「고려 중·후기 선종계의 선문 인식」, 앞의 책 내용 참조.

의 개념이 배제된 지눌의 선사상, 그 자체를 계승하였다는 표현으로 이해하는 것이 옳을 듯하다.

Ⅳ. 14세기 선문의 쇠퇴 및 가지산문의 동향

14세기 불교는 전반적으로 타락상을 보였지만, 이 시기 고려 선불교는 백운 경한白雲景閑(1301~1382), 태고 보우太古普愚(1301~1382), 나옹 혜근懶翁慧勤(1320~1376) 등의 선장禪匠들을 연이어 배출하면서 선사상의 융성기를 열어간 것으로 평가된다. 그런데 14세기 선문은 선장들의 출현과 관계없이 앞선 시대와는 상당히 다른 전개 양상을 보인다. 12~13세기 선문은 '선문의 중흥'이라든가 '선문 결속의 강화'와 같은 흐름으로 이해할 수 있는 반면, 14세기 선문은 분명 '선문의 쇠퇴'라는 관점에서 이해할 수밖에 없다. 이러한 이유에 대해서는 여러 측면에서의 분석이 뒤따라야 하겠으나, 우선 보우의 다음 글을 살펴보도록 하자.

> 그러나 지금 九山의 선객들은 각각 그 門을 짊어지고 피차의 우열을 따져 싸움이 심하다가, 요즈음에는 道門으로써 더하여 창과 방패를 쥐고 울타리를 만들어 그로 말미암아 화합을 해치고 정도를 깨뜨립니다. 아아, 선이란 원래 한 문이건만 사람들이 스스로 많은 문을 만들었으니, 저 本師의 平等無我한 道와 여러 조사님네의 格外淸敭의 가풍과 先王의 법을 보호하고 나라를 편하게 하려는 뜻이 어디 있습니까? 이것이 '時之蔽'라는 것입니다. 또 9는 老陽이요, 1은 初陽이라 하는데, 늙으면 쇠할 것은 떳떳한 이치입니다. 또 도읍을 세울 때로

부터 구산으로 내려온 지는 이미 오래니, 그 처음으로 돌아가 新陽을 만드는 것이 더욱 좋을 것입니다. 이것이 '數之變'이라는 것입니다.[62]

위의 자료는 보우가 왕사에 오른 이후 공민왕恭愍王이 그에게 나라를 다스리는 일을 묻자, 먼저 마음을 돌이켜보아야 한다는 내용을 설하고, 계속해서 '시지폐時之蔽'와 '수지변數之變'에 대해 언급한 내용을 옮긴 것이다. 이 내용은 결국 9산선문을 혁파하고 이것을 하나로 합쳐야만 나라의 운명이 개척될 수 있다는 것으로 집약된다. 보우의 이러한 주장을 통해 당시 선문이 처해 있던 부정적 상황을 생각해볼 수 있다. 선객들이 선문을 짊어지고 피차 우열을 따지면서 싸우고 있다던가, 서로 울타리를 만들어 화합을 깨치고 정도正道를 깨뜨린다는 지적은 당시의 선문불교가 상당히 심각한 수준의 대립 형국으로 치닫고 있었음을 의미하는 것으로 이해된다. 보우는 고려불교의 개혁을 위해 선문 통합을 주장하였으며, 원융부圓融府 설치를 통해 그 실질적 노력을 전개하기도 하였다. 하지만 이미 500여 년의 역사를 간직한 선문의 전통을 혁파한다는 것은 결코 쉬운 일이 아니었을 것이다. 결국 고려 선문의 전통은 보우 이후에도 계속 유지되어 나갔다.

보우는 고려 선불교의 문제점을 해결하기 위해 선문 통합이라고 하는 제도적 개혁을 들고 나왔다. 반면 백운 경한白雲景閑 같은 경우는 보우와는 다른 방향의 개혁을 시도하고자 하였다. 경한과 보우는 동시대를 살았던 선승이며, 청공淸珙 문하에서 함께 법을 인가받은 법형제이

---

62 "雖然今也 九山禪流 各負其門 以爲彼劣我優 鬩鬪滋甚 近者益之以道門 持矛楯作藩籬 繇是傷和敗正 噫 禪是一門 而人自闢多門 烏在其本師平等無我之道 列祖格外淸瑴之風 先王護法安邦之意也 此時之蔽也 而九爲老陽 一爲初陽 老而衰也 理之常而又立都之時 九山之來旣久 不如反其初 爲新陽之爲愈也 此數之變也." 「태고행장」, 『태고화상어록』 권下, 『한불전』 제6책, p.698下.

기도 했다. 두 고승은 상당한 공통점을 지니고 있는 듯하지만, 선풍禪風은 다른 점이 많았다.[63] 무심무념선無心無念禪을 주창하면서 고려 선불교의 분발을 촉구했던 경한은 당시 선문과 관련하여 어떠한 언급도 하지 않았다. 보우처럼 선문의 폐단이라든가 그에 대한 구체적 개혁 방안 등을 제시하지 않았으며, 심지어 그가 어느 선문으로 출가하였는지조차 확인하기 어려운 상태이다.

왕실과의 돈독한 관계를 바탕으로 제도적 개혁을 시도하였던 보우나, 승려 본분사를 강조하면서 지계와 정진행을 당부했던 경한 모두에게 있어 당시의 선문불교 전통은 극복해야할 대상으로 여겨졌을 가능성이 크다. 이러한 점은 곧 14세기 선문불교가 상당한 문제점을 안고 있었다는 사실을 의미하기도 한다.

보우, 경한 등은 이 시기 선문불교의 현실을 비판적으로 인식하고 있었다. 보우는 무자無字 화두를 근간으로 한 간화선 수행을 강조하면서 선문 통합을 위해 적극적인 노력을 하였다. 반면 경한은 승려 본분사를 강조하면서 당시 승려들에게 지계와 정진행을 당부하였다. 하지만 이들의 노력에도 불구하고 14세기 선문불교의 폐단상은 개선되지 못하였던 것 같다. 그 결과 고려 최후반기를 살다간 선승 관련 자료에서 "遂爲崛下 第二座"(환암 혼수 비), "赴叢林 升迦智山下 第二座"(대지 찬영 비) 등과 같이 선문을 표방하는 내용들을 발견할 수 있다.

이미 500년 이상의 역사를 간직하고 있는 선문 전통을 무시하고 하나로 통합하는 것은 그 자체로 무리한 성격을 지닐 수밖에 없었다. 이 시기 선문은 결국 이미 고착화되어 버린 전통과 관습 속에서 새로운 활로를 모색해 나가지 못하였다. 따라서 14세기 선문불교는 '쇠퇴'

63 김상영, 「석옥청공과 백운경한의 선풍」, 『고인쇄문화』 13, 청주고인쇄박물관, 2006.

라는 관점에서 이해될 수밖에 없지만, 그들이 계승하고자 했던 선문 전통의 실상을 파악하기 위한 학문적 노력은 계속되어야 하지 않을까 한다.

14세기 가지산문 소속 선승으로 충탄冲坦이 있는데,[64] 그는 일연 제자 혼구混丘의 문도로 추정된다.[65] 또한 여찬如璨이라는 선승도 확인되는데, 그에 대해서는 「김변처허씨묘지명金賆妻許氏墓誌銘」에 "4남男 역시 어려서 출가하여 여찬如璨이라 하고 가지산문에 투신投身하였다. 네 번이나 수좌首座로 뽑혔고, 상상과上上科에 합격하여 장한 뜻을 펼쳤으며, 남녘을 순례하며 천목산天目山에 이르렀다가 돌아오니 선사禪師로 임명하는 글(批)이 내려와 있었다."라는 내용이 실려 있다.[66]

이 외에 가지산문 소속임을 분명하게 알 수 있는 선승들이 더러 있지만, 이들을 포함한 14세기 가지산문 소속 선승들에 대해서는 별도의 연구를 통해 살펴볼 예정이다.

---

64 이 시기 가지산문 소속 선승들에 대해서는 황인규의 연구가 상세하다(「고려후기 조선초 가지산문계 고승의 동향」, 앞의 책).

65 「尹珤妻朴氏墓誌銘」에 "3남 충탄은 머리를 깎고 승려가 되었는데, 지금 鑑智王師 丘乙堂 아래에서 禪□寺의 住持禪師로 있다."라는 내용이 있다. 혼구의 字가 丘乙이므로 구을당은 곧 혼구를 지칭한 것으로 보인다.

66 황인규는 이들 외에 宗頂, 繼祖演眞 등을 가지산문 소속 승려로 파악하고 있는데(「고려후기 조선초 가지산문계 고승의 동향」, 앞의 책, pp.69~70), 이들의 소속 선문에 대해서는 조금 더 분석해 볼 필요를 느낀다. 한편 황인규는 이 시기 선문 변화를 '산문 간의 교류 융합'과 '문도 중심으로의 변화'라는 관점에서 설명한 바 있다. 새로운 선풍, 즉 蒙山禪風의 수용으로 산문 간의 경계는 허물어지게 되고, 그동안 지켜져 왔던 산문 중시의 원칙이 문도 중심으로 전환되었다는 견해이다(「고려후기 선종산문과 원나라 선풍」, 앞의 책). 14세기 선종계의 선문 인식이 이전 12~13세기 선문 인식에 비해 약화된 것은 분명해 보인다. 이러한 변화상이 지니고 있는 불교사적 의의에 대해서는 앞으로 보다 다양한 측면에서의 연구가 진행될 필요가 있을 것이다.

V. 맺음말 - 가지산문의 불교사적 위상

가지산문의 불교사적 위상을 살펴보기 위해 먼저, 보감국사寶鑑國師 혼구混丘(1250~1322)의 비문[67]에 실려 있는 다음의 명문銘文 내용을 소개하도록 하겠다. 이제현李齊賢(1287~1367)이 지은 이 명문 내용에서 가지산문의 역사와 위상이 잘 드러나고 있기 때문이다.

> 멀리서 저 심종이 바다를 건너 동쪽으로 오니,
> 그 갈래가 아홉인데 도의 스님이 으뜸이었네.
> 그의 후예들이 끊어지지 않고 이어져 대대로 철인이 있었으니,
> 바른 것을 지키고 잘못을 고치는 것은 운문사의 學一 스님이었고
> 널리 배우고 독실하게 실천함은 인각사의 見明 스님이었네.
> 寶鑑 스님의 지혜가 빼어나 그 적통을 이었으니,
> 그의 포부는 깊고 그의 재주는 우뚝하도다.[68]

이제현은 보감 혼구의 비문을 찬술하고, 그 끝에 위와 같은 내용의 명을 덧붙였다. 그런데 이 명의 앞부분은 가지산문의 역사와 위상을 함축적으로 드러내고 있어 주목된다. 그는 먼저 아홉의 갈래로 나누어진 선문에서 도의가 으뜸이라는(道義其首) 사실을 분명하게 밝히고 있다. 도의가 지니고 있는 '남종선 초전자'로서의 역사적 위상을 이렇게 표현한 것이다. 이미 체징의 비문을 통해 살펴보았듯이 신라 하대 도의의

67 『익재난고』 권7 : 『동문선』 권118.

68 "敻彼心宗 逾海而東 厥派惟九 道義其首 繩繩仍昆 代有哲人 守正矯失 雲門之一 博學篤行 麟角之明 顯允鑑智 俟其嫡嗣 淵乎其懷 卓乎其才."

법을 이은 선승들은 중국의 달마와 같은 위상으로 도의에게 '아국제일조我國第一祖'라는 위상을 부여하였다. 도의와 가지산문에게 부여되었던 이 같은 위상은 고려 최후반기까지 그대로 지속되었으며, 그 결과 고려의 가지산문은 '제일산문第一山門'(「同前迦智山拜祖師文」)이라는 위상도 간직하게 된 것으로 보인다.

이제현은 계속해서 가지산문의 역사를 언급하였다. 도의에서 비롯한 선법이 끊이지 않고 이어져 선철先哲이 대대로 배출되었다고 하였으며, 그 대표적 인물로 원응 학일圓應學一과 보각 견명普覺見明(一然)을 들었던 것이다. 그는 특히 학일은 '수정교실守正矯失', 견명 즉 일연은 '박학독행博學篤行'이라고 하여 이들에 대한 함축된 인물평도 덧붙였다. 아울러 학일은 운문사, 일연은 인각사로 각각 상징하면서 이들 사찰과 가지산문의 깊은 연관성도 드러내고자 하였다.

9세기 전반 무렵부터 형성되기 시작한 한국의 선문은 이후 600여 년 동안 숱한 변화를 거치게 되었다. 나말여초 시기에 형성된 제諸선문은 9산문으로 정리되는 변화를 겪었으며, 이들 9산문 역시 선문 세력에 따라 다양한 부침의 역사를 겪게 되었다. 하지만 이 시기 선문의 역사를 정리한 전등傳燈 자료가 모두 일실逸失됨으로써 한국 선문의 역사는 지금까지 체계적으로 이해되지 못하고 있는 현실이다. 이러한 점을 감안할 때 그나마 가지산문의 전등 계보, 즉 이제현이 밝혀 놓은 것처럼 도의–학일–일연–혼구를 축으로 하는 가지산문의 법계 인식이 고려 최후반기까지 지속되고 있었다는 사실은 매우 중요한 의의를 지닌다고 하겠다. 이것 역시 가지산문이 지니고 있는 불교사적 위상의 하나로 이해할 수 있을 것이다.

일제강점기와 불교정화운동 시대를 거치면서 불교계는 종명宗名과 종조宗祖, 법통 문제에 대해 치열한 논쟁을 전개하였다. 현 대한불교조계종의 종헌에 명시되어 있는 '종조-도의'의 결과는 이러한 논쟁을 거친 산물이라는 성격을 지닌다. 이 문제에 대해서는 아직까지도 이설異說이 제기되고 있지만, 필자는 당시 불교계가 이러한 결론을 도출해 냈다는 점을 일면 다행스러운 결과로 여기고 있다. 우리 역사 속의 조계종은 나말여초 시기에 전래된 남종선을 기반으로 성립된 종파이며, 그 조계종의 종조로 도의는 가장 적합한 역사적 위상을 지니고 있다는 생각 때문이다.

13

고려 밀교 신앙의 전개와 그 특성

/ 서윤길

〈선정 이유〉

Ⅰ. 서언

Ⅱ. 왕실의 밀교 신앙과 그 외호책

Ⅲ. 총지종摠持宗과 신인종神印宗

1. 총지종의 성립과 그 신앙
2. 신인종의 성립과 그 신앙

Ⅳ. 밀교적 제종의례諸種儀禮

1. 인왕도량仁王道場
2. 금광명도량金光明道場
3. 여타의 밀교도량密敎道場

Ⅴ. 밀교 신앙의 고려적 특성

Ⅵ. 결어

● 서윤길, 「고려 밀교 신앙의 전개와 그 특성」, 『불교학보』 제19집, 동국대학교 불교문화연구원, 1982, pp.219~239.

선정 이유

이 논문은 고려 건국이념의 기반이 담긴 훈요십조와 도선의 비보사상을 국사학계 일부에서 도참이나 음양오행설로 보려는 태도를 비판하고, 고려 건국의 사상적 배경이 불교의 밀교사상임을 논증하고 있어서 선정하였다.

저자는 고려의 밀교 신앙은 왕실을 중심으로 호국적 입장에서 수용되었으며 그 결과 고려 밀교는 역대 위정자들의 강력한 외호와 귀의를 받게 되었다고 주장하고 있다. 고려 밀교는 먼저 태조의 현성사 건립을 계기로 신인종이 처음 성립되었고, 중기인 예종(1147~1170)에서 고종 21년(1234) 사이에는 총지종이 개종됨으로써 밀교는 타 종단을 능가하는 교세를 확보하여 눈부신 발전을 이룩하게 되었다고 보았다.

그리하여 저자는 낙산사를 위시한 많은 사찰이 밀교종단으로 귀속되고 130권의 밀교 대장경이 금서金書로 간행되었으며, 왕의 즉위식까지 관정법이 도입되었다고 하였다. 뿐만 아니라 문두루도량을 위시하여 인왕도량과 금광명도량 등 많은 밀교 의식이 무수하게 개설되었으며, 법화·천태, 정토 등의 신앙과도 융섭하는 특성을 갖게 되었다고 하였다.

여기서 더 나아가 저자는 고려 밀교는 이러한 것만이 전체적이고 본질적인 신앙이었다고 단정하지는 않지만 그것의 대중화나 그것과 민속과의 관계성 내지 밀교와 선, 화엄과의 관계 등 미해결의 문제까지 밝혀 낸다면 고려 밀교는 고려 건국이념에 깊이 투영되어 있었음이 분명하다고 주장하는 지점에서 이 논문의 의미와 학문적 가치를 찾을 수 있다.

Ⅰ. 서언

우리나라에 밀교가 수용된 것은 삼국시대부터이지만 그것이 가장 활발하게 신앙되고 발전했던 것은 고려시대였다. 나라 안팎으로 어려움이 많았던 고려에서는, 불력佛力에 의하여 그 어려움을 해결하려 하였고, 밀교는 그러한 어려움을 해결하는 가장 좋은 수행작법修行作法으로서 인식되었다. 따라서 밀교密敎는 고려 초기부터 왕실의 독실한 귀의歸依를 받게 되었고, 민중의 깊은 신앙적 의지처가 되었다. 그리하여 고려에서의 밀교는 독립적인 신앙과 교단으로 발전하여 상당한 교세를 갖게 되었다. 뿐만 아니라 그것은 동시에 현교顯敎의 많은 불교사상과 신앙에도 깊은 영향 관계를 맺고 있었다.

필자는 이미 고려에 있어서 천태天台와 밀교의 관계(한국불교학 제3집)와 고려 밀교와 정토신앙과의 관계(동국사상 제14집) 등을 부분적이나마 정리하여 발표하였거니와 이 밖에도 화엄華嚴과 선禪은 물론이요 도교道敎와 민속民俗까지도 밀교와 깊은 상관성을 갖고 있었다.

이와 같이, 고려 불교사상사에 있어서 밀교가 지니는 그 가치와 비중은 매우 높은 것이다. 그럼에도 불구하고 지금까지 이 방면에 대한 연구가 거의 이루어지지 않고 있었다. 그것은 물론 이 분야에 대한 자료의 결핍에 제일 큰 원인이 있었다. 따라서 본 연구에 있어서도 그러한 원인의 한계성을 결코 극복할 수는 없으리라고 생각한다. 그러나 오랫동안 관심을 가지고 모았던 단편적인 자료들을 중심으로 하여 고려시대에 밀교 신앙이 어떻게 전개되었으며, 그것이 갖는 특성을 살펴봄으로써 고려에 있어서 밀교사상을 정리하는 데 한 도움이 되고자 한다.

고려에 있어서의 밀교密教는 교학이나 사상적인 발전보다는 수행작법修行作法이나 개인적 신앙 속에서 원용援用된 면이 더욱 두드러진 현상이었다. 그렇기 때문에 논제論題를 '고려 밀교 신앙의 전개와 그 특성'이라고 하였다. 그러나 논지를 전개하는 과정에서는 굳이 밀교 신앙만이 아니고 경우에 따라서는 교학적이나 사상적인 면도 언급되고 있음을 밝혀 둔다.

Ⅱ. 왕실의 밀교 신앙과 그 외호책

고려는 나라를 세울 당시부터 밀교에 대한 신앙과 관심이 매우 깊었다. 밀교를 포함한 불교사상을 고려에서는 건국이념으로 하였고, 밀교적 수행작법을 진호국가鎭護國家의 한 법용法用으로 수용하였다. 그러므로 고려에서의 밀교는 왕실을 중심으로 그 초기적 신앙의 전통이 확립되었고, 역대 왕들은 그러한 전통을 계승하면서 밀교 신앙을 더욱 발전시켜 나갔다.

후삼국을 통일하여 고려를 건국한 태조 왕건(918~943)은 철저한 호불왕護佛王으로서 그는 특히 밀교 신앙과 밀교 계통의 승려들로부터 정신적이나 현실적으로 많은 도움을 받았다. 그렇기 때문에 태조는 불교의 다른 어떠한 신앙에 못지않게 밀교 신앙의 전개와 그 외호에도 대단한 힘을 기울였던 것이다.

태조의 신불信佛 경향은 그가 말년에 후대 왕들에게 유촉한 「훈요십조訓要十條」[1]에 잘 나타나 있다. 물론 훈요십조訓要十條가 태조의 진찬眞撰이 아니라는 설도 있지만,[2] 그것이 어떻든 고려 초 왕실의 신불 태도를 짐작케 하는 중요한 자료가 되는 것은 사실이다. 그런데 태조가 훈요십조에서,

> 其二曰 諸寺院 皆道詵推占山水順逆而開創…其六曰 朕所至願 在於燃燈八關 燃燈所以事佛 八關所以事天靈及五嶽名山 大川龍神也.

라고 하여 유일하게 도선道詵(825~898)을 거론했고, 연등燃燈과 팔관八關에 그의 소지원所至願이 있음을 밝히고 있다. 이와 같은 내용으로 보아 태조는 도선道詵 스님을 대단히 숭모崇慕하였고 연등燃燈과 팔관八關도 매우 중요시했던 것으로 생각되는데, 그것은 어떠한 이유였던가. 원래 연등회와 팔관회[3]는 고려적 수용과 그 전개 과정에서 밀교성이 짙게 가미된 불교의식이었으며,[4] 도선道詵의 사탑비보법寺塔裨補法과 그 사상에 대해서도 지금까지 음양오행陰陽五行이나 도참圖讖으로 이해되고 있으나[5] 그 연원淵源과 사상적 근저는 모두가 밀교에서 출발되었던 것이

1 高麗史 권2, 太祖 26年 4月條.

2 今西龍은 『高麗史研究』(京城, 昭和 19), p.56. 및 「高麗太祖訓要十條に 就きて」(東洋學報 제8권 제3호)에서 訓要十條는 후인의 위작으로 보았고, 忽滑谷快天은 『朝鮮禪教史』, p.134에서 "뒷사람의 僞撰인 것 같으나 근사하게 太祖의 정신을 표현했다."라고 보았으며, 李丙燾 『高麗時代의 研究』(乙酉文化社, 1948), p.47에서는 이를 전면 부정하고 있다.

3 八關會를 토속적 神事로 보는 견해도 있으나(李丙燾, 上揭, p.14), 그것은 엄연한 불교의례로 보아야 한다(金煐泰, 「高麗歷代王의 信佛과 國難打開의 佛事」, 『불교학보』 제14집, pp.69~70 참조).

4 安哲賢, 「燃燈會攷」(白性郁博士頌壽記念 佛教學論文集, pp.501~535) 및 「八關會攷」(『동국사학』 제4집, pp.31~54), 졸고 「고려의 제석신앙」(『불교학보』 제15집, pp 93~95) 등 참조

5 李丙燾, 『高麗時代의 研究』, pp.1~58, 今西龍, 『高麗史研究』 pp.63~114, 忽滑谷

다.[6] 따라서 태조가 훈요 중에서 도선道詵을 내세우고 연등과 팔관을 중요시했던 것은 그의 밀교에 대한 신앙심이 돈독했던 것이 가장 큰 이유 중의 하나였던 것이다. 이렇게 생각할 수 있는 가능성은 다음과 같은 사실로서 입증되듯이, 태조는 열렬한 밀교의 신봉자요, 그 외호왕이었다는 점으로도 더욱 명료해질 수 있다.

태조는 왕위에 오른 이듬해에 호국護國을 불법佛法에 자조資助코자 도내都內(松嶽, 開京)에다 법왕法王·자운慈雲·내제석원內帝釋院·사나舍那 등 10개 사찰을 세웠다.[7] 이 십찰十刹 중 법왕사法王寺는 으뜸 사찰로서 그 주존主尊이 비로자나毘盧遮那(Vairocana)였다.[8] 법왕사의 주불主佛이 비로자나였음은 혹 화엄의 본존으로 이해될 수도 있을 것이다. 그러나 태조는 일찍이 구층탑을 조성하여 삼국통일의 대업을 완성한 신라의 고사故事를 모방하여 후삼국의 통일과 군추群醜를 제멸하기 위해 개경開京에 칠층탑을 세웠고 서경西京에는 구층탑을 세웠듯이,[9] 고려(태조)는 불교문화에 관한 한 신라의 전통을 표방·계승하였다. 그리고 이미 신라적 밀교에서는 화엄과 밀교가 사상이나 신앙면에서 무리 없이 서로 융섭融攝되는 전통이 있었다.[10] 뿐만 아니라 우리나라에서의 비로자나불상을 조성하는 것은 거의가 다 밀교적 신앙에 근거하고 있었다.[11]

快天, 『朝鮮禪學史』, pp.120~123 등 많은 분들의 논저 중에서 道詵을 圖讖이나 陰陽五行僧으로 보고 있다.

6 졸고, 「道詵과 그의 裨補思想」(『韓國佛教學』 제1집, pp.63~76) 및 「道詵 裨補思想의 淵源」(『불교학보』 제13집, pp.171~190) 등 참조.

7 『高麗史』 권1, 태조 2년조.

8 權近의 「法王寺祖師堂記」(『陽村集』 권14, 記類)에 "豫往觀之 則突然而堂搆矣 不數月 又往觀之 則煥然而丹艧矣 及三往觀之 則中揭毘盧 文殊普賢會圖 新繪者也"라는 내용에 그 主尊이 毘盧遮那임을 알 수 있다.

9 『高麗史』 권92, 열전 제5 崔凝傳.

10 졸고, 「新羅의 密教思想」, 『한국철학연구』 제9집, pp.29~56 참조.

11 黃壽永, 『韓國의 佛教美術』(동화출판공사, 1974), p.244참조.

따라서 법왕사는 태조의 밀교 신앙의 원력에 의한 창건으로 보아야 하거니와, 설령 그것이 화엄신앙(사실은 舍那寺야말로 華嚴寺刹이지만)의 사찰이었다 할지라도 밀교 신앙적 성격을 전혀 배제할 수는 없는 것이다.

태조가 개인적 신앙이나 나라를 세움에 있어서 밀교적 감화력을 크게 입은 것은 앞에서 살펴본 도선 외에도 광학廣學과 대연大緣이 있었다. 이들은 『삼국유사三國遺事』[12]에,

> 我太祖創業之時 亦有海賊來擾 乃請安惠朗融之裔廣學大緣等二大德 作法禳鎭 皆朗之傳系也…又太祖爲創現聖寺 爲一宗根柢焉.

이라고 한 바와 같이, 신라시대 명랑明朗의 법을 이은 밀교의 대덕들로서, 문두루법文豆婁法(Mūdra·神印)[13]으로 태조를 도왔던 분들이다. 그리고 이들은 그 뒤에도 고려에서 많은 활약을 했던 것으로 생각되지만, 태조는 광학廣學, 대연大緣과의 이러한 인연을 계기로 하여 그 19년(936)에는 현성사現聖寺(혹은 賢聖寺)[14]를 창건하여 일종一宗(神印宗)의 근저根底가 되게 하였다. 신인종神印宗의 성립 문제에 대해서는 다음 장(Ⅲ)에서 자세히 언급하겠거니와 태조가 현성사를 창건하여 신인종의 근저가 되게 하였다는 것은 고려 초 위정자들의 밀교에 대한 신앙심이 매우 높았다는 하나의 증거가 되는 것이다. 또 태조 21년에는 천축天竺 사문이었던 홍범弘梵(室哩縛日羅, Śrivajra)이 갈마단경羯磨壇經을 갖고 들

---

12 『三國遺事』 권5, 신주 6, 明朗神印조.

13 Mūdra 作法은 『佛說灌頂代魔封印大神呪經』(『대정장』 권21 pp.515a~517b)의 敎法에 의한 것이거니와, 그 자세한 것은 金煐泰, 「高麗歷代王의 信佛과 國難打開의 佛事」(『불교학보』 제14집, p.83) 및 朴泰華, 「新羅時代의 密敎傳來考」(『趙明基博士華甲記念 佛敎史學論叢』, pp.67~97) 등을 참조하기 바란다.

14 權相老, 「神印宗과 摠持宗」(『佛敎』 제59호 p.5)에 의하면 現聖寺는 毅宗의 諱 晛字와 同音을 피하여 賢聖寺로 하였다. 따라서 現聖과 賢聖은 同寺異名이다.

어왔는데,[15] 이때 왕이 양가兩街에 위의를 갖추고 법가法駕를 맞이하게 된 것도 모두가 밀교에 대한 깊은 신앙심에서 연유된 것이다.

이와 같이 고려의 밀교는 위정자들의 돈독한 신앙심과 활발한 외호 정책에 힘입어 초기부터 굳건한 전통의 기반이 확립되었다. 뿐만 아니라 고려 초기의 그러한 현상은 뒷날 역대 왕들도 계승하여 발전적인 밀교 신앙의 전통을 세우게 되었다. 고려 목종穆宗은 그 10년(1007)에 총지사摠持寺의 주지였던 진념광제대사眞念廣濟大師 홍철弘哲로 하여금 『일체여래심비밀전신사리보협인다라니경一切如來心秘密全身舍利寶篋印陀羅尼經』[16]을 그 사찰에서 개판인시開板印施케 하였다.[17] 목종穆宗이 보협인다라니경寶篋印陀羅尼經을 개판開板케 한 것은,

> 若人書寫此經 置塔中者 是塔即爲一切如來金剛藏窣堵波 亦爲一切如來陀羅尼心 祕密加持窣堵波…塔及形像所在之處 一切如來神力所護其處 不爲惡風雷雹霹靂所害 又復不爲毒蛇毒蟲毒獸所傷…亦不爲刀杖水火所傷 亦不爲他敵所侵飢饉所逼.[18]

이라는 동경同經의 사상에 근거하여 일체 여래의 전신사리 공덕을 적취積聚한 다라니를 판각인시板刻印施하여 불탑 중에 봉안奉安·공양供養함으로써 국태민안國泰民安을 도모하려는 데에 그 목적이 있었다. 이와 동일한 목적에서 이루어진 초初·재조再雕의 고려대장경高麗大藏經에도 많은 밀교 경전들이 입장入藏되었다. 현종顯宗(1010~1031)에서 문

---

15 『高麗史』 2권, 太祖 21년 3월조 및 李能和, 『朝鮮佛教通史』 권하, p.161 참조.

16 『高麗大藏經』 권36, pp.831c~834b.

17 千惠鳳, 「고려 최고의 寶篋印陀羅尼經」(국회도서관보 제9권 제3호) 및 「羅麗印刷術의 研究」, p.38 등 참조.

18 高麗大藏經 권36, pp.833.

종文宗(1047~1083) 연간에 성립된 초조장경初雕藏經이 몽고 병란 때 소실되었으므로 그 자세한 내용을 알 수 없지만 현재 초조장경의 것으로 확인된 몇 권의 잔존본 속에는 『무량문파마다라니경無量門破魔陀羅尼經』, 『성지세다라니경聖持世陀羅尼經』 등 24권의 밀교경전이 들어 있는 것으로 보아, 초조장경에도 밀교에 관한 전적들이 많이 입장入藏되었을 것으로 생각된다.[19] 또 수기守其가 찬술한 재조대장경再雕大藏經(고종 23~38년 완성)의 『대장목록大藏目錄』[20]에 의하면, 『대비로자나경大毘盧遮那經』 7권, 『금강정경金剛頂經』 3권, 『무능승대명심다라니경無能勝大明心陀羅尼經』 1권 등 밀교전원密教專圓의 경전이 191종 356권(이 중에 다라니경류가 168종 256권으로 가장 많다.)이 실려 있고, 『대일경약섭염송수행법大日經略攝念誦隨行法』 1권 『금강정유가호마의金剛頂瑜伽護摩儀』 1권, 『불정존승다라니염송의궤佛頂尊勝陀羅尼念誦儀軌』 1권을 비롯한 밀교의식의 작법에 관한 것이 20종 21권이나 입장되었으며, 이 밖에 현밀겸원顯密兼圓의 것들도 상당히 많은 양이 들어 있음을 알 수 있다.

충렬왕은 그 원년(1275)에 왕실의 발원으로 『불공견삭신변진언경不空羂索神變眞言經』[21] 30권을 은자銀字로 사성寫成하여 현재 그 권13이 가장 오래된 은자경銀字經으로 남아 있거니와[22] 충숙왕忠肅王 15년(1328) 5월에는 『밀교대장경密教大藏經』 130권을 금서金書로 간행하여 세상에 펴내기도 하였다.[23] 이제현李濟賢이 찬한 「금서밀교대장서金書密教大藏序」에,

19 현재 확인된 初雕藏經의 入藏經에 대해서는 千惠鳳, 「羅麗印刷術의 硏究」, pp.73~84에서 자세히 밝히고 있으므로 참고하기 바란다.

20 高楠順次郎, 『昭和法寶總目錄』 권2, pp.93~118.

21 『대정장』 권20, pp.227~398.

22 『高麗寫經展觀目錄』(東大 佛教文化硏究所, 1962), p.2 참조.

23 『東文選』 권85, 李齊賢 '益齋亂藁', pp.158~161, 李能和, 『朝鮮佛教通史』 권하, p.161 등의 「金書密教大藏序」 참조.

昔之人 知其若此 裒而纂之 成九十卷 名之曰密敎大藏 刊行于世則 玆九十卷者 數千萬卷之根柢也 我主上殿下萬機之暇 留神于釋典 其於密敎 信之尤切…又增求其所未收 得四十餘卷 舊合一百三十卷.

이라고 한 바와 같이 충숙왕은 호불왕으로서 특히 밀교에 대한 신앙이 매우 철저했던 분이다. 그러므로 왕은 그 이전에 이루어졌던 『밀교대장경』 90권 중에서 미수未收된 40권을 다시 구해 130권이나 되는 금서金書『밀교대장경』을 간행하였던 것이다.

이와 같이, 고려 왕실이 국력을 기울여 밀교 신앙의 기초가 되는 전적들을 수집·정리·간행한 것은 모두가 그에 대한 깊은 관심과 돈독한 신앙심이 있었기 때문이다. 뿐만 아니라 그러한 사업들은 결과적으로 고려의 밀교를 신앙이나 사상적 내용 또는 의식 등 여러 가지 측면에서 더욱 알차고 풍부하게 해 주었던 것도 사실이다. 그러나 고려 왕실의 밀교에 대한 신앙은 사찰의 건립이나 관계 전적의 간행만으로 끝난 것은 아니다. 그들은 이렇게 간행한 경전 의궤의 사상과 교법에 따른 구체적 실천도 결코 게을리하지 않았다.

고려 역대 왕실과 위정자들의 밀교에 대한 신앙의 실천적 모습은 제종 도량諸種道場과 의식을 통해 잘 나타나고 있다. 고려시대에는 80여 종의 법회, 설재設齋, 도량道場 등의 불교의식이 설행되었는데,[24] 이들 중에는 문두루도량文豆婁道場, 인왕도량仁王道場, 공작명왕도량孔雀明王道場, 무능승도량無能勝道場, 금광명도량金光明道場, 소재도량消災道場, 대일왕도량大日王道場, 공덕천도량功德天道場, 관정도량灌頂道場, 만다라도량曼荼羅道場, 진언법석眞言法席 등과 같이 순연한 밀교의례가 상당

24 졸고, 「高麗의 護國法會와 道場」(『불교학보』 제14집, pp.90~103) 참조.

히 많았으며, 또 전적으로 밀교의 것은 아니지만 장경도량藏經道場, 능엄도량楞嚴道場 등과 같이 밀교적 성격이 짙은 것들이 대부분을 차지한다.[25] 그리고 이러한 행사의식들이 역대 왕실을 중심으로 매년 매월 설행設行되지 않은 때가 거의 없었다.[26] 이러한 문제들에 관해서는 다음의 'Ⅳ. 밀교적 제종의례'에서 자세히 논급될 것이므로 이를 참조하기 바라지만, 우리는 이러한 사실에서 고려 위정자들의 밀교에 대한 신앙 태도와 그 깊이를 충분히 짐작할 수가 있는 것이다. 게다가 밀교 신앙이 더욱 극진했던 후대 왕들 중에는 그 즉위식까지도 밀교의례의 전통적 방법에 따라 거행한 경우도 있었다.

『고려사高麗史』의 원종元宗과 충선왕忠宣王조에,

> 四月戊午 王即位于康安殿 灌頂受菩薩戒於康寧殿.[27]
> 八月甲寅 王服紫袍 設觀道場于康安殿 詣景靈殿 告嗣位 遂乘輿至壽寧宮卽位 受群臣朝賀.[28]

라고 한 바와 같이, 이들은 모두 관정의식의 행법에 따라 왕위에 올랐음을 알 수 있다. 이 양왕兩王의 경우 외에 강종康宗 1년 1월[29]과 충렬왕 즉위년 9월[30]에도 관정도량의 개설이 있었는데, 이것도 그 설행된 시기로 보아 왕의 즉위식이었던 것으로 판단된다. 그런데 관정은 밀교의 독특한 의식으로서 원래 인도에서 국왕이 즉위할 때 보병寶甁에 사

---

25 鄭泰爀, 『密敎』(『現代佛敎新書』 36, 東國譯經院), pp.198~204에서는 高麗 諸種儀式을 五種護摩法에 配對하고 있으나, 華嚴法會 愛成會와 같은 것은 밀교적인 것이 아니다.
26 주 24 참조.
27 『고려사』 권25, 元宗 元年 4月條.
28 상동 권33, 忠宣王 卽位年條.
29 상동 권21, 康宗 1年 1月條.
30 상동 권29, 忠烈王 즉위년 9月條.

해수四海水를 넣어 그것을 왕의 정수리에다 뿌리는 의식에서 채용, 표방한 것이다. 그리하여 밀교에서는 보병寶甁에 오지법수五智法水[31]를 넣어 아사리阿闍梨(스승)가 제자의 머리에 그것을 뿌려 줌으로써 무시이래로 지은 무명번뇌의 때를 씻고 자성청정심을 증득하여 법왕의 직위를 계승케 하는 의식이다.[32] 물론 관정도 그 내용에 따라 사업事業·인법印法·이심관정以心灌頂[33]과 보병賢甁·비밀秘密·지혜관정智惠灌頂[34]으로 분류되고 있으나, 고려 때의 그것은 왕실의 밀교 신앙적 태도로 보아 이러한 의미의 종합적 수용으로 판단된다. 따라서 고려 하대의 왕들은 관정의 의궤법에 따라 즉위함으로써 그들은 세속적인 왕을 넘어 출세간적 법왕法王이 되어 밀교의 전법과 교화의 대아사리大阿闍梨가 되려는 강렬한 신앙의 염원이 있었던 것으로 생각된다.

이상에서 살펴본 바와 같이 고려에서는 건국 초기부터 왕실을 중심으로 밀교에 대한 관심과 그 신앙이 매우 깊었으며, 밀교에 대한 외호정책도 활발히 전개되었다. 그리고 이러한 초기 왕실의 밀교에 대한 신앙의 태도는 그 후의 왕들에게도 줄곧 계승되었을 뿐만 아니라 하대로 내려올수록 그 신앙의 열도熱度는 점점 더 깊어지게 되었다. 그리하여 천책天頙이 『선문보장록禪門寶藏錄』[35]에서,

> 敎者不倫有三疇類 一顯敎者 諸乘經律論也 二密敎者 瑜伽灌頂五部護摩三密曼拏羅法 三心敎者 直指人心見性成佛禪法也… 此之三

31 五智는 成所作智, 妙觀察智, 平等性智, 大圓鏡智, 法界體性智 등이며, 이를 상징하는 五海水를 寶甁에 넣은 것을 五智法水라 한다.

32 宇井伯壽, 『佛敎凡論』, p.827.

33 『大日經』 권5, 秘密曼荼羅品(『대정장』 권18, p.38) 참조.

34 『秘密集會經』(『대정장』 권18, p.508) 참조.

35 天頙 撰, 『禪門寶藏錄』 권상, 禪敎對辨門(『萬德寺志』, 아세아문화사, 1977, p.223).

教三輪三祖 自西而東化凡而聖流十五代.

라고 한 바와 같이 고려에서는 밀교가 선禪·교敎와 더불어 당당한 불교의 삼대 교학사상의 하나로 발전하였던 것이다.

Ⅲ. 총지종摠持宗과 신인종神印宗

우리나라의 밀교사상이나 그 신앙의 태도에는 신라 대로부터 양대 조류가 있었다. 하나는 명랑明朗으로부터 효시가 된 신인神印의 작법作法 계통(雜密的 요소)이고, 다른 하나는 혜통惠通으로부터 시작된 총지摠持 계통(純密의 摠持宗과는 다른)이다. 전자는 잡밀雜密의 제작법諸作法을 위주로 하여 국가·사회의 어려움을 극복하는 것이었으며, 후자는 주로 진언眞言을 지송持誦함으로써 개인적 고난을 제멸하려는 것이었다.[36] 그리고 이러한 양대 사조는 총지종의 개종을 제외한다면, 고려시대에도 큰 변화 없이 전승되었던 것으로 생각된다. 그러므로 이제 그 전승傳承의 대강을 살펴보려고 한다.

1. 총지종의 성립과 그 신앙

총지摠(總)持는 Dharaṇi의 의역意譯으로서 다라니는 함장다의含藏多義하고 모든 교의敎義를 총섭總攝하는 것이므로 여기서, 좁은 의미의 총

36 『三國遺事』 권5, 神呪 6 惠通降龍條 및 明朗神條 참조.

지摠持라는 명칭이 유래한다. 그러나 넓은 의미로서 밀교密敎의 총지법摠持法은 신身·구口·의意 삼밀유가三密瑜伽에 의한 수관수계법修觀守戒法을 의미한다. 따라서 본래적 의미의 밀교적 총지법은 출세간적 실지悉地에 목적을 두고 순밀행법純密行法(胎藏·金剛界法)에 의한 법法·의義·주呪·능득보살인다라니能得菩薩忍陀羅尼 등 4종 다라니[37]의 총지적摠持的 수행이 있어야 한다.

이와 같은 총지법에 대하여 몇몇 학자들은 우리나라의 그 초전자를 신라의 혜통惠通으로 보고, 혜통에 의하여 총지종이 개종된 것으로 보고 있다.[38] 그러나 『삼국유사』의 혜통惠通조[39]에는 총지종으로 개종開宗된 결정적인 기사도 없을 뿐만 아니라, 그가 입당入唐하여 선무외善無畏(A.D. 716년 來唐함)에게서 인결印訣을 받고 귀국한 인덕麟德 2년(665)과는 50여 년의 차이가 있다. 게다가 일연一然(1206~1289)은 『삼국유사』를 편찬하면서 밀본密本, 명랑明朗과 함께 다 같은 '신주神呪'편에 혜통을 넣고 있으며, 그의 백두항룡白頭降龍이나 유질법愈疾法이 순밀의 총지법보다는 잡밀적 성격이 더 짙은 것으로 생각된다.

따라서 총지종의 개종조開宗祖를 혜통으로 볼 수는 없거니와 혜통은 총지나 신인이라는 종파적 입장보다는 밀교라는 전체적 사상 속에서 주력呪力신앙을 위주로 하였던 것 같다. 그리고 혜통으로부터 연유된 이러한 주력신앙은 고려조에까지 전승되어 한 종파를 형성하게 된다.

총지사摠持寺(신라 대는 摠持嵒이었다.)는 혜통惠通의 법력으로 인하여

37 『瑜伽師地論』 권45(『대정장』 권30, pp.539~543).

38 李能和, 『朝鮮佛敎通史』 권상 p.72, 權相老, 「神印宗과 摠持宗」(『佛敎』 제59호, p.7), 李載丙, 「朝鮮佛敎史之硏究」 제1(東溪文化硏揚社, 1946, pp.108~110), 李種益, 「韓國佛敎 諸宗派成立의 歷史的 考察」(『불교학보』 제16집, p.39), 朴泰華, 「新羅時代의 密敎傳來考」(『趙明基博士華甲記念 佛敎史學論叢』, pp.77~78) 등에서 모두 惠通을 摠持宗의 開祖로 보았다.

39 『三國遺事』 권5, 神呪6 惠通降龍條.

신라 신문神文·효소왕孝昭王 연간에 창건된 것인데,[40] 고려 목종 10년(1007)에는 이곳에서 『보협다라니경寶篋印陀羅尼經』이 개판開板되었고,[41] 문종 32년(1078) 5월 16일에는 대각국사 의천이 왕명으로 행향行香하였으며,[42] 명종 16년(1186) 9월에는 진성鎭星이 목성木星을 범하여 내란이 염려되므로 광암光嵒·총지摠持 양사에서 불정소재도량을 개설하였다.[43] 이와 더불어 충렬왕 원년(1275)에 왕실의 발원으로 『불공견삭신변진언경不空羂索神變眞言經』 30권을 은자서성銀字寫成한[44] 것 등은 모두가 고려 왕실이 진언眞言(다라니·呪)의 수행을 중히 여겼던 사례들이다.

또 『고려사』에,[45]

> 幸摠持寺 召住持懷正 遊賞林亭 留題祈福詩二絕 懷正唯以呪噤得幸 恩寵無比. 凡僧徒求職賞者 皆趣附賄賂貪鄙無厭.

이라고 한 바와 같이 회정懷正은 총지사의 주지로서 주금사呪噤師였음을 알 수 있는데, 주금사는 주력승呪力僧을 경전[46]에서 대력주사大力呪師·대주사大呪師·주사呪師라고 한 데서 연유한 것이지만 주사呪師로서 의업醫業에 종사하는 자를 주금사呪噤師라고 하였다. 충숙왕 때의 복산福山, 충혜왕忠惠王 때의 학선鶴仙·천기天其 등은 모두 의승醫僧들로

---

40 權相老 編, 『韓國寺刹傳書』 권하, p.1104 참조.
41 주 17 참조.
42 『大覺國師文集』 권18에 "戊午五月十六日 銜命行香于摠持寺 因憶舊年 栖止偶成一絶"의 詩가 있다.
43 『高麗史』 권48, 志第2 天文2 참조.
44 주 22 참조.
45 『高麗史』 권18, 毅宗 11년 8월조.
46 『佛說優婆塞五戒相經』 권1(『대정장』 권24 p.940). 『金光明最勝王經』 권7(『대정장』 권16, p.435). 『十誦律』 권2(『대정장』 권23, p.9) 등에는 眞言持誦僧을 大呪師, 呪師, 大力呪師라고 하였다.

서[47] 주금사였을 가능성이 많다. 고려에서는 일찍이 『불설주시기경佛說呪時氣經』, 『불설주소아경佛說呪小兒經』 등 많은 불교 의경醫經들이 들어와 널리 치병治病에 응용되었고,[48] 신라 대부터 정신신체의학에는 좌선요법, 주술요법 등이 많이 사용되었던[49] 등의 사실로 미루어 보면, 문종조文宗朝(1047~1082) 전의시典醫寺에 종사한 종구품從九品의 주금박사呪噤博士와 주금사呪噤師, 주금공呪噤工 등에는[50] 많은 진언지송眞言持誦의 주사呪師(陀羅尼, 摠持師)들이 참여했을 것으로 생각된다.

인종仁宗 14년(1136)에 고시의 방법을 의업식醫業式과 주금식呪噤式으로 나누어 실시함으로써 주금업呪噤業과 그에 종사한 총지주사摠持呪師의 사회적 위치가 점점 확고해졌고, 그에 따라 회정懷正과 같은 대주금사大呪噤師가 배출되어 왕정에 적극 참여하게 되었다.

앞에서 살펴본 바와 같이 총지사 주지였던 회정은 주금呪噤으로써 의종의 무비無比한 은총을 받았으며, 당시 직職·상賞을 구하려는 모든 승도僧徒들이 그를 통하지 않을 수 없는 막강한 위치에 있었다. 총지계摠持系 승려가 이러한 위치에 있게 된 것은 고려 건국 이래 초유의 일로서 이를 전후하여 총지종이 개종開宗될 수 있는 인연이 성숙되어진 것이 아닌가 생각된다.

회정과 같은 총지계 승려들의 대두는 그 당시 절대적 교세를 갖고 있던 선종과의 대립을 예상할 수 있는데, 수선사修禪社 제2세 진각국사眞覺國師(1178~1234)와 한 총지승摠持僧과의,

---

47 高麗 醫僧에 관해서는 金斗種, 『韓國醫學史』, pp.300~311에서 정리되었으므로 참조하기 바란다.

48 金斗種, 上揭書, pp.219~222 참조.

49 洪元植譯, 『佛教醫學詳說』, pp.244~271 참조.

50 『高麗史』 志卷30, 百官1에 "典醫寺 掌醫藥療活之事…文宗定判事秩從三品…呪噤博士一人並從九品…呪噤師二人 呪噤工二人"이라고 하였다.

師問僧 闍梨何業 僧云陀羅尼 師云有多字陀羅尼 一字陀羅尼 無字陀羅尼 餘則不問 如何是無字陀羅尼 僧云啊字 師云此是一字 僧無對 師云儞正道着.[51]

이라는 대화는 이러한 입장에서 이해되거니와, 여기서 우리의 주목을 끄는 것은 "闍梨何業"이다.

진각국사는 출가 전에 이미 주송呪誦으로 득력한 분이기에[52] 밀교에 대하여 그 교학 사상을 잘 알고 있었을 것이다. 이러한 분이 '사리闍梨'라고 상대 승을 호칭한 것은 무엇을 의미하는가? 사리闍梨는 아사리로서 작단의궤作壇儀軌(灌頂)에 따라 입단入壇하여 유가삼밀瑜伽三密을 수행하거나 그 가지삼매력加持三昧力을 얻어 스승이 되지 않으면 아사리라고 할 수 없다. 진각국사 생존 시인 명종 8년(1178)에서 고종 21년(1234) 사이에 이러한 아사리가 배출되어 있었다면, 그것은 회정懷正의 사실과 연계하여 생각할 때 의종(1147~1170)에서 고종 21년(1234) 사이에 총지종이 개종되었던 것으로 판단된다.

더욱이 고종 대(1214~1259)에 추밀원樞密院 부사副使, 중서평장사中書平章書 등을 지냈던 최자崔滋는 「지념업선사조유위대선사교서持念業禪師祖猷爲大禪師敎書」[53]와 그 관고官誥를 찬하면서,

敎祖猷 凡國家崇奉浮屠 設其僧爵 至配於卿大夫者無也 盖爲其福利生民耳 然業浮屠者 雖自己分上 定熟慧圓 其利他之功 公然顯及

51 『眞覺國師語錄』, 室中對機(월정사판, p.84).

52 「松廣寺眞覺國師塔碑」(『朝鮮金石總覽』 上, p.462)에 "從母乞出家 母不許 勉令業儒 然常念經持呪 久乃得力 喜毁斥淫巫妖祠 或往往救人病有效"라고 하였다.

53 『동문선』 권27.

於生民者盖募矣 某. 以摠持法力 驅除虐癘 凡救活幾人耶…(官誥)
洛山寺住持禪師祖猷 以頌持三昧力 能攝伏一切魔 當晋陽公 累旬
而未寧 自洛伽山千里而忽至 呪龍鉢下 才揚金杵之音 映蛇盃中 旋
覺角弓之影.

이라고 하였다. 이러한 내용에 대하여 이재병李載丙 선생은 "이는 양양 낙산사가 고종 시대에 총지종摠持宗에 귀속되었음을 확인케 한다."[54]고 하였고, 이종익李種益 선생은 "총지종은 여대麗代에 지념업持念業이라는 업자業字로써 작용代用했다. 지념持念을 전업專業한다는 뜻이니 그것이 한 종파임은 두말할 것이 없다."[55]라고 하여 조유祖猷의 지념업持念業을 총지종으로 보고 있다. 또한 이 당시에 진언지송眞言持誦을 전업專業한 승려가 조유祖猷만이 아니었고, 혜영慧永(1228~1294)도,

千手經云 持此呪者 聰明多聞强記不忘 眞言曰唵阿盧勒繼娑婆訶,
述曰次誦呪也 此眞言是金剛頂經所說 觀自在菩薩心眞言也.[56]

라고 하여 『금강정경金剛頂經』 소설의 진언眞言을 주로 지송하였다. 뿐만 아니라 고종 자신도 혈구산穴口山이 대일왕大日王 상주처라는 보랑장補郎將 백승현白勝賢의 말에 따라 이곳에서 혈구사穴口寺를 지었으며,[57] 꿈에 노비구로부터 『대일경大日經』을 권념勸念하라는[58] 지시를 받을 정도로 총지법에 대한 신앙이 철저했던 왕이다. 따라서 강종康宗이 관정

---

54 李載丙, 前揭書, p.110.
55 李種益, 「韓國佛教 諸宗派成立의 歷史的 考察」(『불교학보』 제16집, p.40).
56 慧永, '白衣解'.
57 『高麗史』 列傳 권36, 白勝賢傳 참조.
58 同上, 燮辛 1, 鄭世臣傳 참조.

의법에 따라 즉위한 것이[59] 결코 우연한 것이 아니거니와 고려에서 총지종은 의종에서 고종 초 사이에 개종되었음은 더욱 명확한 사실이다.

이와 같이 개종開宗으로까지 발전한 고려 총지종은 그 후 원종元宗 대부터 교류가 시작된 라마교의 영향과 원조元朝 밀교승들의 내조來朝 활동과 짝하여 더욱 눈부신 발전을 거듭하게 되었다.[60] 그리하여 앞에서 살펴본 바와 같이 왕의 즉위식에까지 관정법이 도입되었고, 130권이나 되는 『밀교대장경』이 금서金書로 간행되었으며, 고려 말에는 『불정존승다라니경』의 범자비梵字碑[61]까지 세워질 정도였다. 그러나 이러한 고려의 총지종도 조선조 태종 7년에 남산종南山宗과 합종되고 말았다.

2. 신인종의 성립과 그 신앙

신인神印이란 Mūdra(文豆婁)를 중국 동진東晉에서 그렇게 번역한 데서 유래된 말이다.[62] 문두루는 밀교의 결수結手(結印·印契)를 가리키는 것으로서 유상삼밀有相三密의 입장에서는 삼밀三密(身口意) 중에서 신밀身密에 해당한다. 그러나 우리나라에서의 그것은 유상삼밀의 경우보다 무상삼밀無相三密의 신앙적 입장에서 신인작법神印作法을 더 중요시하였다.

59 주 29 참조.

60 高麗時代 라마교의 전래와 그 영향 및 원대 밀교승들의 來朝活動은 李龍範, 「원대라마교의 高麗傳來」(『불교학보』 제2집, pp.161~220) 및 安啓賢, 「麗元關係에서 본 高麗佛教」(『黃義敦선생고희기념사학논총』, pp.147~170)에서 자세히 論及되었으므로 참고하기 바란다.

61 崔夢龍, 「光州十信寺址 梵字碑 및 石佛移轉始末」(『고고미술』 138·139호, pp.128~135) 참조.

62 『佛說灌頂經』 권7, 『伏魔封印大神呪經』 각주(『대정장』 권21, p.515b)에 "胡言文豆婁者 普言神印也"라고 하였다.

우리나라에서의 신인비법神印秘法은 신라 문무왕(661~680) 때 명랑법사가 이 밀법으로써 당병唐兵을 물리치게 된 것이 그 처음이 된다.[63] 이때 명랑이 수용한 신인법神印法은 『관정경灌頂經』 12권 중의 제7경인 『불설관정복마봉인대신주경佛說灌頂伏魔封印大神呪經』[64]의 사상과 그 교법에 의한 것이다. 이 경을 소의로 하는 문두루법과 그 사상성에 대해서는 기재 논문[65]들을 참조하기 바라지만 그것은 선무외善無畏(637~735) 등 밀교 삼장密教三藏들에 의해 8세기 초 중국에 전해진 순밀純密은 아니다. 따라서 명랑이 신라에 전래한 것은 잡밀 계통임을 알 수 있거니와 명랑의 신인밀법은 고려에도 그대로 전승되었다.

고려 태조가 창업할 당시 해적이 침요함으로 신인조사 명랑의 후예인 광학廣學, 대연大緣 두 대덕을 청하여 이를 양진禳鎭하였다. 그리하여 태조는 그 19년(936)에 현성사現聖寺(賢聖寺)를 세워 신인종의 근저가 되게 하였다.[66] 태조가 현성사를 지어 '일종一宗(신인)의 근저로 하였다'는 것은 이 때에 신인종이 개종되었다는 것인데도 그 개종을 신라 명랑 대로 보는 견해가 많았다.[67] 그러나 신라 신인종의 근본도량이라고 생각했던 사천왕사는 신인의 그것이라기보다는 오히려 제석신앙이 더 중심이 되고 있었던 사실은 신라나 고려시대가 동일한 현상이다.[68] 따라서 필

63 『三國遺事』 권5, 神呪6 明朗神印條 참조.

64 『대정장』 권21, pp.515a~517b.

65 朴泰華, 「新羅時代의 密教傳來考」(『趙明基博士華甲記念 佛教史學論叢』, pp.67~97), 金煐泰, 「高麗歷代王의 信佛과 國難打開의 佛事」(『불교학보』 제14집, p.83), 文明大, 「新羅神印宗의 研究」(『진단학보』 제41호, pp.188~213).

66 주12 참조.

67 權相老, 「神印宗과 摠持宗」(『佛教』 제59호, pp.2~5), 李載丙, 『朝鮮佛教史之研究』 제1(東溪文化研揚社, 1946, pp.103~108), 李種益, 「韓國佛教諸宗成立의 歷史的 考察」(『불교학보』 제16집 pp.38~39), 朴泰華, 前揭論文, 文明大, 前揭論文 등에서 神印宗 新羅 成立을 주장한다.

68 新羅나 高麗의 四天王을 중심으로 한 帝釋神仰은 洪潤植, 「三國遺事와 密教」(『東國史學』 제14집 pp.67~90), 졸고, 「高麗의 帝釋神仰」(『불교학보』 제15집,

자는 김영태 선생의 "그때까지 일종一宗으로 성립되어 있지 않았던 것을 태조가 현성사를 세운 뒤에 비로소 그곳을 근저로 하여 신인종이라는 일종이 성립을 보게 되었다."[69]는 견해에 의견을 같이하는 것이다.

이와 같이 고려 태조의 현성사 건립을 계기로 하여 신인종이 개종된 후 그것은 국난타개라는 신라적 전통을 유지 계승하면서 그 신앙은 고려 일대를 통하여 계속 발전하였다. 문종 28년 7월 동경東京 사천왕사에서 번병蕃兵을 기양祈禳하기 위하여 27일 동안 개설된 문두루도량[70]을 위시하여 숙종 6년 4월, 예종 3년 7월(鎭靜寺), 동同왕 4년 4월(興福·永明·長慶·金剛等寺), 고종 4년 4월과 동 12월(현성사)에 각각 그것이 설행된 사실이 『고려사』에 보이고 있다. 이러한 사실은 고려의 신인종神印宗과 그 신앙이 계속 유지, 발전되어 왔음을 입증하는 좋은 자료가 되거니와, 역대 제왕이 신인종의 근본도량인 현성사에 많은 행행幸行을 했음도 이러한 사실과 결코 무관한 것은 아니었으리라 생각된다.

『고려사』 세가世家에 의하면, 인종 8년 4월 문하시중門下侍中 이공수李公壽가 양부兩府의 대신들과 회의하고 백료百寮들로 하여금 차등 있게 출미出米하여 현성賢聖·영통靈通 양사兩寺에서 재齋를 설행하고 국가를 위해 재災를 가시고 복을 빌었다.[71] 이 뒤를 이어 인종 13년 3월, 명종 5년 6월, 동 5년 8월, 동 6년 10월, 고종 22년 9월, 동 43년 9월, 원종 13년 4월, 동 15년 4월, 충렬왕 원년 4월, 동 5년 11월, 동 11년 9월, 동 18년 9월, 충숙왕 원년 9월, 공민왕 원년 3월 등 많은 왕들이 현성사에 행차하고 있다. 이 기사를 전하고 있는 『고려사』에는 왕들이 행행

---

pp.79~108) 등을 참조하기 바란다.

69 金煐泰, 「五敎九山에 대하여」(『불교학보』 제16집, p.73).

70 『高麗史』, 世家 권9, 文宗 28년 7월조.

71 上同, 권16, 仁宗 8년 4월조.

하게 된 목적과 그 내용에 대해서는 전혀 언급이 없다. 그러나 역대 제왕의 사원 행차가 모두 불사와 관계되었던 사실로 미루어보면, 이것도 문두루도량의 개설과 직접 간접으로 깊은 관계가 있었던 것으로 생각된다. 어떻든 고려 태조 시에 개종된 신인종은 조선조에 들어 유가종에 합병[72]되기 전까지 유지, 발전되어 왔으며, 그에 대한 왕실의 신앙이 매우 깊었던 것도 사실인데, 그 이유는 「서경금강사문두루도량문西京金剛寺文豆婁道場文」[73]에,

> 化不可思 廣被恒沙之刹 力無能勝 莫尊神印之門 曲借神通之應 兵戈韜戰 永無外侮之虞 社稷靈長 咥撫中興之慶

이라고 한 바와 같이 신인밀법神印秘法이 국난타개의 막존지묘법莫尊之妙法으로 이해되었기 때문이다.

이러한 사실을 통하여 우리는 고려 신인종이 지니는 불교사적 위치와 국가·사회의 기여도를 짐작할 수 있는 것이지만, 그것은 신라 명랑으로부터 계승된 하나의 전통이기도 하였다.

Ⅳ. 밀교적 제종의례諸種儀禮

1. 인왕도량仁王道場

인왕도량은 백고좌도량百高座道場, 백좌인왕도량百座仁王道場, 백좌도

72 이재명·이종익, 前揭論文 참조.
73 『東國李相國集』 권39, 佛道疏.

량百座道場, 백고좌회百高座會, 백좌회百座會, 백좌법석百座法席 등 여러 가지 명칭으로 불리고 있다. 그러나 이것은 모두가 『인왕경』을 소의로 한 의식이요, 작법이라는 점에서는 동일한 것이다. 현재 전하고 있는 『인왕경』에는 구마라집 역의 『불설인왕반야바라밀경佛說仁王般若波羅蜜經』[74] 2권과 불공不空 역의 『인왕호국반야바라밀다경仁王護國般若波羅蜜多經』[75] 2권이 있다. 이 동본이역의 『인왕경』은 그 사상적 본질이 『반야바라밀경般若波羅蜜經』의 실천과 신앙에 있는 것이지만,[76] 그 호국품 제5에,

> 吾今正設護國土法用 汝當受持般若波羅密 當國土欲亂破壞劫 燒賊來破國時 當請百佛像百菩薩像百羅漢像 百比丘衆 四大衆七衆共聽百法仰諸般若波羅密 百師子吼高座前 燃百燈燒百和香 百種色花以用供養三寶 三衣什物供養法師 小飯中食亦復以時 大王 一日二時講讀此經 汝國土中有百部鬼神 是一一部復有百部 樂聞是經此諸鬼神護汝國土.[77]

라고 한 바와 같이, 호국의 묘법도 매우 수승한 경이다. 그리하여 우리나라에서는 신라 진흥왕 12년(551)에 개설한 백고좌강회百高座講會를 최초로 하여[78] 이후 조선조 초기까지 그에 대한 신앙은 매우 활발히 전개되었다.

---

74 『대정장』 권8, pp.824~834.

75 上同, pp.834~844.

76 李箕永, 「仁王般若經과 護國佛教」(『東洋學』 제5집, pp.491~522, 『韓國佛教研究』, pp.163~193) 참조.

77 『대정장』 권8, pp.829c~830a.

78 『三國史記』 권44, 居柒夫條에 나타난 眞興王 12년(551)의 百高座講會가 우리나라 최초의 것이나, 李能和, 『朝鮮佛教通史』 권하 p.292와 李箕永, '前揭論文' p.510에서는 眞平王 35년(613)의 것을 최초로 보고 있다.

원래 『인왕경』은 현밀겸원顯密兼圓의 경이지만 구역舊譯(羅什譯)은 현교顯教의 입장에서, 신역新譯(不空譯)은 밀교의 입장에서 각각 번역되었다. 이러한 『인왕경』이 고려에서는 원종 5년(1264)에 내린 선지宣旨에,

> 夫仁王般若 偏爲護國安民最勝法文…爲寡人親朝欲設仁王法會 印成是經新舊譯各一百二部.[79]

라고 한 바와 같이, 호국안민의 최승법문最勝法文으로서 신·구역新舊譯 양본兩本이 동시에 유통, 신앙되었음을 알 수 있다. 그러나 고려에서의 인왕경 신앙은 구역본보다는 신역본(不空譯)이 주류를 이루었던 것으로 생각된다. 신역본 『인왕경』이 주류였다는 것은 그에 대한 밀교적 신앙이 깊었다는 뜻인데, 이미 송宋에서 밀교적 인왕경 신앙이 활발했던 시기에 선종宣宗은 그 2년 2월 송제宋制를 표방하여 왕의 가행駕幸 시에 『인왕반야경仁王般若經』을 전도前導케 하였으며,[80] 공양왕 2년 1월에는 별전別殿에 인왕불仁王佛을 안치하고 매每 조석 예배는 물론이요, 재이災異가 있을 때는 궤행기양軌行祈禳하였다.[81] 고려적 도량이 장소와 의법儀法 자체를 동시에 가리키는 말이지만, 여기서 인왕불仁王佛은 인왕도량의 개설을 위한 만다라의 건립이며, '궤행기양軌行祈禳'은 불공不空이 전역傳譯한 『인왕호국반야바라밀다경다라니염송의궤』[82]와 인왕반야염송법[83]을 의거하였음을 알 수 있다. 더욱이 고려의 『인왕경』에 대한 신

---

79 『高麗史』 世家 권26, 元宗 5년 7월조. 李能和, 『朝鮮佛教通史』 권하 p.292.

80 "始令駕幸時 奉仁王般若經傳導 遵宋制也"(『高麗史』 世家 권10, 宣宗 2년 2월).

81 "是月 王 置仁王佛於別殿 每朝夕禮拜 凡有災異軌行祈禳"(『高麗史』 世家 권45. 恭讓王 2년 1월).

82 『대정장』 권19, pp.514~519.

83 上同 pp.520~521.

앙의 태도가 개인적 지념持念보다는 국가 사회적인 의식이 주가 되었던 것은 사실인데, 그러한 의식은 반드시 『인왕경』의 교설敎說(제5 護國品)이나 인왕경의궤仁王經儀軌에 의했던 것으로 생각된다. 따라서 고려시대 인왕경 신앙은 주로 불공不空의 신역본에 의한 밀교적인 그것이 절대적인 것으로 보아야 한다.

이와 같은 고려 인왕경 신앙은 그 말기에 이르기까지 도량道場·법석法席·강경講經·법회法會 등의 명목으로 허다한 개설이 있었다. 『고려사』 세가편에만 보아도 현종顯宗 3년 5월 내전內殿에서 『인왕경』을 강설한 것을 비롯하여 공민왕 22년 4월까지 무려 122회나 설행되었는데, 그 대부분이 인왕도량이었다.[84] 게다가 『고려사』 현종세가顯宗世家에는 『인왕경』 관계 기사가 단 4회(顯宗 3년 5월, 11년 5월, 12년 4월, 18년 10월)만 나타나 있지만, 동왕同王 11년 5월에,

> 辛亥朔 設師子座一百於內庭 講仁王經三日 歲爲常例.[85]

라는 사실과 기타 누락된 기록을 감안한다면, 고려 『인왕경』 의식의 개설 회수는 122회보다 훨씬 상회할 것으로 예상된다. 어떻든 이렇게 많은 『인왕경』 의식이 국가적 행사로 개설되었던 의도와 목적은 무엇이었던가. 그것은 고려조가 『인왕경』을 '구세지양약救世之良藥이나 호국지승문護國之勝門'[86]으로 믿고, 그러한 신앙을 바탕으로 인왕도량을 개설함

---

84 高麗 仁王道場 등의 개설에 관한 것은 二宮哲任, 「朝鮮에 있어서 仁王會의 開設」(『朝鮮學報』 제14집), 李箕永, 前揭論文, 金煐泰, 「高麗歷代王의 信佛과 國難打開의 佛事」(『불교학보』 제14집, pp.74~79), 拙稿, 「高麗時代의 仁王百高座道場研究」(碩士學位論文) 등에서 자세히 언급하고 있으므로 참고하기 바란다.

85 『高麗史』 世家 권4, 顯宗 11년 5월조.

86 『東國李相國集』 권41, 仁王及金經法席疏.

으로써 국가 사회의 내우외환을 극복하려는 데 있었다.[87] 그러나 이러한 목적에 의한 인왕경 신앙은 왕실을 중심으로 한 내전內殿이나 사원에서만 있었던 것은 아니다.

장안에서는 경행經行이라 하여 민리민복民利民福을 기원하는 의미로 『인왕경』을 봉지奉持하고 보행독송步行讀誦하는 의식이 정종靖宗 12년부터 상례적으로 행해졌다.[88] 이 경행은 고려 인왕경 신앙의 특유한 모습으로서 그것이 서민층에서는 행독行讀이라는 의식의 형태로 전개되었다. 즉 향리의 농민들은 천재지변이나 기타 우환이 발생하면 마을 사람들이 모여 『인왕경』을 받들어 모시고 거리를 행진하면서 그것을 독송하여 모든 재난이 물러가고 복이 오기를 부처님께 기원하였다.[89] 이와 같은 고려의 행독行讀이나 경행經行이 모두 인왕도량과 그 사상적 맥락을 같이하거니와, 고려조에서는 전대全代를 일관하여 승속은 물론이요, 왕실에서 촌민에 이르기까지 『인왕경』에 대한 신앙은 그 어느 때보다도 가장 열렬했다. 더욱이 그러한 신앙이 신역본 『인왕경』을 소의所依로 했으며, 밀교적 의궤에 따라 전개되었다는 점에서 우리는 인왕도량을 통하여 고려 밀교의 발전적 일단을 엿볼 수 있는 것이다.

2. 금광명도량金光明道場

금광명도량金光明道場은 『금광명경金光明經(金光明最勝王經)』[90]을 근본

---

87 金煐泰, 「高麗歷代王의 信佛과 國難打開의 佛事」(『불교학보』 제14집, pp74~79) 및 拙稿 「高麗의 護國法會와 道場」(『불교학보』 제14집, pp.107~121) 참조.

88 "命侍中崔齊顔詣 毬庭行香拜送街衢經行 分京城街衢為三道各以彩樓子擔般若經 前行僧徒具法服步行讀誦 監押官亦只公服步從巡行 街衢爲民祈福名曰經行"(『高麗史節要』 권4, 靖宗 12년 3월. 『高麗史』 世家 권6, 靖宗 12년 3월).

89 『高麗史節要』 권7, 睿宗 1년 6월조 참조.

90 『대정장』 권16, pp.335~358(pp.403~456).

소의로 한 것으로서 고려에서는 금광(강)명경도량金光(剛)明經道場, 금광명도량金光明道場, 금경도량金經道場 등으로 호칭되었으나 그것은 모두가 금광명도량의 이칭에 불과하다. 그리고 『금광명경金光明經』에 의거한 고려 불교의례가 금광명도량만이 아니고 공덕천도량功德天道場과 사천왕도량四天王道場도 깊은 관계성을 갖고 있지만, 이에 관해서는 다른 기회로 미루고 여기서는 금광명도량에 대해서만 살펴보려고 한다.

고려 금광명도량의 근본 소의가 되는 『금광명경』 4권(合部金光明經 8권, 金光明最勝王經 10권)에 대하여 그것이 순밀純密이냐 잡밀雜密이냐 하는 문제는 오래전부터 논란의 초점이 되고 있었다. 와타나베 가이교쿠(渡邊海旭)는 이 경을 순밀로 보는 데[91] 반해 가네오카 슈유(金岡秀友)는 잡밀로 보았다.[92] 이들의 쟁점은 『금광명경』의 주불主佛을 법신法身과 응신應身으로 보는 차이였는데, 길장吉藏 스님은,

> 金光明經者 乃是究竟大乘菩薩藏攝 是頓教所收 論其宗極表三種三法 一表三身佛果 二表涅槃三德 三表三種佛性 表三身者 金體真實譬法身佛 光用能照譬應身佛 明能遍益猶如化身.[93]

이라고 하여, 이 경에는 삼신불사상三身佛思想이 다 포섭되어 있음을 밝히고 있다. 그러나 어떻든 이 『금광명경』은 현밀겸원顯密兼圓[94]의 것으로서 그것을 수용하는 태도에 따라 밀교적이나 현교적顯教的인 신앙의 전개 유형이 결정되는데, 고려시대에 그것은 밀교적이었던 것으로 생각된다.

---

91 渡邊海旭, 「純密經としての金光明經」(『壺月全集』 상, p.728).
92 金岡秀友, 『密教の世界觀』, pp.295~296; 『密教の哲學』, pp.11~13.
93 吉藏, 『金光明經疏』(『대정장』 권39, p.160b).
94 朴泰華, 「韓國佛教의 密教經典 傳來攷」(『韓國佛教學』 제1집, p.52) 참조.

고려에서는 정종靖宗 7년(1041) 5월부터 공양왕恭讓王 즉위년(1389) 9월까지 『금광명경』의 도량과 의식이 모두 37회(功德天道場과 四天王道場은 제외)나 개설되었다.[95] 이 중에는 물론 강경講經도 있었지만 그것이 도량의식道場儀式과 결코 무관한 일이 아니었을 뿐만 아니라, 그 대부분이 금광명도량이었다. 그런데 이 도량의 근본 소의가 되는 『금광명경』에는 『인왕경』의 호국품과 같은 구체적인 의식상의 교설은 없다. 그럼에도 불구하고 고려가 많은 금광명도량을 개설한 것은 중국 천태종계의 준식遵式(963~1032)과 지례知禮(960~1028)가 찬집撰集한 『금광명참법보조의金光明懺法補助儀』[96]와 『금광명최승참의金光明最勝懺儀』[97]에 의했던 것이 아닌가 한다. 원래 천태에서는 지의智顗(538~597)의 『금광명현의金光明玄義』,[98] 『금광명문구金光明文句』[99]는 『관음현의觀音玄義』 등과 함께 천태天台 5소부五小部라고 하는 것은 상식적인 일이거니와 고려 말 무외無畏는 법화法華의 별개요문別開要門이 『금광명경』이라고 하여[100] 중국이나 우리나라의 천태종에서는 이 경을 매우 중요시하였다. 그리고 천태법화 사상은 신라불교 초전初傳 시부터 수용되었으며,[101] 고려 초 의통義通(927~988)은 중국 천태종 제16조로서 지례知禮와 준식遵式이 모두 그의 제자였고, 의통도 『금광현찬석光明玄贊釋』, 『광명구비급초光明句備急鈔』 등의 저술을 남겼다.[102] 또 체관諦觀은 고려 초기 사람으로서 의

95 拙稿, 「高麗의 護國法會와 道場」(『불교학보』 제14집, pp.91~102) 참조.
96 『대정장』 권46, pp.957b~961c.
97 상동, pp.961c~963c.
98 상동, 권39, pp.1~12.
99 상동, pp.46~82.
100 無畏 撰, 『法華經涅槃經金光明經無畏壽經轉譯疏』(『萬德寺志』, 亞細亞文化社, p.188).
101 洪庭植, 「高麗 天台宗開立과 義天」(『朴吉眞博士華甲記念 韓國佛教思想史』, p.463).
102 『四明尊者敎行錄』 권7, 寶雲振祖集(『대정장』 권46, pp.928~934)·『佛祖統紀』 권25, 出家敎典志 제11 寶雲(『대정장』 권49, p.259) 등 참조.

통 못지않게 송宋의 천태天台를 빛낸 분이며,[103] 지종智宗, 덕선德善 등은 송에 유학하여 천태를 수학하고 돌아와 그 홍포弘布에 힘쓴 고려 초의 스님이다.[104] 특히 당唐 청태淸泰 2년(935)에는 사명四明의 자린子麟이 고려에 천태교학을 전한 일이 있었을 뿐만 아니라,[105] 선종宣宗은 송제宋制를 표방하여 왕의 가행駕幸 시 『인왕경』을 전도케 하였다.[106] 이와 같은 일련의 사실로 미루어 『금광명참법보조의金光明懺法補助儀』와 『금광명최승참의金光明最勝懺儀』가 천태신앙과 더불어 고려 초에 들어왔을 것은 의심할 여지가 없다. 그리고 이 중에서 고려 금광명도량의 의범儀範이 되었다고 생각되는 『금광명참법보조의』는 엄정도량방법嚴淨道場方法에서 창송금광명전방법唱誦金光明典方法까지 십사의十事儀 절차를 밀교적 입장에서 자세히 규정하고 있다. 따라서 고려 금광명도량의 수용, 전개는 밀교적인 그것이었다고 보는 것이다.

고려에서의 『금광명경』은 『인왕경』과 더불어 '구세지양약救世之良藥 호국지승문護國之勝門'[107]으로 신앙되었던 것은 사실인데, 그 신앙의 태도나 도량 개설의 목적상으로 볼 때 앞에서 살펴본 인왕도량은 군사적 문제와 결부된 외환의 극복에 주안점이 있었고, 금광명도량은 내우의 제멸除滅에 주목적이 있었던 것으로 생각된다. 물론 금광명도량에도 신창왕辛昌王 즉위년 8월에 왜구가 연산連山에 침입하자 이를 물리치기 위해 그해 9월 수녕궁壽寧宮에서 금광명도량[108]을 개설한 바와 같이 전혀 군사적 목적이 없었던 것은 아니다. 그러나 고려 금광명도량의 개설 중

---

103 金英吉, 「高麗 諦觀의 渡宋에 관한 考察」(『韓國佛教學』 제3집, pp.49~62) 참조.
104 「白蓮社圓妙國師中眞塔碑」(『朝鮮金石總覽』 권상)·「倦鳳寺大學國師碑」(『朝鮮金石總覽』 권상) 참조.
105 『佛祖統紀』 권22, 未詳承嗣傳 第8(『대정장』 권49, p.246)
106 주 80 참조.
107 주 86 참조.
108 『高麗史』 권137, 辛昌 즉위년 9월조.

위의 경우를 제외하고는 모두가 기우祈雨 등 내우內憂와 관계된 것들이다.[109] 그러므로 고려의 인왕도량과 금광명도량의 비교적 견지에서는 그러한 특성이 발견될 수도 있다는 것이다.

3. 여타의 밀교 도량

고려시대에 설행되었던 밀교적 의례는 앞에서 살펴본 인왕도량이나 금광명도량만은 아니다. 고려 행설行設의 80여 종 불교의례가 모두 직접적으로나 간접적으로 밀교적 그것과 관계성을 갖고 있다. 그러나 여기서는 몇 가지만 간단히 살펴봄으로써 논지의 이해에 도움을 주려고 한다. 앞의 금광명도량과도 관계가 깊은 것으로서 고종高宗 22년 3월부터 설행設行되기 시작한 공덕천도량이 있다.[110] 이 도량은 『금광명경』 권6 공덕천품功德天品 제13에,

> 若有人能稱金光明微妙經典 爲我供養諸佛世尊 三稱我名燒香供養 供養佛已 別以華香種美味 供施於我灑散諸方 當知是人即能集聚 資財寶物 以是因緣增長地味 地神諸天悉得歡喜 所種穀米牙莖枝葉果實滋茂 樹神歡喜出生無量種種諸物….[111]

이라는 사상에 근거를 두고 있다. 공덕천은 길상천녀로서[112] 이는 주로

---

109 주 95 참조.

110 高麗時代에 개설된 모든 행사의식은(高麗史를 중심으로) 졸고, 「高麗의 護國法會와 道場」(『불교학보』 제14집, pp.91~102)에서 자세히 취급했으므로 이를 참조키 바라며, 앞으로는 그 구체적인 언급을 피하기로 한다.

111 『대정장』 권16, p.388.

112 『金光明經』(合部金光明經)의 功德天品이 『金光明最勝王經』에서는 大吉祥天女品(大吉祥天女增長財物品)으로 되어 있다.

인간 사회에 여러 가지 복덕과 재물을 증장시켜 줌을 특징으로 하고 있다. 그러므로 이러한 실지悉地를 달성키 위하여 고려에서는 공덕천도량을 개설하였던 것인데, 도량은 공덕천을 본존으로 하는 경우와 불상을 중앙에 모시고 그 좌우에 길상천과 대변천신大辯天神이나 사천왕상을 모시는 경우가 있으나[113] 고려에서는 주로 후자의 경우였던 것으로 판단된다.

공덕천도량이 복덕과 재물의 증장에 주목적이 있었는 데 대하여 갖가지 재난을 극복하고 죄업을 소멸하려는 데는 소재도량消災道場을 개설하였다. 원래 밀교에서는 소재消災를 4종으로 분류한다. 즉 제1은 멸죄滅罪로서 사중四重·오역죄五逆罪를 멸하려는 것이며, 제2는 멸고滅苦로서 삼도三途·팔난八難 등의 고를 멸하는 것이며, 제3은 제난除難이니 칠난七難 등을 제멸하는 것이며, 제4는 실지悉地 즉 묘성취妙成就이니 삼품三品(상·중·하) 실지悉地와 세世·망세妄世의 실지悉地를 득하는 것이 그것이다.[114] 이러한 의미에서 보면 고려시대에 행해진 제종 의식諸種儀式이 모두 소재消災 아님이 없다. 그러나 고려에서 개설되었던 그것은 「소재법석소消災法席疏」(非時電動)[115]에,

> 威德輪王 大放光明之燄 吉祥神呪 廓開秘密之門 宣借加持 用消變怪

라고 한 내용에서 짐작되듯이 소재도량은 『불설치성광대위덕소재길상다라니경佛說熾盛光大威德消災吉祥陀羅尼經』[116]과 『불설대위덕금륜불정치

---

113 遵式 撰集, 「金光明懺法補助儀」 補助正修十科事儀 제6 嚴淨道場方法(『대정장』 경 권46 p.959).

114 禹貞相, 「圓覺寺塔婆의 思想的硏究」(동국사상 제1집, p.78).

115 『東文選』 권111, 疏.

116 『대정장』 권19, pp.337~338.

성광여래소제일체재난다라니경佛說大威德金輪佛頂熾盛光如來消除一切災難陀羅尼經』[117]을 근본 소의로 한 밀교적 의식이다. 곧 넓은 의미로서의 소재도량은 모든 불교의례가 다 이에 포섭되지만, 좁은 의미에서의 그것은『소재길상다라니경消災吉祥陀羅尼經』에,

> 若有國王及諸大臣所居之處 及諸國界 或被五星陸逼 羅睺彗孛妖星 照臨所居本命宮宿及諸星位 或臨帝座於國於家及分野處 陸逼之時 或退或進作諸障難者 但於清淨處置立道場 念此陀羅尼一百八遍或一千遍 若一日二日三日乃至七日 依法修飾壇場 至心受持讀誦 一切災難皆悉消滅 不能爲害.[118]

라고 한 사상과 그에 의거한 작법의궤作法儀軌에 따라 설행設行되었던 것이 고려 소재도량이었다.

이상의 공덕천도량, 소재도량 외에도『발제과죄생사득도경拔除過罪生死得度經』(灌頂經 제12권)의 동본이역同本異譯인『약사경藥師經』을 소의로 하는 약사도량,[119] 공민왕恭愍王 16년 6월에 개설된 진언법석眞言法席,[120] 원종元宗 5년 6월의 대일왕도량,[121] 예종 5년 4월의 공작명왕도량[122] 등 많은 종류의 의례들이 밀교적으로 전개 신앙되었다. 그러나 이러한 도량들에 대한 구체적인 논구論究는 다른 기회로 미루고 여기서는 지면관계상 생략하겠다.

---

117 상동, pp.338.
118 주 116 참조.
119 洪潤植,「三國遺事와 密敎」(『東國史學』 제14집, p.74).
120 『高麗史』 志 제7, 五行 1.
121 상동, 世家 권26, 元宗 5년 5월 및 6월조.
122 상동, 世家 권13, 睿宗 5년 4월조.

V. 밀교 신앙의 고려적 특성

고려에서는 밀교 신앙이 전개·발전되어 오는 과정에서 커다란 두 갈래의 흐름이 있었다. 하나는 순수한 밀교 신앙의 본지本旨(그것이 純密이든 雜密이든 간)에 입각한 전통적 종학宗學의 발전이었고, 다른 하나는 전통적 밀교의 사상과 교학이 타종학他宗學과의 상호 교섭적 융섭 발전이 그것이다. 전자의 경우는 이미 앞에서(Ⅲ. 摠持宗과 神印宗) 살펴보았거니와, 여기서는 후자의 경우 즉 고려시대의 밀교가 법화·천태·정토·선 등과 상호 교섭관계를 맺으면서 그 발전의 폭을 넓혀 간 모습을 규명해 보려고 한다.

중국적 화엄·천태에서는 밀교의 『금광명경』을 중요한 하나의 소의경으로 하고 있을 뿐만 아니라, 송宋·요대遼代의 천태교학에서는 상상근기上上根機로서 일승원교一乘圓敎에 돈입頓入코자 하는 자는 반드시 현顯·밀密을 쌍수雙修해야 한다[123]는 점과, 경장經藏·율장律藏·논장論藏·반야장般若藏·다라니장陀羅尼藏 등 현밀장顯密藏 중에서 다라니장이 최고제일[124]이라고 보는 견해와 그러한 신앙의 전통이 이미 확립되었다. 이러한 전통에 의지해 고려 천태종 백련사를 결사한 원묘 국사圓妙國師(1163~1245)는 매일 수선修禪과 함께 준제신주准提神呪 일천 편과 미타염불 일만 성을 일과로 하였고, 또 그러한 신앙을 널리 폈던 것이다.[125] 또 『법화영험전法華靈驗傳』에 보면,

---

123 道㲀 集, 『顯密圓通成佛心要集』 권하(『대정장』 권46, p.999).

124 상동, 권상(『대정장』 권46, pp.993~994).

125 拙稿, 「了世의 修行과 准提呪誦」(『韓國佛敎學』 제3집, pp.63~76) 참조.

女右侍禁 金軾之第二女也 其弟道人之虛 常誦蓮經 女忽遭疾 命終托之虛告曰 請爲我設法華勝筵 用助超升 時之虛住穴古寺 得得來家即洒掃私第 約一七日 請持經開士六精進.[126]

이라는 내용에서 혈구사穴口寺와 법화신앙의 관계를 짐작할 수 있는데, 혈구사穴口寺(穴口山)는 고려 말에 대일왕大日王이 상주하는 곳이라는 백승현白勝賢의 말을 믿고 창건한 밀교의 사찰로서 이곳에서는 대일왕 도량 등 많은 밀교 행사가 개설되었던 절이다.[127] 이와 같은 밀교 사찰에 법화신앙자인 지허 사之虛師가 주석했다는 것은 법화와 밀교의 무리 없는 교섭을 의미하는 것이다. 이러한 현상은 혈구사의 경우만이 아니다. 수원의 만의사萬義寺는 원래 천태종 작법지사作法之社로서 한때는 조계종과의 소송사건마저 있었던 곳으로, 천태종통天台宗統을 매우 존중시하던 사원에서, 더욱이 그러한 시기에 밀교행사인 소재도량을 7일 동안 개설하였던 사실도[128] 결국 고려 밀교 신앙이 천태와의 교섭을 의미하는 것으로 생각할 수 있다. 이와 같은 고려 밀교의 전통적 맥락 속에서 무외 사無畏師는 『금광명경』을 법화의 별개요문別開要門으로 파악하였으며,[129] 천책天頙도 그의 『선문보장록禪門寶藏錄』[130]에서 현顯·밀密·선禪의 삼교三敎를 하나의 본지로 회통시키면서 밀교를 매우 비중 높게 다루고 있다. 그러므로 이러한 신앙의 강조와 흐름을 통해 고려 밀교와 천태의 사상적 교섭과 신앙상의 상호 융섭融攝을 어느 정도 짐작할 수 있는 것이다.

---

126 『法華靈驗傳』, 亡昧告微條.
127 『高麗史』, 列傳 권36, 白勝賢傳 참조.
128 權近撰, 「水原萬義寺祝上華嚴法會衆目記」(『朝鮮佛教通史』, p.137).
129 주 100 참조.
130 주 35 참조.

앞에서 요세了世(圓妙國師)는 수선修禪이나 『법화경』 독송과 함께 준제주송·미타염불을 매일의 일과로 했음을 알 수 있거니와, 그러한 신앙태信仰態를 통하여 우리는 진언지송眞言持誦(밀교의 총지문)과 미타염불(정토신앙)이 서로 무리 없이 접근되었음도 발견하게 된다. 요세의 경우 주송呪誦과 염불이 신앙의 외형상으로는 물론 개인적 깨달음의 내용(悟境)에서도 불이不二의 원융성圓融性으로 승화될 수 있는 것이다. 따라서 요세의 그것은 밀교와 정토의 조화로운 융섭적融攝的 신앙으로 이해되어야 할 것이다. 요세의 수행일과에서 시사 받을 수 있었던 주송呪誦·염불念佛의 신앙태는 혜영慧永(1228~1294)에게서도 찾아볼 수 있다. 즉 그가 찬술한 『백의해白衣解』 1권은 백의관음에 대한 예참문으로서, 보타락가산에 주하는 성백의관자재보살에 대한 귀명례문과 찬송, 송주, 그리고 십악업十惡業을 참회하여 무량수국無量壽國에 왕생할 것을 발원하는 참회문으로 구성되어 있다.[131] 그리고 송주에는 『금강정경金剛頂經』 소설所說의 진언(옴 아로륵계 사바하)이 여러 번 반복되고 있는데, 이것은 관음신앙[132](원래 십일면이나 천수관음은 밀교의 그것이지만)을 매개로 하여 정토와 밀교의 습합을 보여 주는 한 실례라 하겠다. 또 혜영慧永과 거의 같은 시기인 충렬왕 24년(1298)에 영주 공산 거조사居祖社의 도인이었던 원참元旵은 『현행서방경現行西方經』을 찬술하여[133] 미타정토의 왕생신앙을 '불설아미타본심미묘진언'으로 귀일·집약시킴으로써 그것을 밀교의 총지신앙으로 전용轉用케 하였다. 원참의 『현행서방경』을 중심으로 하여 필자가 이미 「고려의 밀교와 정토신앙」[134]을 논구한 바가

131 『韓國佛教撰述文獻總錄』(東大 佛教文化研究所編, p.137).
132 慧永은 '白衣解'에서 千手經의 교설을 들어 眞言功德을 설하고 있다.
133 前揭, 『韓國佛教撰述文獻總錄』, p.144.
134 『東國思想』(東大 佛教大學, 1981) 제14집, pp.33~48.

있으므로 이를 참고하기 바라지만, 『현행서방경』은 경제經題 자체나 그 내용에 있어서도 정토의 왕생보다는 현생現生(卽身)에서 유有·무상無相의 미타진언에 의하여 아미타불의 가지상응加持相應을 염원하고 있다. 이러한 현생에서의 가지상응을 염원하는 신앙태는 고려가 즐겨 행했던 미타제에서도 같은 입장인데,[135] 그것은 밀교의 즉신성불卽身成佛과 삼밀가지三密加持·삼밀상응三密相應과도 일맥상통하는 점이다.

혜영의 백의해가 『천수경千手經』을 소의로 했거니와, 균여均如(923~973)가 절에서 공부를 마치고 집에 돌아와 그의 누이인 수명秀明에게 『신중경神衆經』과 『천수경』의 두 경문經文을 가르쳐 주었으며,[136] 또 향로香爐를 받들고 주송呪誦하여 순공順公의 병을 고치기도 하였다.[137] 그리고 조계산 수선사 제6세인 충지冲止(1226~1292)는 소재消災, 인왕仁王, 천수千手, 지론智論 등 사종법석소四種法席疏를 지어 7일간 법석法席을 개설하였으며,[138] 공민왕 때에는 천수도량을 설행設行한 적도 있다.[139] 원래 『천수경』이 밀교관음을 위주로 한 경이었음을 감안할 때 균여나 충지의 신앙에서도 밀교성이 있었음을 발견하게 된다.

이상에서 살펴본 바와 같이 그것이 지극히 단편적이고 부분적이긴 하지만, 고려의 밀교는 그 독자성을 유지하면서도 한편으로는 법화·천태·정토 등의 신앙과 융섭融攝의 관계 속에서 그 발전을 도모했던 것이 하나의 특수성이었다고 하겠다.

---

135 『東文選』 권112, 彌陀齋疏에 "現荷加持致諸福而却諸殃…"이라 하였다.
136 赫連挺 撰, 『均如傳』 제3, 姉妹齊賢之分.
137 상동, 제6, 感通神異分.
138 『圓鑑錄』(아세아문화사, 1973), pp.231~232, 『東文選』 권112.
139 『高麗史』, 列傳 제2 后妃 2.

Ⅵ. 결어

고려에서의 밀교 신앙은 왕실을 중심으로 호국적 입장에서 수용되었다. 그리하여 고려 밀교는 역대 위정자들의 강력한 외호와 귀의를 받게 되었다. 이와 같은 상황 속에서 밀교는 고려 초 태조의 현성사現聖寺 건립을 계기로 신인종神印宗이 처음 성립되었고, 그 중기인 예종(1147~1170)에서 고종 21년(1234) 사이에는 총지종이 개종開宗됨으로써 밀교는 타 종단을 능가하는 교세를 확보하여 눈부신 발전을 이룩하게 되었다. 그리하여 낙산사洛山寺를 위시한 많은 사찰이 밀교종단으로 귀속되고, 130권의『밀교대장경』이 금서金書로 간행되었으며, 왕의 즉위식에까지 관정법이 도입되게 되었다. 뿐만 아니라 문두루도량을 위시하여 인왕도량, 금광명도량 등 많은 밀교의식이 무수하게 개설되었으며, 고려 밀교는 법화·천태·정토 등의 신앙과도 융섭融攝하는 특성을 갖게도 되었다.

필자는 본 논제를 개진하는 과정에서 이상과 같은 결론을 얻을 수 있었거니와, 고려 밀교는 결코 이러한 것만이 그 전체적이고 본질적인 신앙이었다고 단정하지는 않는다. 왜냐하면 아직은 더 규명되어야 할 문제들이 많이 있기 때문이다. 즉 고려 밀교의 대중화나 그것과 민속과의 관계성, 또는 밀교密敎와 선禪, 화엄華嚴과의 관계 등 미해결의 문제가 남아 있다. 그러나 이러한 문제는 앞으로 논고를 달리하여 연구될 것임을 밝혀 둔다.

14

고려 후기 수선사의 결사운동과 사상적 위상에 대한 재검토

/ 조명제

〈선정 이유〉

● 조명제, 「고려 후기 수선사의 결사운동과 사상적 위상에 대한 재검토」, 『불교학연구』 第56호, 불교학연구회, 2018. 9. pp.175~200.

선정 이유

이 논문은 고려 후기 결사운동이 1970~80년대의 사회변혁을 중시하는 분위기에 영향을 받아 연구되었다. 당시 인문사회과학에서 불교가 학문적 시민권을 획득하기 시작하던 상황에서 연구자들이 현실의 불교 교단에 절망하면서 불교개혁의 열망과 방향으로서 역사상의 신앙결사를 연구하였기에 쉽게 공감하였고, 통설로서 수용되었다 보았다. 이 글은 이러한 도식적·단선적 단순 논리에 입각해 수립된 통설이 불교계의 변화 양상에 대한 전체상을 담아내지 못하고 있다는 비판적 시각에서 출발하여, 수선사의 공안선 수용과 사상적 위상 및 송대 문화의 수용과 수선사의 위상을 살피고 있다.

저자는 신앙결사론을 사상사 연구에서 단순한 정치적 이데올로기의 수준으로 이해하던 분위기를 탈피하고자 하였지만, 논리 구조는 여전히 정치권력과의 관계 문제를 단선적으로 이해하는 데에 그치고 있다고 비판하고 있다. 또 신앙결사론을 권력과 유착된 귀족불교에서 탈피하여 권력과 거리를 둔 종교적 순수성으로 회귀한 결사불교로 높이 평가하거나, 현실 참여를 긍정적으로 보고 은둔하거나 권력과 유착된 것을 부정적으로 파악하는 이분법적 사고에 대해 통렬하게 비판하고 있다. 그러면서 수선사의 선에 대한 종래의 연구가 간화선에 초점을 두고 이루어졌으며, 지눌 단계에서 간화선이 수용되고, 이어 혜심 단계에 간화선 일변도로 나아가면서 고려 선종계에서 간화선이 일반화되었던 것으로 이해하는 태도는 그 자체가 완결된 성과가 아니며, 13세기 고려 선종계 전체를 대상으로 검토한 결과가 아니라고 지적하고 있다.

저자는 13세기에 정각靜覺국사 지겸志謙, 원오圓悟국사 승형承逈을 중심으로 한 희양산문, 일연으로 대표되는 가지산문 등 다양한 산문이 존재하였으며, 이들은 위앙종, 운문종, 조동종의 다양한 선적禪籍에 관심을 가졌듯이 송대 선에 대한 관심과 이해는 훨씬 더 다양하였다고 주장하고 있다. 진각 혜심이 제자들과 함께 편찬한 『선문염송집』에 주목하면서 이 『염송집』이 당에서 북송까지 선문 조사에 관한 고칙 공안과 그것에 대한 착어를 상세하게 모으고, 이들 공안의 주인공인 조사들을 석존 이래 선문 전등의 차례에 따라 배열한 점을 높이 평가하고 있다. 그러면서도 『염송집』에 방대하게 수록된 대혜의 착어는 모두 문자선과 관련된 내용이며 전부 간화선과 무관하다고 보았다. 그리고 13세기 고려 선종계에서 문자선의 수용과 이해는 『염송집』, 『삼가염송집』, 『염송설화』 등을 통해 확인할 수 있다고 보았다. 나아가 수선사 단계에서 송대 선의 이해는 간화선 일변도로 전개되지 않았으며, 오히려 문자선의 이해에 맞추어져 있었다고 보았다.

송대 문화의 흐름은 고려의 사대부 문인뿐만 아니라 선종계까지 폭넓은 영향을 미쳤으며, 선종에서 문자선이 확산되면서 선시가 유행하였는데, 시는 사대부와의 교류를 통한 매체로서 선승의 기본적인 소양으로 요구되면서 분위기와 맞물려 더욱 확산되었다고 주장하였다. 현존 문집에는 구양수, 왕안석 등을 비롯한 송대 시인들이 다수 언급되지만, 특히 소동파, 황정견의 시문처럼 말을 솜씨 있게 하여 도끼나 끌로 다듬은 흔적이 없게 만드는 것을 긍정적으로 평가할 정도로 강서시파의 작시법은 많은 영향을 미쳤다. 그 결과 수선사의 2세인 혜심을 비롯하여 5세 천영, 6세 충지 등 간화선자들의 시에는 '평상무사'의 내용을 담아내는 문자선의 흔적이 대부분이다.

결국 12~13세기 수선사의 간화선은 수용단계에 머물렀으며, 14세기에 태고 보우, 나옹 혜근 등이 활약하면서 비로소 간화선이 선종계를 석권하는 방향으로 나아갔다고 주장하는 지점에서 이 논문의 의미와 학문적 가치를 찾을 수 있다.

머리말

우리나라 학계에서 불교가 학문적 시민권을 획득하게 된 것은 그렇게 오래되지 않는다. 근대 이후 한국불교사에 대한 인식이 나타났지만, 근대 학문에 입각한 연구 성과가 제대로 이루어지지 못하였다. 해방 이후 이루어진 불교사 연구가 고대에 편중되었으며, 고려불교사에 대한 연구는 1970년대에 이르러 연구자들의 관심을 받게 되었다. 그나마 제시된 연구 성과는 불교학·철학 방면에서 인물 중심으로 접근하였고, 역사학의 경우에는 정치적 이데올로기라는 시각에서 불교의 사회적 기능을 단순화시켜 이해하는 수준이었다.

신앙결사론은 이러한 연구 분위기에서 벗어나 불교의 사회적·역사적 성격을 새롭게 제시하였다. 고려 후기 결사에 대한 연구는 한기두에 의해 처음 제시되었으나,[1] 결사의 불교사적 의의는 채상식에 의해 본격적으로 제시되었다.[2] 이어 고익진이 백련사 결사를 주도한 요세의 사상을 밝혔고,[3] 진성규·최병헌 등이 수선사 결사에 대한 연구 성과를 제시하

1 한기두, 「고려불교의 결사운동」, 『박길진박사화갑기념 한국불교사상사』, 원광대 출판국(1975).

2 채상식, 「高麗後期 天台宗의 萬德山 白蓮社結社에 대한 硏究」, 서울대 국사학과 석사학위논문(1977) ; 「고려 후기 천태종의 백련사 결사」, 『한국사론』 5, 서울대 국사학과, 1979.

3 고익진, 「圓妙了世의 白蓮結社와 그 사상적 동기」, 『불교학보』 15(1978) ; 「白蓮社의 사상 전통과 天頙의 저술 문제」, 『불교학보』 16(1979).

였다.[4] 이후 결사에 대한 연구 성과가 다양하게 이어졌지만,[5] 채상식이 결사가 갖는 사상사적 의의를 체계적으로 제시하였다.[6]

그는 신앙결사를 이상적으로 생각하는 신앙과 사상을 추구하기 위한 결집체이며 어느 시기에나 존재했지만, 역사상의 개념으로서는 사회변혁 운동의 성격을 지닌다고 규정하였다. 그는 신앙결사를 통해 고려불교가 소수의 문벌귀족이나 왕실이 독점하던 사상계의 주도권이 지방 사회의 향리층과 독서층, 나아가 서민대중까지도 공유할 수 있는 단계로 전환되었으며, 불교가 소수의 독점에서 상대적으로 다수에 의한 공유 체제로 발전되었다고 주장하였다. 그는 이러한 신앙결사의 개념에 부합하는 대표적인 결사가 수선사·백련사이며, 이들 결사는 불교가 당시 사회적 기능을 수행할 수 없는 한계에 이른 자기모순을 인식하고, 이를 개혁하려는 의도에서 출발한 자각·반성 운동이며, 불교개혁 운동이라고 규정하였다.[7] 신앙결사론이 제시된 이후 특별한 반론이 제기되지 않은 채 통설로 자리잡게 되었다. 신앙결사론은 1970·80년대에

4 진성규, 「高麗後期 修禪社의 結社運動」, 『한국학보』 36(1984), 최병헌, 「수선결사의 사상사적 의의」, 『보조사상』 1(1987), 蔡尙植, 「고려 후기 修禪結社 성립의 사회적 기반」, 『한국전통문화연구』 6(1990), 진성규, 「정혜결사의 시대적 배경에 대하여」, 『보조사상』 5·6(1992), 최병헌, 「정혜결사의 취지와 창립과정」, 『보조사상』 5·6(1992), 崔柄憲, 「知訥의 修行過程과 定慧結社」, 『知訥의 사상과 그 현대적 의미』, 한국정신문화연구원(1996).

5 한기문, 「대몽항전기 천태종의 동백련사」, 『고려사원의 구조와 기능』, 민족사(1998), 김영미, 「고려 전기의 아미타신앙과 결사」, 『정토학연구』 3(2000), 정제규, 「高麗時代 佛敎信仰結社에 대한 認識과 그 性格 : 『東文選』 所載 信仰結社 記錄을 중심으로」, 『문화사학』 21(2004), 김성순, 『동아시아 염불결사의 연구』, 비움과 소통(2014), 최동순, 『원묘 요세의 백련결사 연구』, 정우서적(2014).

6 채상식의 연구 성과는 박사학위논문을 수정, 보완한 채상식, 『고려 후기 불교사 연구』, 일조각(1991)에 정리되어 있다. 신앙결사 외에 결사, 불교결사, 결사불교, 결사운동 등 다양한 용어가 사용되고 있으나, 대표적인 주창자인 채상식이 「고려 후기의 신앙결사」, 최병헌 편, 『한국불교사연구입문』 상, 지식산업사(2013)에서 제시한 용어를 사용하기로 한다.

7 채상식, 앞의 글(2013), pp.22~25.

사회변혁을 중시하는 분위기에 영향을 받아 제기되었으며, 인문사회과학에서 불교가 학문적 시민권을 획득하기 시작하던 상황에서 연구자들이 현실의 불교 교단에 절망하면서 불교개혁의 열망과 방향으로서 신앙결사라는 역사상에 쉽게 공감하였기 때문에 통설로서 수용되었다고 생각된다. 그러나 신앙결사론은 보수 대 진보, 귀족불교 대 민중불교라는 이항대립적 도식으로 고려불교를 이해하며, 내용 자체에 논리적 모순과 한계를 갖고 있다. 무엇보다도 신앙결사를 사회변혁적인 성격으로 볼 수 없고, 불교계 개혁운동이라고 평가할 만한 근거가 없으며, 개혁의 실체가 뚜렷하지 않다. 나아가 결사의 주도층이 불교계 개혁에 대한 문제인식을 공유하였는지, 그러한 개혁이 얼마만큼 지속되었는지에 대해 구체적으로 해명되지 않았다. 또한 결사 주도층의 사회적 기반, 결사의 사상적 기반에 대한 이해 문제와 신앙결사의 위상과 영향에 대한 설명이 도식적·단선적이라는 한계가 있다.더욱이 고려 후기 불교계의 변화 양상을 신앙결사라는 프레임으로 설명하는 것이 단순 논리에 불과하거나 불교계의 변화 양상에 대한 전체상을 담지 못하고 있다. 더욱이 불교와 정치권력과의 관계 문제를 지나치게 단선적으로 이해하거나 결사의 변질에 대한 이해도 정치사적 시각의 틀을 벗어나지 못하고 있다. 더욱이 신앙결사론은 근대주의적 시각과 현재적 관점을 과도하게 적용하여 중세사상사를 재단하였던 한계를 갖고 있다. 나아가 신앙결사는 특정 시기에 한정된 것이 아니며, 동아시아 불교의 보편적인 현상임에도 불구하고 일국사의 틀에서만 다루고 있다. 아울러 종교·사상을 그 자체의 내용과 사상사적 흐름에 따라 해석하는 것이 아니라 정치·사회적 관계에 의해 평가하였던 한계가 있다.[8]

---

8 조명제, 「일본·한국 중세불교사 연구와 종교개혁 담론」, 『역사와 경계』(2017) p.105 참조.

이와 같이 필자는 신앙결사론의 전반적인 한계와 문제점을 지적하였다. 이 글에서는 대표적인 신앙결사인 수선사 결사에 대해 구체적으로 재검토하고자 한다. 먼저 수선사의 결사운동을 어떻게 이해할 것인가에 대해 살펴보고, 이어 수선사가 표방한 공안선을 어떻게 볼 것인지, 나아가 13세기 고려 선종사에서 수선사가 지닌 사상적 위상을 어떻게 볼 수 있는지에 대해 재검토하고자 한다. 아울러 기존 연구와 같은 일국사적 시각을 탈피하여 공안선의 수용 문제를 송대 선의 수용과 전개라는 시각에서 접근하고자 한다. 나아가 수선사의 사상적 위상에 대한 문제는 불교계뿐만 아니라 당시 사대부 계층에서 어떻게 자리매김하고 있는가에 대해 검토해 보기로 한다. 이러한 문제에 대한 검토는 제한된 자료의 한계를 탈피하기 위해 사대부의 송대 문학의 수용, 선시의 유행, 공안선의 수용 등과 연관시켜 살펴보고자 한다.

Ⅰ. 수선사 결사운동에 대한 재검토

신앙결사론은 결사의 성격을 사회변혁 운동으로 평가하였다. 그런데 이러한 평가와 관련된 구체적인 근거에 대해서는 특별히 밝히지 않고, 무신란 이후 부패하고 타락한 불교계의 현실 상황을 나열하면서 그와 상반되는 불교 본연의 자세로 돌아가는 결사정신만을 강조하고 있다. 대부분의 연구에서 신앙결사의 배경과 성격을 거론할 때에 늘 인용되는 것이 다음과 같은 지눌의 「권수정혜결사문」의 구절이다.

그러나 우리들이 아침저녁으로 행하는 자취를 돌아보면 佛法을 빙

자하여 나와 남을 꾸미고 利養의 길로 치달리고 풍진 세상에 빠져 들어가 도덕은 닦지 않고 의식만 허비하니, 비록 출가하였다고 하지만 무슨 덕이 있겠는가? 아! 삼계를 벗어나려고 하지만 속세를 벗어난 수행이 없으니 헛되이 남자 몸이 되었을 뿐, 장부의 뜻이 없다. 위로는 도를 넓히는 데 어긋나고, 아래로는 중생을 이롭게 하지 못하며, 중간으로는 四恩을 빛졌으니 진실로 부끄러울 따름이다. 지눌은 이런 일로 탄식한 지 오래되었다.

임인년 정월에 상도 보제사의 담선법회에 나아갔을 때에 하루는 동학 10여 명과 약속하였다. 법회를 마친 후에 마땅히 명예와 이익을 버리고 산속에 은둔하여 함께 결사를 맺자. 항상 정을 익히고 혜를 고르게 함을 본분으로 삼고, 예불하고 독경하고 울력하는 데에 이르기까지 각자 소임에 따라 경영하자. 인연에 따라 성품을 길러 평생을 넉넉하게 지내면서 멀리 達士와 眞人의 고결한 행을 따른다면 어찌 즐겁지 않겠는가.[9]

위의 결사문에서 드러난 지눌의 주장은 불교계의 부패, 타락한 현상을 비판하면서 불교 본연의 모습으로 돌아가자는 언설에 불과하다. 지눌은 말세관을 표방하지만 당시의 사회적 모순이나 고려불교계가 지닌 근본적인 문제가 무엇인가를 구체적으로 거론하지 않았다. 다시 말해 그는 승가의 본래 모습을 회복하고자 한 차원에서 결사를 표방하였을 뿐이고, 사회적인 모순에 대한 인식을 뚜렷하게 갖고 결사를 제기하지 않았다. 나아가 「권수정혜결사문」의 전체적인 내용은 신앙결사론에서 제기하는 목적과 의도가 반영되어 있지 않으며, 수행에 대한 내용이 대

9 『韓國佛教全書』 4(동국대학교출판부, 1982, 이하 『한불전』), p.698.

부분을 차지한다. 따라서 지눌이 제시한 정혜결사의 목적과 방향은 비구승 중심의 수행공동체의 회복에 초점이 맞추어져 있으며, 교단의 개혁이나 사회변혁적인 지향을 갖고 있지 않았다.

한편, 최병헌은 지눌이 『대혜어록』을 통해 세 번째 깨달음을 얻었던 전기에 주목하여 지눌이 출가자 중심에서 세속인까지 망라하는 정혜결사로 불교운동의 대상과 폭을 크게 확대하였다고 주장하였다.[10] 또한 그는 정혜결사가 출가자 중심의 수행 단계에만 머무르지 않고 어떤 형태로든 세속으로 다시 돌아와 서민 대중으로 회향함으로써 당시 사회를 정화해 가려고 한 점에서 신불교운동이라고 주장하였다.[11]

그런데 최병헌의 주장은 구체적인 근거가 없으며, 지눌 비문에 대한 해석도 논리적인 비약에 불과하다. 그의 글에는 지눌이 세 번째 깨달음을 얻게 되었던 『대혜어록』의 내용에 대한 이해가 구체적으로 논증되지 않았으며, 결사의 성격을 이해할 만한 내용이 어떻게 연관되는지에 대한 설명이 없다. 그것은 지눌이 보았던 『대혜어록』의 내용을 통해서도 확인된다.

> 선은 고요한 곳에도 있지 않고, 시끄러운 곳에도 있지 않으며, 생각하고 분별하는 곳에도 있지 않으며, 일상 인연에 응하는 곳에도 있지 않다. 그러나 비록 이와 같으나, 첫째로 고요한 곳이나 시끄러운 곳이나 일상 인연에 응하는 곳이나 생각하고 분별하는 곳을 버리지 않고 참구해야 한다. 홀연히 눈이 열리면 자기 집안일임을 알 것이다.[12]

10 최병헌(1996), pp.300~303.
11 최병헌, 위의 글, p.310.
12 「示妙證居士」, 『大慧語錄』 19.

위의 글은 지눌이 세 번째 깨달음을 이룬 계기가 된 『대혜어록』의 해당 내용이다. 그런데 대혜의 법어는 선이 일상생활에 있다는 의미를 강조한 것이지, 최병헌이 주장하는 것처럼 결사가 출가자 중심에서 세속인까지 포괄하는 방향으로 나아갔다고 볼 만한 근거가 드러나지 않는다.[13] 따라서 최병헌이 현재적 관점에서 과도한 추측과 해석을 한 것이지 객관적인 자료를 근거로 제시된 것이 아니다. 이상에서 살펴본 바와 같이 신앙결사를 사회변혁적인 것으로 이해하기 위해 제시한 자료가 대단히 적을 뿐만 아니라 구체적인 근거도 없다.

이러한 양상은 중국불교의 결사문을 살펴보아도 마찬가지이다. 동아시아에서 신앙결사는 대부분 염불결사이며, 재가신자의 현세이익적인 욕구가 반영되어 있다.[14] 따라서 신앙결사를 사회변혁적인 성격으로 볼 수 있는 근거가 전혀 없다.[15] 나아가 결사의 주도층이 불교계 개혁이라는 근본적인 문제인식을 갖고 있었다고 보기 어렵다. 수선사는 중앙과 거리가 먼 지방 사원을 중심으로 전개되었고, 중앙 불교계를 개혁하고자 한 동향도 찾아볼 수 없기 때문이다.

---

13 『대혜어록』에서 대혜는 사대부에게 화두 수행을 지도하면서 선이 추구하는 궁극적인 진리가 일상 속에 있다고 강조하였다.(조명제, 『고려후기 간화선 연구』, 혜안, 2004, pp.74~75). 이러한 언설은 송의 정치사회적 주도층인 사대부에 초점을 맞추고자 한 대혜의 입장이 반영된 것이다. 아울러 일상성을 강조하는 것은 당의 馬祖 이래 선의 본질적인 지향이라고 할 수 있다.

14 鈴木中正, 「宋代佛敎結社の硏究」, 『史學雜誌』 52-1, 2, 3(1941).

15 중국불교사에서 결사가 민중반란의 기폭제가 되었던 경우가 적지 않지만, 대부분 미륵하생 신앙과 밀접한 관계를 갖고 있으며, 일반적인 염불결사와 차이가 있다. 또한 불교는 민중반란의 종교적 외피에 불과하고 변혁의 주체로 보기 어렵다. 중국의 결사와 민중반란에 대해서는 다음의 글을 참조. 鈴木中正, 『中國史における革命と宗教』, 東京大學出版會(1974), 鈴木中正編, 『千年王國的民衆運動の硏究』, 東京大學出版會(1982), 野口鐵郎, 『明代白蓮敎史の硏究』, 東京, 雄山閣(1986), 小島晋治, 「農民戰爭における宗教」, 窪德忠·西順藏編, 『中國文化叢書 6 宗教』, 東京: 大修館書店(1967), 野口鐵郎, 「秘密結社硏究を振り返って」, 森正夫等編, 『明淸時代史の基本問題』, 東京: 汲古書院(1997).

신앙결사론은 종래 사상사 연구에서 단순한 정치적 이데올로기론의 수준으로 이해하던 분위기를 탈피하고자 하였지만, 논리 구조는 여전히 정치권력과의 관계 문제를 단선적으로 이해하는 데에 그치고 있다. 신앙결사론은 권력과 유착된 귀족불교에서 탈피하여 권력과 거리를 둔 종교적 순수성으로 회귀한 결사불교를 높이 평가하거나, 현실 참여를 긍정적으로 보고 은둔하거나 권력과 유착된 것을 부정적으로 파악하는 이분법적 사고가 두드러지게 드러난다. 그런데 이러한 단순 논리는 수선사가 최씨 정권의 정치적 후원을 받으면서 결사의 성격 자체가 변질되었다는 결론으로 이어지게 되는 문제점을 갖고 있다.

결국 신앙결사론은 정치적 이데올로기론을 탈피하고자 한 의도와 달리 불교사의 흐름을 여전히 정치·사회적 관계에 따라 해석하는 한계를 갖고 있다. 더욱이 수선사가 정치권력과 쉽게 유착하게 된 이유가 무엇인지, 주도층의 현실인식과 어떻게 관련되는지에 대한 구체적인 검토가 없다. 이에 대한 해명이 불가능하다면 불교가 지닌 사회적 관계에 대한 구조적 한계의 문제인지, 아니면 신앙결사의 성격 규정이 잘못된 것인지에 대한 검토가 요구된다고 하겠다.

신앙결사론은 1970·80년대에 사회변혁에 대한 요구가 분출하던 시대적 상황에서 지식인의 현실 참여와 민중적인 지향이라는 현재적 관점이 그대로 반영된 연구라고 할 수 있다. 신앙결사가 고려 후기 불교계의 변화를 보여 주는 하나의 단서이고, 변화를 추동한 하나의 계기라는 사실을 부정할 수는 없다. 그러나 운동사적 시각에서 결사라는 프레임으로 불교사의 흐름과 사상적 맥락까지 모두 설명하는 방식은 오히려 사상사를 단선적으로 파악하거나 전체상을 정확하게 보지 못하는 결과를 가져왔다.

한편, 신앙결사론은 일반적인 결사와의 차별성을 강조하지만, 실제 차이가 있는지도 의문이다. 신라 중대 이후 결사가 다양하게 추진되었고, 지방 사회에 광범위하게 존재하였던 향도는 결사를 특정 시기에 한정해서 이해할 수 없는 사실을 보여 준다.[16] 또한, 12~13세기에 화엄종의 반룡사盤龍社·수암사水嵒寺 결사,[17] 법상종의 수정사水精社[18] 등을 통해 알 수 있듯이 신앙결사는 종파와 관계없이 고려불교계에서 지속적으로 이어졌다.[19] 더욱이 고려 중기 이래 결사가 불사 중심에서 수행 중심으로 바뀌고 다수의 구성원으로 조직되는 등 기존 결사의 성격이나 참여 주체가 수선사와 특별한 차이가 보이지 않는다.

나아가 수선사가 일반적인 신앙결사와 다른 점을 어떻게 이해할 것인가도 지적하지 않을 수 없다. 동아시아의 결사는 대부분 염불결사라는 사실에 비해 수선사는 대단히 예외적인 결사이다.[20] 수선사는 이름 그

---

16 신라 중대 이후 불교가 대중화되면서 향도가 각지에서 결성되고 불상·석탑·사찰의 조성, 법회 보시 등 신앙 활동을 하였던 만큼 향도는 신앙공동체로서 결사라고 할 수 있다. 고려 이전에 향도가 전국적으로 분포하였던 만큼 결사는 이미 불교신앙 활동의 주축을 이루면서 광범위하게 존재하였다. 채웅석, 『고려시대의 국가와 지방사회』, 서울대학교출판부, pp.43~57 및 pp.174~188(2000). 구산우, 「고려전기 향도의 불사 조성과 구성원 규모」, 『한국중세사연구』 10(2001) 참조.

17 崔瀣, 「送盤龍如大師序」, 『東文選』 84, 李奎報, 「水嵒寺華嚴結社文」, 『東國李相國後集』 12.

18 權適, 「智異山水精社記」, 『東文選』 64. 수정사는 북송 초에 昭慶寺의 省常이 결성한 淨行社의 계승을 표방하였다. 수정사가 정행사를 계승하였던 데에는 고려전기 이래 송대 불교의 수용이나 의천의 영향 등이 복합적으로 관련된 것으로 보인다. 의천은 송의 소경사를 방문하였으며, 『圓宗文類』 권22에 화엄경 결사와 관련된 자료와 함께 정행사와 관련된 4편의 글이 수록되어 있다.(「西湖昭慶寺結淨行社集總序」, 「施華嚴經淨行品序」, 「西湖結社詩序」, 「大宋杭州西湖昭慶寺結社碑銘」, 『한불전』 4, pp.640~643). 『화엄경』 결사는 이미 唐代에 행해지고 있었으며, 신라에서는 「華嚴社會願文」, 「華嚴經社會願文」을 통해 9세기에 화엄경 결사가 이루어지고 있었다.(『한불전』 4, pp.646~647, 鎌田茂雄, 「華嚴經結社の形成-華嚴思想の民衆化」, 『中國華嚴思想史の硏究』, 東京大學出版會, 1965, pp.239~249 참조).

19 김영미, 「고려 전기의 아미타신앙과 결사」, 『정토학연구』 3. 2000.

20 물론 수선사에서 정토신앙을 수용하였다는 주장이 있지만, 그에 대한 논란이 적지 않으며 설사 수용 자체를 인정하더라도 부수적이거나 수선사의 지향과 연결되지 않는다.

대로 선 수행에 중점을 둔 승가 중심의 수행공동체라는 성격이 강하다. 더욱이 정혜결사 초기 단계에 참여한 지방토호, 향리층 등을 수선사의 사회적 기반으로 이해하고 있지만 이들이 결사 자체에 참가한 것으로는 보기 어렵다. 지눌이 정토신앙을 배제한 것에서 드러나듯이[21] 수선사에서 재가자들은 단월의 성격이지 결사의 주체로 참여하였던 것으로 보이지는 않는다.[22]

더욱이 수선사 결사의 지향과 구체적인 내용이 지눌을 계승한 2세 혜심부터 6세 충지까지 어떻게 이어졌는지에 대한 해명이 없다. 자료의 부족을 감안하더라도 수선사에서 결사정신이 계승되거나 적극적으로 표방되는 양상이 잘 드러나지 않는다. 오히려 수선사는 하나의 새로운 선문으로 부각된 것으로 보일 뿐이지 결사라는 성격이 지속되었는가에 대해서도 의문이 든다.

한편, 기존 연구에서는 수선사가 등장한 이후에 불교계를 주도하였던 것으로 이해하고 있다. 이러한 주장이 설득력을 갖기 위해서는 결사를 통해 교단을 어느 정도 장악하였는지, 네트워크를 통해 독자적인 세력을 어느 정도 구축하였는지에 대해 구체적인 해명이 필요하다. 그러나 기존 연구는 이러한 의문에 대한 구체적인 설명이 없으며, 단지 역대 주법의 활동을 중심으로 서술하는 수준에 그치고 있다.[23]

---

21 고익진, 「普照禪脈의 정토사상 수용」, 『불교학보』 23, 1986 참조.

22 신앙결사론은 서양의 종교개혁을 염두에 둔 담론이라 할 수 있다. 이러한 담론은 일본의 메이지 시기 이래 가마쿠라 신불교론으로 오랫동안 학계의 통설로 자리잡았지만, 1970년대에 현밀체제론의 등장으로 해체되었다. 한국의 신앙결사론은 다른 시대적인 배경에서 제기된 것이고, 시대적 상황과 내용으로 보아 종교개혁 담론으로 담기 곤란하다. 다만, 굳이 비교하더라도 수선사는 종교개혁을 지향한 결사가 아니라 수도원 개혁운동에 가깝다고 생각된다.[조명제, 앞의 논문(2017) 참조].

23 채상식은 재조대장경의 각성사업에 수선사가 주도적으로 참여하였다고 주장한다. 그러나 재조대장경의 편찬과 간행은 균여 계통에 의해 주도되었으며, 수선사

그러나 수선사가 지닌 사회경제적인 기반에 대한 연구 성과는 통념적인 이해와 거리가 있다. 수선사는 혜심이 최우 정권의 비호를 받으면서 사세가 확대되었지만 소속 사원과 토지는 주로 전남 지역에 제한되었다. 지눌 대에 4곳의 사원을 세웠고, 혜심 대에 7개의 말사가 수선사 소속이 되었으며, 토지 규모도 241결로 하나의 군현에 미치지 못하는 수준이었다.[24] 또한 『진각국사어록』을 비롯한 관련 자료를 통해 살펴보면, 수선사의 사회적·사상적 영향력이 네트워크를 구성할 만한 수준으로 발전하였다고 보기 어렵다.[25] 나아가 수선사의 역대 주법을 통해 결사가 하나의 그룹을 형성하고 지속성을 지닌 집단으로 존재하였는지에 대해서도 의문이 든다.

기존 연구에서 결사의 자율성을 강조하는 것과 달리 수선사가 불교계에서 크게 부각된 데에는 최씨 무신정권의 후원이 적지 않게 작용하였다. 1196년에 최충헌이 집권하고 기존의 불교계에 대한 대대적인 개편작업이 이루어지면서 선종 중심의 교단을 구축하려 하였다. 이러한 의도에서 최충헌은 1204년에 정혜결사를 수선사로 사액하고, 1213년에 지겸志謙(1145~1229)을 왕사로 책봉하여 양종오교를 주관하게 하였다.[26] 또한 지겸과 함께 원진국사圓眞國師 승형承逈(1171~1221)이 부각되

는 보유판의 각성에 참여하는 선에서 그쳤던 것으로 보인다.

24 이병희, 「고려 무인집권기 수선사의 농장경영」, 『전농사론』 1(1995) 참조.

25 『진각국사어록』은 현존하는 고려 선승들의 어록 가운데 가장 오래된 것이며, 전체 구성이 上堂, 書狀, 示人, 示衆, 小參 등으로 구성되어 있다. 비교 대상이 적기 때문에 정확하게 알 수 없지만, 이러한 구성은 어록의 정형화가 이루어지는 양상을 어느 정도 보여 준다. 어록의 정형화는 선의 제도화와 관련되며, 선종 내부의 조직 형태와 수행 방식이 제도적으로 정비, 규격화되는 양상과 관련된다. 또한 선의 제도화는 청규에 가장 잘 드러난다(小川隆, 「禪宗の生成と發展」, 沖本克己 編, 『新アジア佛教史7 興隆·發展する佛教』, 東京: 佼成出版社, 2010, pp.309~310). 수선사에서 어록의 정형화, 청규 제정 등이 이루어지는 초기에 해당하기 때문에 남송대의 수준과 동일하다고 보기는 어렵다고 생각된다.

26 李奎報, 「故華藏寺住持定師正印大禪師追封靜覺國師碑銘奉宣述」, 『東文選』

는 등 수선사만이 아니라 선종의 다양한 흐름이 최충헌의 주목을 받았다.[27]

1219년에 최우가 집권하면서 수선사와 균여 계통의 화엄종이 주목되었다. 최우는 아들인 만종과 만전을 혜심의 문하에 출가시키고, 그의 핵심세력을 수선사의 주요 단월로 참여하게 하였다. 수선사는 혜심 단계에 최우 정권과 유착하면서 선종계에 부상되었다.

이와 같이 수선사가 정혜결사를 통해 어느 정도 주목을 받았지만, 최씨 정권의 적극적인 후원을 통해 불교계에서 입지를 굳혔던 사실을 알 수 있다. 더욱이 무신란 이후 선종은 정각국사靜覺國師 지겸志謙, 원진국사 승형을 중심으로 한 희양산문이 수선사와 함께 위상이 부각되었고, 13세기 후반에 부각된 일연一然의 가지산문 등 다양한 선문이 존재하였다. 따라서 이러한 선종계의 동향을 고려하지 않고, 수선사만을 과도하게 강조하는 것은 문제가 있다.

나아가 수선사의 영향력이 당시 사대부 사회에서 뚜렷하게 드러나지 않는다. 단적으로 당시 사대부를 대표하는 이규보가 진각국사 혜심의 비명을 찬술하였지만, 혜심과 직접 교류한 적이 없으며, 오히려 가지산문의 혜문惠文과 가장 밀접한 관계를 갖고 있었다. 이러한 양상은 사대부 전반으로 확대하여도 마찬가지이다. 이에 대해서는 후술하는 내용에서 구체적으로 살펴보기로 한다.

118, 『고려사』 권21, 康宗 2년 6월 甲申條.

27 李公老 撰, 「寶鏡寺圓眞國師碑銘」, 『조선금석총람』(이하 『금석』) 상.

Ⅱ. 수선사의 공안선 수용과 사상적 위상

신앙결사론에서는 수선사가 광범한 지지 기반을 확보하게 된 사상적 인 요인에 대해서 간화선과 정토신앙을 들고 있다. 곧 지눌·혜심은 12세기 이래 고려 사상계에서 유행하던 간화선을 단순히 답습하고 계승한 것이 아니라 정교하게 종합, 발전시켰으며, 당시 불교계뿐만 아니라 독서층에게 참신한 사상 체계로서 영향을 주었다고 보았다. 또한 수선사는 공덕과 정토신앙을 포용하는 불교관을 표방하여 지방 사회의 서민대중에게 폭넓은 지지를 얻게 되었다고 보았다.[28]

나아가 수선사는 차츰 선사상을 강조함으로써 독서층이나 문신관료층의 지지를 받는 방향으로 전개되었고, 최우 정권의 적극적인 지원에 힘입어 교단의 중추적인 위치를 차지한 것으로 파악하였다. 아울러 수선사가 중심 교단으로 떠올랐다는 것은 지눌의 사상 체계가 사회 사상으로서 일정한 사회적 기능을 갖는 것으로 이해하였다.[29]

이러한 신앙결사론의 이해는 불교학·철학 분야의 연구에서 지눌·혜심의 선에 대한 연구 성과를 바탕에 두고 제시된 것이다. 그러나 기존 연구에서는 수선사가 13세기 불교계에서 갖는 위상이나 영향을 지나치게 높게 평가한다든지 간화선이라는 제한된 흐름만으로 접근하는 문제가 있다.

기존 연구에서는 수선사의 역대 주법이라는 대표적인 인물을 중심으로 수선사의 형성과 사상적 전개에 대해 설명하고 있다. 그러나 한 사람의 사상 체계가 얼마나 정교하게 구축되었는가라는 문제와, 그것이

28 채상식, 앞의 글(2013), p.419.
29 채상식, 앞의 책(1991), p.32~51.

사상계에서 어떻게 수용되고 이해되었는가는 전혀 다른 문제이다. 아무리 위대한 인물의 사상이더라도 그것이 당대 사상계의 사상적 양상을 그대로 반영한다고 할 수 없으며, 나아가 사상적인 영향은 전혀 별개의 문제이다. 그럼에도 불구하고 기존 연구는 특정 인물의 사상 분석을 사상계 전체를 대변하는 것으로 이해하는 문제점을 갖고 있다. 더욱이 특정 인물의 사상 체계에 대한 이해 자체가 완결되거나 충분히 설득력을 갖춘 것도 아니다.

수선사가 불교계를 주도하였다고 평가하거나 조계종의 형성으로 귀결되었다는 설명은 실제 역사상을 반영한 것인지 의문이며, 고려 후기의 불교사를 선종사 위주로 파악하는 문제점을 갖고 있다.[30] 나아가 다양한 선문의 존재와 사상적 흐름을 무시하고 지나치게 단선적으로 이해하는 한계를 갖고 있다.

또한 수선사의 선에 대한 연구는 간화선에 초점이 맞추어져 이루어졌다. 곧 지눌 단계에서 간화선이 수용되고, 이어 혜심 단계에 간화선 일변도로 나아가면서 고려 선종계에서 간화선이 일반화되었던 것으로 이해하고 있다.[31] 그런데 이러한 이해는 지눌·혜심에 대한 인물 연구를

---

30 지눌에 의해 조계종이 개창되었다는 통설적인 이해도 재고될 필요가 있다. 조계종은 선종 일반을 가리키는 관용적인 표현이지 하나의 종파로서 확립된, 실체가 있는 존재라고 보기 어렵다. 더욱이 지눌과 수선사는 하나의 문파에 불과하지 종파를 형성하였다고 볼 만한 근거는 없다.

31 慧諶의 생애와 사상에 대해서는 다음과 같은 성과가 있다. 權奇悰, 「慧諶의 禪思想 硏究」, 『불교학보』 19(1982), 秦星圭, 『高麗後期 眞覺國師 慧諶 硏究』, 중앙대 박사학위논문(1986), 李東埈, 『高麗 慧諶의 看話禪 硏究』, 동국대 박사학위논문(1992), 權奇悰, 「慧諶의 看話禪思想 硏究」, 『普照思想』 7(1993), 韓基斗, 「『禪門拈頌』의 編纂에 따르는 慧諶禪의 意旨」, 『보조사상』 7(1993), 金浩星, 「慧諶 선사상에 있어서 교학이 차지하는 의미」, 『보조사상』 7(1993), 李東埈, 「『曹溪眞覺國師語錄』의 구성과 내용상 특성」, 『보조사상』 7(1993), 박재현, 「혜심의 선사상과 간화」, 『철학』 78(2004), 정성본, 「진각국사 혜심의 간화선 연구」, 『보조사상』 23(2005).

토대로 한 것이지만, 그 자체가 완결된 성과가 아니다. 더욱이 수선사 전체나 13세기 고려 선종계 전체를 대상으로 검토한 결과가 아니다.

앞서 언급한 바와 같이 13세기에 정각국사 지겸, 원진국사 승형을 중심으로 한 희양산문, 일연으로 대표되는 가지산문 등 다양한 선문이 존재하였다. 아울러 이들은 위앙종, 운문종, 조동종의 다양한 선적에 관심을 가졌던 데에서 드러나듯이 송대宋代 선禪에 대한 관심과 이해가 다양하였다.

혜심 단계에 수선사의 선이 간화선 일변도로 나아갔다고 이해하고 있지만, 대부분의 연구가 제한된 자료만을 대상으로 검토한 것에 불과하다. 특히, 13세기 전반기에 수선사에서 편찬, 간행된 선적 자료는 연구자의 관심 밖에 놓여 있었다. 이러한 선적은 수선사 전체 차원에서 관심을 갖고 있던 선이 무엇이며, 그것이 선종계에서 얼마만큼 확산되었는가를 이해할 수 있는 자료이다.

이 가운데 혜심이 제자들과 함께 편찬한 『선문염송집』(이하 『염송집』)은 대단히 주목되는 자료이다. 『염송집』은 당에서 북송까지 선문 조사에 관한 고칙 공안과 그것에 대한 착어著語를 상세하게 모으고, 이들 공안의 주인공인 조사들을 석존 이래 선문 전등의 차례에 따라 배열한 공안집이다. 이러한 편집 구성은 『종문통요집宗門統要集』(이하 『통요』)과 동일하며, 『염송집』의 편집 방침과 구성, 염고의 수록에 절대적인 영향을 미쳤다.[32] 『염송집』에서 송고의 인용과 편찬 방침은 『선종송고연주집禪宗頌古聯珠集』(이하 『송고연주』)을 참고하였다.[33]

『염송집』은 『통요』, 『송고연주』, 『연등회요』 등 송대 공안집을 기본적인 저본으로 활용하였다. 이러한 문헌은 전체 구성과 편찬 방향을 정하는

32 조명제, 「『禪門拈頌集』의 편찬과 『종문통요집』」, 『보조사상』 34(2010), pp.70~79.
33 조명제, 「『禪門拈頌集』의 편찬과 『禪宗頌古聯珠集』」, 『불교학보』 62(2012).

데 주로 활용되었고, 방대한 착어는 이들 문헌보다 훨씬 많은 운문종·조동종·임제종의 어록을 폭넓게 수집하여 활용하였다.

운문종의 어록은 송대 송고를 대표하는 설두 7부집을 가장 중시하였으며,[34] 법진 수일法眞守一·남명 법천南明法泉·대각 회련大覺懷璉 등의 어록을 활용하였다.[35] 조동종 선승들의 착어는 굉지 정각宏智正覺의 착어가 가장 많이 인용되었고,[36] 투자–단하–굉지로 이어지는 북송 말 남송 초의 조동종을 대표하는 송고가 대부분 수록되었다. 임제종 황룡파의 경우, 회당 조심–영원 유청–장령 수탁–무시 개심–심문 담분으로 이어지는 계보의 착어가 가장 많다.[37]

임제종 양기파는 원오 극근圜悟克勤의 착어 모두 본칙 177칙에 수록되어 있는데, 『벽암록』은 전혀 수록되어 있지 않다. 대혜의 착어는 『염송집』에 409회나 인용될 만큼 가장 많은 인용 횟수를 보이며, 주로 『대혜보각선사어록大慧普覺禪師語錄』(30권), 『정법안장正法眼藏』 등에서 인용되었다.

『염송집』에는 개별 선사의 고칙 공안을 배열하고, 송대 선승들의 착어가 방대하게 수록되어 있다. 이러한 착어는 송고와 염고가 높은 비중을 차지하지만, 상당, 소참, 보설 등이 그대로 수록된 경우가 적지 않다. 송고, 염고를 비롯한 각종 착어나 상당, 보설 등에서 인용한 착어도 공안 비평으로 일관되고 있다. 그렇다면 종래 『염송집』이 공안집이라는 사실만으로 막연하게 간화선의 수용과 관련시켜 이해한 것과 다르다는

---

34 조명제, 「修禪社의 『禪門拈頌集』 편찬과 雪竇 7部集」, 『한국사상사학』 42(2012).

35 조명제, 「修禪社의 『禪門拈頌集』 편찬과 운문종의 어록」, 『역사와경계』 90(2014), p.128.

36 조명제, 「修禪社의 『禪門拈頌集』 편찬과 『宏智錄』」, 『불교학보』 63(2012).

37 조명제, 「修禪社의 『禪門拈頌集』 편찬과 임제종 황룡파의 어록」, 『불교학보』 68(2014).

사실을 알 수 있다. 『염송집』은 송대 공안 비평을 집성하였던 문헌이며, 12~13세기에 고려 선종계에서 지속되었던 문자선에 대한 관심과 이해가 그대로 반영된 것이다.[38]

혜심이 문자선의 집성에 초점을 맞추어 『염송집』을 편찬하였던 사실은 다음과 같은 두 가지 내용을 통해 이해할 수 있다. 하나는 『염송집』에 원오의 착어로 인용된 것은 대부분 염고와 송고였고, 『벽암록』에서 제시된 원오의 평창은 전혀 인용되지 않았다.[39] 『설두송고』와 그 제창록인 『벽암록』은 모두 문자선을 대표하는 작품이다. 그러나 『벽암록』은 그 논술 가운데 이미 과거 공안의 해석, 논평의 범위를 넘어서는 강렬한 실천에의 지향을 볼 수 있다. 원오는 착어와 평창을 통해 신랄한 비평을 더하였고, 더욱이 공안 비평이라는 형식에 그친 것이 아니라 무사선無事禪에 빠진 송대 선의 흐름의 새로운 방향을 제시하였다. 따라서 『염송집』에는 『벽암록』이 전혀 인용되지 않고, 원오가 무사선을 비판하면서 간화선으로 나아가는 단초를 연 내용이 전혀 반영되어 있지 않다.

---

38 종래 간화선과 공안선을 같은 개념으로 사용하고 있지만, 근래 오가와 타카시가 지적한 바와 같이 송대 선은 공안선으로 대표되며, 그 방법을 文字禪과 看話禪으로 나누어 이해하는 것이 옳다고 생각된다. 문자선은 공안의 비평과 재해석을 통해 禪理를 밝히는 것으로 代語, 別語, 頌古, 拈古, 評唱 등이 그 주된 수단이다. 문자선은 북송 초 汾陽善昭의 『汾陽頌古』에서 비롯되며, 그 정점에 이른 것이 雪竇重顯의 『雪竇頌古』와 그것에 대한 圜悟克勤의 강의록인 『碧巖錄』이었다. 간화선은 특정한 공안에 모든 의식을 집중시켜, 그 한계점에서 마음의 激發, 大破를 통해 극적인 깨달음의 체험을 얻고자 하는 방법이며, 大慧宗杲에 의해 완성되었다[小川隆, 『續·語錄のことば『碧巖錄』と宋代の禪』, (財)禪文化研究所(2010), 小川隆, 『語錄の思想史』, 岩波書店(2011) 참조]. 한편, 문자선이라는 용어는 覺範惠洪의 『石門文字禪』에서 연유한 것이며, 이에 대해서는 周裕鍇, 『禪宗語言』, 浙江人民出版社(1999), 周裕鍇, 『文字禪與宋代詩學』, 高等教育出版社(1998) 참조.

39 土屋太祐, 「北宋期禪宗の無事禪批判と圜悟克勤」, 『東洋文化』 83(2003) ; 「公案禪の成立に關する試論-北宋臨濟宗の思想史」, 『駒澤大學禪研究所年報』 18, 2007. 『벽암록』은 문자선을 집대성하면서, 그것을 간화선으로 전환하는 단초를 연 문헌이었다(小川隆, 앞의 책, 第二章 第五節, 2011 참조).

또 하나는 『염송집』에 인용된 대혜의 착어를 통해서 확인된다. 『염송집』 본칙 12칙에 걸쳐 인용되어 있는 「진국태부인청보설秦國太夫人請普說」이 그 전형적인 사례이다. 이 보설은 상당히 긴 내용인데 진국태부인이 대혜의 지도를 받아 깨달은 과정이 구체적으로 묘사되어 있으며, '무자無字' 화두를 참구하는 구체적인 사례로서 중시되고 있다.[40]

그런데 『염송집』에는 「진국태부인청보설」에서 대혜가 강조하고 있는 '무자' 화두와 관련된 내용이 전혀 없다. 『염송집』에는 대혜의 설법에서 인용하고 있는 공안들을 하나씩 나누어 조주趙州 대산노파臺山老婆(412칙)를 비롯한 본칙에 해당 착어를 그대로 수록하고 있다. 다시 말해 혜심은 간화선과 관련된 중요한 내용을 단 하나도 언급하지 않고, 단지 『염송집』의 공안에 대한 착어로서 「진국태부인청보설」에서 수록된 대혜의 착어를 무려 12회나 인용하였다.

이 보설뿐만 아니라 『염송집』에 인용된 대혜의 착어는 간화선과 직결되는 내용이 전혀 보이지 않는다. 대혜의 착어는 상당, 보설 등에서 인용한 것이 적지 않으며, 그러한 인용 방식을 통해 간화선을 강조할 수 있음에도 불구하고 『염송집』에는 그러한 내용이 전혀 없다. 『염송집』에 방대하게 수록된 대혜의 착어는 모두 문자선과 관련된 내용이며, 전부 간화선과 무관하다. 따라서 대혜의 착어 인용을 통해서도 『염송집』은 문자선의 집성이라는 성격에 초점이 맞추어져 있다는 사실을 확인할 수 있다.[41]

이와 같이 수선사의 공안선 수용에 대한 문제는 『염송집』뿐만 아니

40 石井修道, 「大慧宗杲の看話禪と「磨塼作鏡」の話」, 『駒澤大學禪研究所年譜』 9(1999) 참조.

41 조명제, 『선문염송집 연구-12~13세기 고려의 공안선과 송의 선적』, 경진출판(2015), 조명제, 「수선사의 공안선 이해와 『선문삼가염송집』」, 『한국선학』 41(2015), 조명제, 「고려 후기 공안선의 수용과 『남명천화상송증도가사실』」, 『불교학연구』 50(2017).

라 다른 선적을 통해서도 확인할 수 있다. 『선문삼가염송집禪門三家拈頌集』(이하 『삼가염송』)[42]은 1246년에 수선사에서 『염송집』에 수록된 설두 중현雪竇重顯, 굉지 정각宏智正覺, 원오 극근圜悟克勤의 착어와 그와 연관된 공안만을 따로 뽑아 편찬한 문헌이다.[43]

채상식은 『삼가염송』의 편찬자인 귀암노선龜庵老禪을 수선사 3세인 몽여夢如로 추측하였다. 또한 그는 선종사의 흐름을, 12세기 전반기에 북송의 다양한 선사상을 단순히 수용한 1단계, 12세기 후반에서 13세기 초반에 지눌, 혜심 등이 간화선을 체계화하여 선사상을 '자기화'하는 2단계, 13세기 중·후반기에 선사상을 단순히 수용하고 자기화하는 단계를 뛰어넘어 이를 재해석하고 평가할 수 있는 3단계로 파악하였다. 그는 『삼가염송』이 3단계에 해당하며, 몽여가 다양한 선사상을 포용한 사상적인 경향이 일연 계통에 의해 계승되었지만 후대에 임제선만을 정통으로 강조함으로써 다양한 선사상이 공존되던 분위기가 결국 좌절되었다고 주장하였다.[44] 그러나 채상식의 논지는 『삼가염송』에 대한 구체적인 분석을 하지 않고 자신이 바라보는 관점을 그대로 적용하였다는 점에서 설득력이 떨어진다.

그러면 수선사가 『염송집』을 증보, 간행한 직후에 다시 『삼가염송』을 편찬한 이유는 무엇일까. 『염송집』은 문자선의 이해에 필요한 종합적인 공안집의 성격을 갖고 있지만, 지나치게 방대한 분량이라는 문제점이 있다. 따라서 입문 단계의 선승이나 문자선의 핵심만을 이해하고자

---

42 본래의 제목은 『禪門雪竇天童圜悟三家拈頌集』이다.

43 현존 『삼가염송』은 기림사 대적광전의 비로자나불상에 복장되어 있었던 것이며, 1464년에 간경도감에서 고려판을 중간한 판본이다. 천혜봉·박상국, 『기림사비로사나불복장전적조사보고서』, 문화재관리국, 1988 참조.

44 채상식, 「修禪社刊 『禪門拈頌三家集』의 사상적 경향」, 『부산직할시립박물관연보』 11(1988) ; 『고려 후기 불교사 연구』, 일조각, 1991에 재수록.

하는 경우에 『염송집』은 용이한 문헌이 아니다. 이에 비해 『삼가염송』은 송대 문자선의 정수만을 수록하였기 때문에 문자선의 핵심을 이해하기에 편리한 장점을 갖고 있다.

따라서 『삼가염송』은 선학 입문서 또는 공안 비평의 핵심을 이해하기 위한 지침서로서 편찬된 것으로 보인다. 나아가 일반적인 공안집의 성격보다는 3가의 착어에 초점이 맞추어진 선적禪籍이라는 특징을 갖고 있다. 따라서 『삼가염송』은 당시 선문에서 문자선에 대한 이해가 심화되면서 문자선의 정수만을 담은 문헌에 대한 수요에 대응하기 위해 편찬되었다고 생각된다.[45]

이러한 경향은 『염송설화』를 통해서도 확인할 수 있다.[46] 『염송설화』의 간행 시기는 알 수 없지만, 1252년에 편찬된 『오등회원五燈會元』이 인용되어 있으므로 적어도 이 시기 이후에 찬술된 것으로 짐작된다.[47] 또한 『염송설화』의 내용은 선어禪語를 비롯한 각종 용어에 대한 주석과 『염송집』에 수록된 공안과 착어에 대한 비평으로 이루어져 있다. 각운의 비평은 선승들의 각 착어에 대해 간단한 논평을 하거나 자신의 안목

45 조명제, 「수선사의 공안선 이해와 『선문삼가염송집』」, 『한국선학』 41(2015).

46 『염송설화』의 저자인 각운에 대해서는 관련 자료가 거의 없어 논란이 있다. 그러나 『염송설화』가 『염송집』에 대한 주석서이며, 혜심의 송고 24수가 수록되어 있으므로 각운은 혜심의 제자이거나 수선사 출신의 선승인 것으로 추측하고 있다. 그러나 혜심의 송고가 수록된 것만으로 각운을 혜심의 제자로 단정할 수 없다고 생각된다. 더욱이 『염송설화』의 찬술 시기를 정확하게 알 수 없기 때문에 향후 『염송설화』에 대한 문헌학적·사상사적 연구를 통해 규명해야 할 필요가 있다.

47 근래 조영미, 「『禪門拈頌』의 공안 조직 양상과 언어 활용 연구」, 성균관대 대학원 한문학과 박사학위논문(2015)에서 『선문염송집』과 『염송설화』를 다룬 연구 성과가 제시되었다. 종래 이들 선적에 대한 연구가 제대로 이루어지지 않았기 때문에 향후 본격적인 연구 성과가 이어지길 바라지만, 문제점과 한계도 적지 않다. 이 논문은 문헌학적 기초 연구에 대한 이해가 없고, 공안선의 사상사적 흐름을 이해하지 못하고 있다. 곧 唐代禪에서 제시된 조사들의 문답이 송대에 이르러 맥락을 차단하고 해석을 거절하는 무의미한 언어인 공안으로 전환되며, 그것이 방법화되어 간화선으로 형성되었던 사상사적 흐름을 간과하고 있다.

에 따라 구체적인 비평, 곧 평창을 제시한 것이다.

따라서 『염송설화』는 문자선의 이해와 관련된 문헌이며, 간화선이 성행된 14세기 이후의 문헌으로 보기 어렵다. 이러한 전반적인 정황과 내용을 통해 『염송설화』는 13세기 후반에 찬술된 것으로 짐작된다. 『염송설화』는 13세기 후반에 문자선에 대한 이해가 심화된 것을 반영한 문헌이라고 할 수 있다.[48]

이상에서 살펴본 바와 같이 13세기 고려 선종계에서 문자선의 수용과 이해는 『염송집』, 『삼가염송집』, 『염송설화』 등을 통해 확인할 수 있다. 이들 문헌의 성격을 단순히 도식화할 수는 없지만, 적어도 문자선의 단계별 이해 수준이 어느 정도 반영된 것으로 생각된다. 나아가 이러한 문제는 13세기 후반까지 고려 선종에서 편찬, 간행된 선적을 통해서도 확인할 수 있다.

서룡선로瑞龍禪老 연공連公이 『남명천화상송증도가南明泉和尙頌證道歌』에 대한 주석서로 편찬한 『남명천화상송증도가사실南明泉和尙頌證道歌事實』(이하 『증도가사실』)이 주목된다.[49] 『증도가사실』의 전체적인 구성과 편집 방식에 깊은 영향을 미친 것은 목암 선경睦庵善卿의 『조정사원祖庭事苑』이다.[50] 『조정사원』의 영향은 남명송의 어구와 용어에 대한 주석 내용, 나아가 주석 방식이나 전거를 활용하는 방법이라고 하겠다.

---

48 조명제, 『선문염송집 연구-12~13세기 고려의 공안선과 송의 禪籍』, 경진출판사(2015), pp.326~327.

49 『증도가사실』은 고종 34년(1247)에 전광재가 주선한 법회에서 초본이 처음 이루어졌고, 다음 해에 대장도감 남해분사에서 간행되었다(고익진, 「증도가사실의 저자에 대하여」, 『한국불교학』 1(1975), 한국불교학회; 『한국찬술불서의 연구』, 민족사, 1987, pp.123~133 재수록).

50 『조정사원』은 전8권 가운데 권1에서 권4까지 주석의 대상이 雲門文偃과 雪竇重顯의 어록이므로 운문종의 선에 대한 이해와 깊이 관련된다. 永井政之, 「祖庭事苑の基礎的硏究」, 『駒澤大學佛敎學部論集』 4, 駒澤大學佛敎學部(1973), pp.80~81.

서룡선로가 붙인 주석은 『남명천화상송증도가』의 용어·어구의 이해를 돕기 위한 내용으로 일관하고 있다. 아울러 주석 내용은 다른 문헌에서 인용한 것이며, 서룡선로 자신의 독자적인 해석이나 설명이 전혀 없다. 따라서 『증도가사실』은 『조정사원』과 같은 주석서의 영향을 받아 고려 선종계에서 문자선과 관련된 주석서로서 편찬된 초기 단계의 문헌으로 보인다.

일연이 『조정사원』을 중시한 것은 그 자신이 직접 『조정사원』(30권)을 편찬한 사실에서 알 수 있다. 일연이 목암의 『조정사원』(8권)이 존재함에도 불구하고 다시 30권본으로 편찬하였던 것은 기존의 『조정사원』이 12세기 이후 송대 선의 흐름을 반영하지 못한 문헌적 한계를 감안한 것으로 추측된다. 일연은 목암의 『조정사원』에 수록되지 못한 12세기 이후 송대 선적을 이해하는 데 필요한 주석서로서 30권본 『조정사원』을 찬술한 것으로 보인다.[51]

이상에서 살펴본 바와 같이 수선사 단계에서 송대 선의 이해가 간화선 일변도로 전개되지 않았으며, 오히려 문자선의 이해에 초점이 맞추어져 있었다. 아울러 이러한 경향은 13세기 후반에 일연을 중심으로 한 가지산문까지 이어졌다. 그러면 문자선과 간화선이 혼재한 양상을 어떻게 이해하여야 할까. 이에 대해서는 향후 검토해야 할 과제로 돌리고 여기서는 당시 선종계의 상황과 관련해서 간략하게 언급하는 데에 그치기로 한다.

먼저 고려 선종계에서 송대 선의 수용과 관련된 현실적인 상황을 지적하고자 한다. 고려는 이전과 달리 거란·금과 공식 외교관계를 갖고 송과는 일부 시기를 제외하고는 외교 관계가 단절되었다. 이러한 국제

---

51 조명제, 「一然의 선사상과 宋의 禪籍」, 『보조사상』 33(2010), pp.202~204.

관계의 구도로 인해 고려는 송과의 경제·문화적 교류가 송의 상인을 통해 이루어졌지만, 고려 승려들이 직접 입송 유학을 할 수 있는 상황과 거리가 있었다.

이러한 상황에서 고려 선종계에서 송대 선의 수용은 송상을 통해 입수한 선적을 통해 이루어졌다. 이러한 선적은 송대 인쇄술이 본격적으로 확산된 11세기 이후에 수용되었을 가능성이 높다. 아울러 선적의 입수가 단기간에 이루어진 것이 아니며, 상당한 시차를 두고 이루어졌을 것으로 보인다. 더욱이 현존 자료를 통해 살펴보면 13세기에 이르러 송의 선적이 본격적으로 입수되었던 것으로 보인다.

그런데 이러한 선적의 수용 과정은 고려 선승들에게는 송대 선의 시계열적인 이해가 곤란하거나 알기 어려운 상황을 초래하였던 것으로 보인다. 나아가 오늘날과 달리 당시 선승들이 이러한 선의 시계열적인 전개에 그렇게 관심이 높지 않았을 가능성이 크다.

이상에서 살펴본 바와 같이 12~13세기 고려 선종계는 송대 선의 수용과 이해에 관심이 컸다. 또한 송대 선의 수용은 국제적인 상황으로 인해 직접적인 교류를 통해 이루어진 것보다 선적을 통한 간접적인 방식으로 이루어졌다. 아울러 송대 선은 시계열적으로 고려에 수용된 것이 아니며, 간화선과 임제종이라는 단선적인 흐름만이 중시된 것도 아니었다.

오히려 북송 이후 선종의 주요한 종파였던 운문종, 임제종, 조동종의 선에 대한 관심이 고려 선종계에서 존재하였으며, 그러한 경향은 송대 선에 공통적으로 나타났던 공안 비평을 중심으로 한 문자선의 수용과 성행으로 표출되었다. 따라서 12~13세기 고려 선종계의 사상적인 흐름은 문자선의 수용과 이해에 집중되었다. 아울러 이러한 흐름은 수선사에 의해 주도된 측면도 있지만, 가지산문, 희양산문 등 다양한 산문에 의해 이루어졌다. 따라서 무신란 이후 선종사의 흐름을 수선사 일변도로 이해하는 것은 고려 선종사를 단선적으로 이해하거나 당시 사상적인 흐름을 단순화시킨 결과가 되었다.

이러한 이해는 근대 불교학이 성립된 이후에 통불교론에 입각하여 지눌을 과도하게 평가하거나 구체적인 연구를 진행하지 않은 상태에서 현존하는 문헌 자료의 일부만을 대상으로 편협하게 연구하게 된 결과와 무관하지 않다고 생각된다. 아울러 일국사적 시각에서 한국불교사라는 좁은 틀에서 접근함으로써 동아시아 불교사의 전체 흐름을 연구 시각에 반영하지 못한 것과 깊이 관련된다. 또한 12세기 이후 고려 선종계의 동향은 전체적으로 송대 선의 수용 과정으로 이해할 수 있으며, 수선사는 이러한 흐름을 대표하는 선문으로 이해할 수 있다. 따라서 수선사의 사상적 흐름을 결사라는 프레임으로 이해하는 것보다 고려 선종계의 전체적인 동향에서 이해하는 것이 자연스럽다고 생각된다.

Ⅲ. 송대 문화의 수용과 수선사의 위상

앞 장에서 수선사가 공안선을 어떻게 수용하고 이해하였는지, 나아가 13세기 선종계에서 수선사의 사상적 위상이 어떠하였는가에 대해 재검토하여 보았다. 그런데 수선사의 위상에 대한 문제는 선종계뿐만 아니라 사대부 사회를 비롯한 사상계 전반으로 확대해서 검토할 필요가 있다.

기존 연구는 대부분 수선사가 당시 지배층에 커다란 사상적 영향력을 미쳤거나 사회적 위상이 확립되었던 것으로 이해하고 있다. 특히, 혜심의 비문 자료를 통해 최씨 정권과의 유착을 지적하고 있지만, 비문 자료가 갖는 한계에 대해 의문을 갖지 않고 있다.[52] 더욱이 기존 연구는 불교 관련 자료에 매몰됨으로써 사대부의 문집 자료를 비롯한 다양한 자료에 주목하지 않았다.

그런데 문집 자료를 살펴보면 사대부와 수선사와의 교류 관계는 그렇게 많지 않으며, 오히려 수선사가 아닌 다양한 선문의 승려들과 교류한 양상이 훨씬 많다.[53] 또한 이러한 교류에서 시가 주요한 매개였으며, 이들의 시문은 송대 문학의 수용, 선시의 성행 등과 관련하여 새롭게 주목할 만한 측면이 적지 않다.

기존 연구는 송대 사상계의 동향과 문화예술의 새로운 경향이 선종 문화와 어떻게 연관되는지에 대해 별로 관심을 갖지 않았다. 송대에 고문부흥 운동을 통해 구양수-소동파의 계보가 한당 고문을 포괄적으로 계승하였으며, 특히 소동파를 사대부가 배워야 할 모범이라는 인식이 널리 존재하였다. 또한 소동파의 문하에서 황정견을 비롯한 문인들이 다수 배출되어 시문학을 주도하였다. 또한 이들은 시문학뿐만 아니라 글씨와 그림, 곧 시서화를 비롯한 모든 문화예술 영역에 깊은 영향을 미쳤다.

이러한 송대 문화의 흐름은 고려의 사대부 문인뿐만 아니라 선종계까지 폭넓은 영향을 미쳤다. 이러한 경향은 선종에서 문자선이 확산되면서 선시가 유행하였고, 시는 사대부와의 교류를 위한 매개체로서 선

52 민현구, 「월남사지 진각국사비의 음기에 대한 일고찰-고려 무신정권과 조계종」, 『진단학보』 36(1973), 김당택, 「고려 최씨무인정권과 수선사」, 『역사학연구』 10(1981), 유영숙, 「최씨무신정권과 조계종」, 『백산학보』 33(1986).

53 강석근, 『이규보의 불교시』, 이회문화사(2002), 이종문, 「고려 전기 문인과 승려의 교류」, 김건곤 외, 『고려시대의 문인과 승려』, 파미르(2007), 안장리, 「고려 무신집권기 문인의 승려 교유」, 김건곤 외, 같은 책(2007).

승의 기본적인 소양으로 요구되었던 분위기와 맞물려 더욱 확산되었다. 선승들이 시서화를 중심으로 한 문화예술에 심취한 양상은 동아시아에 공통적으로 보이며, 특히 일본의 오산문화五山文化에서 잘 드러난다.

고려의 경우, 13세기에 사대부 사회에서 송의 문학이 유행한 흐름이 다양하게 드러난다. 현존하는 문집 자료에는 구양수, 왕안석 등을 비롯한 송대 시인들이 다양하게 언급되고 있지만, 특히 소동파, 황정견 등 강서시파의 시문이 폭넓은 영향을 미치고 있었다.[54]

소동파, 황정견을 비롯한 북송 사대부의 시문은 12세기에 입송 경험을 가진 문인이나 의천義天 등을 통해 고려에 수용되었으며,[55] 13세기에 송대 시를 대표하면서 더욱 확산되었다.[56] 이인로는 소동파·황정견의 시집을 읽고 난 후에야 말이 힘차고 운이 쩌렁쩌렁 울려 시를 짓는 데에 삼매경에 빠질 수 있다고 강조할 정도로 그들의 시를 높이 평가하였다.[57] 사대부 문인들은 고사를 사용하더라도 소동파·황정견처럼 말을

---

54 李奎報, 「答全履之論文書」, 『東國李相國集』 권26, “足下以爲世之紛紛效東坡而未至者 已不足導也 雖詩鳴如某某輩數四君者 皆未免效東坡 非特盜其語 兼攘取其意 以自爲工 (중략) 及得科第 然後方學爲詩 則尤嗜讀東坡詩 故每歲榜出之後 人人以爲今年又三十東坡出矣.” 소동파의 시문이 유행한 것은 고종 23년(1236)에 전주에서 『東坡集』이 간행되었던 사실을 통해서도 알 수 있다(「全州牧新雕東坡文集跋尾」, 『東國李相國集』 21).

55 「王文公菊詩議」, 『東國李相國集』 후집 11에 蔡條(?~1126)의 시화집인 『西淸詩話』가 수용된 사실을 보여 주는 것에서 알 수 있듯이 송의 시화집은 고려에 비교적 빨리 수용되었다.

56 李仁老, 『破閑集』 卷上(『高麗名賢集』 2, 성균관대학교 대동문화연구원, 1986, p.87), “琢句之法 唯少陵獨盡其妙 (중략) 及至蘇黃 則使事益精 逸氣橫出 琢句之妙 可以與少陵幷駕.”

57 『破閑集』 卷上, 87a, “及至蘇黃 則使事益精 逸氣橫出 琢句之妙 可以與少陵井駕.”, 『破閑集』 卷下, 97b. “近者蘇黃崛起 雖追尙其法 而造語益工 了無斧鑿之痕 可謂靑於藍矣.” 林椿, 「與眉叟論東坡文書」, 『西河集』 卷4, p.43. “僕觀, 近世東坡之文大行於時, 學者誰不伏膺呻吟. 然徒翫其文而已, 就令有撏竄竊, 自得其風骨者, 不亦遠乎.” 崔滋, 『補閑集』 卷中, p.132. “李學士眉叟曰, 吾杜門讀黃蘇兩

솜씨 있게 하여 도끼나 끌을 다듬은 흔적이 없게 만드는 것을 긍정적으로 평가할 정도로 강서시파의 작시법으로부터 깊은 영향을 받았다.[58] 또한 강서시파의 작시법은 문인뿐만 아니라 불교계에도 폭넓은 영향을 미치고 있었다.[59]

> 내가 일찍이 文安公(俞升旦)을 뵈러 갔는데 어떤 승이 『東坡集』을 갖고 와 공에게 의심하는 것을 묻고 있었다. 읽어 가다가 碧潭이란 곳에 이르러 '시험 삼아 흰 탑을 보는 듯하며 서로 한 聯句를 부르는 듯하네'라는 구절을 두세 번 음미하더니 말하기를, "고금의 시집 중에서 이와 같은 새로운 뜻은 드물게 본다."고 하였다.[60]
> 또 法泉寺 승으로 그 이름을 알 수 없는데, 밤에 누 위에서 동파시를 읽는데 문득 사람이 문을 두드렸다.[61]

위의 자료에서 알 수 있듯이 소동파의 시는 사대부뿐만 아니라 불교

集, 然後語遵然韻鏘然, 得作詩三昧."

58 『破閑集』 卷下, 97下, "詩家作詩多使事 謂之點鬼薄 李商隱用事險僻 號西崑體 此皆文章一病 近者蘇黃崛起 雖追尙其法 而造語益工 了無斧鑿之痕 可謂靑於藍矣 如東坡見說騎鯨遊汗漫 憶曾捫蝨話悲辛 永夜思家在何處 殘年知爾遠來情 句法如造化生成 讀之者莫知用何事 山谷云 語言少味無阿堵 氷雪相看只此君 眼看人情如格五 心知世事等朝三 類多如此 吾友耆之 亦得其妙 如歲月屢驚羊胛熟 風騷重會鶴天寒 腹中早識精神滿 胸次都無鄙吝生 皆播在人口 眞不愧於古人."

59 소동파 문학이 고려 문인에 미친 영향에 대해서는 다음의 글을 참조. 변종현, 『高麗朝 漢詩硏究-唐宋詩 受容樣相과 韓國的 變容』, 태학사(1994), 정상홍, 『강서시파와 선학의 수용』, 성균관대 박사학위논문(1995), 조규백, 「고려시대 문인의 소동파 시문 수용 및 그 의의(1)·(2)」, 『퇴계학과 유교문화』 39·40(2006·2007), 鄭墡謨, 「高麗朝における蘇東坡受容の樣相」, 『中國文學報』 74(2007), 김성기, 「고려 문인의 소동파 수용 양상」, 『개신어문연구』 31(2010), 어강석, 「목은 이색의 소동파시 수용 양상」, 『어문연구』 40-1(2012).

60 『補閑集』 卷中, p.125, "予嘗謁文安公, 有一僧持東坡集, 質疑於公. 讀至碧潭, 如見試白塔 若相招一聯, 公吟味再三曰, 古今詩集中, 罕見有如此新意近得."

61 『補閑集』 卷下, p.146, "又法泉寺僧, 失其名, 夜於樓上讀東坡詩, 忽有人叩門."

계에서도 널리 성행하였다. 당시 승려들은 『동파집』을 애독하였고, 소동파의 시에 대해 사대부에게 문의하거나 논의하였다. 또한 두 번째 자료에 보이는 법천사는 어느 절을 가리키는지 정확하지 않지만,[62] 지방의 사찰로 보이므로 소동파의 시가 폭넓게 확산되었던 것을 보여 준다.[63] 그러면 고려의 사대부 문인이나 승려들이 소동파를 비롯한 강서시파의 작시법에서 받은 영향은 무엇일까.

> 옛날에 山谷(황정견)이 시를 논하기를, 옛사람의 뜻을 바꾸지 않고 그 말을 만드는 것을 換骨이라 하고, 옛사람의 뜻을 모방하여 형용하는 것을 奪胎라고 하였다. 이것은 비록 그대로 따라 쓰는 것과는 현격한 차이가 있다. 그러나 표절하여 훔치는 것을 솜씨 있다고 여기는 것을 면하지 못하였으니, 어찌 이른바 옛사람이 이르지 못한 데서 새로운 뜻을 내어놓은 묘라고 하겠는가.[64]

위의 글에서 이인로(1152~1220)가 강조한 것이 황정견의 환골탈태론이다. 환골탈태론은 점철성금点鐵成金, 은櫽(隱)괄括(栝) 등과 함께 강서시파의 작시법의 주요 개념이다.[65] 이러한 작시법은 송대에 유행한 집구

62 법천사는 『신증동국여지승람』 권18 懷德縣 佛宇, 권36 務安縣 佛宇, 권46 原州牧 佛宇에 보이지만, 어느 곳인지 정확하게 알 수 없다. 다만 법천사가 모두 지방에 있던 절이라는 공통점을 알 수 있다.

63 승려들이 시를 짓고 작품을 남긴 사례는 이자현, 의천 등과 같이 고려 전기부터 있었으나 본격적인 시승의 출현은 12세기 이후로 보인다. 의천의 제자인 無碍智國師 戒膺, 惠素, 大鑑國師 坦然, 龜山曇秀, 惠文, 覺訓 등 다양한 시승이 등장하였고, 시를 통해 당대 엘리트인 사대부와 교류하였다.

64 『破閑集』 卷下, 100下, "昔山谷論詩, 以謂不易古人之意, 而造其語, 謂之換骨, 規模古人之意, 而形容之, 謂之奪胎. 此雖與夫活剝生呑者, 相去如天淵. 然未免剽掠潛竊以爲之工, 豈所謂出新意於古人所不到者之爲妙哉."

65 환골에 대한 언급은 『補閑集』 卷中, p.128에도 보인다.

시集句詩와 함께 다른 작품, 언어를 자기의 것으로 바꾸어 옮겨 재생시키는 방법이며, 독서에 의한 박식, 박학을 기반으로 한다.

그런데 이인로가 언급한 환골탈태론은 『냉재야화冷齋夜話』 권1, 「환골탈태법換骨奪胎法」에서 인용한 것으로 보인다.[66] 각범은 황정견의 작시법에 대한 중요 개념을 가장 탁월하게 해설하였던 것으로 잘 알려져 있다.[67] 실제 이인로는 『냉재야화』를 읽은 후에 청완하여 속세를 벗어난 느낌이 있으나 본집을 못 본 것이 유감이라고 하였다. 또한 그는 『균계집』을 얻어 보니 대부분 증답편이고 그 전에 보던 시만 못하였다고 비평하였을 정도로 각범 혜홍覺範惠洪의 시문학에 대한 관심이 깊었다.[68]

『냉재야화』는 각범이 제방의 시문에 관한 견문 기사, 시인들의 일화 및 그들의 평론 등 총 161항목의 소품小品을 집성하여 만든 것이다. 이 책에는 특히 소동파의 시에 대한 기사가 대단히 많으므로 그에 대한 관심이 깊었던 것을 알 수 있다.[69] 각범은 시와 선의 깊은 경지에 이른 이들에 대해 깊은 관심을 보이고 있다. 각범의 어록이 일찍부터 사라졌던 것에 비해 시문 관계 작품은 각 시대를 통해 판을 거듭하며 간행되었다. 『냉재야화』는 선문뿐만 아니라 일반 지식인에게도 환영받아 많은 문학 총서에 수록되어 있다.

---

66 椎名宏雄, 『禪學典籍叢刊』 5, 臨川書店(2000), 769a.

67 龔鵬程, 『江西詩社宗派硏究』, 文史哲出版社(1983), 大野修作, 「惠洪『石門文字禪』の文學世界」, 『禪學硏究』 67(1989) 참조. 『석문문자선』이 송대 지식인들에게 높은 평가를 받은 사실은 陳振孫, 『直齋書錄解題』·許顗, 『彦周詩話』 등에서 각범의 시를 절찬한 데에서 잘 드러난다(椎名宏雄, 앞의 글, p.851).

68 『破閑集』 卷上, p.83, "讀惠弘冷齊夜話, 十七八皆其作也, 淸婉有出塵之想, 恨不得見本集. 近有以筠溪集示之者, 大率多贈答篇, 玩味之, 皆不及前詩遠甚. 惠弘雖奇才, 亦未免瓦注也. 古語云 見面不如聞名信矣 因見潘大臨寄謝臨川一句今爲補之 滿城風雨近重陽 霜葉交飛菊半黃 爲有俗雰來敗矣 惟將一句寄秋光." 각범에 대한 관심은 李藏用, 「次李需普門寺詩韻」, 『동문선』 권18에도 보인다.

69 椎名宏雄, 「解題」, 위의 책, p.854.

한편, 『균계집』은 각범이 각종 시문을 집성한 『석문문자선石門文字禪』 30권의 전반부 16권을 뽑아 재편집한 것이다. 『석문문자선』 권1~16에 수록된 고시, 율시 등이 1000수를 넘으며, 이들 시문은 송대 지식인들에게 높은 평가를 받았다.[70] 『천주금련天廚禁臠』 3권은 각범이 찬술한 시화詩話, 곧 시의 논설서이다. 이 책은 당·송의 명구를 범례범식範例範式으로 그들 시격詩格, 곧 시작의 법칙을 논평하였다. 시격을 근체삼종령연법近體三種領聯法, 십사자대구법十四字對句法, 고시압운법古詩押韻法 등 38항목으로 세분하고, 각각 범례가 되는 명구를 제시하고 평하였다. 특히, 『천주금련』 권중, 「유음구법遺音句法」[71]에 소동파 오도송으로 유명한 「숙동림사宿東林寺」의 일구를 인용된 데에서 드러나듯이 전체 예구로 소동파의 시가 압도적으로 많은 것이 특징이다.

이상에서 살펴본 바와 같이 각범의 시화집은 송대 강서시파의 작시법을 탁월하게 해설한 데다가 소동파·황정견의 작품이 적절하게 인용되어 있기 때문에 고려의 사대부 문인층과 승려들에게 폭넓게 수용되었다.[72] 이러한 경향은 임유정林惟正의 『백가의집百家衣集』을 통해서도 확인된다. 이 책은 제목에서 드러나듯이 유명한 시인들의 시에서 한 구씩 모아서 시를 지은 집구시集句詩 시집이다.[73] 『백가의집』은 황정견의

---

70 椎名宏雄, 위의 글, p.851.

71 椎名宏雄, 위의 책, p.827

72 각범의 영향은 禪의 이치로써 시를 비유·해설한 宋 嚴羽의 『滄浪詩話』, 작시 교본이었던 魏慶之의 『詩人玉屑』 등에도 잘 드러난다.

73 『백가의집』은 권1에 5언시 95수, 권2에 7언시 79수, 권3에 7언절구 115수 등 모두 289수가 수록되어 있다. 원 제목은 『林祭酒百家衣詩集』이며, 임유정 사후에 간행되었던 것으로 짐작된다. 현존 중간본은 3권 1책이며, 세종 21년(1439)에 안동에서 간행되었다. 이에 대한 연구 성과로는 다음의 글을 참조. 허흥식, 「林惟正의 百家衣集」, 『서지학보』 12, 서지학회(1993), 조기영, 「林祭酒百家衣詩集攷」, 『연민학보』 12, 연민학회(1993), 금지아, 「임유정의 林祭酒百家衣詩集 연구」, 『중국어문논집』 49(2008), 허흥식, 『고려의 동아시아 시문학』, 민족사(2009).

말을 인용하여 제목을 정하였으며, 북송 대에 집구시가 유행하였던 것으로부터 영향을 받았다.[74] 특히, 각범 혜홍의 시도 4구가 인용되어 있다.[75] 아울러 소동파와 깊이 교류한 선승인 도잠 참료道潛參寥의 시도 인용되어 있다.[76] 이상에서 살펴본 바와 같이 각범의 선시와 시 이론은 강서시파의 작시법을 대표하는 것으로서 고려의 사대부 문인과 선승들에게 깊은 영향을 미쳤다.[77]

> 이 세상에서 불교를 배우고도 수양하여 깨끗하고 신중하여 성실하지 못한 자는 반드시 문장가에 의탁하여 빛을 발하려 하니 대개 모두 큰소리나 치고 경솔하며 잡되다. 그 속이 비었으면서 망령되게

---

74 『냉재야화』 권3, 「山谷集句貴拙速不貴巧遲」 集句詩, "山谷謂之百家衣體, 其法貴拙速 而不貴巧遲. 如前輩曰 晴湖勝鏡碧 衰柳似金黃 又曰 事治閑景象 摩捋白髭鬚 又曰 古瓦磨為硯 閑砧坐當床 人以為巧 然皆疲費精力 積日月而後成 不足貴也."

75 허흥식, 위의 책, 1-46-6 半窓閑月明, 1-96-21 驚禽移別柳, 2-37-4 暗驚淸鏡失朱顔, 3-63-1 此生已是再眠蚕.

76 허흥식, 위의 책, 參寥 8구 2-17-6 등 陶潛 3구 1-78-4, 2-3-5, 1-49-7. 崔滋가 쓴 「曹溪宗三重神化爲禪師官誥」에 각범의 절묘한 문장을 체득하고, 『林間錄』을 보았다는 표현이 있으므로 각범의 영향을 볼 수 있다(『동문선』 권27, "得覺範翰墨三昧 遇事輒錄於林間如永嘉言意兩忘 證道還歌於路上 入蒼龍窟 題黃鶴樓 蹔住蘇來而卽辭 還從松廣而自恣").

77 각범의 영향은 다음 자료에서도 확인된다. 『동인시화』 하권 p.172에 『名臣言行錄』에서 王榮老의 고사를 인용한 구절은 실제로는 각범의 『冷齋夜話』 권1, 「江神嗜黃魯直書韋詩」(椎名宏雄, 앞의 책, 5-764~765)에서 인용한 것으로 보인다. 또한 『동인시화』 하권, p.265에 禪林詩를 평가하면서 선의 요지를 담론하여 言外之味를 나타낸 것이 드물지만, 각범의 시 가운데 "夜久雪猿啼岳頂 夢回淸月上梅花"라는 구절은 聲色이 모두 공이라는 오묘함을 표현하였다고 평가하였다. 『冷齋夜話』 권5, 「上元詩」(椎名宏雄, 앞의 책, 5-786), "予嘗自并州還江南 過都下 上元 逢符寶郎蔡子 因約相見相國寺 未至 有道人求詩 且曰 覺範嘗有寒巖寺詩懷京師曰 上元獨宿寒巖寺 臥看靑燈映薄紗 夜久雪猿啼嶽頂 夢回山月上梅花 十分春瘦緣何事 一掬歸心未到家 卻憶少年行樂處 軟風香霧噴東華 今當為作京師上元懷山中也 予戲為之曰 北遊爛熳看並山 重到皇州及上元 燈火樓臺思往事 管弦音律試新翻 期人未至情如海 穿市皈來月滿軒 卻憶寒巖曾獨宿 雪窗殘夜一聲猿". 徐居正, 「桂庭集序」, 『續東文選』 권15에도 각범 선시에 대한 비평이 있다.

> 유가의 아름다운 말을 사용하여 시구나 지어서 세상 사람의 이목에 선전하고 있으니 불교에 큰 죄를 짓는 것이다. 우리 상인은 이와 달라서 氣韻이 뛰어나고 機鋒이 예민하여 어느 叢席에 가더라도 비록 유명한 무리들도 풍모를 바라보고 굴복하지 않는 자가 없으니, 참으로 법계 가운데 뛰어난 사람이다. 또 儒典에 있어서도 모두 통달하고 해박하며 詞藻에 공부가 있어 遒勁·정밀한 품이 보통 사람보다 너무나 뛰어나지만, 스스로 깊게 숨기고 능하지 못한 것같이 한다.[78]

> 태백산인 戒膺은…(중략)…이것은 득도한 사람의 말이니 優遊하고 閑談하여 이치가 심원하니, 비록 禪月의 高逸함과 參寥의 淸婉함도 어찌 이에 지나칠 것인가. 이것은 고인이 이르는 바람이 물 위에 부니 자연히 무늬가 이루어지는 것과 같다.[79]

위의 첫 번째 인용문은 임춘이 지겸志謙에게 준 글이다. 이 글에서 당시 선문에서 사대부 문인과 마찬가지로 송대 작시법이 유행하였던 양상을 알 수 있다. 두 번째 인용문에서는 이인로가 계응의 시가 선월禪月의 고일高逸함과 참료의 청완淸婉한 것보다 낫다고 평가하고 있다. 참료

---

78 「送志謙上人赴中原廣修院法會序」, 『西河集』 권5, 52a, "且世之學釋氏 而不能修潔謹慤者 則必託文章之流以爲放 故率皆縱誕浮雜 其中空虛 妄取儒家綺語 抽靑媲白 以誇耀乎人之耳目 其得罪于釋氏亦大矣. 今吾上人則獨異夫是 氣韻絶人 機鋒迅捷 所至叢席 雖名緇奇衲 無不望風而服 眞法中俊人也. 又於儒典 皆貫綜博洽 且工於詞藻 遒勁精緻 過人遠甚 而深自覆匿 恂恂若不能言."

79 『破閑集』 卷中, p.92, "太白山人戒膺 大覺國師適嗣也 幼時寓僧舍讀書 大覺隔墻聞其聲曰此眞法器也 (중략) 作詩送之云 好學今應少 忘形古亦稀 顧余何所有 而子乃來依 窮谷三冬共 春風一日歸 去留俱世外 不用淚霑衣 夫得道者之辭 優游閑淡 而理致深遠 雖禪月之高逸 參寥之淸婉 豈是過哉 此古人所謂如風吹水自然成文."

參寥는 송 도잠道潛의 호이며, 소동파와 교류가 두터운 선승이다. 소동파는 참료의 시를 평하여 한 점도 소순지기가 없다고 평할 만큼 선시의 경지가 뛰어났다고 상찬하였다.[80]

이상에서 살펴본 바와 같이 불교계에서 사대부와 마찬가지로 송대 강서시파의 시문이 성행하였다. 이러한 양상은 당시 선시의 유행과 밀접한 관계가 있으며, 그 사상적·문화적 배경에는 공안 비평을 중심으로 한 문자선이 성행하였던 것과 밀접한 관계가 있다. 따라서 문자선의 수용은 선종뿐만 아니라 사상계 전반적으로 송대 문화의 수용이라는 양상과 관련된다.

그러면 수선사에서는 이러한 사상적·문화적 흐름이 어떻게 나타날까. 수선사의 경우 2세 혜심이 종래 한국 선시의 개창자라는 점에서 주목을 받았다.[81] 혜심의 선시는 그의 어록에도 수록되어 있지만, 『무의자시집無衣子詩集』에 256수의 시가 집약되어 있다. 그의 시집에는 선의 요체와 수행을 담은 선리시禪理詩가 적지 않게 보이지만, 간화선만을 강조하지는 않으며, 나아가 자연 경계의 표상을 드러내거나 즐기는 시, 물에 대한 관심과 의미, 인생과 현실의 수용 및 대응 등 크게 4범주로 나뉘는 시를 다양하게 표현하고 있다.[82]

혜심의 시문에 대한 연구는 대부분 문학 연구자들의 전유물처럼 되

---

80 「訪興嚴寺堂頭兼簡金秀才二首」, 『西河集』 권3, 231b, "幅巾短葛手携笻 問路雲間紫翠峯 十載寒暄如夢寐 一甌談笑許從容 尋眞要記廬山面 結社須追白老蹤 莫訝近來形變盡 此生身計大龍鍾 醉裏閑行獨倚笻 共吟詩意盡西峯 羨君年少才無敵 嗟我身窮世不容 已作寧原三友約 羞言李杜二人蹤 從横潑墨華牋上 筆法應傳王與鍾." 이규보와 가장 깊게 교유하였던 가지산문의 惠文은 이규보로부터 山人體를 얻었다고 평가를 받을 만큼 뛰어난 시승이었다.

81 인권환, 『고려시대 불교시의 연구』, 고려대 민족문화연구소(1983), 박재금, 『한국선시연구-무의자 혜심의 시세계』, 국학자료원(1998).

82 박재금, 위의 책, Ⅲ. 혜심의 시세계 참조.

어 있는 데다가 사상사적 맥락에서 재검토되지 못한 실정이다. 다만, 혜심의 시를 선시라는 차원에서 제한적으로 볼 것이 아니라 당시 사대부의 시문에서 보이는 문학적 성격과 비슷한 맥락을 주목할 필요가 있다고 생각된다. 그것은 혜심의 시에 선리시보다 비중이 큰 일상과 사물을 읊은 시를 통해서 잘 드러난다. 이러한 성격은 단순히 혜심이 유학자 출신이라는 측면만을 고려하기보다는 당시 사대부 문인들에게 폭넓게 수용되던 송대 시의 수용, 공안 비평과 관련된 문자선의 성행 등을 감안하여 살펴볼 필요가 있다. 이러한 경향은 혜심 이후 수선사의 대표적인 인물을 통해서도 확인된다.

수선사 5세 원오국사圓悟國師 천영天英(1215~1286)은 그의 비문에서 특별히 시재詩才가 뛰어나 아무리 어려운 운자韻字를 제시해도 시를 능숙하게 짓는다고 서술되어 있을 만큼 문학적 재능이 뛰어났다. 이러한 면모는 그가 송 천태종의 법언 화상法言和尙이 보낸 불거기佛居記에 대한 찬贊을 지어 문장의 빼어남을 보여 주었다는 일화에서 잘 드러난다. 아울러 그는 초서草書에 능한 명필이었으며, 불교뿐만 아니라 외전에도 정통하였다.[83] 천영의 경우 그의 비문 자료만 남아 있어 구체적인 양상을 알 수 없지만 비문에 압축된 내용으로 보아 간화선을 강조한 내용은 보이지 않고, 시와 서를 중심으로 일상적인 선종 문화가 주로 부각되어 있다.

이러한 경향은 수선사 6세인 원감국사 충지冲止에게 더욱 두드러지게 드러난다. 현전하는 충지의 시는 239편이며, 깨달음과 관련된 수도시修道詩, 시법시示法詩가 33편으로 전체 작품에서 적은 편이다. 그에 비해 자연시(20), 자락시(60), 찬미시(36), 생활시(13), 인정시(60), 사회시(7) 등

83 李益培 撰, 「曹溪山第五世贈諡慈眞圓悟國師碑銘并序」, 『금석』 상.

이 대부분을 차지한다.[84] 충지 시의 특징은 선승임에도 불구하고 선적 깨달음을 형상화한 것이 거의 보이지 않는다.[85] 나아가 선적인 깨달음의 경지를 가르치는 내용을 담은 시가 일부 있지만, 화두 참구를 강조하는 내용이 전혀 없다. 간화선자들이 강조하는 것처럼 반드시 깨닫도록 하는 내용도 보이지 않으며, 오히려 평상무사를 주로 보여 주는 내용 위주이다. 오히려 충지의 시에는 혹심한 추위나 더위에 못 견뎌하는 심정이나 가난하고 누추한 생활에서 괴로움을 느끼는 심정을 그린 것이 보인다.[86]

또한 충지는 이존비李尊庇, 이오李敖, 박항朴恒 등 관료 문인과 교류하면서 주고받은 시가 많다. 그런데 그의 시에는 소동파의 영향이 적지 않게 보인다. 충지는 아우 위문개魏文愷가 지방관으로 부임하기 위해 이르렀다가 13년 만에 만나 밤새 회포를 풀면서 자신들의 처지와 비슷하였던 상황에서 소동파가 아우 소철에게 준 시를 인용하여 시를 지었다.[87] 또한 충지는 소동파의 운을 써서 시를 짓고,[88] 소동파의 오도송을 연상하는 시를 지었다.[89]

아울러 충지의 「우서偶書」에 "어찌 종산의 일 없는 사내처럼 이슬에

---

84 이진오, 「원감국사 충지의 시세계」, 『한국불교문학의 연구』, 민족사(1997), p.431.

85 이진오, 위의 글(1997), pp.377~379.

86 「雪中作苦寒詩 寄韓平陽謝奇」 『圓鑑國師歌頌』(『한불전』 6-381), 「鷄峯苦」 『圓鑑國師歌頌』(『한불전』 6-393).

87 「舍弟平陽新守文愷 將抵州治 先到山中 是夕會有雨 相與話 盡十餘年睽離之意 不覺至天明 因記蘇雪堂贈子由詩中所引韋蘇州 何時風雨夜 復此對床眠之句 作一絶以贈之」, 『圓鑑國師歌頌』. 이 시는 『동문선』 권20에도 인용되어 있다.

88 「偶用雪堂韻示印黙二禪人」, 『圓鑑國師歌頌』(『한불전』 6-393-394).

89 「閑中偶書」(『圓鑑國師歌頌』)에 "開窓便山色 閉戶亦溪聲"이라는 표현이나 「偶書一絶」에 "山色溪聲又松籟 有何塵事到心頭"라는 표현은 소동파의 오도송 "溪聲便是廣長舌 山色豈非清淨身 夜來八萬四千偈 他日如何擧似人"과 유사하다. 이 구절은 『禪門寶藏錄』 卷下(『한불전』 6-482)에도 인용되어 있다.

졸면서도 소와 양에 밟히지 않은 것만 하겠는가."[90]라는 구절은 각범의 「합묘재이수合妙齋二首」에서 인용한 것이다.[91] 이와 같이 충지의 선시에서 소동파, 각범 혜홍의 영향이 깊이 드러나는 것은 앞서 살펴본 바와 같이 강서시파의 문학적 영향이 당시 사대부 문인과 선승들에게 광범위하게 미쳤던 양상을 그대로 보여 준다.

이상에서 살펴본 바와 같이 송대 시문학은 13세기 고려에서 선종계뿐만 아니라 사대부 문인에게 폭넓게 수용되었다. 또한 이러한 경향은 당시 선시의 유행, 문자선의 성행 등과 함께 나타났다. 아울러 이러한 흐름은 수선사에서도 마찬가지로 나타났으며, 충지의 경우에서 드러나듯이 13세기 후반까지 오히려 확산되는 방향으로 나아갔다.

따라서 수선사의 선을 간화선 일변도의 흐름으로 이해하는 것이 타당하지 않으며, 오히려 문자선이 훨씬 성행되었던 사실을 보여 준다. 아울러 이러한 흐름은 선시의 유행, 송대 시문학의 수용이라는 현상까지 함께 살펴보면, 13세기 고려 사상계에서 송대 문화의 수용이 일반적인 흐름이며, 하나의 시대적 과제라고 이해할 수 있다. 다시 말해 12~13세기 고려 사상·문화의 전반적인 동향은 송대 문화의 수용에 초점이 맞추어져 있었다. 수선사는 그러한 흐름을 대표하는 선문이며, 결사라는 프레임으로 이해할 문제가 아니라는 사실을 잘 보여 준다.

---

90 『圓鑑國師歌頌』(『한불전』 6-371중), "爭似鍾山無事漢 露眠不管踐牛羊."

91 "雨過東南月清亮 意行深入碧蘿層 露眠不管牛羊踐 我是鍾山無事僧 未饒拄杖挑山衲 差勝袈裟裹草鞋 吹面谷風衝虎過 歸來松雨撼空齋." 『石門文字禪』 15(椎名宏雄, 앞의 책, 5-429D).

맺음말

신앙결사론은 1970·80년대에 사회변혁에 대한 열망이라는 현재적인 관점이 과도하게 중세불교사에 투영된 담론이다. 나아가 신앙결사론은 일종의 종교개혁 담론이라는 프레임으로 고려 후기 불교사의 흐름을 재단하지만, 그 자체에 근대주의적 시각이 전제되어 있는 데다가 내용 자체에 적지 않은 한계와 문제점을 안고 있다.

더욱이 신앙결사론은 종래 불교의 사상적 역할을 정치적 이데올로기로 재단하는 분위기에서 탈피하고자 하였지만, 여전히 종교·사상을 정치사회적 틀에서 접근하는 한계를 갖고 있다. 더욱이 고려불교사에 대한 구체적인 연구가 제대로 이루어지지 못한 상태에서 결사라는 프레임으로 고려 전기에서 후기로의 불교사 흐름을 이해하는 방식은 오히려 불교사의 이해를 축소시키는 결과로 나타났다.

신앙결사론이 제기된 지 40년이 지났지만 통설로 군림하면서 별다른 문제제기가 없었다. 여러 가지 이유가 있겠지만, 기본적으로 연구자들이 여전히 한국불교사라는 일국사적 연구의 틀에서 탈피하지 못한 한계를 지적하지 않을 수 없다. 전근대 불교는 동아시아 불교사의 차원에서 접근하여야 하며, 고려불교사의 경우 송대 불교의 수용과 이해가 기본적인 과제라는 사실을 염두에 둘 필요가 있다. 나아가 송대 불교는 불교라는 틀을 넘어서 주자학·도교 등과의 교류, 상호 대응 등과 밀접한 관계가 있다. 따라서 동아시아 사상사의 흐름을 염두에 두고 고려불교사의 흐름과 의미를 재검토할 필요가 있다고 하겠다.

이 글은 이러한 연구 시각과 방법론에 따라 수선사 결사에 대해 재검토하였다. 그 결과 수선사는 신앙결사론에서 주장하는 것과 같이 사회변혁적인 성격을 지니지 않으며, 불교계 개혁 운동으로만 보기도 어렵다. 수선사는 승가 중심의 수행공동체로서 의미를 갖고 있지만, 결사라는 프레임으로 고려 후기 불교사의 흐름을 규정할 수 없다.

또한 수선사에서 지향한 선은 12~13세기 고려 선종에서 폭넓게 이루어졌던 송대 선, 곧 공안선의 수용과 맥락을 같이한다. 이러한 흐름은 수선사뿐만 아니라 다양한 선문에서 공유된 것이다. 나아가 공안선의 이해는 간화선 일변도가 아니라 오히려 문자선의 이해에 초점이 맞추어져 있었다. 아울러 이러한 경향은 선시의 유행이라는 현상과 관련되며, 선승과 사대부 계층에 폭넓게 공유되던 송대 문화의 수용과도 관련된다. 다시 말해 수선사를 중심으로 한 문자선의 성행은 이러한 송대 문화의 폭넓은 유행과 병행되어 나타난 현상이라고 할 수 있다. 아울러 간화선은 수용 단계에 머물렀고, 14세기에 이르러 태고 보우, 나옹 혜근 등이 활약하는 단계에 이르면 간화선이 선종계를 석권하는 방향으로 나아갔다.

15

『삼국유사』의 고승과 성사 이해
– 일연의 역사인식과 관련하여 / 고영섭

〈선정 이유〉

● 고영섭, 「『삼국유사』의 고승과 성사 이해 – 일연의 역사인식과 관련하여」, 『한국불교사연구』, 제13호, 2018. 6. 한국불교사학회 한국불교사연구소, pp.40~50.

선정 이유

이 논문은 우리 민족의 경전인 『삼국유사』 속의 고승과 성사 이해를 통해 일연의 역사인식을 추적하는 점에 주목하여 선정하였다. 저자는 『삼국유사』의 찬자 일연이 고승으로서 성사의 삶을 보여 준 이들을 발견하고, 그들을 문화 영웅으로서 기리기 위해 헌신하였다고 역설하고 있다. 또 당시 이상적인 삶의 모델을 보여 주었던 성사들은 당대의 문화 영웅이었으며 사회적 리더로서 남다른 모습을 보여 주었다고 보았다.

일연은 그들의 행장을 발굴하고 그들의 전기를 기술함으로써 『삼국유사』의 분량을 확장시켰으며, 『삼국사기』가 담아내지 못한 주체적 인간의 삶·능동적 인간의 삶을 후세에 남겨줄 수 있었다. 저자는 일연이 지통, 관기, 도성, 반사, 첩사, 보덕, 원효, 신림, 표훈, 연회, 정수 등에 대해, 새로운 삶의 방식을 제시한 그 시대의 문화 영웅들이었으며 동시에 새로운 여론을 만들어 내는 사회적 리더로 보았다고 논하고 있다.

저자는 일연의 이러한 점에 주목하여 『삼국유사』 속의 붓다와 보살들의 현신으로서 고승과 성사의 삶에 주목하였으며, 그 결과 그는 문화 영웅이자 사회적 리더인 고승으로서 성사의 은사·일사로서의 삶, 풍류 도인으로서의 삶, 국사·왕사로서의 삶을 조명해 냄으로써 『삼국사기』가 담아내지 못한 인간 이해의 깊이와 세계 인식의 넓이를 담아낼 수 있었다고 보았다.

저자는 『삼국유사』에는 문화 영웅이자 사회적 리더로서 승려상을 수립하고자 하는 일연의 역사관이 투영되어 있으며, 그는 신이사관에 입각하여 『삼국사기』에 '빠진 일들을 기록하겠다'는 소극적인 의미만이 아니라 오히려 우리 역사가 '남긴 일들을 기록하겠다'는 적극적인 의지를 담아 『삼국유사』를 찬술하였다고 보았다. 그 결과 일연은 학덕이 높은 고승으로서 성사의 정의와 의미를 담아내면서 자신이 생각하는 불교와 불교인상을 제시하였다고 하였다. 그리하여 일연은 그 안에다 집단 지성이자 문화 영웅인 성사의 살림살이와 사고방식을 적극적으로 기록할 수 있었다고 주장하는 지점에서 이 논문의 의미와 학문적 가치를 찾을 수 있다.

〈요약문〉

이 논문은 『삼국유사』의 고승 중 성사에 대한 인각 일연麟角一然(1206~1289)의 이해를 탐구한 글이다. 일연은 고승으로서 성사의 삶을 보여 준 이들을 발견하고, 그들을 문화 영웅으로서 기리기 위해 헌신하였다. 그는 이상적인 삶의 모델을 보여 준 성사들이 당대의 문화 영웅이었으며 그들은 사회적 리더로서 남다른 모습을 보여 주었다고 파악하였다. 그리하여 일연은 그들의 행장을 발굴하고 그들의 전기를 기술함으로써 『삼국유사』의 분량을 확장시켰으며, 『삼국사기』가 담아내지 못한 주체적 인간의 삶, 능동적 인간의 삶을 후세에 남겨 주기 위해 노력하였다.

일연이 기술한 『삼국유사』에는 고승으로서 성사의 삶을 살았던 많은 이들이 실려 있다. 그 중에서도 지통智通, 관기觀機, 도성道成, 반사搬師, 첩사牒師, 보덕普德, 원효元曉, 신림神琳, 표훈表訓, 연회緣會, 정수正秀 등은 새로운 삶의 방식을 제시한 그 시대의 문화 영웅들이었으며, 동시에 새로운 여론을 만들어 내는 사회적 리더였다. 일연은 이러한 점에 주목하여 『삼국유사』 속의 붓다와 보살들의 현신으로서 고승과 성사의 삶에 주목하였다. 그 결과 그는 문화 영웅이자 사회적 리더로서 고승과 성사의 은사·일사로서의 삶, 풍류 도인으로서의 삶, 국사 왕사로서의 삶을 조명해 냄으로써 『삼국사기』가 담아내지 못한 인간 이해의 깊이와 세계 인식의 넓이를 담아낼 수 있었다.

엄밀하지는 않지만 일연에게는 고승과 성사 및 대사/대덕/장로, 법사/화상, 선사/율사, 사문/사/승의 구분 의식이 있었던 것으로 이해된다. 『삼국유사』에는 이러한 구분이 적지 않게 사용되고 있으며, 여기에는 문화 영웅이자 사회적 리더로서 승려상을 수립하고자 하는 일연의 역사관이 투영되어 있다. 그는 신이사관神異史觀에 입각하여 『삼국사기』에 '빠진 일들을 기록하겠다'는 소극적인 의미만이 아니라 오히려 우리 역사가 '남긴 일들을 기록하겠다'는 적극적인 의지를 담아 『삼국유사』를 찬술하였다. 그리하여 일연은 학덕이 높은 고승으로서 성사의 정의와 의미를 담아내면서 자신이 생각하는 불교와 불교인상을 제시하고자 하였다.

일연은 김부식金富軾이 유교사관에 입각해 삼국 당시 가장 두드러진 활동을 한 고승들을 『삼국사기』의 전기에서 완전히 배제한 점, 역사의 전환점을 가져온 불교 관련의 주요 내용을 대부분 빠뜨리고 있는 점, 고구려·백제·신라 중심의 역사만을 기록했을 뿐 정작 우리 민족의 시원인 고조선과 부여 및 가야, 삼한, 옥저, 동예, 대발해 등의 역사를 기록하지 않았다는 점, 불교문화의 주역이었던 불교문화 영웅들을 인물 전기에 전혀 편입시키지 않은 점 등을 비판하면서 '대안사서'로서 『삼국유사』를 찬술하였다. 그리고 그는 그 안에다 집단 지성이자 문화 영웅인 성사의 살림살이와 사고방식을 적극적으로 기록할 수 있었다.

Ⅰ. 서언

『삼국유사』(5권)는 『삼국사기』(50권)와 함께 우리 고대사를 집대성한 역사서이다. 우리 역사 중 고구려, 백제, 신라의 세 나라 시대만을 담고 있는 단대사斷代史인 『삼국사기』와 달리 『삼국유사』는 고구려, 백제, 신라뿐만 아니라 고조선, 부여, 가야, 대발해, 마한, 진한, 변한, 옥저, 동예 등을 비롯해 심지어 일연이 살았던 본조本朝 즉 고려시대까지 아우르는 우리 민족 최초의 통사通史라는 점에서 주목된다. 이 책은 우리의 문학·역사·철학·종교·예술 등의 씨줄과 정치·경제·사회·문화·과학 등의 날줄로 엮었다는 점에서 한국의 정신문화와 민족문화의 백과사전이라고 할 수 있다. 나아가 우리의 고대 문화를 아우른 수다라修多羅이자 바이블Bible이라고 할 수 있다.

인각 일연麟角一然(1206~1289)은 선사이자 사가였다. 그는 김부식의 『삼국사기』가 지니고 있는 단대사로서의 한계와 역사 인식의 한계를 깊이 체인하였다. 그 한계는 김부식이 유교사관에 입각해 삼국 당시 가장 두드러진 활동을 한 고승들을 『삼국사기』의 전기에서 완전히 배제한 점,[1] 역사의 전환점을 가져온 불교 관련의 주요 내용을 대부분 빠뜨리고 있는 점, 고구려·백제·신라 중심의 역사만을 기록했을 뿐 정작 우리 민족의 시원인 고조선과 부여 및 가야, 삼한, 옥저, 동예, 대발해 등의

1 고려 왕실은 1215년에 覺訓에게 『海東高僧傳』 편찬을 명하였지만 現行本으로 볼 때 이 점을 온전히 보완하였다고는 보기 어렵다.

역사를 기록하지 않았다는 점, 불교문화의 주역이었던 불교문화 영웅들을 인물 전기에 전혀 편입시키지 않은 점 등을 비판하면서 '대안사서'로서 『삼국유사』를 편찬하였다. 이러한 문제의식 아래 책명인 『삼국유사』의 '유사遺事'[2]에는 『삼국사기』에 대응하여 '빠진 일들을 기록하겠다'는 소극적인 의미만이 아니라 오히려 우리 역사가 '남긴 일들을 기록하겠다'는 적극적인 의지를 담아[3] 『삼국유사』라는 이름으로 찬술해 내었다.

일연은 출가한 승려였다. 승려란 진리를 추구하기 위해 출가한 사람이다. 출가란 세간에서 이루어지는 가정생활을 떠나는 것이다.[4] 경전에서는 출가를 '집에 의탁하다가(信家, 正信) 집이 없는 곳(非家)을 향해 집을 떠나는 것(出家)'이라고 하였다. 출가는 '몸은 출가했으나 마음은 출가하지 않은 경우', '마음은 출가했으나 몸은 출가하지 않은 경우', '몸과 마음 모두 출가한 경우'로 대별된다.[5] 일연은 평생 동안 가지산문迦智山門의 선사이자 고려의 국사國師로서 절도 있는 삶을 살았다. 이러한 그에게 있어 이상적인 출가인상 혹은 모범적인 승려상은 그의 뇌리 속에 강하게 남아 있었던 것으로 짐작된다. 『삼국유사』 5권 9편 138조목에

---

2 최근 『삼국유사』의 편찬이 一然의 제자인 混丘無極과 그 제자들에 이루어졌고, '一然撰'이 분명한 권5 부분을 제외한 나머지 부분이 원고 형태로 되어 있다가 1361년 이전에 이 최종 정리본을 『삼국유사』로 題名하였다는 맥락에서 '遺事'의 제명도 일연에 의해 이루어진 것이 아님을 논구하고 있다. 하지만 이 글에서는 이러한 재검토를 확정적으로 받아들이기에는 좀더 논의가 필요하다는 점에서 기존의 견해와 같이 一然의 題名으로 보고 논의를 전개하고자 한다. 윤선태, 「『三國遺事』의 後人夾註에 대한 再檢討」, 『한국고대사연구』 제78호, 한국고대사학회, 2015.6 참고.

3 주보돈, 「『삼국유사』를 통해본 일연의 역사인식」, 『영남학』 제63호, 영남학연구원, 2017, pp.131~134.

4 불교의 七衆弟子 중에서 재가의 優婆塞와 優婆夷를 제외한 比丘, 比丘尼, 式叉摩那, 沙彌, 沙彌尼의 5衆을 出家衆 혹은 出家五衆이라고 한다.

5 소승의 比丘, 대승의 菩薩僧으로서 몸과 마음이 모두 출가한 이, 대승의 菩薩居士로서 維摩詰과 賢護와 같이 마음은 출가했으나 몸은 출가하지 않은 경우가 있다.

는 수백 승려들의 이름과 살림살이가 기술되어 있다. 이들의 전기와 설화에는 일생을 절도 있게 살았던 일연의 역사 인식에 기초한 승려상이 투영되어 있다.

「왕력편」을 제외한 8편의 편목 중 「기이편」에는 비교적 승려들에 대한 기술이 적다. 이와 달리 「흥법편」 이하 「효선편」에는 무수한 승려들이 등장하고 있다. 일연은 각 편과 조목에서 고승과 성사, 대사와 대덕, 사문과 사와 승, 법사와 화상, 선사와 율사, 거사와 부인 등 그들의 역할에 초점을 맞추어 기술하고 있다. 일연에게는 엄밀하지는 않지만 고승으로서 성사 및 법사/화상, 선사/율사, 사문/사/승의 구분 의식이 있었던 것으로 이해된다. 『삼국유사』에는 이러한 구분이 적지 않게 사용되고 있으며, 여기에는 문화 영웅이자 사회적 리더로서 승려상을 수립하고자 하는 일연의 역사관이 투영되어 있다. 이 글에서는 이러한 점에 주목하여 『삼국유사』의 고승[6]으로서 성사를 이해해 보고자 한다.

Ⅱ. 일연의 신이사관神異史觀과 '성聖' 관념 인식

일연은 『삼국유사』 「기이편」 서문에 드러나 있는 것처럼 신이사관神異史觀을 보여 주고 있다. 그의 「기이편」 서문의 마지막 구절은 이러한 인

6 고승은 학덕과 덕행 및 지위가 높은 승려를 가리킨다. 고승은 聖師(일본의 聖/히지리), 大師, 禪師, 法師(講師), 律師 등으로 분류된다. 한 고승이 여러 僧稱으로 불린 경우도 있다. 원광, 안함, 자장, 원효, 의상 등이 대표적이다. 성사는 고승 중에서도 개인적·종단적 범주를 넘어서 국가적·민족적 요청을 감당한 인물이라고 할 수 있다. 제목에서는 '고승'과 '성사'라 했지만 본문에서는 '고승으로서 성사'란 의미로 사용하였다. '고승'은 학덕과 덕행 및 지위가 높은 승려의 '통칭' 혹은 '총칭'이므로 고승이라는 상위범주 안의 하위범주로서 성사를 다루고 있기 때문이다.

식을 잘 보여 준다. 이 구절의 번역은 "이것이 기이를 제편諸篇의 첫머리에 두게 된 까닭이다."[7] 혹은 "이런 신이함의 기록이 모든 편을 점차 적시도록 한다."[8] 등으로 각기 연구자마다 다르다. 후자의 해석에 의하면 일연이 인식한 '신이함'은 「기이편」에만 한정하지 않고 「왕력편」을 제외한 나머지 전편에 흐르고 있다. 일연이 사용하는 '기이紀異'는 '삼국사기(記/紀)와는 다르다(異)'는 의미[9]에서 쓴 것으로 볼 수 있으며, '기신이紀神異' 즉 '신이함을 기록하다'를 줄인 표현이라고 할 수 있다.[10]

그렇다면 신이함에 대한 일연의 인식은 무엇이었을까? 신이함은 『도덕경』에 의거하여 말하면 도를 형용하는 '눈에 보이지 않고(夷)', '귀에 들리지 않고(希)', '손에 잡히지 않는(微)' 그 무엇이라고 할 수 있다.[11] 우리에게 보이는 세계와 들리는 세계, 그리고 잡히는 세계는 물리적인 현실 세계라고 할 수 있다. 반면 신이한 세계는 기이하고 신이해서 가시적이지 않고 물리적이지 않은 것이다.

그러면 신라인들과 고려인들의 '성' 개념 인식은 어떠하였을까? 신라인들의 '성' 개념 인식은 고려인이었던 일연이 기술한 '성' 개념 인식과는 연속되는 것일까? 아니면 불연속되는 것일까? 만일 연속되지 않고 불연속된다면 일연이 말하고자 하는 '성聖' 관념은 어떤 것이었을까? 그리고 그가 인식한 '신이함'이란 어떤 것이었을까? 『삼국유사』의 기록에 근거해 보면 일연은 부처와 보살의 현신現身을 통해서 '신이함' 내지 '성' 관념을 드러내고자 했던 것으로 짐작된다.

---

7 이병도, 권상로, 이재호, 리상호, 이민수 등의 번역을 필두로 하여 이후의 번역본들도 대개 이러한 해석을 이어가고 있다.

8 주보돈, 앞의 글, 앞의 책, p.153.

9 김영태, 『자세히 살펴본 삼국유사』(서울: 도피안사, 2009); 김영태, 『한국 고대 왕조사 탐색』(서울: 동국대학교출판부, 2013).

10 一然, 『三國遺事』, 「紀異」敍. "此紀異之所以漸諸篇也, 意在斯言."

11 『道德經』 제14장.

신라 전통에서 '성' 관념은 다양하게 전개되어 왔다. 이미 시조인 박혁거세와 황후인 알영(아리영)에 대해서도 '이성二聖'이라 기술하고 있다.[12] 혁거세는 하늘의 사자인 백마의 호위를 받고 자주색 알에서 태어났으며, 알영은 계룡의 왼쪽 옆구리에서 태어났기에 '두 성스런 아이(二聖兒)'라 불렸다. 제7대 벌휴伐休 이사금의 경우 "왕은 바람과 구름을 점쳐 홍수와 가뭄, 그 해의 풍년과 흉년을 미리 알았다. 또한 사람의 사악함과 정직함을 알았으므로 사람들은 그를 '성인聖人'이라 불렀다." 왕의 미래 예측 능력과 사람 성정의 통찰 능력 등을 '성인'이라 부른 근거였다고 할 수 있다. 이처럼 신라 상대 초기의 '성' 관념은 천지자연과의 신령스런 소통 능력이나 그런 능력의 소지자를 '성' 혹은 '성인'으로 기렸다.

불교의 전래와 수용 및 공인과 유통 이후에는 '성' 관념의 변화가 이루어졌다. 특히 골품제가 확립되면서 '성聖' 개념은 다양하게 변주되었다. 왕실은 샤카무니 붓다 종족과의 관련성을 통해 형성된 것으로 이해되는 골품제를 통해 '성' 관념을 새롭게 정착시켰다. 상고기와 중고기 이전까지만 해도 나라를 건국한 성골聖骨들만이 왕위 계승을 하였다. 특히 처음으로 시호諡號를 쓴 제22대 지증왕 이래 불교식 연호와 왕명을 쓴 진덕여왕까지는 '성' 관념을 독점할 수 있었고, '성골'이 될 수 있었음을 의미한다.

그런데 중고기뿐만 아니라 하대 혹은 하고기 이후에는 진골과 사위, 나아가 여인도 왕위 계승을 하였다. 그리고 이들도 '성' 관념을 쓸 수 있게 되었으며, '성' 관념은 왕 중심에서 존중받는 장군과 승려로도 점차 이동하게 되었다. 김유신[13]과 무열왕도 '이성二聖'으로 높여졌다. 왕이 아닌 평범한 인간까지 '성화聖化'될 수 있었던 것은 가야계 김유신이 삼국

12 一然, 『三國遺事』, 「紀異」, '新羅始祖 朴赫居世'.
13 제54대 경명왕은 庾信公을 추존하여 興武大王으로 추봉하였다.

통일 때 보여 준 전공과 승려들의 사회적 지위가 높아지고 존중받게 되면서부터라고 할 수 있다. 이처럼 신라인들의 '성' 관념은 불교의 수용 이후 점차 변화 확대되어 왔음을 알 수 있다.

대개 진신인 '성聖'은 화신인 '속俗'의 현신으로 나타난다. 『삼국유사』 속의 성聖인 부처와 보살은 속俗인 승려와 거사, 노인과 여인 등으로 나타난다. 그런데 범부들의 눈에서 비늘이 떨어지지 않는 한 '성'에서 '속'으로 전환되는 것은 눈에 보이지 않고 손에 잡히지 않는다. 효성왕 앞에 나타난 누추한 모습의 비구승은 진신 석가의 화현이었고,[14] 경흥 앞에 나타난 거사는 문수보살의 화현이었으며,[15] 자장 앞에 나타난 늙은 거사 또한 사자보좌를 탄 문수보살의 현신이었고,[16] 낙산 이대 성인[17] 또한 관음보살과 정취보살의 현신이었다.

이러한 현신은 대승불교의 불신관에서 비롯되었다. 대승 이전 불교에서는 역사적 붓다인 변화신(千百億化身 釋迦牟尼佛)과 비역사적 붓다인 자성신(淸淨法身 毗盧遮那佛)의 이신설二身說이 제시되었다. 그런데 대승불교가 전개되면서 역사적 붓다와 비역사적 붓다를 아우른 새로운 불신으로서 수행의 과보로 붓다의 몸을 받는 '수용신(圓滿報身 盧舍那佛, 阿彌陀佛)'이 제시되었다.[18] 그리하여 붓다와 보살은 승려와 거사, 노인과 여인 등의 다양한 현신을 통하여 중생의 고통을 뿌리 뽑아 주었다.

『삼국유사』에서 엿볼 수 있는 것처럼 학덕이 높은 고승과 법력이 깊은 성사는 붓다와 보살의 현신으로 이해되었다. 이들은 학덕과 법력으

---

14 一然, 『三國遺事』, 「感通」, '眞身受供'.
15 一然, 『三國遺事』, 「感通」, '憬興遇聖'.
16 一然, 『三國遺事』, 「義解」, '慈藏定律'.
17 一然, 『三國遺事』, 「塔像」, '洛山 二大聖 觀音 正聚 調信'.
18 天台智顗, 『法華文句』(『대정장』 제34책). "淸淨法身 毗盧遮那佛, 千百億化身 釋迦牟尼佛, 圓滿報身 盧舍那佛."

로 성과 속의 경계를 넘나들었다. 아래 도표는 일연의 『삼국유사』 속에 투영된 승려 분류와 표기 사례를 보여 주고 있다. 고승으로서 성사로 분류되지 않은 대사/대덕/장로와 법사/화상, 선사/율사, 사문/사/승(釋)의 분류는 분류의 유사성과 편의성을 위해서 이루어진 것이다.[19]

〈도표 1〉 중종 임신본(정덕본) 『삼국유사』의 승려 분류 및 표기 사례

卷	편	高僧	聖師	大師/大德/長老	法師/和尙	禪師/律師	師/僧(釋/沙門
三國遺事(卷第一)	王曆第一						
	紀異第二			/1/			
三國遺事(卷第二)	紀異계속			2/4/	/1		
三國遺事(卷第三)	興法第三	1	11		/4		
	塔像第四	2	2	2/ /1	3/3	6/4	/4/
三國遺事(卷第四)	義解第五	3	1	/18/1	10/2	1/2	/9/
三國遺事(卷第五)	神呪第六	2		1/6/	2/	1/	1/1/
	感通第七			2/1/	1/		/ /2
	避恩第八	1	11	/1/1			
	孝善第九		2	/1/			

* 성사 란의 원효는 '흥법', '의해', '피은'편에 중복 표기.

흔히 불교 전통에서는 승려들의 주요 직함과 역할을 통해 경교를 강의하는 강사, 참선 수행을 하는 선사, 계율을 강론하는 율사, 염불을 독송하고 의례를 집전하는 염불사 등으로 불러왔다. 물론 이 직함과 역할은 어느 한 분야에만 국한되지는 않았다. 강사를 하면서도 선사를 했으며, 선사를 하면서도 율사를 하기도 하였고, 율사를 하면서도 염불사를 하기도 하였다. 불교의 지향이 성불에 있고 대중들의 요청에

19 대사/대덕/장로는 선교를 아우르는 큰 스승, 법사/화상은 교법을 대표하는 큰 학승, 선사/율사는 계율을 잘 지키는 큰 수좌, 사문/사/승은 출가자 일반을 객관화한 표현으로 이해할 수 있을 것이다.

부응하려면 이들 직함에 구애 없는 다양한 이타행을 해야만 했기 때문이다.

삼국 혹은 사국 시대에는 이러한 주요 전공에 의해 직함이 특화되어 있었던 것으로 이해된다. 왕에게 불려가서 '향가鄕歌만 알고 범성梵聲은 익숙하지 못하다'고 한 월명사月明師의 경우에서도 알 수 있듯이 당시 승려들은 주요 역할과 책무에 의해 구분되었다. 고려 후기의 일연은 신라 당시에 전문 영역을 넘나드는 이들에 대한 각별한 관심이 있었던 것으로 짐작된다. 이 때문에 그는 하나의 직함과 역할에 구애받지 않는 승려들에 대한 관심이 남달랐던 것으로 이해된다. 승려들 중 특히 고승으로서 성사는 종래의 형식에 구애받지 않고 새로운 삶의 모델을 만들어낸 문화 영웅이자 사회적 리더였다.

이들에 대한 이러한 일연의 의식은 고려시대에 실시한 승과제와도 일정한 관련이 있다고 할 수 있다.[20] 승과가 실시되기 이전인 고려 태조 때에는 '해회海會'라는 승려 선발제도가 있었다.[21] 혜종과 정종을 거쳐 4대 광종 9년에는 후주後周에서 귀화한 쌍기雙冀의 건의에 의해 노비안검법奴婢按檢法과 과거제科擧制가 실시되었다. 노비안검법은 당시 지방 호족의 사유재산으로 편입되었던 노비들 중 후삼국 통일 이전에 본디 평민이었던 이들을 복귀시키는 법제였다. 고려 건국 과정에 협력하였던

20 金煐泰, 『한국불교사』(서울: 경서원, 1997), pp.226~227. 신라시대와 고려시대의 僧職으로는 僧錄司가 있었다. 고려시대에는 兩街나 左街僧錄과 右街僧錄 혹은 左右兩街都僧統라는 명칭이 보이고 있다. 僧錄司에는 左右의 兩街가 있었고, 그 兩街에 각각의 都僧錄이 있고 그 아래에 副僧錄과 僧正이 있었다. 都僧錄은 그 街의 승려와 교단의 모든 일을 관리하고 모든 불교행사를 주관하였다. 兩街의 僧錄 위에는 都僧統이 있어서 僧錄司 전체를 대표하고 兩街를 총괄하여 관장하였다. 이밖에도 釋敎都僧統, 五教都僧統, 國統의 이름도 보인다. 그 외 특이한 승직인 都唯那娘과 僧官(大書省, 政官) 등도 있었다.

21 「伽倻山普願寺法印國師碑」. "龍德元年, 置海外選緇徒."

지방 호족들이 전방위에서 왕권을 압박해 오자 광종은 왕권을 강화하기 위해서 지방 호족들의 사유재산을 합법적으로 축소하는 정책을 추진하였다. 노비도 사유재산의 하나였다.

과거제는 문과인 제술과製述科(進士科)와 명경과明經科 및 무신을 등용하는 무과와 잡과인 의醫·복卜과와 함께 이어지다가, 인종 때에 크게 정비되었다. 제술과는 시詩·부賦·송頌·책策 등의 사장詞章(文藝)으로써 인재를 뽑았고, 명경과는 유교의 경전으로, 잡과는 법률·의학·천문·지리 등 기술 과목으로 선발하였다. 승과 또한 광종 때부터 이들 문과인 제술과와 명경과 및 무과 그리고 잡과인 의·복과와 함께 실시되었다. 승과에는 예비시험과 본시험이 있었다. 예비시험은 각 산문이나 종파 내에서 행하는 것이다. 여기에 합격하면 본 시험인 대선大選에 응시할 수 있었다.

대선은 국가에서 행하는 것으로서 선종선禪宗選과 교종선敎宗選이 있었다. 선종대선은 주로 광명사에서 선종 계통의 승려들을 대상으로 실시하였고, 교종대선은 왕륜사에서 각 교종의 승려를 대상으로 실시하였다. 선종과 교종의 각 대선에 합격하면 대선이라는 초급 법계가 주어졌다. 이를 기초로 승려들은 선종 법계와 교종 법계에 따라 차례로 승진할 수 있었다. 다만 구산선문의 참학승도參學僧徒였던 선사들은 광종 때에는 승과에 응시하지 못하였다. 선종宣宗 원년(1084) 정월에 이르러 보제사普濟寺 승려 정쌍貞雙 등이 구산문의 참선하는 참학승도도 진사과처럼 3년에 한 번씩 선발시험(選試)에 응할 수 있게 해달라고 요청하자 왕이 허락하였다.[22] 당시 선종과 교종의 법계는 아래와 같았다.

---

22 『高麗史』, 「世家」 10.

선종 법계: 대선-대덕-대사-중대사-삼중대사-선사-대선사[23] [24]

교종 법계: 대선-대덕-대사-중대사-삼중대사-수좌-승통

교학敎學 계통의 종파나 선수禪修 계통의 종파가 모두 대선과大禪科에 합격하면 대선大選이 되었고, 대덕大德(고려 말 조선 초에는 中德)에서 대사大師를 거쳐 중대사重大師-삼중대사三重大師로 올라갈 수 있었다. 이후 선종은 선사와 대선사로 승진하였고, 교종은 수좌首座와 승통僧統으로 승진하였다. 선종과 교종 모두 법계가 삼중대사 이상인 선사와 대선사, 수좌와 승통의 법계를 가진 이들 중에서 왕사와 국사의 후보가 될 수 있었으며, 최종적으로는 왕의 책봉에 의해 왕사와 국사에 오를 수 있었다. 왕사와 국사는 왕의 정치와 학문 및 인격 도야를 위한 스승이며 최고의 고문이었다.

이 승과는 고려 일대는 물론 조선시대의 중엽까지 계속되었다.[25] 일연에게는 이러한 승과에 의한 법계 인식이 어느 정도 있었을 것으로 이해된다. 하지만 『삼국유사』가 고대의 역사를 다루고 있다는 점에서 보면 그의 고승으로서 성사 인식에는 법계와 무관한 인식 지평도 있었을 것으로 추정된다. 그렇다면 그것은 과연 무엇이었을까?

---

23 「禪覺王師懶翁碑」. 여기에는 '大禪師'-'禪師'-'首座'의 법계가 시설되어 있다. 조선시대에는 고려시대 법계와는 조금 다르다.

24 「億政寺大智國師粲英碑」. 大禪師-小禪師-中德-大選의 법계가 시설되어 있다. 또 조선시대에는 中德-大禪師-都大禪師(都大師) 등의 법계도 보이고 있다.

25 김영태, 『한국불교사』(서울: 경서원, 1997), p.225. 연산군 때 폐지되었다가 명종 때 복원된 뒤 다시 폐지되었다.

Ⅲ. 고승으로서 성사의 정의와 의미

흔히 『고승전』의 입전 사례와 같이 고승[26]의 범주 속에서 성사聖師는 범사凡師에 상응하는 표현이다. 성사는 혜안慧眼과 법안法眼과 교화인도(化導)의 세 가지 힘을 갖춘 이를 가리킨다. 반면 범사는 위의 세 가지 힘을 갖추지 못한 이를 일컫는다.[27] '성聖' 즉 '아리야(梵, ārya, 巴, ariya)'의 의미는 일상적·세속적 가치의 기준에서 '세속'과 상이한 성질을 일컫는다. 대개 종교행사적인 측면에서 말해 보면 일상행사를 중지하는 단식斷食, 안식일安息日 등을 가리킨다.[28]

인도사상사와 불교사상사에서 '성聖' 개념의 시원은 인도 아리안의 이주로부터 시작된 카스트제의 성립까지 거슬러 올라간다. 기원전 13세기에 서북 인도를 침입한 아리안들은 인도의 펀잡(五河) 지방에 정착하면서 선주민을 노예로 삼고 자칭 바라문婆羅門이라 하였다. 이 바라문 이외에 크샤트리아, 바이샤, 수드라 등의 3계급을 더 시설한 뒤 제사를 관장하는 바라문을 최고 계급으로 삼았다. 그리고 이 종족은 '성聖'의 관념을 독점하고 특권 계층과 서로 결합하였다. 이후 불교가 수용되면

---

26 梁나라 慧皎는 後漢 明帝의 永平 10년(67)에서 梁나라 武帝 天監 18년(519)에 이르기까지 전후 453년간에 걸쳐 몸과 마음을 바쳐 전교와 홍법에 힘쓴 승려들의 事跡들을 통해 중국불교 유전의 전말과 경위를 수록한 『고승전』(14권)을 최초로 편찬하였다. 서문인 권14를 제외한 권1에서 권13까지 譯經, 義解, 神異, 習禪, 明律, 亡身, 誦經, 興福, 經師, 唱導의 10과를 세워 正傳 257인, 附傳 2백여 인의 고승의 전기를 수록하였다. 이후 이에 준해서 道宣의 『속고승전』, 贊寧의 『송고승전』을 필두로 하여 『원승전』, 『대명고승전』, 『대청고승전』 등이 간행되었다.

27 天台, 『摩訶止觀』 권5의 2.

28 불광사전편찬위원회, 『불광대사전』 제6책(대만: 불광산사, 1988); 慈怡 編著, 『불광대사전』 제12책(북경: 북경도서관출판사, 2004), pp.5576~5577.

서 '성聖'의 관념에는 커다란 변화가 일어났다.[29]

석존은 사성계급을 타파하고 가세家世와 신분身分과 재산財産에 의해 성스러움을 삼는 것이 아니라 '정도正道'로써 성스러움을 삼았다. 그는 '탐구의 정도' 혹은 '실천의 정도'로써 성스러움을 삼았기 때문에 석존의 '출가 구도'는 '성스런 구함(聖求, ariya-pariyesa)'이라고도 일컬었다. 이 때문에 팔정도는 곧 팔성도, 사제는 곧 사성제라고 불렀다. 이처럼 '성'은 '성자聖者의 물결에서 이루어지는 진리'의 뜻을 상징하였다. 이외에도 성지聖智, 성해탈聖解脫, 성계聖戒, 성성문聖聲聞 등의 용례가 있으며 이들은 모두 '성聖'을 관사로 두었다.

한편 동아시아에서 '성聖'의 개념은 '신神'의 개념과 상통하였다. 공자의 『예기』에는 '작자위성作者謂聖' 즉 '문명의 패러다임을 만들어 낸 사람을 '성聖'이라고 하였다. 삶의 유형이나 패턴을 만들어 낸 이를 '성' 혹은 '성자聖者'라고 불렀다. 노자의 『도덕경』에는 나이가 좀 들어서 '남의 말을 잘 듣는 이[耳+口+王]'라는 의미를 '성'이라고 하였다. 유교의 '성'이 문명이라는 제도와 질서 속의 문화적 특성이라면, 도가의 '성'은 성찰이라는 자연과 무위 속의 정신적 특성이라고 할 수 있을 것이다. '신神'은 현실적 인간의 가시적이고 물리적인 능력을 넘어서는 공능을 일컬었다.

불교 경론에서 사용된 '성사聖師'는 '비바시여래대성사', '시기여래대성사尸棄如來大聖師', '비사부여래대성사毘舍浮如來大聖師' 등의 경우에 보이는 것처럼 '붓다' 혹은 '석존釋尊' 또는 '보살'의 다른 표현으로 쓰여 왔다. 이후 동아시아로 전래된 불교 전통에서 '성사'는 고승의 범주 속에서 '최고의 승려'를 일컫게 된다. '성사'는 고승의 범주에 들기도 하지만 학덕과 덕행 및 지위가 높은 승려인 고승 중에서도 특히 법력을 갖춘 '성

29 불광사전편찬위원회, 『불광대사전』, pp.5576~5577.

스러운 승려'를 일컫는 호칭으로 통용되어 왔다.

이를테면 덕이 아주 뛰어난 어진 임금 혹은 황제를 일컫는 '성군聖君/성제聖帝', 한 방면에 더할 수 없이 뛰어난 스승을 일컫는 '성사聖師', 많은 사람들이 드높이 받들어 존경하는 영웅을 일컫는 '성웅聖雄', 나라의 개국조 혹은 시조신으로서의 '성모聖母', 오대산 월정사의 다섯 부류 '성중聖衆'에서처럼 '성聖'은 불교나 특정 분야를 넘어서서 국가적이고 민족적인 함의를 머금고 있다.[30]

이처럼 국가적 난국, 민족적 난경을 이겨내고 국가와 민족의 영웅 또는 개국조 및 시조모 그리고 호법신중이 되었던 이들에게 존경심과 경외감을 표현하였다. 그리하여 '임금/황제 중의 임금/황제'인 성군聖君/성제聖帝, '대사 중의 대사'인 성사聖師, '영웅 중의 영웅'인 성웅聖雄, '어미 중의 어미'인 성모聖母, '무리 중의 무리'인 성중聖衆은 '해당 범주 속에서 최고의 존재'를 일컫는 것으로 이해할 수 있게 되었다.

왕명에서도 '성聖'을 딴 시호는 신라의 경우에는 '실성왕', '성덕왕', '원성왕', '소성왕', '문성왕', '진성여왕', 백제의 경우에는 '성왕'이 있다. 실권을 가진 왕 이외에도 제37대 선덕왕의 아버지인 효방孝方 해간은 개성開聖대왕, 제39대 소성왕의 어머니는 성목聖穆태후, 제43대 희강왕의 아버지인 정정憲貞 각간은 흥성興聖대왕, 제53대 경명왕의 장인인 대존大尊 각간은 성희聖僖대왕으로 추봉되어 시호에 '성' 자를 쓴 예가 있다.

『삼국유사』에서 일연은 '금당십성金堂十聖'[31] 조목의 아도, 염촉, 혜숙, 안함, 의상, 자장, 혜공, 원효, 사파, 표훈 10인을 '성자' 혹은 '성인'으로

30 우리 역사에서 '聖師'에 상응하는 표현으로는 '聖帝', '聖君', '聖雄', '聖母', '聖衆'의 경우가 있다. '聖師 元曉'에 상응하는 聖君 世宗, 聖雄 李舜臣, 仙桃聖母', '五類聖衆' 등의 표기가 여기에 해당한다.

31 이 조목은 중종 임신본에 의하면 '東京興輪寺金堂十聖'은 「興法」편에 귀속되어 있다.

인식하고 있다. 이 조목에서 '성인' 혹은 '성사'라고 덧붙인 것은 선덕여왕 당시의 재상 김양도金良圖의 금당 낙성 이후 경덕왕과 혜공왕 직후에 어느 누가 신라인들의 '성자 이해' 또는 '성자 인식'을 감안해 십성을 조성해 모셨기 때문이라고 이해할 수 있다. 일연은 이들에 대해 '성인' 혹은 '성자'라는 구체적인 표현은 하지 않았지만 조목명에 '십성十聖'을 덧붙임으로써 이들 10인을 신라적 '성사' 혹은 국가적 '성인'의 지위로 드높이고 있기 때문이다.[32]

> "동쪽 벽에 앉아 서쪽을 향한 분(泥塑)은 아도, 염촉, 혜숙, 안함, 의상이요, 서쪽 벽에 앉아 동으로 향한 분은 자장, 혜공, 원효, 사파, 표훈이다."[33]

이 조목의 경우에는 중앙의 주불이 나타나 있지 않다. 하지만 「신주편」의 '밀본최사' 조목에 의하면 선덕여왕 당시의 승상 김양도의 후원으로 불사를 하면서 미타불(異本, 미륵불)을 주존으로 하였다고 적혀 있다. 당시에는 주불을 중심으로 좌우 보살상을 조성하고 아울러 금색으로 벽화를 그렸다고 전한다. 그 뒤 주존을 중심으로 디귿(ㄷ) 자를 그리면서 동쪽 벽에 앉아 서쪽을 향한 아도, 염촉, 혜숙, 안함, 의상의 소상을 시설施設하였고, 서쪽 벽에 앉아 동으로 앉은 자장, 혜공, 원효, 사파,

32 이런 부분은 조선시대의 국립대학인 成均館에 해동 출신 18인의 성리학자를 모신 것과도 상통한다. 동국 18현 중 文廟에 配享된 東方 5賢인 寒暄堂 金宏弼, 一蠹 鄭汝昌, 靜庵 趙光祖, 晦齋 李彦迪, 退溪 李滉과, 東國 18賢인 氷月堂 薛摠, 孤雲 崔致遠, 晦軒 安裕, 圃隱 鄭夢周, 寒暄堂 金宏弼, 一蠹 鄭汝昌, 靜庵 趙光祖, 晦齋 李彦迪, 退溪 李滉, 河西 金麟厚, 栗谷 李珥, 牛溪 成渾, 沙溪 金長生, 愼獨齋 金集, 重峰 趙憲, 尤庵 宋時烈, 同春堂 宋浚吉, 玄石 朴世采 등이 이들이다.

33 一然, 『三國遺事』, 「興法」, '東京興輪寺金堂十聖'.

표훈의 순서로 시설한 것으로 짐작된다. 경덕왕 때 활약했던 의상의 제자 표훈이 금당 안에 입전된 것에 근거해 보면, 당시 금당에 모셔진 10명은 모두 통일신라인들의 역사적 평가를 거친 인물들이라고 볼 수 있다.

이들은 신라 출신의 승려(성인) 8인(아도, 혜숙, 안함, 의상, 자장, 혜공, 원효, 표훈)과 거사(현인) 2인(염촉, 사파)을 신라의 흙과 물과 기술로 빚어 모셨다. 이것은 경덕왕–혜공왕 대에 조성한 토함산 석불사의 본존불을 중심으로 시위하는 붓다의 10대제자를 방불케 하고 있다. 특히 '금당십성'에서 표훈이 마지막에 자리한 것을 보면 이 '금당십성'의 조성은 적어도 경덕왕 대에 활동했던 표훈의 입적 이후 혜공왕 대에 불사를 완수한 것으로 추정된다. 여기에 투영된 신라인들의 '성인' 혹은 '성자' 의식을 받아들인 일연의 '성승' 인식은 대단히 주체적이고 능동적이며, 동시에 정신적이고 민족적이라고 할 수 있다.[34]

일연은 또 「남백월산양성성도기」에서 두 주역인 '노힐부득'과 '달달박박'을 '양성兩聖'이라고 표현한 기록을 그대로 수용하여 관음보살을 통해 아미타불과 미륵불로 현신시키고, '성인' 즉 '성사'의 모습으로 승화시키고 있다. 이것은 '성의 속화'가 아니라 '속의 성화'라고 할 수 있다. 다음은 『삼국유사』에 기록된 승려 분류와 표기 용례를 살펴보자.

---

34 아마도 금당은 선덕여왕 때의 재상 김양도가 조성한 것이지만 의상의 제자 표훈이 들어가 있는 점을 고려하면 적어도 김양도 이후 경덕왕과 혜공왕 대에 '토함산 석불사'의 대불(석굴암) 조성할 때에 붓다의 10대 제자상을 조성하면서 신라 최초의 사찰인 흥륜사에다 금당 십성十聖을 조성한 것이 아닐까 생각해 보게 된다.

〈도표 2〉 승려 분류와 표기의 용례

구분	법명	비고
高僧 (2)	明朗, 緣會	
聖師 (22+5회/2)	普德, 我道*, 猒髑*, 惠宿*, 安含*, 義湘*, 慈藏*, 惠空*, 元曉+*, 蛇巴*, 智通, 觀機#, 道成#, 𣙊師#, 㯳師#, 道義#, 子陽#, 成梵#, 金物女#, 白牛師#, 神琳, 表訓*	^努肹夫得, ^怛怛朴朴
大師/大德 /長老 (4/31/3)	聰智, 能俊, (釋)秀立, 懷鏡 / 地仁, 慈藏, 明朗, 悟眞, 智通, 表訓, 眞定, 眞藏, 道融, 良圓, 相源, 能仁, 義寂, 眞門, 永深, 融宗, 佛陀, 憬興, 勝莊, 太賢, 法海, 國敎, 義安, 安惠, 朗融, 廣學, 大緣, 降魔, 表訓, 釋忠, 眞表 / 有緣, 玄會, 孔宏	중국 승려法經, 彦琮
師/僧(釋) /沙門 (3/15/2)	歡喜, 忠談, 月明/ 普德, 圓光, 寶壤, 良志, 惠空, 惠宿, 眞表, 勝詮, 心地, 善律, 生義, 法惕, 丘德, 溫光, 秀立/ 廣德, 嚴莊	
法師/和尙 (7/12)	慈藏, 圓測, 元曉, 義湘, 密本, 大矩, 寶壤/ 我道, 普德, 無上, 開原, 負簣(惠空), 陽孚, 兢讓, 黙, 神卓, 寶壤, 無衣子(慧諶), 小融(淸眞夢如)	중국 (智)儼 화상
禪師/律師 (7/3)	覺猷, 心鑑, 普耀, 慧照, 信元, 阿行, 一然/ 慈藏, 眞表, 一相	중국 종남산 元香禪師/道宣

+ 성사 란의 밑줄(6+1)은 '성사'

@ 성사 란의 *표기(10)는 동경 흥륜사 금당 10성

& 성사 란의 #표기(9)는 포산의 9성

$ 성사 비고란의 ^표기는 남백월산 2성

% 대덕 란의 밑줄(10)은 의상의 제자 10대덕

불교사에서 고승은 '학덕과 덕행 및 지위가 높은 승려'를 가리킨다. 혜교의 『고승전』을 필두로 하여 이후의 여러 『고승전』류도 이러한 정의를 그대로 계승하고 있다. 『삼국유사』 속의 '고승' 표기에서 9가지 용례 중 7개는 모두 『고승전』의 제명을 인용한 것이고, 명랑과 연회의 경우에만 고승이라고 표기하고 있다.[35] 고승은 학덕과 덕행 및 지위가 높은 승려를 가리키며, 이들 중에서 다시 성사, 대사, 대덕, 장로, 사, 승(釋), 사

35 『大正藏』본(제49책 史傳部)의 『삼국유사』에 실린 '고승'은 '校訂三國遺事敍'에 나오는 『大唐西域求法高僧傳』과 『唐續高僧傳』의 2개의 용례는 저술 이름이고 『三國遺事』 원문에 없는 덧붙인 '교정 서문'이므로 통계에서 제외하였다.

문, 법사, 화상, 선사, 율사 등으로 구분해 볼 수 있다. 물론 원효, 관기, 도성, 표훈 등의 경우처럼 여러 구분 영역에 걸쳐 있는 이들도 있다.

일연이 두 음절로 분명히 '성사'로 표현하고 있는 인물은 보덕, 원효, 관기, 도성, 신림, 표훈 6인이다. 이들 6인은 '성사聖師'라는 두 음절로서 분명히 호명하고 있다. 그런데 '성사'라는 두 음절의 표현을 명시적으로 하지 않았지만 '낭지승운 보현수' 조목에서는 '지통'과 '원효'를 '대성大聖' 내지 '이성二聖'이라고 일컫고 있다. 이 점을 고려하면 일연은 이들 6인에다 지통을 더한 7인을 성인 혹은 성사로 규정하고 있음을 알 수 있다.

또 일연은 신라의 '금당 10성'으로서 아도我道, 염촉猒髑, 혜숙惠宿, 안함安含, 의상義湘, 자장慈藏, 혜공惠空, 원효元曉, 사파蛇巴, 표훈表訓을 제시하고 있다. 그런데 일연은 이들을 담는 조목 이름을 '동경 흥륜사 금당 십성'이라고 붙여 이들도 성자임을 분명히 하고 있다. 이들 10성 이외에도 일연은 관기와 도성이 머물렀던 포산(비슬산)의 9성을 불러내고 있다.

그리하여 일연은 관기, 도성, 반사, 첩사, 도의, 자양, 성범, 금물녀, 백우사를 제시하여 이들 9인을 '성승' 혹은 '성사'의 반열에 올려놓고 있다. 한편 남백월산의 노힐부득(미륵불)과 달달박박(미타불)은 통칭해서 '이성二聖' 혹은 '양성兩聖'으로 표기하고 있다.[36] 그리고 관음의 화신인 여인은 '성랑聖娘'으로 기리고 있다. 이들 모두는 '성' 혹은 '대성'으로 약칭했지만 '성인' 혹은 '성승' 또는 '성사'의 표기임을 확인할 수 있다. 특히 원효는 7인 성사, 금당 10성, 2대성에 모두 들어가고, 관기와 도성은 7

36 일연은 '낙산 이대성 관음 정취 조신' 조목의 낙산의 관음보살과 정취보살을 '이대성二大聖'으로, '관동풍악산발연수석기' 조목의 미륵보살과 지장보살을 '양성兩聖'으로 기술하고 있다.

인 성사, 9인 성사에 모두 들어간다. 표훈은 7인 성사, 금당 10성에 모두 들어가기에 성사의 표기 용례에서 22회로 적었지만 사실은 3회 중복된 원효, 2회 중복된 관기와 도성 및 표훈 등 중복을 뺀 나머지 5회를 더하면 총 27회가 된다.

『삼국유사』 속의 '대사'는 총지聰智, 능준能俊, 수립秀立, 회경懷鏡을 일컫고 있다. '대덕'은 지인地仁, 자장慈藏, 명랑明朗과 의상의 10대제자들인 오진悟眞, 지통智通, 표훈表訓, 진정眞定, 진장眞藏, 도융道融, 양원良圓, 상원相源, 능인能仁, 의적義寂, 그리고 진문眞門, 영심永深, 융종融宗, 불타佛陀, 경흥憬興, 태현太賢, 법해法海, 의안義安, 안혜安惠, 낭융朗融, 광학廣學, 대연大緣, 항마降魔, 표훈表訓, 석충釋忠을 일컫고 있다. '장로長老'로는 유연有緣, 현회玄會, 공굉孔宏 등을 들고 있다. 표훈의 경우에는 '성사'라고도 호명하고 있으며, 자장은 흥륜사 '금당 10성' 속에 포함되어 있기도 하다.[37]

'사師'로는 황룡사 초대 주지 환희歡喜, 충담忠談과 월명月明을 들고 있다. 승僧/석釋[38]으로는 보덕普德, 원광圓光, 보양寶壤, 양지良志, 혜공惠空, 혜숙惠宿, 진표眞表, 승전勝詮, 심지心地, 선율善律, 생의生義, 법척法惕, 구덕丘德, 온광溫光, 수립秀立을 거론하고 있다. 사문沙門으로는 광덕廣德, 엄장嚴莊을 들고 있다.

'법사法師'로는 원광圓光, 자장慈藏, 원측圓測, 원효, 밀본密本, 보양寶壤을 거론하고 있다. 화상和尙으로는 아도我道, 보덕普德을 필두로 해서 무상無上, 개원開原, 부궤負簣(惠空), 대구大矩, 보양寶壤, 묵默, 양부陽孚, 긍양兢讓, 신작神卓을 들고 있다. '자장'은 '금당 10성'에도 들어 있으

37 法經, 彦琮은 중국 승려로 분류한다.
38 '僧' 혹은 '釋'은 고승전의 객관적 서술방식 혹은 출가자 표기방식으로 쓰이고 있다.

며 '법사'로도 불리고 있다. '원효'는 '성사'와 '법사'로도 불리며, 흥륜사 '금당 10성'에도 들어 있다.

'선사禪師'로는 각유覺猷, 심감心鑑, 보요普耀, 혜조慧照, 신원信元 등의 나말여초 '선사'들과 고려시대의 아행阿行, 일연一然[39] 등의 선사들도 들고 있다. 율사律師로는 일상一相, 자장慈藏, 진표眞表를 거론하고 있다. 자장은 10성에도 들어 있으며 '대덕'으로도 거론된다.

다만 이들 중 무상, 개원, 부궤(혜공)는 승려를 일컫는 일반적인 명칭으로서 '화상'으로 적고 있다. 그런데 양부, 긍양, 신작, 조계 소융小融(淸眞夢如)은 화상으로 적혀 있지만 실제로는 선사로서 활동하였다는 점도 염두에 두어야 할 것이다. 일연은 고승의 범주 속에서 성사의 의미를 여타의 대사와 대덕과 장로, 법사와 화상, 선사와 율사, 사/승/사문과는 구분하고 있음을 알 수 있다. 그것은 아마도 '대사 중의 대사' 즉 '최고의 반열에 오른 대사'를 '성사'로 표기한 것이 아닌가 짐작된다.

Ⅳ. 고승으로서 성사의 유형과 역할

일연은 고승 중에서 특히 '성사' 즉 '성승'에 대한 인식에 대해 남달랐던 것으로 이해된다. 성사는 일상의 격을 분연히 넘어선 '은자隱者' 즉 벼슬하지 않고 속세를 떠나 숨어사는 사람인 '은사隱士' 또는 '일사逸士' 혹은 '은인隱人'과 맥이 닿아 있다. 『삼국유사』의 「피은」편은 이러한 은사

39 『삼국유사』의 찬술 과정으로 볼 때 권5의 "國尊 曹溪宗 迦智山下 麟角寺 住持 圓鏡冲照大禪師 一然 撰"이란 구절에서 우리는 이 책의 저자가 일연임을 알 수 있다.

들을 발굴하여 기술하고 있다. 이러한 노력 속에는 일연 자신의 '성사 인식' 즉 '은사 인식'이 깊이 투영되어 있다고 할 수 있다.

일연 스스로 짚신(미투리)을 짜서 팔아 어머니를 봉양했던 당나라 황벽 희운黃蘗希運 문하의 선사이자 은사였던 진존숙陳尊宿(道蹤 또는 道明)의 가풍을 흠모했던 것도 이러한 맥락에서 이해할 수 있다. 일연이 보여 주고 있는 고승의 범주 속에서 성사는 크게 1) 은사·일사의 삶, 2) 풍류 도인의 삶, 3) 국사·왕사의 삶의 유형과 역할로 나눠볼 수 있지 않을까 한다. 그는 이들을 대체적으로 '성사'로 일컫고 있다. 이러한 일연의 의식은 『삼국유사』의 '편목' 분류에도 반영되어 있다.

1. 은사·일사의 삶

은사隱士 혹은 일사逸士는 숨어서 사는 선비이자 승려를 일컫는다. 일연은 출사하여 얻는 명예보다 출가出家 혹은 은일隱逸하여 닦는 구도를 더 높게 평가하였다. 이 때문에 불교에서는 이들을 '수행자'라고 불렀다. 유교에서는 '유일지사遺逸之士'라고 불렀다.[40] 일연은 「피은편」에서 이들을 집중적으로 다루고 있지만 나머지 편들에서도 은사 혹은 일사의 삶을 기술하고 있다.

'낭지승운 보현수' 조목에서 일연은 의상의 제자가 된 지통智通을 성인으로 기리고 있다. 지통은 스승 낭지와 인연을 맺었고 풍류 도인인 원효와도 일정한 교류를 하였다.

용삭 초년에 사미 지통이 있었는데, 이량공伊亮公의 집 종이었다. 7

40 高榮燮, 『삼국유사 인문학 유행』(서울: 박문사, 2015), p.639.

세 때 까마귀가 와서 노래하기를 "영취산에 가서 낭지사朗智師의 제자가 되라." 하므로 지통이 듣고서 이 산을 찾아와 동네 나무 밑에서 쉬고 있었다. 홀연 이상한 사람이 나오더니 말하였다. "나는 보현대사普賢大士인데 너에게 계품戒品을 주려고 왔다." 그는 곧 계를 주고는 사라져 버렸다. 그러자 지통은 심신이 훤히 트여 지증智證이 두루 통하였다. … (중략) … 지통이 신기한 까마귀에 대한 일을 말하자 그가 빙그레 웃으며 말하였다. "내가 낭지이다. 지금 이 법당 앞에서도 까마귀가 와서 알리기를 '어느 성스러운 아이가 법사의 제자가 되려고 곧 올 것이니 나가 영접하라' 하기에 와서 맞이하노라." 이에 손을 잡고 탄식하여 말하였다.

"신령한 까마귀가 너에게는 가라 하고 나에게는 맞이하라 알려 주니 이게 무슨 상서로운 일인가. 아마 산신령이 은밀히 돕는 것이리라." 전하는 말에 이 산신령은 변재천녀辨才天女라고 한다. 지통이 듣고 눈물을 떨구며 인사드리고 스승에 대한 예를 올렸다. 얼마 후 계를 주려 하므로 지통이 말하였다. "저는 동네 나무 밑에서 이미 보현대사普賢大士로부터 주는 경계를 받았습니다." 낭지가 감탄하며 말하였다. "잘했도다. 너는 이미 대사의 만분계滿分戒(具足戒)를 친히 받았는데 나는 살아오면서 조석으로 은근히 보살을 만나고자 하여도 정성이 감동하지 못하였다. 이제 너는 이미 계를 받았으니 나는 너에게 미치지 못한다." 그리고는 오히려 지통에게 예를 올렸다. 이에 그 나무를 보현수普賢樹라고 하였다.[41]

지통 역시 관기와 도성 및 나머지 7인과 같은 은사이자 일사였다. 그

41 一然, 『三國遺事』, 「避恩」, '朗智乘雲 普賢樹'.

는 보현대사로부터 계품을 받고 지증智證이 통하여 신통력을 확보하였다. 그리하여 지통은 스승 낭지도 얻지 못한 신통력을 얻은 뒤 낭지로부터 예를 받았다. 이후 그는 지혜와 증득의 신통력을 통해 은사·일사로서 이타행과 보살행을 베풀었다. 그 뒤 지통은 의상의 소백산 추동에서 이루어진 『화엄경』 강론법회의 내용을 기술한 『추동기』를 남겼다. 『추동기』는 의상이 소백산 추동에서 강론했던 『화엄경문답』임이 확인되었다. 일연은 은사·일사로서 지통의 가풍을 기록했듯이 은사·일사로서 포산의 관기와 도성 그리고 나머지 7인의 성사들을 놓치지 않고 상세히 기술하고 있다.

'포산이성' 조목에는 관기와 도성뿐만 아니라 나머지 7명을 더해 모두 9명의 성사가 등장하고 있다. 먼저 일연은 관기와 도성을 성사로 기렸다.

신라 때 관기와 도성 두 성사는 어떤 사람인지 알지 못하나 함께 포산에 숨어 살았다. 관기는 남쪽 재에 암자를 짓고 살았고, 도성은 북쪽 굴에 거처하여 서로 십여 리 쯤 떨어져 있었는데 이들은 구름을 헤치고 달빛에 휘파람을 불며 매양 서로 찾아갔다. 도성이 관기를 오게 하려면 산중의 나무들이 모두 남쪽으로 향하여 굽어 마치 영접하는 형상을 하여 관기가 그것을 보고 도성에게로 갔고, 관기가 도성을 맞을 때에도 또한 그와 같이 나무가 북쪽으로 굽어 도성이 관기에게 갔다. 이와 같이 여러 해를 거듭하였다. 도성은 처소의 뒷산 높은 바위 앞에 항상 조용히 앉아 있었는데, 하루는 바위틈에서 몸이 솟구쳐 올라간 곳을 알지 못하였다. 어떤 이는 말하기를 수창군에 이르러 죽었다고 한다. 관기도 역시 뒤를 이어 죽었는데 지금은 두 성사의 이름으로 터 이

름을 삼았으니 그 터가 지금도 남아 있다.[42]

> 일연은 나무조차 영통하여 관기와 도성을 알아보는 모습을 떠올리며 이들 두 성사를 찬시로 기렸다. “달빛 밟고 구름 헤쳐 서로 찾았으니/ 두 늙은이 풍류 몇백 년 되었나./ 풍연風烟은 가득한데 고목만 남았으니/ 눕고 펴는 그림자만 맞아주는 듯하다.” 그는 이들 두 풍류 도인의 걸림없는 무애의 가풍을 높이 기렸다.

이후에 태평흥국 7년 임오년(982)에 승려 성범成梵이 비로소 이 절에 와서 머물러 만일미타도량萬日彌陀道場을 열어 50여 년을 부지런히 도를 닦았는데 특이하게 상서로운 조짐이 여러 번 있었다. 그때 현풍에 사는 신도 20여 명이 해마다 모임을 만들어 향나무를 주워 절에 바쳤다. 항상 산에 들어가 향나무를 거두어 쪼갠 다음 물에 씻고 발 위에 널어놓으면, 밤에는 촛불처럼 빛이 났다. 그러므로 고을 사람들이 그 향나무에 시주하여 빛을 얻은 해(歲)라고 축하하였다. 이것은 두 성인의 감응이요, 혹은 산신령이 도와줌이라 함이니 산신령의 이름은 정성천왕靜聖天王이다. 일찍이 가섭불迦葉佛 때에 부처님의 부탁을 받고 맹세하여 말했다. “이 산중에는 일찍이 아홉 성인에 대한 기록이 있다. 자세하지는 않지만 관기觀機·도성道成·반사搬師·첩사牒師·도의道義·자양子陽·성범成梵·금물녀金勿女·백우사白牛師 등이다.[43]

> 일연은 이들 아홉 명의 성인 가운데에서 반사搬師와 첩사牒師를 특히 흠모하였다. ‘반搬’은 음이 반般으로서 우리말 비나무(雨木)를 가

---

42 一然, 『三國遺事』, 「避恩」, ‘包山二聖’.
43 一然, 『三國遺事』, 「避恩」, ‘包山二聖’.

리킨다. '첩𣚍'은 음이 첩牒으로서 우리말로 갈나무라 한다. 이들 두 성사는 오랫동안 바위 사이에 숨어 살며 세상과 사귀지 않고 모두 나뭇잎을 엮어 옷을 만들어 입었다. 추위나 더위를 견디고 습기를 막고 부끄러움만 가릴 따름이라 이렇게 이름을 붙였다.[44] 일연은 일찍이 포산에 살면서 두 성사의 미담을 7언 10구의 시로 남기고 있다.

일연은 다음과 같이 노래하였다. "자초 싹과 둥글레 뿌리로 배 채우고/ 입은 옷 나뭇잎은 베옷이 아니어라./ 솔바람은 솔솔 불고 돌길은 울퉁불퉁한데/ 숲 속 저문 날에 나무꾼 돌아오네./ 깊은 밤 밝은 달을 향해 앉았으니/ 반쯤 열려진 옷깃 바람 따라 나부끼네./ 부들자리에 누워 마음 놓고 잠드니/ 꿈에도 티끌 같은 세상 넋도 아니 가네./ 구름 무심히 지나가고 두 암자 터만 남은 자리에는/ 사슴만 뛰놀고 사람 자취 드물었네."[45]

일연은 싹과 뿌리로 배를 채우고 나뭇잎으로 몸을 가리며 살아간 반사와 첩사를 높이 기리고 있다. 그는 무상한 세월은 멈추지 않고 걸림이 없는 무애의 도인들의 두 암자 빈터에는 사슴만 뛰놀고 있다며 회상하고 있다. 일연은 7언 10구의 시를 통해 이들 은사·일사의 삶을 높고 깊게 기리고 있다.

따라서 자연 속에서 이루어지는 은사·일사의 삶은 저자 속에서 이루어지는 무애 자재의 삶과는 연속되면서도 불연속된다고 할 수 있다. 일연에게 비춰진 은사·일사의 삶은 탈속과 절연을 보여 주는 삶으로만 형상화된 것은 아니었다. 이들의 삶은 주로 자연 속에서 이루어지지만

44 一然, 『三國遺事』, 「避恩」, '包山二聖'.
45 一然, 『三國遺事』, 「避恩」, '包山二聖'.

그 삶은 저자 속에서 이루어지는 무애 자재의 삶과도 상통하고 있다. 일연에게 비춰진 은사·일사의 삶을 사는 성사는 그가 이해한 고승일 뿐만 아니라 그가 가고자 했던 이상적 선지식이었다. 일연의 『삼국유사』 「피은」편에 집성된 인물들은 그의 성사관의 한 축을 이루는 은사·일사로서의 삶을 잘 보여 주고 있다.

2. 풍류 도인의 삶

풍류 도인의 무애 자재한 삶은 일상의 격에 걸림 없이 사는 자유로움을 일컫는다. 풍류에는 천신신앙과 산신신앙과 무속신앙에 훈습되어 있는 천지인天地人 삼재三才 사상이 투영되어 있다. 삼재 사상은 불·도·유 삼교가 이 땅에 들어오기 이전부터 이미 우리나라에 펴져 있었던 사유 체계였다. 유교와 도교의 이교와 '현묘의 도'를 추구하는 풍류의 관계는 중국 남북조시대의 고승이었던 도안道安의 저술 속에 편집된 "근본에 돌아가서 본의를 나타낸다(歸宗顯本)."라는 글에서 확인할 수 있다.

여기서는 "'이 땅에서 내려오는(遺) 가풍(風)과 그 나머지(餘) 흐름(流)'이 기울고 추락하여 육경六經이 이 때문에 편수編修되었으며, 뻐기고 자랑하는 기풍이 더욱 늘어남에 [『노자』] 두 편이 이 때문에 찬술되었다."라고 풍류의 근거를 제시하고 있다. 동도東都의 일준逸俊 동자가 서경西京의 통방通方 선생에게 물은 내용에서 확인할 수 있는 것처럼 풍류를 삼교와의 관계에 포함包含시켜 이해해 보면 풍류의 맥이 어디에 닿고 있는지를 알 수 있다.[46]

---

46 道安, '歸宗顯本第一', 「二教論」, 『廣弘明集』 권8. "有東都逸俊童子, 問於西京通方先生, 曰: '僕聞風流傾墜, 六經所以緝修, 誇尙滋彰, 二篇所以述作, 故優柔弘

이러한 삼재 사상을 담고 있는 풍류와 불·도·유 삼교는 최치원의 「난랑비서」[47]가 보여 주는 것처럼 긴밀하게 접목되고 있다. 여기서 '현묘의 도'로 표현되는 풍류는 고조선 이래 이 땅 고유의 사상이라고 할 수 있다. '현묘한 도'는 불·도·유 삼교가 이 땅에 전래되기 이전부터 있어왔던 '풍류도'의 다른 표현이다. '풍류도'에는 이미 삼교의 가르침이 포함되어 있고 그것으로 뭇 삶들을 제접하고 교화해 왔다는 것이다.

이처럼 고조선의 해체 이후 '이 땅에서 내려오는(遺) 가풍(風)과 그 나머지(餘) 흐름(流)'의 줄임말로 짐작[48]되는 풍류風流는 천지인天地人 삼재의 철학을 기반으로 형성된 사상이라고 할 수 있다. 그 내용은 다름이 아니라 '들어와 집안에 효도하고 나아가 나라에 충성하는 것'과 '함이 없는 일에 처하고 말이 없는 가르침을 행하는 것' 그리고 '모든 나쁜 일들 짓지 말고 모든 좋은 일들 높여 실행하는 것'이다. 이러한 풍류도 사상은 보덕과 원효에게서도 확인된다.

> 그때 보덕 화상이 반룡사盤龍寺에 있었는데 좌도左道가 들어와 정도正道와 맞서면 나라의 기틀이 위태로워질 것을 우려하여 여러 번 간하였으나 듣지 않았다. 이에 신통력으로 방장方丈을 날려 남쪽에

潤於物, 必濟曰儒, 用之不櫃於物, 必通曰道. 斯皆孔老之神功, 可得而詳矣.…"

47 金富軾, 『三國史記』, 권4, 眞興王 37년(576)조. "나라에 현묘한 도(國有玄妙之道)가 있으니 풍류(曰風流)라고 한다. 교敎를 시설한 근원(設敎之源)은 『선사仙史』에 상세히 갖춰져 있다(備詳仙史). 그 실제는 곧 삼교를 포함하고(實內包含三敎) 뭇 삶을 제접하고 교화하는 것(接化群生)이다. 이를테면(且如) 들어와 집안에 효도하고(入則孝於家) 나아가 나라에 충성하는 것은(出則忠於國) 노나라 사구(孔子)의 주지主旨와 같고(魯司寇之旨也), 함이 없이 세상일을 처리하고(處無爲之事) 말이 없는 가르침을 실행하는 것은(行無言之敎) 주나라 주사(老子)의 종지宗旨와 같으며(周柱史之宗也), 모든 악한 일들 짓지 말고(諸惡莫作) 모든 착한 일들 높여 실행하는 것(諸善奉行)은 축건 태자(釋尊)의 교화(竺乾太子之化)와 같다."

48 高榮燮, 「탄허 택성의 삼현학과 불교학」, 『한국불교학』 제64집, 한국불교학회, 2014.

있는 완산주 고대산孤大山으로 옮겨 갔다. 이때가 영휘永徽 원년 경술년(650) 6월이었다. 얼마 후 나라는 멸망하였다. 지금 경복사에 있는 비래방장飛來方丈이 그때의 방장이라고 한다. 진락공眞樂公(李資玄)이 그를 위해 남긴 시가 당堂에 남아 있고, 문열공文烈公(金富軾)이 [보덕화상] 전傳을 지어 세상에 남겼다. … (중략) … 태안 8년 임신년(1092)에 우세 승통祐世僧統(義天)이 고대산 경복사의 비래방장에 이르러 보덕 성사普德聖師의 진영에 예를 올리고 시를 남겼다.

'열반 방등의 가르침은/ 우리 성사로부터 전수되었네/ 애석하구나 방장이 날아온 뒤/ 동명왕의 옛 땅이 위태롭게 되었구나.'[49]

보덕은 고구려 후기의 열반학과 방등학의 대가였다. 당시 고구려 보장왕 시기 실권자인 연개소문에 의해 도교가 적극 수용되면서 불교의 박해가 시작되었다. 연개소문은 불의하게 왕을 교체했다는 부담을 해소하기 위해 당나라의 국교인 도교를 적극적으로 수용하고 도사와 『도덕경』을 수용하는 등 당나라와의 친밀한 외교적 노력을 기울였다.

당시 고구려는 종래에 불교가 했던 역할과 불교인이 했던 소임을 도교와 도사로 교체하였다. 이에 보덕은 좌도左道인 도교가 정도正道인 불교와 맞서면 나라가 위태로워진다며 몇 차례 주청을 올렸다. 하지만 그의 주청은 받아들여지지 않았다. 결국 보덕이 자신을 따르던 고매한 제자 11명과 함께 완주 고달산 경복사로 내려오자 고구려는 곧 멸망하였다고 일연은 기술하고 있다.

보덕의 제자 무상 화상無上和尙은 그의 제자 김취金趣 등과 금동사를

49 一然, 『三國遺事』, 「興法」, '寶藏奉老 普德移庵.'

세우고, 적멸寂滅과 의융義融은 진구사를, 지수智藪는 대승사를, 일승一乘은 심정心正과 대원大原 등과 함께 대원사를, 수정水淨은 유마사를, 사대四大는 계육契育과 중대사를, 개원 화상開原和尙은 개심사를, 명덕明德은 연구사를 세웠다고 전한다. 결국 보덕은 고구려를 떠나 백제의 고토를 무대로 무애의 풍류 도인으로서 살림살이를 만들어 나갔다. 일연 또한 보덕의 행장과 법력 그리고 걸림 없는 풍류 도인의 가풍을 환기시키며 보덕을 기리고 있다.

> 원효는 파계하여 설총을 낳은 뒤로는 속인의 의복으로 갈아입고 스스로 소성거사小姓居士라고 했다. 우연히 광대들이 춤추며 놀리는 큰 뒤웅박을 얻으니, 그 모양이 기괴하므로 그 모양대로 도구를 만들어 『화엄경』에서 설한 "일체의 무애인이 한 길로 생사의 길에서 벗어난다."는 뜻을 취하여 이름을 무애無碍로 짓고, 노래를 만들어 세상에 유행시켰다. 원효는 이것을 가지고 수많은 부락을 돌며 노래하고 춤추며 교화시키고 돌아왔으니, 뽕나무를 키우는 노인이나 옹기장이, 무지한 무리들도 모두 불타의 이름을 알며 나무아미타불을 부르게 된 것은 실로 원효의 공이 컸다.[50]

원효는 아유다 공주와의 인연으로 속세로 돌아와 설총을 낳은 뒤 걸림 없는 삶을 살았다. 그는 『화엄경』 「보살명난품」에 의거하여 "일체의 무애인이 한 길로 생사의 길을 벗어난다."라는 구절에 근거하여 무애인이 되었다. 원효는 머리에 무애박을 쓰고, 어깨와 다리로 무애무를 추며, 입으로는 무애가를 불렀다. 이러한 일련의 무애 시리즈는 그를 무

---

50 一然, 『三國遺事』, 「義解」, '元曉不羈.'

애 자재의 삶을 사는 풍류 도인으로 불리게 했다.

> 원효가 일찍이 분황사에 머물면서 『화엄경소』를 짓다가 제4 「십회향품」에 이르러 마침내 붓을 놓았으며, 또 일찍이 송사로 인해서 몸을 백송으로 나누었으므로 모두 성사의 법위法位가 초지에 이른 것이라 한다. 또 해룡의 권유로 조서詔書를 받들고 길에서 『금강삼매경소』를 지으며, 붓과 벼루를 소의 두 뿔 사이에 두고 다녔기 때문에 각승角乘이라고도 한다. 또한 본각과 시각의 미묘한 뜻을 나타낸 것이며, 대안 법사大安法師가 배열하여 종이를 붙였으니, 소리(音)를 알고 화답한 것이라 한다. 성사가 입적하니 설총이 유해를 잘게 갈아 산 모습(眞容)을 빚어 분황사에 봉안하고 죽을 때까지 경도하는 뜻을 표하였다. 언젠가는 설총이 옆에서 절을 하니, 소상이 홀연히 돌아보았는데, 지금까지도 돌아본 채 있다고 한다. 원효가 거처하던 혈사穴寺 곁에 설총의 집터가 있다고 한다.[51]

원효는 『화엄경소』의 절필과 『금강삼매경소』의 재집필, 설총의 신성혼정과 소상의 회고廻顧로서 무애자재한 대중교화의 가풍을 보여 주었다. 그리하여 그의 무애자재한 풍류 도인으로서 가풍은 살아서나 죽어서나 지속되었다. 원효가 보여 준 자유인의 모습은 일연에게 성사의 가풍으로 다가왔다. 그리하여 일연은 성사 원효의 걸림 없는 몸짓을 '불기不羈'의 가풍, '무애無碍'의 가풍이라고 명명하였다. 그것은 성과 속을 넘나드는 자유인의 몸짓이었다.

최치원은 한 화랑의 비에 풍류의 내용과 성격에 대한 기록을 남겼다.

51 一然, 『三國遺事』, 「義解」, '元曉不羈.'

그의 「난랑비서」에서 '낭郞'은 화랑이며 '난鸞'은 봉황과 유사한 새로서 임금을 상징하고 있으므로 아마도 화랑 출신 임금의 별칭으로 이해된다. 그렇다면 「난랑비」는 제48대 경문왕의 비로 보아도 큰 어려움이 없을 듯하다.[52] 경문왕은 화랑정신을 특별히 부각시킨 왕이다. 최치원은 이 사실을 화랑 출신인 경문왕에 대해 특별히 기리고 있는 「대숭복사비문大崇福寺碑文」을 통해 뒷받침해 주고 있다.

> 선대 왕(경문왕)께서는 무지개 같은 별이 화저華渚에 빛을 떨치듯이 오산(鰲岑)에 자취를 내리셨다. 처음 국선도(玉鹿)에서 명성을 날리셨으니 특별히 현풍玄風(風流)을 떨치시었다.[53]

그런데 여기서 주의할 점은 최치원이 「난랑비서」에서 화랑의 실천 윤리적 관점을 중심으로 풍류 사상을 파악했다고 하여 이것을 화랑정신에만 국한시켜 이해하는 것은 온당하지 않다. 오히려 최치원이 애써 강조하고자 했던 것은 불·도·유 삼교의 차원을 넘어선, 보다 높은 경지에 있는 풍류도의 사상적 현묘함과 위대함이었다. 여기서 주목되는 것은 풍류도에는 삼교 사상의 중요한 요소가 본디부터 있으며, 풍류도 자체는 불교나 도교나 유교가 아니라는 점을 시사한 것은 풍류도의 독특한 특성을 드러낸 것[54]이라는 점이다.

살펴본 것처럼 이러한 삼교 사상에 구애받지 않았던 보덕과 원효와

---

52 장일규, 「최치원의 삼교융합상과 그 의미」, 『신라사학보』 제4집, pp.269~270.

53 최영성 역주, 『역주 최치원전집』 1(아세아문화사, 1999), p.203. "先大王, 虹渚騰輝, 鰲岑降跡, 始馳名於玉鹿, 別振玄風."

54 최영성, 「최치원의 '난랑비서'를 통해 본 韓國上古思想-풍류사상의 재해석을 중심으로-」, 『2013 유쾌한 인문학: 제1탄 한국의 사상』 자료집, 한바탕 전주, 전주시평생학습센터, 2013, p.7.

지통, 관기와 도성, 반사와 첩사는 걸림 없이 살았던 무애의 풍류 도인이었다. 이들은 제도와 질서의 틀에 붙들리지 않고 제도와 질서를 넘나들면서 자연과 더불어 살았다. 이렇게 걸림 없이 살았던 이들을 일연은 '성사'라는 이름으로 불러내었다. 그 호명 속에는 스스로는 국사 자리를 마다하면서까지 노모를 모시러 인각사로 내려오는 자신의 현실과 무애자재한 풍류 도인으로 살고 싶었던 자신의 이상이 소통되지 못하는 안타까움이 뒤섞여 있다. 이처럼 『삼국유사』 속의 성사 기술에는 일연의 승려 인식이 투영되어 있다.

3. 국사·왕사의 삶

신라시대에 국사·왕사 제도는 법제적으로 확립되지는 않았지만 국사와 왕사에 준하는 제도는 있었던 것으로 추정된다.[55] 삼국통일 이후 문무왕이 승하하면서 진평왕에게 경흥 법사를 국로國老에 추대하라고 유촉遺囑하면서[56] 국사에 준하는 전통이 신라에서 처음으로 확립되었다.

> 대성이 자라서 사냥하기를 좋아하더니 하루는 토함산에 가서 곰 한 마리를 잡고 산 아랫마을에서 잤다. 꿈에 곰이 귀신으로 변하여 책망하였다. "네가 어찌하여 나를 죽였느냐. 내가 너를 잡아먹겠다." 대성이 두려워하여 용서해 주기를 청하니 귀신이 말하였다. "나를 위해서 절을 지어줄 수 있겠느냐?" 대성이 그렇게 하겠다 맹세하고

55 一然, 『三國遺事』, 「避恩通」, '緣會逃名 文殊岾憬', 제38대 元聖王이 고승 緣會를 불러 國師에 책봉하였다는 기록을 통해서 알 수 있다. 一然, 『三國遺事』, 「感通」, '正秀師救氷女'. 제40대 哀莊王이 正秀 법사를 불러 國師에 책봉한 기록도 있다.

56 一然, 『三國遺事』, 「感通」, '憬興遇聖'.

꿈을 깨니 땀으로 요가 흠뻑 젖었다. 그 뒤로는 사냥을 금하고 곰을 잡았던 그 자리에 장수사長壽寺를 세웠다. 이 일로 해서 감동하는 바가 있어 자비심과 원력이 더욱 두터워졌다. 이에 이승의 두 어버이를 위하여 불국사佛國寺를, 전생의 부모를 위하여 석불사石佛寺를 창건하고, 신림神琳·표훈表訓 두 성사에게 각각 주지를 맡도록 하였다. 대성은 큰 불상을 세워 기르신 은혜를 갚았으니, 한 몸으로 전세와 현세의 두 부모에게 효도한 것이다. 이는 예전에도 듣기 어려웠던 일이니 착하게 보시한 영험을 어찌 믿지 않겠는가?[57]

경덕왕 때 재상 김문량(김대성)은 자신이 죽인 곰 귀신의 요청에 의해 곰을 위해서 장수사를 지어 주었다. 이어 그는 전세의 부모를 위해 석불사를 짓고, 현세의 부모를 위해 불국사를 지었다. 그리고 신림과 표훈 두 성사를 각각 머물게 하였다. 이들 두 성사는 이곳에 머물며 국가대찰인 불국사와 석불사에 주석하면서 국정의 대소사를 자문하였다.

왕이 하루는 표훈 대덕을 불러 명하였다. "짐이 복이 없어 후사를 얻지 못하니 원컨대 대덕께서 상제께 청하여 아들을 두게 해 주시오." 표훈이 하늘로 올라가 천제에게 고하고 돌아와 말하였다. "천제께서 '딸을 구하면 가능하나 아들은 당치 않다' 합니다." 왕이 말하였다. "딸을 아들로 바꿔 달라 하시오." 표훈이 다시 하늘로 올라가 청하였다. 천제가 말하였다. "할 수는 있으나 만일 아들을 얻으면 나라를 위태롭게 할 것이다." 표훈이 내려오려 하니 천제께서 다시 말하였다. "하늘과 인간 사이는 서로 어지럽힐 수가 없는 것인데,

57 一然, 『三國遺事』, 「孝善」 제9, '大城孝朗二世父母, 神文〈王〉代'.

지금 대사는 이웃 마을처럼 왕래하면서 천기天機를 누설하니 이후로 다시 오는 것을 금하노라." 표훈이 돌아와서 천제가 말한 대로 이야기하니 왕이 말하였다. "나라가 위태롭게 되더라도 아들을 얻어 후사를 삼고 싶소." 그 후 달이 차서 왕후가 태자를 낳으니, 왕은 매우 기뻐하였다. 태자가 여덟 살 때 왕이 죽고 태자가 즉위하니 이가 혜공대왕惠恭大王이다. 왕이 너무 어리기 때문에 태후가 조정에 나서니, 정사가 다스려지지 않았고, 도적이 벌떼처럼 일어도 막지 못하였으니, 표훈 대사의 말이 들어맞은 것이다. … (중략) … 그리하여 나라가 크게 어지러워져 왕은 끝내 선덕왕宣德王 김양상金良相(金敬信)에게 죽임을 당하였다. 표훈 대사 이후로 신라에는 성인이 다시는 나타나지 않았다 한다.[58]

표훈은 경덕왕의 후사가 딸임에도 불구하고 왕의 요청에 의해 천상으로 올라가 천제에게 달을 아들로 바꿔달라고 청하였다. 천제는 하늘과 인간 세상을 어지럽히며 천기를 누설하는 표훈을 더 이상 올라오지 말하고 하면서 아들을 점지해 주었다. 그런데 표훈이 국사로서 해야 할 일은 아들을 원하는 경덕왕에게 선덕여왕과 진덕여왕의 예를 들며 아들 혹은 딸이 중요한 것이 아니라 누가 나라를 잘 다스리느냐가 중요하다고 주청했어야 하지 않았을까? 그가 불자라면 딸의 인연을 아들의 연연으로 바꿔 달라는 경덕왕의 청을 완곡하게 거절하는 것이 불자로서의 바른 길이었을 것이다.

하지만 표훈은 국가대사인 후계를 준비하기 위한 경덕왕의 청을 거부하지 못했다. 결국 그는 경덕왕의 요청을 받아 천제에게 순리를 거역

58 一然, 『三國遺事』, 「紀異」 제2, '景德王·忠談師·表訓大德'.

하는 역할을 감행하였다. 이러한 표훈의 행적을 일방적으로 비판만 할 것인가. 아니면 표훈의 행위를 상황적으로 변명할 것인가. 그가 개인이 아니라 나라와 임금의 최측근 사문으로서 국사에 준하는 소임을 맡아 불가능한 일을 가능하게 한 것은 그의 법력에 의해서였다고 할 수 있지 않을까? 표훈은 이러한 역할을 기꺼이 함으로써 나라와 왕실의 미래에 대비하였고 국사·왕사에 대응하는 역할을 하였다.

결국 이러한 일은 전세 부모를 위한 사찰인 석불사에 주석한 신림과 현세 부모를 위한 사찰인 불국사에 주석한 표훈의 법력에 의해 가능한 일이었다. 재상 김문량(대성)과 이들 신림과 표훈 성사의 역할은 일연에게도 깊은 인상으로 자리를 잡고 있었던 것으로 이해된다. 일연은 신림과 표훈을 국가적 대사와 민족적 난경을 해결해 낸 국사·왕사의 이름으로 불러냈던 것이다.

> 고승 연회는 일찍이 영취산에 숨어 살며 『연화경』을 읽고 보현관행을 닦았다. 뜰 앞에는 항상 두어 줄기 연꽃이 있어 사시사철 시들지 않았다. 원성왕이 그 이상하고 상서로움을 듣고 불러서 국사國師를 삼고자 하였다. 연회 사緣會師는 그 소문을 듣고 암자를 버리고 도망하여, 서쪽 고개를 지나는데 바위 옆에 한 노인이 밭을 갈고 있다가 물었다. "법사께서는 어디로 가십니까?" 법사가 대답하였다. "내가 들으니 잘못 알고 나를 벼슬로 얽어매려 하므로 피하여 가는 중입니다." 노인이 듣고 말하였다. "법사의 이름은 여기서도 팔 만한데 왜 멀리 가서 팔려 하시오? 이름 팔기가 싫지는 않은가 보군."
> 연회는 자기를 업신여기는 말이라 하여 듣지 않고, 몇 리쯤 가다가 시냇가에서 한 노파를 만났다. "법사께서는 어디로 가십니까?" 법사는 역시 전과 같이 대답하였다. 노파가 말하였다. "앞에서 사람을

만난 적이 있소?" "어떤 노인이 나를 몹시 업신여기기에 화를 내고 왔습니다." 노파가 말하였다. "그분은 문수대성인데, 말씀을 아니 듣고 어찌할 셈이오?"

연회가 그 말을 듣고 놀랍고 두려워 급히 노인에게 되돌아와서 이마를 조아리며 사과하고 말하였다. "성자의 말씀을 어찌 감히 듣지 않으리까. 이제 돌아왔습니다만, 시냇가 그 노파는 누구십니까?" "변재천녀이시오." 말을 마치고 노인은 사라졌다. 이에 암자로 다시 돌아와 조금 있으니 사신이 조서를 받들고 왔다. 연회는 어쩔 수 없이 받아야 할 것임을 알고 조서에 응하여 대궐에 나아가니 국사國師로 봉하였다. 이에 연회 법사가 노인을 만난 곳을 문수점文殊岾이라 하고, 노파를 만난 곳은 아니점阿尼岾이라 하였다.[59]

제40대 애장왕 대에 승려 정수正秀가 황룡사에 머물렀다. 어느 겨울에 눈이 쌓이고 날이 저물었는데, 삼랑사三郎寺에서 돌아오는 길에 천엄사天嚴師 문 밖을 지나게 되었다. 어느 구걸하는 여인이 아기를 낳고 거의 얼어 죽게 된 것을 보았다. 법사가 불쌍히 여겨 한참 동안 안고 있으니 생기가 돌았다. 이에 옷을 벗어 덮어 주고 알몸으로 본사에 달려와 거적을 덮고 밤을 지샜다. 한밤중에 궁궐의 뜰에 하늘에서 외치는 소리가 났다. "황룡사 정수를 왕사로 봉하게 하라." 왕이 급히 사람을 시켜 조사하게 하니 사실이 왕에게 알려졌다. 따라서 왕이 예의를 갖춰 [정수를] 궁중으로 맞아들여 국사國師로 삼았다.[60]

59 一然, 『三國遺事』, 「避恩」 제8, '緣會逃名 文殊岾景'.
60 一然, 『三國遺事』, 「感通」 제7, '正秀師救氷女'.

신림과 표훈 그리고 연회와 정수는 왕사에 준하는, 혹은 국사로서의 삶을 살았지만 그 틀에 머물지 않았다. 표훈은 천기를 누설하여 딸로 점지될 예정인 아이를 바꾸어 아들로 태어나게 하였다. 이 일 때문에 신라에는 성인이 다시 나타나지 않았다고 한다. 하지만 비록 표훈이 천기를 누설하고 이후 신라에 성인이 나지 못하게 하였다 하더라도 그는 경덕왕과 왕실의 미래를 위해 기꺼이 자신의 삶을 헌신하였다.

영취사 용장전에 머물던 연회는 『연화경』을 읽고 보현관행을 닦으며 사시사철 시들지 않는 두어 줄기 연꽃을 피우는 은사였다. 이 소문을 들은 원성왕이 국사로 책봉하려고 하자 도망을 쳤으나 문수대성과 변재천녀의 일깨움을 받고 어쩔 수 없이 왕의 조서를 받고 국사가 되었다.

황룡사에 머물던 정수 또한 아기를 낳고 거의 얼어 죽게 된 구걸하는 여인과 아기를 불쌍히 여겨 한참 동안 안아줌으로써 생기가 돌게 하고 자신의 옷을 벗어 덮어준 뒤 알몸으로 본사에 달려와 거적을 덮고 밤을 지샜다. 이러한 그의 보살행과 이타행은 하늘과 임금을 감동하게 하여 국사가 되었다.

이처럼 일연은 혼신의 힘을 다해 은사·일사로서의 삶, 풍류 도인으로서의 삶, 국사·왕사로서의 삶을 살았던 '성사'의 삶을 기록해 내었다. 이러한 일련의 작업을 통해 그는 원나라에 국권을 잃고 고통 받는 당시 고려인들에게 고대 사국 당시의 문화 영웅이자 사회적 리더였던 성사들의 자유로운 삶과 평화로운 삶을 환기하고 복원해 내려고 하였다. 불교적 인간 또는 이타적 인간 혹은 보살적 인간으로서 성사의 삶은 곧 일연 자신이 갈망했던 이상적 인간형이었기 때문으로 이해된다.

V. 문화 영웅과 사회적 리더로서 고승 성사 이해

일연이 호명한 고승으로서 성사는 당대의 문화를 만들어 내는 문화 영웅이었다. 이들은 새로운 문화를 만들어 내었고 불가능한 일들을 가능한 일로 만들었다. 특히 지통은 보현대사로부터 계품을 받고 지증智證을 통하여 신통력을 확보하였으며, 스승 낭지도 얻지 못한 신통력을 얻은 뒤 낭지로부터 예를 받았다. 이후 그는 지혜와 증득의 신통력을 통해 은사·일사로서 이타행과 보살행을 베풀었다. 이와 달리 관기와 도성, 반사와 첩사 등은 은사·일사로서 걸림 없는 자연 속에서 이루어지는 자유인의 모습을 보여 주었으며, 국가의 존망을 예측하기도 하고(보덕), 문화 영웅으로서 왕비의 병을 고치고(원효), 사회적 리더로서 국가의 고민을 해결해 내기도 하고(신림·표훈), 높은 자리에 연연하지 않으면서 묵묵히 이타행과 보살행을 펼쳤다(연회·정수).

대개 문화 영웅은 『예기』의 '작자위성作者謂聖' 즉 '문명의 패러다임을 만들어낸 이'를 가리킨다. 공자가 '자신은 요–순–우–탕–문–무–주공과 같은 성인들의 말씀을 단순히 기술할 뿐 창작하지 않는다'며 '술이부작述而不作'의 겸양을 보였지만, 사실 그는 성인들의 말씀을 '기술하면서 창작하였다(述而作)'. 고·중세에도 그랬고 지금도 그렇지만 문화의 창작자, 즉 문명의 창작자는 '성자' 혹은 '성인'이라고 불려왔다. 이들은 새로운 삶의 패러다임을 만들어 냈기에 '문화 영웅'이라고 불린다. 세종이 그러했고 정조가 그러했다.[61] 고대 삼국 혹은 사국시대에는 공인이었던 승려들도 문화 영웅이었다. 그중에서도 일연이 고승으로서 '성사'로 지

61 아마도 오늘날은 컴퓨터를 만든 '빌 게이츠'와 스마트폰을 만든 '스티브 잡스' 같은 사람도 문화 영웅이라 할 수 있을 것이다.

목하고 평가한 보덕·원효·지통·관기·도성·반사·첩사·표훈·신림, '국사'로 책봉된 경흥·연회·정수 등은 그 시대의 문화 영웅이자 사회적 리더였다고 할 수 있다.[62]

보덕은『열반경』과『유마경』의 경설을 통해 여론을 만들어 내고 문화를 만들어 내었다. 그는『열반경』의 1) 석존이 열반에 들어가더라고 결코 죽어 없어진 것이 아니라 사실은 영원의 생명에 빛나는 금강불괴金剛不壞의 몸이라는 것, 2) 불성은 모든 중생이 누구나 다 가지고 있는 것이라는 사실을 역설하였다. 그가『열반경』의 '불신상주'설과 '일체중생실유불성'설의 메시지를 강조한 것은 당시 고구려 황실이 도교의 불로장생不老長生 사상을 선양하는 것에 대응하기 위한 것으로 읽을 수도 있을 것이다. 다시 말해서 불신의 상주설은 도교가 무위정치의 이념을 표방하면서도 도가의 불로장생설을 주장하는 것에 대한 비판으로 읽을 수 있고, 불성의 실유설은 도교의 현세이익적인 오두미도에 대한 민중들의 광신에 대한 비판으로 읽을 수 있기 때문이다.

하지만 보덕이 사실상『열반경』의 메시지를 강조한 것은 도교에 대한 공격적인 의미보다는 '일체중생은 모두 불성을 지니고 있으며', '선성의 뿌리를 끊어버린 일천제一闡提조차도 언젠가는 성불할 수 있다'는 메시지를 강조함으로써 인간에 대한 드넓은 이해를 보여 주려는 데에 있다. 고구려는 고대국가의 기반을 공고히 할 때부터 이미 불교의 보편적 정신을 정초로 삼아 왔기 때문이었다.

또 보덕은『유마경』속에서 그릇된 견해를 가지고 있는 이교도를 경책하기 위해서 "또 그대는 왜 시자侍者가 없느냐고 물었습니다. 모든 악마와 온갖 교도들은 나의 사자使者입니다. 왜냐하면 악마들은 생사의

62 물론 이들을 발견하고 이들의 가치를 그를 널리 알린 一然 또한 문화 영웅이자 사회적 리더였다.

세계를 바라고 있고 보살도 생사를 버리지 않으며, 이교도는 여러 가지 그릇된 견해를 바라고 있으나 보살은 그릇된 견해에 동요하지 않기 때문입니다."라고 역설하고 있다.[63] 여기서 여러 가지 그릇된 견해를 바라는 이교도의 추동에도 흔들리지 않는 보살의 부동심을 강조하고 있다.[64]

교의적으로는 삼론학의 반야개공般若皆空 사상에 의한 대승보살의 실천도를 내세우고 있으며, 재가신도의 종교적 덕목을 선양하는 것을 두드러진 특색으로 삼고 있다. 바로 이 점은 고요한 승원에 머물며 삼론학을 정초했던 승랑과 달리 보덕이 불교의 대중화를 위해 헌신했음을 보여 주는 증좌가 된다. 보덕의 『유마경』 강설은 1) 당시 승려들로 하여금 대승보살의 실천도를 재삼 환기시켰으며, 2) 연개소문 세력에 의해 도교가 진흥되고 있음에도 불구하고 불교계가 이것을 방관하거나 야합하면서 불사佛寺를 도관道館으로 제공하는 현실에 대한 강력한 반성을 촉구한 것이라고 할 수 있을 것이다.[65]

이것은 불교 본래 정신의 환기와 더불어 오두미도와 『도덕경』 등에 미혹되는 일부 재가불자들의 신행 형태에 대한 강한 자성의 요구로도 읽혀진다. 이러한 보덕의 노력에도 불구하고 현실은 개선되지 않았다. 결국 보덕은 암자를 날려 완주 고달산 경복사로 제자들과 함께 이주하였다. 이러한 여론 조성을 통해 보덕은 문화 영웅과 사회적 리더로서 역할을 한 고승으로서 성사의 지위에 자리매김 되었다. 또 지통도 『추동기』의 작성과 지혜를 통해 은사·일사로서 삶의 태도와 방법을 보여 줌

63 高榮燮, 『한국불교사』(강의안, 2006; 2018).
64 『승만경』과 함께 대승불교의 재가주의를 선양하는 『유마경』 방등교의 대표적인 경전이다.
65 高榮燮, 『한국불교사』(강의안, 2006; 2018).

으로써 성사로 인식되었다.

원효 또한 무덤 속에서의 '개인적 깨달음'과 분황사 골방에서의 '사회적 깨달음'을 통해 새로운 문화를 만들어 낸 문화 영웅이자 사회적 리더가 되었다. 그는 왕실불교를 넘어 대중불교의 기반을 놓았으며, 『대승기신론소』를 통해 마음의 지형도를 촘촘하게 제시하였다. 『화엄경소』를 쓰다가 절필한 뒤 『금강삼매경소』를 재집필하면서 국가적 위기와 민족적 난경을 해소하는 지혜의 활로를 열었다. 그리하여 그는 불교가 가야 할 길과 민족이 가야할 길을 보여 준 성사로서 평가되었다.

관기와 도성, 반사와 첩사 등도 무소유와 무집착과 무분별한 은사·일사의 삶의 진솔함을 보여 줌으로써 성사로 이해되었다. 김문량(대성)과 신림과 표훈 등도 국가적 대사와 민족적 난경을 해결하기 위해 헌신하면서 보살행과 성사의 모습을 보여 주었다. 김대성은 국가 대찰인 불국사와 석불사 조성을 통하여 민족정신의 구심력을 키웠고, 표훈은 경덕왕의 후사를 위해 천기를 누설하면서까지 현실화시켜 내었다.

일연은 고승으로서 성사들이 보여 준 은사·일사의 삶, 풍류 도인의 삶, 국사·왕사의 삶이 문화 영웅이자 사회적 리더로서 보여 준 그들의 삶의 방법이자 태도였음을 환기시키고 있다. 그는 고승으로서 성사의 삶이 불교나 특정 사회를 넘어서 국가적 위기와 민족적 난경을 이겨낼 수 있는 본받아야 할 삶의 원형임을 확신하였다. 이 때문에 일연은 성사로서의 이상적 삶을 보여 준 문화 영웅들의 가풍을 발견하고 그들이 보여 주었던 사회적 리더로서 역할을 고려 당대의 현장 속에 뿌리 내리고자 하였다. 그리하여 13세기 말 고려시대의 고승상을 『삼국유사』 속의 신라시대의 고승상을 통해 환기하고 복원하려고 하였다.

Ⅵ. 결어

일연은 고승으로서 성사의 삶을 보여 준 이들을 발견하고 그들을 문화 영웅으로서 기리기 위해 헌신하였다. 그는 이상적인 삶의 모델을 보여준 성사들이 당대의 문화 영웅이었으며 그들은 사회적 리더로서 남다른 모습을 보여 주었다고 파악하였다. 그리하여 일연은 그들의 행장을 발굴하고 그들의 전기를 기술함으로써 『삼국유사』의 분량을 확장시켰으며, 『삼국사기』가 담아내지 못한 주체적 인간의 삶, 능동적 인간의 삶을 후세에 남겨 주기 위해 노력하였다.

일연이 기술한 『삼국유사』에는 고승으로서 성사의 삶을 살았던 많은 이들이 실려 있다. 그 중에서도 지통, 관기, 도성, 관기, 도성, 반사, 첩사, 보덕, 원효, 신림, 표훈, 연회, 정수 등은 새로운 삶의 방식을 제시한 그 시대의 문화 영웅들이었으며 동시에 새로운 여론을 만들어 내는 사회적 리더였다. 일연은 이러한 점에 주목하여 『삼국유사』 속의 붓다와 보살들의 현신으로서 고승과 성사의 삶에 주목하였다. 그 결과 그는 문화 영웅이자 사회적 리더로서 고승으로서 성사의 은사·일사로서의 삶, 풍류 도인으로서의 삶, 국사·왕사로서의 삶을 조명해 냄으로써 『삼국사기』가 담아내지 못한 인간 이해의 깊이와 세계 인식의 넓이를 담아낼 수 있었다.

엄밀하지는 않지만 일연에게는 고승으로서 성사 및 대사/대덕/장로, 법사/화상, 선사/율사, 사문/사/승의 구분 의식이 있었던 것으로 이해된다. 『삼국유사』에는 이러한 구분이 적지 않게 사용되고 있으며, 여기에는 문화 영웅이자 사회적 리더로서 승려상을 수립하고자 하는 일연의 역사관이 투영되어 있다. 그는 신이사관神異史觀에 입각하여 『삼국사기』

에 '빠진 일들을 기록하겠다'는 소극적인 의미만이 아니라 오히려 우리 역사가 '남긴 일들을 기록하겠다'는 적극적인 의지를 담아 『삼국유사』를 찬술하였다. 그리하여 일연은 학덕이 높은 고승으로서 성사의 정의와 의미를 담아내면서 자신이 생각하는 불교와 불교인상을 제시하고자 하였다.

일연은 김부식이 유교사관에 입각해 삼국 당시 가장 두드러진 활동을 한 고승들을 『삼국사기』의 전기에서 완전히 배제한 점, 역사의 전환점을 가져온 불교 관련의 주요 내용을 대부분 빠뜨리고 있는 점, 고구려·백제·신라 중심의 역사만을 기록했을 뿐 정작 우리 민족의 시원인 고조선과 부여 및 가야, 삼한, 옥저, 동예, 대발해 등의 역사를 기록하지 않았다는 점, 불교문화의 주역이었던 불교문화 영웅들을 인물 전기에 전혀 편입시키지 않은 점 등을 비판하면서 '대안사서'로서 『삼국유사』를 찬술하였다. 그리고 그는 그 안에다 집단 지성이자 문화 영웅인 성사의 살림살이와 사고방식을 적극적으로 기록할 수 있었다.

참고문헌

天台, 『摩訶止觀』 권5의 2.

天台, 『法華文句』(20권).

김부식, 『三國史記』(50권).

일연, 『三國遺事』(5권).

『高麗史』「世家」 10.

「伽倻山 普願寺 法印國師碑」.

「僊政寺 大智國師 粲英碑」.

불광사전편찬위원회, 『불광대사전』 제6책(대만: 불광산사, 1988).

慈怡 編著, 『불광대사전』 제12책(북경: 북경도서관출판사, 2004), pp.5576~5577.

김영태, 『한국불교사』(서울: 경서원, 1997), p.225.

______, 『자세히 살펴본 삼국유사』(서울: 도피안사, 2009).

______, 『한국 고대 왕조사 탐색』(서울: 동국대학교출판부, 2013).

최영성 역주, 『역주 최치원전집』 1(아세아문화사, 1999), p.203.

高榮燮, 『한국불교사』(강의안, 2006; 2018).

______, 『한국불교사연구』(서울: 한국학술정보, 2002).

______, 『한국불교사탐구』(서울: 박문사, 2015).

______, 『삼국유사 인문학 유행』(서울: 박문사, 2015), p.639.

장일규, 「최치원의 삼교융합상과 그 의미」, 『신라사학보』 제4집, pp.269~270.

윤선태, 「『三國遺事』의 後人夾註에 대한 再檢討」, 『한국고대사연구』 제78호, 한국고대사학회, 2015. 6.

주보돈, 「『삼국유사』를 통해본 일연의 역사인식」, 『영남학』 제63호, 영남학연구원, 2017, pp.131~134.

최영성, 「최치원의 '난랑비서'를 통해 본 韓國上古思想-풍류사상의 재해석을 중심으로」, 『2013 유쾌한 인문학: 제1탄 한국의 사상』 자료집, 한바탕 전주, 전주시평생학습센터, 2013, p.7.

高榮燮, 「탄허 택성의 삼현학과 불교학」, 『한국불교학』 제64집, 한국불교학회, 2014.

______, 「삼국유사 흥법편과 의해편의 성격과 특징」, 『신라문화제학술논문집』 제35집, 경주시·신라문화선양회·동국대 신라문화연구소, 2014.

______, 「삼국유사 흥법편 '아도기라'조 연구」, 『신라문화제학술논문집』 제35집, 경주시·신라문화선양회·동국대 신라문화연구소, 2014.

16

고려 말 나옹 문도와 오대산 중흥불사

/ 황인규

〈선정 이유〉

● 황인규, 「고려 말 나옹 문도와 오대산 중흥불사」, 『불교연구』 제32집, 한국불교연구원, 2012, pp.255~286.

선정 이유

이 논문은 고려 말기 3화상인 백운 경한과 태고 보우 및 나옹 혜근 중 특히 나옹 혜근의 문도와 오대산 불교 부흥에 대해 고승과 사적, 중흥불사를 중심으로 살피고 있는 점에 주목하여 선정하였다.

저자는 오대산 불교가 중흥될 수 있었던 원동력은 고려 말 나옹의 주석과 그 문도들의 오대산 사암 주석을 통해 가능할 수 있었다는 점을 사적과 불사를 통해 자세히 구명하고 있다. 나옹의 문도들은 왕실과의 긴밀한 관련성과 원찰로서의 기능을 잘 활용하여 오대산의 중흥불사를 완수할 수 있었다고 보았다.

저자는 나옹이 북대(상두암·미륵암)에 주석한 이후 상원사(중대 진여원)를 중심으로 서대(수정암·염불암), 중대(사자암), 동대(관음암), 남대(영감암) 등 오대산의 주요 산사가 중창되어 신라 이래의 오대산 불교가 재현되었다고 평가하고 있다. 나옹은 오대산 상두암에서 경기도 용문산에 머물고 있던 중국 임제종 고승 고담적조 현명과 교유했으며, 1360년에 오대산 고운암 즉 북대인 상두암(지금의 미륵암)과 상왕봉 사이에 있던 암자에 주석할 때는 자신이 봉은사 승과에서 발탁한 환암 혼수가 신성암에 머물고 있을 때 교유하면서 그에게 금란가사와 상아불과 산형장을 주어 표신을 삼게 하였다.

저자는 이렇게 오대산에 주석하면서 오대산의 사격을 드높인 나옹과 그의 문도들은 왕실과 긴밀한 관련을 가지면서 중흥불사를 완수할 수 있었다고 보았다. 그 결과 오대산 상원사는 조선 태조와 태종 및 세조의 주목을 받아 국가 사찰이 되었고, 오래도록 원찰로서 기능하였다. 특히 세조가 존경하였던 신미와 두 제자 학열과 학조 등 3화상은 왕실의 상원사 중흥불사를 이끌었으며, 세조의 거둥은 오대산 중흥불사의 격을 드높였다. 이처럼 나옹의 주석과 문도들의 오대산사 중창 이후 왕실 후원으로 오대산사의 중흥불사가 이루어졌다고 밝히는 지점에서 이 논문의 의미와 학문적 가치를 찾을 수 있다.

〈요약문〉

본 논문은 여말선초 나옹과 문도들에 의해 오대산 불교가 중흥되었음을 강조한 연구이다. 오대산사가 흥성하기 시작하는 것은 원 간섭기 국사 일연이 『삼국유사』를 편찬하면서 문도 백운자와 함께, 그리고 문인 민지가 오대산 사적을 기록으로 집록하는 등 오대산의 신앙을 집대성하여, 이를 계기로 오대산의 신앙이 전국에 유포되었다. 특히 오대산 불교의 중흥은, 나옹이 영감암과 상두암 등 오대산에 머물면서 환암 혼수와 중국의 고승 몽산 덕이의 손제자 고담 적조 현명과 교유하면서 더욱 부각되었다.

그 후 나옹의 입적 후 문도들이 나옹의 추념사업을 기념하여 오대산사의 중창불사를 통해 오대산의 불교가 중흥하며, 이는 세조 대 나옹의 법맥을 잇고 있는 삼화상에게 계승 발전되는 것이다. 즉, 고려 말 문도 영로암이 1376년 상원사(중대 진여원)를, 나암 유공懶菴游公과 목암 영공牧菴永公이 서대 수정암(염불암)을, 각운 설악이 중대 사자암을, 지선이 동대 관암음을, 비구니 혜명 등이 1490년(성종 1) 영감암을 중창하였다. 특히 1399년 11월 상왕 이성계가 중대 사자암을 원찰로 삼아 중창이 되자 친히 왕림하였고, 태종은 상원사를 수륙재 도량으로 개설하였다.

이렇듯 고려 말 나옹이 북대(상두암·미륵암)에 주석한 이후 나옹의 문도들에 의해서 오대산의 주요 산사가 왕실과 국가의 후원으로 중창되어 신라 이래의 오대산 불교가 재현되었다.

특히 호불군주 세조에 의해 진여원인 상원사가 3화상인 신미와 두 제자 학열·학조 등과, 이를 후원한 왕실에 의해 부각되었다. 아울러 비구니 혜명과 신환·신운 등이 세종의 딸 정의공주의 원당인 영감암을 중창하였다. 예종은 상원사를 세조의 원찰로 삼고 제언堤堰의 잡역과 염분세를 면제받게 하였으며, 안동부安東府 남문루南門樓에 걸려 있던 종을 상원사로 옮겼다. 이것이 바로 신라 성덕왕 대 조성된 상원사 종이다. 이렇듯 여말선초에 이르러 나옹과 문도들, 이를 후원한 왕실에 의해 오대산 불교가 중흥되었던 것이다.

Ⅰ. 머리말

오대산은 그 웅장하고 깊으며 높고 큰 것이 풍악과 더불어 서로 갑을이 되는 산으로,[1] 특히 문수보살의 주처인 오대산은 법기보살의 주처인 금강산과 자웅을 이루었다. 자장은 636년(선덕여왕 3) 당나라 오대산(청량산)에서 문수보살을 친견하고 귀국 후 중국의 오대산과 흡사한 명주 오대산 다섯 곳을 동대 만월산, 서대 장령산, 남대 기린산, 북대 상왕산, 중대 풍로산이라고 칭하였다.

각 대에 암자를 두어 동대 관음암, 서대 수정암, 남대 지장암, 북대 미륵암, 그리고 중대 사자암이라고 하였다. 705년(성덕왕 4) 신라의 왕자인 보천·효명 형제가 오대산에서 상원사의 전신인 진여원眞如院을 짓고 문수보살을 공양한 이후 오대五臺의 기틀이 이루어졌다. 관음암은 관세음보살, 수정암은 대세지보살, 지장암은 지장보살, 미륵암은 오백나한, 사자암은 문수보살을 모신다. 그 후 오대산은 문수보살을 중심으로 4보살과 500나한을 모신 오대신앙으로, 7·8세기에 이르러 오류성중五類聖衆의 오만보살 신앙으로 발전되며, 경덕왕 대에 살았던 신효信孝 거사에 의해 계승되었다.

고려 말 대문인 이색은 "오대산은 천하의 명산이요, 상원사는 큰 사찰"[2]이라고 하거나 조선 초 문인들도 "천년의 승지라 보배로운 곳(寶地

1 김수온, 「上院寺重創記」, 『拭疣集』 卷2, 記類, "其雄深高大,與楓岳相甲乙."
2 李穡, 「五臺上院寺僧堂記」, 『목은문고』 권6, 記 ; 『동문선』 권75, 記.

千年勝)"[3] 또는 "문수가 머무른 곳은 온 천하가 다 안다(文殊住處天下知)." 고 했다.[4] 우리 동방의 부처를 배우는 무리들 역시 대부분 서로 이끌고서 그 오대산으로 가는 것이 중국의 승려들이 오대산으로 가는 것과 차이가 없다고 했다.[5] 조선 초에도 "세상에서는 오대산五臺山이라고 부른다. 가운데 봉우리는 지로地爐, 동쪽은 만월滿月, 남쪽은 기린麒麟, 서쪽은 장령長嶺이라 하며, 북쪽은 상왕象王이라 한다. 드디어 오류성중五類聖衆이 항상 머문다는 말이 있어서 불가에서 성대히 칭송한다." 라고 하였다.[6] 특히 "우통于筒은 오대산 상원사上院寺 곁에 있는데, 바로 한강의 상류로서 우리나라 제일천이라 한다."[7]고 하여 조선 건국 후 한강의 발원이 되는 우통수가 있는 월정사[8]와 상원사를 비롯하여 오대산사가 주목되었을 것이다.[9]

이에 본고는 나옹과 문도들이 등장하여 여말선초에 이르기까지 오대산사의 활동을, 그리고 나옹의 선풍을 이은 세조에 의해 삼화상이라고

---

3 李荇(1478~1534),「月精寺」,『容齋集』권2, 五言律.

4 서거정,「五臺山으로 돌아가는 根上人을 보내다」,『四佳詩集』卷46, 詩類.

5 李承召(1422~1484),「次韻敬敏首座還臺山」,『三灘集』卷9, 詩.

6 權近,「五臺山西臺水精菴重創記」,『양촌집』권14, 記類 ;『동문선』권80, 記.

7 許筠(1569~1618),「소회를 쓰면서 邵資政에게 답한 운을 쓰다」,『성소부부고』(1611년 작) 권2, 시부 2 和思潁詩 ; 허균,「天龍奏樂引으로 雲上人의 軸에 쓰다」,『惺所覆瓿藁』권2, 부록 蛟山臆記詩.

8 월정사에 대한 주요 논저를 소개하면 다음과 같다. 고유섭(1993), 한국불교연구원(1977), 사찰문화연구원(2008), 한상길(2009), 문화재청·문화유산발굴조사단(2002), 염중섭(2010). 대부분 교양학술 논저에 머무르고 있다. 그리고 참고로 월정사에서 편찬한 연구서를 소개하면 다음과 같다. 월정사 성보박물관(2002b), 월정사 성보박물관(2000), 월정사 성보박물관(2001), 월정사 성보박물관(2002a), 월정사 성보박물관(2004).

9 洪萬宗이 지은『小華詩評』에서 따와 조선 말 李南珪가 다음과 같이 시를 소개하고 있다. 즉 "우리 太祖 임금께서 白岳山에 올라가서 지은 시에 이르기를, 우뚝이 높은 봉우리가 북두성에 닿았구나 / 한양의 아름다운 경관을 하늘이 열었다네 / 대륙을 깔고 앉은 봉우리가 삼각을 받쳤는데 /오대산을 나온 강물이 바다로 흘러들어라."[李南珪(1855~1907),「삼가 列聖御製詩 뒤에 쓰다」,『修堂集』卷7, 跋].

불렸던 신미와 두 제자 학열·학조 등이 등장하여 조선 초 오대산 신앙이 중흥하였던 사실에 천착하고자 하였다. 이는 조선 초 숭유억불시책이 강화되는 가운데 지방의 산중불교가 흥성하였던 대표적인 사례 가운데 하나라고 생각된다.[10]

Ⅱ. 고려 후기 오대산의 고승과 사적

1. 고려 후기 사적 편찬과 대장경 봉안

신라시대에 이어 고려 초에도 왕건의 후원으로 오대산 미타방에서 수정사 결사가 행해졌다.[11] 그리고 김순식(왕순식)이 명주 일대를 중심으로 세력을 이루었고, 그의 아버지가 개경 궁궐의 내원당 승려 허월이었으므로,[12] 강릉 지역 일대의 불교계와 연계되었을 것이다. 하지만 고려 건국 후 개경을 중심으로 비보사찰이 지정 운용되었으나 오대산 사찰 가운데는 월정사와 사자암이 지정되었을 뿐이다.[13]

『삼국유사』에 의하면, 범일의 문인 신의 두타가 10세기 초반 월정사를 중창하였다고 한다.[14] 특히 범일의 문도 낭원 개청朗圓開淸(854~930)

---

10 이 논문은 2010년 월정사 성보박물관 개관 12주년 기념 학술세미나(2010. 10. 13, 월정사 대법륜전)에서 발표한 발제지(「조선시대 오대산사와 고승-관련 기록의 취합과 검토를 중심으로」)를 수정 정제한 것이다.

11 이능화, 『조선불교통사』 하, p.138 ; 김두진(1992), 김영미(2000).

12 『고려사절요』 권1, 태조 5년(922) 7월 ; 『고려사』 권92, 왕순식열전.

13 「原州雉岳山龜龍寺事蹟」, 『조선사찰사료』 하 ; 楓溪明篬(1640~1708), 「五臺山在江陵西三十二韻」, 『楓溪集』 : 『한불전』 9, p.71, "月精寺 俗塵不到幽且僻 三千裨補."

14 『삼국유사』 권3, 탑상4 臺山月精寺 五類聖衆.

과 낭공 행적朗空行寂(832~916) 등을 중심으로 전개되었는데, 개청開淸은 신라 말 승려로 통효 범일通曉梵日의 법을 이었다. 그는 굴산사에서 범일의 제자가 되어 오대산에 몇 년간 머물면서 지방 세력의 지원으로[15] 보현사를 개창하고 국사로 대우받았으며, 명주 지방 세력의 후원을 받았다.[16] 그 후 무신집권기 초 희양산문 원진국사圓眞國師 승형承逈(1171~1221)은 조계산에서 보조국사 지눌에 법요를 묻고 오대산 진여원 문수보살에게 기도하여 감명을 받았으며, 유연 장로有緣長老가 월정사를 중창하였다.

원 간섭기에 이르면서 오대산에 대한 신앙 및 불사가 집록되면서 오대산 불교가 부각되기 시작한다. 지눌의 법을 원사했던 가지산문 고승 일연은 1281년(충렬왕 7)경 『삼국유사』를 편찬하면서 산중에 전하는 이야기를 바탕으로 『삼국유사』 권3, 탑상4에 「대산오만진신臺山五萬眞身」과 「오대산보질도태자전기五臺山寶叱徒太子傳記」, 「대산월정사오류성중臺山月精寺五類聖衆」, 「오대산문수사석탑기五臺山文殊寺石塔記」 등을 기록으로 남겼다. 특히 「오대산문수사석탑기」는 1156년(의종 10) 일연의 제자로 알려진 백운자白雲子가 지은 것으로, 일연과 제자도 오대산에 대한 관심이 컸던 듯하다.

---

15 崔彦撝, 「溟州 普賢山 地藏禪院 故國師朗圓大師悟眞之塔의 비명」, 『조선금석총람』 상, "대사는 그 길로 不遠千里하고 오대산에 이르러 通曉 대사를 친견하였다. 대사가 말씀하되 '어찌 그리 늦었는가. 오랫동안 너를 기다렸다' 하면서 뜰 앞으로 다가옴을 보고 곧 入室을 허락하였다. 法을 구하는 마음이 깊고 돈독하여 스님을 극진히 모시면서 한결같이 곁에서 정진하였으니, 階蓂의 계절이 여러 번 지나갔다. 그리하여 心印을 전해 받고 항상 髻珠를 보호하여 산에서 나오지 아니하였으며 오직 雲水에서 栖遲하였다."

16 김두진(1986), 황인규(2008a) : 사굴산문은 진관 석초를 중심으로 개경 구산사와 보제사, 남경 승가굴에서 활동하면서 고려 중기 선종을 부흥시키는 대감국사 탄연에 이르지만 상대적으로 오대산사의 불교는 침체된 듯하다(황인규, 2007a : 2011a).

그리고 문인 민지는 일연의 비인 「보각국존비명」(1295)과 「금강산유점사사적기」(1297), 「풍악산장안사사적기발」(1305), 「고려국대장이안기高麗國大藏移安記」(1306) 등의 기록을 남기면서 1307년(충렬왕 33) 「오대산월정사사적기」를 찬술하였다. 사적기事蹟記는 「오대산사적」, 「봉안사리개건사암제일조사전기奉安舍利改建寺庵第一祖師傳記」, 「오대산성적병신라정신태자효명태자전기五臺山聖跡幷新羅淨神太子孝明太子傳記」, 「신효거사친견오류성사적信孝居士親見五類聖事蹟」 등으로 이루어져 있다. 「오대산사적」 외에는 『삼국유사』에 같은 내용으로 다소 축소 서술되어 있으며, 「신효거사친견오류성사적」만이 좀 자세한 편이다.[17] 이렇듯 13세기를 전후하여 오대산 신앙에 대한 정리가 이루어지면서 오대산 불교가 부각되었을 것이다.[18]

그 무렵 이승휴李承休(1224~1300)도 삼척 두타산에 머물면서 1297년 겨울 오대산에 주석하였던 노승(나이 74세) 불호사佛護寺 혜 화상慧和尙과 교유하였다.[19] 그만큼 오대산의 불교가 주목을 받았던 사례 가운데 하나가 아닐까 한다. 그런데 『고려사』에 유일한 오대산 관련 기록으로 알려진, "[1309년] 이 달에 원나라 태후가 오대산에 갔었는데 왕이 수행(扈從)하였다."[20]라는 기사[21]는 실학자 이덕무가 지적했듯이 중국 오대

---

17 이창국(2001; 117), 염중섭(2011).

18 鏡巖慣拭(1743~1804), 「五臺山西臺重建記」, 『鏡巖集』: 『한불전』 10, p.103, "華嚴經菩薩住處品 五臺山眞文殊住處 余嘗入願謁 肉眼無所見 就讀臺山事蹟記 始羅太和年中 神聖孝明二太子 巡禮五臺 見菩薩眞身…." 일제강점기 불교잡지인 『불교진흥월보』 1-8, 1915에서도 오대산 월정사사적을 게재하였다. 그리고 월정사에서 편찬한 『오대산-월정사·상원사』 책자(간기미상)에서 오대산 사적(번역문)을 소개하고 있다.

19 이승휴, 「寄佛護慧和尙書」, 『動安居士集』 雜著 一部, "去冬 有衲子自五臺山寄示法戲頌幷序引合一部." 고려 말 중국 오대산에 유력한 승려도 찾아진다(이색, 「豫章의 德上人이 五臺山에 유람하면서 얻은 詩卷에 제하다」, 『목은시고』 권3, 詩).

20 『고려사』 권33, 충선왕세가 1년 3월, "是月 元太后幸五臺山王扈從." ; 『고려사절요』 권23, 忠宣王 1년(1309) 3월.

21 김풍기(2003; 52).

산 관련 기록이다.[22]

그리고 고려시대 다각다층석탑 가운데 하나인 8각9층 석탑(국보 제48호)이 월정사에 건립되었다. 특히 오대산월정사세존사리비五臺山月精寺世尊舍利碑와 월정사시장경비月精寺施藏經碑가 세워졌다. 세존비는 현재 남아 있지 않고 민지가 「오대산월정사세존사리비문五臺山月精寺世尊舍利碑文」을 찬술하였다는 사실만을 알 수 있으며,[23] 장경비도 비문이 일부 전하고 있을 뿐이다.[24] 이 비는 1339년(충숙왕 복위 8) 월정사에 대장경을 시주하고 이를 기념하기 위해 세웠던 듯하다.[25] 1339년 월정사에 대

22 이덕무, 「忠宣王遊五臺山」, 『靑莊館全書』 卷55, 盎葉記 2, "亭林集 顧炎武撰 五臺山記 引元史武宗至大二年二月癸亥 皇太后幸五臺山 三月乙丑 令高麗王 隨太后之五臺山 案藩王遊五臺山 稀貴之事也 卽高麗忠宣王元年己酉." ; 『해동역사』 권15, 世紀 15 高麗 4, "[武宗 至大] 2년 충선왕 원년 2월 계해에 태후가 五臺山의 佛寺에 행행하였다. 3월 기축에 遼陽行省右丞 洪重喜가 고려국 왕 왕장이 국법을 준행하지 않고 포악한 짓을 한다는 등의 일에 대해 하소연하였다. 중서성의 신하가 홍중희와 고려 왕을 대질시키기를 청하니, 중서성에 칙령을 내려 대질시키지 말게 하였으며, 고려 왕으로 하여금 태후를 따라서 五臺山으로 가게 하였다."

23 민지는 「五臺山月精寺世尊舍利碑」를 찬술했다고 한다(寶鼎, 「閔漬法喜撰 五臺山月精寺世尊舍利碑」, 『著譯叢譜』 : 『한불전』 12, p.110).

24 『한국금석전문』 중세 하, 1984, "中宮賜潔白金且轜 有命焉銘曰(결락) 身毒之書有經 允也利門 乃心(결락) 五峯嶽心 殊(결락) [음기] 所生幷三名供其使令田七十(결락) 信安公李公安壽以聞(결락) 白金二鋌 又入廩祿歲(결락) 會衆五千指 己卯之會(결락) 相國金夫人洎信安李." 조선 후기 장경사비의 존재에 대해서는 다음과 같은 기록을 찾을 수 있다. 申光漢(1484~1555), 「月精寺 書普願上人詩卷 用佔畢齋韻」, 『湖陰雜稿』 卷3, 關東日錄, "寺有古碑 益齋所撰 仲思 卽益齋字." ; 尹宣擧(1610~1669), 「巴東紀行 甲辰」, 『魯西遺稿』(續) 卷3, 雜著, "月精 觀李益齋所記碑." ; 풍계명찰(1640~1708), 「五臺山在江陵西三十二韻」, 『楓溪集』 : 『한불전』 9, p.72, "藏經碑碣橫西隅 珠璣錯落昭龜脊." 참고로 월정사 적멸보궁(강원유형문화재 28)은 불사리를 안치한 정확한 장소를 알 수 없다. 다만 전각 뒤쪽의 작은 언덕에 부처의 정골사리(佛頭骨一片)를 모셨다는 기록이 있는 世尊眞身塔墓가 있다.

25 다만 조선 후기에 李俁가 편찬한 『大東金石書』에 탁본의 단편만이 수록되어 있다. 『대동금석서』에는 李濟賢(1287~1367)이 비문을 짓고 宗古 스님이 글씨를 썼다고 명기하고 있지만 현재 볼 수 있는 탁본 일부만으로는 이러한 내용이 확인되지 않는다. 그리고 이제현의 문집인 『益齋亂藁』에도 찾아지지 않는다. 음기에는

장경을 봉안하는 데 왕비가 백금을 하사하였고, 신안군信安君 이안수李安壽도 백금 두 덩어리를 시주하였으며, 재상의 부인 김씨 등도 여기에 동참하였다는 것이다. 당시 월정사에 대장경을 시주한 중궁인 비는 남양부원군南陽府院君 홍규洪奎(?~1316)의 5녀이자 충혜왕과 공민왕의 어머니인 덕비德妃(明德太后, 1298~1380)일 것이다.[26] 대장경을 봉안한 드문 사례 가운데 하나이다. 대장경의 봉안법회(己卯之會)에 5천 명의 대중이 모였다(會衆五千指)는 사실에서 월정사를 비롯한 오대산 불교의 사세가 컸음을 짐작할 수 있다.

2. 고려 말 나옹과 문도들의 불사

고려 말 태고 보우와 더불어 고려 후기 이래 조선불교를 주도하게 되는 사굴산문 나옹 혜근이 오대산에 주석하였다. 그리고 나옹의 문도들이 여말선초에 오대산에 주석하거나 중창하면서 오대산 신앙은 중흥되기 시작하였다. 나옹은 1360년 상두암과 영감암 등에 주석하면서 역시

信安君 李安壽가 거론되고 있지만 그의 자세한 행적도 확인되지 않는다. 다만 崔瀣(1287~1340)가 지은 「永州利旨銀所陞爲縣碑」(『졸고천백』 권2)의 내용 중에 원나라 궁궐에서 환관으로 근무한 李邦修라는 인물이 고려에서 信安君으로 봉해진 사실이 기록되어 있다. 그가 이안수와 동일인물일 가능성이 있다고 보고 있으나 비문에 "後至元 원년(1335, 충숙왕 복위 4)에 上護軍 安子由 등이 京師에 조회를 갔다가 돌아와 天后 皇后의 명으로 駙馬이신 先王에게 復命하였다."라는 내용이 있다. 여기서 駙馬인 先王은 충숙왕을 가리킨다. 충숙왕은 원나라 營王의 딸인 濮國長公主, 魏王의 딸인 曹國長公主와 혼인하였으므로 부마라 한 것이다. 장경비가 세워질 당시인 1339년에는 두 공주는 이미 모두 죽었으며, 李那壽(李邦修는 오자)가 1340년 원에서 귀국하였다. 따라서 이러한 비정은 오류다.

26 「변한국대부인 최씨묘지명」, 『고려묘지명집성』 ; 『고려사』 권110 金倫傳. 그리고 추정하건대 대장경을 시주했던 재상의 부인 김씨는 竹軒 김륜의 처이자 두 아들 3남 德泉大師 宗烜과 4남 億政大禪師 達岑의 어머니 변한국대부인 최씨일 가능성이 많다.

오대산에 머물고 있던 환암 혼수와 교유했다. 그리고 고려 말 문도 영로암이 1376년 상원사(중대 진여원)를, 나암 유공懶菴游公과 목암 영공牧菴永公이 서대 수정암(염불암)을, 각운 설악이 중대 사자암을, 지선이 동대 관암음을, 비구니 혜명 등이 1490년(성종 1) 영감암을 중창하였다. 특히 1399년 11월 상왕 이성계가 중대 사자암을 원찰로 삼아 중창이 되자 친히 왕림하였고, 태종은 상원사를 수륙재 도량으로 개설하였다. 고려 말 나옹이 북대(상두암·미륵암)에 주석한 이후 상원사(중대 진여원)를 중심으로 서대(수정암·염불암), 중대(사자암), 동대(관암음)와 영감암(남대의 남) 등 오대산의 주요 산사가 중창되어 신라 이래의 오대산 불교가 재현되었다고 할 만하다.

이러한 사실을 좀 더 구체적으로 살펴보기로 한다.

1) 나옹과 혼수의 북대 상두암(미륵암, 1360년)·영감암

나옹은 1358년 3월 23일 원나라 법원사에서 지공과 하직하고 용양으로 돌아와 평양과 동해 등 여러 곳을 유력하다가 1360년부터 이듬해까지 오대산 상두암에 머물렀다.[27] 1369년 9월부터 그 해 말일까지 청평사 주지를 사퇴하고 오대산 영감암靈感菴[28]과 북대 상두암 및 나옹대에 머물렀다.[29]

---

27 각굉, 「나옹행장」, 『나옹화상어록』; 李穡, 「普濟尊者諡禪覺塔銘并序」, 『동문선』 권119, 碑銘, "경자년에는 臺山에 들어가 있었다."

28 각굉, 「나옹행장」, 『나옹화상어록』, "己酉(1369년, 공민왕 19) 九月 以疾辭退 又入臺山 住靈感菴." ; 김수온, 「靈鑑菴重創記」, 『拭疣集』 卷2, 記類, "其南臺之南有號靈鑑菴 昔普濟尊者 嗣法平山處林禪師 暨其東還 遂入臺山 寓于是菴."

29 여기서 나옹은 다음과 같은 가송을 남기고 있다. 나옹, 「題五臺山 中臺」, 『나옹화상가송』: 『한불전』 6, p.101, "策杖優遊上妙峰 聖賢遺跡本非空 天然異境無間隔 萬壑松風日日通." ; 김시습, 「五臺山 六首」, 『梅月堂詩集』 卷4, 詩 山岳, "北臺四月積殘雪 青蔬白芷戴土出 懶翁臺畔有高雲 岑崟幽邃杳難測 右北臺." 참고로 그 외의 나옹대를 소개하면 다음과 같다. 해주 신광사(경한, 「乙巳六月入神光

상두암에는 나옹의 진영이 조선 중기까지 봉안되어 있었다. 즉, "서북쪽으로 수십 걸음을 오르니 상두암인데, 더욱 바람을 감추고 있었고 탁 트이게 뚫려 있었다. 삼인봉을 안산案山으로 하여 진실로 도인이 수도하는 곳이었으며, 또한 빈 벽에는 나옹懶翁의 진영이 걸려 있다."고 한다.[30] 특히 상두암에서는 나옹이 용문산에 주석하고 있던 중국 임제종 고승인 고담 적조 현명寂照玄明과 교유했으며,[31] 1360년 무렵 머물면서 환암 혼수와 교유했다. 즉, 나옹은 오대산 고운암孤雲菴[32]에 머물면서 신성암神聖菴에 머물고 있던 환암 혼수와 교유했다.[33] 혼수는 회암사 주지에 임명되었으나, 금오산으로 갔다가 오대산에 들어가 나옹에게 사사를 하면서[34] 제자로 인정을 받았다. 그 후 혜근이 주맹한 공부선에

次懶翁臺詩韻」, 『백운화상어록』 : 『한불전』 6, p.125), 금강산 善住庵[이색, 「金剛山潤筆菴記」, 『牧隱文藁』 卷2, 記 ; 李春英(1563~1606), 「江行八絶」, 『體素集』 上, 七言絶句 ; 백곡처능, 「宿觀音齋走筆」, 『白谷集』 : 『한불전』 8, p.25, "超然坐我懶翁臺 下視塵寰幾"], 묘향산[法宗(1670~1733), 「續香山錄」, 『虛靜集』 : 『한불전』 9, p.176] 상원사에서 10여 리쯤 눈길을 밟아 올라가면 바로 왼편에 북대 미륵암(1,300m)이 나온다. 그 부근에 나옹대가 있는데 나옹이 좌선을 하던 곳이다. 북대는 나옹이 머물렀던 상두암이며, 그 근처에 나옹대가 있었다.(사찰문화연구원, 1997; 413-414)

30 丁時翰, 김성찬 역, 「1687년 10월 초10일」, 『우담선생문집』 권11, 국학자료원, 1999, p.278.

31 金時習, 『梅月堂集』 卷4 ; 覺宏, 「나옹화상행장」, 『나옹화상어록』 : 『한불전』 6, p.22, "至庚子秋 入臺山象頭菴居焉 時浙僧古潭 來住龍門山 通信書 師以頌答曰 臨濟一宗當落地 空中突出古潭翁 把將三尺吹毛劍 斬盡精靈永沒蹤 潭以白紙一丈答之 外封書君子千里同風六字 師受之 笑而擲之 侍者開紙원문에는 '坼'이다乃空紙也 師以筆墨二物答之 辛丑冬." ; 황인규[2007b] : [2011a].

32 고운암은 조선 중기의 문신인 宋光淵(1638~1695)의 『泛虛亭集』, 「五臺山記」에 따르면, 지금의 북대인 象頭庵(지금의 미륵암)과 상왕봉 사이에 있었던 암자였다고 하나 현재 남아 있지 않다.

33 각굉, 「행장」, 『나옹화상어록』, "玄陵이 선사의 행적이 바른 것을 높이 여겨 檜巖寺에 머물기를 청하였으나 가지 않고, 곧 金鰲山으로 들어갔다가 다시 五臺山에 들어가 神聖菴에 거처하였다. 이때 懶翁惠勤和尙 또한 孤雲菴에 있었기 때문에 자주 접견하여 道의 요지를 질의하였는데, 나옹은 뒤에 金襴袈裟·象牙拂·山形杖을 선사에게 주어 표신을 삼았다."

34 나옹이 혼수에게 사사한 사실은 다음의 『나옹화상가송』에서 찾을 수 있다. 「寄幻菴長老山居四首」 ; 「送幻菴長老謁師翁」, "餘疑要決謁師翁 倒握烏藤活似龍

참석하여 유일하게 답을 제시하여 크게 주목을 받게 되며, 왕사로 책봉받게 된다.[35] 특히 나옹은 "왕사가 되니 좌선을 하는 자가 크게 늘었다."[36]라는 기록에서 알 수 있듯이 나옹이 머물렀던 오대산사의 사세도 크게 진작되었던 듯하다.

2) 영로암 상원사(중대 진여원) 중창(1377년, 1381년)

상원사의 중창은 1376년(우왕 2)부터 시작되어 이듬해 가을에 낙성을 보았다.

> 석씨 英露菴은 懶翁의 제자이다. 오대산을 유람하다가 上院에 들어와 僧堂이 터만 있고 집이 없음을 보고 곧 탄식하며 말하기를, "오대산은 천하의 명산이요, 상원은 또한 큰 사찰이다. 승당은 성불한 곳이요, 시방의 雲水道人이 모이는 곳인데 사찰이 없을 수 있는가." 하고, 이에 사방으로 쫓아다니며 여러 사람으로 하여금 좋은 인연을 맺기를 구걸하니, 判書 崔伯淸의 부인 安山郡夫人 金씨가 듣고 기뻐하여 최와 더불어 모의하고 돈을 내어 희사하였는데, 부인이 스스로 희사한 바가 컸다 한다. 병진년(1376, 우왕 2) 가을에 시작하여 정사년(1377) 겨울에 공역을 마쳤다.[37]

위의 기문에 의하면, 나옹의 제자 영로암英露庵이 상원사의 승당이

徹底掀飜明白後 大千沙界起淸風." ; 「幻菴 傳寫五位 註頌來看 因以題前」, "曹洞宗風事若何 崑崙白鷺兩交加 君臣偏正能廻互 不坐那邊是作家." ; 권근, 「청룡사 보각국사혼수비」, 『조선금석총람』 하.

35 황인규(1999) : (2003) ; 황인규(2006).

36 김수온, 「영감암 중창기문」, 『식우집』 권2, 기류.

37 이색, 「五臺上院寺僧堂記」, 『牧隱文藁』 卷6 ; 『東文選』 卷75.

터만 있고 전각이 없음을 한탄하고 판사 최백청崔伯淸[38]의 부인 안산군부인安山郡夫人의 후원으로 1376년(우왕 2) 가을부터 불사를 하여 이듬해 겨울에 낙성하였다. 상원사의 승당 중창 후 같은 해 겨울 승려 33명을 맞이하여 십 년 좌선十年坐禪을 시작하였다고 한다. 마치 수정사 결사의 재현인 듯한 오대산 결사의 모습이다. 5년째인 1381년 11월 24일에 성승聖僧 앞으로부터 촛불이 나오는 이적이 있자 김씨가 사찰 운용기금인 상주보常住寶를 운용하였다.[39]

당시는 나옹이 입적한 직후로 나옹의 추모사업이 전국적으로 이루어질 때였다. 나옹의 문도들이 회암사와 신륵사뿐만 아니라 전국의 사찰에 나옹의 비碑와 부도를 세우고 유품을 봉안했다.[40] 나옹의 추념사업은 오대산에서도 있었다.[41] 즉, 1383년 안심사 지공과 나옹의 석종비를 봉안할 때 나옹의 가사와 불자 각 1개를 오대산에 봉안하였던 것이다. 참고로 고려 말 나잔자 나암 유공의 제자 휴 상인도 불사를 하여 오대산에 봉안하고자 하였으며,[42] 마지막 화엄종 국사 천희도 오대산에서

---

38 최옥의 장남 최백청은 충숙왕 때 문하시랑을 역임했고, 차남 최중청은 판관을 지냈다. 삼남 최우청은 조위총의 난을 진압했으며, 1182년 한림학사 승지를 거쳐 좌복야에 이르렀다. 최중청의 5세손 최원유는 고려 말 유림의 영수로서 보문각 직제학에 이르렀으며, 정몽주가 순절하자 음독 자결했다.

39 이색, 「五臺上院寺僧堂記, 『동문선』 권75, 記.

40 李穡, 「安心寺指空懶翁舍利石鐘記」, 『한국금석전문』 중세 하 : 이지관(1997).

41 李穡, 「安心寺指空懶翁舍利石鐘記」, 『한국금석전문』 중세 하 : 이지관(1997).

42 이색, 「休上人에게 준 글」, 『목은문고』 권8, 序, "또 그의 말을 들어 보건대, 부처의 형상이나 부처의 언어 모두가 佛道에 들어가는 데 특히 중요한 자료가 되기 때문에, 제자인 道于와 達元으로 하여금 紙墨의 시주를 받아서, 註解가 붙어 있는 『華嚴經』과 『法華經』을 각각 1부씩 찍어 내도록 하였고, 또 說法을 통해서 얻은 布施를 가지고 서방 정토의 아미타불과 八大菩薩을 그려 長明燈 아래에다 安置하였으며, 남은 淨財는 불경을 찍는 비용에 보태 쓰도록 했다고 한다. 상인이 다시 말하기를, "法寶가 일단 이루어지기는 하였지만, 내 나이가 벌써 60에 가까운 만큼 혹시라도 받들어 간수하는 데에 소홀하게 된다면 앞으로 다른 걱정거리가 없으리라고 보장할 수가 없다. 그래서 장차 五臺山에 안치하고서 후세 사람들로 하여금 지키게 할까 하니, 선생이 이 일에 대해서 한마디 말씀을 해 주셨

몽산 덕이에 대한 꿈을 꾸고 중국을 유력했다고 한다.[43] 고려 말 오대산 신앙의 중흥의 일면을 엿볼 수 있다.

Ⅲ. 조선 초기 나옹 문도들의 중흥불사

오대산 사찰 가운데 상원사는 건국 초 태조와 태종, 세조의 주목을 받아 왕실 국가 사찰이 되었다. 태조는 금강산 표훈사表訓寺 등의 사찰과 더불어 상원사에서 천변天變과 지괴地怪를 물리치기 위한 법석을 베풀었으며, 아들 태종도 역시 상원사에서 수륙재를 베풀었다.[44] 아예 매년 정월 15일 관음굴觀音窟·진관사津寬寺·거제巨濟 견암사見庵寺와 더불어 매년 2월 15일 고려 왕족을 위한 수륙재水陸齋를 행하도록 하였다.[45]

1424년(세종 6) 선교양종의 본산이었던 전라도 전주 경복사景福寺의 원속전元屬田 1백 40결을 상원사에 이속하고 60결을 추가하였고, 항거승恒居僧은 1백 명으로 하였으므로[46] 상원사는 조선 전기 1백여 명의 승려가 머무르는 큰 도량이었다. 상원사는 1425년(세종 7) 화재를 입기

으면 한다.” ; 황인규(2000), 황인규(2008b) : (2011a).

43 이색, 「진각국사 천희비」, 『조선금석총람』 상, “禪旨를 참구하면서 小伯山에 있을 때, 또한 꿈에 蒙山이 그에게 衣法을 전해주는 것을 보았다. 금강산과 五臺山에서도 같은 꿈을 꾸었으니, 이것이 바로 南遊를 결심한 동기가 되었다.”

44 『태조실록』 권14, 태조 7년(1398) 8월 17일 경신조 ; 『태종실록』 권2, 태종 1년(1401) 10월 2일 정사조.

45 『태종실록』 권27, 태종 14년(1414) 2월 6일 경술조 ; 『세종실록』 권30, 세종 7년(1425) 12월 19일 갑신조.

46 『세종실록』 권24, 세종 6년(1424) 4월 28일 계유조.

도 하였는데[47] 세조 3년경 의은義誾이 머물러 있었다.[48] 조선 초 오대산사 가운데 서대 수정암, 중대 사자암, 진여원 상원사, 남대 영감암 등이 중창되어 오대산사 중흥의 시작라고 할 만하다. 특히 상원사의 왕실 원찰 지정은 조선 초 이래 왕실과 국가의 공인 및 후원으로 이루어진 오대산사를 중심으로 하는 산중불교의 전개였다.

1. 조선 초 나옹 문도들의 불사

1) 나암 유공과 목암 영공 서대 수정암(염불암) 중창(1393년)

나암 유공懶菴游公과 목암 영공牧菴永公이 1392년 화재를 입은 서대 수정암을 중창하였다.

> 壬申年(1392) 가을에 불에 탔는데, 이때 曹溪宗 韻僧 懶菴游公과 牧菴永公이 모두 明利를 버리고 이 산에 들어왔다가, 암자의 서까래가 잿더미로 변한 것을 보고서 측은하게 여겨 悲歎하며 다시 세우려고 化疏를 가지고 곧 산을 나서 널리 勸善함으로, 侍中 鐵城 李公琳 및 그의 부인 洪氏와 中樞 高興柳公 및 그의 부인 李氏와 여러 檀家들이 이를 듣고서 모두 기뻐하며 각기 돈과 곡식을 시주하였다. 계유년(1393) 봄에 바야흐로 공사를 시작하여 … 마치게 되었는데, 佛堂은 五梁으로 다섯 칸이고 浴室이 두 칸이다. … 나암이 또한 柳公과 함께 새로 彌陀와 八大菩薩을 그려서 불당 중앙에 걸었고, 古銅 향로 및 淨甁(물병)과 기구(什器)들을 모두 갖추었으며,

47 『세종실록』 권30, 세종 7년(1425) 12월 19일 갑신조.
48 『세조실록』 권6, 세조 3년(1457) 2월 12일 병오조.

慶讚會를 이미 세 번이나 하였다.[49]

서대 수정암은 1392년 화재로 불탄 것을 나암 유공과 목암 영공이 시중侍中 철성鐵城 이공림李公琳 및 그의 부인 홍씨洪氏와 중추中樞 고흥 유공高興柳公 및 그의 부인 이씨李氏 등의 후원에 힘입어 그 이듬해인 1393년 봄에 공사를 시작하여 5량梁의 불당과 2칸 욕실의 중창을 마쳤다. 나암이 유공柳公과 미타彌陀와 8대보살八大菩薩을 불당 중앙에 걸었고, 고동古銅 향로 및 정병淨瓶(물병)과 기구 등을 갖추고 세 번이나 경찬회慶讚會를 열었다고 한다.

서대 수정암 중창을 후원했던 철성부원군鐵城府院君 이림李琳은 고성 이씨로 우왕의 제1비 근비謹妃의 아버지이며, 근비의 어머니 홍씨는 변한국부인卞韓國夫人이다.[50] 고흥 유씨는 고흥부원군의 손자이자 태조의 후궁 정경궁주의 아버지인 원종공신 유준柳濬(1321~1406)이라고 생각된다.[51] 이와 같이 왕실 집안에서 수정암을 중창하였던 것이며, 이는 오류성중五類聖衆 신앙의 소산이었다.[52]

그런데 나암은 1392~3년 오대산 서대를 중창하고 금강산에 머물렀으며,[53] 1404년 무렵 양가도승록대사兩街都僧錄大師가 되었다고 한다. 목암牧菴도 나암과 더불어 조계종의 고승으로 목암이라는 암자에 주석하며, 1392~3년 나암과 오대산 서대를 중창하였다.[54]

---

49 권근, 「五臺山 西臺 水精庵重創記」, 『양촌집』 권14, 記類 : 『동문선』 권80, 記.
50 『고려사절요』 권31, 우왕 5년 4월. 근비의 소생이 창왕이다(고혜령, 1981).
51 『태종실록』 권11, 태조 6년(1406) 3월 24일 갑인조 졸기.
52 권근, 「五臺山 西臺 水精庵重創記」, 『양촌집』 권14, 記類 : 『동문선』 권80, 記.
53 권근, 「題兩街懶菴之金剛山詩卷」, 『春亭集』 卷3, 詩 : 『신증동국여지승람』 권47, 江原道 淮陽都護府 산천.
54 이색, 「牧菴의 詩卷에 題하다. 이름은 覺謙이다.」, 『목은시고』 권13, 詩 ; 권근, 「牧菴記」, 『양촌집』 권11, 記類 ; 정도전, 「題僧牧庵卷中 乙丑春」, 『삼봉집』 권2,

2) 태조의 원찰 중대 사자암 중창 후원과 각운 설악(1401년)

서대 사자암은 국가 비보사찰인데 세운 지 오래되어 폐사되어 있었는데 나옹의 문도 운 설악이 1399년 중창하였다.

> 建文 3년(1400) 봄 정월 辛未日에 啓運神武太上王殿下(태조)께서 內臣 判內侍府事 李得芬을 시켜 參贊門下府事 臣 權近을 命召하여 傳旨하기를, "내가 일찍이 듣건대, 江陵府의 五臺山은 빼어난 경치가 옛적부터 드러났다기에, 願刹을 설치하여 勝果를 심으려 한 지 오래였다. 지난해 여름에 노승 雲雪岳이 이 산에서 와서 고하기를 '산의 中臺에 사자암이란 암자가 있었는데 국가를 補裨하던 사찰입니다. 臺 양지쪽에 자리잡고 있어 이 대를 오르내리는 사람들이 모두 거쳐 가는 곳입니다. 세운 지 오래되어 없어졌으나 빈터는 아직도 남아 있으므로 보는 사람들이 한탄하고 상심하니, 만약 이 암자를 다시 세운다면 많은 사람들의 마음에 기뻐하고 慶祝이 반드시 다른 곳보다 배나 더할 것입니다'라고 하였다. 내가 듣고 기뻐하여 工匠을 보내어 새로 세우되, 위에 3채를 세운 것은 부처를 安置하고 僧房으로 쓰기 위한 것이요, 아래 2칸을 세운 것은 문간과 洗閣으로 쓰기 위한 것인데, 비록 규모가 작기는 하나 형세에 합당하게 되었으니, 알맞게 하고자 하여 사치하거나 크게 하지 않은 것이다. 공사가 이미 끝나매 겨울 11월에 親臨하여 보고 낙성을 하였으니, 대개 먼저 간 사람들의 명복을 빌고 福利를 후세에 미루어 物我가 다 같이 받고 幽明이 함께 힘입으려 한 것이니, 卿은 글을 지어 영구히

七言絶句. 참고로 후대인 영조의 둘째딸 和順翁主의 부마이자 추사 김정희의 증조부인 金漢藎(1720~1758)의 祝釐願堂이 되며, 1800년 승려 瑞仁이 중수하였다[鏡巖慣拭(1743~1804),「五臺山西臺重建記」,『鏡巖集』:『한불전』10, p.103].

보이도록 하라." 하였다.[55]

위의 기문에서 보듯이, 나옹의 시자였던 각운 설악覺雲雪岳이 사자암 터의 폐사지를 알아 상왕 이성계에게 고하여 중창하게 하였다. 나옹 추념사업의 일환이었다고 생각된다. 이성계는 공장工匠을 보내어 1399년 11월 불상을 봉안하고 전각, 승방 문간과 세각洗閣(2칸) 3채의 건물을 지었다. 오대산사를 원찰로 삼았던 이성계는 절이 중창되자 왕림하는 등 깊은 관심을 보였다.

3) 지선, 동대 관음암 중창(1402년 이전)

나옹 추념사업에 동참했던 문도 지선志先도 1402년 이전 동대 관음암을 중창하였다.

> 일찍이 강릉 오대산 東臺에 觀音庵을 중창하여 일을 끝내고, … 그 동안에 師가 또 佛像을 만들고 經文을 인출한 것이 자못 많아, 내가 또한 일찍이 그 인출한 경문 여러 部의 발문(跋)을 지었었다.[56]

지선은 관음암을 중창하고 불상을 제작하여 봉안하고 경문 여러 부를 인출하였다. 1449년(충숙왕 복위 8) 월정사 대장경 인출 이후 다시 인경된 것이다. 지선은 사미승부터 여러 곳의 절을 중창하였으며, 이에 대한 기문을 목은 이색이 지었고, 이색이 죽자 권근에게 부탁하여 이 기문을 1402년에 지었다는 것이다. 지선은 신륵사에서 대장각 불사 및 인

---

55 권근, 「五臺山 獅子庵重創記」, 『양촌집』 권13, 記類.
56 권근, 「五臺山 觀音庵重創記」, 『양촌집』 권14, 記類.

경사업 등 스승 나옹의 추념사업을 전개했으며,[57] 아마도 앞서 언급했듯이 1383년 나옹의 문도와 함께 불사를 하였다고 생각된다.

이렇듯 나옹의 문도들이 서대 수정암, 중대 사자암, 동대 관음암을 중창한 것은 나옹 추념사업의 일환이었으며, 왕실과 국가의 후원으로 추진되었다. 후술하는 바와 같이, 이러한 호불군주 세조에 의해 진여원인 상원사가 삼화상 신미와 두 제자 학열과 학조 등에 의해 부각되면서 오대산사가 왕실 원당으로 더욱 부상하게 된다. 오대산사가 국통 자장에 의해서 석가 진신사리가 봉안되고 신라 두 왕자에 의해 이루어진 오대산 신앙의 전통을 계승한 것이다.

2. 세조의 삼화상과 왕실의 상원사 중창불사

세조 10년 12월부터 12년 무렵까지 세조는 존경하였던 삼화상 신미와 두 제자 학열·학조 등과 상원사를 중창하였다. 이는 김수온의 「상원사중수기문」에 비교적 자세히 실려 있다. 이에 의하면 세조가 피부병에 걸려 낫지 않자 정희왕후가 신미 등에게 자문을 구하자 오대산을 추천하여, 이를 신미의 제자 학열이 주관케 하였다.[58] 이를 위해 많은 후원을 하였는데 실록에 다음과 같이 기록되어 있다.

> 승려 信眉가 강원도 오대산 上院寺를 構築하니, 承政院에 명하여, 경상도 관찰사에 馳書하여 正鐵 1만 5천 斤, 中米 5백 석을 주고, 또 濟用監에 명하여 綿布 2백 匹, 正布 2백 필을 주게 하고, 內需所

57 이색, 「神勒寺普濟尊者石鐘碑」, 『조선금석총람』 상.
58 김수온, 「上元寺重創記」, 『拭疣集』 卷2, 記類.

는 綿布 3백 필, 정포 3백 필을 주게 하였다.[59]

기문에 의하면, 세조의 병이 치료되자 세조가 공덕소를 지어 반포하였는데,[60] 이 소가 바로 세조어첩일 것이다.[61] 1464년(세조 10) 세조가 쌀·무명·베와 철 등을 보내면서 그 취지를 쓴 글과, 왕의 하사품을 받고 신미 등이 한문본과 번역본 2책자를 작성하였다.[62]

그리고 세조와 비 정희왕후, 효령대군, 안평대군[63] 등 종친과 조정의 재상들이 재물을 희사하고 덕종의 비 인수대비가 조 500석을 보시하였다.[64] 상원사의 중창은 1465년(세조 11) 3월부터 1466년까지 이루어졌는데 불전 동서에 상실이 있으며, 남랑南廊(5칸), 동상실에 누각(5칸), 종경 및 도구를 갖추고 그 동쪽에 나한전을, 서상실 서쪽에 청련당을, 승당(선당)의 주방, 창고, 욕실 등 총 56동량이 소요되었다. 그 밖에 헛간과 구유, 일용집기를 갖추고 수전 수백 마지기를 확보했다. 인수대비는

---

59 『세조실록』 권35, 세조 11년(1465) 2월 20일 정유조.

60 金益熙(1610~1656), 「題五臺山月精寺」, 『滄洲遺稿』 卷5, 七言律詩, "光廟製功德疏 稱佛弟子 末書姓諱着署 王世子亦然 王妃以下着圖書 王子駙馬諸公卿以下皆着名 作爲巨軸 尙留寺中."

61 四佛山人(1929), 최범훈(1985), 김무봉(1996), 장용남(2007), 김무봉(2010).

62 알려진 바와 같이, 세조어첩의 한문본은 신미·학열·학조 등의 수결, 세조가 쓴 글에는 세조와 왕세자의 수결과 印記, 孝寧大君 등 宗室과 신료들의 이름과 수결이 있으며, 다른 한 책은 권선문을 한문으로 쓴 다음에 다시 한글로 번역한 것을 붙이고, 뒤에 「佛弟子承天體道烈文英武朝鮮國王李玘」라고 쓰고 수결을 한 뒤에 「體天之寶」라고 새긴 옥새를 찍었으며, 다음 줄에 「慈聖王妃尹氏」라고 쓴 아래 「慈聖王妃之寶」라고 새긴 왕비인을 찍고, 다음에 왕세자, 세자빈 한씨와 관료들의 인기를 찍었다. 表裝은 붉은 색깔로 唐草文이 들어 있는 비단으로 쌌다. 한글로 번역된 것은 가장 오래된 필사본으로도 유명하다.(월정사 성보박물관, 2002b)

63 朗善君 안평대군의 유품과 관련 기록은 다음의 기록에서 찾을 수 있다(허목, 「朗善君書帖跋」, 『記言別集』 卷10, 跋, "匪懈堂書 學子昂 變化入神 五臺山月精寺 初見大字").

64 『세조실록』 권38, 세조 12년(1466) 윤3월 17일 무자조.

불상을 조성하기 위해 조미租米 150석을 시주하고 선왕인 세종과 비 소헌왕후의 추념을 위한 조미 50석을 더 시주하였다. 세조는 쌀 500석과 포백 1천 필을 하사하고 세조와 비 정희왕후 등 왕실과 대신, 신미와 두 제자 학열과 학조 등 고승(韻釋) 52인이 참가한 가운데 낙성회가 열렸으며,[65] 특별 과거시험도 열렸다.[66] 상원사의 중창과 그에 이은 상서로움은 그곳을 방문했던 일본 승려에 의해 일본에까지 알려졌다.[67]

그리고 세조는 상원사의 오대천에서 문수보살을 친견하고 병이 치료되자 동자의 모습을 그리고 목각상을 조각하였는데, 이 목각상이 바로 상원사의 법당에 봉안된 목조문수동자 좌상(국보 제221호)이다.[68]

---

65 김수온,「上元寺重創記」,『拭疣集』卷2, 記類 ;『세조실록』권38, 세조 12년(1466) 윤3월 17일 무자조, "上院寺에 거둥하니, 王世子가 孝寧大君 李補·永膺大君 李琰·勿巨尹 李徹·蛇山君 李灝·영의정 申叔舟·上黨君 韓明澮·具致寬·仁山君 洪允成, 中樞府同知事 金守溫·金國光, 이조판서 韓繼禧·호조판서 盧思愼 등과 더불어 隨駕하였다." ; 金益熙(1610~1656),「題五臺山月精寺」,『滄洲先生遺稿』卷5, 七言律詩, "上元寺 亦新羅古刹 中廢 光廟朝改建 初光廟不豫 貞熹王后遣人問慧覺尊者 信眉大禪師 學祖 學悅等 謀所以薦福滅厄 信眉等對曰 五臺山文殊所住 夙著靈異 上元寺 前代名刹 今雖廢 可新之 以爲祝釐之所 貞熹王后聞於光廟而 許之 命學祖掌其事 前後給米一千石 布二千疋 正鐵一萬斤 自王妃 世子 世子嬪 諸後宮 王子 公主 宗室功臣 卿相大夫士莫不助費 凡一年而成 輪奐精麗 甲於諸刹 光廟親幸落之 仍聚關東之士 設場於寺之洞口 取陳澕等若干人 光廟製功德疏 稱佛弟子 末書姓諱着署 王世子亦然 王妃以下着圖書 王子駙馬諸公卿以下 皆着名 作爲巨軸 尙留寺中."

66『연려실기술』권5, 世祖朝故事本末 世祖, "[세조] 12년 병술 강릉 오대산에 거둥하여 御林臺에 행차를 멈추고 무사를 시험하여 급제를 주었다." ;『연려실기술 별집』권9, 官職典故 과거 Ⅱ 과거제도, "[세조] 12년 병술 봄에 임금이 오대산 행차하여 시험을 보여 18명을 뽑았다."

67 그 무렵 일본의 사신과 동행하였던 승려 守藺이 洛山寺·五臺山·上院寺·月精寺·西水精寺·彌智山·龍門寺 등을 유력했는데 상원사의 상서에 대해 감명을 받았다고 한다(『세조실록』권38, 세조 12년(1466) 윤3월 28일 기해조).

68『세조실록』권31, 세조 9년(1463) 9월 27일 계미조, "前此 上院寺僧上言 僧就觀音現身之地 已創佛殿 無主佛 願代納慶尙道貢物 造佛以安之 禮曹啓 不可有殿而無佛 請令戶曹磨勘代納事 至是 上謂擥曰 予洞觀三界 當做無量功德 安肯創寺造佛 屑屑於小者乎 且上院寺非國家所創 乃孝寧願刹也 禮曹之啓甚非 予欲罰元亨 何如 對曰 允當 又問叔舟致寬等 皆如擥對 卽命元亨飮罰酒 賜宴卓一于

이 동자상 안에서 발견된 복장유물腹藏遺物(보물 제793호)에 의하면, 세조의 외동딸 의숙공주도 남편 하성위河城尉 정현조鄭顯祖(1440~1504, 영의정 鄭麟趾의 아들)와 함께 1466년(세조 12) 오대산 문수사에서 문수보살상 등 8구의 불보살상과 16구의 나한상, 천제석상天帝釋像을 조성하여 봉안하였다.[69] 특히 세종의 딸 정의공주와 세조의 외동딸 의숙공주의 불교 신행활동은 세종의 아들 광평대군 부인의 비구니 출가, 광평대군의 동생인 영응대군의 신행, 세종 말년과 세조의 호불신행과 더불어 세조 대를 전후한 시기의 불교신행이 전개되는 데 중요한 역할을 담당했다.[70]

그런데 그 무렵 남대 남쪽의 영감암도 중수되었다. 이에 대해서도 김수온의 기문에 그 내용이 기록되어 있다. 이에 의하면 1467년(세조 13) 봄 세조는 상원사 낙성식에 참여하였다가 영감암을 처음으로 알았다고 한다. 세조의 궁녀 상의尙衣 조씨曺氏가 영감암을 원당화하고 김보배 조석을금과 인연을 맺었다고 한다. 영감암의 중창은 1469년(세조 13) 3월부터 1469년 가을까지 비구니 혜명과 신환·신운 등이 주관하였다. 불전에 지장보살을 봉안하고 서쪽 조실에 나옹의 진영을 봉안하고 동쪽에 주방을 조성하고 헛간, 욕실, 일용집기·솥·시루 등을 마련하였는데, 상의 조씨가 후원하였다.

그리고 성종 대 1470년(성종 1) 봄 상의 조씨가 베·조 등을 후원하여 수륙재가 설치되었으며, 1474년(성종 5) 봄 상당 15인과 외호 30인이 참여한 가운데 지장보살의 영락불개를 조성하고 문을 건립하고 10석의

議政府 一于司僕寺." 위의 기사를 효령대군의 원찰 오대산 상원사로 보는 견해가 있는데(박상국, 1984; 87) 1461년 세조가 용문산 상원사에서 관음보살을 현상한 기록이다.

69 조성발원문 : 홍윤식(1984a; 7) ; 홍윤식(1984b), 박상국(1984; 81-85) 인용.

70 황인규(2010), 황인규(2011c) : (2011b).

땅을 마련하였다고 한다.[71]

이와 같이 학열은 1467년(세조 13) 세조의 명으로 낙산사의 중수를 도맡았고 상원사를 중창했다(1465~1466). 신미의 제자 학열은 영동의 낙산사洛山寺와 오대산 상원사上院寺를 중창하였고, 학조는 유점사楡岾寺를 중창하면서 영동지방의 불교계를 진작시켰다. 일찍이 1414년(태종 14) 이래 고려 왕씨의 추복을 위해 관음굴觀音窟·진관사津寬寺·견암사見庵寺와 더불어 수륙재水陸齋를 거행하였던 사찰이었다.[72] 세종 7년 화재를 당하자[73] 세조 11년 신미가 그 터를 잡고 그의 제자 학열에게 명하여 중창하게 하였다.[74] 이 중창불사에는 학열의 도반인 학조도 동참하였는데,[75] 학조는 1468년(세조 14) 상원사와 그리 멀지 않은 곳에 위치한 낙산사를 중창하였다.[76] 이는 학열이 세조의 밀지에 따라 예종을 위하여 기획하였으며, 관가의 도움으로 민간의 힘이 동원되었다.[77]

신미와 두 제자 삼화상은 태종·세종 대 불교탄압으로 사원전의 대폭적인 축소를 당한 시기에 있어서 사원경제를 살리도록 노력을 아끼지 않았다.[78] 예종은 상원사를 세조의 원찰로 삼고 제언의 잡역과 염분세를 면제받게 하였고 이는 성종 대로 이어졌다.[79] 즉 학열은 억불시책

---

71 김수온(1410~1481),「靈鑑菴重創記」,『拭疣集』卷2, 記類,

72『태종실록』권14, 태종 2년 6월 경술조 ;『세종실록』권30, 세종 7년 12월 19일 갑신조.

73『세종실록』권30, 세종 7년 12월 19일 갑신조.

74 金守溫,「上院寺重創記」,『拭疣集』卷2 ;「五臺山上院寺重創勸善文」;『조선불교통사』상, p.422 ;『세조실록』권35, 세조 11년 2월 20일 정유조 ;『성종실록』권13, 성종 2년 11월 22일 경신조.

75「五臺山上院寺重創勸善文」,『조선불교통사』상, p.422.

76 韓繼禧,「洛山寺記」,『乾鳳寺及乾鳳寺末寺事蹟』;『한국사찰전서』; 김수온,「洛山寺新鑄鐘銘幷序」,『조선금석총람』하.

77『예종실록』권2, 예종 즉위년 11월 10일 병인조.

78 영동지방의 사원경제의 확대에 대해서는 다음의 논문을 참조 바람.(김갑주, 1969 ; 이규대, 1994 : 1998)

79『예종실록』권3, 예종 1년 2월 14일 기해조 ;『성종실록』권4, 성종 1년 4월 6일

으로 위축된 사원경제를 확장시키기 위하여 상원사에 거주하면서 그의 제자 홍지弘智 등을 인근의 사찰인 염양사艶陽寺와 낙산사 등에 머물게 하면서 제언堤堰을 민전으로 만들어 농장화하거나 식화사업을 전개하였다.[80] 학열이 입적한 후에도 홍지弘智 등 그의 문도들에 의하여 계속 되었다.[81] 그리고 예종 대 상원사를 세조의 원찰로 삼았으며 안동부安東府 남문루南門樓에 걸려 있던 종을 상원사로 옮겼다.

> 임금이 보고서 명하여 [保安縣察訪] 金鍾을 부르고, 또 宦官을 洛山寺에 보내어 학열에게 물으니, 학열이 글로써 아뢰기를, "신이 내려올 때에 낙산사 監役僧 良遂·義心·崇德 등이 신과 더불어 함께 포마를 타고 上院寺에 이르러 水陸齋를 베풀었고, 뒤에 낙산사에 이르러 신이 숭덕 등으로 하여금 安東 官의 鍾을 운반하게 하였는데, 崇德 등이 原州 新林驛을 떠나 堤川을 경유하여 바로 안동에 도달하였습니다.[82]

낙산사 감역승 숭덕崇德이 보안현 찰방 김종金鐘 등이 안동安東 관부官府의 종鍾을 운반하게 하였는데, 이것이 바로 신라 성덕왕 대 조성된 상원사 종이다.

그리고 상원사 입안문서立案文書에 의하면, 앞서 언급한 바와 같이 상원사 도사승都事僧 홍지弘智가 1469년(예종 1) 상원사에 산산제언蒜山

갑인조.

80 『성종실록』 권104, 성종 10년 5월 6일 기유조 ; 『예종실록』 권4, 예종 1년 3월 3일 정해조.

81 『성종실록』 권203, 성종 18년 5월22일 신유조 ; 『성종실록』 권210, 성종 18년 12월 3일 무진조 ; 『성종실록』 권104, 성종 10년 5월 6일 신유조.

82 『예종실록』 권4, 예종 1년(1469) 윤2월 25일 경진조.

堤堰을 급여하고 잡역승과 염분세를 감면하였다고 한다.[83] 1447년(성종 8) 예종의 원찰인 낙산사와 세조의 원찰인 상원사의 분속과 지계승인持戒僧人에 의해 대를 이어 지수持守하도록 하였다. 이를 담당한 승려는 육청六淸 등이었다.[84] 1481년(성종 12) 8월 24일 내수사에서 입안을 상원사에 발급하였다.[85] 육청은 학열의 제자로 월산대군 부인 박씨의 외호를 받았으며 경상도 일대에서 활동하였다.[86]

그리고 16세기 당시 월정사에는 장륙불 좌상 법당이 3소나 있었는데, 네 벽의 불화가 좋고 뜰 안에 9층탑이 있으며 월정사는 오대산 거찰이라고 하였다.[87] 이러한 오대산사에는 승려 취혜就惠의 문고가 있었다고 한다.[88]

---

83 「上元寺 成化 5年 江陵大都護府 立案」, 중앙박물관 소장 ; 박성종·박도식(2002) 재인용.

84 위와 같음.

85 「上元寺 成化 17年 江陵大都護府 立案」, 중앙박물관 소장 ; 박성종·박도식(2002) 재인용.

86 김수온, 「贈六淸上人之臺山, 兼寄臺山悅和尙」, 『拭疣集』 卷4, 詩類, "臺山山下住鑾輿 聖祖巡遊十載餘 乞骨如今曾上表 碧蘿明月待歸歟 我道汝師曾上幔 汝言吾子罵僧伽 臺山豈肯乖崖下 捧呵何人辨佛魔 眼耳幷身號六門 六門相對又云塵 若於一念能淸淨 元是如來般若勳." ; 『성종실록』 권169, 성종 15년(1484) 8월 2일 병진조 ; 『성종실록』 권169, 성종 15년(1484) 8월 4일 무오조 ; 『성종실록』 권221, 성종 19년(1488) 10월 20일 경술조 ; 『성종실록』 권229, 성종 20년(1489) 6월 29일 병진조 ; 『연산군일기』 권15, 연산군 2년(1496) 6월 29일 갑진조 ; 『연산군일기』 권16, 연산군 2년(1496) 7월 1일 병오조 ; 『연산군일기』 권16, 연산군 2년(1496) 7월 2일 정미조 ; 『연산군일기』 권16, 연산군 2년(1496) 7월 3일 무신조.

87 申楫(1580~1639), 「關東錄 上」, 『河陰集』 卷6, 錄, "兼掌選錄中火珍富驛 自珍富投月精寺 未及寺五里 有僧志慧者來迎馬首 寺前有金剛淵 巖石甚潔 散瀑爲淵 坐須臾入寺 有丈六金身坐法堂者三 四壁佛畫亦好 庭中有九仞金塔 月精者臺山巨刹."

88 사명유정, 「五臺山 僧 就惠 所藏文藁中 記松雲事蹟」, 『분충서록』 : 『한불전』 8, pp.126~127.

Ⅳ. 맺음말

신라 하대에 오대산에서 행하여진 오대산 수정결사가 고려 초 무렵까지 계속되었으며, 신라 하대 9산선문 가운데 사굴산문이 강릉에서 개창되었으나 오대산사의 불교에 어떠한 영향을 끼쳤는가 하는 측면을 중요시할 필요가 있다. 사굴산문은 개창조 범일과 문도 개청과 행적에 의해서 전개되었는데, 특히 개청은 오대산 굴산사에서 제자가 되었으며, 명주 지방 세력의 지원을 받았다. 김주원의 아버지가 개경 내원당의 허월이었으므로, 명주 지방뿐만 아니라 왕실과의 제휴도 엿보인다.

그후 희양산문의 유일한 국사가 된 원진국사 승향도 사굴산문계 지눌에게 법요를 듣고 오대산 진여원에 와서 문수보살에게 기도 정진하였다.

오대산 신앙이 흥성하기 시작하는 것은 원 간섭기 국사 일연이 『삼국유사』를 편찬하면서 문도 백운자와 함께, 그리고 문인 민지가 오대산 사적을 기록으로 집록하였다는 것이다. 두 책자는 그 내용이 비슷하지만 당시 오대산 신앙을 집대성하고, 이를 계기로 오대산사의 신앙이 전국에 유포되어 조선시대를 거쳐 현재까지 전해지고 있다는 데 그 의의가 있다.

월정사 8각 9층탑의 건립도 이와 같은 오대산 신앙의 중흥을 상징하는 것이며, 「월정사시장경비」와 「세존사리비」의 건립 또한 그렇다. 특히 「장경비」는 대장경을 인출한 드문 사례 가운데 하나로, 공민왕의 어머니 덕비를 비롯한 왕실의 후원으로 이루어진 봉안법회는 5천여 명의 대중이 참여하여 행하여진 전국적 법회였다. 그만큼 오대산 신앙이 흥성했음을 단적으로 알려 주고 있는 것이다.

오대산 신앙의 중흥은, 나옹이 오대산 영감암과 상두암 등 오대산사에 머물면서 환암 혼수와 중국의 고승 몽산 덕이의 손제자 고담 적조 현명과 교유하면서 더욱 부각되었다. 나옹의 입적 후 문도들이 나옹의 추념사업으로 행한 오대산 주요사찰의 중창불사를 통해 오대산사가 중흥하였으며, 이는 세조 대 나옹의 법맥을 잇고 있는 삼화상에게 계승 발전되는 것이다. 즉, 고려 말 문도 영로암이 1376년 상원사(중대 진여원)를, 나암 유공懶菴游公과 목암 영공牧菴永公이 서대 수정암(염불암)을, 각운 설악이 중대 사자암을, 지선이 동대 관암음을, 비구니 혜명 등이 1490년(성종 1) 영감암을 중창하였다. 특히 1399년 11월 상왕 이성계가 중대 사자암을 원찰로 삼아 중창이 되자 친히 왕림하였고, 태종은 상원사를 수륙재 도량으로 개설하였다. 이렇듯 고려 말 나옹이 북대(상두암, 미륵암)에 주석한 이후 나옹의 문도들에 의해서 오대산의 주요 산사가 왕실과 국가의 후원으로 중창되어 신라 이래의 오대산 불교가 재현되었다고 한다.

이러한 호불군주 세조에 의해 진여원인 상원사가 삼화상 신미와 두 제자 학열·학조 등에 의해 부각되면서 오대산 주요사찰이 왕실 원당으로 더욱 부상하게 된다. 특히 상원사의 왕실 원찰 지정 운용과, 선초 이래 왕실과 국가의 공인 및 후원으로 이루어진 오대산을 중심으로 하는 산중불교가 전개되었다.

그리고 세조와 비 정희왕후, 효령대군, 안평대군 등 종친과 조정의 재상들이 재물을 희사하고 신미와 두 제자 학열과 학조 등 고승(韻釋) 52인이 참가한 가운데 낙성회가 열렸으며, 특별 과거시험도 열렸다. 상원사의 중창과 그에 이은 상서로움은 그곳을 방문했던 일본 승려에 의해 일본에까지 알려졌다. 그리고 세조는 상원사 인근 오대천에서 문수보살을 친견하고 병이 치료되자 동자의 모습을 그리고 목각상을 조각하였는데, 이 목각상이 바로 상원사의 법당에 봉안된 목조문수동자 좌상(국보 제221호)이다. 이 동자상 안에서 발견된 복장유물腹藏遺物(보물 제793호)에 의하면, 세조의 외동딸 의숙공주도 남편 하성위河城尉 정현조鄭顯祖(1440~1504, 영의정 鄭麟趾의 아들)와 함께 1466년(세조 12) 오대산 문수사에서 문수보살상 등 8구의 불보살상과 16구의 나한상, 천제석상天帝釋像을 조성하여 봉안하였다. 특히 세종의 딸 정의공주와 세조의 외동딸 의숙공주의 불교신행 활동은 세종의 아들 광평대군 부인의 비구니 출가와 광평대군의 동생인 영응대군과 더불어, 또한 세종 말년과 세조의 호불신행과 더불어 세조 대를 전후한 시기의 불교신행이 전개하는데 중요한 역할을 담당했다. 그리고 세조의 궁녀 상의尙衣 조씨曺氏가 영감암을 원당화하고 김보배 조석을금과 인연을 맺었다고 한다. 영감암의 중창은 1469년(세조 13) 3월부터 1469년 가을까지 비구니 혜명과 신환·신운 등이 주관하였다.

이렇듯 국통 자장에 의해서 석가 진신사리가 오대산에 봉안되고 신라 두 왕자에 의해 이루어진 오대산 신앙의 전통을 계승하여 문수보살 신앙이 부각된 것이다.

신미와 두 제자 삼화상은 태종·세종 대 불교 탄압으로 사원전의 대폭적인 축소를 당한 시기에 있어서 오대산의 사원경제를 살리려는 노력을 아끼지 않았다. 예종은 상원사를 세조의 원찰로 삼고 제언의 잡역과 염분세를 면제받게 하였고 이는 성종 대로 이어졌다.

그리고 주목되는 것은 예종 대 상원사를 세조의 원찰로 삼았으며 안동부安東府 남문루南門樓에 걸려 있던 종을 상원사로 옮겼다. 낙산사 감역승 숭덕崇德이 보안현 찰방 김종金鐘 등이 안동安東 관부官府의 종鍾을 운반하게 하였는데, 이것이 바로 신라 성덕왕 대 조성된 상원사 종이다.

그리하여 16세기 당시 월정사에는 장륙불좌상 법당이 3소나 있었는데, 네 벽의 불화가 좋고 뜰 안에 9층탑이 있어, 월정사는 오대산 거찰이라고 하였다. 이러한 오대산에는 승려 취혜就惠의 문고가 있었다고 할 정도였다. 나옹과 문도들의 오대산사 중창 이후 왕실 후원으로 추진된 오대산사의 중흥이라고 하겠다.

참고문헌

『고려사』, 『고려사절요』, 『태조실록』, 『태종실록』, 『세종실록』, 『세조실록』, 『예종실록』, 『성종실록』, 『연산군일기』, 『삼국유사』, 『나옹화상어록』, 『백운화상어록』, 『분충서록』, 『楓溪集』, 『백곡집』, 『虛靜集』, 『鏡巖集』, 『著譯叢譜』, 『動安居士集』, 『졸고천백』, 『삼봉집』, 『양촌집』, 『拭疣集』, 『목은문고』, 『사가시집』, 『梅月堂詩集』, 『동문선』, 『容齋集』, 『三灘集』, 『성소부부고』, 『湖陰雜稿』, 『우담선생문집』, 『記言別集』, 『魯西遺稿』, 『小華詩評』, 『滄洲遺稿』, 『河陰集』, 『靑莊館全書』, 『연려실기술』, 『修堂集』, 『신증동국여지승람』, 『조선사찰사료』, 『조선불교통사』, 『한국사찰전서』, 『大東金石書』, 『조선금석총람』, 『한국금석전문』, 『고려묘지명집성』

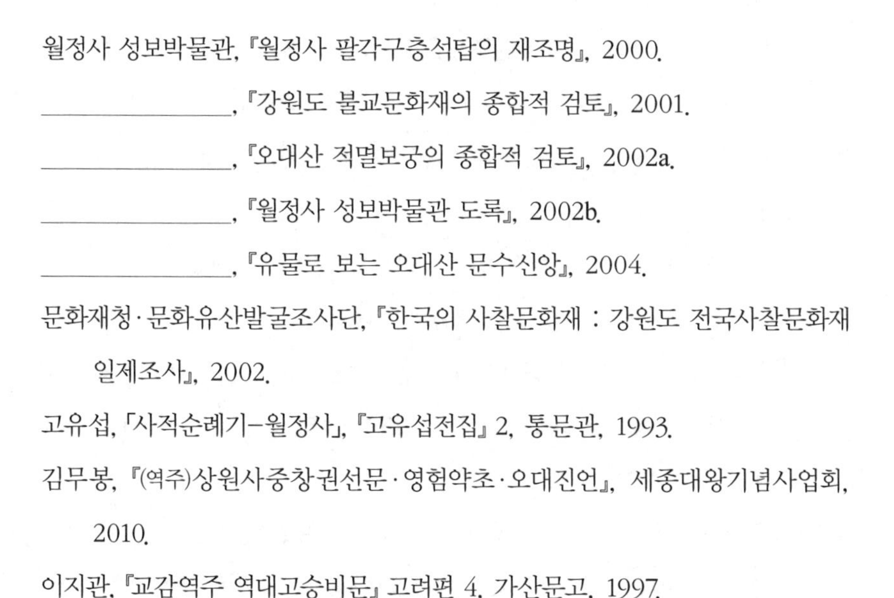

월정사 성보박물관, 『월정사 팔각구층석탑의 재조명』, 2000.
______________, 『강원도 불교문화재의 종합적 검토』, 2001.
______________, 『오대산 적멸보궁의 종합적 검토』, 2002a.
______________, 『월정사 성보박물관 도록』, 2002b.
______________, 『유물로 보는 오대산 문수신앙』, 2004.
문화재청·문화유산발굴조사단, 『한국의 사찰문화재 : 강원도 전국사찰문화재 일제조사』, 2002.
고유섭, 「사적순례기-월정사」, 『고유섭전집』 2, 통문관, 1993.
김무봉, 『(역주)상원사중창권선문·영험약초·오대진언』, 세종대왕기념사업회, 2010.
이지관, 『교감역주 역대고승비문』 고려편 4, 가산문고, 1997.
사찰문화연구원, 『전통사찰총서 1, 강원도의 전통사찰』, 2008.

한국불교연구원, 『월정사: [附] 상원사』, 일지사, 1977.
한상길, 『한국의 명찰 5 월정사』, 대한불교진흥원, 2009.
황인규, 『고려 후기·조선초 불교사연구』, 혜안, 2003.
______, 『고려 말·조선 전기 불교계와 고승연구』, 혜안, 2005.
______, 『고려시대 불교계와 불교문화』, 국학자료원, 2011a.
______, 『조선시대 불교계 고승과 비구니』, 혜안, 2011b.
고혜령, 「이인임 정권에 대한 일고찰」, 『역사학보』 91, 1981.
김두진, 「신라 하대 崛山門의 형성과 그 사상」, 『성곡논총』 17, 1986.
______, 「신라 하대의 오대산신앙과 화엄결사」, 『가산 이지관스님 화갑기념논총 한국불교문화사상사』 상, 1992.
김갑주, 「조선 초기 상원낙산사의 제언개간에 대하여」, 『동국사학』 11, 1969.
김무봉, 「상원사 「어첩」 및 「중창권선문」의 국어사적 고찰」, 『동악어문논집』 31, 1996.
김영미, 「고려 전기 아미타신앙과 결사」, 『정토학연구』 3, 2000.
김풍기, 「오대산 인식의 역사적 변천과 의미」, 『강원문화연구』 22, 2003.
박상국, 「상원사 문수동자상 복장발원문과 복장전적에 대해서」, 『한국불교학』 9, 1984.
박성종·박도식, 「15세기 입안문서 분석」, 『고문서연구』 21, 2002.
四佛山人, 「오대산에 留鎭한 어첩에 대하여」, 『불교』 59, 1929.
염중섭, 「월정사 사명에 관한 동양학적인 검토」, 『신라문화』 3, 2010.
______, 「『오대산사적기』 「제1조사전기의 수정인식 고찰」, 『국학연구』 18, 한국국학연구원, 2011.
이규대, 「조선 초기 불교의 사회적 실태–영동지방 사원을 중심으로」, 『국사관논총』 87, 1994 : 『임영문화』 21, 강릉문화원, 1998.
이창국, 「원간섭기 민지의 현실인식–불교기록을 중심으로」, 『민족문화논총』

24, 영남대 민족문화연구소, 2001.
장용남, 「오대산 상원사 중창권선문」의 서예적 소고」, 『서예연구』 10, 2007.
최남선, 「影印五臺山御牒敍」, 『불교』 59, 1929.
최범훈, 「오대산 상원사 어첩중창권선문에 대하여」, 『국어국문학』 25, 1985.
홍윤식, 「문수동자상 및 기타 목조불상 조사내용」, 『상원사 목조문수동자좌상 조사보고서』, 문화재관리국, 1984a.
_____, 「조선 초기 상원사 문수동자상에 대하여」, 『고고미술』 164, 1984b.
황인규, 「환암혼수의 생애와 불교사적 위치」, 『경주사학』 18, 1999.
_____. 「고려 후기 백련사결사정신의 계승과 변질」, 『백련불교논집』 10, 2000.
_____, 「충주의 고승 환암 혼수와 목암 찬영」, 『충주의 인물(V) 충주의 큰스님-법경 대사, 홍법 국사, 대지 국사』, 예성문화연구회, 충주시, 2006.
_____, 「고려 전기 사굴산문계 고승과 선종계」, 『한국선학』 17, 2007a.
_____, 「고려 후기 사굴산문 수선사 고승과 중국불교계-제기록 검토와 그 실상을 중심으로」, 『불교학보』 47, 2007b.
_____, 「선각국사 도선의 종풍 계승 및 전개」, 『한국선학』 20, 2008a.
_____, 「여말선초 천태종승의 동향」, 『천태학연구』 11, 대한불교천태종 총무원 원각불교사상연구원, 2008b.
_____, 「조선 전기 왕실녀의 가계와 비구니 출가-왕자군의 부인과 공주를 중심으로 한 제기록의 검토」, 『한국불교학』 57, 2010.
_____, 「조선 전기 후궁의 비구니 출가와 불교신행」, 『불교학보』 57, 2011c.

17

조선시대의 승직僧職제도
/ 이봉춘

〈선정 이유〉

● 이봉춘, 「조선시대의 승직僧職제도」, 『한국불교학』 제25집, 한국불교학회, 1999, pp.167~196.

선정 이유

이 논문은 국가와 불교의 관계를 보여 준 승직제도의 변천에 대해 종합적으로 검토하고 있는 점에 주목하여 선정하였다. 저자는 조직 체계나 그 운영에 있어 가장 발전된 모습을 보여 준 고려 승직제도가 조선시대의 배불정책 아래에서 급격하게 큰 변화를 겪는 과정에 대해 자세히 살피고 있다.

저자는 한국불교의 승관에 대한 기록을 검토하면서 국가와 불교와의 상호관계 및 시대 상황을 반영한 승직의 명칭과 조직 형태 및 기능 등의 변화를 검토함으로써 조선시대의 불교의 국가 사회적 위상과 지위를 고찰하고 있다. 또 저자는 숭유억불의 국시에도 불구하고 고려 이래 왕사와 국사제를 고수한 태조와 달리 태종의 교단혁신을 통한 종파 정리와 세종의 선교 양종화가 가져온 정치·경제·사회적 변화에 대해 구명하고 있다.

저자는 특히 불교 관련 제반 업무를 총괄하던 승록사의 시기별 변천, 선교와 교종 양종판사 제도의 시행, 국가의 '과거'에 대응하는 '승과', '관계'에 대응하는 '법계', '관직'에 대응하는 '승직'의 폐지의 과정을 자세히 살피고 있다. 그리하여 불교계의 대사회적 역할이 두드러졌던 임란과 호란 이후에 새로운 승직으로서 도총섭 제도의 발생과 총섭의 확대와 유형, 규정소 제도와 그 기능을 검토함으로써 조선불교의 승직의 성격을 밝히고 있다.

저자는 불교와 국가의 공적 매개체로서의 성격, 국가에의 예속성 및 비교단성, 교단 유지의 외피적 성격, 승직의 범람과 그 의미의 쇠퇴를 통해 조선시대 승직제도의 변화가 곧 조선시대의 배불 과정을 반영하고 있으며, 동시에 조선불교 승직제도의 성격을 그대로 보여 준다고 역설하는 지점에서 이 논문의 의미와 학문적 가치를 찾을 수 있다.

Ⅰ. 머리말

한국불교의 승관僧官에 관한 기록은 삼국시대 신라에서부터 찾아볼 수 있다. 진흥왕 11년(550)에 안장安藏 법사를 대서성大書省(1인)으로 삼고 또 소서성小書省(2인)을 임명한 데 이어, 이듬해에는 고구려 승 혜량惠亮을 국통國統으로 삼았다는 등의 내용[1]이 그것이다. 이렇게 시작된 신라의 승관제도는 통일 이후 또 다른 형태로 확대 발전되어 갔다. 이후 이 제도는 고려·조선 시대를 지나오는 동안 국가와 불교와의 상호관계 및 시대 상황을 반영하면서 승직의 명칭과 조직 형태 및 기능 등에 많은 변화를 거쳐 근세에까지도 그 제도의 흔적을 남기고 있다. 국가적인 불교 제도로서의 승관직僧官職, 즉 승직의 제도는 그만큼 국가와 불교와의 관계 속에서 탄생·발전하고 소멸되어간 제도였다.

이 같은 승직제도는 국가의 불교에 대한 지원과 함께 그에 상응하는 기대에서 출발한 제도라고 볼 수 있다. 다시 말하면 국가는 승직제도의 시행을 통해 불교의 성장과 발전을 지원하고, 이로써 국가에 대한 불교의 일정한 역할을 기대했으리라는 것이다. 실제로 국가 주도하의 승직제도 운영은 승려의 지위 향상을 비롯하여 교단의 인적 조직화 및 관리 체제 구축 등 불교의 성장과 발전에 큰 뒷받침이 되었다. 또한 이 같은 불교가 각 시대의 국가현실에 부응하여 종교적 역할을 담당하면서

1 『三國遺事』 권4, 「義解」 제5, 慈藏定律條 분주: 『三國史記』 권40, 「職官」 하 武官條.

크게 기여해 온 것도 사실이다. 그런 의미에서 승직제도는 국가와 불교가 함께 필요로 하는 제도였으며, 그만큼 양자의 관계를 더욱 밀접하게 연결시켜 온 제도였다고 말할 수 있다.

그러나 승직제도는 기본적으로 승려 및 교단의 활동을 국가가 행정적으로 관장하기 위해 설치한 제도이다. 즉 불교 교단의 자체적 필요와 요구에 따른 것이기보다는 불교 통제를 위한 국가의 세속적 목적의 제도인 것이다.[2] 따라서 이 제도는 국가의 불교에 대한 인식 및 태도 여하에 따라 크게 좌우될 수밖에 없는 소지를 처음부터 안고 있었다. 그러한 사실은 각 시대 승직제도의 운영 및 변천을 통해 쉽게 확인할 수 있다. 승관제도를 처음 설치하고 그것을 정비·발전시켜 온 신라에 이어 고려의 승직제도가 상당한 조직 체계를 갖추고 국가불교화의 길을 걸어갔던 일이나, 조선시대의 배불정책이 그대로 승직제도에 반영되어 축소·폐지 또는 변형적으로 존속해 갔던 사실 등이 그것을 잘 보여 준다.

본고는 이 같은 한국불교 승직제도 가운데서 조선시대의 승직제도를 살펴보려는 것이다.

조직 체계나 그 운영에 있어서 가장 발전된 모습을 보이던 고려 승직제도가 조선시대에 와서는 급격하게 큰 변화를 겪고 있다. 조선 초부터 시작된 배불정책에 의해 그 전기에 이미 대폭적인 축소의 단계를 거쳐 제도 자체가 폐지되었다가, 임진란 이후 전적으로 국가의 필요에 의해 다시 종래와는 전혀 다른 의미와 형태로 승직제도가 운영되고 있는 것이다. 이 글은 조선의 개국으로부터 대략 갑오경장甲午更張(1894) 때까

2 승직제도 설치 목적을 일률적으로 단정하기는 어렵다. 가령 신라의 僧官제도에 대해 그것은 '승단의 질서를 통제하기 위해서가 아니라 오히려 승려에게 영예를 주어 그 지위를 높이기 위한 것'으로 이해하고 있는 경우도 참고할 수 있다(蔡印幻, 「新羅僧官制의 設置意義」, 『佛教學報』 제9집, 1982, p.256). 그러나 이는 역시 국가의 불교에 대한 배려와 지원의 측면인 것이다.

지의 승직제도를 검토의 대상으로 삼는다. 조선 전기의 승직제도 변천 과정과 함께 임진란 이후 새롭게 등장하고 있는 도총섭都摠攝 제도의 시행과 그것이 교단 내외에 끼친 영향을 중심으로 살펴보고 이를 통해 조선시대의 승직제도가 지닌 성격과 의미를 밝혀 보고자 하는 것이다.

Ⅱ. 선초鮮初 배불책排佛策과 승직의 변천

승직제도는 승려 신분 및 불교교단에 사회적 권위를 부여하는 동시에 국가의 이익 도모를 위해 설치된 제도라고 말할 수 있다. 따라서 조선시대에는 처음부터 그런 제도의 온전한 시행을 기대하기는 어려운 상황이었다. 조선은 불교를 구시대의 가치로서 배격하고 성리학 중심의 새로운 이념하에 유교입국儒敎立國을 표방하면서 출발하고 있기 때문이다. 이 같은 조선의 개국에서는 이미 강경한 배불정책이 예견되며, 이에 따른 승직제도의 변화 또한 충분히 예측할 수 있다. 실제로 승직제도는 태종·세종 대의 배불정책 강행으로 급격하게 축소 운영되다가 마침내 조선 전기에 그 제도 자체가 폐지되고 있다. 먼저 조선 전기 승직제도의 변천 과정과 함께 그 시행 내용을 살펴본다.

1. 고려 승직제도의 계승

승유억불 국시의 조선에서는 개국 벽두부터 과격한 배불 방안들이 쏟아져 나왔다. 그러나 기존의 가치와 구제도에 대해 과감한 개혁을 시도했던 공신세력과는 달리 태조 이성계는 불교정책에 관한 한 매우 온

건한 입장을 취하였다. 이는 독실한 신불자였던 태조와 성리학 그룹이라 할 공신들의 불교에 대한 인식의 차이를 보여 주는 것이다. 즉 국가 창업을 함께할 만큼 이들은 정치적 이념과 목적 면에서 완전히 일치해 있었지만, 종교적으로는 서로 다른 신념을 갖고 있었던 것이라 하겠다.

개국 직후 태조는 '불신지불佛神之費의 혁거革去'와 '도첩제度牒制의 강화' 등 공신들의 배불 건의를 부분적으로 수용하였다. 그러나 '승려척태僧侶斥汰'와 같은 급격하고 중대한 사항에 대해서는 불가로 결정짓고 있다.[3] 불교에 대한 태조의 신중한 태도를 엿보게 하는데, 요컨대 그는 과격한 배불론자들과는 달리 누적되어 온 불교의 현실적 폐해는 제거하되 불교의 기본적인 틀은 전대의 그것을 그대로 유지·계승코자 했던 것으로 보인다. 무엇보다도 다양한 배불책들이 계속 제기되는 가운데에서도 태조가 고려불교의 제도에 따라 왕사와 국사를 책봉했던 사실이 이를 잘 말해 주고 있다. 태조는 즉위 원년(1392) 10월에 조계종의 무학無學을 왕사로 삼고, 그 3년(1394) 9월에는 천태종의 조구祖丘를 국사로 책봉하고 있는 것이다.[4]

숭유억불의 국시國是에도 불구하고 조선 개국 초에 왕사와 국사가 책봉되고 있음은 고려불교의 전통과 함께 승직제도가 그대로 계승되고 있음을 보여 주는 것이라 할 만하다. 여기서 왕사와 국사를 승직으로 간주할 수 있는가 하는 점은 문제로 삼을 수도 있다. 그러나 이들은 한 시대를 대표할 만한 고승으로서, 국가가 제도적으로 마련해 놓은 최고의 승위僧位에 책봉되고 있었던 만큼 왕사·국사의 제도는 승직제도의 범위에 포함시켜도 좋을 것이다. 더구나 이들의 실질적인 담당활동이 거의 없었던 고려 전기와는 달리 원 간섭기 무렵부터는 국사(國尊·國統)

3 『太祖實錄』 권1, 太祖 7월 己亥條; 권2, 太祖 元年 9월 壬寅條.
4 『太祖實錄』 권1, 太祖 10월 丁巳條; 권2, 太祖 3년 9월 乙巳條.

또는 왕사가 주지 임명 등 승정僧政을 직접 관장하기도 했던 사실을[5] 감안할 때 더욱 그러하다.

태조의 왕사·국사 책봉은 승직제도와는 별개의 문제로 생각한다 하더라도, 조선 초에 승직제도가 그대로 계승되었음은 승록사僧錄司의 존재와 그 기능을 통해서도 확인할 수 있다. 승록사는 불교 관련 제반 업무 및 행정을 위한 최고 중앙관부로서 고려 때부터 시행해 온 승직제도이다. 좌·우 양가兩街로 구성되어 있던 승록사는 시기에 따라 승직명僧職名에 약간씩의 변천이 있었으나, 대체로 양가에 각기 도승록都僧錄·승록僧錄·부승록副僧錄·승정僧正·승사僧史의 직위를 두었고, 이들을 통괄하는 직책으로서 양가 도승록都僧錄 또는 양가 도승통都僧統이 있었다.[6] 또 중앙승관 조직인 승록사와는 별도로 지방에도 승관이 존재했던 흔적이 보이는데,[7] 중앙 승록사와 연계를 갖고 그 지시에 의해 각 지방의 불교 업무 및 행정을 담당했을 것으로 추정된다. 이 같은 승록사에 관한 문제가 조선 개국 초에는 별도로 거론되어 있지는 않다. 그러나 세종 대에 가서 그 폐지가 언급되고 있는 것으로 보아 그 이전까지는 승록사의 기능이 그대로 유지되었음을 알 수 있다.

이상과 같이 전조前朝의 불교를 계승하고자 한 태조의 의지에 힘입어 조선 개국 이후에도 왕사·국사가 책봉되고, 승록사의 운영 또한 그대로 이어지고 있다. 그런 만큼 고려불교의 승직제도는 태조 대에는 물론 배불정책을 단행한 태종 대까지도 그 기본구조는 변함이 없이 그대로 지속된 것이다.

---

5 허흥식, 「國師·王師制度와 그 機能」, 『高麗佛敎史硏究』(一潮閣, 1986), pp.410~412.
6 위의 책, 「불교계의 조직과 행정제도」, pp.343~346.
7 졸고, 「승관조직과 승관제도」, 『한국사』 16, 고려 전기의 종교와 사상(국사편찬위원회, 1994), p.86.

2. 양종판사兩宗判事 제도의 시행

조선에 들어와서 한동안 유지될 수 있었던 고려의 승직제도는 태종 대의 본격적인 배불정책으로부터 영향을 받기 시작한다. 태종은 그 5년(1405) 11월 사사寺社 토지 및 노비의 혁거革去와 함께 사사寺社·거승居僧·노비의 수를 대폭 감소시켰는데, 그 결과로서 태종 7년(1407) 12월에는 본래 11종宗이던 종파가 7종宗으로 병합 축소되고 있다. 즉, 조계종·총지종·천태소자종·천태법사종·화엄종·도문종·자은종·중도종·신인종·남산종·시흥종의 11종이 조계종·천태종·화엄종·자은종·중신종·총남종·시흥종의 7종으로 통폐합된 것이다.[8] 불교 교단에 대한 경제적인 제한 조치가 이처럼 종파 축소의 결과를 가져온 것이지만, 아직은 그것이 승직제도에까지 영향을 주지는 않고 있다. 물론 태조 4년에 국사 조구祖丘가 입적하였고, 또 태종 5년에 왕사 무학無學이 입적하였으나 뒤이어 왕사·국사의 책봉이 없었던 것도 승직제도 변화의 일단으로 볼 수 있겠다. 그러나 보다 구체적인 승직제도의 변화는 태종의 종파 병합에 뒤이은 세종의 대폭적인 종파 축소와 함께 나타난다.

세종 6년(1424) 4월, 태종 대의 7종은 다시 한번 크게 통폐합되어 선·교 양종으로 축소되고 있다. 즉 조계종·천태종·총남종을 합하여 선종禪宗으로 하고, 화엄종·자은종·중신종·시흥종을 합하여 교종敎宗으로 만든 것이다. 이 또한 사원·승려·토지 및 노비의 숫자를 감축시켜 이를 국가 경제에 편입 활용하려는 목적에서 단행된 조치였음은 물론이다. 그런데 이 같은 조치의 단행에 앞서 예조禮曹에서 올린 불교교단의 정비 방안 가운데는 승직제도의 대변동을 예고하는 다음과 같은 내

8 『太宗實錄』 권14, 太宗 7년 12월 辛巳條.

용이 포함되어 있었다. 즉,

> "승록사를 혁파하고, 서울에 있는 흥천사를 禪宗都會所로, 흥덕사를 敎宗都會所로 하여 年行이 함께 높은 자를 뽑아 兩宗의 行首·掌務로 삼아서 僧中之事를 살피게 할 것을 청합니다."[9]

라고 한 것이다. 이는 7종이던 불교의 종파를 다시 폐합시켜 선·교 양종 체제로 전환함에 따라, ① 기존의 승직 기구인 승록사를 혁파하고 대신 ② 선·교종에 각기 도회소都會所(總本寺)를 설치하여 ③ 종무를 관장할 행수行首를 선발 임명하자는 방안인 것이다. 세종 6년 4월의 종파 폐합은 물론 예조의 불교교단 정비에 대한 건의가 그대로 채택된 결과이다. 따라서 실록에 별도의 기사가 보이지는 않지만 종파 폐합이 단행됨과 동시에 흥천사에 선종 도회소가,[10] 흥덕사에 교종 도회소가 설치되고, 이 양종 도회소에는 국가에서 임명한 행수行首가 머물며 각기 종무를 관장했을 것임이 분명하다.

양종 도회소의 설치와 함께 이 때부터 양종의 행수는 선종판사禪宗判事, 또는 교종판사敎宗判事로 부르게 되었는데, '판사判事'란 국가 주요기관의 수장首長으로서 고려시대부터 널리 사용되어 온 명칭이다. 조선시대에도 그 초기에는 도평의사사都評議使司을 비롯하여 삼사三司, 중추원中樞院·봉상시奉嘗寺·중전시中殿寺 등의 장관長官을 판사라 하였으며, 그 품질品秩은 1품에서 3품까지였다.[11] 이 같은 전형적인 관료직의

---

9 『世宗實錄』 권24, 世宗 6년 4월 庚戌條.

10 흥천사는 태조가 神德王后 康氏를 위해 貞陵의 願堂으로 창건한 사찰로서, 이미 태조에 의해 曹溪宗 本寺로 지정되어 修禪을 恒規로 삼아오던 절이다. 極近 撰, 「貞陵願堂 曹溪宗本寺 興天寺 造成記」(『동문선』 권78).

11 張三植 編, 『大漢韓辭典』(省文社,1968), p.165.

명칭을 불교의 최고 승직에도 그대로 사용하게 된 것으로, 국가 제도로서의 승직제도가 갖는 성격의 일면이 여기서도 엿보인다.

어쨌든 세종 6년에 종파 폐합과 함께 양종판사에 의해 교단의 업무가 관장되는 승직제도상의 큰 변화가 있었던 것이지만, 이로써 그동안 승직제도의 근간이 되어온 승록사에 완전히 혁파되지는 않은 것 같다. 예조에서 건의한 방안대로라면 승록사가 폐지되고 대신 양종 도회소가 설치된 것으로 볼 수 있다. 그러나 승록사가 그 이후로도 상당기간 존속했음은 세종 11년 4월 사헌부의 계啓를 통해 확인할 수 있다. 즉 사헌부에서 출가자의 증가 문제와 관련하여 그 조건의 강화와 제재를 왕에게 아뢰는 가운데 "양반 자제로서 출가를 원하는 자는 부모와 친족이 사유를 갖추어 승록사와 예조에 보고하고, 예조에서는 계문啓聞하여 취지取旨한 다음에…"[12]라고 말하고 있는 것이다. 따라서 이는 선·교 양종의 도회소가 설치되고 각 종의 판사가 업무를 관장하게 된 이후에도 상당 기간 승록사의 일부 기능이 계속되었던 것으로 보아야 할 것이다.

한편 승직제도가 크게 변동되기는 했지만, 그것은 여전히 승과僧科 및 법계法階와의 연계 속에서 운영되고 있다. 일찍이 고려 광종 대부터 시행해 온 승과와 법계는 조선 초기에도 각 종宗에서 선·교 두 그룹으로 대별하여 그대로 실시되었고, 세종 6년 이후 역시 선·교 양종에서 각각 승과가 실시되고 이에 따른 법계가 주어졌다.

승과는 먼저 종파의 예비시험인 종선宗選을 거쳐 국가가 시행하는 대선大選에 나아가게 되며, 이에 합격하면 양종 공히 대선大選의 법계가 주어졌다. 법계의 단계는 시대마다 약간씩의 차이가 있었지만 조선 전

12 『世宗實錄』 권44, 世宗 11년 4월 辛酉條.

기에는 대체로 선종은 대선大選→중덕中德→선사禪師→대선사大禪師의 순으로, 교종은 대선大選→중덕中德→대덕大德→대사大師의 순으로 진급하였다.[13] 이런 법계의 대선사大禪師에 오른 사람 중에서 홍천사의 주지로 임명되면 특별히 도대선사都大禪師라는 법계와 함께 선종판사禪宗判事의 승직을 주었고, 대사大師 중에서 흥덕사의 주지가 되면 도대사都大師라는 법계와 함께 교종판사敎宗判事의 승직이 주어진 것이다.[14] 즉 양종 각기 최고의 법계를 가진 사람 중에서 선종 도회소인 홍천사와 교종 도회소인 흥덕사의 주지가 임명되었고, 그는 별도의 법계가 가급加給되는[15] 동시에 해당 종파를 관장하는 판사가 되었던 것이다.

이와 같이 승직제도는 승과 및 법계와 서로 밀접한 관계 속에서 운영되어 왔는데, 승과의 실시 과정에는 승직자의 구체적인 역할도 드러나고 있어 좋은 참고가 된다. 즉 3년에 한 번씩 문무과文武科의 식년式年인 자子·묘卯·오午·유酉년에 실시되었던 승과는 선종에서는 『경덕전등록景德傳燈錄』과 『선문염송禪門拈頌』, 교종에서는 『화엄경華嚴經』과 『십지론十地論』을 시험과목으로 하여 각각 30명씩 선발하였다. 이런 승과에서 선·교 양종의 각 판사判事가 업무를 관장하고 전법사傳法師 1인과 학식이 높은 승려 10명이 증의證義로서 배석한 가운데 시험을 통해 합격자를 뽑았던 것이다.[16] 또 이때 국가에서는 내직별감內直別監을 파견하여 감독케 하였는데, 성종 때부터는 이 정부의 감독관이 예조랑청禮

13 이 法階는 고려시대의 그것과는 차이가 있는데, 각 시대에 따라 변화가 있었음을 여러 자료에서 확인할 수 있다(高僑亨, 『李朝佛教』, p.993; 金煐泰, 『한국불교사』, 경서원, 1997, pp.224~225 참조).

14 高橋亨, 위 같은 곳.

15 고려시대에 법계의 除授는 왕이나 국가로부터 '除·加·授·特授'되었던 것임이 碑文에서 드러나는데, 이는 조선에서도 동일하였다.

16 李能和, 『朝鮮佛教通史』 하, p.942.

曹郎廳으로 교체[17]되기도 하였다. 승과에서의 역할을 통해 판사判事 외에도 전법사傳法師란 직책이 양종의 승직임을 짐작할 수 있거니와, 여기서 양종 소속 사찰의 주지 임명에 관해 일별해 보는 것도 당시 승직제도의 이해에 도움이 될 것 같다.

승과에 합격하면 양종 공히 대선大選의 법계를 받고 이어 중덕中德으로 진급함은 이미 언급한 바와 같다. 그런데 이 중덕 법계에서부터 주요 사찰의 주지가 될 수 있는 자격이 부여된다. 즉 중덕 법계자 중에서 주지를 선발 임명한 것이다. 그 임명 절차를 보면, 어떤 사찰에 주지의 결원이 생기면 그 사찰의 본사(도회소)에서 중덕의 법계에 있는 자 중에서 3명의 후보자를 선발하여 문서로 예조에 추천한다. 예조에서 이를 검토한 후 의견서를 첨부하여 다시 이조吏曹로 보내면, 이조에서 왕의 재가를 얻어 1인을 주지로 임명하였으며, 그 임기는 30개월이었다.[18]

종파의 폐합으로 불교교단이 크게 축소되기는 했지만 조선 초기에는 양종 도회소가 설치되고, 각 종의 판사를 정점으로 하는 중앙 승직자와 각 사찰의 주지로 이어지는 승직제도가 원활하게 운영되어 갔음을 이상을 통해 엿볼 수 있다.

승직제도상의 첫 변화였던 이 양종판사제는 세종 6년으로부터 80년간 지속된다. 그러나 이 제도는 연산군 때에 이르러 가혹한 배불정책으로 인해 중단되고 만다. 가히 파불의 군주라 할 연산군이 그 10년(1504)에는 세조의 원찰인 도성 내의 대원각사와 흥천·흥덕 양사를 철폐하여 이들을 모두 관공의 건물로 삼았던 것인데, 이는 곧 선·교 양종의 폐지나 다름없는 배불조치였다. 그리하여 양종은 청계산淸溪山으로 옮겨가지만 유명무실할 수밖에 없었고, 이로써 승과의 실시가 불가능했음은

17 成俔, 『慵齋叢話』 권9, 『成宗實錄』 권261, 成宗 23년 1월 丁亥, 戊子條.
18 『經國大典』 3, 「禮典 度僧」條 및 『慵齋叢話』 권9.

물론 법계와 승직도 자연히 없어지고 만 것이다. 이처럼 선교양종·승과·법계·승직이 모두 없어지거나 중단된 상태로 대략 50년이 지난 다음 그것이 부활·시행된 것은 명종 대의 일이었다.

명종 5년(1550) 당시 수렴청정하던 문정대비文正大妃가 보우普雨를 맞아들여 봉은사奉恩寺와 봉선사奉先寺에 각각 선·교 양종을 부활시킴으로써 조선불교는 모처럼 다시 중흥의 계기를 맞게 되었다. 우선 양종을 부활시킨 대비는 이어 명종 6년 6월에 보우普雨를 판선종사判禪宗事 도대선사都大禪師 봉은사 주지로, 수진守眞을 판교종사判敎宗事 도대사都大師 봉선사 주지로 삼았다. 이는 곧 승직제도의 부활인 셈이다. 또 이듬해에는 양종의 승과도 다시 실시되었다.

명종 대 문정대비와 보우의 불교중흥 노력으로 승직제도가 다시 세종 대의 제도 그대로 복구된 것인데, 다만 이때는 양종의 본사(도회소)가 흥천·흥덕사에서 각각 봉은·봉선사로 교체된 점이 차이가 있다. 또한 가지 양종의 판사를 판선종사判禪宗事와 판교종사判敎宗事라 한 것도 눈에 띈다.[19] 그러나 특히 주목되는 것은 승직제도의 복구 이후 1인이 선교 양종의 판사를 겸임하는 경우가 있었다는 점이다. 즉 서산 휴정이 명종 11년(1556)에 먼저 판교종사가 되고 이어 판선종사가 됨으로써 양종겸판兩宗兼判의 직책을 맡았음이[20] 그것이다. 이는 당시 양종이 복구되기는 했지만 선·교종의 구분이 그렇게 명확하지 않았던 사정이나, 휴정과 같은 탁월한 인물의 능력과 관련된 현상으로 볼 수 있다. 그러나 승직제도 자체로서는 그 퇴조의 반영인 것으로 해석된다. 엄연히

---

19 선종판사를 '판선종사'라 한 사례는, 세조 2년에 守眉大師가 '判禪宗事'로서 왕명을 받들어 영암 월출산 道岬寺를 중수했다는 기록(妙覺和尙碑文)에서도 확인된다. 일찍부터 두 명칭이 함께 사용되었으며, 이는 교종판사의 경우도 마찬가지이다.

20 「淸虛堂 休靜大師碑」, 『朝鮮金石總覽』 하, p.853.

선·교로 나뉘어 양종이 존재하는 상황에서 1인이 그것을 총괄하고 있기 때문이다.

오랜 중단 끝에 모처럼 복구되어 교단의 운영에 활력소가 되었던 이 승직제도는 그러나 오래 지속되지 못하였다. 명종 20년(1565) 문정대비의 서거로 양종과 승과가 다시 폐지됨에 따라 복구된 양종판사 제도 또한 함께 폐지될 수밖에 없었다. 양종판사 중심의 승직제도는 세종 6년에 시작되어 80년간 지속되었다가 연산군 10년부터 대략 50년가량 중단되고, 다시 명종 대에 15년 정도 유지되다가 명종 21년 이후 공식적으로 완전히 사라지고 만 것이다.

3. 승과僧科·법계法階·승직의 폐지

승록사 중심의 승직제도가 선교양종 도회소 및 양종판사 중심으로 그 운영이 변경된 이후에도 여전히 승과僧科·승계僧階(법계)·승직僧職은 유기적인 관계를 이루면서 불교 제도의 근간이 되었다. 이들 세 가지는 국가의 과거科擧·관계官階·관직官職에 각각 대응시킬 수 있다. 그만큼 불교교단의 관리와 운영에 이 제도들이 중요한 요소로서 기능해 온 것이다.

비록 종파의 폐합으로 불교계가 크게 위축되기는 했지만, 이 같은 제도의 운영으로 불교교단은 제한적이나마 그 유지 기반과 활동 영역을 보장받아온 것도 사실이다 그러나 불교 제도들이 본래 불교 집단의 관리를 위한 국가의 필요성에 의해 마련된 것처럼, 다시 그것은 국가의 의도와 목적에 의해 폐지되고 있다. 이들 제도의 폐지는 곧 국가와 불교 간의 공적인 관계 단절인 동시에 불교에 대한 배척을 의미한다. 그동안 불교 제도를 매개로 이어져 온 국가와 불교와의 관계가 그것의 폐지로 더 이상 지속될 수 없게 되었을 뿐만 아니라, 그나마 불교교단의 유지 기반을 완전히 해체당한 것이기 때문이다.

승직제도를 포함하여 승과와 승계 등 불교 제도들이 일시에 폐지된 것은 명종 21년(1516)의 일이다. 조선 전기 흥불興佛의 마지막 주선자이자 후원자이던 문정대비의 서거가 가져온 이미 예상되던 결과였다. 대비가 서거한 바로 그 해에 그동안 선종판사로서 불교 중흥의 선두에 선 보우가 제주로 유배되고, 이듬해인 명종 21년 4월에는 양종과 승과, 그리고 출가를 인정하던 법적 근거인 도승법度僧法까지도 모두 폐지된 것이다. 따라서 양종이 존재하지 않는 상황에서 선·교종의 판사가 임명될 리 없었고, 또한 승과의 폐지로 더 이상 법계의 수여도 없었을 것임은 물론이다.

승직 등 불교 제도가 이와 같이 명종 대에 한꺼번에 폐지되고 있지만, 그러나 이들 제도에 대한 논란은 이보다 훨씬 앞 시대에서부터 있어 왔다. 유신 관료들의 불교배척 방안으로서 이들 불교 제도의 폐지가 일찍부터 계속 거론되어 온 것이다. 유신들의 이 같은 논란에서 오히려 이들 제도가 갖는 불교적 의의를 읽을 수도 있는데, 그런 뜻에서 승과·승계·승직이 함께 폐지에 이르기까지 그 논란의 과정을 잠시 살펴본다.

승과에 관한 문제는 일찍이 태종 때부터 거론되고 있다. 이미 사찰·토지·노비 등을 대폭 감축시키고, 종파 폐합을 단행하여 7종으로 축소시키고 난 이후의 일이기는 하지만, 그러나 이때 승과에 관해서는 그 운영관리상의 문제를 거론하고 있다. 아직 승과의 폐지 주장은 아닌 것이다. 태종 14년 7월 사헌부 대사헌 유관柳觀 등이 올린 소疏는, "방만한 불교의 폐단을 염려하여 국가에서 종파를 병합시킨" 이후에도 승과 응시자의 자질 및 인원 선발이 엄격하지 못함을 지적하고 그 쇄신 방안을 제시하고 있다. 즉 "각 종파의 승려들을 문과향시文科鄕試의 법령에 따라 각 도道에서 먼저 선발하고(宗選), 이를 승록사에 보내면 승록사에서 다시 이들의 자격을 검토하여 대선大選에 응시토록 할 것과,[21] 그 인원을 종선에서는 30명, 대선에서는 그 3분의 1인 10명 만을 선발하도록 하여 함부로 승과에 응시하는 폐단을 없애자."는 내용이다. 이 건의는 대선 합격자의 숫자를 조정하는 등 부분적으로 수용되고 있다.[22] 승과에 대한 태종 때의 이 같은 논의는 그 엄격한 관리를 촉구하고 있는 정도이다.

그러나 이런 분위기가 세종 대에 오면 크게 변하고 있다. 승과는 물론 승직·승록사의 폐지 주장으로까지 논란이 확대되고 있는 것이다. 세종 6년 2월 사헌부 대사헌 하연河演 등의 상소는 태종 대의 사찰 및 노비 감축 등 이단의 제거에 큰 공로를 쌓았으면서도 승과·법계 등 불교 제도를 그대로 남겨둔 데 대한 문제점 지적으로부터 시작되고 있다. 이 장문의 상소는 이어, "이들 제도가 옛 관행이라 하여 오히려 폐단이 크다."고 주장한다. 따라서 "사찰 수의 감축과 함께 승과를 폐지하고 승직을 임명하지 말 것과 승록사까지도 폐지할 것"을 건의하고 있다. 이런 건의는 다시 육조로 보내져 의논을 거치도록 하는데, 대체로 그것에 동조하는 분위기였다. 그러나 "이들 제도를 없애더라도 차츰 없애야 한다. 우선 사찰부터 가려 감축시키고, 승과·승비僧批(승직의 임명)·승록사의 세 가지 문제는 좀 더 두고 고려할 것"을 말하는 이도 있어, 세종도 그대로 따르고 있다.[23]

이와 유사한 내용의 논란은 그 뒤에도 계속 제기되지만 역시 이들

---

21 이로써 승록사의 기능 가운데 승과의 관리가 포함되어 있음을 엿볼 수 있다. 확인할 만한 근거는 없지만, 아마 좌가승록이 교종을, 우가승록이 선종을 맡아 승과를 관리하는 형식이 아니었을까 추측해 볼 수 있다.

22 『太宗實錄』 권28, 太宗 14년 7월 乙亥條.

23 『世宗實錄』 권23, 世宗 2년 2월 癸丑條.

세 가지 제도의 폐지가 아직은 적절하지 않다는 것으로 결론지어지고 있다. 그러나 이로부터 2개월 뒤에 단행되는 사원 감축을 포함한 종파 폐합의 조치에는 분명 이 같은 논의의 영향이 컸던 것으로 보인다. '고려할 사항'으로 남겨져 왔던 승록사가 양종 도회소의 설치와 함께 결국 폐지되고 있기 때문이다.

불교 유풍遺風의 제거 및 승도僧徒의 축출을 주목적으로 하여 배불 정책이 강행된 성종 조에서는 특히 도승법度僧法의 폐지 주장과 함께 승과의 문제가 빈번하게 거론되었다. 유신들이 승도 제거 방안의 연장선에서 승과의 폐지까지 요구하고 나선 것이다. 이들은 아예『경국대전』에 실려 있는 대선의 법을 삭제하자는 것이었으나 이런 요구가 불납不納되자, "만일 대선법의 삭제가 불가능하다면 시험일에 예조의 낭청郞廳을 파견하지 말 것"을 대안으로 내놓고도 있다. 정부 감독관의 불파견으로 승과의 권위와 의미의 축소를 기도하고 있는 것이다. 이는 승과의 엄격한 관리를 촉구하던 태종 대의 분위기와는 사뭇 대조적이다. 그들은 "감독관이 없어 시험이 공정하지 못하더라도 해로울 것이 없으며, 비록 우수한 자를 뽑는다 하더라도 치국治國의 도道에 무슨 관계가 있겠는가."라고 반문한다. 또 "가령 승려를 선발하여 석가와 같은 자를 얻는다 하더라도 나라에 무슨 보탬이 되겠는가."라거나, "국가에서 과거를 설치한 것은 사람을 뽑기 위해서이다. 승려를 선발하여 어디에 쓰려는 것인가."라고 말하여 그들의 관점에서 승과의 무익·무용론을 펴고 있다.

승도 제거를 위한 도승법의 폐지를 겨냥하면서 함께 거론하고 있는 배불논의는 이 같은 승과 문제에서만 그친 것이 아니다. 국가의 후대厚待로 인해 승도가 제거되지 않고 불교가 계속 성하므로, 대전에 있는 ① 도승度僧, ② 선시選試, ③ 계문啓聞한 뒤의 승려수도僧侶囚荼, ④사찰 수색의 금지 등 불교 제도 및 보호조치들을 철폐할 것을 주장하기도 하였다.[24] 이 같은 여론이 결국 성종 대의 '도승법度僧法 중지'의 결말로 나타난 것이지만, 함께 거론되어 온 승과는 폐지에까지 이르지는 않았던 것이다.

그러나 성종을 이은 연산군 대의 파불破佛로 승과·승계·승직 등 모든 불교 제도는 무용한 것이 되고 만다. 그 뒤 양종·승과·법계·승직 등이 명종 초에 복구되었다가 다시 그 21년에 완전히 폐지되거니와, 이에 이르기까지 이상에서 살펴본 그 논란과 주장들 속에서 배불유신들의 불교 제도에 대한 인식을 충분히 엿볼 수 있다. 반드시 승과·승계·승직에 한정된 것은 아니지만, 요컨대 이들을 포함하여 국가의 불교 제도가 존재함으로써 배격해야 할 불교가 유지되고, 이로써 국가 사회에 폐해를 끼치고 있다는 것이 불교 제도에 대한 유신들의 생각인 것이다. 이 같은 유신들의 인식이 더구나 명종 대 15년가량의 불교 재흥再興을 지켜보면서 더욱 배불의 의지와 여론을 증폭시켜 나갔을 것임은 상상하기 어렵지 않다. 그 결과 불교 중흥의 마지막 후원자이던 문정대비의 서거와 함께 이내 승과·승계·승직 그리고 도승법까지 일시에 폐지되고 이후 일방적인 배불 상황이 고착되어 간 것이다.

Ⅲ. 임란壬亂 이후의 새로운 승직

양종·승과·승직 등 국가의 불교 제도가 일시에 폐지된 후 불교는 다

24 이상 『成宗實錄』 권259, 成宗 22년 11월 辛丑條. 권261, 成宗 23년 1월 庚寅條 등.

시 자활의 길을 모색하지 않을 수 없었다. 그러나 국가의 제도적 안정과 보장권 밖에 방치된 불교의 입장에서 가능한 일은 명종 조 이전의 상태로 되돌아가 산중승단을 유지하는 길뿐이었다. 조선 중기 불교의 이른바 '산중가풍山中家風 확립기'가 이렇게 해서 시작된다.

바로 이럴 즈음에 민족 최대의 수난인 임진왜란이 일어났고, 이 미증유의 외침은 그동안 단절되어 온 불교와 국가 간의 공적 관계 회복에 직접적인 계기가 되었다. 즉 임진란 발발 직후 불교계의 국난 타개 역할을 기대하며 국가가 불교에 도총섭都摠攝 제도를 설치하고 있음이 그것이다. 변형된 승직이라고나 할 이 제도는 전쟁이 종식된 후에도 여러 가지 형태로 확대되면서 조선 후기, 구체적으로는 고종 31년(1894) 갑오경장甲午更張 때까지 지속되었다. 이제 이 같은 도총섭제도의 시행 및 확대 과정을 중심으로 몇 가지 상황을 검토해 보기로 한다.

1. 도총섭都摠攝 제도의 발생

승직제도 폐지 이후 산중승단으로 되돌아간 불교에서 주목되는 활동 가운데 하나는 산중가풍山中家風을 확립하고 이를 지켜 나간 일이었다. 이 같은 활동은 주로 선승禪僧들을 중심으로 이루어지고 있다. 즉 서산 대사 휴정이 임제臨濟의 종풍宗風과 가통家統을 새롭게 확립시킨 이래 그 문하와 법손들이 법맥을 상전相傳하며 조선 중·후기 불교를 주도해 간 것이다.[25] 그런데 이런 산중승단 시대에도 기왕에 승과에 합격하여 법계를 받았거나 승직에 임명되었던 사람은 계속해서 그 법계와 승직으로 호칭되기도 하였다.[26] 물론 이때 선종판사 또는 교종판사 등

25 金煐泰, 『한국불교사』(경서원, 1997), pp.279~281.
26 高橋 亨, 『李朝佛教』, pp.994~995.

의 호칭은 승려들 사이에 관례상 그렇게 불렸을 뿐, 산중승단의 관리와는 무관한 것이었다.

이와 같이 별도의 승직 체제 없이 새로운 종풍과 가통 속에서 산중승단으로 유지되어 가던 불교계에 다시 국가 차원의 관리 체계가 수립된 것은 임란이 일어난 직후 도총섭都摠攝 제도가 시행되면서부터였다. 주지하듯이 임진왜란은 선조 25년(1592) 4월에 발생하여 한 달이 채 못 되어 서울이 함락될 만큼 전황이 급박하게 진행되었다. 그러나 개전開戰 초기에 관군의 항전이 실패를 거듭하고 있었던 것과는 대조적으로 지방의 의병과 의승군 활동은 매우 활발하였다. 그해 7월 의주에서 피난 중이던 선조가 묘향산의 휴정을 불러 국난의 타개를 부탁하면서 팔도십육종도총섭八道十六宗都摠攝의 직함을 내렸던 것으로,[27] 조선불교의 도총섭제도가 이로부터 시작된다.

의승군이 전국적인 규모로 조직되었을 것임은 이미 선조가 휴정에게 내린 8도 16종의 도총섭 직함을 통해서도 알 수 있다. 즉 이는 중앙에 도총섭을 두고 그 아래로는 전국 8도에 각각 선교양종 1명씩 16명의 총섭을 두는 조직 체계인 것이다. 이 같은 조직을 갖춘 도총섭제도가 전국에 걸쳐 시행된 것은 선조 26년(1593) 8월부터였다. 그런데 이에 앞서 각 도의 총섭을 임명할 때 그 명칭을 판사判事로 할 계획이었으나 여론에 의해 총섭으로 바뀌었음이 비변사의 보고에서 드러난다. 즉 처음에는 '8도 각처의 선종과 교종에 각각 판사 1인씩을 임명하여 이 16인을 [승군의] 주관자로 삼을 것'을 왕의 재가까지 받은 상태였다. 그러나 '판사라는 이름이 마치 선종과 교종을 설립하는 것 같아 후환이 있지 않을까' 염려하는 유신들의 의견에 따라 총섭으로 고쳐 시행케 된

27 『宣祖修正實錄』 권26, 宣祖 25년 7월 戊午朔條; 淸虛堂 休靜大師碑.

것이다.[28] 뿐만 아니라 각 도에 반드시 2명씩의 총섭이 임명된 것도 아니다. 이 역시 선교양종의 복구를 방불케 한다는 이유 때문이었다.[29] 도총섭제도의 시행을 앞두고 유신들이 예민하게 반응하고 있음이 엿보이지만 이것이 승직이 아님은 물론이다. 조정으로부터 임명되어 직첩을 받았던 도총섭과 총섭은 '영군토적지승領軍討賊之僧'을 가리키는 명칭이다.[30] 승군을 통솔하는 총수總帥이며 승장僧將인 것이다.

그러나 그 총섭이란 칭호는 조선 중기보다 훨씬 앞 시대에서 간혹 고승들에게 사용된 적이 있으며, 물론 이 경우는 불교를 관장하는 직책을 가리키는 말이었다. 총섭을 중심으로 하는 승직제도가 처음 선보이는 것은 중국 원조元朝의 지원至元 14년(1299)으로,[31] 우리나라에서는 여말선초麗末鮮初의 고승들에게서 도총섭 칭호가 사용된 몇몇 사례를 찾을 수 있다.

즉, 고려 공민왕 20년(1371), 나옹懶翁을 왕사로 책봉하면서 내린 호가 '大曹溪宗師禪敎都摠攝勤修本智重興祖風福國祐世普濟尊者'였으며,[32] 우왕 원년(1374) 왕이 찬영粲英을 가지사迦智寺 주지로 임명하면서는 '禪敎都摠攝淨智圓明妙辨無疑玄悟國一都大禪師'를 '특가特加'하고 있다.[33] 또 조선 태조 2년(1393)에 한영의 비문을 지은 선궤旋軌의 직함은 '前內願堂判曹溪宗事禪敎都摠攝慈興慧照國一都大禪師兼僧錄司事'였다.[34] 한편 문종 원년(1451)에는 세종–세조 대의 명승 신미信眉에

---

28 『宣祖實錄』 권40, 宣祖 26년 7월 壬申條 및 권41, 宣祖 26년 8월 戊子條.

29 안철현, 「朝鮮前期의 僧軍」, 『한국불교사상사 연구』(동국대학교출판부, 1983) pp.386~392.

30 『宣祖實錄』 권48, 宣祖 27년 2월 丙子條. "領軍討賊之僧 可稱爲總攝."

31 『元史』 권9, 本紀, 至元 14년 2월 丁亥條. "詔以僧亢吉益怜 眞加加瓦 亦爲江南總攝 掌釋敎."

32 『牧隱集』 권14, 「普濟尊者謚禪覺塔銘並序」.

33 「億政寺大智國師智鑑圓明塔碑」, 『朝鮮金石總覽』 하, pp.715~719.

34 위와 같음.

게 '禪敎兩宗都摠攝密傳正法悲智雙運祐國利世圓融無疑慧覺尊者'[35] 라는 호가 내려지고 있다.

대표적으로 든 위 몇몇 사례에서 보듯이, 고려 말의 선교도총섭은 왕사 또는 왕사로 책봉되기 전의 고승에게 주어진 존호尊號였다. 또 태조 2년에 보이는 도총섭은 판승록사사判僧錄司事, 즉 최고위 승직자에게 주어진 경우이다. 세종–세조 대의 명승 신미에게 주어진 선교양종도총섭은 이미 세종이 그를 판선교종사判禪敎宗事로 삼으려 했던 계획에 따라 사호賜號된 것이다.[36] 따라서 여말麗末에서와는 달리 존호 자체가 승직 명으로서 이해되는 측면이 없지 않지만, 양종이 별립別立 체제로 운영되었음을 고려한다면 그것은 실제 기능보다는 상징적 의미가 더 큰 것으로 생각된다.

이와 같이 여말선초에 간혹 사용되어 온 도총섭의 명칭이 왜란을 맞은 조선 중기에 다시 본격적으로 사용된 것이다. 이 때의 도총섭은 어디까지나 불교계의 참전參戰을 촉구하기 위한 승장僧將을 뜻하는 것인 만큼 승직과는 무관한 명칭임은 물론이다. 그러나 준국가 제도인 이 도총섭제의 시행이 조선불교에서 갖는 의미는 결코 작지 않다. 무엇보다도 이를 계기로 국가가 불교의 존재를 다시 공적으로 인정하는 결과를 가져왔기 때문이다. 더욱이 종전 후 배불상황 속의 불교교단이 더욱 확대된 도총섭제도를 통해 나름대로 교단의 체제를 유지해 갈 수 있었다는 점에서, 그것에는 변형적이나마 승직제도로서의 의미를 부여할 수도 있겠다.

35 『文宗實錄』 권2, 文宗 원년 7월 戊申條.
36 앞의 같은 책, 文宗 원년 7월 辛亥·己未條.

2. 총섭總攝의 확대와 유형

도총섭제도 시행의 직접 계기가 된 임진왜란은 전후前後 7년간이나 지루하게 계속되었다. 이 기간 중에 도총섭–총섭의 지휘 체계를 근간으로 하는 전국 각 지방의 승군이 때로는 독자적으로, 때로는 관군·의병과 합동으로 전투를 수행하여 육·해전에서 큰 전적을 올렸음은 이미 널리 알려진 일이다. 그러나 임란 중 승군 활동이 반드시 전투에만 국한된 것은 아니다. 전쟁이 소강상태에 있던 기간이나 비전투 지역에서는 농사를 짓거나 땔감을 비축하고 군량을 운송하는 등 활동을 계속해 온 것이다. 그 가운데서도 전국 각 주요지역의 산성山城 축조와 그 보수 작업은 비전투 시 승군의 가장 뚜렷한 활동이었다.

임란 중에는 물론 종전 이후로도 전국 도처에서 계속된 축성사업은 대부분 승군의 동원으로 이루어진 국가의 대역사大役事였다. 축성사업에 승군을 동원한 것은 총섭제도로써 지휘 체계가 잘 갖추어진 승군의 조직 및 그 우수한 노동력을 활용하기 위함이었다. 바꾸어 말하면 국가는 도총섭·총섭·부총섭 또는 승장僧將 등의 직첩을 주면서, 유휴 노동력으로 간주하던 승군을 국가 목적에 적절히 이용하고자 한 것이다. 이렇게 해서 선조 26년(1593) 4월 황해도 해주海州산성의 수치修治로부터 시작하여 전쟁 종식 이후인 선조 38년(1605)의 죽산성竹山城 축성에 이르기까지, 승군에 의해 보수·축조되거나 조력助力을 받아 이룩된 전국 각 군사요충지의 산성은 19개소에 달하였다.[37] 승군의 새로운 주활동 분야가 된 이 같은 축성사업은 종전 후 더욱 본격화하였고, 이로써

37 呂恩暻, 「朝鮮後期 山城의 僧軍總攝」, 『大邱史學』 제32집(大邱史學會, 1987), pp.52~53.

그동안 제1대 도총섭 휴정休靜, 제2대 의엄義嚴(혹은 惟政)으로[38] 이어져 온 도총섭제도는 이제 새로운 형태를 보이며 계속되어 갔다.

임란 이후 승군이 동원된 가장 큰 규모의 축성공사는 남한산성의 축성이었다. 후금後金의 침략에 대비, 인조 2년(1624) 7월에 착공하여 인조 4년(1626)에 완공을 본 이 공사에는 각성覺性·응성應聖 등이 승군을 이끌고 참여하였다. 이때 역사役事를 감독했던 각성에게는 남한산성 승군의 초대 총섭을 겸한 8도 도총섭의 직첩이 주어졌다.[39] 한편 남한산성의 축성과 함께 성 안에 9사寺의 승영僧營 사찰을 신축하거나 기존의 사찰을 증축하기도 했는데, 이는 승군의 산성 수비를 위한 조치였다.

그리하여 산성 수비 승군의 본부인 개원사開元寺 승영僧營은 승군총섭僧軍總攝 1인·중군中軍 1인·교련관敎鍊官 1인·초관哨官 3인·10사원거승寺原居僧 138인·각 도의 윤번輪番 의승義僧 356인으로 편제를 갖추고,[40] 이후 산성의 수비까지도 승군이 담당하였다. 이 남한산성의 승군총섭이 곧 8도 도총섭을 겸임했던 것으로, 여기서 총섭제도가 새롭게 전개되어 감을 볼 수 있다. 승군의 동원 및 산성 승영의 운영은 그 후 숙종 37년(1711) 4월에 착공하여 같은 해 10월에 완공을 본 북한산성의 경우에도 그대로 적용된다. 다만 중흥사中興寺에 본부를 둔 북한산성 승영은 승대장僧大將 1인·중군中軍 1인·좌우별장左右別將 1인·각사승장各寺僧將 1인 및 의승군 530인 등으로 구성된 승군 편제가 남한산성의 그것과는 다소 차이가 있으며, 승군 총섭을 승대장僧大將으로

38 의엄은 휴정의 뒤를 이어 선조 28년 3월 도총섭의 직첩을 받았지만(『선조실록』 권61, 선조 28년 3월 갑술) 전국적인 불교교단의 지지와 호응을 받지 못하였다. 대신 휴정이 歸山한 선조 26년 10월 이후 실질적인 도총섭의 역할을 해온 것은 유정이었다. 그가 직첩을 받았다는 기록은 없지만 교단과 국가의 현실적인 인정을 받으며 계속 도총섭의 임무를 수행한 것이다(安哲賢, 앞의 책 pp.387~389 참조).

39 「碧巖大禪師行狀」, 『大覺登階集』 하권: 『正祖實錄』 권8, 正祖 3년 8월 甲寅條.

40 李能和, 『朝鮮佛敎通史』 하, p.829.

호칭하고 있는 것도 달라진 점이다. 북한산성에는 승군을 동원하여 공역을 감독했던 성능聖能이 초대 승대장에 임명되어 역시 8도 도총섭을 겸임하였다.[41]

임란 시 승군의 동원과 지휘를 위해 시행된 도총섭제도는 위에서 보아온 바와 같이 종전 후에는 축성 및 그 수비를 주임무로 하여 계속 유지되고 있다. 이처럼 각 도의 총섭 대신 남·북한 산성의 양대 승영에 총섭이 임명되고, 그가 8도의 도총섭을 겸임하여 전국의 사찰과 승려를 관장케 하고 있음은, 마치 선교양종 시대에 흥천·흥덕사 주지의 선·교종 판사 겸임을 연상케 하기도 한다. 그러나 이 같은 총섭제도의 운영은 역시 국가의 승군을 동원하기 위한 것일 뿐이다.

이런 총섭제도는 남북한 산성에서만 그친 것이 아니다. 인조 대 이후 18세기에 이르기까지 경상도의 가산架山산성·경기도의 대흥大興산성을 비롯하여 전국 주요 산성의 축성보수에도 여전히 승군이 동원되었고, 역시 그 수비를 위해 승영僧營으로 지정된 각 사찰에 총섭·승장이 임명되었다. 영조 33년(1757)에 편찬된 여지도서輿地圖書에서 승영사찰·총섭·승장의 관계가 확실하게 나타나는 산성·읍성·관액關阨만 해도 무려 37개 지역 97사寺에 이를 정도인데,[42] 이들 사찰의 주지 또한 총섭, 또는 승장으로 불리운 것이다.

산성 승영 외에도 총섭제도는 그 형태를 달리하면서 계속 확대되어 갔다. 사고史庫의 수호를 위한 총섭의 임명도 그 중의 하나이다. 인조 대를 전후하여 봉화(태백산)·무주(적상산)·강화(정족산)·강릉(오대산)에 사고史庫를 짓고 역대의 실록을 보관해 왔는데, 이곳에 각각 사고史庫 수호 사찰을 두고 총섭을 임명하였다. 즉 봉화 각황사覺皇寺, 무주 적상산

41 『僧聖能錄』, 『北漢誌』 위의 같은 책, p.833.
42 呂恩暻, 앞의 논문, pp.67~72 참조.

성赤裳山城(성내 승영사찰은 上元寺 등 3개소), 강화 전등사傳燈寺, 강릉 월정사月精寺를 사고史庫 수호 사찰로 지정하고 이들 4개 사찰의 주지를 총섭이라 한 것이다.[43]

또한 왕실의 원당願堂 및 기타 조정에서 중시한 사찰의 주지에게도 총섭의 직책이 주어졌다. 원당 사찰로는 선희궁宣禧宮의 원당인 법주사法住寺, 예종의 원당인 유점사楡岾寺, 어의궁於義宮의 원당인 파계사把溪寺, 명례궁明禮宮의 원당인 송광사松廣寺 등을 수 있다. 또 안변의 석왕사釋王寺는 태조의 제전祭殿이 있는 사찰로서 역시 주지를 총섭이라 하였다. 이 밖에도 19세기 이후로도 대장경의 인간印刊과 관련하여 경판經板을 소장하고 있는 해인사海印寺 주지가 총섭이 되고, 승려 갑계甲契 등으로 사세寺勢가 크게 성장해 있던 범어사梵魚寺의 주지도 총섭으로 불렸다.[44]

한편 정조 대에는 임란 의승장들을 추상追賞하여 일종의 사액서원賜額書院이라 할 3사祠가 세워지고, 이곳에는 지금까지와는 완연하게 다른 형태의 총섭이 임명되고 있다. 3사祠란 경상도 밀양과 전라도 해남의 표충사表忠祠, 그리고 평안도 안변의 수충사酬忠祠를 말함이다. 밀양 표충사는 병자호란 이전에 이미 세워져 관급제수官給祭需하던 사당이었다. 영조 14년(1738)에 이를 중창한 것으로 휴정·유정·영규 3사師를 제향祭享하였다. 휴정·유정·처영을 제향한 해남 표충사表忠祠는 정조 12년(1788)에, 안변 수충사酬忠祠는 휴정·유정의 제향을 위해 정조 18년(1794)에 각각 세워졌다.

밀양 표충사에는 불교계의 여망 있는 중진 가운데서 예조로부터 첩

---

43 高橋 亨, 『李朝佛教』 pp.997~998, 呂恩暻, 앞의 논문, pp.72~76 참조.
44 高橋 亨, 앞의 같은 곳; 呂恩暻, 「朝鮮後期 大寺刹의 總攝」, 『교남사학』 3(교남사학회, 1987), pp.338~340 참조.

문帖文을 받은 원장院長·도총섭都摠攝·도유사都有司가 사祠의 일을 다스렸고, 또 별도로 도승통都僧統을 두었다. 표충사 원장은 '종정宗正'으로도 호칭되면서 불교교단의 대표자로서 존경을 받았고, 도총섭은 아울러 전국의 승려를 통솔하고 승풍을 규정糾正하였다.[45] 정조 대의 표충表忠·수충酬忠 양사兩祠의 승직 또한 밀양 표충사의 예에 따랐다. 이처럼 산성 총섭의 군사적 기능이 약화된 18세기 말경 국가가 사찰과 승려가 밀집한 경상·전라·평안도에 3사祠를 세우고 총섭제도를 확대 운영하고 있음은, 관변官邊의 취재와 함께 불교계 자체의 기구를 통하여 승풍을 규정케 하려는 정책의 소산으로 이해할 수 있다.[46]

정조 대 총섭제도의 확대로서 또 한 가지 특이한 예는 신창新創한 수원 용주사龍珠寺의 사격寺格을 높여 주지에게 도총섭의 직책을 준 일이다. 용주사는 정조가 그 14년(1790)에 망부亡父인 장헌세자莊獻世子를 위하여 묘소 현륭원顯隆園을 장산章山으로 옮기고 이곳에 능사陵寺로서 창건한 절이다. 정조는 용주사의 창건과 함께 남한산성의 도총섭 보경寶鏡을 주지로 삼고 도총섭으로 칭하였으며, 그 아래 도승통을 둔 것이다.[47] 이후 용주사 도총섭은 8도 사찰 및 승군을 통솔하는 북한산성의 도총섭에 윤번으로 취임하는 것을 상례화하였다. 이는 그만큼 국왕의 정치권력을 배경으로 세워진 용주사의 정치적 성격을 보여 주는 것이기도 하다.

임란 시 승군을 지휘·관장하기 위해 8도 도총섭 및 각 도 16종宗 총섭 외에, 이상에서 살펴온 총섭을 다시 유형별로 묶어 보면 다음과

45 取如, 『括虛集』 권2, 『表忠寺都摠攝案錄重受序』(『韓佛全』 10권, pp.312~313). 表忠寺 소장자료, 『密陽表忠寺初創期重創時備局禮曹本道關文及完文錄』 pp.14~19.
46 呂恩暻, 『朝鮮後期 大寺刹의 總攝』, pp.332~335 참조.
47 李能和, 『朝鮮佛敎通史』 하, p.832.

같다. 즉 ① 축성 및 수비를 위한 남·북한산성 총섭 겸 8도 도총섭, ② 각 산성 승영사찰의 총섭 및 승장僧將 ③ 사고史庫 수호 사찰 총섭, ④ 왕실 원당願堂 및 주요 사찰 총섭, ⑤ 표충表忠·수충사酬忠祠 도총섭, ⑥ 능사陵寺로서의 용주사 총섭 등으로 대별되는 것이다. 이 같은 유형들 자체가 임진란으로 인해 시작된 도총섭제도가 종전 후에도 그 시기와 목적에 따라 다양하게 확대되어 왔음을 잘 말해 주고 있다. 그러나 도총섭·총섭의 임무 및 기능을 감안할 때, 그 제도의 확대 운영은 대부분이 승려들의 노동력을 국가가 철저하게 이용하려는 데 그 목적을 둔 것이다. 위의 유형들 가운데 18세기 후반에 확대된 ④⑤⑥의 경우는 다소 예외적 측면이 있기는 하지만 이 또한 국가 목적에 부응시키기 위한 것임에는 크게 다름이 없는 것이다.

3. 규정소糾正所 제도와 그 기능

도총섭 및 총섭은 위에서 살펴본 바와 같이 임란 시에는 '영군토적지승領軍討賊之僧'으로서 전투에 임하는 승군의 통솔이 주임무였다. 즉 승장僧將으로서의 기능이 최우선인 것이다. 8도 도총섭 및 16종宗 총섭이라는 직책도 결국 이러한 기능을 보다 효과적으로 달성하기 위한 전국 일원의 조직 체계를 말함일 뿐이다. 임란 이후 승군이 산성의 축조 및 그 수비에 동원되면서 주어진 총섭 및 도총섭 또한 이 새로운 임무를 관장하기 위한 것임은 물론이다. 역시 승장의 군사적인 기능 그대로이다.

조정은 승려에게 총섭의 직책을 주고는 있지만 그것이 불교교단을 위한 승직으로서 기능하기를 원한 것은 아니다. 총섭제도의 기능을 어디까지나 국가의 군사적 목적에만 한정시키고자 한 것이다. 이 같은 의

도는 본래 8도에 각각 2인의 선·교종 판사를 임명하여 승군의 주관자로 삼으려 했던 계획을 양종의 복구를 방불케 한다는 이유로 취소하고 총섭으로 명칭을 바꾸었던 일이나, 그나마 각 도마다 반드시 2인씩의 총섭을 임명치 않았던 사실에서도 잘 짐작된다. 따라서 임란 및 전쟁 종식 후의 총섭은 전투 수행의 독려와 축성 등의 관역管役을 주활동으로 삼을 수밖에 없었던 것이다.

그러나 산성 총섭의 군사적 성격이 약화되는 18세기 이후 확대 운영된 총섭제도는 분명 종전과는 다른 의미에서 승직으로서의 일부 기능이 나타나 보이기 시작한다. 가령 사고史庫 수호 사찰인 강화 전등사의 총섭이 "入則守護史閣 出則釐正諸刹"[48]이라 한 기록도 그 한 예가 될 수 있다. 제찰諸刹을 이정釐正한다는 데에서 사고史庫를 수호하는 총섭이 한편으로는 관내 사찰과 승려들을 통제했음을 알 수 있는 것이다. 또 '종정宗正'으로 호칭되기도 했던 표충사의 원장院長이 불교교단의 대표로서 존경을 받았던 것이나, 도총섭이 전국 승려를 통솔하고 승풍규정의 임무를 수행하고 있는 데에서는 총섭제도에 부여된 승직의 기능이 좀 더 확대되고 있음을 느낄 수 있다.

승풍 규정과 관련된 승직 문제로서는, 특이한 사례이기는 하지만 이미 18세기 초에 전라도 선암사仙巖寺의 호암 약휴護巖若休가 받은 도승통都僧統을 들지 않을 수 없다. 호암은 숙종 29년(1703)에 예조로부터 첩문帖文을 받고 전라도 도승통의 승직에 임하여 도내 각 사찰의 승풍을 규정한 바 있다. 선암사를 수반首班 사찰로 하는 규정소糾正所는 금구 금산사金山寺를 우도右道 규정소로, 광양 옥룡사玉龍寺를 좌도 규정소로 하여 각각 간사승幹事僧을 두고 승려 규정의 업무를 수행하였다.

---

48 「傳燈寺本末寺志」, p.49. 史閣都摠攝案冊(乾陵 十二年 丁卯二月 日記), 아세아문화사, 1978.

이 제도는 숙종 29년부터 철종 10년까지 약 150년간이나 존속하였다. 해남 표충사의 도총섭보다 앞서 설치되어 도총섭의 통제는 받지 않고 별도로 활동했던 선암사 도승통이 도내 각 사찰로부터 심한 반발을 받음에 따라 철종 10년(1859)에 폐지된 것이다.[49] 이 같은 선암사의 도승통은 예조의 인정을 받아 창설된 공적公的 승직으로서 도내 각 사찰을 관할하여 자율적으로 승풍을 규정해 갔다는 점에서 어느 정도 승직의 고유한 기능을 행사한 사례로 삼을 만하다.

그런데 이 같은 불교 자체의 자율적 규제활동이 총섭제도의 확대 운영 이후 전 불교교단을 대상으로 실시되고 있어 주목되는데, 조선 후기에 보이는 이른바 5규정소糾正所가 그것이다. 즉 승려의 해이해진 기강을 바로잡고 전국의 사찰을 관할하여 불교 업무를 처리하기 위해 5개 사찰에 규정소를 설치·운영한 것이다. 5개사는 남한산성의 개원사開元寺·북한산성의 중흥사中興寺·수원 용주사龍珠寺, 그리고 일찍이 선교 양종의 도회소였던 봉은사奉恩寺·봉선사奉先寺이다. 개원사·중흥사·용주사는 국가에서 임명한 실권을 가진 도총섭이 있는 사찰이며, 봉은사·봉선사는 그 주지가 관례상 교단 내에서는 선종판사·교종판사로 불리던 사찰이다. 국가와의 관련이나 실제 역할 및 위상에 있어 중앙의 대표격인 이들 5개사의 도총섭과 주지(선·교종판사) 5명이 임원이 되어 불교교단에 관한 업무 일체를 관장하는 5규정소 제도의 설치는 조선 후기 승직제도 문제와 관련하여 매우 중요한 의미를 갖는다.

그러나 이 제도의 설치에 대한 국가의 인정 여부와 그 시기는 분명하지가 않으며, 규정소 운영 및 업무내용 또한 알려진 것을 그리 많지 않다. 이들 5명의 임원은 규정도회소糾正都會所에 합석하여 종무宗務를

49 高橋亨, 『李朝佛敎』, pp.1000~1002, 「昇平 仙巖寺 重刱主 護巖堂若休大師傳」, 『朝鮮佛教界』 제2호, 1917, pp.47~50.

의논 처리하였으며, 별도로 정해진 도회소는 없었다고 한다. 또 5규정소는 각기 관할 구역이 정해져 있었다. 즉 봉은사는 강원도, 봉선사는 함경도, 개원사는 충청도와 경상도, 중흥사는 황해도와 평안도, 용주사는 전라도의 사찰을 각각 관리하였으며, 경기도의 사찰은 5규정소의 공동관할 구역으로 하였다. 이 밖에 성동城東의 수락산 흥국사興國寺와 성서城西의 안현산 봉원사奉元寺에는 공원소公員所를 두었다. 여기에는 사무원이 주재하여 규정소의 서무庶務를 보았으며, 5규정소에 이들 두 공원소를 합해 7규정소라 하기도 했다.[50]

한편 일부 도道에는 도규정소道糾正所가 있었는데, 경상도 규정소가 칠곡 가산架山산성의 천주사天柱寺였고, 순천 송광사는 전라좌도 규정소, 금구 금산사는 전라우도 규정소였다. 전라도의 좌·우도 규정소는 이미 앞에서 본 선암사 도승통에 의한 업무가 그대로 용주사 도총섭의 업무와 계통을 이루었을 것임이 분명해 보인다. 이밖에 다른 도에도 도규정소가 있었던 것으로 보이지만 자세한 것은 알 수 없다.

이런 5규정소 제도의 국가 인정 여부와 그 설치 시기도 밝혀져 있지 않지만, 규정소 임원들이 국가로부터 임명을 받은 도총섭들이거나 비중 있는 봉은·봉선사의 주지들이었음은 어느 정도 시사하는 바가 없지 않다. 즉 위에서 언급한 선암사 도승통의 예를 보더라도, 이 제도는 예조의 인가, 또는 내락內諾을 받은 공적인 제도로서 출발했을 가능성이 더 큰 것이다. 그리고 그 시기는 용주사가 창건된 정조 14년(1790) 직후로 추정해 볼 수 있겠다. 국왕의 정치권력을 배경으로 세워진 용주사의 도총섭이 규정소의 주요 임원이라는 점과, 정조 대에 불교 자체적인 승풍규정의 정책이 표충사의 도총섭제도를 통해 강화되고 있음을 아울러

---

50 李能和, 앞의 책, pp.825~826.

고려할 때 더욱 그런 추정이 가능한 것이다.

어쨌든 전국 각 도의 사찰을 대상으로 승풍을 규정하고 불교 업무를 자체적으로 처리하기 위한 5규정소 제도의 설치는 불교교단의 자율적 위상과 기능이 그만큼 향상되었음을 보여 주는 것임에 틀림없다. 동시에 이는 18세기 후반부터 도총섭이 제한적이나마 승직으로서의 기능을 점차 크게 발휘해 나간 것이라고 말해도 좋을 것이다.

Ⅳ. 조선불교 승직의 성격(맺음)

고려와는 달리 억불배불을 불교정책의 기조로 삼았던 조선시대에는 승직에 있어서도 많은 제도적 변화를 보여 준다. 선초鮮初에는 고려의 승직이 그대로 계승되었으나 태종·세종의 종파 폐합과 함께 승직제도 또한 크게 변하여 국사·왕사제 및 승록사僧錄司가 폐지되고, 대신 선교양종판사禪教兩宗判事 제도가 시작된 것이다. 그러나 이런 양종판사 제도도 연산군 대의 파불破佛을 겪으면서 중단되고, 명종 대의 짧은 흥불興佛 시기에 복구되었다가 다시 영구히 혁파되고 말았다. 이로써 공식적인 승직제도가 사라진 것이지만 임진왜란을 맞아 승군의 참전參戰을 고취시키기 위해 다시 국가가 승려에게 직첩을 주게 된다. 승직이라고는 말할 수 없는 도총섭都摠攝 제도가 이렇게 해서 시작되고, 이후 총섭總攝제도는 다양한 형태로 확대 운영되면서 조선 말기까지 계속되었다.

이와 같은 승직제도의 변화는 곧 조선시대의 배불 과정을 반영하며, 동시에 조선불교 승직제도 성격을 그대로 보여 준다. 따라서 지금까지 검토해 온 내용을 토대로 조선시대 승직제도가 보여 주는 몇 가지 성격을 요약하는 것으로써 결론을 삼고자 한다.

① 불교와 국가의 공적公的 매개체로서의 성격

승직제도는 불교의 관리를 위해 마련된 국가의 주요 불교 제도 가운데 하나이다. 따라서 불교와 국가와의 관계는 승직을 포함한 불교 제도를 통해 유지된다고 말할 수 있는데, 명종 21년 이후 국가의 모든 불교 제도가 일시에 폐지된 상태에서 임진란 이후 변형적이나마 승직제도가 다시 이어지고 있음은 그 자체만으로도 중요한 의의를 갖는다. 강경한 배불정책으로 경제적·인적 조직 기반을 해체당하고, 교단의 현실적 존재마저 인정받지 못하던 불교가 이 제도를 통해 다시 국가와의 공적인 관계를 유지할 수 있게 되었기 때문이다. 그런 뜻에서, 전기의 변화된 양종판사 제도는 물론 임란 이후 승직에 준하는 국가 제도로서의 도총섭제 등은 우선 불교와 국가의 공적 매개체로서 성격을 지닌다고 말할 수 있다.

② 국가에의 예속성 및 비교단성非敎團性

특히 조선시대 승직제도는 처음부터 국가의 정책 방향에 따라 크게 좌우될 수밖에 없는 한계를 지닌 것이었다. 전기의 승직제도 운영이 그래도 불교교단의 내적인 필요와 요구와 상응하는 것이었음에 비해 임진란 이후의 승직은 오로지 국가의 이익과 목적을 위해 운영되고 있음이 이런 사실을 극명하게 보여 준다. 임진란 당시 승군의 참여는 물론 당시 불교인들의 순수한 호국적 충정의 발로로 보아야겠지만, 이에 더하여 국가로부터 주어진 직책은 충분히 그들의 헌신 의지와 사명감을 자극했을 것이다. 다시 말하면 억압 배척당해 온 승려의 신분이 다시 국가의 공적인 인정을 받게 되었다는 안도감과 함께 일종의 자부심으로 더욱 국가의 목적에 헌신적으로 부응했으리라는 것이다. 왜적과의 전투에 나섰던 승군이 종전 후에도 계속되는 과중한 축성 공역과 그 수비에 묵묵히 순응하고 있는 것도 이 때문일 것이다. 따라서 이 같은 승직제도는 철저하게 국가에 예속된 것으로서 그 운영의 비교단성이 더욱 현저하게 드러나는 것이다.

③ 교단 유지의 외피적外皮的 성격

배불정책이 지속되고 그것이 심화되는 가운데서도 승직이 존속함으로써 불교는 국가와의 관계 단절을 면할 수 있었다. 국가와의 공적 관계 단절은 곧 불교가 제도적 인정이나 보호권에서 제외됨을 뜻한다. 그런 만큼 승직제도로서는 분명 왜곡된 형태의 것이기는 하지만 특히 임진란 이후의 도총섭제에 대해서도 일정한 의미를 부여할 수 있다. 변형적인 이 같은 제도를 통해 불교교단을 끝까지 유지해갈 수 있었다는 점에서이다. 더구나 도총섭들이 중심이 된 5규정소 제도의 설치에서 보듯이 불교교단은 18세기 이후 조선 말기에 이르러 가면서 제한적이나마 그 자체의 자율적 기능을 발휘하고 있다. 이런 사실들은 일정한 원칙이 결여된 것으로도 느껴지는 여러 가지 형태의 승직이 조선 중기 이후 불교교단의 유지 존속에 외피적外皮的 구실을 해 왔음을 말해 주는 것이다.

④ 승직의 범람과 그 의미의 쇠퇴

승군이 산성 수비를 담당하던 제도는 고종 31년(1894) 갑오경장甲午更張 때까지 계속되었다.[51] 이후 승군의 산성 수비가 폐지됨에 따라 최

51 高橋亨, 『李朝佛教』, pp.997.

소한 남북한 산성 도총섭제도 또한 공식적으로는 끝난 것이다. 그러나 정조 대 이후 총섭제도의 확대 운영에서 볼 수 있었듯이 도총섭, 또는 총섭은 이외에도 전국에 다른 유형으로 상당수가 존재하였다. 이 중에 총섭이라는 칭호는 매우 흔하여 이름 있는 대찰大刹들은 역사상 다소의 유서由緖를 빙자하여 그 주지직을 모두 총섭이라 칭할 정도였다.[52] 이와 함께 승통僧統 또한 흔한 칭호로서 주지가 승통으로 불리웠고, 승통이 다시 총섭으로 불리우면서 직명職名의 혼람混濫 풍조를 야기시켜 왔다.[53] 조선 말기에 와서 더욱 두드러지는 직명의 혼람상은 그만큼 승직의 권위와 의미가 쇠퇴하고 있음을 보여 주는 것이다. 총섭 등 승직제도의 확대가 가져온 결과인데, 어느 측면에서 이는 승직이라는 국가제도로부터의 탈피를 반증하는 현상으로 이해되기도 한다. 따라서 개화기를 맞는 국가의 대불교 정책이 또 다른 변화를 예고하는 조선 말기에 있어서, 불교교단은 그 스스로 능동적이고 자율적인 새로운 승직제도의 모색이 다시 필요하게 된 것이다.

52 李載昌, 「朝鮮朝 社會에 있어서 佛教教團」, 『韓國史學』 7(한국정신문화연구원, 1986), p.140.
53 金映遂, 『朝鮮佛教史藁, 惠化專門學校』(無刊記 프린트본), p.168.

18

벽송 지엄의 신자료와 법통 문제

/ 고익진

〈선정 이유〉

1. 벽송 지엄碧松智嚴의 사적史的 위치
   1) 사상의 면에서
   2) 법계法系의 면에서
2. 신자료新資料의 내용
   1) 훈몽요초訓蒙要抄
   2) 염송화족拈頌畵足
   3) 조원통록촬요발문祖源通錄撮要跋文
3. 조선시대 전법傳法의 이중구조
   1) 보조선普照禪의 계승
   2) 임제적통臨濟嫡統의 표방

● 고익진, 「벽송 지엄의 신자료와 법통 문제」, 『불교학보』 제22집, 동국대학교 불교문화연구원, 1985. 10, pp.203~212.

선정 이유

이 논문은 조선 전기의 대표적 선사인 벽송 지엄의 신자료인 『훈몽요초』와 『염송화족』 및 『조원통록촬요발문』을 통해 여말 선초로부터 내려오는 종래의 사상 문제와 법통 문제를 지혜롭게 통섭하고 있는 점에 주목하여 선정하였다.

저자는 벽송 지엄의 역사적 위치를 사상면과 법계면에서 두루 살핀 뒤 사상면에서는 지눌-나옹의 계통을 잇고 있으면서도, 법계면에서는 태고-환암-구곡-벽계를 잇는 이중 구조를 지니고 있음을 밝히고 있다.

저자는 새로 발견한 벽송의 세 가지 자료들 중 『훈몽요초』는 그가 초학자를 훈도할 때는 반드시 이것부터 가르쳐 뛰어넘지 못하도록 선사先師를 생각하는 뜻에서 간행하였고, 『염송화족』은 벽송이 49세 때 사자암에서 『염송설화』를 절요해 강의용의 절록 형태로 쓴 책으로 보조선의 계승을 보여 주고 있으며, 『조원통록촬요발문』은 송나라 공진 선사의 『조원통록』(24권)을 4권으로 촬요하여 '한국적 전등사'를 구성하고 발문을 덧붙이고 있다고 하였다.

저자는 이러한 신자료에 의거하여 벽송 지엄의 선사상과 법통은 사상적으로는 보조선을 계승하고 법통은 임제 적통을 표방하고 있어, 단보 허균이 시도한 '목우-강월의 법맥'에 대응하는 '목우-태고의 법맥'을 세울 법하지만 그렇게 하지 않고 '임제-석옥 적통설'을 내세우고 있다는 사실에 주목하였다.

그리하여 저자는 이러한 법계 설정은 결과적으로 조선불교의 전법을 '사상면에 서면 보조계'이고, '법계면에 서면 임제계'라는 이중구조로 만든 것으로 보지 않을 수 없다고 하는 지점에서 이 논문의 의미와 학문적 가치를 찾을 수 있다.

1. 벽송 지엄碧松智嚴의 사적史的 위치

1) 사상의 면에서

조선 중종中宗 대의 벽송당壁松堂 지엄 선사智嚴禪師(1464~1534)에 대한 자료는 종래 그의 법손 청허 휴정淸虛休靜(1520~1604)이 찬집한 「벽송행적壁松行蹟」과 「벽송당야로송壁松堂埜老頌」 20수가 전부라 해도 좋다.[1] 그 중 벽송행록壁松行錄에 의하면, 그는 세조 10년(1464)에 생하여(扶安人 宋氏) 어려서 화검畵劍을 좋아했다. 성종 22년(1491) 북방에 침입한 야인野人을 쳐 전공을 세우지만, '대장부가 허명에 치로馳勞할 것이 못됨'을 의식하고, 계룡산 와초암臥草庵의 조징 대사祖澄大師 아래 출가한다(28세). 출가 후의 오도悟道 과정이 다음과 같이 기록되어 있다.

㉠ 先訪衍熙教師 問圓頓教義(楞嚴深義) 次尋正心禪師 擊西來(傳燈)密旨 俱振玄妙 多所悟益.[2]

㉡ 正德戊辰(中宗 3년, 1508)秋 入金剛山 妙吉祥 看大慧語錄 疑着狗子無佛性話 不多時日 打破漆桶·又看高峯語錄 至颺在他方之語 頓落前解. 是故師之平生所發揮者 乃高峰大慧之風也.[3]

---

1 休靜撰, 「壁松堂埜老行錄」(또는 狀·蹟)은 ① 三老行錄 ② 三老行蹟 ③ 淸虛堂集 ④ 奎章閣所藏 警誡文(眞一編 壁松堂埜老行狀) 등에 수록되어 있는데, 약간의 字句出入과 文章增略이 보인다.

2 『三老行蹟』 중의 「碧松堂行蹟」(괄호는 二老行錄의 字句).

3 ㉡ 이하는 『三老行蹟』의 「碧松堂行錄」에만 보임.

조징 대사 아래 선정을 닦고 연희 교사衍熙教師 아래 원돈교의圓頓教義(楞嚴深義)를 물은 다음 『대혜어록大慧語錄』의 구자무불성화狗子無佛性話를 간하고 『고봉선요高峰禪要』에서 마지막 지해知解를 떨쳐 버렸다는 것이다. 이러한 오도 과정은 고려 보조 지눌普照知訥(1158~1210)의 선禪사상과 상당한 유사성을 띠고 있다. 지눌은 ① 성적등지惺寂(定慧)等持 ② 원돈신해圓頓信解 ③ 간화경절看話徑截의 3문門으로 사람을 제접했는데,[4] 원돈신해문圓頓信解門은 화엄華嚴에 해당되고, 간화경절문看話徑截門은 『대혜어록』의 구자무불성화를 간看하여 마지막 남은 지해知解를 돈파頓破하는 것이기 때문이다.

뿐만 아니라 지엄智嚴은 그 뒤 용문산龍門山(中宗 6년, 1511)·오대산五臺山(동 8년, 1513)·백운산白雲山·능가산楞伽山 등을 유력遊歷하다가, 중종中宗 15년(1520) 지리산에 들어가 신초암身草庵에서 두문명적杜門冥寂하고 인사人事를 닦지 않았다. 그러나 진지한 참학자參學者는 접인接引하였으니, 그 방법이 다음과 같이 소개되어 있다.

> 若善導初學 則先以禪源集·別行錄立如實知見. 次以禪要書狀(語錄)[5] 掃除知解之病 而指示話路也. 凡接人機鋒 大略若此. 有時與門人雪闇·靈觀·圓悟·一禪等 六七十之徒 講習大乘經論 則圓音落落.[6]

---

4 金君綏撰,「普照碑」,『金石總覽』 권하 p.950: 同,『東文選』 권117.

5 眞一編, 壁松堂埜老行狀에는 書狀 대신 語錄이 들어 있음. 전자는『大慧書狀』, 후자는『大慧語錄』으로 생각됨.

6『三老行蹟』에는 이 부분이 다음과 같이 되어 있다. "師一日顧 一禪長老曰 旣是一也 離眞妄絶名相 乾乾淨淨 灑灑落落 喚什麽作禪. 若言萬象森羅 悉是如來實相見聞覺知 無非般若 靈光猶是天魔種族外道邪宗 怎生是一味禪 拈拂子搣一搣 喚侍者 點茶來 良久云…. 寶法俊禪子偈曰 逢君贈與莫鎁劍 勿使鋒鋩 生綠苔五蘊山前如見賊 一揮能斬箇箇來. 師有時以敎舌 飜大海之波瀾. 有時以禪劒斬群狐之精靈. 化門舒卷實不可思議也.

다시 말하면 먼저 『선원제전집禪源諸詮集』과 『법집별행록法集別行錄』으로 여실지견을 얻게 한 뒤 『선요禪要』와 『서장書狀』(또는 語錄)으로 지해병知解病을 씻게 한다는 것이다. 그러다가 중종中宗 29년(1534) 수국사壽國寺에서 『법화경』 방편품을 설한 뒤 입적했다고 한다(세수 81, 법랍 44).

지엄의 그런 초학접인初學接引의 방법 또한 지눌의 선사상이 짙게 깔려 있음을 느끼지 않을 수 없다. 당 규봉 종밀의 『법집별행록』은 하택신회荷澤神會의 여실지견如實知見(空寂靈知)을 서술하는 것으로서, 지눌의 정혜등지문定慧等持門은 바로 그런 여실지견을 세우려는 것이다. 그리고 종밀의 『선원제전집도서禪源諸詮集都序』는 선교禪敎 제파諸派의 특징을 체계적으로 명시한 것으로, 지눌 또한 그의 『법집별행록절요병입사기法集別行錄節要並入私記』에서 자주 인용하고 있다. 마지막 지해知解의 병을 씻는 데에 사용한 『선요禪要』의 저자 원묘 고봉原妙高峰은 임제 18대 적손嫡孫이고, 『서장書狀』의 저자 대혜 종고는 육조 17대 적손이다.[7] 다 같이 지눌이 간화경절문看話徑截門에서 선양한 대혜선大慧禪 계통이라고 할 수 있다.

따라서 지엄의 오도 과정이나 초학제접初學提接의 방법에는 지눌의 선사상이 짙게 깔려 있다고 할 수 있다. "어떤 때는 교설敎舌을, 어떤 때는 선검禪劍을 활용하여 화문서권化門舒卷이 불가사의하고",[8] "대승경론을 강할 때는 원음낙락圓音落落했다."[9]는데, 이것 또한 지눌의 선교일원禪敎一元 사상과 상통한다. 그렇다면 지엄은 조선 중종 대의 법난 속에서 보조선普照禪을 부흥하려 했던 것이 아니었을까? 이런 추측이 가

7 『二老行錄』 중의 「碧松行錄」.
8 『三老行錄』 중의 「碧松堂行蹟」. 주 6 참조.
9 『二老行錄』 중의 「碧松堂行錄」.

능한데, 그런 단정을 내리기 전에 다시 좀더 생각해 볼 문제가 있다.

2) 법계法系의 면에서

허단보許端甫(1569~1618)의 「청허당집서」(광해군 40년, 1612)에는 청허 휴정의 법계가 다음과 같이 기록되어 있다.

> 唯道峰靈炤國師 入中國得法眼永明之傳. 宋建隆間返本國 大闡玄風 以救末法. 祖師西來之旨始有所宣揚 而東土蒙伽黎者 乃獲襲臨濟曹洞之風 其有功於禪宗也. 詎淺尠哉. 師之正法眼藏 傳于道藏神範 歷淸凉道國·龍門天隱·平山崇信·妙香懷瀣·玄鑑覺照·頭流信修 凡六世而得普濟懶翁. 翁之扗上國 博叅諸善知識 圓通朗詣 蔚爲禪林之師表. 傳其法者 南峯修能爲嫡嗣 而正心登階寔繼之 即碧松智嚴之師也. 碧松傳于芙蓉靈觀. 得其道者 唯稱淸虛老師爲最杰云.

이에 의하면 서산 대사 휴정의 법계는 다음과 같이 된다. ① 도봉 영소道峰靈炤(법안종)→ ② 도장 신범道藏神範→ ③ 청량 도국淸凉道國→ ④ 용문 천은龍門天隱→ ⑤ 평산 숭신平山崇信→ ⑥ 묘향 회해妙香懷瀣→ ⑦ 현감 각조玄鑑覺照→ ⑧ 두류 신수頭流信修→ ⑨ 보제 나옹普濟懶翁 → ⑩ 남봉 수능南峯修能→ ⑪ 등계 정심登階正心→ ⑫ 벽송 지엄碧松智嚴→ ⑬ 부용 영관芙蓉靈觀→ ⑭ 청허 휴정淸虛休靜. 다시 말하면 휴정은 고려 말 연도燕都에 들어가 천축국天竺僧 지공指空과 평산 처림平山處林(임제종)의 법을 전해온 보제존자普濟尊者 나옹 혜근(1320~1376)의 6대손이 된다는 것이다.

동일한 뜻을 허단보許端甫는 송운대사松雲大師 석장비명石藏碑銘에서도[10] 피력하고 있다.

> 唯牧牛·江月 獨得黃梅宗旨 蔚爲禪門之冠. …普濟五傳爲芙蓉靈觀 而清虛師稱入室弟子 其慧觀妙悟 有出於前輩 寔近代之臨濟曹洞也. 厥後嗣法者不無其人 而緇門盛推泗溟大師 謂可繼西山之云 或庶幾乎哉.
> 不佞雖儒家者流 以弟兄之交 知師最深. 試問今世續牧牛·江月之道脉者 捨吾師其誰, 後必有辨之者 仍係之以銘.

휴정休靜을 여전히 나옹 혜근의 6대 법손으로 보고 있다. 뿐만 아니라, 휴정과 그의 문하 사명당 유정(1544~1610)은 목우자牧牛子(지눌)와 강월헌江月軒(혜근)의 사상을 충실히 계승하고 있는 것으로 설하고 있는 것이다.

그러나 그 위 이식李植(1584~1647)의 「청허당집서淸虛堂集序」(仁祖 8년, 1630)에는 휴정의 법계法系가 다음과 같이 개변改變되어 있다.

> 清虛堂示寂之二九餘年 其從葆眞·彦機·雙(双)仡等曰 吾師臨濟之嫡宗也. 元季有石屋和尙 傳之高麗太古禪師. 太古傳之幻庵 幻庵傳之□□□龜谷[11] 龜谷傳之正心 正心傳之智嚴 智嚴傳之靈觀 靈觀傳之吾師. 今其參話禪頌具在 以是而序其集可乎. 曰余不參學其學 焉知其傳.

---

10 『金石總覽』 권하, p.824: 『四冥集』 권1.
11 6자에 해당되는 공간이 있어 그 속의 글자를 지워버린 것으로 생각됨.

보는 바와 같이 석옥 청공石屋清珙→ ① 태고 보우太古普愚→ ② 환암 혼수幻庵混修→ ③ 귀곡 각운龜谷覺雲→ ④ 등계 정심登階正心→ ⑤ 벽송 지엄碧松智嚴→ ⑥ 부용 영관芙蓉靈觀→ ⑦ 청허 휴정清虛休靜의 법계法系로 되어 나옹 혜근의 6대손이 아니라 태고 보우의 7대손으로 되어 있는 것이다. 허단보와 이식李植의 서序는 불과 18년(1612~1630)의 차이밖에 없다. 그런데도 그런 이설이 제기되고 있는 것이다.

이것을 우리는 어떻게 생각해야 할 것인가? 허단보는 휴정과 유정을 숙지熟知하고 있지만 이식李植은 그렇지 못할 뿐만 아니라, 청허淸虛 입적 20여 년 후 그의 문도 보진葆眞, 언기彦機, 쌍흘雙(雙)仡 등의 간청에 의해 그런 법계를 서문序文에 써 넣은 것이다(상기 인용문 참고). 그렇다면 신설新說은 「허단보서許端甫序」의 법계를 부정하고 태고법계설太古法系說을 세우려는 뜻이 작용하고 있는 것이 아닐까? 이런 생각을 더욱 깊게 하는 것은 『청허당집淸虛堂集』이 현재 2권본(許端甫序在, 1666·1681년刊)[12]·4권본(序·刊記欠)·7권본(李植序在·1630刊)의 셋이 전해지고 있을 뿐만 아니라, 중관 해안中觀海眼(休靜門下)의 「사명당송운대사행적四溟堂松雲大師行蹟」(1640) 속에 다음과 같은 글이 보인다.

> 大師之室中節適弟子惠球·丹獻等 與八表釁侶 相爲之議曰 清虛是能仁六十三代臨濟二十五世直孫也. 永明則法眼宗也. 牧牛則別宗也. 江月軒則分派於平山. 本碑中吾師之傳於臨濟 昭穆失次. 若後世盲聾乎智者 愈久而愈傳 無乃有駭耳目者乎. 以海眼雖乏外孫虀臼 且有董狐直筆 持其本碑 再三爲請故 越三十一年…謹書.

12 「허단보서」의 연기年記가 1612년이므로 현존본은 초간본으로 보기 어렵다.

허단보의 「사명석장비四溟石藏碑」(本碑)에 기록된 법계를 부정하는 논의가 송운松雲의 입실제자 혜구惠球·단헌丹獻 등에 의해 일어나고 있음을 뚜렷하게 해주고 있다. 본비本碑에는 황매黃梅(五祖弘忍)의 종지宗旨를 이은 것은 오직 지눌知訥과 혜근慧勤이요, 혜근의 6대손이 휴정休靜, 휴정을 이은 것이 유정惟政이라고 했다. 그에 대해서 혜구惠球 등은 "목우자牧牛子(知訥)는 별종이요, 강월헌江月軒(慧勤)은 평산 처림平山處林을 이은 것이라."고 배척하고, 중관 해안中觀海眼 또한 그것에 찬동을 표명하여 사명행장의 끝에 상기 인용문과 같이 써 넣고 있는 것이다.(1640)

허단보의 '보조普照→나옹懶翁' 법통설에 대해 휴정과 유정의 입실제자들이 이렇게 강력한 반발과 '임제臨濟→태고太古' 법통설을 제기하고 있는 까닭은 무엇일까? 조선불교는 그 뒤 후설後說이 상승되어 오늘에 이르고 있지만, 그럴 경우 벽송 지엄의 선사상은 어떻게 보아야 할까? 앞서 살펴본 바와 같이 지엄智嚴은 분명히 보조선普照禪을 계승하고 있는 것이다. 사상면에서는 보조선의 계승이요, 법계면에서는 순수한 임제종臨濟宗이라는 말이 된다. 이런 일이 있을 수 있을까? 근대 불교계에서 태고법통설太古法統說을 놓고 논란이 발생했던 것은 무리가 아니다. 필자는 그런 시비에 말려들고 싶지 않지만, 역사적인 사실을 정확하게 파악한다는 것은 중요한 일이라고 본다.

이런 견지에서 금번 『한국불교전서』 편찬실에서 수집, 확인한 벽송 지엄에 관한 세 가지 새로운 자료는 문제 해명에 큰 보탬이 될 것으로 본다. 문제의 두 법통설은 벽계 정심碧溪正心→벽송 지엄碧松智嚴→부용 영관芙蓉靈觀→청허 휴정의 부분은 일치하고 있다. 다만 그 위가 서로 엇갈리고 분명치 않아 문제인 것이다. 그런데 그 중 벽계碧溪(또는 登階) 정심正心에 대한 자료는 채영采永의 『불조원류佛祖原流(1764간)』에 실린 다음과 같은 약전略傳이 전부라고 할 수 있다.

> 遠嗣龜谷覺雲. 又入明 傳臨濟宗下摠統和尚法印而來. 恭讓時辭退後 因沙汰 長髮蓄妻孥 入黃岳山 隱居于古紫洞物罕里 晦跡焉.

각운覺雲을 이은 뒤 명明에 들어가 임제종의 총통화상摠統和尙의 법인法印을 전해 왔다는 것이다. 그러나 그 약전略傳의 전거가 없을 뿐만 아니라, 『불조원류』 또한 후대의 저술(1764刊)이어서 신빙성이 약하다.

이에 비해 지엄의 행적은 휴정의 친작親作일 뿐만 아니라, 사상 내용도 구체적으로 전해주고 있는 것이다. 따라서 사상과 법계의 면에서 지엄은 중요한 위치에 있다고 보지 않을 수 없다. 허나 자료면에서는 역시 빈약하다고 해야 한다. 휴정이 찬집한 행장과 선송禪頌 20수에 불과하기 때문이다. 이런 뜻에서 금번 확인된 지엄의 세 가지 자료는 학술적으로 중요한 보탬이 되지 않을 수 없다.

2. 신자료新資料의 내용

1) 훈몽요초訓蒙要抄

휴정 찬 『선가귀감禪家龜鑑』(松廣寺 1618刊本) 앞에 「훈몽요초訓蒙要抄」라는 소편小篇이 실려 있다(18字×9行×11面). 저자가 밝혀져 있지 않고, 내용 또한 소략疏略해서 종래 어떤 책의 부록 정도의 것으로 생각되고 있었다. 그런데 금번 그것이 지엄의 저술이라는 것이 확인된 것이다.

좀더 자세히 말하면, 서울대학교 규장각에 경계문警誡文이라는 고판본古版本이 1책(28張) 소장되어 있는데, 잡다한 내용을 합철한 것으로 편목篇目은 다음과 같다.

> ① 警誡文(7行), ② 說法起頭(5行), ③ 門外西風急(末尾欠落, 18行), ④ 訓蒙要抄(題名·前半部 欠落, 8面), ⑤ 佛說金沙論(序一部 欠落, 16面), ⑥ 碧松堂埜老頌 眞一編(12面).

그 중의 ④ 훈몽요초訓蒙要抄 끝에 다음과 같은 중요한 말이 새겨져 있는 것이다.

> 右鈔散在諸錄 不宜別集. 然碧松禪師 凡訓蒙必先於此. 其導人不獵等也 切矣. 今慕禪師 刊之想之爾. 高麗國光明寺大法住寺開刊.

이 『요초要抄』는 제록諸錄에 산재散在하여 별집別集으로 만들 것은 못 되지만, 벽송碧松 선사가 초학자初學者를 훈도할 때는 반드시 이것부터 가르쳐 뛰어넘지 못하게(不臘等) 하였으므로 선사先師를 생각하는 뜻에서 간행한다는 것이다. 요초자要抄者는 지엄智嚴이지만, 별집으로 만든 사람은 간행자(眞一?)인 것으로 보인다. 어떻든 지엄의 초학접인初學接引의 방법을 확시確示해 주는 것으로서 중요한 정보를 제공하고 있는 것이다.

그렇다면 그 내용은 어떻게 구성되어 있는가? ① 기신론의 일심이문一心二門, ② 구사론의 삼과三科(蘊·處·界) ③ 유식론의 팔식八識·사지四智 ④ 삼보三寶·사륜왕四輪王·사주四洲·팔풍八風·십사十使·육도六度·삼계구지三界九地·십이인연十二因緣 ⑤ 천태사교天台四教 ⑥ 현수오교賢首五教 ⑦ 교외삼처전심教外三處傳心 ⑧ 세존출태삼륜방편世尊出胎三輪

方便을 차례로 간결하게 소개하고 있다. 불문佛門에 들어온 자가 무엇보다도 먼저 익혀야 할 내용이다. 지엄의 교수敎授 방법을 "其導人不獵等也 切矣"라고 탄嘆할 만하다.

뿐만 아니라, 휴정休靜 찬撰의 『벽송행록碧松行錄』과 송頌 20수首는 이미 알려진 바이지만, 문인門人 진일眞一이 편간編刊한 목판본이 현존하고 있다는 것도 금번 새로 알려진 사실이다. 기존본旣存本과 비교해 본 결과, 약간의 자구출입字句出入과 송頌의 제사題詞 및 배열 순에 차이가 있을 뿐이다.[13]

2) **염송화족拈頌畵足**

동국대학교 도서관에 『염송화족拈頌畵足』이라는 필사본이 1책 소장되어 있는데(총 161면), 그 말미에 다음과 같은 서기書記가 있다.

歲正德壬申中秋日 碧松書於獅子庵.

'정덕임신正德壬申'(中宗 7년, 1512)은 지엄智嚴 49세 때에 해당된다. 그렇다면 이 필사본은 지엄의 친필이 아닐까 느껴진다. 내용은 각운覺雲의 『염송설화拈頌說話』 30권에서 고칙古則에 대한 설화 부분만을 차례로 절록節錄한 것으로서, 서자書者의 사기私記가 약간 들어 있는 정도이다.[14] 따라서 일종의 절요서節要書라고 할 수 있는데, 주목되는 것은 지

---

13 休靜集 『碧松堂埜老頌』 20首 중 제7 次金承旨曜韻과 제14 示牧庵의 위치가 다르고, 제5 示眞一禪子題下에 다음과 같은 글이 있다. "眞一湖南人也. 雖無世才性行非凡 請我伽陀 辭不獲已 濡業揮之."

14 권1, '老母' ; 권3, '這個' ; 권13, '異類' ; 권15, '一擊' 등에 附言·代替·補入이 행해짐.

엄이 당시에 『염송설화』를 절요하고 있었다는 그 사실이다. 보조선은 전술한 바와 같이 ① 정혜등지문定慧等持門 ② 원돈신해문圓頓信解門 ③ 간화경절문看話徑截門의 3문으로 구성되어 있다. 그 중에서 ① 정혜등지문을 서술하는 문헌은 『법집별행록절요병입사기法集別行錄節要竝入私記』(宗蜜撰 知訥錄)·『수심결修心訣』(知訥撰)·『선원제전집도서禪源諸詮集都序』(宗密撰) 등이고, ② 원돈신해문은 『화엄경절요華嚴論節要』(李通玄撰·知訥錄)·『원돈성불론圓頓成佛論』(知訥撰) 등이고, ③ 간화경절문은 『대혜어록大慧語錄』(宗密)·『간화결의론看話訣疑論』(知訥撰) 등이다.

지눌知訥의 이런 선 체계는 그의 제자 진각 혜심眞覺慧諶(1178~1234)에 이르러 간화경절문이 크게 선양되고 있다. 고화古話 1125칙則을 채록하여 『선문염송禪門拈頌』 30권을 엮고(高宗 13년, 1226), 「구자무불성화간병론拘子無佛性話揀病論」을 짓고 있으며, 혜심의 제자 각운은 다시 『선문염송』에 설화를 부쳐 『염송설화』 30권을 저술하고 있는 것이다. 이 중 염송拈頌은 초간판목初刊板木(1226)을 몽고란蒙古亂에 잃어버린 뒤 고종高宗 30년(1234) 청진 몽여淸眞夢如(曹溪山 제3대)가 347칙을 보태 재각再刻했다는 기록이 보인다(鄭晏의 增補拈頌跋).[15] 그러나 설화說話는 저술년과 초간初刊의 연대를 알 수 없고, 현존 사료史料에서 가장 오래된 개판開板은 중종中宗 33년(1538)에 있었던 것으로 볼 수 있다. 우주옹宇宙翁의 「고염화발古拈話跋」에 다음과 같은 말이 보이는 것이다.

> 由是海東眞覺大師…集成拈頌五六卷 傳於覺雲. 雲奉命于修禪社 入院三年 涉世忘然…似借神功而就也已. 後攬者依若膾炙於口 欲爲眼目 而未有刊行 累傳多數 魚魯難分 故走聚請碩德 故書十餘件

15 『한불전』 5-923a.

校正而命門人天么 欲慕緣鋟梓 傳流於世[16]

우주옹宇宙翁이 천요天么를 시켜 침재鋟梓키 전에는 개판開刊되지 않고 있었던 것 같은데, 만일 그렇다면 『염송설화』는 저술된 뒤 중종中宗 33년(1539)까지는 필사筆寫되고 있었던 것으로 보아야 한다. 동시에 지엄智嚴(1464~1534)의 「염송화족拈頌畵足」은 그런 필사 시기의 일례一例를 보여 준다고 할 것이다. 중종 33년은 지엄 입적 후 5년이 되기 때문이다.

어떻든 지엄이 이렇게 『염송설화』를 필사하고, 그것이 강의용의 절록節錄 형태를 띠고 있다는 사실은 사상적으로 크게 주목되지 않을 수 없다. 휴정休靜 찬撰의 「벽송당행록碧松堂行錄」에서 그의 사상이 보조선普照禪의 계승으로 느껴짐은 전술한 바가 있지만 이 「염송화족拈頌畵足」은 그 점을 다시 더욱 뚜렷하게 해주고 있기 때문이다.

3) 조원통록촬요발문祖源通錄撮要跋文

송宋 석공진釋拱辰 찬撰 『조원통록祖源通錄』 24권(11세기 말 成)을 4권으로 촬요撮要하여(崇默撮要?) 중종中宗 24년(1529) 백운산白雲山 만수사萬壽寺에서 간행한 『조원통록촬요祖源通錄撮要』와 그 발跋에 벽송 지엄의 다음과 같은 발문跋文이 있음은 필자가 이미 학계에 발표한 바가 있다.[17]

古聖頌曰 數擧祖師禪 累看諸佛教 餘暇念彌陀 求生於淨土. 今觀

16 『한불전』 5-924b.
17 졸고, 「祖源通錄撮要의 出現과 그 史料價値」, 『佛教學報』 21집(1984).

密契所集(集者…十三秩也) 略具權實頓漸 稍得頌意 乍可流布 如佛許五百羅漢 所陳雖非我意 各意正理堪爲聖敎. 以是而跋之. 智異山老碧松堂.

따라서 다시 소개할 필요는 없지만, 지엄의 새 자료를 소개하는 곳에 함께 부쳐 두고자 한다.

한 가지 첨언하고 싶은 것은 『조원통록촬요』는 단순한 촬요서가 아니라 필자가 논한 바와 같이 공진拱辰의 『조원통록』을 중심으로 여러 문헌을 참고하여 새로운 '한국적 전등사傳燈史'를 구성하고자 하고 있다는 사실이다.[18] 그러는 속에서 보제존자 나옹懶翁을 말세에 부흥한 석가의 후신이라고 설하고 있으며, 어느 선사보다도 긴 행장을 싣고 있다. 그러한 문헌에 지엄이 수긍하는 발문跋文을 쓰고 있다는 것은 무엇을 의미할까? 휴정의 법계 문제를 생각함에 있어서 이것 또한 중요한 자료의 하나라고 할 수 있을 것이다.

3. 조선시대 전법의 이중구조

1) 보조선普照禪의 계승

이상의 새로운 자료는 지엄智嚴이 보조선을 계승하고 있다는 사실을 더 이상 의심할 수 없게 한다. 『절요』와 『도서』로 여실지견을 세우게 하고, 『선요禪要(高峰)』·『서장書狀』(또는 大慧語錄)으로 지해知解를 타파할

18 위의 논문 p.172.

뿐만 아니라, 원돈교圓頓教(楞嚴 등)의 활용은 지눌의 삼문三門과 너무나 도 상응한 것이다. 그 위에 다시 그가 '혜심慧諶→각운覺雲' 계통의 『염송설화拈頌說話』에도 깊은 관심을 갖고 있음을 보여 주기 때문이다.

이러한 지엄의 선사상은 '부용 영관芙蓉靈觀→청허 휴정淸虛休靜'으로 계승되어 갔음에 틀림없다. 휴정의 「선교결禪教訣」에는 다음과 같은 말이 나온다.

> 今當末世 多是劣機非別傳之機也. 故只貴圓頓門 以理路義路心路語路 生見聞信解者也. 不貴徑截門沒理路…無摸索底上 打破漆桶者也.…不得穿鑿 直以本分徑截門活句 教伊自悟自得.

지눌의 원돈신해문圓頓信解門과 경절문徑截門을 그대로 따르고 있는 것이다.

휴정의 문하 영월 청학詠月淸學의 문집(詠月堂集, 孝宗 7년 1656간)에는 '사집사교전등염송화엄四集四教傳燈拈頌華嚴'이라는 제하題下에 ① 선요禪要 ② 서장書狀 ③ 도서都序 ④ 절요節要 ⑤ 원각圓覺 ⑥ 금강金剛 ⑦ 능엄楞嚴 ⑧ 법화法華 ⑨ 화엄華嚴 ⑩ 전등傳燈 ⑪ 염송拈頌 ⑫ 여즉잡차타송餘則雜次他頌이 차례로 소개되고 있다. 사집四集(①~④)·사교四教(⑤~⑧)라는 말이 나오는 것도 놀랍거니와, 그 조직은 지눌의 정혜등지문定慧等持門(①~④), 원돈신해문圓頓信解門(⑤~⑨), 간화경절문看話徑截門(⑩~⑪)의 3문門에 잘 상응하고 있다. 이것을 조선 후기에서 오늘에 이르는 총림叢林 이력履歷과정과 비교해 보자. 사교四教에 『법화경』 대신 『기신론』을 넣고, 『화엄경』을 대교과大教科로, 『전등傳燈』·『염송拈頌』을 선원에서 참구케 함과 같은 약간의 변화가 있을 뿐 전혀 동일한 것이다. 오늘의 이력과정은 휴정 문하에서 이미 확립되고 그 연원은 지엄의 선사상에 거슬러 올라간다고 할 것이다.

이런 견지에서 허단보許端甫가 휴정과 유정을 '목우牧牛·강월江月의 계승자'라고 한 것은 적평適評이라 할 수 있다. 지엄 또한 앞서 「조원통록촬요발문」에서 소개한 바와 같이 나옹을 석가 후신으로 간주함을 받아들이고 잇다. 휴정도 나옹과 그의 문손을 인정하고 있다. 중관 해안中觀海眼(休靜門下)의 「설선의발문說禪儀跋文」에 '대노사大老師가 재세 시在世時에 구결口訣한 제산단諸山壇'의 내용은 ① 석실 연사石室連師 ② 야운 우사野雲牛師 ③ 퇴은 휴사退隱休師 ④ 함허 무준涵虛無準 ⑤ 정정正淳 ⑥ 고봉 법장高峰法藏의 제사諸師로 되어 있다고 소개하고 있는데, 그 제사는 대부분 나옹 계통에 속해 있는 것이다.

허단보가 이런 상황에서 휴정의 법계를 ① 도봉 영소→[7대]→ ⑨ 나옹 혜근→ ⑩ 남봉 수능南峰修能→ ⑪ 등계 정심登階正心→ ⑫ 벽송 지엄→⑬ 부용 영관→⑭ 청허 휴정으로 설정한 것은[19] 그럴 만한 일이라 하겠다. 여기에서 ⑩ 남봉 수능은 누구일까. 유창維昌의 「원증행장圓證行狀」이나[20] 이색李穡의 「원증탑비圓證塔碑」에서[21] 태고 문하의 수위首位에 있고, 「청룡사보조국사비青龍寺普覺國師碑」(金石 上 p.719)에는[22] 나옹의 전발자傳鉢者로 치는 환암 혼수幻庵混修(1320~1392)가 아닐까 생각된다. 설암 추붕雪巖秋鵬의 「염송설화발문拈頌說話跋文」(1686)에 다음과 같은 말이 보이는 것이다.

我東有直點燈傳曹溪宗賜八字大師覺雲 於幻庵修南峰之役 得七大

19 「清虛堂集序」(2권본).
20 『한불전』 6-700a.
21 『한불전』 6-701c.
22 『金石總攬』 권하, p.721.

仙爛柯訣者也.[23]

'남봉지역南峰之役'은 조선 태조 잠저潛邸 시의 대장경大藏經 원성불사願成佛事(1391)로 생각된다.[24] 그렇다면 허단보의 법계法系 설정을 사실무근한 허구의 것으로 돌릴 수는 없다. 귀곡 각운龜谷覺雲을 빠뜨린 것 외는 크게 문제될 것이 없기 때문이다.

2) 임제적통臨濟嫡統의 표방

그런데도 휴정과 유정의 입실제자들이 허단보의 그런 나옹법통설을 강력하게 부정하고, 태고법통설을 세우고자 하는 까닭은 무엇일까? 이 문제를 다시 생각해 보지 않을 수가 없다. 그럴 경우 무엇보다도 먼저 착안해야 할 점은 나옹법통설을 그대로 둘 경우 어떤 이해利害가 휴정 계통에 있게 되는가를 살펴보는 일일 것이다.

환암 혼수幻庵混修가 나옹의 의발을 전수했다고 하더라도 그는 유창維昌의 「원증행장」, 이색李穡의 「원증비圓證碑」 등에 명기되어 있는 바와 같이 태고의 상수제자이지, 나옹의 적손이라고 하기는 어렵다. 나옹의 적통으로는 아무래도 조선 건국에 공이 큰 무학 자초無學自超(1327~1405)와 그를 이어 세종 대에 선풍禪風을 대진大振한 함허당涵虛堂 득통 기화得通己和(1376~1433)라고 해야 할 것이다.

따라서 자초自超의 「불조종파지도佛祖宗派之圖」(太祖 3년, 1394: 肅宗 14년, 1688, 道安重刊)에는 급암 종신及庵宗信→평산 처림平山處林(臨濟宗楊

23 『한불전』 5-925a.
24 「靑龍寺普覺碑」, 『金石總攬』 권하, p.722, "今主上之在潛邸 嘗與師(混修) 願成大藏 辛未秋 莊校訖功 置瑞雲大設慶會."

岐派)→나옹 혜근懶翁慧勤→묘엄 무학妙嚴無學의 법계가 새겨지고, 중관 해안의 「설선의후발說禪儀後跋」에 인용된 「조사예참문祖師禮懺文」에도 ① 구산선문조사九山禪門祖師(道義 등 9인) ② 보조普照 ③ 지공指空 ④ 나옹 ⑤ 무학無學이 예경되고 있는 것이다. 이 법계의 권위는 아무도 부정할 수 없다.

이런 견지에서 정심正心→지엄智嚴→영관靈觀→휴정休靜→유정惟政으로 이어지는 계통을 볼 때 어떨까? 나옹의 적통으로는 도저히 볼 수 없을 것이다. 휴정 계통은 방계로 전락하지 않을 수 없다. 휴정과 유정의 입실제자들이 허단보처럼 억지로 휴정을 나옹에 대려는 방법을 버리고, 차라리 본래의 태고 법계를 내세우려는 적극적인 방향으로 나아간 것은, 그 이유의 가장 중요한 것이 여기에 있는 것이 아닐까? 자초自超와 기화己和가 조선 초에 명성을 떨쳤던 것처럼, 휴정과 유정도 임진왜란을 통해 그에 못지않을 만한 큰 공을 세워 이제는 능히 맞설 만한 것이다.

뿐만 아니라 사상적으로 '지엄智嚴→휴정休靜' 계통은 '자초自超→기화己和' 계통과는 다르다. 후자가 경론의 선禪적인 해석에 기울어지고 있는 데에 대해, 전자는 보조선普照禪의 계승에 힘쓰고 있기 때문이다. 태고 보우太古普愚는 『백장청규百丈淸規』와 『치문경훈緇門警訓』을 간행하고 있는데,[25] 『치문緇門』은 강원 이력과정의 입문서임은 다시 말할 필요가 없다. 태고太古 문하의 흥왕사興天寺 상총尙聰은 다시 다음과 같은 상소上疏를 올리고 있다.

願殿下…使宗禪者說禪秉拂 主敎者講經談律 令其後進 禪則傳燈拈

25 『한불전』 6-694a.

頌 教則經律論疏 追節講習 積以年月 宏才碩德 無寺無之. 雖然既稱本寺 則其中外名刹 苑倣松廣之制 皆爲本寺之屬…臣謹按松廣祖師普照遺制 講而行之 著爲常法.

선禪에는 『전등傳燈』·『염송拈頌』을 전공케 할 뿐만 아니라, 사찰운영도 송광사松廣寺 제도에 따르게 할 것을 주청하고 있는 것이다. 태고 문하의 이런 보조선적 경향이 지엄에로 흘러 내려간 것이 아닐는지. 따라서 사상적으로도 '지엄→휴정' 계통은 새로운 태고법통설을 내세울 만하다고 생각된다.

지엄 계통이 이렇게 보조선을 계승하고 있다면 허단보가 '목우牧牛·강월江月의 법맥'을 시도했던 것처럼 '목우牧牛·태고太古'의 법맥을 내세울 법하다. 그런데도 왜 그러지 않고 순수한 '임제→석옥' 적통설을 내세우고 있는 것일까? 심지어는 "목우별종야牧牛別宗也"(中觀海眼의 四溟行蹟)라고 배척하고, 『불조원류』에도 보조普照는 별항別項(曹溪山)에 배속시키고 있다. 추측컨대 이것 또한 자초自超의 「불조종파지도佛祖宗派之圖」에 나옹을 '임제臨濟→평산平山' 직계로 설정한 데에 맞선 것이 아닐까 느껴진다. 청허淸虛하 3세世의 월저 도안月渚道安은 상기 「불조종파지도」를 중간重刊하면서(1688), '급암及庵→평산平山→나옹懶翁→묘엄妙嚴(無學)' 법계에 맞선 곳에 '급암→석옥石屋→태고太古→환암幻庵→귀곡龜谷→등계登階(正心)→벽송→부용→부휴浮休·청허→송운松雲·완허玩虛'를 새겨 넣고 있는 것이다.

나옹법통설에 대해서 태고법통설이 제창된 것은 이상과 같은 과정을 거친 것이 아닐까 필자는 생각한다. 이런 법계 설정은 결과적으로 조선불교의 전법傳法을 이중구조로 만든 것으로 보지 않을 수 없다. 전법의 내용은 보조선이면서도, 법계는 순수한 임제종이 되고 있기 때문이다.

따라서 근래 학계에서 두 법통설을 놓고 논란이 벌어진 것도 무리가 아닐 것 같다. 사상면에 서면 보조계라 할 것이고, 법계면에 서면 임제계라 할 것이기 때문이다. 심하면 어느 한쪽을 허구의 날조라고도 말할 수 있을 것이다. 그러나 필자는 이상의 고찰로 허구설만은 삼가야 한다고 보고 싶다. 두 설은 다 같이 사실史實에 근거를 두고 있으며, 태고법통설은 휴정·유정의 계통이 득세한 뒤 본래의 법계를 되찾은 것에 불과하기 때문이다. 또한 그런 태고 법계를 단순한 임제종으로 간주해도 안 될 것이다. 사상은 보조선普照禪을 중심으로 하고 있기 때문이다.

* 후기. 본고는 「염송화족拈頌畵足」의 간단한 해제解題로 급히 초草한 것임.

19

청허 휴정과 조선 후기 선과 화엄

/ 김용태

〈선정 이유〉

Ⅰ. 머리말

Ⅱ. 청허 휴정의 선교 인식

Ⅲ. 임제법통과 간화선풍의 계승

Ⅳ. 선교겸수와 화엄교학의 전통

Ⅴ. 맺음말

● 김용태, 「청허 휴정과 조선 후기 선과 화엄」, 『불교학보』 제73집, 동국대학교 불교문화연구원, 2015. 12, pp.63~90.

선정 이유

이 논문은 조선 후기 불교의 주축이었던 선과 화엄의 관계를 청허 휴정의 선교 인식인 간화선 우위의 선교겸수와 그 문도들의 불교 이해를 중심으로 살피고 있는 점에 주목하여 선정하였다.

저자는 선종으로서의 정체성을 표방한 임제 법통과 간화선풍, 그리고 선교겸수의 방향에서 결실을 맺은 화엄교학의 성행 양상을 검토하고 있다. 저자는 휴정의 선교 인식을 그의 대표작인 『선가귀감』의 '방하교의放下教義' 즉 '사교입선捨教入禪'인 '교법을 버리고 선지에 들어간다'로 파악하여 입문으로서 교학의 필요성을 인정하면서도 일정한 단계가 되면 지해知解에 얽매이지 말고 간화선 화두 참구로 나아가야 한다는 취지를 밝히고 있다.

저자는 간화선을 선양하면서도 선교겸수를 용인하였던 휴정과 정혜쌍수와 돈오점수, 간화선의 수행 방식을 단계적으로 추구한 보조 지눌의 수행 체계가 맞닿아 있으며, 선과 교의 두 전통을 모두 포괄하고 계승해야 했던 시대적 요구에 부합하는 것이라고 밝히고 있다. 그리고 중국 임제종의 법맥 계승을 표방한 임제 태고 법통설을 지향하면서도 사상적으로는 선교겸수와 화엄교학을 동시에 견지하여 선과 교의 간극을 극복해 가려고 했다고 밝히고 있다.

저자는 이러한 배경 속에서 청허계 편양파와 부휴계에서 화엄교학의 종장이 다수 배출되었고, 1천여 명이 넘는 청중이 참여한 대규모 화엄대회가 열릴 수 있었으며, 화엄교학의 성행 양상은 대둔사의 강학 전통에서도 확인되며, 화엄강학을 매개로 한 12대 종사와 강사가 배출될 수 있는 배경이 되었다고 보았다. 나아가 화엄을 비롯한 조선 후기 교학 전통이 간화선, 임제 법통의 정통성과 병립되는 위상을 확보했음을 의미한다고 밝히는 지점에서 이 논문의 의미와 학문적 가치를 찾을 수 있다.

〈요약문〉

본고는 조선시대 불교를 대표하는 청허 휴정淸虛休靜(1520~1604)의 선교禪敎 인식을 '간화선看話禪 우위의 선교겸수禪敎兼修'라는 관점에서 조망하고, 그의 영향을 받은 조선 후기 불교의 수행과 사상을 선禪과 화엄華嚴의 두 측면에서 살펴본 것이다. 선종으로서의 정체성을 표방한 임제법통臨濟法統과 간화선풍, 그리고 선교겸수의 방향에서 결실을 맺은 화엄교학의 성행 양상을 검토하였다.

휴정의 수행관 및 선교 인식은 『선가귀감禪家龜鑑』에 나오는 '방하교의放下敎義', 즉 '사교입선捨敎入禪'의 뜻에 잘 드러나 있다. 이는 입문으로서 교학의 필요성을 인정하면서도 일정한 단계가 되면 지해知解에 얽매이지 말고 간화선 화두話頭 참구로 나아가야 한다는 취지이다. 휴정은 간화선을 선양하면서도 선교겸수를 용인하였는데, 이는 정혜쌍수定慧雙修와 돈오점수頓悟漸修, 간화선 수행 방식을 단계적으로 추구한 보조 지눌普照知訥의 수행 체계와도 맞닿아 있다. 또한 선과 교의 두 전통을 모두 포괄하고 계승해야 했던 시대적 요구에 부합하는 것이었다.

17세기 전반에는 중국 임제종의 법맥 계승을 표방한 임제태고법통臨濟太古法統이 정립되었다. 이는 간화선을 고양한 휴정의 수행관과도 상통하는 것이었다. 하지만 간화선 우위와 선교겸수의 지향은 상충되는 지점이 있었다. 19세기의 선 논쟁 또한 선 분류의 형식을 취하기는 했지만 실제로는 선 우위론과 선교병행론의 경합이었다. 조선 후기 불교 수행 체계의 두 축인 임제법통과 간화선, 선교겸수와 화엄교학이라는 선과 교 사이의 간극을 둘러싼 사상 논쟁이었던 것이다.

17세기에는 승려 교육 과정인 이력과정履歷課程이 정비되었고, 이는 선교겸수의 구도하에서 짜인 것이었다. 또한 선과 교뿐 아니라 염불을 수행 체계

안에 넣은 경절문徑截門, 원돈문圓頓門, 염불문念佛門의 삼문三門 체계가 정립되었다. 화엄은 이력과정의 마지막 과정인 대교과大敎科에 들어갔고 교학의 최고 단계로 인정되었지만, 17세기 후반까지 화엄에 대한 본격적인 주석서는 거의 나오지 않았다. 그러다가 1681년 가흥대장경嘉興大藏經의 불서佛書를 실은 중국 배가 표착한 사건을 계기로 백암 성총栢庵性聰이 징관澄觀의 『화엄소초華嚴疏鈔』를 간행, 유통시키면서 화엄 강학講學과 주석서인 사기私記의 저술이 활발해졌다.

이에 18세기에는 화엄 이해가 교학의 중심이 된 '화엄의 중흥시대'가 펼쳐졌다. 청허계淸虛系 편양파鞭羊派와 부휴계浮休系에서 화엄교학의 종장이 다수 배출되었고, 1,000명이 넘는 청중이 참여한 대규모 화엄대회가 열리기도 했다. 특히 설파 상언雪坡尙彦, 연담 유일蓮潭有一, 인악 의첨仁嶽義沾, 묵암 최눌默庵最訥 등이 강학과 사기 저술에 전념하면서 화엄교학에 대한 이해 수준이 크게 높아졌다. 화엄교학의 성행 양상은 대둔사大芚寺의 강학 전통에서도 확인되는데, 화엄강학을 매개로 한 12대 종사宗師와 강사講師가 배출되었다. 이는 화엄을 비롯한 조선 후기 교학 전통이 간화선, 임제법통의 정통성과 병립되는 위상을 확보했음을 의미한다.

* 이 논문은 2011년도 정부(교육과학기술부)의 재원으로 한국연구재단의 지원을 받아 연구되었음.(NRF-2011-361-A00008)

I. 머리말

서산대사西山大師로 더 유명한 청허 휴정淸虛休靜(1520~1604)은 조선 시대를 대표하는 고승이다. 그는 『선가귀감禪家龜鑑』, 『심법요초心法要抄』, 『선교석禪敎釋』 등의 저술을 통해 선교겸수禪敎兼修를 용인하는 한편 궁극적 수행 방안으로 간화선看話禪을 내세웠다. 이와 함께 선禪, 교敎, 염불念佛의 삼문三門 수행 체계를 세워 조선 후기 불교의 방향을 제시하였다. 또한 그는 16세기 중반 약 15년간 재건된 선교양종禪敎兩宗의 판사判事를 역임하였고, 1592년에 발발한 임진왜란 때는 팔도도총섭으로 의승군義僧軍을 이끌면서 충의의 공적을 쌓았다. 휴정은 많은 제자들을 양성하였고 그의 법맥 계보인 청허계淸虛系에서는 사명 유정四溟惟政(1544~1610)의 사명파四溟派, 편양 언기鞭羊彦機(1581~1644)의 편양파鞭羊派 등 다수의 문파가 성립되어 교단을 주도하였다.

휴정의 높은 위상을 반영하여 일찍부터 한국불교의 역사를 개설할 때 그에 대해서는 큰 비중을 두어 서술하였다. 1910년대에 나온 최초의 한국불교 통사인 권상로權相老(1879~1965)의 『조선불교약사朝鮮佛敎略史』(1917), 방대한 개설이면서 자료집 성격을 갖는 이능화李能和(1869~1943)의 『조선불교통사朝鮮佛敎通史』(1918)에서 휴정의 역할과 임제종 법맥 계승을 부각시켰고, 사상적 특성으로는 선과 교의 포섭을 들었다.[1] 이후

1 權相老, 『朝鮮佛敎略史』(京城: 新文館, 1917); 李能和, 『朝鮮佛敎通史』(京城: 新文館, 1918), 하편의 〈太古懶翁臨濟嫡孫〉, 〈兩宗禪敎宗趣和會〉.

김영수金映遂(1884~1967)의 『조선불교사고朝鮮佛敎史稿』(1939)에서도 임진왜란 당시의 승군 활동과 임제법통에 주목하였고,[2] 권상로는 『조선불교사개설朝鮮佛敎史槪說』(1939)에서 휴정에서 비롯된 선·교·염불의 겸수를 조선시대 불교의 특징으로 보았다.[3]

한편 승려로서는 특이한 경력인 승장僧將 활동에 대해 일본인 학자들의 관심도 컸는데, 동경제대 출신의 저명한 불교사학자 도키와 다이죠(常盤大定, 1870~1945)가 이미 1910년대 초에 휴정에 대한 논문을 발표하였다.[4] 그리고 경성제대 교수 다카하시 토오루(高橋亨, 1878~1967)의 조선시대 불교사 개설인 『조선불교李朝佛敎』(1929), 일본 고마자와대(駒澤大)의 중국 선종 연구자 누카리야 카이텐(忽滑谷快天, 1867~1934)이 한국불교의 선과 교의 수행과 사상을 개관한 『조선불교사朝鮮禪敎史』(1930)에서 조선시대 불교의 대표자로 청허 휴정을 조명하였다.[5] 누카리야는 앞서 1911년에 휴정의 주저 『선가귀감』을 일본어로 번역 출판하기도 하였다.[6] 『선가귀감』은 일본에서 1630년대와 1670년대에 5차례나 간행되었고, 17세기 말에는 이 책의 선종 5가 부분에 대해 코린젠이(虎林全威)가 주석을 붙인 『선가귀감오가변禪家龜鑑五家辯』이 나온 바 있다.

그동안 휴정의 수행과 사상, 저술과 법맥 등에 대한 연구가 축적되면서 선승으로서 그의 면모가 구체적으로 밝혀졌다.[7] 또 그의 문도와 청

---

2 金映遂, 『朝鮮佛敎史稿』(京城: 中央佛敎專門學敎, 1939).

3 權相老, 『朝鮮佛敎史槪說』(京城: 佛敎時報社, 1939).

4 常盤大定, 「朝鮮の義僧西山大師」, 『大崎學報』 2(東京: 立正大, 1912).

5 高橋亨, 『李朝佛敎』(大阪: 寶文館, 1929); 忽滑谷快天, 『朝鮮禪敎史』(東京: 春秋社, 1930).

6 忽滑谷快天, 『禪家龜鑑講話』(東京: 光融館, 1911).

7 단행본인 金煐泰, 『西山大師의 生涯와 思想』(서울: 博英社, 1975); 申法印, 『西山大師의 禪家龜鑑 硏究』(서울: 新紀元社, 1983)를 비롯해, 禹貞相, 「西山大師의 禪敎觀에 대하여」, 『佛敎史學論叢: 趙明基博士華甲紀念』(東國大 圖書館, 1965); 鄭學權, 「韓國李朝佛敎の淸虛禪師の禪敎觀」, 『印度學佛敎學硏究』 22-2(日本印度學

허계의 선풍禪風과 사상을 다루거나, 그로부터 연원한 간화선 우위의 수행 방식, 선교겸수와 삼문수업의 회통적 측면을 부각한 논문들이 나왔다.[8] 한편 조선 후기 불교는 사상의 측면에서 고려 후기 보조 지눌普照知訥의 영향을 크게 받았고, 법계는 임제법맥을 중시한 이중구조였다는 주장이 제기되어 이후 연구에 많은 시사점을 주었다.[9]

본고에서는 휴정의 선교 인식을 '간화선 우위의 선교겸수'라는 관점에서 조망하고, 그의 영향하에서 배태된 조선 후기 불교의 수행과 사상을 선과 화엄의 두 측면에서 접근해 보고자 한다. 선종으로서의 정체성을 표방한 임제법통과 간화선풍, 그리고 선교겸수의 방향에서 결실을 맺은 화엄교학의 성행 양상을 살펴보려는 것이다. 이를 통해 한국불교 전통의 양대 축인 선과 화엄의 이중주가 조선 후기에도 계승되었고, 이것이 한국불교의 정체성 형성에 토대가 되었음을 확인할 수

佛教學會, 1974); 宋天恩, 「休靜의 思想」, 『韓國佛教思想史: 崇山朴吉眞博士華甲紀念』(裡里: 圓佛教思想研究院, 1975); 禹貞相, 「禪家龜鑑의 刊行流布考」, 『佛教學報』 14(서울: 東國大 佛教文化研究院, 1977); 申法印, 「休靜의 捨教入禪觀-禪家龜鑑을 中心으로」, 『韓國佛教學』 7(서울: 韓國佛教學會, 1982); 金煐泰, 「休靜의 禪思想과 그 法脈」, 『韓國禪思想研究』(서울: 東國大 出版部, 1984); 金煐泰, 「朝鮮 禪家의 法統考-西山家統의 究明」, 『佛教學報』 22(서울: 東國大 佛教文化研究院, 1985); 宗梵, 「臨濟禪風과 西山禪風」, 『論文集』 2(서울: 中央僧伽大, 1993); 宗眞, 「淸虛休靜의 禪思想」, 『白蓮佛教論集』 3(陜川: 海印寺 白蓮佛教文化財團, 1993) 등 많은 논문들이 있다.

8 金恒培, 「西山門徒의 思想-鞭羊禪師와 逍遙禪師를 중심으로」, 『韓國佛教思想史: 崇山朴吉眞博士華甲紀念』(裡里: 圓佛教思想研究院, 1975); 李永子, 「朝鮮中·後期의 禪風-西山五門을 中心으로」, 『韓國禪思想研究』(서울: 東國大 出版部, 1984); 宗梵, 「朝鮮中·後期의 禪風에 관한 研究」, 『韓國宗教思想의 再照明: 震山韓基斗博士華甲紀念』(裡里: 圓光大 出版局, 1993); 李法山, 「朝鮮後期 佛教의 教學的 傾向」, 『韓國佛教史의 再照明』(서울: 佛教時代社, 1994); 崔鍾進, 『朝鮮中期의 禪思想史 研究: 西山과 그 門徒를 중심으로』(益山: 圓光大 博士學位論文, 2004); 박재현, 『한국불교의 看話禪 전통과 정통성 형성에 관한 연구』(서울: 서울대 博士學位論文, 2005) 등이 있다.

9 高翊晋, 「碧松智嚴의 新資料와 法統問題」, 『佛教學報』 22(서울: 東國大 佛教文化研究院, 1985).

있을 것이다.

Ⅱ. 청허 휴정의 선교 인식

청허 휴정의 선과 교에 대한 인식을 살펴보기 전에 선승으로서 그의 법맥과 전수한 선풍을 먼저 소개한다. 휴정이 쓴 『삼로행적三老行蹟』은 스스로의 법맥 계보를 밝힌 글로서, 벽송 지엄碧松智嚴(1464~1534)의 법맥이 부용 영관芙蓉靈觀과 경성 일선敬聖一禪을 거쳐 휴정에게 전해졌다는 것이다. 휴정은 지리산 지역에서 활동한 부용 영관(傳法師: 父)의 전법제자였지만 묘향산을 근거지로 한 경성 일선(授戒師: 叔父)도 스승으로 모셨고, 만년에는 묘향산 보현사普賢寺에 주석하고 입적하였다.[10]

휴정에 의하면 벽송 지엄은 선과 교를 겸학하였는데, "연희 교사衍熙教師로부터 원돈교의圓頓教義를, 정심 선사正心禪師로부터 서래밀지西來密旨를 배우고 깨쳤다."고 한다. 또한 지엄은 간화선을 주창한 송宋의 대혜 종고大慧宗杲와 원의 임제종 선승 고봉 원묘高峰原妙의 선풍을 '밀사密嗣'했다고 하는데, 휴정은 이에 대해 "대사가 해외의 사람으로서 오백 년 전의 종파를 비밀히 이었으니 이는 정주程朱의 무리가 천 년 뒤에 나와서 멀리 공맹孔孟의 계통을 이은 것과 같다. 유교나 불교나 도를 전함에 있어서는 마찬가지이다."라고 품평하였다.[11]

실제로 지엄은 『대혜어록大慧語錄』을 보고 의심을 깨뜨리고, 『고봉어록高峰語錄』을 통해 지해知解를 떨쳤다. 즉 『대혜어록』에 나오는 '구자무

---

10 『淸虛堂集』, 補遺, 「淸虛堂行狀」(『한불전』 7, p.735).
11 『三老行蹟』, 「碧松堂大師行蹟」(『한불전』 7, pp.752-754).

불성화狗子無佛性話'와 『고봉선요高峰禪要』에 소개된 '양재타방颺在他方' 구절에서 깨우침을 얻었다.[12] 지엄은 원돈圓頓의 교학도 배웠는데, "도를 배우려면 먼저 성경聖經(교)을 궁구해야 하지만 경전은 다만 내 심두心頭에 있다."고 하여 교학을 연찬한 후 조사祖師 경절문徑截門으로 나가야 함을 강조하였다.[13] 한편 그는 제자들을 가르칠 때 앞의 두 선서禪書와 함께 규봉 종밀의 『선원제전집도서禪源諸詮集都序(도서)』, 종밀의 책을 지눌이 요약하고 주석을 붙인 『법집별행록절요병입사기法集別行錄節要幷入私記(절요)』를 가지고 제접하였다. 이들 책은 조선 후기 승려 교육과정인 이력과정의 기본교과인 사집과四集科의 교재에 들어갔다. 즉 선과 교를 겸수하는 한편 간화선풍을 선양한 지엄의 수행기풍이 영향을 미치면서 이력과정에 반영된 것이다.

지엄의 법맥은 부용 영관芙蓉靈觀(1485~1571)에게 전해졌는데, 영관은 처음에 신총 법사信聰法師에게 교망敎網을 탐구한 후 참선 수행에 전념하여 지엄의 인가를 받았다. 그 또한 교학을 학습한 후 공안公案을 참구해 깨달음을 추구하였다. 나아가 영관은 『중용中庸』과 노장老莊, 천문天文과 의술醫術에도 일가견이 있어서 당시 많은 유생儒生들이 배우러 왔고, 휴정은 그에 대해 "호남과 영남에서 유·불·도 3교에 통달한 속인들이 대사의 교화를 받았다."고 회고하였다.[14] 영관의 동문인 경성 일선敬聖一禪(1488~1568)도 지엄에게 활구活句를 익히고 경절문 참구에 전념하였으며, 석덕고사碩德高士가 몰려와 상이 부러질 정도의 '해동海東 절상회折床會'를 이루었다고 한다.[15]

---

12 앞의 「벽송당대사행적」(『한불전』 7, pp.752~754). '颺在他方'은 찾아야 할 本分事는 따로 있다는 뜻이다.

13 高橋亨, 앞의 책(1929), p.349에서 「贈曦峻禪德」 재인용.

14 『삼로행적』, 「芙蓉堂先師行蹟」(『한불전』 7, pp.754~755).

15 『삼로행적』, 「敬聖堂禪師行蹟」(『한불전』 7, pp.756~757).

청허 휴정은 평양 지역 향관鄕官을 지낸 최세창崔世昌의 아들로 태어났는데, 어려서 양친을 여읜 후 지방관의 도움으로 성균관에 들어갔다. 지리산에 유람을 갔다가 지엄의 제자 숭인崇仁을 만나 과거시험을 단념하고 출가하여 숭인을 양육사養育師, 영관을 전법사傳法師로 모셨다. 1550년 선교양종禪敎兩宗이 복립된 후 1552년에 재개된 승과僧科에 합격하였고 1555년에는 선종과 교종의 판사判事를 겸임하였다.[16] 최고위 승직을 지낸 휴정은 교단 내에서 확고한 지위를 점하게 되었고, 사회적으로도 명성을 떨치면서 이황李滉, 기대승奇大升, 조식曺植 등의 명유名儒와도 교유하였다.[17] 또한 1566년 양종이 혁파되고 다시 공식 종단이 없어진 상태에서 선과 교로 분열된 교단의 통합을 추구하였다. 이에 간화선을 중시하면서 선과 교를 겸수하는 방향으로 수행 체계를 정비했던 것이다.

간화선은 고려 후기 보조 지눌 때부터 수용되기 시작했지만 13세기 후반 원元의 임제종 법맥과 간화선풍이 고려에 본격적으로 도입되면서 크게 유행하였다. 이후 간화선이 선수행의 대표주자가 되었다면 교학의 주류는 역시 화엄華嚴이었다. 조선 초 태종 대에 조계종, 화엄종 등 7개 종파가 국가의 공인을 얻은 데 이어, 세종 대에 선교양종으로 통합될 때까지 선과 교를 대표하는 간화선과 화엄의 지위는 변하지 않았다. 하지만 16세기 초인 중종 대에 법제적 폐불 상태가 되면서 선종의 법맥 사승도 단절되다시피 했지만 교종 세력은 큰 타격을 입었다. 16세기 중반 명종 대에 선교양종이 일시 재건되었을 때도 교종 출신 승려들의

16 『청허당집』 권7, 「上完山盧府尹書」(『한불전』 7, pp.719~721); 權相老, 앞의 책(1917), p.195.

17 『청허당집』 권7에는 이황과 조식 등 유학자와 교류한 시와 서간문 등이 수록되어 있다.

활동은 별로 눈에 띄지 않는다.[18] 그럼에도 교종의 명맥을 잇는 승려들이 없었던 것은 아니며 휴정 당시에도 선과 교의 갈등상황이 불거졌다. 1579년 휴정의 『선가귀감』 간행에 즈음해 제자 사명 유정이 쓴 발문에서도 그러한 정황을 엿볼 수 있다.

> 200년간 법이 쇠퇴하여 선과 교의 무리가 각각 상이한 견해를 내게 되었다. 교는 5교의 위에 바로 마음을 가리켜 깨우침이 있음을 모르고, 선에서는 돈오한 후에 발심 수행하는 것을 몰라서 선과 교가 뒤섞이고 옥석이 구별되지 못한다.[19]

이는 선종과 교종에 기반을 둔 승려들이 선과 교의 요체를 제대로 알지 못하고 상대를 비난하고 갈등을 증폭시키기에 급급했던 교단의 실태를 꼬집은 내용이다. 휴정 또한 『심법요초心法要抄』에서 교학자와 선승의 병폐를 각각 지적하면서, 일찍이 종밀이 주장한 것처럼 "교는 부처의 말씀이고 선은 부처의 마음이므로 양자의 근원은 다르지 않다."는 선교일치론을 내세웠다.[20] 또한 「선교결禪教訣」에서는 선과 교의 차이점을 언급하면서도 법의 측면에서 양자가 동일함을 거듭 강조하였다.[21] 이처럼 수행과 사상이 침체되고 선과 교가 서로 대립하던 현실을 극복하기 위해 선과 교의 전통을 함께 계승, 선양하고자 했던 것이다.

---

18 이때 禪宗判事는 虛應 普雨, 教宗判事는 守眞이었는데 수진의 활동 내용은 알려진 바가 없다. 또 선승인 휴정이 선종과 교종의 판사를 겸임한 것에서도 당시 교종이 약화된 상황에서 선과 교가 혼재되었음을 알 수 있다. 양종복립 후 같은 절이 양종 모두에 소속된 경우도 있어 선종과 교종에 각각의 소속 사찰을 분명히 하라는 명이 내려지기도 했다(『明宗實錄』 권18, 10년 2월 2일(정묘)).

19 『禪家龜鑑』, 「跋」(『한불전』 7, p.646).

20 『心法要抄』(『한불전』 7, pp.648~649).

21 「禪教訣」(『한불전』 7, pp.657~658).

휴정의 주저인 『선가귀감』은 간화선 수행법, 선교겸수 문제, 염불과 계율, 그리고 선종 5가의 선풍과 임제종 종지를 설명하고 지해를 타파하는 것이 선 수행의 요체임을 강조한 책이다. 여기에는 이력과정의 사집과에 들어간 종밀의 『도서都序』, 보조 지눌의 『절요節要』, 고봉 원묘의 『선요禪要』와 함께 여말선초 간화선풍 고양에 큰 영향을 미친 몽산 덕이蒙山德異의 『어록語錄』, 그리고 고려 후기에 나온 진각 혜심眞覺慧諶의 『선문염송禪門拈頌』과 천책天頙의 찬으로 알려진 『선문보장록禪門寶藏錄』, 선종 5가 선풍의 요체를 담은 송대 지소智昭의 『인천안목人天眼目』 등이 인용되었다.[22] 이들 인용서의 내역에서 간화선풍을 중시하면서 선교겸수의 방향을 용인한 휴정의 선교관을 엿볼 수 있다. 『선가귀감』은 1564년에 저술되었고 1579년에 초간된 이래 여러 번 간행되었다.[23] 또 제자 금화도인金華道人 의천義天의 언해諺解와 휴정의 동문 부휴 선수浮休善修의 교정을 거쳐 이미 1569년에 묘향산 보현사에서 언해본이 나왔고, 1610년에 전라도에서 재간되었다. 휴정의 선 수행론이 담긴 『선가귀감』의 빈번한 간행과 한글본의 보급에서도 조선 후기 불교에 미친 그의 영향력과 위상을 볼 수 있다.

휴정의 수행관과 선교 인식은 『선가귀감』에 나오는 '방하교의放下敎義', 즉 '사교입선捨敎入禪'의 뜻에 잘 드러나 있다. 이와 관련된 설명을 보면, "먼저 진실된 가르침에 의해 불변不變과 수연隨緣의 두 뜻이 곧 마음의 성상性相이고 돈오頓悟와 점수漸修의 두 문이 수행의 처음과 끝임을 판별한 후 교의 뜻을 내려놓고 오로지 마음에 드러난 한 생각으로 선의 요지를 참구하면 반드시 얻는 바가 있다. 이것이 이른바 출신

22 김영태, 앞의 논문(1984); 종진, 앞의 논문(1993)에서 『선가귀감』의 인용 전거를 밝혔다.

23 『선가귀감』(『한불전』 7, pp.634~647; 『卍續藏』 63, pp.737~746).

활로出身活路이다."라고 하였다.[24] 이는 근기에 따라 입문으로서 교학의 필요성을 인정하면서도 일정한 단계가 되면 알음알이(지해)에 얽매이지 말고 간화선의 화두 참구로 나아가야 한다는 취지이다.

휴정이 교에 대한 선의 우월성을 인정한 것은 분명하다. 『심법요초』에는 "선과 교는 일념一念에서 나왔지만 심의식心意識이 미치는 곳, 즉 사량思量에 속한 것이 교이고, 심의식이 미치지 않고 참구參究에 속한 것이 선"이라고 하였다. 또 "조사가 제시한 것이 모두 이 일구一句인데, 8만 4천 법문을 본래부터 구족하여 원래부터 일시一時이고 전후가 없는 것이 선이다. 이에 비해 사사무애事事無碍 법문을 구족하지만 수증修證이 있고 계급·차례·선후가 있는 것이 교이다."라고 하여 차등을 두었다.[25] 이처럼 휴정은 선과 교의 근원적 일치와 선교겸수의 필요성을 주장하면서도 간화선의 수승함과 선 우위의 입장을 저버린 적은 없다.

그렇다고 해도 휴정의 대표적 선교관인 '사교입선'의 취지를 글자 그대로 교를 버리라는 데 방점을 찍어서 해석하는 것은 문제가 있다. 휴정이 '선우교열禪優敎劣', 또는 '선주교종禪主敎從'의 입장에 선 것은 맞지만, 최소한 입문으로서 교학의 필요성을 인정하였고, 이는 선교겸수의 용인을 의미하는 것이었다. 일부 상근기를 제외하면 수행 과정에서 교학을 통한 심법의 체득을 거쳐야 한다는 점, 그리고 선과 교로 나뉘어 갈등하고 선과 교에 대한 이해조차 제대로 안 되고 있던 상황에서 다른 선택지가 없었던 것이다. 결국 휴정이 제시한 '간화선 우위의 선교겸수'는 선과 교의 두 전통을 모두 포용해야 했던 시대적 요구에 부합하는

---

24 『선가귀감』(『한불전』 7, p.636). 이는 지눌의 『節要』(『한불전』 4, p.741)에서 徑截門을 설명하면서 知見의 병을 없애는 것에 출신활로가 있음을 알라고 한 것과 상통한다.

25 『심법요초』, 「三乘學人病」(『한불전』 7, p.649).

방식이었다.

휴정의 수행관은 정혜쌍수定慧雙修와 돈오점수頓悟漸修, 간화선 수행 방식을 단계적으로 추구한 보조 지눌의 수행 체계와도 맞닿아 있다. 나아가 휴정은 선교겸수의 토대 위에 경절문徑截門, 원돈문圓頓門, 염불문念佛門의 삼문三門을 통해 선·교·염불을 겸수하는 융합적 수행 방향을 열었다.

이처럼 휴정이 선과 교가 다르지 않다는 선교일치를 전제로 한 포괄적 수행 기풍을 제시한 데 대해, 신라 원효元曉에서 시작하여 고려의 의천義天과 지눌知訥 등을 거쳐 이어져 온 선과 교의 통합적 전개를 완성했다는 평가도 나왔다.[26] 분명한 것은 그가 제시한 간화선 우위의 선교겸수 방식이 이후 하나의 전형이 되어 조선 후기 불교의 특징을 형성하였다는 점이다.

Ⅲ. 임제법통과 간화선풍의 계승

휴정 이후 조선 후기 불교계는 임제종 법통을 수립하고 간화선 선풍을 고양하였다. 한편 임진왜란의 의승군 조직을 거치면서 청허 휴정과 동문 부휴 선수의 법맥을 위주로 한 청허계와 부휴계의 계파와 그에 속한 문파들이 형성되었다. 이처럼 비슷한 정체성을 가진 교단의 성립에 매개 고리가 된 것이 바로 조선불교의 선종 법맥 계보인 법통이었다. 17세기 전반에 확립된 법통은 중국 임제종의 법맥 계승을 표방

26 우정상, 앞의 논문(1965) 참조.

한 '임제태고법통臨濟太古法統'(〈도표〉 1)이었다. 앞서 1612년에 사명 유정의 부탁으로 허균許筠이 쓴 최초의 법통설이 나왔는데, 이는 보조 지눌과 고려시대 선종 전통을 강조하는 한편 고려 말 나옹 혜근懶翁惠勤(1320~1376)이 중국의 평산 처림平山處林에게 전해 받은 임제종 법맥이 휴정까지 전해졌다는 '고려나옹법통高麗懶翁法統'(〈도표〉 2)이었다. 하지만 1625년부터 1640년까지 휴정의 말년제자 편양 언기가 주도하여 고려의 선종 전통을 배제하고 고려 말 태고 보우太古普愚(1301~1382)가 원의 석옥 청공石屋淸珙에게 전수받은 임제종 법맥을 정통으로 내세운 '임제태고법통'이 확립되었다.[27]

〈도표 1〉 임제 태고 법통

石屋淸珙	太古普愚	幻庵混修	龜谷覺雲	碧溪淨心	碧松智儼	芙蓉靈觀	淸虛休靜
1272~1352	1301~1382	1320~1392	(공민왕대)	?	1464~1534	1485~1571	1520~1604

〈도표 2〉 고려 나옹 법통

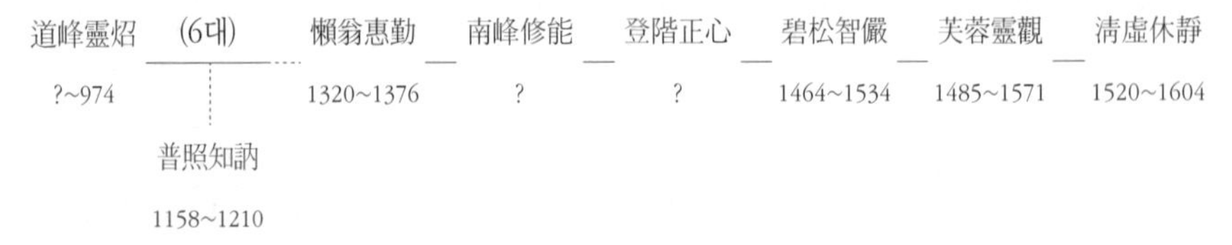

법통설이 제기된 17세기 전반은 명明·청淸 교체기로 불리는 동아시아 중화질서의 체제 전환기였고, 조선은 화이론華夷論에 입각해 명에 대한 의리義理를 강조한 시기였다. 이러한 시대상을 반영하여 유교의 도통론道統論과 마찬가지로 중국불교의 정수를 조선불교가 계승한다

27 김용태, 『조선후기 불교사 연구: 임제법통과 교학전통』(서울: 신구문화사, 2010), pp.171~186.

는 정통론적 인식이 법통설에 투영된 것이다. 또한 조선 초기 불교계를 주도한 무학 자초無學自超-함허 기화涵虛己和 등 나옹 혜근 계통이 법통에서 누락된 것은, 그 시기에 정권을 잡았던 훈구勳舊 세력을 배제하고 도통의 전수를 확립한 당시 집권층인 사림士林의 역사인식과 유사하다. 이처럼 법통에는 당시의 시대성과 역사인식이 반영되었고, 임제선종으로서 조선불교의 정체성을 확고히 한 것이다. 이로써 16세기 전반의 폐불 상황에서 실제로 단절되다시피 한 전법 계보를 회복하면서 중국 임제종의 정통을 잇는다는 자의식을 대내외에 표방할 수 있었다.[28] 또한 임제법통은 선교겸수를 용인하면서도 간화선 수행의 우위를 선포한 청허 휴정의 수행관에서 임제 간화선풍에 부합하는 내용이었다.

문파의 형성이나 법통의 정립은 법맥 계승이 사승관계의 가장 중요한 일차적 요인으로 작동했음을 의미한다. 국가에서 공인한 공식 종파가 존재했던 고려시대나 조선 초기에는 소속 종파의 수계사授戒師나 득도사得度師가 사제 관계에서 가장 큰 비중을 차지하였다. 하지만 17세기 이후에는 법통의 정립과 궤를 같이하여 법을 전해준 전법사傳法師의 위상이 높아진 '전법의 시대'였다. 이는 도첩度牒과 승적僧籍에 대한 법규가 폐지되고 제도적 구속력이 없어진 상황에서 법맥을 통한 문파 내의 사승관계가 가장 중요해진 현실을 반영한다.[29] 17세기에 나온 불교의례집에서 스승의 상례 기간을 규정할 때 전법 스승을 의미하는 수업사受業師와 양육사養育師를 가장 긴 3년으로 한 것도 그 때문이다.[30] 다만 앞서 휴정이 영관과 일선을 모두 스승으로 대우한 것처럼 과도기적

---

28 Kim Yongtae, Changes in Seventeenth-Century Korean Buddhism and the Establishment of the Buddhist Tradition in the Late Chosŏn Dynasty, ACTA KOREANA 16-2(2013), pp.553~555.

29 김영수, 앞의 책(1939), p.159.

30 『釋門喪儀抄』, 「僧五服圖」(『한불전』 8, p.237).

현상도 없지 않았는데, 휴정의 전법제자 사명 유정의 경우에도 득도사였던 직지사直指寺의 신묵信默을 유일한 스승으로 기재한 계보도가 전한다.[31]

18세기 후반에 나온 『불조원류佛祖源流』에는 전법을 기준으로 한 청허계와 부휴계의 계보가 망라되어 있다. 조선 후기에는 문파별로 주된 근거지가 확보되고 사제 간의 법맥 계승과 경제적 상속이 중요한 요인이 되면서 출가와 득도, 전법이 동일 계통의 사찰에서 함께 이루어지는 경우가 많았다.[32] 이처럼 법맥과 법통을 매개로 한 문파와 근거 사찰, 사유재산의 상속은 조선 후기 불교의 존립과 교단 안정화에 중요한 토대가 되었다.

한편 휴정이 제기한 '선교겸수와 간화선의 선양'이라는 수행 방향은 그만의 독창적 방식은 아니었고, 보조 지눌에까지 그 연원이 올라간다. 지눌은 종밀이 주창한 선교일치론의 영향을 받아 선과 교를 병행하는 정혜쌍수를 행하였고, 이통현李通玄의 화엄교학을 수용해 실천적 성격이 강한 교학관을 피력한 바 있다. 즉 「정혜결사문定慧結社文」에서 종밀과 법안종法眼宗 영명 연수永明延壽의 선교일치론에 토대를 둔 선교겸수를 지향하였고, 『원돈성불론圓頓成佛論』에서는 화엄교학에 입각해 선교겸수의 이론적 체계를 세웠다. 나아가 말년의 『간화결의론看話決疑論』에서는 교외별전敎外別傳의 선종 입장에서 간화선을 궁극적 수행 방식으로 내세웠다.[33] 그의 수행 방식을 체계화한 것이 바로 '성적등지문惺寂等

31 『四溟堂僧孫世系圖』(서울대 중앙도서관, 一石 294.30922Y95sp).

32 高橋亨, 앞의 책(1929), p.599.

33 인경, 『화엄교학과 간화선의 만남-보조의 『원돈성불론』과 『간화결의론』 연구』(서울: 명상상담연구원, 2006); 최연식, 「知訥 禪思想의 思想史的 검토」, 『東方學志』 144(서울: 延世大 國學硏究院, 2008). 吉津宜英, 『華嚴禪の思想史的硏究』(東京: 大東出版社, 1985)에서는 宗密의 禪敎一致를 華嚴禪, 지눌의 禪敎兼修는 祖師禪에 가깝다고 하여 각각 교와 선에 비중을 두고 통합을 모색하였다고 평가한다.

持門, 원돈신해문圓頓信解門, 간화경절문看話徑截門'의 삼문으로서 교를 입문으로 삼아 선교겸수를 용인하고 마지막에는 간화선을 선양한 것이었다.

그런데 고려 말에는 원에서 유입된 임제종 간화선풍이 유행하였고, 고봉 원묘나 몽산 덕이 등 원의 임제종 승려의 간화선풍이 큰 영향을 미쳤다. 지눌이 인정한 간화선과 이때의 간화선풍은 시대적 격차만큼이나 기풍이나 강조점이 다를 수밖에 없었다.[34] 특히 원의 간화선풍은 스승으로부터의 인가가 깨달음과 법의 전수에 있어 절대적 요건이 되었고, '대신근大信根, 대분지大憤志, 대의정大疑情'의 삼요三要를 중시하고 의심疑心을 강조하는 특성을 지녔다. 휴정도 『선가귀감』에서 삼구三句 등을 설명할 때 원묘나 덕이의 책을 인용하고 있다.[35]

한편 휴정이 활동했던 16세기 후반에도 간화선이 주류의 위치를 점하였지만 교학과 선교겸수 전통 또한 명맥을 유지하고 있었다. 비록 간화선 수행기풍의 내용에는 차이가 있을 수 있지만 선교겸수와 간화선의 고양이라는 큰 틀에서는 지눌의 수행 체계가 여전히 영향을 미치고 있었던 것이다. 16세기에 유통된 불서의 면면에서도 지눌의 사상적 유풍이 이어지고 있음을 볼 수 있다.[36] 휴정의 『선가귀감』에 인용된 책들에서도 선교겸수와 간화선을 기조로 하는 보조유풍의 흔적이 확인되며, 17세기 초 '고려 나옹 법통'에서 지눌이 거론된 것도 이 점이 선행되었기에 가능한 일이었다.

휴정이 지향한 간화선 우위의 선교겸수의 방향은 그의 제자들에

34 崔柄憲, 「太古普愚의 佛敎史的 位置」, 『韓國文化』 7(서울: 서울대 韓國文化硏究所, 1986).
35 『禪家龜鑑』(『한불전』 7, p.636).
36 손성필, 『16·17세기 불교정책과 불교계의 동향』(박사학위 논문, 서울: 동국대 대학원, 2013).

게 계승되어 수행 체계로 정립되었다. 일례로 제월 경헌霽月敬軒(1544~1633)은 제자를 교화할 때, "『도서』와 『절요』로 지견知見을 분별하여 토대를 쌓게 하고, 원묘의 『선요』와 종고의 『서장』으로 지해知解의 병을 타파한 후 6개의 법어로 참구의 요절을 삼았다."고 한다.[37] 이는 휴정과 조사 지엄이 제시한 선교겸수와 간화선 참구라는 수행 방식을 계승한 지도법이었다. 물론 지엄이나 휴정이 간화선을 최고의 수행법으로 인정하고 선양했음은 앞에서도 언급한 바 있다. 휴정이 사명 유정에게 정법을 부촉할 때 남긴 말에서도 이 점을 분명히 알 수 있는데, 그는 "지금 그대가 팔방의 승려들을 대함에 있어 직접 본분사인 경절문 활구로 스스로 깨우쳐 얻게 함이 종사로서 모범이 되는 것이다. 정맥을 택하고 종안을 분명히 하여 부처와 조사의 은혜를 저버리지 말라."고 당부하였다.[38]

간화선 우위와 선교겸수의 복합적 지향은 서로 공존하면서도 늘 상충될 수 있는 애매한 문제이기도 했다. 휴정의 수행 체계를 계승, 정립한 것으로 평가받는 편양 언기는 "선문에서는 최하근자를 위해 교敎를 빌려 종宗을 밝혔으니 이른바 성상공性相空의 3종이다. 이로언로理路語路와 문해사상聞解思想이 있기에 원돈문圓頓門의 사구死句가 되니 이는 격외선格外禪이 아닌 의리선義理禪이다."라고 하여 교(원돈문)를 포함한 의리선이 격외의 조사선보다 낮은 단계임을 명시하였다. 하지만 그러면서도 "격외선과 의리선은 정해진 뜻이 없고 오직 사람의 근기에 따라 다른 것이다."라고 하여 근원적인 법의 동일성과 사람의 근기에 따른 현

37 『霽月堂大師集』 권하, 「霽月堂大師行蹟」(『한불전』 8, pp.126~127). 이는 당시 정립된 履歷課程의 四集 구성과 정확히 일치한다.
38 「선교결」(『한불전』 7, pp.657~658).

실적 구분이 공존함을 드러냈다.[39]

선과 교의 겸수와 우위 문제는 조선 후기 내내 양립하면서도 궁극적인 해결이 쉽지 않은 난제이기도 했다. 19세기에 벌어진 선 논쟁에서도 선(격외선)과 교(의리선)의 관계가 주된 논점이 되었다. 선 논쟁은 백파 긍선白坡亘璇(1767~1852)이 교에 대한 선의 우위를 천명하면서 발단이 되었다. 이에 대해 초의 의순草衣意恂(1786~1866)은 선을 차등적으로 나눌 수 없다고 비판하면서 전통적인 조사선(격외선)=여래선(의리선)의 구도를 내세웠다.[40] 긍선의 『선문수경禪文手鏡』에서는 조사선과 여래선을 함께 격외선에 배정한 반면, 의리선(교)을 교학과 문자의 습기를 벗어나지 못한 낮은 단계로 파악하였다. 또 선종 5가를 임제종臨濟宗-운문종雲門宗-조동종曹洞宗-위앙종潙仰宗-법안종法眼宗의 순서로 차등적으로 배정하고 우열을 구분하였다.[41] 반면 의순의 『선문사변만어禪門四辨漫語』에서는 방편상 사람을 기준으로 하여 조사선과 여래선, 법에 의거하여 격외선과 의리선으로 구분하는 것이 전통설이며 본질적으로는 양자 사이에 차등이 없음을 강조하였다.[42]

이처럼 선 논쟁은 선 분류의 형식을 취하였지만 실제로는 선과 교에 대한 선교 판석의 의미를 가진다. 다시 말하면 조선 후기 불교 수행 체계의 두 축인 간화선과 선교겸수에서 나온 선과 교 사이의 간극을 둘

---

39 『鞭羊堂集』 권2, 「禪教源流尋釰說」(『한불전』 8, pp.256~257).

40 김용태, 「19세기 초의 의순의 사상과 호남의 불교학 전통」, 『韓國史研究』 160(서울: 韓國史研究會, 2013), pp.121~129.

41 『禪文手鏡』, 「義理禪格外禪辨」; 「新熏本分辨」; 「圓相說」(『한불전』 10, pp.519~520). 긍선은 선종 5가 가운데 임제종을 가장 우위에 두었고 선교겸수의 특징을 갖는 법안종을 가장 낮은 단계로 파악하였다.

42 『禪門四辨漫語』, 「二禪來義」; 「格外義理辨」(『한불전』 10, pp.826~828). 祖師禪은 言教에 말미암지 않고 부처로부터 이심전심으로 이어지는 格外別傳의 격외선이며, 如來禪은 부처가 교화한 법문으로서 言教義理로 깨달아 들어가며 말로 이치를 증득하는 의리선이다.

러싼 사상 논쟁이었다. 휴정 때만 해도 간화선을 위주로 교를 포섭하는 것이 기본 정석이었다. 그런데 선교겸수 방향에서 교육과 수행 체계가 정립된 이후 특히 18세기에 들어 화엄을 위주로 한 교학이 크게 성행하면서 선과 교의 우열관계에 균열이 발생하게 되었다. 즉 선(조사선)과 교(화엄)의 근원적 일치가 보다 강조되었고, 선보다 교학에 전념하는 이들의 비중이 더 커졌다. 이러한 상황에서 긍선이 교단을 향해 조사선과 임제종 우위라는 원칙론을 강력히 제기하고 나선 것이 선 논쟁의 발단이 되었던 것이다. 또 의순 등은 긍선의 주장이 조선불교의 당시 상황이나 전통설과 맞지 않는다고 하여 정면으로 그에 대한 반론을 내놓은 것이다. 이처럼 19세기 선 논쟁은 임제법통과 간화선, 선교겸수와 화엄교학이라는 양대 축의 전개 과정에서 발생된 사건이었고, 그 핵심은 선과 교의 위상을 둘러싼 사상사적 논쟁으로 선 우위론과 선교병행론의 경합이었다.

Ⅳ. 선교겸수와 화엄교학의 전통

청허 휴정에 의해 간화선 우위의 선교겸수 방안이 제기된 이래, 승려 교육 과정인 이력과정에서 알 수 있듯이 교학을 공부하고 선과 병행하여 겸수하는 방식이 하나의 관행으로 굳어졌다. 휴정 당시에도 그랬지만 조선 후기 불교계는 선과 교의 전통을 함께 계승해야 했고, 이는 많은 사례들에서 확인된다. 휴정의 동문이자 부휴계의 조사인 부휴 선수의 손제자 백곡 처능白谷處能(1619~1660)은 선과 교에 대해 다음과 같이 설명하며 양자의 대립을 해소하고자 하였다.

법이 동쪽으로 전해진 이래 선과 교가 병행하여 선은 마음으로 전해지고 교는 언설로 홍포되면서 불도가 성행하였다. 그런데 유파를 달리하고 선과 교에서 문을 나누면서 선은 頓漸에서 다르게 되고 교는 性相으로 구분되었다. 성상의 무리는 空과 有에 각기 집착하고, 돈점의 무리는 理와 事를 분별하기 어려워 법에 모순이 되고 스스로 오류가 많았다. 각기 전문분야에 빠져서 서로 다투고 비방하여 자신뿐 아니라 남을 오인함이 많았다. 선과 교의 이치는 다르면서도 다르지 않은데, 선은 도를 전하고 교는 이치를 펴는 것이다. 선은 마음으로 말없이 교설의 근원을 깨닫는 것이고, 교는 말을 빌려 말없는 이치를 설명한 것이다. 비록 근기의 우열에 따라 선과 교의 차이는 있지만 선은 마음을 전하고 교는 언설로 표명한 것이니 근원에서는 같다. 대장경이 모두 禪旨이며 교와 선은 서로 별도로 있는 것이 아니다.[43]

이는 종밀 이래의 선교일치론을 재차 확인한 것으로 선과 교의 근원이 같고 방편에서 나뉠 뿐이라는 요지이다. 종밀은 『도서』에서 "경전은 부처의 말씀(語)이고 선은 부처의 뜻(意)이다."라고 전제한 후, "마음을 닦는 이들(선)은 경론을 별종別宗이라 하고 강설하는 이들(교)은 선문을 별법別法이라고 한다. 인과因果와 수증修證을 논하는 것은 교가에 속하는데 수증이 바로 선문의 본분사임을 알지 못하고, 교설이 바로 마음이고 부처인 것은 선문에 속하는데 마음과 부처가 바로 경론의 본뜻임을 알지 못한다."라고 설파한 바 있다.[44] 그런데 종밀 또한 "지금의 선승은 뜻을 알지 못하면서 오직 마음을 선이라 부르고, 교학자는 법을 알지

43 『大覺登階集』 권2, 「禪敎說贈勒上士序」(『한불전』 8, p.325).
44 『禪源諸詮集都序』 권상 1(『大正藏』 48, 400b).

못하면서 언어를 가지고 뜻만 설하여 집착하니 서로 회통하기 어렵다."고 진단하였는데,[45] 17세기 조선의 상황도 이와 다르지 않았던 것이다.

이처럼 선과 교를 겸행해야 했던 시대상황에서 '간화선 우위의 선교겸수'라는 일면 모순되는 방향에 대해 휴정의 제자 영월 청학詠月淸學(1570~1654)은 비판적 시각을 개진하였다. 그는 교의 언어나 문자 이해보다 간화선 참구를 중시해야 한다는 주장에 대해, "멀고 높은 것은 가깝고 낮은 것에서 시작해야 하며, 물고기를 잡으려면 통발이 없이는 할 수 없다. 마음을 밝히는 데 교를 버리면 어디에 근거할 것인가? 옛사람의 일언반구조차도 성불의 바른 길이 아님이 없다. 이理는 사事를 통해 드러나니 교화에 방편이 있는 것은 성인의 상규이지만 수행에 취사가 있는 것은 학자의 큰 병이다."라고 하였다.[46] 청학은 간화선 일변도의 수행보다는 교를 입문으로 한 선교겸수의 단계적 방안이 보다 효율적이고 타당한 것이라고 본 것이다.

청학의 문집 『영월당대사집詠月堂大師集』의 「사집사교전등염송화엄四集四教傳燈拈頌華嚴」이라는 글에는 17세기 전반에 확립된 것으로 보이는 승려 교육 과정인 이력과정의 체계와 내용이 소개되어 있다.[47] 정규 이력과정은 사집四集·사교四教·대교大教 과정으로 구성되어 있는데, 그 내역을 보면 지눌 이후의 선교겸수와 간화선의 선양을 지향점으로 하고 있다. 즉 정혜쌍수와 돈오점수, 화엄과 간화선을 두루 중시한 지눌의 사상적 영향이 배어나 있는 것이며, 간화선 우위의 선교겸수라고 하는 휴정의 수행 방식과도 일맥상통하는 구조였다.[48]

---

45 『선원제전집도서』 권상 1(『大正藏』 48, 401c).
46 『詠月堂大師集』, 「抄出法數遮眼而坐有客非之故因爲此偈」(『한불전』 8, pp.233~234).
47 『영월당대사집』, 「四集四教傳燈拈頌華嚴」(『한불전』 8, pp.234~235).
48 김용태, 앞의 책(2010), pp.223~232.

사집과정의 교과는 대혜 종고의 『서장書狀』, 고봉 원묘의 『선요禪要』, 규봉 종밀의 『도서都序』, 보조 지눌의 『절요節要』이다. 이는 휴정의 수행론과 마찬가지로 선교겸수와 지해를 떨쳐버린 간화선의 선양을 요체로 하며, 사집은 지엄의 경우에서 보듯이 16세기에 이미 정립된 것으로 보인다. 사교과정은 처음에는 『금강경』, 『능엄경』, 『원각경』, 『법화경』으로 편제되었다가, 18세기 이전에 『법화경』이 제외되고 『대승기신론大乘起信論』이 대신 들어갔다.[49] 이들 경전과 논서는 마음의 본질과 구조를 밝히고 그 본체와 작용을 해명하는 데 필요한 가르침을 제시하여 송대 이후 선교일치의 관점에서 매우 중시된 경론들이다. 대교과정에는 『화엄경』, 선종 전등서인 『경덕전등록景德傳燈錄』, 지눌의 제자 진각 혜심이 간화선풍 진작을 위해 편찬한 『선문염송禪門拈頌』이 포함되었다. 대교과 교재는 조선 전기 교종과 선종의 승과僧科 시험에서 채택된 책들이기도 하다.

조선 후기에는 선과 교뿐 아니라 염불念佛도 수행 체계 안에 포섭되었다. 선·교·염불의 삼문을 처음 제시한 것은 휴정이었고, 이를 체계화하여 정립시킨 것은 편양 언기였다. 휴정은 『심법요초』에서 선의 '참선문參禪門'과 함께 '염불문念佛門'을 설명하면서 '원돈문圓頓門'의 사구死句가 아닌 '경절문徑截門'의 활구活句를 참구해야 함을 강조하는 한편 유심정토唯心淨土와 서방정토를 동시에 언급하였다.[50] 이를 계승한 언기는 경절문, 원돈문, 염불문의 삼문을 체계화시켰다. 그는 경절문을 '상근기를 위해 마음을 가리키는 격외선풍의 선문', 원돈문은 '하근기를 위해 의리를 세워 언어로 이해하게 하는 교문', 염불문은 '서방정토를 염상하

---

49 Jong-su Lee, Monastic Education and Educational Ideology in the Late Chosŏn, Journal of Korean Religious 3-1(2012), pp.65~84.
50 『심법요초』, 「參禪門」; 「念佛門」(『한불전』 7, pp.649~650).

는 염불법으로 자신의 마음이 부처이며 자신의 본성이 바로 미타'라고 정의하고 수행의 측면에서 염불선念佛禪을 강조하였다.[51] 다시 말하면 격외선풍의 간화선, 본래의 마음을 비추고 반조하는 교학, 자성미타의 염불수행을 구조화한 것이었는데, 언기는 중생의 근기에 차이가 있지만 모든 법은 일심一心에서 나오므로 삼문은 동일하다고 보았다.[52]

앞서 지눌이 수립한 '성적등지문, 원돈신해문, 간화경절문'의 삼문은 정혜쌍수와 돈오점수의 선교융합을 기조로 상부구조에 간화선 수행을 추가한 것이었다.[53] 이에 비해 조선 후기의 삼문은 간화경절문은 같지만 원돈문은 교학 자체를 의미하는 것이었고, 지눌의 삼문에는 없는 염불문이 들어간 점이 특징이다. 이는 기존의 전통을 포괄해야 했던 시대 상황을 반영한 것이었는데, 그럼에도 모든 수행 방식을 필수적으로 다 해야 하는 '전수全修'는 아니었다. 즉 각 수행 방식의 '전수專修'를 전제로 한 겸수와 공존의 추구라고 보는 것이 적절할 것이다. 이후 진허팔관振虛捌關의 『삼문직지三門直指』(1769)에서도 "삼문은 서로 다르지만 본질은 같다."라고 하여,[54] 근원적 일치와 각 수행법의 독자성을 동시에 인정하였다.

다음으로는 선교겸수의 지향 속에서 배태된 화엄교학의 성행 문제를 살펴본다. 『심법요초』에는 불설佛說 3구로 1구 삼처전심三處傳心, 2구 화엄방편華嚴方便, 3구 일대소설一代所說이 언급되었는데,[55] 휴정은 삼처전심의 조사선에 비해 화엄을 비롯한 교학에 대해서는 큰 비중을 두지 않았다. 그런데 그의 사상을 계승한 편양 언기는 상근기에게는 간화경

---

51 『편양당집』 권2, 「禪敎源流尋劒說」(『한불전』 8, pp.256~257).

52 『편양당집』 권3, 「上高城」(『한불전』 8, pp.262~263).

53 최연식, 앞의 논문(2008) 참조.

54 『三門直指』, 「三門直指序」(『한불전』 10, pp.138~139).

55 『심법요초』, 「佛說三句」(『한불전』 7, p.652).

절문이 적합하지만 하근기는 방편상 성상공性相空의 교학을 빌려서 종宗을 밝혀야 한다고 보았다. 그는 천태 교판에 나오는 화엄華嚴, 아함阿含, 방등方等, 법화法華를 들어서 근기에 따른 구분은 있지만 법 자체에는 차별이 없다고 하였고, 선교화회禪教和會를 내세워 『인천안목人天眼目』과 『선문강요집禪門綱要集』, 종밀의 『도서都序』와 『원각현판圓覺懸判』, 고려 출신 체관諦觀의 『천태사교의天台四敎儀』를 가지고 후학을 지도하였다고 한다.[56] 언기는 도덕이 높고 문장이 뛰어난 역대의 승려로 교관겸수나 선교일치를 주창한 화엄학승인 징관澄觀과 종밀宗密, 그리고 법안종 영명 연수永明延壽 등을 들었고, 휴정과 유정을 이들에 비견하기도 하였다.[57]

화엄은 신라의 의상義湘 이래, 고려의 균여均如와 의천義天을 거치면서 교학에서 가장 큰 비중을 차지했는데, 화엄종은 고려시대 교종의 주요 종단이었다. 지눌도 종밀의 사상적 영향을 받으면서 당의 이통현李通玄이 제시한 실천적 화엄에서 큰 계발을 받았다. 이후 조사선과 화엄의 공조 및 융합은 한국불교의 특징적 전통으로 자리 잡았고, 조선시대에도 교종의 승과시험 과목에 『화엄경』이 들어가고 이력과정의 마지막 단계인 대교과에 포함된 것에서 알 수 있듯이 화엄은 교학의 최고봉으로 인정되었다.[58]

그럼에도 15세기에 활동한 설잠雪岑 김시습金時習(1435~1493)의 『화엄석제華嚴釋題』와 「대화엄법계도주병서大華嚴法界圖註並序」 정도를 제외하고는 16세기부터 17세기 후반까지 본격적인 『화엄경』 주석서가 나오지

---

56 앞의 「선교원류심일설」(『한불전』 8, pp.256~257).

57 『편양당집』 권3, 「謝南陽處士書」(『한불전』 8, p.261).

58 김용태, 「동아시아의 澄觀 화엄 계승과 그 역사적 전개- 송대와 조선 후기 화엄교학을 중심으로」, 『佛敎學報』 61(서울: 東國大 佛敎文化研究院, 2012), pp.269~271.

않았다. 그런데 17세기 말부터 18세기가 되면 화엄 강경과 강학이 매우 활성화되었고 주석서인 사기私記의 저술도 급증하였다. 그 발단은 아주 우연한 사건에서 비롯되었는데, 1681년 전라도 임자도荏子島에 불서를 가득 실은 중국 상선이 표착한 것이 계기가 되었다. 당시 부휴계의 백암 성총栢庵性聰(1631~1700)이 이들 서책의 상당수를 수합하여 1695년까지 전라도 징광사澄光寺와 쌍계사雙溪寺에서 『대명법수大明法數』, 『정토보서淨土寶書』, 『금강기金剛記』, 『기신론기起信論記』 등 여러 종류의 불서 190권 5천 판을 간행하여 유포시켰다.[59]

이때 불시착한 불서들은 1589년부터 시작해 1677년에 완성된 중국의 경산장徑山藏(嘉興藏本) 인출본으로서 일본에서 황벽판일체경黃檗版一切經(鐵眼版) 판각을 위해 구입한 가흥장 및 가흥속장 계열의 경서였다.[60] 특히 그 속에는 명明의 평림平林 섭기윤葉棋胤이 교정, 간행한 『화엄경』과 징관澄觀의 『화엄경소華嚴經疏』 및 『연의초演義鈔』의 합본 80권이 수록된 가흥장 11·12책이 포함되어 있었다. 성총이 불서 간행에서 가장 심혈을 기울인 것도 이 『화엄경소초』였고, 간행을 마친 후 1692년 대화엄회大華嚴會를 성황리에 개최하였다.[61] 징관의 『화엄소초華嚴疏鈔』는 『화엄경』 이해의 지남서로서 일찍부터 들어와 영향을 미쳤지만, 17세기 무렵에는 『화엄경소』와 특히 그 재주석서인 『연의초』가 거의 유통되지 않았다.[62] 따라서 성총이 징관의 『화엄소초』를 대대적으로 간행, 보

---

59 「栢庵大禪師碑銘」(『한국고승비문총집』, pp.298~302); 『栢庵集』 권하, 「與九峰普賢寺僧」(『한불전』 8, p.474); 『天鏡集』 권중, 「重刻金剛經疏記序」(『한불전』 9, pp.619~620).

60 이종수, 「숙종 7년 중국선박의 표착과 백암성총의 불서간행」, 『불교학연구』 21(서울: 불교학연구회, 2008).

61 앞의 「백암대선사비명」(『한국고승비문총집』, p.299).

62 栢庵性聰, 「海東新刻淸凉華嚴疏鈔後序」(佛典國譯硏究院, 『譯註華嚴經懸談』 1(김포: 中央僧伽大出版部, 1998), p.240); 石室明眼, 「新刻華嚴疏鈔後跋」(奉恩寺板 『華

급하면서 화엄 강학과 주석이 촉발되었던 것이다.

성총이 간행한 책은 명대까지의 『화엄소초』 주석 및 교정 성과를 반영한 최신판이었고, 더욱이 원의 보서普瑞가 『연의초』의 「현담」 부분을 주석한 『회현기會玄記』가 이때 함께 들어와 간행되었기에 화엄 이해에 큰 도움이 되었다. 징관은 『연의초』에서 '화엄경제華嚴經題의 의취義趣'를 일심一心에 귀섭시켰고, 교와 선의 구분이 편중된 것이라고 설파하였는데,[63] 일심을 매개로 화엄과 선을 연결시킨 징관의 화엄교학이 조선 후기의 선교겸수적 분위기에서 새롭게 각광받은 점은 주목할 만하다.

성총에 의한 합본 『화엄경소초』의 간행 이후 18세기는 화엄 이해가 교학의 중심이 된 '화엄의 중흥시대'였다. 다카하시 토오루(高橋亨)는 『이조불교李朝佛教』에서 "부휴계 벽암파碧巖派가 교학을 전수하였고 각성의 제자 모운 진언慕雲震言 이후에는 화엄종사華嚴宗師가 배출되어 그 법계를 통해 '화엄의 법유法乳'가 전해졌다."고 평가하여 성총이 속한 부휴계의 교학적 특징을 화엄과 연관지어 서술하였다.[64] 모운 진언(1622~1703)은 만년에 화엄을 매우 중시하며 『화엄경칠처구회품목지도華嚴經七處九會品目之圖』를 썼는데,[65] 그의 만년은 성총에 의해 『화엄경소초』가 간행된 직후였다. 진언의 손제자 회암 정혜晦庵定慧도 『화엄경소은과華嚴經疏隱科』를 지었고 종밀의 후신으로 추앙되며 '화엄종 회암 장로晦庵長老'로 불렸다.[66] 또 성총의 전법제자 무용 수연無用秀演은 1688년 스승으로부터 『화엄경소초』를 전해 받고 그 정수를 얻었으며,[67]

嚴經』 卷80(78冊 官字號)); 蓮潭有一, 「大敎私記序」, 『華嚴清凉疏鈔十地品三家本私記-遺忘記』(서울: 조계종교육원, 2002), pp.3~5.

63 『演義鈔』 권16(『大正藏』, 123b).

64 高橋亨, 앞의 책(1929), pp.758~760.

65 忽滑谷快天, 앞의 책(1930), pp.416~417.

66 『天鏡集』, 「次呈晦庵和尙」; 「刊都序法集科解序」(『한불전』 9, p.611; pp.620~621).

67 『無用堂遺稿』, 「無用堂大禪師行狀」(『한불전』 9, pp.365~366).

성총에게 화엄 원융圓融의 뜻을 직접 전수받았다고 하는 석실 명안石室明眼 또한 「법계품法界品」을 판각하였다.[68] 18세기 후반 부휴계의 적전인 묵암 최눌黙庵最訥(1717~1790)도 화엄의 대의를 총괄하여 「화엄과도華嚴科圖」를 비롯한 『화엄품목華嚴品目』을 저술했고, 『제경회요諸經會要』를 펴내 후대에 대화엄종주大華嚴宗主로 현창되었다.[69]

화엄교학은 청허계淸虛系에서도 중시되었는데, 주류문파 편양파鞭羊派에서는 17세기 말 이후 화엄교학의 종장이 다수 배출되었다. 앞서 편양 언기는 『화엄경』 등을 간행하면서 경전에 대한 제대로 된 주석서와 교간校刊의 기준이 없고 판본에 결락이 많음을 아쉽게 여겼다. 그는 제자 풍담 의심楓潭義諶에게 특히 『화엄경』에 대한 교정을 부탁하였고, 의심은 화엄의 원돈상승圓頓上乘을 연구해 기존 판본의 오류를 살피고 종지를 드러냈다고 한다.[70] 그의 제자 월저 도안月渚道安(1638~1715) 때에는 『화엄경』에 대한 음석音釋이 이루어졌고, 법계法界 등 화엄 원교圓敎의 정수가 강설되었다. 도안은 "화엄 원교는 끝없이 넓고 경계가 없는데, 『소초』와 『회현기』에 의거해 한글로 장과 구절을 나누고 정각최상승문正覺最上乘門을 열었다."고 평가한 바 있다.[71] 그의 동문 상봉 정원霜峰淨源도 『화엄경』 과문科文의 4과 중 일실된 3과를 연구하여 누락된 부분을 교정한 『화엄일과華嚴逸科』를 지었다.[72]

---

68 高橋亨, 앞의 책(1929), pp.710~713.

69 『茶松文稿』 권2, 「黙庵禪師立石祭文」(『한불전』 12, p.757). 최눌의 『華嚴品目』과 『諸經會要』는 『諸經會要』라는 명칭으로 『한불전』 10에 함께 수록되었다.

70 「普賢寺楓潭大師碑銘」(智冠 편, 『韓國高僧碑文總集-朝鮮朝·近現代』(서울: 伽山佛敎文化硏究院, 2000), pp.218~219.

71 「普賢寺月渚堂碑銘」(『한국고승비문총집』, pp.314~315).

72 「鳳巖寺霜峯淨源大師碑銘」(『한국고승비문총집』, pp.282~283). 상봉 정원의 과문은 성총이 간행한 『소초』와 비교해 큰 차이가 없을 정도로 정확히 요체를 파악했다고 한다.

18세기에는 대규모의 화엄대회가 열리기도 했는데, 환성 지안喚惺志安은 당대 화엄의 일인자였던 모운 진언의 직지사 화엄강석을 물려받았고, 1725년 금산사에서 1,400여 명이 참여한 화엄대법회를 주관하였다. 또 상월 새봉霜月璽篈은 1754년에 선암사에서 1,200여 명이 모인 화엄강회를 열었다.[73] 18세기 중후반에는 설파 상언雪坡尙彦, 연담 유일蓮潭有一, 인악 의첨仁嶽義沾 등이 나와 화엄교학의 이해 수준이 최고조에 달하였다. 설파 상언(1701~1769)은 『화엄경』을 25회나 강설하였고, 징관의 『화엄경소』에서 해석이 애매한 부분을 해인사 대장경본과 일일이 대조하여 근거를 확인하고 오류를 정정해 『구현기鉤玄記』 1권과 『화엄은과華嚴隱科』를 저술하였다. 상언은 「십지품」에 대한 사기도 남겼는데 그 발문에는, "『화엄경』은 근기에 따른 수기隨機의 설이 아니며 칭성稱性의 극설極說로서 여러 경전 중 최승最勝의 근본이다. 「십지품」은 더욱 깊이가 있으며 사기를 쓴 설파는 당대의 화엄종주이자 교해敎海의 지남이다."라는 평가가 나온다.[74] 상언은 1770년 징광사에 화재가 나서 성총이 간행한 『화엄경소초』 판목이 불타자 1775년 이를 교감, 중간하여 영각사靈覺寺에 보관하기도 하였다.

대둔사大芚寺의 연담 유일(1720~1799)은 자신이 배운 상언의 화엄교학에 대해 "조선 화엄과의 금과옥조"라고 평하였고,[75] 스스로는 화엄의 「현담」, 「십지품」에 대한 사기인 「유망기遺忘記」를 썼다.[76] 영남의 인악 의첨(1746~1796)도 상언에게 수학한 후 그의 『화엄은과』에 준거해 『화엄경

---

73 忽滑谷快天, 앞의 책(1930), pp.456~457에는 霜月璽篈의 華嚴講會에 참가한 會衆 1,200명의 명단을 기록한 『海珠錄』을 소개하고 있다.

74 「雜貨腐十地經私記後跋」(奉先寺 楞嚴學林, 『華嚴淸凉疏鈔十地品三家本私記- 雜華記·雜貨腐』(서울: 曹溪宗敎育院, 2002, p.445).

75 『林下錄』 권4, 「雪坡和尙傳」(『한불전』 10, p.271).

76 東國大 소장 필사본 『華嚴遺忘記』(동국대 D213.415 화63.5).

소초』에 대한 사기를 저술하였다.[77] 이후 화엄교학에 대한 이해는 상언에서 비롯된 유일과 의첨의 사기에 주로 의거하였고, 이들의 사기는 19세기 이후 호남과 영남의 강원 교육을 통해 전승되었다.[78] 조선 후기 화엄교학의 성행 양상은 대둔사의 강학 전통에서도 그 일면을 엿볼 수 있다. 법맥상 편양파와 소요파逍遙派가 주축이 되어 형성한 대둔사의 전통은, 화엄강학을 매개로 한 12대 종사宗師와 강사講師를 배출하고, '서산유의'를 내세워 표충사로 지정되어 8도의 종원宗院을 표방했을 정도로 큰 자부심을 가졌다. 이는 화엄교학의 성행이라는 시대상을 드러낸 것이며, 임제법통과 화엄종풍이 결합된 조선 후기 불교의 특징을 잘 보여 주는 상징적 사례이다.[79]

V. 맺음말

한국불교의 사상적 특징으로는 선과 화엄이 주축이 된 융합적 전통을 떠올릴 수 있다. 선은 남종선南宗禪을 도입한 구산선문九山禪門에서 시작하여 고려시대에 선종오가禪宗五家의 선풍이 모두 영향을 미쳤고, 보조 지눌普照知訥의 정혜쌍수와 돈오점수를 거쳐 간화선의 풍미와 조

77 상언의 華嚴 私記는 雜貨腐, 유일 계통의 사기는 遺忘記, 의첨에서 비롯된 것은 雜貨記로 칭해진다. 상언의 『화엄은과』가 가홍대장경 『화엄경소초』를 기준으로 하여 이후 사기는 모두 千字文 字號 순으로 편철되었다.

78 김영수, 앞의 책(1939), p.164에서는 두 사람의 私記가 湖南과 嶺南의 講學에서 각각 전승되었는데 『華嚴經』은 蓮潭記가 상세하고 四教科는 仁嶽記가 좋다는 평가를 인용하였다.

79 김용태, 「조선후기 大芚寺의 表忠祠 건립과 宗院 표명」, 『普照思想』 27(서울: 普照思想研究院, 2007).

선시대 임제법통의 성립으로 귀결되었다. 화엄은 고려 전기까지는 지엄智儼과 법장法藏, 의상義湘의 화엄이 중심이 되었고, 의천義天 이후에는 징관澄觀 화엄학의 영향이 컸다. 지눌 단계에서는 이통현李通玄의 실천적 화엄론이 강조되었고, 조선 후기에는 징관의 교학이 다시 화엄 이해의 전거가 되었다.

조선 전기에는 불교와 함께 교학도 침체되었지만 청허 휴정 이후 선과 교, 염불이 공존하는 수행풍토가 정착되었다. 임제법통이 정립되고 수행 체계, 교육 과정이 정비되면서 선교겸수의 토대 위에 간화선과 화엄이 양립하는 구조가 성립된 것이다. 특히 17세기 말 중국의 가흥대장경이 전래되면서 징관의 『화엄소초華嚴疏鈔』와 원대의 현담 주석서 『회현기會玄記』가 간행, 유포되어 강학이 활성화되었고, 화엄 관련 주석서 저술이 성행하였다. 이로써 18세기는 '화엄의 중흥시대'라고 할 수 있을 정도로 화엄교학이 매우 중시된 시기였다.

본고에서는 청허 휴정의 선교 인식을 '간화선 우위의 선교겸수'라는 관점에서 조망하고, 그의 영향을 받은 조선 후기 불교의 수행과 사상을 선과 화엄의 두 측면에서 살펴보았다. 그 결과 선종으로서의 정체성을 표방한 임제법통과 간화선풍, 그리고 선교겸수의 방향에서 결실을 맺은 화엄교학의 성행 양상을 확인할 수 있었다. 즉 조선 후기에 화엄을 필두로 한 교학 전통은 간화선 및 임제법통과 대등한 위상을 확보하게 된 것이다. 사상과 수행뿐 아니라 휴정에서 비롯된 조선 후기 불교의 신앙 문제, 특히 수행과 신앙을 겸비한 '염불'은 중요한 연구 과제이지만 본고에서는 선과 교의 융합 양상에 주로 초점을 맞추었다.

참고문헌

1. 자료

『大正新修大藏經』.

『卍續藏經』.

『朝鮮王朝實錄』.

『韓國高僧碑文總集-朝鮮朝·近現代』, 서울: 伽山佛教文化研究院, 2000.

『韓國佛教全書』, 서울: 東國大.

『四溟堂僧孫世系圖』, 서울대 중앙도서관, 一石 294.30922Y95sp.

『禪家龜鑑講話』, 忽滑谷快天, 東京: 光融館, 1911.

『譯註 華嚴經懸談』 1, 佛典國譯研究院, 김포: 中央僧伽大出版部, 1998.

『華嚴遺忘記』, 東國大 D213.415 화63.5.

『華嚴淸凉疏鈔十地品三家本私記-遺忘記』, 奉先寺 楞嚴學林, 서울: 曹溪宗教育院, 2002.

『華嚴淸凉疏鈔十地品三家本私記- 雜華記·雜貨腐』, 奉先寺 楞嚴學林, 서울: 曹溪宗教育院, 2002.

2. 단행본

權相老, 『朝鮮佛教略史』, 京城: 新文館, 1917.

______, 『朝鮮佛教史概說』, 京城: 佛教時報社, 1939.

金映遂, 『朝鮮佛教史稿』, 京城: 中央佛教專門學教, 1939.

김용태, 『조선 후기 불교사 연구: 임제법통과 교학전통』, 성남: 신구문화사, 2010.

李能和, 『朝鮮佛教通史』, 京城: 新文館, 1918.

인경, 『화엄교학과 간화선의 만남-보조의 『원돈성불론』과 『간화결의론』 연구』, 서울: 명상상담연구원, 2006.
高橋亨, 『李朝佛教』, 大阪: 寶文館, 1929.
吉津宜英, 『華嚴禪の思想史的研究』, 東京: 大東出版社, 1985.
忽滑谷快天, 『朝鮮禪敎史』, 東京: 春秋社, 1930.

3. 논문

高翊晋, 「碧松智嚴의 新資料와 法統問題」, 『佛教學報』 22, 서울: 東國大 佛教文化研究院, 1985.
金煐泰, 「休靜의 禪思想과 그 法脈」, 『韓國禪思想研究』, 서울: 東國大 出版部, 1984.
김용태, 「조선 후기 大芚寺의 表忠祠 건립과 宗院 표명」, 『普照思想』 27, 서울: 普照思想研究院, 2007.
______, 「동아시아의 澄觀 화엄 계승과 그 역사적 전개-송대와 조선 후기 화엄교학을 중심으로」, 『佛教學報』 61, 서울: 東國大 佛教文化研究院, 2012, pp.269~271.
______, 「19세기 초의 의순의 사상과 호남의 불교학 전통」, 『韓國史研究』 160, 서울: 韓國史研究會, 2013, pp.121~129.
손성필, 『16·17세기 불교정책과 불교계의 동향』, 박사학위 논문, 서울: 동국대 대학원, 2013.
禹貞相, 「西山大師의 禪教觀에 대하여」, 『佛教史學論叢: 趙明基博士華甲紀念』, 東國大 圖書館, 1965.
이종수, 「숙종 7년 중국선박의 표착과 백암성총의 불서간행」, 『불교학연구』 21, 서울: 불교학연구회, 2008.
宗眞, 「淸虛 休靜의 禪思想」, 『白蓮佛教論集』 3, 陝川: 海印寺 白蓮佛教文化財

團, 1993.
崔柄憲,「太古普愚의 佛教史的 位置」,『韓國文化』 7, 서울: 서울대 韓國文化研究所, 1986.
최연식,「知訥 禪思想의 思想史的 검토」,『東方學志』 144, 서울: 延世大 國學研究院, 2008.
Kim Yong-tae, Changes in Seventeenth-Century Korean Buddhism and the Establishment of the Buddhist Tradition in the Late Chosŏn Dynasty, ACTA KOREANA 16-2, 2013, pp.553~555.
Jong-su Lee, Monastic Education and Educational Ideology in the Late Chosŏn, Journal of Korean Religious 3-1, 2012, pp.65~84.
常盤大定,「朝鮮の義僧西山大師」,『大崎學報』 2, 東京: 立正大, 1912.

20

조선 후기 불교 사기私記 집성의 현황과 과제

/ 이종수

〈선정 이유〉

● 이종수, 「조선 후기 불교 사기私記 집성의 현황과 과제」, 『불교학보』 제61집, 2012. 2. pp.297~332.

선정 이유

이 논문은 조선 후기 불교의 주요한 특징 중 하나인 강원의 이력 과목에 대한 학승들의 주석의 집성 현황과 과제를 밝히고 있는 점에 주목하여 선정하였다.

저자는 강원의 사미과·사집과·사교과·대교과의 이력 과목들에 붙인 학승들의 주석인 사기私記의 개념과 그 성립 과정 및 종류들을 서술하고, 사기 집성과 편찬의 문제점들을 제시하여 사기 편찬의 학문적 접근을 모색하고 있다.

저자는 조선 후기 승려교육 과정인 이력과정에서 성립된 사기의 집성과 종류를 부휴계와 청허계 편양파로 대별하여 저자와 서명(권수) 및 현존 여부를 밝히고, 이들 사기 집성과 편찬의 과제를 사기의 수집과 계통 파악의 어려움, 사기의 탈초와 편찬의 문제점을 중심으로 밝히고 있다.

저자는 현재 봉선사 능엄학림과 개별적으로 진행되고 있는 사기의 집성과 편찬사업에서 노출된 저본과 대조본의 문제, 글자 표기 방법의 문제, 원전과 대조의 어려움, 회편의 어려움 등의 해결 과제를 제시하면서 불교 연구의 주요한 자료이자 전국에 산재한 불교문화재로서 사기의 가치와 의미를 강조하고 있는 지점에서 이 논문의 의미와 학문적 가치를 찾을 수 있다.

1. 서론

조선 후기 불교 사기私記란 강원의 이력과목을 중심으로 학승學僧이 주석註釋한 것을 말한다. 사기는 '개인의 기록'이라고 해석될 수 있듯이 불교 경론에 대한 개인적 의견을 정리한 것으로서 예로부터 있어 왔던 소疏·초鈔·기記 등에 비견될 수 있다. 다만 소·초·기에 비해서는 겸손한 의미를 내포하고 있으며, '쓸데없이 덧붙인 말'이라는 의미의 '화족畵足'(실재하지 않는 그림의 발), '췌贅'(군더더기), '발병鉢柄'(발우의 손잡이), '하목鰕目'(새우의 눈) 등으로 표기하기도 하였다.

조선 후기 불교 사기는 순수하게 국내에서 만들어진 경론의 주석서라는 점에서 의의가 크다. 흔히 조선시대를 숭유억불로 불교가 거의 멸절된 시대라고 표현하기도 하지만, 이는 사실과 다르다. 불교가 정치권력에서 배제되어 그 지위가 하락했다는 의미에서 숭유억불이라고 표현하는 것일 뿐이며, 실제로는 민간에서 가장 주요한 신앙으로 전승되었다. 또한 사찰 강원마다 수백여 명의 승려들이 경전을 공부하고 연구하

* 이 글은 『불교학보』 제61호(동국대 불교문화연구원, 2012)에 게재되었던 「조선후기 불교 私記 집성의 현황과 과제」를 일부 보완한 것이다.

* 본고가 학술지에 게재된 이후 2편의 박사논문이 발표되었는데, 이선화(선암)의 「조선후기 화엄 사기의 연구와 「往復序」 회편 역주」(동국대학교 박사논문, 2017)와 이승범의 「조선후기 화엄십지 사기 연구 : 연담과 인악의 사기를 중심으로」(동국대학교 박사논문, 2021)이다. 2편 모두 조선 후기에 강원 대교과의 교재였던 『화엄경소초』에 대한 화엄 사기의 일부분을 분석하고 역주한 논문이다.

였는데, 그 강원에서 연구한 결과물로 전승되었던 것이 바로 사기인 것이다.

사기私記에 대해서는 동국대학교 역경원장을 역임한 월운 스님이 일찍부터 관심을 가졌던 바, 봉선사 능엄학림에서 강독을 진행하고 또 책으로 발간하기도 하였다. 이로써 화엄사기 및 사집과四集科와 사교과四教科 과목의 사기를 탈초하여 간행하였다.[1] 그러므로 이러한 기초 작업은 사기 연구의 초석을 마련하고 있다는 점에서 평가할 만하다. 그러나 전국적으로 수백 권의 사기가 발견되는 만큼 사기의 수집부터 편찬 및 연구는 다방면에서 이루어지지 않으면 안 된다. 사기는 몇몇 학자들의 소유물이 아니라 더 이상 방치할 수 없는 조선 후기 불교가 이루어낸 한국불교계의 유산이므로 보다 다양한 연구가 이루어질 필요가 있는 것이다.[2]

---

1 봉선사 능엄학림 편찬, 『(華嚴淸凉疏鈔十地品)三家本私記: 遺忘記』, 大韓佛敎曹溪宗 敎育院, 2002. ; 『(華嚴淸凉疏鈔十地品)三家本私記: 雜華記·雜貨腐』, 大韓佛敎曹溪宗 敎育院, 2002. ; 『華嚴經淸凉疏 科圖集』, 동국역경원, 2003. ; 『華嚴淸凉疏鈔懸談記: 遺忘記(天字卷~荒字卷)』, 동국역경원, 2004. ; 『華嚴淸凉疏鈔懸談記: 鉢柄(天字卷~荒字卷), 懸談記(玄字卷~洪字卷)』, 동국역경원, 2004. ; 『華嚴淸凉疏鈔三賢: 遺忘記(日字卷~生字卷)』, 동국역경원, 2006. ; 『華嚴淸凉疏鈔三賢: 雜華記(日字卷~生字卷)』, 동국역경원, 2006. ; 『華嚴淸凉疏鈔: 十地 後三會: 遺忘記(麗字卷~官字卷)』, 대한불교조계종 교육원, 2008. ; 『華嚴淸凉疏鈔: 十地 後三會: 雜華記(麗字卷~官字卷), 雜華腐(劍字卷~光字卷)』, 대한불교조계종 교육원, 2008. ; 『華嚴淸凉疏鈔 遺忘記; 後三會記(七·八·九會)』, 대한불교조계종 교육원, 2008. ; 『華嚴淸凉疏鈔 雜華記; 後三會記(七·八·九會)』, 대한불교조계종 교육원, 2008. ; 『四集私記』, 대한불교조계종 교육원 불학연구소·교재편찬위원회, 2008. ; 『起信論 私記』, 능엄학림, 2008. ; 『金剛經 仁岳記』, 능엄학림, 2008. ; 『金剛經 鉢柄記』, 능엄학림, 2008. ; 『楞嚴經 蓮潭記』, 능엄학림, 2008.

2 가령 능엄학림에서 발간한 책들은 저본과 갑·을본 등으로 구분하여 탈초했으나 저본과 갑·을본과의 관계 및 갑·을본이 어떤 책인지를 분명히 밝히지 않았다는 문제가 있다. 특히 화엄현담에 해당하는 부분은 『會玄記』를 逐字 설명한 것인데, 이에 대한 자세한 설명 없이 단순히 "15上10" 등으로 표기하고 있어서 연구자들이 이 책을 이해하는 데 많은 어려움을 주고 있다. 그러므로 私記의 발전적 연구를 위해서는 다양한 형태의 연구 결과물이 출간될 필요가 있다.

사기는 어느 한 곳에서 탈초했다고 해서 완결될 수 있는 것이 아니라, ① 전국에 흩어져 방치되어 있는 사기를 수집하고, ② 계통별로 분류하고 선본善本을 가리며, ③ 각각 1:1로 탈초하여 별도의 텍스트화된 책을 간행한 후, ④ 계통별로 저본을 선정하고 대조본(갑본, 을본, 병본 등)과 문장을 대조하여 주석을 붙이고, ⑤ 그 사기들의 특징에 대해 해제를 작성하며, ⑥ 원전原典과의 회편을 통한 연구 기초서의 편찬이 필요하다.

이에 본고에서는 조선 후기 불교 사기의 개념과 그 성립 과정 및 종류 등을 서술하고, 사기 집성과 편찬의 문제점들을 제시하여 사기 편찬의 학문적 접근 방법을 모색하고자 한다. 이를 통해 조선 후기 불교 사기私記 연구에 하나의 디딤돌이 되었으면 하는 바람을 가져본다.

2. 사기私記의 성립과 종류

현존하는 조선 후기 불교 사기는 대부분 조선 후기 이력과목의 교재에 대한 주석서이므로 이 당시 사기의 성립은 이력과정의 성립과 불가분의 관계를 가진다.[3] 조선 후기 승려교육 과정을 흔히 '이력과정履歷課程'이라고 부르는데, 대략 16~17세기를 거치면서 성립되었을 것으로 생각된다.[4] 그 과정은 사미과沙彌科→사집과四集科→사교과四敎科→대교

3 본 논문에서는 『眞寶私記』 등 이력과목과 관련 없는 私記는 논의 대상에서 제외하였음을 미리 밝혀 둔다.

4 이능화, 「선교양종과 강학포교」, 『불교진흥월보』 1(7), 불교진흥회본부, 1915. ; 김영수, 「조선불교와 소의경전」, 『일광』 창간호, 중앙불교전문학교 교우회, 1928. ; 남도영, 「한국사원교육제도(中)」, 『역사교육』 28, 역사교육연구회, 1980. ; 이지관,

과大教科로 이어진다. 사미과에서는 『초발심初心文』·『발심문發心文』·『자경문自警文』·『치문경훈緇門警訓』, 사집과에서는 『선원제전집도서禪源諸詮集都序』·『대혜서장大慧書狀』·『법집별행록절요병입사기法集別行錄節要幷入私記』·『고봉선요高峰禪要』, 사교과에서는 『능엄경』·『대승기신론大乘起信論』·『금강경』·『원각경』, 대교과에서는 『화엄경』·『선문염송』·『경덕전등록』이 그 주요 과목이다.

이력과정에 대해 체계적으로 제시하고 있는 최초의 문헌은 영월 청학(1570~1654)의 「사집사교전등염송화엄四集四敎傳燈拈頌華嚴」으로, 사집과에 『고봉선요』·『대혜서장』·『선원제전집도서』·『법집별행록절요사기』, 사교과에 『원각경』·『금강경』·『능엄경』·『법화경』, 대교과에 『화엄경』·『경덕전등록』·『선문염송』을 제시하였다.[5] 그러므로 청학의 생몰연대를 생각해볼 때, 최소 17세기 전반에는 사집과·사교과·대교과의 교과목이 정해져 있었음을 짐작할 수 있겠다.[6]

하지만 청학이 제시한 이력과정이 얼마나 광범위하게 수용되었는지는 불분명하다. 가령, 청학과 동시대를 살았던 편양 언기(1581~1644)는

「한국불교승가교육의 사적고찰」, 『불교학보』 18, 동국대 불교문화연구원, 1981. ; 고희숙, 「한국불교 강원교재의 간행에 관한 연구-사미과와 사집과를 중심으로」, 청주대학교 석사학위논문, 1992. ; 김용태, 「조선 후기 불교의 임제법통과 교학전통」, 서울대학교 박사학위논문, 2008. ; 이종수, 「조선 후기 불교 이력과목의 선정과 그 의미」, 『한국사연구』 150, 한국사연구회, 2010.

5 영월 청학은 부휴 선수와 청허 휴정의 문하에서 수학하였으며, 금강산과 지리산에서 교화하다가 만년에는 낙안 금화산 징광사에서 주석하다가 입적하였다. 저서로는 『영월당대사문집』(『한불전』 8, pp.221~236)이 전하고 있다.

6 침굉 현변(1616~1684)의 『침굉집』에 수록되어 있는 「태평곡」(『한불전』 8, pp.369~370)에도 "禪要書狀 都序節要 楞嚴般若 圓覺法花 花嚴起信"이라는 문구가 등장하고 있다. 이는 영월 청학이 제시한 이력과정과 거의 일치되는 것이지만 『기신론』을 언급한 점은 차이가 있다. 현변은 「詠月大師原始要終行狀」(『침굉집』, 『한불전』 8, p.356)을 지었을 정도로 영월 청학에 대해 잘 알고 있었는데도 청학이 제시하지 않았던 『기신론』을 언급한 것으로 볼 때 당시 이력과목이 전국적으로 일치되지 않았을 가능성이 있다.

청학과 다른 교육과목을 제시하였다. 언기는 선禪의 과목으로는 『인천안목人天眼目』과 『선문강요집禪門綱要集』을 제시하고, 선교화회禪敎和會의 과목으로는 『천태사교의天台四敎儀』, 『원각현판圓覺懸判』, 『선원제전집도서』를 제시하였던 것이다.[7] 그러므로 청학이 제시한 이력과정이 보편화되는 것은 그 시기를 좀 더 후대로 잡아야 할 것이다.

사미과의 경우, 영월 청학이 제시한 이력과정에는 제시되어 있지 않지만, 『초심문』·『발심문』·『자경문』 등이 16세기 후반에 집중적으로 간행되고 있는 점으로 보아[8] 사집·사교·대교과와 마찬가지로 17세기 전반에 성립되었을 것으로 추정된다.

다만 사미과의 주요 과목인 『치문경훈』의 경우는 백암 성총(1631~1700)에 의해 간행되는 1695년 이후에 이력과목에 포함되었던 것 같다.[9] 그리고 사교과의 경우 그 과목에 『법화경』이 빠지고 대신 『기신론』이 들어갔는데, 이 역시 백암 성총의 불서 간행과 밀접한 관련이 있을 것으로 생각된다.[10]

이상의 내용을 종합해 보면, 17세기 전반에는 이력과정이 성립되었고, 18세기를 전후한 시기에 최종의 교과목이 정해졌던 것으로 보인다. 다음 〈표 1〉은 20세기 초 사찰 강원의 이력과정과 과목이다.

7 『편양당집』, 『한불전』 8, p.257, "學者 日用中用心處 其廣現宗風 在人天眼目綱要集 其入敎次第 頓漸修證 禪敎和會 在天台四敎 圓覺懸判 禪源諸詮."

8 손성필, 「16세기 조선의 불서 간행」, 동국대 석사학위논문, 2007.

9 고희숙, 「한국불교 강원 사미과 교재의 서지적 연구」, 『서지학연구』 10, 서지학회, 1994.

10 이종수, 「조선 후기 불교 이력과목의 선정과 그 의미」, 『한국사연구』 150, 한국사연구회, 2010.

〈표 1〉『조선불교통사』에 소개된 이력과정과 과목[11]

과 정	연한	수 강 과 목
사미과	1년	受十戒 朝夕誦呪『반야심경』,『초심문』,『발심문』,『자경문』
	3년	위의 과목에『사미율의』,『치문경훈』,『선림보훈』을 加入
사집과	2년	『선원제전집도서』,『대혜서장』,『법집별행록절요병입사기』,『고봉선요』
사교과	4년	『능엄경』,『대승기신론』,『금강반야경』,『원각경』
대교과	3년	『화엄경』,『선문염송』,『경덕전등록』

이력과목이 정착하면서 이에 대한 주석서라고 할 수 있는 사기私記들도 등장하기 시작한다. 그런데 사기私記라는 말은 조선 전기까지는 별로 사용되지 않던 말이었다. 고려시대 보조 지눌이『법집별행록절요병입사기』에서 사기라는 말을 사용하였고, 이 책이 유통되고 있었지만, 그 후 사기라는 용어를 사용한 흔적은 보이지 않는다.『한국불교전서』에 수록된 문헌들을 검색해 보더라도 사기라는 말은 거의 발견되지 않는다.『한국불교전서』의 조선 후기 문헌 가운데 사기(혹은 畵足, 贅, 鉢柄)라는 말이 처음 나타나는 곳은『운봉선사심성론雲峯禪師心性論』으로, 그 간기에서 "康熙二十三年甲子(1684)元月 日 雲峯子大智 全爲弟資述此私記"[12]라고 하였다. 운봉 대지(1606 추정~1690 추정)가 "제자들을 위해 이 사기私記를 저술했다."고 하여 자신이 쓴『심성론』을 사기라고 표현하였던 것이다.

주석서로서 사기가 본격적으로 등장하는 것은 18세기인데, 초기의 형태는 대체로 분과分科 형식을 취하다가 18세기 중기 이후에 본격적으로 자신의 견해를 드러내는 문장의 형태로 나타난다. 이들 사기는 현재 나무에 새겨서 목판본으로 전래되는 것도 있고 필사본으로 전래되

11 이능화,『조선불교통사』하편, p.989, 신문관, 1918.
12『운봉선사심성론』,『한불전』9, p.14.

는 것도 있다.

현존하는 가장 초기의 사기는 1695년에 간행한 백암 성총의 『치문경훈주緇門警訓註』(『한불전』 8)이다. 이 책은 성총이 낙안 징광사를 중심으로 가흥대장경을 복각할 때 『치문경훈』에 자신의 견해를 주석註釋하여 간행한 것이다.

성총은 이 책을 처음 불교에 입문하는 승려들을 위해 주석하였던 것으로 보이며, 이후 『치문경훈』이 강원의 사미과 교재에 포함되면서 성총의 주석서인 『치문경훈주』가 널리 읽혔던 것 같다.

성총 이후 여러 사기들이 판각되거나 필사되었는데, 상봉 정원(1627~1709)이 『절요과문節要科文』과 『화엄과목華嚴科目』도 지었다고 하지만 전해지지 않고, 1701년에 『선원제전집도서분과分科』(『한불전』 8)를 간행하였다.[13] 그 후 모운 진언(1622~1703)의 『화엄품목문목관절도華嚴品目問目貫節圖』(『한불전』 8)가 1709년에 간행되었고,[14] 설암 추붕(1651~1706)의 『선원제전집도서과평科評』(『한불전』 9)과 『법집별행록절요사기과평科評』이 1737년에 간행되었다.[15] 이어서 회암 정혜(1685~1741)의 『선원집도서과기科記』(『한불전』 9)와 『법집별행록절요사기해解』(『한불전』 9)가 1747년에 간행되었으며, 현존하지는 않지만 회암 정혜가 편록한 『화엄경소은과隱科』와 『제경론소구절諸經論疏句絶』이 세상에 유통되었다고 한다.[16] 그리

---

13 「문경 봉암사 상봉당정원선사비문」, 『한국고승비문총집』, p.282, 가산불교문화연구원, 2000. "造都序 節要科文於曦陽之鳳巖寺 尤精華嚴大經 經有四科 逸其三師緣文究義 遂定三科 俾讀者 不迷其旨 後得唐本叅較 乃無差違 學者驚服 以爲淸凉轉世云."

14 「모운대로행적」, 『한불전』 8, p.388, "所判大敎中七處九會大略品目 及四科大綱之貫節 與四會三百一十大位問答之圖 登梓于后 以永其傳."

15 「설암종사전」, 『동사열전』, 『한불전』 10, p.1024, "序要二集科文私記二卷 行于世".

16 「회암대사행적」, 『한불전』 9, p.545, "唯華嚴經疏隱科 都序節要註解 諸經論疏句絶 獨行於世."

고 설파 상언(1707~1791)의 『화엄은과도華嚴隱科圖』가 중국 연경에까지 알려졌다[17]고 하지만 현전하지 않고, 다만 상언이 지은 것으로 생각되는 필사본 『화엄십지품사기: 잡화부雜貨腐』가 전하고 있다.

연담 유일(1720~1799)은 거의 대부분의 이력과목에 대한 사기를 써서 가장 많은 분량을 남기고 있는데, 자신이 쓴 「자보행업自譜行業」에서도 사집과 수기手記 각 1권, 기신사족起信蛇足 1권, 금강하목金剛鰕目 1권, 원각사기圓覺私記 2권, 현담사기玄談私記 2권, 대교유망기大敎遺忘記 5권, 제경회요諸經會要 1권, 염송착병拈頌着柄 2권 등을 언급하고 있다.[18] 이 사기 가운데 『도서과목병입사기都序科目幷入私記』(『한불전』 10)와 『법집별행록절요과목병입사기』(『한불전』 10)는 1796년에 목판본으로 간행되어 유통되었고, 그 외는 모두 필사되어 현전하고 있다. 특히 필사본 사기는 영남 지역까지 전해져서 영향을 미쳤다고 한다.[19] 또한 「자보행업」에서 언급하지 않는 필사본 『능엄사기楞嚴私記』도 연담 유일의 사기로서 전하고 있다.

유일과 동시대를 살았던 묵암 최눌(1717~1790)과 인악 의첨(1746~1796)도 사기를 저술하였다. 최눌의 사기는 그의 행장에서 "華嚴科圖 諸經問答 盤錯會要 各一卷"[20]이라고 하였으므로 이력과목의 사기로서 화엄과도華嚴科圖가 있었을 것으로 생각되는데, 현재 『한국불교전서』 제10책에 실려 있는 『제경회요』의 「화엄십례과욕현난사도華嚴十例科欲顯

17 「고창 선운사 설파당상언대사비문」, 『한국고승비문총집』, p.522, 가산불교문화연구원, 2000. "師著華嚴隱科圖 聞達于燕京高僧 書以要見."

18 「연담대사자보행업」, 『임하록』, 『한불전』 10, pp.285~286, "爲學人所述四集手記各一卷 起信蛇足一卷 金剛鰕目一卷 圓覺私記二卷 玄談私記二卷 大敎遺忘記五卷 諸經會要一卷 拈頌着柄二卷."

19 「양악선사전」, 『동사열전』, 『한불전』 10, p.1034, "拈香於蓮潭法師 師所述倫忘記五卷 手書二本 一本留講筵 一本授師看 自嶺南來學人 力請抱去."

20 「묵암대화상행장」, 『묵암집』, 『한불전』 10, p.24.

難思圖』를 통해 그 면모를 짐작할 수 있을 뿐이다. 그리고 인악 의첨의 사기는 행장이나 비문에서 언급하고 있지 않으므로 사기를 지었는지에 대해서는 알 수 없으나 의첨의 사기라고 전해지는 것들이 현존하고 있다. 가령 『서장사기』, 『능엄사기』, 『금강사기』, 『기신사기』, 『원각사기』, 『화엄사기』, 『화엄십지품사기: 잡화기雜貨記』, 『염송기』 등의 필사본이다. 이 사기들이 의첨이 직접 저술한 것인지, 아니면 그 제자들이 의첨의 강의를 듣고 전한 것인지, 그것도 아니면 또 다른 제3자의 저술인지 등에 대해 검토가 필요하다.

19세기의 사기로는 먼저 도봉 유문(1786~1800)이 과주科註하고 영파 성규(1728~1812)가 증정證正한 「법성게과주法性偈科註」(『한불전』 10)가 1809년에 목판본으로 간행되었고, 그 후 백파 긍선(1767~1852)의 사기가 널리 유통되었던 것으로 보인다. 현재 유통되는 긍선의 사기로서 이력과목과 관련이 있는 것은 『선요사기禪要私記』, 『금강팔해기金剛八解記』, 『염송사기』, 『법보단경요해法寶壇經要解』, 『오종강요사기五宗綱要私記』 등의 필사본인데, 이는 긍선의 행장에서 밝히고 있는 내용과 일치한다.[21]

한편 긍선과의 선禪 논쟁으로 유명한 초의 의순(1786~1866)도 사기를 저술했다고[22] 하지만 현재 전하는 것 가운데 어떤 것이 의순의 사기인지는 불분명하다. 그리고 19세기 후반에 범해 각안(1820~1896)과 함명 태선(1824~1902)이 각각 『치문경훈기』를 지었다고 한다.[23]

---

21 「행장」, 『소림통방정안』, 『한불전』 10, p.652, "廣釋拈頌 密顯數百則 了沒巴鼻 羚羊掛角之本分眞如 要解壇經 的示卅三祖直指人心見性成佛之世傳家業 金剛五解 發揚卽敎明宗之難能手段 高峰禪要 明示奮志透關之直截宗眼."

22 「초의대사탑명병서」, 『일지암문집』, 『한불전』 12, p.272, "著私記及語錄若干卷".

23 보정 록, 『저역총보』, 『한불전』 12, p.471. 이 글의 저본이 되는 필자의 논문(2012)에서는 함명 태선의 『緇門警訓記』가 발견되지 않은 것으로 표시했으나, 그 이후 필자가 순천 선암사에서 전해오는 태선의 치문 사기를 확인하였기에 아래

이상의 내용을 표로 나타내면 다음과 같다.

〈표 2〉 조선 후기 불교 사기私記

계파	저 자	서 명(권수)	현존 여부	비 고
부휴계	백암 성총 (1631~1700)	緇門警訓註	○(『한불전』 8)	
청허계 편양파	상봉 정원 (1627~1709)	禪源諸詮集都序分科 節要科文 華嚴科目	○(『한불전』 8) × ×	
부휴계	모운 진언 (1622~1703)	華嚴品目問目貫節圖	○(『한불전』 8)	
청허계 편양파	설암 추붕 (1651~1706)	禪源諸詮集都序科評 法集別行錄節要私記科評	○(『한불전』 9) ○	
부휴계	회암 정혜 (1685~1741)	禪源集都序科記 法集別行錄節要私記解 華嚴經疏隱科 諸經論疏句絕	○(『한불전』 9) ○(『한불전』 9) × ×	
청허계 편양파	설파 상언 (1707~1791)	華嚴隱科圖 華嚴十地品私記: 雜貨腐	× ○(필사본)	
청허계 편양파	연담 유일 (1720~1799)	都序私記(1) 節要私記(1) 書狀私記(1) 禪要私記(1) 圓覺私記(2) 起信蛇足(1) 金剛鰕目(1) 圓覺私記(2) 玄談私記(2) 大敎遺忘記(5) 諸經會要(1) 拈頌着柄(2) 楞嚴私記	○(『한불전』 10) ○(『한불전』 10) ○(필사본) ○(필사본) ○(필사본) ○(필사본) ○(필사본) ○(필사본) ○(필사본) ○(필사본) ○(필사본) ○(필사본) ○(필사본)	
부휴계	묵암 최눌 (1717~1790)	華嚴科圖(1) 諸經問答(1) 盤錯會要(1)	× × ×	『한불전』 제10책의 『제경회요』 참조

표에서는 현존하는 것으로 표시하였다.

계파	저 자	서 명(권수)	현존 여부	비 고
청허계 편양파	인악 의첨 (1746~1796)	書狀私記 楞嚴私記 金剛私記 起信私記 圓覺私記 華嚴私記 華嚴十地品私記: 雜貨記 拈頌記	○(필사본) ○(필사본) ○(필사본) ○(필사본) ○(필사본) ○(필사본) ○(필사본) ○(필사본)	
청허계 편양파	도봉 유문 (생몰년 미상)	法性偈科註(1)	○(『한불전』 10)	
청허계 편양파	백파 긍선 (1767~1852)	禪要私記 金剛八解記 拈頌私記 法寶壇經要解 五宗綱要私記	○(필사본) ○(필사본) ○(필사본) ○(필사본) ○(필사본)	
청허계 편양파	범해 각안 (1820~1896)	緇門警訓記	미상	
청허계 편양파	함명 태선 (1824~1902)	緇門警訓記	○(필사본)	

3. 사기私記 집성과 편찬의 과제

1) 사기의 수집과 계통 파악의 어려움

사기는 전국 사찰과 박물관, 도서관, 그리고 개인 도서 수십가들이 소장하고 있을 것으로 생각된다. 현재 동국대 도서관에 수집되어 있는 사기는 담양 용화사 묵담 성우(1896~1982)의 유물관에서 복사해 온 124권을 포함해 230권이 수집되어 있다.

이들 사기는 대체로 찢어지고 닳아져서 보존 상태가 양호하지 못하다. 대부분의 사기가 얇은 한지에 필사되었고, 그 본래 용도가 경전이나 논서 공부를 위한 참고서로서 여러 사람의 손을 거쳤기 때문에 많이 닳아 있는 상태다. 이는 목판본이 질 좋은 한지에 인쇄된 것과는 다르다. 동국대 소장의 사기들처럼 전국에 흩어져 있는 사기들도 대부분 보존 상태가 양호하지 않을 것으로 생각된다.

더군다나 사기를 소장하고 있는 곳에서는 그 사기의 가치를 인식하지 못하고 있는 경우가 많기 때문에 보관에도 주의를 기울이지 않을 가능성이 높다. 따라서 더 이상 손상되기 전에 전국에 흩어져 있는 사기를 파악하고 수집하는 것은 늦출 수 없는 과제이다.

사기 수집에서 먼저 요구되는 것은 사기를 소장하고 있는 곳을 파악하는 일이다. 우선은 불교문화재연구소에서 2002년부터 전국사찰문화재 일제조사를 통해 파악하고 있는 사찰 소장의 사기를 수집하는 작업이 필요하다. 현재까지 조사한 사기류 전적은 『한국의 사찰문화재』에서 그 목록을 소개하고 있다. 그런데 불교문화재연구소에서도 개인 소장 자료나 전국 박물관 및 도서관 등에서 소장하고 있는 자료는 아직 파악하지 못하였다. 그러므로 여러 경로를 통해 자료를 수집하려는 노력이 필요하다고 하겠다.

사기 집성과 관련하여 2011년 7~8월에 동국대학교 불교학술원에서 전남 담양 용흥사에서 자료 조사를 하던 중에 비교적 보관 상태가 양호한 사기류 72권을 발견하였다.[24] 그 중에서도 『화엄중현기華嚴重玄記』는 연담 유일의 화엄 강의를 필사한 것이라고 기록하고 있고, 또 현존하는 화엄 사기 가운데 가장 오래된 연담 유일의 화엄현담 사기로 추정되므로 그 학술적 가치가 매우 높은 것으로 생각된다. 이 사기의 말미에는 다음과 같은 구절이 보인다.

---

24 용흥사 소장 사기류는 조선 후기 해남 대흥사 강원에서 필사되었던 것으로 여겨진다. 이에 대해서는 필자의 「응송 박영희 소장 불교문헌의 종류와 가치」(『불교학보』 68, 동국대 불교문화연구원, 2014)를 참고하기 바란다.

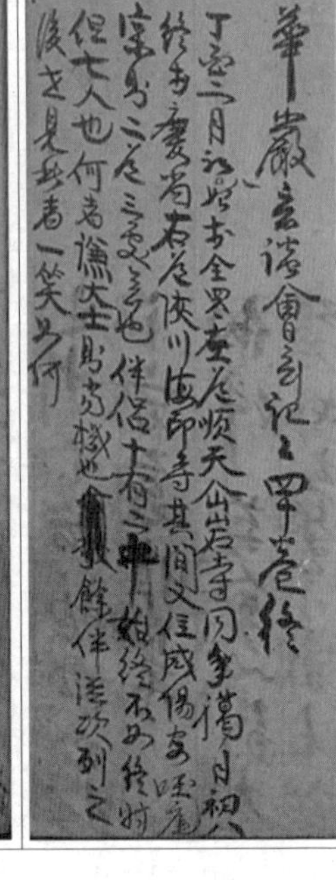

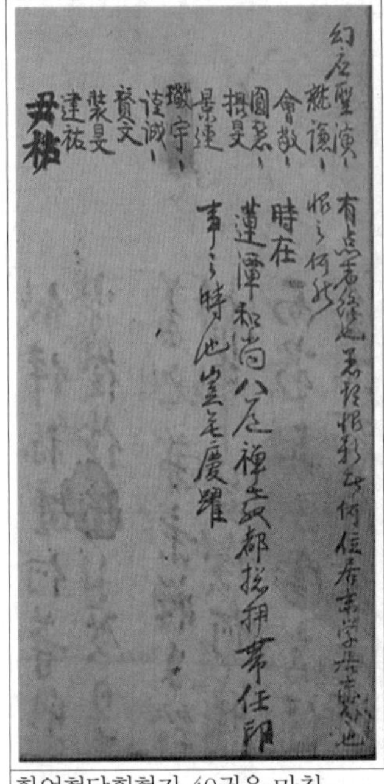

華嚴懸談會玄記之四十卷終

丁酉二月初八 始於全羅左道順天仙岩寺 同年臘月初八 終於慶尙右道陜川海印寺 其間又住咸陽安國庵 實卽二道三處會也 伴侶十有二中 始終不如 終時 但七人也 何者 謙大士則當機也 餘伴從次列之 後世見此者 一笑 如何
幻應聖演•, 就謙•, 會敬•, 圓慧•, 攝旻, 景連, 璥宇•, 謹誠•, 贊文, 裝旻, 建祐, 尹祐
有点者終也 愚謂恨歎者何 位居末學居末■也 恨之何然
時在蓮潭和尙 八道禪敎都摠攝帶任印事之時也 豈無慶躍

화엄현담회현기 40권을 마침

1777년(정유년) 2월 8일에 전라좌도 순천 선암사에서 시작하여 같은 해 12월 8일에 경상도 합천 해인사에서 마쳤다. 그 사이에 함양 안국암에서도 거주하였으니 실로 2道 3處의 모임이었다. 도반 12명이 처음과 끝이 같지 않았는데 마지막에는 다만 7명만이 남아 있었다. 누구인가? 취겸 대사가 가장 근기에 맞았고 나머지 도반들을 그 다음 차례에 따라 열거하노니, 훗날 이것을 보는 자들은 한 번 웃을 것이다. 어떠한가.
환응성연•, 취겸•, 회경•, 원혜•, 섭민, 경련, 경우•, 근성•, 찬문, 장민, 건우, 윤우
점이 찍혀 있는 자는 마지막에 있었던 사람이다.[25] 내가 한탄스럽게 여기는 것은 무엇인가. 지위도 마지막이요 학문도 마지막이라는 것이다. 한탄한들 어찌하겠는가.
이때는 연담 화상이 팔도선교도총섭의 임무를 띠고 있을 때이다. 어찌 경축하지 않으리오.

25 앞에서 "終時 但七人也"라고 하여 마지막까지 남아 있던 사람이 7명이라고 하였는데, 점을 찍은 사람은 6명만이 보인다. 그런데 원문을 보면, '尹祐'라는 글자가 다른 글자 위에 덧칠되어 표기되어 있다. 즉 잘 보이지는 않지만 덧칠된 '尹祐'라는 글자 속에 다른 이름이 적혀 있었고, 점이 찍혀 있었음을 짐작할 수 있다. 가령 祐와 같이 '祐'라는 글자 속에 알아보기 힘든 어떤 글자가 있는 것이다. 이는 아마도 글을 쓴 琓虎 尹佑(1758~1826)가 자신의 다른 自號를 적고 그 아래에 점을 찍었는데 훗날 누군가가 '尹祐'라는 법명을 덧칠하여 적으면서 그 아래에 있던 이름과 점도 보이지 않게 된 것이 아닌가 생각된다.

위의 기록에 의하면, 연담 유일이 1777년에 순천 선암사, 합천 해인사, 함양 안국암에서 화엄현담에 대해 강의한 것을 그 제자들이 기록했다는 것이다. 따라서 본 사기는 연담 유일이 저술했다고 전하는 화엄사기와 가장 근접한 기록이라고 할 수 있다. 이러한 용흥사의 경우처럼 새로운 사기류가 발견될 가능성이 여전히 존재한다. 조선시대 강원이 활발했던 지역을 중심으로 자료 수집을 통해 아직 발견되지 않은 사기류의 존재 여부를 조사할 필요가 있는 것이다.

이렇게 수집된 사기는 계통별로 분류해야 한다. 위에서 제시한 〈표 2〉와 같이 각 사기가 누구로부터 시작된 글인지, 그리고 그 글이 어떻게 발전했는지 시기별로 분류하는 작업이 필요하다. 예로부터 강원에서는 '전강비망용傳講備忘用'과 '사기 올리기'로 만들어진 사기가 있었다고 한다.[26] '전강비망용' 사기는 강원의 강사가 수학하던 문하생이 다른 강원의 강사로 가게 될 경우 필사해 두었던 사기를 전강의 신표信標로 주었던 것이고, '사기 올리기'로 만든 사기는 강원의 학인들이 날마다 다음날 공부할 내용을 미리 필사하면서 쌓인 것이 전해진 것이다. 그러므로 전국적으로 흩어져 있는 사기가 많다고 하여도 계통별로 분류하면 대체로 위에서 제시한 〈표 2〉의 범위를 크게 벗어나지 않을 것으로 생각된다. 그러나 사기의 저자와 계통을 파악하는 데는 많은 어려움이 따른다. 현재 수집된 사기의 저자조차도 제목과 유통 경로를 통해 추정하고 있을 뿐 정확한 근거를 갖고 있지 못하다.

가령 화엄현담 사기의 경우 동국대 도서관에 복사본으로 있는『화엄현담기華嚴玄談記』(D210.8 묵221ㄹ v.67, v.70, v.73) 3권을 연담 유일의 사기로 추정하고 있다. 이 사기는 용화사 묵담유물관에서 소장하고 있

26 봉선사 능엄학림 편찬,『華嚴淸凉疏鈔懸談記-遺忘記(天字卷~荒字卷)』, 동국역경원, 刊行序, 2004 참조.

던 것으로, 표지에 '연로기蓮老記'라고 되어 있어서 연담 유일의 사기가 아닐까라고 추정하는 것이다. 그리고 표지 오른쪽 하단에 '화담華曇'이라고 적혀 있고 본문 첫 페이지 하단에는 '금해錦海'라고 적혀 있는데, 금해錦海라는 스님은 법명이 관영瓘英(1856~1926)으로서 호은 율사(1850~1918)로부터 구족계를 받았고 화담 법린으로부터 가르침을 받았다.[27] 그리고 화담華曇이라는 스님은 법명이 법린法璘(1848~1902)으로서 허주 덕진(1815~1888)의 제자이며 문집으로 『농묵집聾黙集』(『한불전』 11에 수록)이 있다.[28] 허주 덕진은 『정토감주淨土紺珠』를 편찬했던 스님이며 침명 한성(1801~1876)에게 경전을 배우고 인파印波(생몰년 미상)에게 선禪을 배웠다.[29]

한편, 동국대 도서관에 소장되어 있는 『화엄경현담중현기重玄記』(D213.415 화63ㅈ2 v.1, v.2)는 묵담유물관 소장의 『화엄현담기』(D210.8 묵221ㄹ v.67, v.70, v.73)와 마찬가지로 연담 유일의 현담 사기가 또 다른 사람에 의해 필사되어 전해진 것으로 추정되는데, 그 첫 페이지 하단에 필사자로서 '침월枕月'이라고 적혀 있다. 그리고 제1권의 말미에는 "乙未仲夏書于松廣隱寂蘭若枕溟師主會"라 적혀 있고, 제2권의 말미에는 "華嚴玄記四十卷終 自乙未正月至九月日"라 적혀 있다. 여기서 말하는 침명은 침명 한성枕溟翰醒이며, 화엄현담 강의가 있었던 을미년은 1859년을 말하는 것 같다. 그러므로 침월枕月이 침명枕溟의 문하에서 공부하면서 필사한 것으로 생각된다. 그런데 침명 한성은 부휴계 영봉 표정(생몰년 미상)의 제자로서 부휴 선수의 11세손에 해당하지만 청허계 편양

---

27 『불교』 22, 2916년 4월, 불교사.

28 「화담대선사행장초」, 『한불전』 11, p.707.

29 한국문헌연구소 편, 『조계산송광사사고』, p.646, 아세아문화사, 1977. "參枕溟而學經 禮印波而得禪."

문파인 대운 성홍(?~1869)에게 교학을 배우고 백파 긍선에게 선禪을 배웠으므로 청허계와 부휴계의 법맥을 함께 이은 스님이다. 침명 한성을 중심으로 법계를 정리하면 아래와 같다.

부휴계 : 默菴最訥 …… → 影峯表正 ↘		↗ 枕月	
	枕溟翰醒		
청허계 : 雪坡尙彦 …… → 白坡亘璇 ↗		↘ 虛舟德眞 → 華曇法璘 →	錦海

위의 법계를 통해 짐작할 수 있듯이 동국대 소장의 『화엄경현담중현기』(D213.415 화63ㅈ2 v.1, v.2)와 묵담유물관 소장의 『화엄현담기』(D210.8 묵221ㄹ v.67, v.70, v.73)는 연담 유일과 동시대를 살았던 묵암 최눌과 설파 상언의 법을 이어받은 어느 한 계통에서 침명 한성에게로 전해져 침월과 금해에게로 전해진 것으로 보인다. 그러므로 법계만으로는 사기의 전수 과정이 분명하지 않다. 왜냐하면 대흥사의 연담 유일이 송광사의 묵암 최눌과 심성 논쟁을 벌이는 등 사상적으로 대립한 적이 있고,[30] 대흥사의 청허계가 송광사의 부휴계와 경쟁의식 속에서 18세기 후반에 대흥사 경내에 서산 대사 표충사를 건립하였으며, 또 19세기 초에 『대둔사지』를 편찬하면서 12종사와 12강사를 내세워 팔도의 종원宗院을 표명[31]하였던 상황을 생각해 본다면, 부휴계에서 청허계 승려인 연담 유일의 사기를 전수했다고 볼 수 있을지 의문이기 때문이다. 또한 백양사와 선운사를 중심으로 활동하면서 화엄종주로 이름을 날렸던 백파 긍선이 대흥사 일지암에 거주하던 초의 의순과 선 논쟁을 벌이며 대립

30 이종수, 「조선 후기 불교계의 심성 논쟁-운봉의 『심성론』을 중심으로」, 『보조사상』 29, 보조사상연구원, 2008.

31 김용태, 「조선 후기 대둔사의 표충사 건립과 '종원' 표명」, 『보조사상』 27, 보조사상연구원, 2007.

하였던 점을 생각해 본다면 연담 유일의 사기가 백파 긍선을 거쳐 침명 한성으로 전해졌다고 보기도 어려운 점이 있기 때문이다.

이러한 문제를 해결하기 위해서는 앞에서 언급하였던 용흥사 소장의 『화엄중현기』와 동국대 소장본을 비교해 보면 된다. 용흥사 소장본이 연담 유일의 화엄 사기 가운데 가장 앞선 시기로 추정되므로 동국대 소장본과 비교해 봐서 그 차이점을 드러낼 수 있다면 계통에 따른 차이점을 도출할 수 있을 뿐만 아니라 시기에 따른 사기의 변화 양상도 파악할 수 있을 것이다. 또한 변화된 문장을 통해 그 시대마다의 불교에 대한 관점을 도출해 낼 수도 있을 것이다. 필자가 조사한 결과, 용흥사 소장본과 동국대 소장본, 묵담유물관 소장본은 모두 연담 유일의 사기를 필사한 것이다. 이 가운데 용흥사 소장본이 가장 시기가 앞서고, 동국대 소장본이 그다음이며, 묵담유물관 소장본이 더 늦게 필사된 것 같다. 이 세 필사본을 면밀히 검토하여 시기별·계통별 특징을 도출해 내는 작업은 차후의 과제가 될 것이다.

이와 같이 사기들을 분석하여 각각의 저자와 계통을 정하는 일은 전체 사기를 수집하고 탈초하는 과정에서 해결해야 할 문제들이다. 각 사기의 내용을 보고 계통별로 분류하여 어느 문파에서 전래되었으며 그 원류는 어디인지를 파악하는 작업은 비단 사기의 저자를 확정하는 문제로서 그치는 것이 아니라 조선 후기 사상계의 흐름을 파악하는 측면에서도 매우 중요한 의미를 갖는다고 할 수 있다.

2) 사기의 탈초와 편찬의 문제점

사기류 문헌에 대한 정확한 접근을 위해서는 가급적 원본을 그대로 복원할 필요가 있다. 필사자가 필사하면서 잘못 쓴 글자가 있을 수도 있고 몇 줄 빼고 필사했을 수도 있지만 그것 역시 시대성을 반영하는 것이므로 간과해서는 안 되는 부분이다. 모든 글자를 있는 그대로 복원한 후에 문헌 연구를 통해 판단해야지 원본을 복원하기 전에 미리 판단하는 것은 연구자로서의 올바른 태도라고 보기 어렵다. 그러면 사기를 탈초하고 편찬하는 데 있어서 발생하는 문제점은 어떤 것이 있을까? 본고에서는 필자가 화엄현담 사기를 탈초하고 편찬한 경험을 살려 몇 가지 문제점을 제시하고자 한다.

화엄현담 사기의 탈초와 편찬을 위해서는 먼저 화엄현담 사기의 원전原典이라고 할 수 있는 당나라 청량 징관(738~838)의 『화엄경소초華嚴經疏鈔』(총90권)와 원나라 보서普瑞의 『화엄현담회현기華嚴懸談會玄記』(총40권)를 입력하는 작업이 선행되어야 한다.[32] 왜냐하면 조선 후기 화엄 사기는 모두 이 두 책을 근거로 하여 만들어졌기 때문이다. 주지하다시피, 이 두 책은 백암 성총이 1681년에 임자도에 표류해 온 중국 상선의 불서佛書를 구하여 간행한 것으로 조선 후기 화엄 강의는 모두 이 두 책에 의존하고 있다.[33] 그러므로 사기의 정확한 이해와 회편을 위해서는 이 두 책의 입력이 선행되어야 한다. 그리고 수집한 화엄현담 사기의 저본과 대조본을 선정하여 탈초와 입력을 거친 후 몇 번에 걸쳐 교감을 하고, 각각의 내용을 원전에 호응하도록 회편會編하는 작업을 해야 한다.

이러한 작업을 수행하면서 발생하는 문제점이나 어려운 점을 네 가

---

32 조선 후기에 유통된 청량 징관의 『화엄소초』는 1625년에 명나라 葉祺胤이 편집하여 嘉興大藏經에 入藏했던 것으로 經과 疏와 鈔가 합본된 것이다. 총90권이 천자문 순서로 엮어져 있는데, 이 가운데 天~荒字卷까지 8권이 화엄현담에 해당한다. 그리고 이 화엄현담에 대해 주석을 가한 것이 普瑞의 『회현기』이다.

33 이종수, 「숙종 7년 중국선박의 표착과 백암성총의 불서간행」, 『불교학연구』 21, 불교학연구회, 2008.

지 정도로 제시할 수 있다. 첫째 선본善本을 가려내어 저본과 대조본으로 정하는 문제, 둘째 초서로 되어 있는 사기를 탈초하여 정자로 표기하는 방법의 문제, 셋째 원전原典과 대조의 어려움, 넷째 회편의 어려움 등이다.

첫째, 선본善本을 가려내어 저본과 대조본을 정하는 문제이다. 앞서 언급하였듯이 수집된 사기를 계통별로 분류해야 하는데, 현담 사기의 경우 천天·지地·현玄·황黃·우宇·주宙·홍洪·황荒 자권字卷까지 총8권이 온전히 남아 있는 경우가 별로 없고 대부분 일부분만 남아 있다. 천天자권만 있거나 천天~현玄자권까지만 있거나 현玄~주宙자권까지만 남아 있다. 그런데 화엄현담 사기의 경우, 연담 유일 계통과 인악 의첨 계통 등 서로 다른 계통의 사기류가 전해온다. 그러므로 먼저 어떤 계통의 사기인지를 판별해야 하고, 다시 그 사기 가운데 선본善本을 가려내어 A, B, C 등으로 분류해야 한다. 말하자면, 연담 유일 계통의 사기를 A, B, C 등으로 분류하고, 인악 의첨 계통의 사기를 a, b, c 등으로 분류하는 것이다. 이러한 과정을 통해 저본을 정하고 그 저본을 먼저 탈초한 후, 다른 선본善本을 갑본과 을본 등으로 정하여 저본과 대조하는 방법으로 탈초를 진행해야 하는 것이다. 그런데 이러한 과정에서 저본과 대조본을 정할 때 일정한 기준을 마련하기 어렵고 새로운 자료의 발굴에 따라 저본이 바뀔 수 있다는 점에서 어려움이 따른다.

둘째, 초서로 되어 있는 사기를 탈초하여 정자로 표기하는 방법의 문제이다. 사기를 탈초·입력하는 데 있어서 문헌의 원래 글자를 그대로 살려야 한다. 가령 필사자가 글자를 잘못 썼다고 해서 이를 함부로 판단하여 수정해서 표기한다면 문헌의 본래 모습이 상실될 염려가 있다. 사기 가운데는 해서체楷書體로 정서된 경우도 있지만 대부분은 행行·초서체草書體로 되어 있다. 그리고 속자와 이체자를 많이 사용하고 있다. 이런 경우 탈초하여 입력하면서 정자正字로 변환하여 표기해야 할지, 아니면 속자나 이체자를 살려서 표기해야 할지가 고민거리다. 그리고 한 권의 사기라고 하더라도 앞부분과 뒷부분의 필사자가 달라서 속자나 이체자가 같은 책 안에서도 다르게 적힌 경우도 있다. 이러한 여러 문제에도 불구하고 가급적 문헌에 표기되어 있는 원래의 모습을 유지할 필요가 있다. 한 번의 탈초를 통해 내용적인 측면만이 아니라 글자의 형태적인 영역까지 연구할 수 있도록 하여 불교학의 분야를 확대할 필요가 있는 것이다. 그러므로 잘못된 글자가 있다고 하더라도 함부로 글자를 고치지 말아야 한다. 사기의 잘못된 글자까지 수정하여 현재의 텍스트로 활용하기 위한 정본正本을 만드는 것은 그 이후의 작업이 되어야 하는 것이다.

셋째, 원전原典(『화엄경소초』와 『회현기』)과 대조의 어려움이 있다. 화엄현담 사기에서는 대부분 "○丈上○行" 혹은 "○丈下○行" 이라고 표기하고 주석을 붙이고 있다. 여기서 "○丈○行"이란 대부분 『회현기』의 페이지와 행行을 의미하는 것이다. 가령 사기에서 "第十九卷 十二丈上九行"이라고 하였다면 『회현기』 제19권의 12쪽 앞 페이지 9째줄을 의미하는 것이다. 그러므로 각각 주석의 의미를 정확히 이해하려면 사기에서 지칭하는 모든 페이지를 다 확인해 보아야 한다. 그리고 『회현기』는 『화엄경소초』의 천자권天字卷~황자권荒字卷까지에 대한 주석이므로 역시 『회현기』에 앞서 『화엄경소초』를 실어야 한다. 그런데 이러한 작업은 시간과 인력을 많이 필요로 한다는 점에서 어려움이 따른다.

넷째, 회편會編의 어려움이 있다. 화엄현담 사기는 『회현기』에 대한 주석이고, 『회현기』는 『화엄경소초』에 대한 주석이다. 그러므로 화엄현담 사기를 회편하기 위해서는 먼저 『화엄경소초』의 현담 부분(天~荒)을 먼저 배치하고, 이에 대한 주석서인 『회현기』의 내용을 그 아래에 배치한 후, 현담 사기의 내용을 다시 그 아래에 배치해야 한다. 그런데 사기에서는 주석을 하면서 각 페이지와 행을 표기하였으므로 조선 후기에 간행된 『화엄경소초』, 『회현기』와 똑같은 순서로 글자가 배열되어야 한다. 이것이 선행되지 않으면 사기에서 설명하는 부분과 원전의 관계가 호응되지 않게 된다. 따라서 『회현기』의 경우는 "권수_쪽수_上(下) 행수"를 표시하고 그에 따라 글자를 배치해야 한다. 가령 『회현기』 제1권 8쪽 상上의 세 번째 줄은 다음과 같이 표시하는 것이다. "01_08_上03 六釋料揀者 科文二字文體科用 科即是文持業釋" 이렇게 표시해야만 사기에서 설명하는 "○丈上(下)○行"의 의미가 분명히 드러날 것이기 때문이다.

그리고 사기의 경우는 저본, 갑본, 을본을 대조하여 갑본과 을본의 내용을 저본에 각주로 표시한 다음 『회현기』 바로 밑에 표기할 수 있을 것이다. 저본과 갑본과 을본은 같은 계통에 대한 다른 필사자의 사기이므로 갑본과 을본은 저본의 각주로 처리되는 것이다. 그러나 저본과 다른 계통의 사기일 경우는 제2의 저본이 되는 것이므로 제2의 갑본과 을본 등을 각주로 처리한 다음 제1의 저본 아래에 배치할 수 있다. 즉, 회편은 아래와 같은 형식으로 편집할 수 있다.

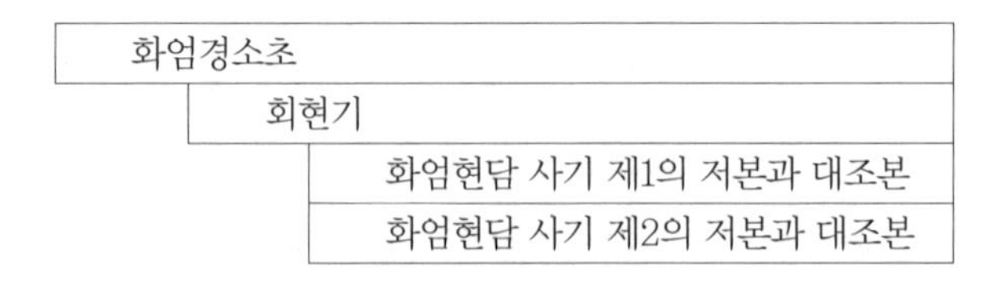

이 외에도 표점, 편집 등의 문제들이 남아 있고, 또 번역 과제는 언제 어떻게 수행할 것인지 등의 과제들이 남아 있다. 이러한 문제들에 대해서는 여러 전문가들의 의견을 모아서 지혜롭게 해결해야 할 것이다.

4. 결론

이상으로 사기私記의 성립과 종류, 그리고 집성과 편찬의 과제에 대해 서술하였다. 조선 후기 불교 사기는 대체로 17~18세기를 전후한 이력과목의 확립과 더불어 발생하기 시작하여 18세기 후반부터 본격적으로 강원의 참고서로 저술 및 필사되었던 것으로 보인다. 사기를 처음 저술한 사람은 전래되는 사기나 여러 기록들을 통해 그 이름을 확인할 수 있지만 현재 수집되는 사기가 누구의 것인지는 아직 불분명한 상태다. 그러므로 향후 사기의 집성과 편찬, 그리고 이에 대한 연구를 통해 누구의 사기가 어떤 경로를 통해 현재까지 전해지고 있는지 밝혀져야 할 것이다.

그리고 능엄학림을 비롯하여 개별적으로 진행되고 있는 사기의 집성과 편찬 사업에서 몇 가지 문제점들이 도출되고 있는바, 이에 대해서도 여러 사람들의 지혜를 모아야 할 것이다. 저본과 대조본의 문제, 글자 표기 방법의 문제, 원전原典과 대조의 어려움, 회편會編의 어려움 등을 비롯해 많은 해결해야 할 과제가 있으므로 이에 대한 논의가 계속 진행되어 좋은 해결 방안들이 나왔으면 한다. 아울러 전국에 산재해 있는 사기들을 수집하여 불교 문화재로서, 그리고 연구 자료로서 활용될 수 있도록 여러 사람들의 관심과 협조가 지속적으로 있어야 할 것이다.

참고문헌

『華嚴疏鈔』.

『會玄記』.

『詠月堂大師文集』(『한불전』 8).

『鞭羊堂集』(『한불전』 8).

『華嚴品目問目貫節圖』(『한불전』 8).

『禪源諸詮集都序分科』(『한불전』 8).

『枕肱集』(『한불전』 8).

『緇門警訓註』(『한불전』 8).

『雲峯禪師心性論』(『한불전』 9).

『禪源諸詮集都序科評』(『한불전』 9).

『禪源集都序科記』(『한불전』 9).

『法集別行錄節要私記解』(『한불전』 9).

『默庵集』(『한불전』 10).

『林下錄』(『한불전』 10).

『少林通方正眼』(『한불전』 10).

『東師列傳』(『한불전』 10).

『一枝庵文集』(『한불전』 12).

『著譯叢譜』(『한불전』 12).

이능화, 『조선불교통사』 하편, 신문관, 1918.

한국문헌연구소 편, 『조계산송광사사고』, 아세아문화사, 1977.

이지관 편, 『한국고승비문총집』, 가산불교문화연구원, 2000.

봉선사 능엄학림 편찬, 『(華嚴淸凉疏鈔十地品)三家本私記: 遺忘記』, 대한불교조계종 교육원, 2002.

__________________, 『(華嚴淸凉疏鈔十地品)三家本私記: 雜華記·雜貨腐』, 대한불교조계종 교육원, 2002.

__________________, 『華嚴經淸凉疏 科圖集』, 동국역경원, 2003.

__________________, 『華嚴淸凉疏鈔懸談記: 遺忘記(天字卷~荒字卷)』, 동국역경원, 2004.

__________________, 『華嚴淸凉疏鈔懸談記: 鉢柄(天字卷~荒字卷), 懸談記(玄字卷~洪字卷)』, 동국역경원, 2004.

__________________, 『華嚴淸凉疏鈔三賢: 遺忘記(日字卷~生字卷)』, 동국역경원, 2006.

__________________, 『華嚴淸凉疏鈔三賢: 雜華記(日字卷~生字卷)』, 동국역경원, 2006.

__________________, 『華嚴淸凉疏鈔: 十地 後三會: 遺忘記(麗字卷~官字卷)』, 대한불교조계종 교육원, 2008.

__________________, 『華嚴淸凉疏鈔: 十地 後三會: 雜華記(麗字卷~官字卷), 雜華腐(劍字卷~光字卷)』, 대한불교조계종 교육원, 2008.

__________________, 『華嚴淸凉疏鈔 遺忘記; 後三會記(七·八·九會)』, 대한불교조계종 교육원, 2008.

__________________, 『華嚴淸凉疏鈔 雜華記; 後三會記(七·八·九會)』, 대한불교조계종 교육원, 2008.

대한불교조계종 교육원 불학연구소·교재편찬위원회 편, 『四集私記』, 대한불교조계종 교육원, 2008.

봉선사 능엄학림 편찬, 『起信論 私記』, 봉선사 능엄학림, 2008.

__________________, 『金剛經 仁岳記』, 봉선사 능엄학림, 2008.

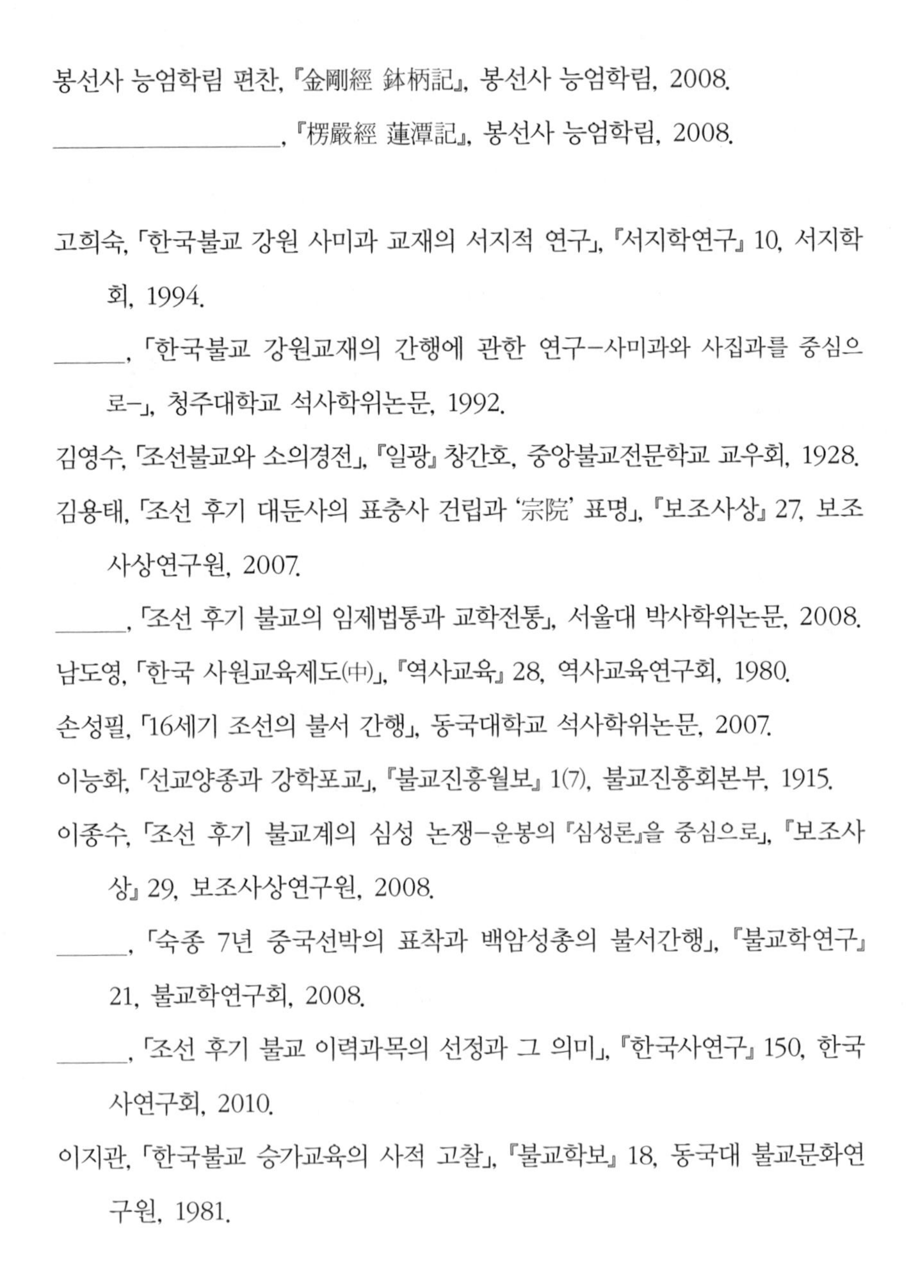

봉선사 능엄학림 편찬, 『金剛經 鉢柄記』, 봉선사 능엄학림, 2008.

__________, 『楞嚴經 蓮潭記』, 봉선사 능엄학림, 2008.

고희숙, 「한국불교 강원 사미과 교재의 서지적 연구」, 『서지학연구』 10, 서지학회, 1994.

______, 「한국불교 강원교재의 간행에 관한 연구-사미과와 사집과를 중심으로-」, 청주대학교 석사학위논문, 1992.

김영수, 「조선불교와 소의경전」, 『일광』 창간호, 중앙불교전문학교 교우회, 1928.

김용태, 「조선 후기 대둔사의 표충사 건립과 '宗院' 표명」, 『보조사상』 27, 보조사상연구원, 2007.

______, 「조선 후기 불교의 임제법통과 교학전통」, 서울대 박사학위논문, 2008.

남도영, 「한국 사원교육제도(中)」, 『역사교육』 28, 역사교육연구회, 1980.

손성필, 「16세기 조선의 불서 간행」, 동국대학교 석사학위논문, 2007.

이능화, 「선교양종과 강학포교」, 『불교진흥월보』 1(7), 불교진흥회본부, 1915.

이종수, 「조선 후기 불교계의 심성 논쟁-운봉의 『심성론』을 중심으로」, 『보조사상』 29, 보조사상연구원, 2008.

______, 「숙종 7년 중국선박의 표착과 백암성총의 불서간행」, 『불교학연구』 21, 불교학연구회, 2008.

______, 「조선 후기 불교 이력과목의 선정과 그 의미」, 『한국사연구』 150, 한국사연구회, 2010.

이지관, 「한국불교 승가교육의 사적 고찰」, 『불교학보』 18, 동국대 불교문화연구원, 1981.

21

일제하 한국불교계의 독립운동 전개와 성격

/ 김광식

〈선정 이유〉

● 김광식, 「일제하 한국불교계의 독립운동 전개와 성격」, 『불교평론』 제8호, 불교평론사, 2001. 9.1, pp.65~92.

선정 이유

이 논문은 일제하 불교계 독립운동의 개념과 그 구체적인 내용의 전개와 성격 등을 조명하여 불교계 독립운동의 미진한 측면과 그에 관련된 제반 정황을 고찰할 경우의 유의할 점을 제시하고 있는 점에 주목하여 선정하였다.

저자는 한국 근대 민족운동의 이념인 반제국주의와 반봉건주의는 당시 독립운동의 이념적인 토대였으며, 이중 반제국주의가 불교계 독립운동과 보다 직접적으로 연결되고 있다고 보고 있다. 이러한 맥락에서 불교계 독립운동은 반제국주의 내용을 재검토하면서 이루어져야 한다고 파악하고 있다. 그리하여 일제의 식민통치가 단순히 한국을 식민지로 경영함에 머무르지 않고 정신적인 측면에서의 동화정책을 강력히 추진하여 한국인의 전통과 문화의 중심이었던 불교를 일본불교화시키는 것으로 이해하였다. 이 때문에 저자는 이 구도에 포함된 불교계의 구성원이 식민통치에 저항, 항거, 극복, 항쟁에 참여하는 것뿐만 아니라 불교가 일제의 식민통치에 이용당함에 대한 저항, 반발, 극복을 시도한 것도 독립운동의 영역에 포함시켜야 한다고 보고 있다.

저자는 이러한 전제 아래 불교계 독립운동의 성격을 항일투쟁의 구도와 저항과 극복의 구도로 인식하고 있다. 그는 1) 항일투쟁의 구도를 일반적인 독립운동의 영역으로, 2) 저항과 극복의 구도를 일제의 식민지 불교정책에 대응한 구체적인 내용으로 보고, 저항과 극복의 구도를 다시 ① 저항의 노선, ② 전통 수호의 노선, ③ 극복의 노선 등으로 나누고 있다.

먼저 1) 항일투쟁의 노선은 승려의 의병 참가, 3·1운동 참여, 한용운과 백용성의 민족대표 활동, 지방 사찰의 만세운동 참가, 임시정부 및 만주 지방의 독립운동 단체에 참가한 승려들의 활동, 김법린의 피압박민족대회 참가, 불교계 학교에서의 저항 등을 꼽고 있다.

이어 2) 저항과 극복의 구도 아래 ① 저항의 노선은, 일제 식민지 불교정책에 정면으로 저항하면서 그를 타파하려는 움직임으로, 사찰령 철폐운동, 대처식육 반대, 일본 시찰 및 유학의 반대 등, ② 전통 수호의 노선은, 일제의 불교정책으로 나타난 제반 양상으로 한국불교의 전통이 무너짐을 극복하려는 움직임으로, 선학원, 선우공제회, 고승 유교법회 등, ③ 극복의 노선은, 일제의 불교정책을 직시하면서 그를 극복하려는 움직임으로, 불교계 통일운동, 통일기관 건설, 종단 수립 운동, 총본산 건설운동 등으로 제시하고 있다.

저자는 불교계 독립운동은 여타의 독립운동과는 이질적인 행태 즉 개인·개별 단체 주도의 측면, 3·1운동 직후의 왕성한 항일투쟁, 간접적인 저항과 극복의 구도가 두드러진 점, 불교계 내부의 모순과 갈등 해결에 진력한 점 등을 꼽고 있다. 그리하여 이러한 불교계 독립운동의 성격은 반봉건주의에 미진한 것, 불교신도의 참가가 희박한 것, 독립운동 참가자의 행적 이해에 난점이 두드러진 것 등을 꼽고 있는 지점에서 이 논문의 의미와 학문적 가치를 찾아볼 수 있다.

1. 서언

일제는 한국의 국권강탈을 기함과 동시에 한국을 식민지로 경영하였다. 그런데 일제의 식민통치는 단순한 식민통치에 머무르지 않고 한국의 주권과 생존권을 근원적으로 제거하면서 한국 민족을 말살하려 했던 야만적인 폭거였다. 이에 한민족의 구성원은 그 같은 일제의 식민통치를 부정, 극복하는 노력을 전개할 역사적 과제에 직면하였다. 이 같은 일제의 식민지 상태를 벗어나려는 노력을 우리는 독립운동으로 지칭할 수 있는 것이다.

따라서 불교계에서도 일제의 식민통치를 벗어나려는 독립운동에 참여하였음은 물론이었다. 이에 본고는 불교계에서 전개한 독립운동의 내용과 성격은 어떠하였을까 하는 지점을 출발점으로 삼고 있다. 다시 말하자면 일반적인 독립운동과 불교계의 독립운동과의 동질성과 이질성은 무엇이었을까 하는 측면에 대한 설명이 필요한 것이다.

그리고 불교계 독립운동의 구체적인 내용은 어떠하였으며, 식민통치 기간 내에 줄기차게 지속되었는가, 혹은 그 독립운동을 방해, 비협조하였던 승려나 사찰은 없었는가, 나아가 일제 불교정책에 부화뇌동한 승려는 있었는가 하는 등 적지 않은 질문을 제기해 볼 수 있다. 이러한 전제하에 우리는 불교계 독립운동의 성격을 폭넓게 점검할 수 있는 여건과 기회를 마련하게 되는 것이다. 그런데 지금껏 일제하 불교계의 독립운동에 관한 이해는 매우 단선적인 시각에서 접근되었음을 부정할 수 없다. 극단적인 찬양과 비판의 입장이 바로 그것이었다. 그럼에도 불구하고 이 같은 입장은 각각 일정한 근거와 입론에서 나온 것이었기에 그 자체를 편향적으로 이해·수용·거부하는 것은 또 다른 오해와 불신을 야기할 수 있는 것이라 하겠다. 요컨대 그를 비판적·대승적으로 이해하고, 그를 극복할 수 있는 엄정한 학문적 자세가 요청된다는 것이다.

이에 본 고찰에서는 위에서 제기한 문제의식들을 가지고 일제하 불교계의 독립운동의 개요와 성격을 정리하고자 한다. 따라서 본고는 독립운동의 새로운 사실을 조명하거나, 특정한 내용을 문제시하는 것을 지양하고, 이제껏 독립운동의 개념·범주·내용으로 제기되었던 논란들을 재정리하는 것으로 제한하고자 한다. 이를 통하여 추후 일제하 한국불교계의 독립운동의 내용, 개요, 성격 등을 더욱 새롭게 고찰할 수 있는 여건 조성에 일익을 제공하고자 한다.

2. 독립운동과 불교

일반적으로 독립운동은 일본 제국주의 침략과 식민지 지배를 극복하기 위한 일련의 민족적 노력을 말한다. 때문에 한국 민족이 식민지 상태를 극복하기 위한 민족적 노력은 곧 식민지 해방운동이자 독립운동인 것이다. 다시 말하자면 일제에게 빼앗긴 국토와 주권을 회복하고, 일제의 식민통치 권력과 구조를 파괴·추방하여 한민족의 자주적이고 독립적인 민족국가를 건설하는 것이 독립운동의 최종 목표였다.[1]

---

1 『한국독립운동사강의』, 한울, 1998, pp.11~13.

그런데 독립운동의 이념은 그보다 거시적인 근대 민족운동의 범주에서도 찾아볼 수 있다. 주지하는 바와 같이 민족운동의 이념은 반제국주의, 반봉건주의로 지칭하고 있다. 위에서 살펴본 독립운동의 개념은 반제국주의와 보다 직접적으로 연결되고 있다. 그러나 반봉건주의와 완전 무관한 것은 아니다. 근대 한국 민족은 민족이 나아갈 방향을 자생적으로 고뇌, 검토, 수립하고 그를 이행하고 있었다. 그러나 당시 외세의 침투와 침략으로 그 이행에 큰 타격을 받기에 이르렀다. 이에 근대 민족운동은 자연 민족 공동체 내부의 발전을 지향하면서 그를 억제시키는 외세를 배격해야 할 당위에 직면하였는바, 이러한 과제가 곧 민족운동의 이념적 과제로 수립되었던 것이다. 곧 반제와 반봉건이라는 민족운동의 이념의 구도가 정립되었다 하겠다.

따라서 독립운동은 일차적으로는 반제국주의에 연결되고 있었다. 그리하여 독립운동은 일제의 침략과 식민지 통치를 벗어나려는 적극적인 의식, 노력, 행동 등을 총칭하게 되었다. 이럴 경우 독립운동은 일제의 식민통치에 저항, 항쟁하게 되는 것이다. 그런데 일제는 한국을 식민통치함에 있어서 한민족 자체를 부정, 말살하여 식민통치의 영속을 기도하였다. 때문에 일제의 식민통치는 언론, 국학, 문화, 종교 등의 정신적인 영역에 있어서도 철저한 동화정책을 강요하였다.[2] 동화정책이라 함은 한국인 고유의 의식, 전통을 부정하고 일본인의 정신적인 범주로 흡

2 홍이섭은 『한국정신사서설』(연세대출판부, 1983)의 「한국 현대정신사의 과제」에서 종교 문제를 중시한 제국주의 국가는 식민지 통제에 있어 종교에 의한 동화정책(말살)을 사용하였고, 이것이 불가능하였을 경우에는 분열책을 획책하였다고 서술하였다. 그리고 식민지 국가와 피식민지 국가의 종교가 같을 경우에는 권력에 의하여 피식민지 종교의 신앙 형태를 말살하는 방법을 지적하면서, 이에 대한 저항을 민족의식의 범주로 개념화하였다. 한국불교의 사법에 일본의 천황을 위한 의식을 의무적으로 강요하였음과 대처식육을 은연중 공인, 장려하였음은 유의할 대목이다.

수하려는 의도, 정책, 방안을 의미하는 것이다.

이는 정신적인 식민통치를 의미하는 것이지만, 문화의 측면에서는 반제국주의에 포함되면서도 그 내적인 별개의 또 다른 독립운동의 영역을 설정할 수 있는 것으로 보여진다. 이는 민족성의 회복, 민족문화 전통의 보존, 민족정신의 회복 등의 영역을 말하는 것이다. 즉 정신적인 식민통치에 저항하였던 것을 적극 해석하고 의미를 부여할 것을 제안하여, 이를 본 고찰인 불교계 독립운동의 서술에 적극 활용하고자 하는 것이다.

이 같은 전제하에서 불교계 독립운동의 개념과 범주를 설정할 수 있을 것이다. 그는 우선 일제 식민통치에 저항, 항쟁하는 적극적인 의식과 행동을 전제할 수 있는 것이고, 다음으로는 일제의 동화정책에서 배태된 식민지 불교정책에 저항, 항거, 극복하려는 적극적인 의식과 행동을 말할 수 있다 하겠다. 불교계에서 의병전쟁, 3·1운동, 임시정부, 의열투쟁, 무장투쟁 등에 참가함은 전자를 말하는 것이고, 사찰령 철폐운동, 사법 개정운동, 본말사 제도 부정, 일본불교화의 거부 등은 후자를 의미하는 것이다.

여기에서 우리가 유의할 것은 주로 후자의 문제이다. 전자의 범주에 승려 및 사찰이 관여되었다면 그것은 당연히 독립운동의 범주에서 논의할 수 있다. 그러나 후자는 지금껏 그 개념 및 범주에 있어서 약간의 혼선이 있었다. 사찰령 철폐, 일본불교의 거부 등이 민족의식의 차원에서 접근, 서술은 되었지만 독립운동 차원에서의 접근은 미약하였다. 특히 사찰령 체제 내부의 모순을 지적, 극복하려는 노력들이 민족의식 혹은 독립운동 차원에서는 거의 검토되지 않았던 것이다.

그러나 여기에는 불교계 내부의 일정한 모순과 나약한 현실 인식이 개재되었음에서 그 접근 자체를 어렵게 하였음을 부인키는 어렵다. 나아가서 일제의 불교정책에 기생하여 일신의 안일을 추구한 승려들이 있었고, 불교계 내부에서 그에 타협, 굴절, 좌절한 움직임이 있었음도 분명하다. 여기에서 불교계 독립운동 개념과 범주 설정에 어려움과 혼선이 개재되는 것이다. 그러나 필자는 일단 위에서 설정한 불교계 독립운동의 이원적인 구도를 제시하고자 한다. 나아가서 전자의 참가를 직접적인 항일투쟁의 구도로 지칭하고, 후자의 참가를 간접적인 저항과 극복의 구도로 제시하고자 한다.[3] 이 같은 설정은 불교계 독립운동의 구도와 내용을 확대시키는 결과를 초래할 것이다. 그러나 그 내용 점검과 적용에는 보다 냉정한 성찰의 자세가 필요함은 두말할 나위가 없는 것이다.

한편 우리가 이 같은 구도를 수용할 경우에도 유의할 측면이 적지 않다. 특히 일제의 침략과 식민통치가 자행되었던 그 시기는 조선 후기 이래 정치·사회적으로 낙후되었던 불교가 불교의 대중화·근대화를 부르짖으며 산간에서 도회지로 나온 시기였다. 그리고 그 당시 한국에 침투하였던 일본불교로부터 불교의 대중화에 적지 않은 영향을 받은 것은 사실이었다. 더욱 주의할 것은 침략과 통치 기간에 일제는 식민통치에 불교를 적극 활용하려고 다양한 노력을 기하였고, 일정 부분은 관철되기도 하였던 것이다.

이에 한국불교계에서는 일본불교에 영향을 받고, 일본불교를 이용한 경우도 분명하였다. 그러나 보다 근본적인 것은 일제가 현실 의식이 나약한 불교계를 이용하여 한국인을 일제 식민지 체제에 순응케 하는 전위로서 구사하려는 정책을 지속적으로 강력하게 구사하였다는 것이다. 요컨대 일제는 한국불교계를 단순히 불교를 관리하겠다는 차원보다는

---

3 일반적인 독립운동의 개념에서도 일제의 착취와 억압에 대한 저항은 기본적으로 설정되었다.

불교의 영향력을 유의하여 보다 적극적인 대민정책에 활용하려는 다양한 정책을 수립, 입안하였다는 점이다.

이는 달리 말하자면 불교의 대중화·근대화에 일제의 불교정책이 관철되었음을 말한다. 여기에서 문제는 더욱 복잡하게 전개되는 것이다. 한국불교 스스로 불교의 대중화를 추구하였지만, 일제의 은근한 후원과 유도를 받으면서, 혹은 불교정책의 구도 내부에서도 전개되었다. 그렇기 때문에 일제하 불교계의 제반 동향에서 자주적·자생적인 동향과 일제의 불교정책이 관철되는 동향을 엄밀히 구별하기는 쉽지 않다는 것이다. 또한 이 두 측면은 상호 영향을 주고받았음은 물론이었다.

한편 일제의 불교정책을 비판하고 저항한 노선도 단순치 않았다. 요컨대 저항과 극복의 구도 내에서도 다양한 행적이 노정되었던 것이다. 이에 우리는 이 같은 다양한 노선을 유형별로 대별하고 그 내용도 정리할 필요성을 갖게 되는 것이다.

당시 일제는 불교계가 독립운동, 민족운동의 영역으로 나오지 못하도록 사전 방지에 유의하였다. 독립운동, 민족운동의 영역은 기본적으로 정치적인 영역을 의미한다. 즉, 일제는 불교계를 종교적인 영역의 활동에 안주하도록 유도하면서 일제가 주문, 요청하고 있는 대상의 일에만 참여하는 제한 조치를 강요하였던 것이다. 예컨대 사법에서 사찰의 임무와 성격을 종교적인 역할에 규정시키고, 시사 및 정치 문제를 담론하거나 정치단체에 가입한 승려는 체탈도첩시킬 수 있다 함은 그 단적인 예증이다. 1910~30년대 불교계 잡지의 기고 원칙이 정치와 시사 득실得失은 제외한다는 것도 이와 유관한 내용이다. 즉 일제는 불교계에 정치와 종교의 분리를 강력 요구하였다. 그러나 정치와 종교가 완전 분리될 수 없음은 자명한 것이다.

종교의 제반 행정·원칙·운용의 틀을 정하고 그 이행을 감시 감독하는 자체가 이미 정치의 속성인 것이다. 따라서 정치의 영역에서 불교를 배제하려는 일제의 의도는 민족·독립운동의 범주 및 대열에 불교계가 참여치 않도록 하기 위한 기본 원칙이었던 것이다. 때문에 불교계의 독립운동에 나타난 제반 양상은 일제가 정한 정교분리의 구도를 깨트리게 되는 것이다.

그러면 일제하 불교정책에 대응(저항, 극복)한 한국불교계 구도의 본질은 무엇으로 볼 수 있는 것일까? 다시 말하자면 불교계의 간접적인 항쟁인 저항과 극복의 요체는 어떤 것이었을까? 그 요점을 먼저 말하건대 그는 주체성, 자주성, 자생성이라 하겠다. 한국불교계가 불교계의 제반 문제와 모순을 자주적으로 해결하고자 하는 노력과 결실이라 하겠다. 물론 이에 반하는 행적인 사리사욕 추구, 반민족적 행태, 한국불교 전체의 발전에 저해 등은 제외될 것이다. 그리고 거기에는 한국불교의 전통을 고수하면서 일본불교화의 예속을 벗어나야 한다는 역사적 과제도 개재되어 있었음은 자명한 것이다.

3. 불교계 독립운동의 전개와 유형

일제하 불교계 독립운동의 기본적인 개요와 관련하여 본고에서는 직접적인 항일투쟁의 노선과 간접적인 저항과 극복의 노선을 제시하였다. 이에 본장에서는 그 구체적인 노선을 더욱 대별하여 제시하면서 그 관련 내용의 대강을 살펴보겠다.

우선 직접적인 항일투쟁은 항일투쟁의 노선으로 제안하겠다. 다음으로 간접적인 저항과 극복은 그 내용이 다양하기에 저항의 노선, 전통 수호의 노선, 극복의 노선 등으로 대별하고자 한다.

1) 항일투쟁의 노선

항일투쟁의 노선은 일반적인 민족운동, 독립운동을 지칭한다. 일제 식민지 체제를 벗어나기 위한 일련의 의식·노력·항쟁인 것이다. 불교계의 항일투쟁 동참, 주도 등은 경술국치 이전에서부터 일제가 패망한 8·15해방까지 간헐적으로 나타났다. 그러나 그 제반 양상은 시기별로 다양하였으며, 전반적으로 교단·종단 차원의 참가는 거의 찾아볼 수 없으며, 주로 개인 및 단체 차원에서 전개되었다.

우선 국권 상실 이전의 항일투쟁은 의병전쟁에서 승려 개인의 참가로 나타나고 있다. 유인석·노응규·최익현·민종식·김동신·민용호의병진,[4] 호좌의병진,[5] 전북의 창의동맹, 양주의병 등에 승려가 참여하였음이 확인되고 있다.[6] 그리고 국채보상운동에도 불교계가 참여하였다. 즉, 불교연구회에서는 1907년 3월에 국내 각 사찰에 공문을 보내 일반 승려도 국채보상운동에 참여를 유도하자는 결의를 하였다.[7] 이 결의에 영향 받은 것인지는 단언할 수는 없어도 해인사, 범어사, 화장사, 용주사, 유점사, 신원사 등의 사찰에서 국채보상의연금 수입을 광고하는 내용이 『대한매일신보』의 보도기사에 다수 전하고[8] 있다.

국권 상실 직후부터 3·1운동 이전까지 불교계의 독립운동 참여는 거의 찾을 수 없다. 다만 1918년 10월 제주도 법정사 항쟁이 유일한 사례

4 『독립신문』, 1896. 8. 18, p.2.
5 「下沙安公乙未倡義事實」, 『독립운동사자료집』 1권, p.436.
6 졸고, 「불교계의 광복운동」, 『불교저널』 창간호, 1999, pp.71~73.
7 「釋迦愛國」, 『대한매일신보』, 1907. 3. 7.
8 『대한매일신보』, 1907. 4. 28 ; 5. 9 ; 5. 24 ; 6. 18 ; 7. 3 ; 7. 25.

이다. 당시 이 법정사 항쟁은 승려 김연일·방동화를 비롯한 일단의 승려들이 주민 400여 명과 함께 일본 주재소를 습격하고 일본 경찰과 일본인을 응징하는 등 그 항쟁의 파장은 자못 엄청났다.[9] 당시 일본 경찰에 체포된 관련자가 66명, 수형자 31명, 옥사자가 5명이었다는 기록을 통해서도 그 항쟁의 개요를 파악할 수 있다.

불교계의 항일투쟁은 3·1운동 참여와 3·1운동 직후 상해 임시정부를 근거로 본격화되었다. 3·1운동 당시의 불교계 항일투쟁은 지금껏 큰 주목을 받아 왔다.[10] 이에는 대략 3·1운동을 기획, 주도한 민족대표에 한용운과 백용성의 포함에서부터 이들의 활동에 대한 연구가 적지 않게 축적되어 있다.[11] 그리고 이들에게 영향 받은 중앙학림에 재학중이었던 청년 승려들이 주도한 3·1독립선언서 배포도[12] 어느 정도 그 과정이 해명되었다. 또한 이들과 연계된 지방 사찰에서의 만세운동도 그 개요가 소개, 요약되었음은 물론이었다.[13] 그 결과 범어사, 해인사, 통도사, 동화사, 김용사, 마곡사, 쌍계사, 화엄사, 선암사, 송광사 등에서 청년 승려, 학인들이 인근 주민들과 연합하여 만세운동을 주도하였던 것이다. 그 밖에도 중앙과 직접 연결되지 않았지만 자생적인 사찰에서의 만세운동도 적지 않게 전개되었거니와 봉선사, 신륵사, 표충사는 그 대

---

9 안후상, 「무오년 제주 법정사 항일항쟁 연구」, 『종교학연구』 15, 1996. 그런데 이 법정사 항쟁의 주도자 중에 보천교 계통의 인물들이 개입되고 있어 순수한 불교계의 항쟁으로 보기에는 약간의 난점이 있다.

10 안계현, 「3·1운동과 불교계」, 『3·1운동 50주년 기념논문집』, 1969.
조은택, 『법시』 18호(47집), 1969.
김상호, 「한국불교항일투쟁회고록」, 『대한불교』, 1964. 8. 23.
『불교신문』, 「의병에서 임정까지 직접 항일활동」, 1996. 3. 5. ; 「항일주도불교인물 540여 명」, 1997. 3. 4.

11 김상현, 『이기영박사 고희기념논총』, 1991.
김광식, 「백용성의 독립운동」, 『대각사상』 창간호, 1998.

12 백성욱, 「3·1운동과 중앙학림」, 『동대신문』, 1966. 6. 25.

13 정광호, 「일본 침략시기 불교계의 민족의식」, 『윤병석교수화갑기념논총』, 1990.

표적인 사례였다.

3·1운동 직후의 독립운동은 주로 상해 대한민국 임시정부를 거점으로 전개되었다. 우선 임시정부의 법통을 제공한 한성임시정부의 기반이 되었던 13도 대표자 모임에 이종욱과 박한영이 참가하였음이 주목된다. 그 후 상해에서는 국내 불교계의 만세운동을 주도하였던 인사들이 운집하였다. 예컨대 이종욱, 김법린, 김상호, 백성욱, 신상완, 이석윤, 김상헌, 송세호, 백초월, 정남용 등이 그 대표적인 인물이었다. 이들은 임시정부, 임시의정원, 청년외교단, 대동단 등에 참여하면서 항일투쟁의 일선에서 활약하였다. 불교계 인사가 수행한 항일투쟁은 군자금 모집, 국내 불교계 대표의 파견, 항일자료 이송, 특파원 파견 등 그 활동은 다양하였다.

이같이 상해를 중심으로 전개된 불교계의 항일투쟁은 1919년 10~11월에 구체적으로 가시화된 임시의용승군 조직과 대한승려연합회 선언서(일명, 승려독립선언서)로 한층 고양되었던 것이다.[14] 이 의용승군과 선언서는 상호 밀접한 관련하에 구체화된 것인바, 그 이면에는 일제와 항쟁을 치르기 위한 불교계의 인적·물적 기반을 투입하겠다는 치밀한 계획이 수립되었다. 또한 그 내용 중 상해 임시정부와 의용승군을 연합하고, 국내 주요 사찰을 그 거점으로 활용하겠다는 의도는 우리의 주목을 받을 수 있는 것이다.

중진 승려 12명이 가명으로 발표한 선언서에는 불교계가 일제와 혈전을 감행할 수밖에 없는 사정을 논리적으로 설명하면서, 한국의 자유와 독립을 완성하고, 대한불교를 일본화와 절멸에서 구하는 것이 불교의 항일항쟁의 근본 목적임을 명쾌히 개진하였던 것이다.

14 김창수, 「일제하 불교계의 항일민족운동」, 『가산이지관스님화갑기념논총』, 1992.

상해 이외의 독립운동은 만주 지역의 군관학교 및 독립군을 배경으로 전개되었다. 승려들이 그 군관학교와 독립군에 가입하였고, 그 배경으로 국내에 돌아와 군자금 모집 활동을 하였음은 그 실례이다. 이에 이들은 국내 각처의 사찰을 순행하면서 모금된 군자금을 만주 독립군에 제공하였던 것이다.

그런데 이 같이 상해와 만주를 배경으로 전개되었던 불교계의 항일투쟁은 1920년대 중반 이후부터는 그 활동 내용이 현격히 감소하였다. 이는 이 분야 연구가 미진하여 그 관련 내용과 자료를 파악치 못한 바에서도 그 원인을 찾을 수는 있다. 그러나 그 현격한 감소에 대한 논리적인 탐구가 더욱 요청되는 것이다.

이럴 즈음에 승려 출신인 김성숙과 이운허가 중국 지역의 독립운동단체에 투신하여 불교계 항일투쟁의 명맥을 계승하였다.[15] 김성숙은 3·1운동 시 봉선사 만세운동을 주도한 이후 조선불교청년회, 무산자동맹회 등에 가입하여 활동하다 중국의 민국대학으로 유학을 떠났다. 그는 대학 재학 시부터 독립운동에 참여하여 조선민족전선연맹, 조선의용대, 임시정부 등에서 주요 간부로 활동하며 8·15해방 시까지 지속적인 투쟁을 전개하였다. 이운허는 승려가 되기 이전부터 3·1운동에 참여하고 만주의 독립운동 단체의 일선에서 활약하였다. 1920년대 초반 우연한 계기로 불가로 입문하였는바, 1929년부터는 또 다시 만주로 망명하여 국민부, 조선혁명당 등에서 항일투쟁을 전개하였다. 또한 김법린은 1927년 2월 벨기에의 브뤼셀에서 개최된 세계피압박민족 반제국주의자대회에 조선 대표로 참가하여 일제의 한국 침략의 부당성을 폭

15 이철교, 「항일 독립운동 불교인 열전」, 『대중불교』, 2537(1993)년 8월호.
김월운, 「내가 모셨던 운허 스님-스님의 독립운동을 중심으로」, 『봉은』 30호 (1988. 3).

로함과 동시에 한국 독립의 타당성을 의연히 개진하였다.[16] 이 사실도 독립운동의 범주에 포함시킬 수 있는 것이다.

그러나 1930년대에 접어들면서 불교계의 항일투쟁은 더욱 더 위축되었다. 이 당시 불교계 항일은 주로 개인적인 차원에서 이루어지고, 그 항쟁의 성격도 저항적인 성격으로 전환되고 있었다. 예컨대 한용운의 신간회 참여와 창씨개명운동 반대, 불교계 학교에서 항일의식 고취 등은 그를 단적으로 말하고 있다. 그러나 불교계 학교에서 전개한 항쟁, 저항은 불교가 갖고 있는 보편적인 사상의 측면에서 그 가치가 고려되어야 한다고 본다. 통도사에서 경영하였던 통도중학교에서 교사로 근무하던 승려 조용명이 1939년 이후에 창씨개명운동 반대, 일본어 및 일본 연호 사용 금지, 일본 역사 부인, 애국지사 심방 등을 전개한[17] 것은 그 내용의 일단이다. 이 성격은 1945년 5월 경북5본산(동화사, 은해사, 기림사, 고운사, 김용사)이 설립한 오산불교학교의 학생들이 일본군 입대 거부, 독립운동가와 연락 도모 등을 결의하였던 사건[18]에서도 나온다.

그 밖에 이종욱이 해방 직전인 1944년 3월경 무장봉기를 준비하며 군자금 모금을 하였다는 것도 일단은 유의할 내용이다.[19] 그런데 이종욱의 이 행적과 관련하여, 그에 관련된 항일 및 친일의 노선과 관련하여 시비가 있는 것은 사실이지만, 그 봉기를 함께 준비한 유석현의 행

---

16 졸고, 「김법린과 피압박민족대회」, 『불교평론』 2호, 2000.

17 「3·1절을 맞아 찾아본 용성 스님」, 『불교신문』, 1987. 3. 4.

18 「오산불교의 반일운동」, 『현대불교』 246호. 이 사건은 혜화전문에 재학 중 일본군에 끌려갔지만, 대구에 있던 일본군 24부대를 탈출한 권성훈이 오산불교학교 사건에 영향을 미쳤다고 한다. 권성훈은 동화사 출신으로, 탈출 후 군위 인각사에서 체포되었다고 하는데 이 점은 더욱 자세한 고찰이 요청된다.

19 조영암, 「스님들의 항일운동」, 『불교사상』, 1985년 3월호.
「큰스님을 찾아서-봉선사 조실, 운경대종사」, 『법보신문』, 불기 2537년 9월 20일(249호).
「잃어버린 36년, 국내진공작전」, 『중앙일보』, 1984. 1. 23.

적을 신뢰한다면 일단 이 사실은 신뢰할 수 있는 것이 아닌가 한다.

2) 저항의 노선

저항의 노선은 일제 식민지 불교정책에 정면으로 반발하고 그를 타파하려는 일련의 움직임을 지칭한다. 그러면 우선 일제 불교정책을 구체적으로 보여 주는 대상을 제시할 필요가 나온다. 그는 단언하여 말하건대 1911년에 제정, 반포되어 한국불교를 행정적으로 통제, 관리하였던 사찰령을 지적할 수 있을 것이다. 또한 이 사찰령에서 파생된 사찰령시행세칙과 사법도 일제의 불교정책의 구도에 포함시킬 수 있다. 여기에서 우리는 사찰령, 시행세칙, 사법을 일제 식민지 불교정책을 관철시키는 도구로 볼 수 있는 것이다.

한편 불교계의 저항 노선은 이 같은 사찰령 체제에 저항, 반발하였던 의식과 행동들을 말한다. 그런데 일제 통치기간 내에 사찰령, 시행세칙, 사법은 수많은 수정을 기하면서 불교계 관리에 활용되었다. 이러한 수정·보완 전체를 저항의 노선 범주로 볼 수는 없다. 그 내용 중 불교정책을 비판, 저항하여 그것이 반영되었다면 그 움직임만을 포함시킬 수 있다 하겠다.

사찰령 체제가 구축되면서 나타난 가장 큰 변화는 그 이전 한국불교의 고유한 관행이 서서히 파괴되고, 일제의 통치권력에 기생하였던 주지층의 권한이 막대해졌다는 것이다. 그리고 사찰령 체제는 기본적으로 본말사 체제로 운용을 의도하였기에 한국불교 내에서는 본사와 말사 간의 지속적인 갈등과 대립이 노정되었다. 이는 국권 상실 이전 한국불교의 통불교, 혹은 태고 보우 국사 계승의식 등에 의거, 단일적인 종단의 지향 노력이 자연 붕괴되었음도 의미하는 것이다. 그 대신 30본산 체제라는 개별구도와 분열성이 정립되었던 것이다. 이 본산 중심의 운영 구도는 사찰령의 요체였으며, 이 구도에서 주지층의 권한이 결합되었던 것이다.

다음으로 유의할 불교정책은 한국불교를 일본불교의 신앙, 포교, 대중화를 모방케 하는 이른바 동화정책이다. 한국불교와 일본불교를 동화시킴으로써 한국불교의 독자적인 주체성과 전통을 배제시키면서 은연중 일제 불교정책에 순응케 하는 것이다. 나아가서는 불교 대중화에 진보적이었던 일본불교에 대한 발전을 우수한 문명으로 인식케 하여 근본적으로는 일본에 대한 배타성을 축소시키면서 일본에 대한 우호성을 증진시킴을 의도하는 것이다. 이러한 정책에서 조장된 것이 이른바 승려의 대처식육 허용과 지속적인 일본 유학·시찰·견학의 지원으로[20] 나타났다. 그러므로 이 저항 노선의 구체적인 내용은 사찰령 반대, 대처식육 반대, 일본 시찰 및 견학 등의 반대를 말할 수 있다.

사찰령에 대한 적극적인 반대 및 저항은 3·1운동 직후 본격적으로 제기되었다. 3·1운동으로 나타난 민족의식에 각성이 일어나면서 불교 내적으로는 10여 년간의 사찰령 체제의 모순을 인식하였던 청년 승려들의 자각이 구체화되었던 것이다. 그 자각은 조선불교청년회 및 조선불교유신회의 출범으로 확연하게 나타났다. 청년 승려들은 한국불교의 모순을 사찰령으로 인식하고 그 철폐운동을 전개하였거니와 여기에서 사찰령에 대한 저항이 노정되었다. 이에 불교 청년들은 전국을 순회하면서 그들이 인식한 문제점과 대안을 동의받고 그를 문서화하여 1922년 4월 '건백서'라는 이름으로 총독부에 제출하였다.[21] 당시 그에 동의

20 이경순, 「1917년 불교계의 일본시찰 연구」, 『한국민족운동사연구』 25, 2000.
21 「불교혁신건백」, 『매일신보』, 1922. 4. 29.

한 승려가 2,284명이라는 기록[22]을 유의하면 그에 대한 열정은 대단한 것으로 볼 수 있다. 그러나 이 노력은 총독부 당국에서 전혀 수용되지 못하였다. 이에 불교 청년들은 1923년 1월에 접어들면서 재추진을 시도하였다.[23] 이 당시에도 일제의 반응은 구체적으로 전하지 않지만 결과적으로 수용되지는 못하였다.

그 후 사찰령 철폐 및 개정을 시도하려는 움직임은 1926년 4월경에 다시 나타났다.[24] 이 당시 움직임은 불교 청년으로서 1922년 당시 사찰령 철폐를 주도하였던 김상호에 의하여 시도된 것이다. 이때는 사찰재산 관리, 주지 전횡, 사찰 부채의 증가 등으로 나타난 제반 모순을 개혁하려는 차원에서 가시화된 것이었지만, 그 이면에는 사찰령에 대한 비판, 극복을 기하려는 의식이 개재되었음은 분명하였다.

사법에 대한 개정을 시도하면서 은연중 사찰령 체제를 극복하려는 움직임은 1930년대 초반에 가시화되었다. 이 움직임은 1929년 1월의 승려대회에서 등장한 종헌 체제를 이행하려는 일단의 승려들에 의하여 구체화된 것이다.[25] 이는 종헌에서 규정한 종회, 교무원을 운용하고 그를 통하여 불교의 통일운동을 이행하려고 하였으나 그에 비협조적인 본산과 친일 주지층을 견제·흡수하려는 의도에서 나온 것이다.

요컨대 종헌 체제에서 지향하고 있는 내용은 결과적으로 사찰령 체제를 넘어서는 것이었기에 일부 본산에서는 그 이행의 구도에서 이탈하였던 것이다. 이에 종헌 이행을 통하여 사찰령을 비판, 극복하려는 주도세력은 그 대안의 하나로 종헌 체제의 내용을 일제 당국의 승인을

---

22 「사찰령의 폐단을 말하고」, 『동아일보』, 1922. 4. 21.
23 「각황사저당설과 사찰령철폐 결의」, 『동아일보』, 1923. 1. 9.
24 「사찰령개정운동 범어사승려의 봉화로」, 『매일신보』, 1926. 4. 6.
25 졸고, 「1930년대 불교계의 종헌실행 문제」, 『한국근대불교사연구』, 민족사, 1996.

받아 시행하고 있는 31본산 전체의 사법에 통일적으로 반영시키려는 차선책을 시도하였던 것이다. 그러나 이 노력도 친일 주지들의 비협조, 일제의 반대, 불교계의 나약한 현실 인식 등이 중첩되면서 결과적으로 실현되지는 못하였다. 그러나 그 추진에 담겨진 현실 인식에는 사찰령을 비판하면서 일제의 불교정책에 저항하였던 의식이 깔려 있었음은 분명하였다.

한편 일제가 의도한 불교의 동화정책의 핵심 관건인 승려의 대처식육에 저항·반발한 움직임이 있었으니, 그는 1926년에 나타난 백용성의 대처식육 금지 건백서 제출이었다.[26] 개항기부터 한국불교계에 나타난 승려의 대처, 결혼은 식민지 불교 체제에서 더욱 보편화되었다. 그리하여 이 문제는 1925년에 이르러서는 더욱 구체적인 차원으로 논란이 전개되었다. 그것은 일본유학을 마치고 귀국한 대처승려가 본산 주지에 취임하려고 그 본산 사법을 개정하려는 문제에서 비화되었다. 그 본산은 뜻을 같이하는 본산의 협조를 받고, 총독부에 개정 신청을 제기하였다. 이 움직임은 일부 본산의 반대로 즉각 이행되지는 못하였으나 1926년에 접어들면서 더욱 구체화되었다. 당시 이 같은 정황에 대하여 백용성을 비롯한 127명의 승려들은 대처식육의 모순을 지적하고 한국불교의 전통 수호와 발전을 위한 목적으로 그 건백서를 일제 당국에 제출하였다.

그러나 일제 당국은 이 같은 건의를 묵살하고 오히려 그 개정을 장려하였던 것이다.[27] 일제의 그 개정 수용은 단순히 승려의 대처식육을 묵인한다는 것에 머무른 것은 아니다. 당시 승려의 대처로 인한 사찰 재

26 졸고,「1926년 불교계의 대처식육론과 백용성의 건백서」,『한국근대불교의 현실인식』, 민족사, 1998.
27 「내적 생활의 해방으로 조선사법 개정 결정」,『매일신보』, 1926. 5. 21.

산의 위축·망실을 비롯하여 주지분규, 사찰공동체 파괴 등 다양한 모순이 나타나고 있었음은 일제 당국도 충분히 파악하고 있었다. 그럼에도 불구하고 그를 수용하고, 나아가서 그 개정 작업을 독려하였음은 위에서 제기한 불교의 동화정책에서 나온 것으로 이해할 수 있는 결정적인 단서인 것이다.

일본 시찰·견학·유학 등에 저항하고 반발한 내용은 그 관련 자료를 찾기가 매우 어렵다. 이는 불교계의 자료 부실, 운수납자라는 행태, 기록을 유의치 않는 의식 등에서 나온 것이다. 그러나 이 측면의 내용도 적지 않은바, 그 관련 자료의 발굴이 요망된다. 예컨대 오대산 상원사에 있었던 방한암이 그의 제자들에게 왜학을 하지 말라고 강조한 것은 그 상징적인 예가 아닌가 한다.[28] 또한 1937년 2월 총독도 참여한 주지총회에서 송만공이 일제의 불교정책의 모순을 정면으로 비판한 내용도 이 노선의 구도에 포함시킬 수 있다.[29]

이 같은 저항의 노선은 그 밖의 사례에서도 찾을 수는 있겠지만 위에서 제시한 내용이 그 중요한 요체라고 이해하고자 한다. 그런데 이 노선에서 문제시되는 것은 사찰령 철폐, 사법 개정, 대처식육 금지 요청의 건백서 제출 등을 일제 당국에 요청하였다는 것이다. 이를 달리 말하자면 그 저항 노선의 본질이라는 측면에서 나약성, 혹은 일제 당국을 일단 인정한 것이 아니냐는 비판이 제기될 가능성이 있다는 것이다. 예컨대 1923년 1월 한용운이 조선불교유신회의 정기 총회에 참가하여 연설을 하였으나, 유신회원들이 사찰령 철폐를 위한 교섭위원으로 선정하

---

28 박설산 회고록,『뚜껑 없는 조선역사책』(여래, 1994), p.195. 방한암의 제자인 박설산은 혜화전문 재학중 징병당하였으나 징병을 거부키 위해 기차에 발을 올려 자신의 발가락을 자해하였다.

29 이재헌,「만공선사의 독립운동」,『덕숭선학』 3, 2001.

자 그를 수용치 않은 사례에서도 나온다.[30] 당시 한용운이 그 교섭위원을 거절한 명분은 그 건백서 자체를 긍정적으로 인식치 않은 바에서 나온 것이다. 이러한 측면은 현재 단언키 어렵지만, 다만 이 노선이 기본적으로 간접적인 독립운동의 구도라는 점과 종교계의 속성을 유의해야 한다고 이해하고자 한다.

3) 전통 수호의 노선

전통 수호의 노선은 일제의 불교정책으로 인하여 한국불교의 전통이 무너지고 있다는 현실 인식에서 노정된 승려들의 자구책이라고 하겠다. 개항기 이래 한국에 침투한 일본불교는 일제, 일본문명, 선진화된 불교대중화를 배경으로 하여 그 위세를 강화시키고 있었다. 그런데 문제는 일본불교에 영향을 받으면서 한국불교의 전통이 무너지고 있었다는 것이다. 이에 이러한 위기를 투철히 인식한 일단의 승려들의 의식의 공감대가 이루어지고 있었거니와 그 공통의 각성은 선학원 창설로 구체화되었던 것이다. 여기에는 일제의 사찰령의 구속을 피하면서도 한국불교의 전통를 수호하겠다는 의식 즉 항일의식이 개재되었다.

선학원[31]은 1921년 12월 준공되어, 1922년 3월부터 구체적인 활동에 들어갔거니와 그 구체적인 내용은 수좌들의 조직체인 선우공제회의 결성으로 나타났다. 선우공제회는 전국 수좌 및 선원의 총괄적인 조직체의 성격을 띠고 출범하였다. 본무 및 사무소는 선학원에 두고 중앙에

30 「유신총회의 분규」, 『매일신보』, 1923. 1. 8. 이 보도기사에는 한용운이 그 교섭위원을 거절한 사유를 "건백서부터 찬의를 가지지 아니하야"로 전하기에, 한용운의 불만이 그 건백서의 내용인지 아니면 건백서라는 형식인지는 단언키 어렵다.

31 졸고, 「일제하 선학원의 운영과 성격」, 『한국근대불교사연구』, 민족사, 1996.

서무부, 수도부, 재무부 등을 두었으며, 각 선원을 산하 조직체로 설정하였다.

선학원은 당시 수좌들과 선원을 망라하고, 재정기반을 공고히 강화하는 등 다양한 노력을 기울였지만 1926년 5월 이후에는 범어사포교당으로 용도 변경되는 등 자체 내의 모순을 이겨내지는 못하였다. 1931년 1월에 재기한 선학원은 선의 대중화를 추구하면서 그 운영기반 구축에 유의하였다. 그 결과 1934년 12월에는 재단법인 선리참구원으로 그 조직체를 변경시켰다.

선리참구원으로의 전환을 계기로 당시 수좌들은 자기들이 조선의 정통 수도승이라는 자부심을 갖고 총독부가 주도한 사찰령 체제와는 별개의 종단을 성립시켰다. 그는 조선불교선종이었는바,[32] 그 선언문에는 당시 그를 주도한 수좌들의 현실 인식이 단적으로 나타나 있다. 당시 선학원 계열 수좌들은 선학원이 교단의 전통을 사수하며, 부패를 정화시키는 근거처로 출발하였음을 인식하고, 다시 전통 사수와 교단 부흥을 기하는 목적하에서 한국불교의 전통은 선종에 있음을 강조하였던 것이다. 이에 그들은 선종종헌을 제정하고 그 종헌에서 규정한 종무원을 출범시켰다. 이러한 노선은 곧 전통불교의 수호 및 회복을 내세운 것이라고 볼 수 있다. 수좌들의 그 의식은 1941년 2월의 고승유교법회에서도 지속적으로 나타났던 것이다.

이 같은 선학원, 선리참구원의 노선은 전통불교의 수호·재건을 위주로 한 활동이었고, 일시적으로는 그 활동에 적지 않은 한계가 있었음은 분명하다. 그러나 이 노선은 일본불교와의 타협을 완전 배제하고 오직 수행의 길로 매진하였기에 그 자체가 항일불교의 이념적 원천이 되

32 졸고, 「조선불교 선종종헌과 수좌의 현실 인식」, 『한국근대불교의 현실인식』, 민족사, 1998.

었다.

4) 극복의 노선

극복의 노선은 일제 식민지 통치 체제의 일환인 불교정책의 모순을 직시하고 그를 개혁하려는 움직임을 말한다. 그런데 불교정책은 사찰령으로 요약되었는바, 그 본질은 한국불교를 행정편의주의로 통제, 관리하는 것이었다. 사찰령으로 나타난 불교정책은 본말사 제도를 통하여 본산(본사)을 일제 당국이 직접 통치하겠다는 의사 표시였다.

따라서 이 같은 일제의 불교정책하에서는 불교 교단 및 종단의 존립 자체가 일제의 동의를 받지 않고서는 불가능하였다. 당초 사찰령 체제하에서는 종단 존재를 전혀 허용치 않았다는 것이다. 일제의 이 정책은 이미 국권강탈 이전부터 가시화되었다. 예컨대 1908년 3월 당시 전국의 승려 대표 65명이 원흥사에서 모임[33]을 갖고 추진한[34] 원종의 인가를 구한국정부 및 통감부가 끝내 인가치 않은 것도 여기에서 나온 것으로 볼 수 있는 것이다.

그러므로 경술국치 이후 일제 불교정책을 극복하려는 불교계의 주된 노선은 자연 종단 건설과 운영으로 모아질 수 있는 여건이 마련되었다 하겠다. 요컨대 한국불교가 주체적으로 종단 건설을 지향한 제반 노력을 일단은 극복의 노선으로 제안하는 것이다. 이 노선의 최초의 움직임은 1911년 겨울에서 가시화되어 1912년 6월까지 지속된 임제종 운동

33 「불교종무국취지서」, 『황성신문』, 1908. 3.17.
34 『대한매일신보』, 「국내사원 통일」, 1908. 10. 22. ; 「불교통일」, 1909. 2.18. ; 「승려운동」, 1909. 4. 29. ; 「승려협의」, 1909. 12. 15. ; 「불당신축」, 1910. 2. 28. 『황성신문』, 「사찰확장」, 1909. 12. 19. ; 「종무원 급 불교당」, 1910. 2. 8. ; 「불교종무원 발전」, 1910. 3. 2.

이라 하겠다.[35] 당시 임제종을 주도한 승려들은 원종이 일본불교의 일개 종파인 조동종의 도움을 받아 종단 인가를 득하려는 과정에 대두된 한국불교의 매종을 강력 규탄하였다.[36]

그리고 그를 극복하는 대안으로 한국불교는 선종 중에서도 임제종의 법맥을 계승하였다는 의미에서 종단으로서의 임제종 건설을 추진하였다. 여기에서 임제종을 내세운 것은 한국불교의 전통을 지키며, 일본불교(조동종)로 흡수되려는 정황을 차단키 위한 방편이었다. 때문에 임제종이라는 것에 큰 의미를 부여할 필요는 없다 하지만, 이 제반 움직임도 일단은 극복의 노선이면서 종단 건설로 볼 수 있는 것이다.

다음으로 주목할 것은 3·1운동 이후 본격화된 통일기관 수립운동이었다. 1911년 사찰령 체제하에서는 완전한 의미에서의 종단은 부재하였다. 1912년의 30본산주지회의소, 1915년의 30본산연합사무소는[37] 종단의 기본 조건인 인사권과 재정권을 소유치 못한 일종의 공동 사업을 추진하기 위한 조직체였다. 그리고 이 조직체의 출범에는 일제의 유도와 후원이 있었음은 물론이었다. 3·1운동 이후 불교계에 등장한 개혁의 구도 아래 제기된 다양한 움직임의 최종 결론은 자주적인 종단 건설로 모아지고 있었다. 물론 이 움직임에 반대한 본산 및 승려들도 있었다.

종단 건설은 우선 1915년 연합사무소를 출범케 한 연합제규의 부정

---

35 졸고, 『한국근대불교사연구』, 민족사, 1996.

36 원종의 자주성 및 일본불교에 대한 의존성은 그간 극단적인 이해의 상이성을 드러냈다.
김호성, 「일본제국주의의 원종 설치」, 『해인』 1989, pp.5~7.
박희승, 「근세 종단의 재건과 발전」, 『이제, 승려의 입성을 許함이 어쩔는지요』, 들녘, 1999.

37 한동민, 「1910년대 선교양종 30본산연합사무소의 설립 과정과 의의」, 『한국민족운동사연구』 25·38.

으로 시작되어 1921년의 종무원 수립으로 나타났다. 그러나 이 종무원은 일제가 인정하지도 않았고, 본산 간의 내분으로 정상적인 운용은 시기상조였다. 이러한 움직임이 노정되는 가운데 사찰령 비판 및 철폐, 본말사제도의 모순 지적, 주지층의 권력 집중 등에 비판이 제기되면서 점차 다수의 승려가 지지하는 통일기관(중앙기관) 건설로 그 대안의 초점이 성립되었다.

그 결과 일제의 불교정책을 비판하면서 이 같은 노선에 동의한 본산이 주도하여 총무원이 등장하였던 것이다. 그리고 이 총무원에 반대한 교무원이 등장하고 일제는 물론 이 교무원을 후원하였다. 그러나 이 같은 교계 내부의 불화, 상이한 인식과 이해관계 등으로 인하여 완전한 의미의 통일기관 건설 및 운용 즉 종단 건설은 이루어질 수 없었다. 총무원은 1924년 초 교무원에 통합되었다.

그 후 종단 건설의 노력은 1929년 1월의 승려대회[38]에서 구체화되었다. 그 대회에서는 종헌, 종회, 교무원이 성립되었는데 이를 추동케 한 것은 불교계의 통일을 지향하려는 의식이었다. 불교계가 본산으로 분열되었기에 인사, 재정, 신앙, 의식, 사업 등의 각 분야에서 통일적인 원칙과 규율은 일체 없었던 모순을 극복하려는 바에서 나온 것이다. 이 모순은 사찰령 체제에서 나온 것임은 두말할 나위가 없다.[39] 당시 그를 주도한 승려들이 불교의 자주적 확립과 전체적 통일을 기하려 하였다는 것은 이를 단적으로 말해 주는 것이다.

이 통일운동으로 인하여 불교의 헌법으로 지칭된 종헌이 성립되었

---

38 졸고, 「조선불교선교양종 승려대회의 개최와 성격」, 『한국근대불교사연구』, 민족사, 1996.

39 당시 총독부 종교과장은 이 대회 주도자들이 사찰령에 반항한다는 유언비어를 퍼뜨리는 것에 대하여 경고하였다. 「조선불교종헌제정운동」, 『조선불교』 59호(1929. 4).

고, 대표·입법기관인 종회와 행정·실행기관인 교무원이 출범하였다. 그리하여 일시적으로는 이 종헌 체제가 유지되었으나, 그 종헌 체제에 반대한 본산, 주지들이 등장하고 일제의 은근한 비판과 견제에 의해 이 체제는 1934년경에 이르러서는 해소되고 말았다. 항일 비밀결사로 널리 알려진 만당의 등장 배경에는 바로 이 같은 종헌 체제를 지속시키고 그 이행을 통하여 식민지불교를 극복하려는 의식이 자리 잡고 있었다고 보인다.[40]

그 후 종단 건설을 통한 식민지 불교 체제의 극복의 노력은 1935년경부터 재추진되었다. 일제의 심전개발운동의 파급으로[41] 나타난 종단 건설은 우선 종무원의 조직화로 시작되었으나, 1937년 2월부터 본격화된 총본산 건설운동으로 본격화되었다.[42] 한편 거기에는 박문사를 거점으로 한국불교를 통제, 장악하려는 일본불교의 음모를 사전 분쇄하려는 승려들의 자주·자존의식이 개재되었음도 유의해야 한다. 불교계에서는 우선 총본산을 상징하는 대웅전 건설에 박차를 가하였으며, 그 건축의 완성을 계기로 한국불교의 역사성을 상장하는 태고사라는 사명을 취득하였다. 그 후에는 조선불교선교양종이라는 종명을 조계종으로 전환케 하였다. 이 같은 총본산 건설은 1941년 4월 사찰령 시행규칙의 개정을 통한 태고사법에 그 내용이 담겨지면서 일단락되었다. 이로써 총본산 건설, 종단의 건설과 운용은 출범하였다.

이 총본산 건설운동과 조계종 체제의 출범에는 일면 일제의 개입과 조종이 있었음은 사실이나, 그 이면에 담겨진 한국불교의 움직임은 '저

---

40 졸고, 「조선불교청년총동맹과 만당」, 『한국근대불교사연구』, 민족사, 1996.
41 김순석, 「1930년대 후반 조선총독부의 심전개발운동의 전개와 조선불교계」, 『한국민족운동사연구』 25, 2000.
42 졸고, 「일제하 불교계의 총본산 건설운동과 조계종」, 『한국근대불교사연구』, 민족사, 1996.

항과 극복'이라는 노선에 포함시킬 수 있다고 보고자 한다.[43]

이 노선의 구도에 포함시킬 또 하나의 대상은 백용성의 활동이다. 백용성은 3·1운동에 민족대표로 활동한 이후 일제에 피체, 수감생활을 마친 이후에는 주로 역경의 대중화, 활구선의 진작을 시도하였다. 그러나 대처식육이 만연되고 일본불교 및 일제 불교정책으로 인해 한국의 불교 전통이 상실되어 가자 1926년에는 대처식육 금지 건백서를 일제 당국에 제출하였다.[44] 그러나 그 건의도 수용되지 않고, 일제 불교정책에 기생하는 당시 불교계의 사찰 및 승려들의 행동에 강한 비판을 하였다. 이에 백용성은 당시 그 같은 불교계 구도를 자진 이탈하고 독자적인 노선을 경주하였거니와, 그는 선농불교의 실천[45]과 대각교운동의 제창으로 가시화되었다.[46] 당시 그는 기존 사찰에 있었던 승적을 자진 반납하고 함양과 만주 등지에서 선농을 주도하면서 불교혁신운동을 실천하였는바 이는 사찰령 체제 및 그에 기생하는 불교계 현실을 극복하려는 의식의 산물로 보고자 한다.

4. 불교계 독립운동의 성격

본장에서는 지금껏 살펴본 불교계 독립운동의 개요에 나타난 제반 성격을 대별하여 제시하고자 한다. 이 성격은 불교계 독립운동에 내재

43 졸고, 「일제시대 불교계 통일운동과 조계사」, 『조계사의 역사와 문화, 세미나자료집』, 2000.
44 졸고, 「1926년 불교계의 대처식육론과 백용성의 건백서」.
45 졸고, 「백용성의 선농불교」, 『근현대불교의 재조명』, 민족사, 2000.
46 졸고, 「백용성의 대각교운동과불교개혁」, 『대각사상』 3집, 2000.

되어 있는 것을 우선 제시하고, 그 연후에는 불교계 독립운동의 미진한 측면과 불교계 독립운동을 검토할 시의 유의할 점을 제시하고자 한다.

불교계 독립운동은 앞서 직접적인 항일투쟁과 간접적인 저항과 극복의 이원적인 구도로 살펴보았다. 이제 여기에서 나타난 성격을 우선 제시하겠다.

첫째, 불교계 독립운동은 개인 및 개별적인 단체 중심으로 전개되고 교단 및 종단 차원의 전개는 매우 미약하였다. 이는 종단 설립의 지난함과 종단이 갖고 있는 현실적인 운신의 제약에서 비롯된 것이다.

둘째, 불교 독립운동은 3·1운동 기간과 그 직후에 본격화되었다. 이는 3·1운동의 영향을 지적하는 것인데, 당시 민족의식 계발과 여타 분야의 자생적인 움직임에 일정한 자극을 받았던 것으로 볼 수 있는 대목이다. 이는 역설적으로 3·1운동 전후에 있었던 불교계 독립운동과 여타 시기의 독립운동과는 큰 차별을 갖는다는 것을 의미한다.

셋째, 직접적인 항일투쟁과 간접적인 저항과 극복을 비교할 경우에는 후자가 불교계 독립운동의 중심이 되었다. 이는 불교가 종교이기에 우선 종교조직, 포교, 신앙 및 의식과 보다 유관한 분야에서 활동이 많았음에서 나온 것이다.

넷째, 저항과 극복의 구도로 제시한 간접 투쟁에 있어 그를 촉발시킨 저변의 요체는 사찰령 체제였다. 즉 사찰령에서 파생된 제반 체제가 결국 일제하 불교의 전체 운신에 큰 장애로 등장하였음이 주목된다.

다섯째, 간접적인 독립운동을 전개함에 있어 불교계 내부의 비협조, 저해를 주도하는 세력과의 갈등과 대립이 상당하였다. 즉 친일주지, 사리사욕을 추구한 승려, 불교 발전에 역행하였던 본산 등의 문제를 말하는 것이다.

이제부터는 불교계 독립운동의 미진한 측면과 그에 관련된 제반 정황을 고찰할 경우의 유의할 점을 제시하고자 한다.

첫째, 반제국주의에 중심을 두고 그에 상대적인 반봉건주의에 관련된 의식과 활동은 상대적으로 거의 찾아볼 수 없다. 이는 조선 후기 이래의 나약한 사회의식에 비롯된 것이라 하겠다. 그러나 이를 민족해방운동의 시각, 달리 말하면 진보 및 좌파적인 시각의 독립운동에서[47] 불교계 독립운동을 분석하면 불교계 독립운동은 그 질과 양적인 측면에서 위축될 가능성을 배제할 수 없다. 그는 불교 독립운동과 민중성 혹은 대중운동 그리고 사회경제적 토대로부터의 해방과의 연계는 희박하였음을 말하는 것이다. 예컨대 반종교운동과 불교, 사찰의 자주성의 관련성에서 그 정황을 찾을 수 있다.

둘째, 사찰을 거점으로 전개되면서도 승려 중심으로 전개되었다. 즉 불교 신도들의 참가가 미약하였음을 부정할 수는 없다. 이는 당시 불교 신도의 통계가 25만을 넘지 않았던 기록들을 유의하면 납득될 수 있는 것이다. 그러나 이는 이 분야 연구가 미흡한 측면에서도 찾을 수 있을 것이다.

셋째, 불교계 독립운동의 주도자들은 그 행적의 일관성이라는 측면에서 그 판단의 기준을 적용하기가 매우 어려운 점이 나타난다. 이는 기본적으로 운수납자의 특성, 수많은 분규, 6·25와 정화운동 등으로 관련 자료의 망실에서 오는 이 분야의 관련 자료와 학문의 토대의 취약함에서 야기되는 것이다. 그러나 선항일 후친일, 직접적인 항일투쟁은 하였지만 대처 즉 일본불교를 수용한 이력의 문제, 개별적인 본산 및 사찰을 위한 것이었지만 중앙종단과 민족불교 차원에서는 저해되었던 사례 등은 그 단면을 말하는 것이다.

47 『민족해방운동사, 쟁점과 과제』 총론, 역사비평사, 1990, pp.18~19.

넷째, 불교계 독립운동을 검토함에서는 일제의 불교정책과 그 실상을 명쾌히 분석할 필요성이 더욱 제기된다는 것이다. 필자가 제시한 저항과 극복의 구도를 상정함에서도 그러하고, 일제하 불교계의 성격, 노선 등 전체적인 의미 부여 등을 위해서도 그러하다. 달리 말하자면 친일불교, 왜색불교라는 멍에 혹은 수식어, 관행적인 표현 등을 재검토하는 경우에도 두말할 나위가 없는 것이다. 나아가서 이러한 측면은 문화적인 제국주의의 보편성과 일제가 추구한 불교정책의 구도와 본질 등이 선명해져야만 그 정책에 희생된 경우, 타협하거나 좌절한 사례, 일신의 사리사욕과 개별 사찰의 안녕을 위한 경우, 매국승려와 부일승려 등을 가늠할 수 있을 것이다.

다섯째, 이 분야의 관련 자료수집, 분석, 연구 등의 심화가 더욱 요청된다는 것이다. 금번에 필자는 이 분야의 개요를 정리하고 그 성격을 추출하기 위해 여러 자료와 논문을 활용하였는바, 아직 이 분야 연구의 확대가 더욱 필요함을 이해케 되었다. 동시에 추후에는 이와 관련된 다각적인 이론 모색, 비교 연구, 종교학과 불교사상의 측면에서의 접근이 시급히 요청된다고 보고자 한다.

5. 결어

이상으로 일제하 불교계 독립운동의 개념과 그 구체적인 내용의 전개와 성격 등을 조명하여 보았다. 이제 그 요지를 정리하면서 그에 나타난 의미를 제시하는 것으로 맺는말에 대신하고자 한다.

한국 근대 민족운동의 이념인 반제국주의와 반봉건주의는 당시 독립운동의 이념적인 토대였다. 이중 반제국주의가 불교계 독립운동과 보다 직접적으로 연결되고 있었다. 그런데 불교계 독립운동을 확대하여 이해하고자 할 경우에는 이 반제국주의 내용을 재검토할 필요가 제기된다. 일제의 식민통치는 단순히 한국을 식민지로 경영함에 머무르지 않고 정신적인 측면에서의 동화정책을 강력히 추진하였다. 이는 한국인의 전통과 문화의 중심이었던 불교를 일본불교화시키는 것이기도 했다. 때문에 이 구도에 포함된 불교계의 구성원이 식민통치에 저항, 항거, 극복, 항쟁에 참여하는 것뿐만 아니라 불교가 일제의 식민통치에 이용당함에 대한 저항, 반발, 극복한 것도 독립운동의 영역에 포함시켜야 한다는 것이다.

이러한 전제하에서 불교계 독립운동은 그 성격에 의거 대별하여 살필 수 있는 이론적 근거를 갖는다. 그것은 항일투쟁의 구도, 그리고 저항과 극복의 구도라 하겠다. 항일투쟁의 구도는 일반적인 독립운동의 영역을 말하는 것이고, 저항과 극복의 구도는 일제의 식민지 불교정책에 대응한 구체적인 내용을 말한다. 그리고 이 저항과 극복의 구도는 그 내용이 다양하여 저항의 노선, 전통 수호의 노선, 극복의 노선 등으로 나누어 볼 수도 있다.

항일투쟁의 노선은 불교계 구성원이 일반적인 독립운동에 참여한 내용을 말한다. 승려의 의병 참가, 3·1운동 참여, 한용운과 백용성의 민족대표 활동, 지방 사찰에서의 만세운동 참가, 임시정부 및 만주 지방의 독립운동 단체에 참가한 승려들의 활동, 김법린의 피압박민족대회 참가, 불교계 학교에서의 저항 등이 여기에 포함된다.

저항의 노선은 일제 식민지 불교정책에 정면으로 저항하면서 그를 타파하려는 움직임을 말한다. 사찰령 철폐운동, 대처식육 반대, 일본 시찰 및 유학의 반대 등이 이 구도에 포함된다.

전통 수호의 노선은 일제의 불교정책으로 나타난 제반 양상으로 한국불교의 전통이 무너짐을 극복하려는 움직임이다. 일제의 불교정책을 정면으로 비판치는 않고 그 부산물을 문제시하면서 자주적인 노선을 경주하려는 것이다. 선학원, 선우공제회, 고승 유교법회 등은 이 노선의 산물이다. 극복의 노선은 일제의 불교정책을 직시하면서 그를 극복하려는 움직임을 말한다. 일제 불교정책의 구도는 본말사 체제, 분열정책을 통한 종단과 교단의 부정이었기에 이를 극복하려는 활동이 다양하게 전개되었다. 불교계 통일 운동, 통일기관 건설, 종단 수립 운동, 총본산 건설운동 등이 바로 그것이었다.

한편 이 같은 불교계 독립운동은 여타의 독립운동과는 이질적인 행태가 다양하게 나타났다. 그는 개인, 개별 단체 주도의 측면, 3·1운동 직후의 왕성한 항일투쟁, 직접적인 투쟁보다는 간접적인 저항과 극복의 구도가 두드러진 점, 불교계 내부의 모순과 갈등 해결에 진력한 점 등이 바로 그것이다. 이러한 성격은 불교계 독립운동을 고찰할 경우의 유의점에서도 찾아진다. 반봉건주의에 미진한 것, 불교 신도의 참가가 희박한 것, 독립운동 참가자의 행적 이해에 난점이 두드러진 것 등은 그 단적인 예증이다.

편자 : 고영섭

한국불교사 및 동아시아불교사상사 전공. 동국대학교 석사, 박사. 동국대 불교학과 교수. 사단법인 한국불교학회 회장 겸 이사장. 한국불교사학회 한국불교사연구소 소장. 동국대학교 세계불교학연구소 소장. 저서로는 『한국불학사』(1-3책), 『한국사상사』, 『한국불교사연구』, 『한국불교사탐구』, 『한국불교사궁구』(1-2책), 『분황 원효』, 『원효, 한국불교의 새벽』, 『한국의 사상가 10인, 원효』, 『삼국유사 인문학 유행』 등 다수의 논저가 있다.

〈저자 소개〉

김두진 : 국민대 국사학과 명예교수
안계현 : 전 동국대 사학과 교수
신종원 : 한국학중앙연구원 역사학부 명예교수
김영태 : 동국대 불교학과 명예교수
김진무 : 중국 남경대 박사
여성구 : 국민대 교양학부 교수
김상현 : 전 동국대 사학과 명예교수
정병삼 : 숙명여대 역사문화학부 명예교수
김복순 : 동국대 국사학과 명예교수
최병헌 : 서울대 국사학과 명예교수
채상식 : 부산대 사학과 명예교수
김상영 : 중앙승가대학 불교학부 교수
서윤길 : 동국대 불교학과 명예교수
조명제 : 신라대 역사문화학부 교수
고영섭 : 동국대 불교학과 교수
황인규 : 동국대 역사교육과 교수
이봉춘 : 동국대 불교문화학부 명예교수
고익진 : 전 동국대 불교학과 교수
김용태 : 동국대 불교학술원 교수
이종수 : 순천대 사학과 교수
김광식 : 동국대 특임교수

세존학술총서 6

한국불교연구 100년 논문선
한국불교사연구

초판 1쇄 인쇄 | 2022년 5월 10일
초판 1쇄 발행 | 2022년 5월 20일

지은이 | 김두진·안계현·신종원·김영태·김진무·여성구·김상현
정병삼·김복순·최병헌·채상식·김상영·서윤길·조명제
고영섭·황인규·이봉춘·고익진·김용태·이종수·김광식
엮은이 | 고영섭

펴낸이 | 윤재승
펴낸곳 | 민족사

주간 | 사기순
기획편집팀 | 사기순, 최윤영
영업관리팀 | 김세정

출판등록 | 1980년 5월 9일 제1-149호
주소 | 서울 종로구 삼봉로 81 두산위브파빌리온 1131호
전화 | 02)732-2403, 2404 팩스 | 02)739-7565
홈페이지 | www.minjoksa.org
페이스북 | www.facebook.com/minjoksa
이메일 | minjoksabook@naver.com

ISBN 979-11-6869-002-8 94220
ISBN 978-89-98742-96-6 (세트)

값 57,000원

※ 이 책은 세존학술연구원에서 원고비(선정료, 수록료)를 지원받아 출판되었습니다.